DAS GEWUNDENE UNIVERSUM

DRITTES BUCH

von
Dolores Cannon

© 2008 by Dolores Cannon
2020 German Translation

Alle Rechte vorbehalten. Kein Teil dieses Buches darf ganz oder teilweise in irgendeiner Form oder auf irgendeine Weise, elektronisch, fotografisch oder mechanisch, einschließlich Fotokopieren, Aufzeichnen oder durch ein Informationsspeicher- und -abrufsystem, ohne schriftliche Genehmigung reproduziert, übertragen oder verwendet werden von Ozark Mountain Publishing, Inc. mit Ausnahme von kurzen Zitaten, die in literarischen Artikeln und Rezensionen enthalten sind.

Für Genehmigungen, Serialisierungen, Verdichtungen, Anpassungen oder für unseren Katalog anderer Veröffentlichungen schreiben Sie bitte an Ozark Mountain Publishing, Inc., P.O. Box 754, Huntsville, AR 72740, ATTN: Genehmigungsabteilung.

Bibliothek des Kongresses Katalogisierung-in-Publikationsdaten
Cannon, Dolores, 1931–2014
The Convoluted Universe - Buch Drei von Dolores Cannon
Das dritte Buch in der Reihe The Convoluted Universe bietet metaphysische Informationen, die durch hypnotische Regression in früheren Leben durch zahlreiche Themen erhalten wurden.

1. Hypnose 2. Reinkarnation 3. Therapie in der Vergangenheit 4. Metaphysik 5. Quelle Gottes 6. Neue Erde

I. Cannon, Dolores, 1931- 2014 II. Reinkarnation III. Metaphysik IV. Titel

Katalogkartennummer der Kongressbibliothek: 2020951690
ISBN: 978-1-950608-16-4

Übersetzung von: Beatrice Tillman
Titelbild und Layout: Victoria Cooper Art
Buch spielt in: Times New Roman
Buchgestaltung: Julia Degan

Veröffentlicht von:

PO Box 754
Huntsville, AR 72740

WWW.OZARKMT.COM
Gedruckt in den Vereinigten Staaten von Amerika

Weisheit ist das Wichtigste.
Daher bemühe Dich um Weisheit.
Und wenn Du sie erlangt hast,
bemühe Dich, sie zu begreifen.

Sprüche 1:54

Die Autorin dieses Buches gibt in keiner Weise ärztlichen Rat und verschreibt keine Methode, um körperliche oder medizinische Probleme zu behandeln. Alle heilkundlichen Informationen, die in diesem Buch enthalten sind, stammen aus Dolores Cannons' individuellen Konsultationen und Sitzungen mit ihren Klienten. Sie sind nicht dazu da, um in irgendeiner Weise ärztliche Diagnosen zu stellen oder einen medizinischen Rat oder eine ärztliche Therapie zu ersetzen. Aus diesem Grund übernehmen weder die Autorin noch der Verlag die Verantwortung dafür, wie der Einzelne mit diesen Informationen umgeht oder wie er diese Informationen nutzt.

Wir haben alle Anstrengungen unternommen, die Identität und Privatsphäre jener zu schützen, die an den Sitzungen teilgenommen haben. Die Orte der jeweiligen Sitzungen stimmen überein, allerdings wurden ausschließlich Vornamen verwendet, die zudem geändert worden sind.

INHALTSVERZEICHNIS

Vorwort	i
Teil I - Auf zu neuen Ufern	
Kapitel 1 - Mein Werdegang	37
Kapitel 2 - Zusammenfassung typischer Fälle	19
Teil II - Leben in nicht-menschlichen Körpern	
Kapitel 3 - Andere Lebensformen	53
Kapitel 4 - Unterschiedliche Lebensformen	71
Kapitel 5 - Der grüne Planet	99
Kapitel 6 - Struktur ist nicht das Entscheidende	107
Kapitel 7 - Das Bewusstsein der Zellen	120
Kapitel 8 - Alles ist Bewusstsein	131
Teil III - Hilfe von anderen Wesen	
Kapitel 9 - Der Planet der blauen Menschen	157
Kapitel 10 - Überleben	172
Kapitel 11 - Die Energie des schwarzen Lochs	184
Kapitel 12 - Im Untergrund	200
Teil IV – Zum rsten Mal Auf Der Erden	
Kapitel 13 - Die Freiwilligen	221
Kapitel 14 - Zum ersten Mal mann und frau	263
Kapitel 15 - Geburt eines Neulings	279
Teil V - Die Quelle	
Kapitel 16 - Vergangene Leben sind nicht mehr wichtig	311
Kapitel 17 - Rückkehr zur Quelle	323
Kapitel 18 - Der Funke trennt sich	343

Kapitel 19 - Die Lichtkugel	348
Kapitel 20 - Der Tempel des Wissens	359
Kapitel 21 - Parallele Welten	371
Kapitel 22 - Leere	387

Teil VI - Die Schöpfung

Kapitel 23 - Der Übungsplatz	411
Kapitel 24 - Zurück zum Anfang	428
Kapitel 25 - Ein anderes Gesetz von Schöpfung und Physik	438
Kapitel 26 - Entstehung der Ozeane	455
Kapitel 27 - Die ersten Lebewesen kommen	483
Kapitel 28 - Zerstörung eines Planeten	491

Teil VII - Die Neue Erde

Kapitel 29 - Der kommende Zeitenwandel	523
Kapitel 30 - Hilfe in Zeiten des Chaos	538
Kapitel 31 - Die Zurückgebliebenen	563
Kapitel 32 - Auswirkungen der körperlichen Veränderungen	573
Kapitel 33 - Die Bibliothek	582

Teil VIII - Ungewöhnliche Energien

Kapitel 34 - Eine ganze neue Alternative zu Walk-Ins	593
Kapitel 35 - Dem Aufruf folgen	625
Kapitel 36 - Reisende durch viele Welten	642
Kapitel 37 - Eine heilende Energie spricht	664
Kapitel 38 - Die finale Lösung	680
Kapitel 39 - Die Einswerdung	700

Über die Autorin	725

VORWORT

Ich nehme an, dass die Leser zu diesem Zeitpunkt, da sie dieses Buch gefunden haben, bereits mit meiner Arbeit vertraut sind und wissen, wie ich jene Informationen erhalten habe über die ich bereits in meinen vorherigen vierzehn Büchern geschrieben habe. Aber sollte dies das erste Buch sein, das Sie von mir lesen, ist eventuell eine kleine Erklärung notwendig. Ich „channele" nicht. Ich bin seit 30 Jahren Regressions- und Hypnosetherapeutin und meine Informationen stammen von vielen, vielen Tausenden von Klienten die ich während meiner Arbeit therapiert habe. Obwohl der Schwerpunkt meiner Arbeit darin liegt, meinen Klienten zu helfen die Antworten auf ihre Probleme zu finden, indem wir in ein dafür geeignetes vergangenes Leben zurückgehen, sehe ich mich auch als Reporterin, als Forscherin und als Wissenschaftlerin für „verlorenes" Wissen. Das liegt daran, weil ich eine Methode entdeckt habe, mit der ein umfassender Zugang zur Quelle allen Wissens möglich ist. Deshalb enthalten viele meiner Bücher Informationen, die verschollen, vergessen oder gänzlich unbekannt sind. Es ist eine große Freude für mich, Neues und Außergewöhnliches zu entdecken und für unsere heutige Zeit zugänglich zu machen.

Innerhalb der letzten 30 Jahre meiner Tätigkeit habe ich meine eigene Form der Hypnose-Technik entwickelt. Ich habe einen Weg entdeckt, Zugang zum „Unterbewusstsein" jener Menschen zu erhalten, mit denen ich arbeite. Es ist nicht das „Unterbewusstsein" wie es klassischerweise die Psychiater definieren, da das eher den kindlichen Teil des Geistes bezeichnet. Wenn ich definieren sollte, mit welchem Teil ich kommuniziere, nenne ich es „Überseele", „Höheres Bewusstsein" oder das „Höhere Selbst". Ich glaube, es ist dasselbe, was Freud „universelles Bewusstsein" nannte. Viele Hypnoseschulen lehren, dass man das Unterbewusstsein mit einer Fingerbewegung zugänglich machen kann, indem man den Klienten bittet, einen Finger für „ja" oder „nein" zu heben. Das ist langwierig, ermüdend und langweilig. Warum sollte man auf diese Weise vorgehen, wenn man mit diesem Teil des Bewusstseins auch ein aktives Gespräch führen kann? Denn das ist die Methode, die ich entwickelt habe: Einen leichten Zugang zu einem sehr mächtigen und großen Teil des Bewusstseins zu erhalten. Dieser Teil hat Zugang zu allem Wissen. Man muss nur die korrekten Fragen stellen. Ich nenne diesen Teil „sie", da es sich selbst als „wir" bezeichnet. „Sie" sagen, dass ich es als „Unterbewusstsein" bezeichnen kann, falls ich das möchte. Es spielt aber keine Rolle, wie ich sie nenne. „Sie" haben zugestimmt mit mir zu arbeiten und wir haben uns dazu auf die Bezeichnung „Unterbewusstsein" geeinigt. Während meiner Arbeit habe ich außerdem entdeckt, dass dieser wundervolle und mitfühlende Teil eines Individuums die Fähigkeit hat, alle physischen Probleme sofort zu heilen. In einigen der Länder, wo ich unterrichtete, warnte man mich davor, den Begriff „heilen" zu verwenden. Man sagte mir, das sei nicht erlaubt. Stattdessen wollte man, dass ich den Begriff „erleichtern" benutze. Es spielt keine Rolle, was für ein Wort ich verwende, denn die Resultate sind stets dieselben. Der Klient wird oftmals sofort auf wundersame Weise in nur einer Sitzung geheilt. Ich habe über einige Fälle in meinen vorherigen Büchern berichtet. Es wurde mir von „ihnen" gesagt, dass ich diese Methode so vielen Menschen wie möglich beibringen soll und dass sie als „Therapie der Zukunft" angesehen werden wird. Es ist außerordentlich wichtig für alle zu verstehen, dass sie sich selbst heilen können. Dass ihr Geist sehr, sehr mächtig ist und der Körper sich selbst heilt, wenn er dazu richtig angeleitet wird. Zuerst war ich nicht sicher, ob diese Methode unterrichtet werden kann. Wie soll man etwas lehren, dass man selbst erfunden hat? Wie fasse ich es so zusammen, dass andere verstehen, was da vor sich geht? Mein erster Versuch fand 2002 in Taos, New Mexico statt; dort unterrichtete ich meine erste Klasse von 10 Schülern. Ich nannte sie meine „Versuchs-Kaninchen-Klasse", da ich nicht wusste, was passieren würde. Manche haben mich gefragt, ob die Schüler etwas dagegen hätten, als „Versuchskaninchen" bezeichnet zu werden. Nein, denn sie würden immer die Ersten sein. Einige Schüler meinten zum Spaß, man könnte doch als Kürzel VK hinter ihre Namen schreiben. Seit 2002 habe ich meinen Unterricht perfektioniert und auf der ganzen Welt Seminare darüber gehalten. Ich habe viele Zuschriften von Studenten erhalten, die mir berichteten, dass diese Methode funktioniert und dass sie ebenfalls erstaunliche Ergebnisse erzielt haben. Was könnte es Schöneres für einen Lehrer geben, als erfolgreich sein Wissen zu vermitteln.

Der Hauptgrund für meine Therapiesitzungen besteht darin, den Klienten bei ihren Problemen zu helfen. Gleichzeitig kommt in diesen Sitzungen ein großes Wissen zum Vorschein, über das ich schreibe. Das ist das vierzehnte Buch meiner abenteuerlichen Reise und es werden sicher noch mehr. Diese Informationen fließen nahezu durch jeden hindurch mit dem ich arbeite. Nun hoffe ich, dass es für die neuen Leser verständlich ist. Ich „channele" nicht und ich nutze keine übersinnlichen Fähigkeiten. Ich bin Hypnosetherapeutin und „sie" geben mir die Informationen. Ich muss sie nur sammeln, ordnen und wie ein Puzzle zusammensetzen. Und das ist keine leichte Aufgabe. So, nun legen Sie los und genießen Sie die neuste Ausgabe der Reihe „Das verschachtelte Universum".

Dolores Cannon,
zertifizierte Hypnose-und Rückführungstherapeutin

ERSTER TEIL

AUF ZU NEUEN UFERN

KAPITEL EINS

MEIN WERDEGANG

Es ist eigenartig, auf meine Arbeit als Rückführungs- und Hypnosetherapeutin zurückzublicken und festzustellen, wie sehr nicht nur ich mich verändert habe, sondern wie sehr sich das gesamte Feld der Hypnose-Therapie entwickelt und verändert hat. Als ich 1968 mit dem Thema Reinkarnation (sehr vorsichtig) begann, war alles neu und aufregend. Ich hatte eine Tür geöffnet, die sich für meinen Geist niemals wieder schließen würde. Damals gab es keine Bücher oder Leitlinien, um einen Therapeuten anzuleiten, also musste ich von Anfang an meine eigenen Regeln aufstellen und meine eigenen Techniken entwickeln. Heute weiß ich, dass es das Beste war, was passieren konnte. Niemand hat mir je vorgehalten, dass es nur eine richtige Hypnose Technik (nämlich „seine") gibt und dass die Dinge nur so umgesetzt werden dürfen wie sie schon seit Jahren gemacht werden. Heute weiß ich, dass solche Menschen nur das lehrten, was ihnen jemand anderes beigebracht hat, der es wiederum von jemand anderem übernommen hatte ... und so weiter und so weiter ... Sie haben die Methoden, die ihnen gezeigt wurden, nie in Frage gestellt und niemand hat ihnen je gesagt, dass sie die Regeln ändern können, ihre eigene Methode entwickeln und ihren eigenen Weg gehen können. Gerade weil es keine Anweisungen gab, hatte ich das Gefühl, in etwas Neues und Aufregendes geraten zu sein. Ich entdeckte Zeitreisen, Wege in die Vergangenheit und die Möglichkeit, Geschichte zu erleben während sie gerade passierte. Da ich nicht wusste, was erlaubt war und was nicht, entschied ich mich, die Möglichkeiten des Geistes herauszufordern und herauszufinden, was alles mit Hypnose möglich ist.

Natürlich hat es viele Jahre gedauert diese Entdeckungen zu machen und ich entdecke immer noch neue Wege, Hypnose anzuwenden und Informationen zu erhalten. Am Anfang meiner Arbeit, etwa zu dem Zeitpunkt als ich 1979 begann, meine Tätigkeit regelmäßig auszuüben, faszinierte mich die Idee des Zeitreisens (durch meine Klienten) und wie es sich anfühlt, in vergangenen Zeiten zu leben. Als Forscherin und Reporterin liebe ich Geschichte. Was gäbe es für eine bessere Möglichkeit diese Zeitperioden zu erforschen, als auf diese Weise zu dorthin zu reisen, Fragen zu stellen und Informationen zu erhalten? So ist mein erstes Buch entstanden: Es wurde zusammengetragen aus Informationen, die ich von Hunderten meiner Klienten erhalten habe. Meine damalige Vorstellung von Reinkarnation erscheint mir heute recht simpel, aber es war alles, was ich zur damaligen Zeit wusste. Sie entspricht in etwa dem, was die meisten Menschen heute darüber wissen, da alleine der Gedanke, dass wir mehr als einmal leben, erschreckend und lebensverändernd ist. Aufgrund unserer Erziehung, eingeschlossen der Gehirnwäsche durch die Kirche, braucht es eine mutige und unerschrockene Seele um sich von Traditionen zu verabschieden und anzufangen, Fragen zu stellen. Fragen, auf die die Kirche keine Antwort hat oder die nicht diskutiert werden dürfen. „Wenn's nicht in der Bibel steht, musst du es auch nicht wissen. Deine Fragen werden alle beantwortet, wenn du stirbst. Vielleicht gibt es da oben ja einen Berichtsbogen, der alles erklären wird." Aber immer mehr Menschen wollen nicht auf Antworten warten, bis sie sterben. Sie werden sich mehr und mehr der Tatsache bewusst, dass es da draußen mehr gibt als das, was man ihnen ihr ganzes Leben lang erzählt hat. Sie fangen an, Fragen zu stellen und die Antworten sind zugänglich für jene, die danach suchen und einen fragenden Verstand haben.

Für mich persönlich war es nicht schwierig, das Konzept der Reinkarnation zu akzeptieren. Ich wurde im protestantischen Glauben erzogen („Southern Baptist"), unterrichtete in der Sonntagsschule und sang im Chor. Trotzdem war da immer das nagende Gefühl, das es mehr gibt. Ich hatte Fragen, die nicht von der Bibel oder dem Pfarrer beantwortet wurden. Oft saß ich sonntagmorgens in der Kirchengemeinde, hörte die Predigt und es juckte mir in den Fingern, meine Hand zu heben und den Pfarrer herauszufordern: „Aber vielleicht soll es ja dieses oder jenes bedeuten. Woher wollen Sie es so genau wissen?"

Natürlich konnte ich das als wohlerzogene und gute Christin nicht tun. Also habe ich mich damit abgefunden, die Kinder in der Sonntagsschule zu unterrichten. Die Geschichten waren interessant und ich musste nicht jenes Dogma unterrichten, an das ich nicht länger glaubte. Als ich mich nach und nach immer mehr für metaphysische Themen interessierte, behielt ich meine Ansichten für mich. Sie sind für mich zu kostbar, um verspottet zu werden. Ich habe mich von der orthodoxen Kirche verabschiedet und meine, die „wahre" Bedeutung von Religion gefunden zu haben. Spiritualität im Gegensatz zu Religion. Die meisten Kirchen sind vom Weg abgekommen und kennen den wichtigen Unterschied zwischen diesen beiden Begriffen nicht mehr.

Als ich damit begann, hauptberuflich als Regressions-Therapeutin zu arbeiten dachte ich, dass ich die Theorie der Reinkarnation vollkommen verstanden hätte. Ich war sicher, ich wusste wie alles funktioniert. Es war der einfache Vorgang ein Leben zu leben, es so gut wie möglich zu handhaben, seine Lektionen zu lernen, zu sterben und dann das vergangene Leben zu beurteilen. Anschließend das Aushandeln von Verträgen mit verschiedenen Seelen und die Reise zurück in den Körper. Ein einfacher Prozess, bei dem die Seele schrittweise die Erdenschule von Klasse zu Klasse durchläuft, bis sie ihr Reifezeugnis erhält und wieder eins mit Gott wird. Das alles ergab für mich so viel Sinn, dass ich keinerlei Schwierigkeiten damit hatte dieses Konzept zu akzeptieren und mit meinen Klienten an jenen Problemen zu arbeiten, die aus vergangenen Leben stammten.

Als ich zu Beginn meiner Arbeit meine ersten Bücher schrieb, sah ich vergangene Leben so, dass sie einer linearen Zeitachse folgen. Ich machte noch „erste Gehversuche" und das war das Einzige, was mein Verstand begreifen konnte: Ein Leben folgt dem anderen, getrennt durch Zeit und bestimmte Daten. Eine meiner ersten Klientinnen war eine sehr gute Somnambulistin und wurde während der Rückführungen vollkommen zu einer bestimmten Persönlichkeit. Ich sah darin eine perfekte Möglichkeit, Geschichte zu erforschen, da sie unglaublich detailreiche Schilderungen zu den kulturellen, theologischen und zu anderen Lebensumständen jener Leben machen konnte, in denen sie sich wiederfand. Ich brachte sie in 25 verschiedene Leben in Zeitsprüngen von 100 Jahren zurück.

Jede Persönlichkeit war ausgeprägt und alles, was ich machen musste war, in ein bestimmtes Jahr zu gehen und sie wurde zu einer leicht zu identifizierbaren Persönlichkeit. Ich wurde sehr vertraut mit diesen Persönlichkeiten; mit ihren Stimmen, ihren Eigenarten und mit ihrer Körpersprache. Ich fand das eine bemerkenswerte Art, Geschichte zu erforschen und nahm an, dass dies meine Bestimmung sei und dass es das sei, worüber ich auch zukünftig schreiben würde. In diesen frühen Tagen (1980er) schrieb ich zwei Bücher, die auf den vergangenen Leben dieser Frau basieren: *Jesus und die Essener* und *Eine Seele erinnert sich an Hiroshima*. Ich werde sicher irgendwann ein Buch schreiben, dass einige der anderen Leben aufgreift, da sie eine Fülle an Informationen bereithalten. Aber meine Arbeit hat sich seit jener Zeit in so viele verschiedene Richtungen entwickelt.

Während ich weiter vergangene Leben erforschte, kamen immer neue Theorien zum Vorschein und das beunruhigte mich. Ich hatte doch eigentlich alles herausgefunden. Ich wollte nicht, das noch etwas anderes hinzukam und mein Glaubenssystem ins Wanken brachte. Zunächst war es die Theorie des Abdrucks, der Prägung (darüber habe ich in meinen Büchern *Hüter der Gärten / Keepers of the Garden* und *Zwischen Tod und Leben* geschrieben). Es ging um das Konzept, dass wir gar nicht unbedingt viele, viele Leben selbst leben mussten, sondern dass wir stattdessen mit den Erinnerungen der Leben anderer Menschen geprägt werden konnten. So wurde verfahren, wenn eine Persönlichkeit ein Leben leben sollte, das ganz anders war und sie keinen Hintergrund, keine entsprechende Erfahrung hatte, auf die sie zurückgreifen konnte. Die Erinnerungen dieser Leben wurden aus der riesigen Bibliothek des Jenseits mit Hilfe von Meistern und Geistführern vor der Inkarnation ausgewählt und ihrer eigenen Seele aufgeprägt. Damals fragte ich „Wie kann ich wissen, ob die Person tatsächlich ein vergangenes Leben oder eine Prägung, einen Abdruck erlebt?" Man sagte mir: „Du kannst es nicht wissen. Aber es spielt auch keine Rolle, denn alles (auch Emotionen) wird bei dieser Prägung überlagert." Es war echt, weil die Persönlichkeit diese Informationen brauchte, um in unserer Welt bestehen zu können und daher war niemand in der Lage, den Unterschied festzustellen. Aber die Kenntnis über dieses ungewöhnliche Konzept erschütterte wirklich mein Fundament. Ich kämpfte eine sehr lange Zeit damit. Wollte ich wirklich in diesem Bereich weiterarbeiten, wenn meine Glaubenssätze auf diese Art herausgefordert wurden? Ich fühlte mich sehr wohl in meinem linearen Konzept von Leben, Tod und Reinkarnation und ich wollte nicht, dass alles über den Haufen geworfen wurde. Als ich mich aber bei der Reaktion auf diese neue Idee ertappte, fiel mir auf, dass ich nicht besser wäre als die kirchliche Doktrin die da lautet: „akzeptiere ohne zu fragen", wenn ich der Sache nicht mit Offenheit auf den Grund ginge.

Also schaute ich mir dieses neue Konzept und auch andere Konzepte genauer an (das Konzept der parallelen oder überlappenden Leben) und nach und nach sickerte Weisheit in mein engstirniges Denken. Es ist gleichzeitig herausfordernd und wundervoll, sich zu öffnen und neue Konzepte zu untersuchen, da es in unserer Erfahrung und unserer Erziehung nichts gibt, um sie zu untermauern. Aber wenn der Verstand einmal begonnen hat, Fragen zu stellen gibt es kein Zurück mehr. Man kann nicht verlernen, was man einmal begriffen hat; man kann es nicht mehr unter den Teppich kehren. Der Geist geht nicht mehr zurück in die Flasche. Erst jetzt, 30 Jahre später, kann ich die Weisheit in „ihren" Handlungen erkennen. Sie haben mir zunächst kleine Portionen, ein paar Brotkrumen gegeben, um meinen Appetit anzuregen. Sie gaben mir Zeit, jede kleine Information zu verdauen bevor sie weiter machten. Es wäre sonst zu überwältigend gewesen und „sie" wussten es. Ich hätte sonst alles gegen die Wand geschleudert, meine Arbeit gestoppt und gesagt „Ich begreife das nicht! Ich *will* es nicht begreifen! Warum kann nicht alles wie früher sein? Ich habe mich wohlgefühlt, als ich Zeitreisen machte und die Geschichte erforschte." Aber offenbar hatten „sie" andere Pläne und man konnte mit mir nur kooperieren, indem ich kleine Stückchen verarbeitete und in mein Wissen integrierte.

Beinahe jeder Klient, der zu mir kommt, sucht bei der Rückführung eine Antwort auf die oft gestellte Frage: „Was ist der Sinn meines Daseins? Warum bin ich hier? Was ist meine Aufgabe?" Ich sage dann immer, dass wir eine „angemessene" Antwort finden werden. Das Unterbewusstsein (Höhere Selbst) wird denjenigen niemals mehr wissen lassen, als er verarbeiten kann. Nehmen wir einmal an, die Bestimmung oder das Schicksal dieser Menschen wäre um 180 Grad entgegengesetzt zu dem, wie ihr jetziger Lebensweg aussieht. Wenn die entsprechende Information zu früh kommt, würden sie sagen:

„Oh nein - das ist das Letzte, was ich machen will!" Und sie würden Hindernisse auf dem Weg errichten und sich selbst sabotieren. In diesem Fall würde das Unterbewusstsein (das alles weiß) sagen: „Es ist noch nicht der richtige Zeitpunkt. Wir können es nicht mitteilen." Einmal hatte ich einen Klienten, der gerne wissen wollte, was seine Bestimmung ist. Als ich während der Sitzung diese Frage stellte, sagte das Unterbewusstsein: "Wir können es ihm noch nicht mitteilen. Aber wir wünschten, wir dürften es sagen. Ihr wisst ja nicht, was wir sehen! Bitte beachte, dass er an jenem Punkt ist, wo du vor 20 Jahren warst. Man füttert ein Baby nicht mit einem 3-Gänge Menü. Zuerst bekommt es Milch, dann weichen Haferbrei, dann püriertes Gemüse. Erst viel, viel später bekommt es feste Nahrung." Das war eine perfekte Analogie und ich begriff, welch weiten Weg ich schon gekommen war. Und wie leicht das „Baby" ohne angemessene Führung überwältigt und entmutigt werden kann. Also vertraue ich „ihnen" in ihrer Weisheit. Mit der Reihe *Das gewundene Universum* dehnen sie meinen Verstand kontinuierlich weiter aus. Immer wenn ich glaube, dass es nichts mehr zu lernen gibt, es nichts Neues mehr da draußen gibt, geben sie mir ein neues Denkmodell oder eine neue Theorie zum Grübeln. Auch wenn es etwas völlig anderes ist und ich es nicht verstehe, denke ich darüber nach und versuche, es in ein Schema jenes Lebens einzufügen, dass sie mir zu zeigen versuchen.

"Sie" sagen, dass wir endlich für kompliziertere Denkmodelle bereit sind. Ich sage dann stets: „Ja, aber ihr müsst es genauer erklären. Wie soll ich sonst darüber schreiben oder Vorlesungen halten?" Also geht meine Suche weiter. Wenigstens wird es nicht langweilig. Ich hänge nicht in einer Fahrspur mit festgezurrtem Wissen fest. Mein Geist erweitert sich ständig durch herausfordernde Denkansätze. Manchmal wünschte ich, ich könnte zu den simplen Anfangstagen zurückkehren, als ich Geschichte erforschte und über meine Fälle schrieb. Aber dann verstehe ich, dass ich sehr viel Wissen und neue Informationen verloren hätte, wenn ich weiter gemacht hätte wie bisher. Meine Forschung setzt sich nun fort, diesmal auf eine andere Art und auf einem anderen Gebiet.

* * *

Es ist immer wieder verblüffend zu sehen, wie manche Menschen anfangs auf das Konzept der Reinkarnation reagieren. Wenn man ihnen diese Idee vorstellt, sagen sie: „Sie meinen, ich habe schon einmal gelebt? Das ist nicht das erste Mal hier für mich?" Für viele ist es schon bewusstseinserweiternd, dass sie nur *ein* weiteres Leben hatten. Sie begreifen noch nicht, dass sie tatsächlich Hunderte von Leben in allen vorstellbaren und unvorstellbaren Formen gelebt haben. Für viele ist auch der Gedanke beunruhigend, dass sie im vorherigen Leben ein anderes Geschlecht hatten. „Nein, ich kann diese Frau nicht gewesen sein! Ich war immer ein Mann!" Wenn ich diese Art von neuen Klienten habe, ist deren Unterbewusstsein immer sehr vorsichtig. Ihnen wird normalerweise nur ein einfaches, alltägliches Leben gezeigt, da dies alles ist, was sie verarbeiten können. Für mich scheint es banal zu sein, aber es hält alle Antworten auf ihre Probleme bereit.

Ich hatte einmal in einer Woche zwei Afroamerikaner in meinen Sitzungen. Einer von ihnen sah sich in einem Leben kurz vor seinem jetzigen Leben in einer modernen Stadt. Als er an seinem Körper hinuntersah, war er sehr erstaunt: „Das ist die Hand eines weißen Mannes. Ich kann kein Weißer sein! Und meine Freundin ist auch eine Weiße!" Der zweite Mann sah sich als Gladiatorenkämpfer in einer Arena im alten Rom. Er hasste es und wollte aufhören, aber der einzige Ausweg war, sich geschlagen zu geben. Er war des Kämpfens so müde. Raten Sie mal, wen er am häufigsten umbrachte? Schwarze Sklaven, die für diesen Sport aus Afrika verschifft wurden. So kehrte er unter der Weisheit und Wirkungsweise von Reinkarnation als Afroamerikaner zurück. Wenn die Gesetzmäßigkeit der Reinkarnation einmal verstanden wurde, kann es keine Vorurteile und keine Verurteilungen mehr geben. Falls Sie es dennoch tun, bedeutet das, dass Sie eventuell als genau derjenige zurückkommen, gegen den Sie Vorurteile hatten oder den Sie einst verurteilten.

Die Logik, mit der dieses System arbeitet, ist wirklich wunderbar. Sie sind *nicht* Ihr Körper! Sie *haben* einen Körper! Ihr „wirkliches" Selbst, Ihr einziges, Ihr „wahres" Selbst ist Ihr Geist. Dieser lebt für immer, geht von Körper zu Körper, besteht Abenteuer und lernt Lektionen. Für jedes Leben bekommen Sie ein neues Kleidungsstück (Ihren Körper), ein neues Kostüm, wenn Sie so wollen, um Ihre Rolle im nächsten Stück zu spielen.

Aber wie jedes andere Kleidungsstück wird es irgendwann alt und abgetragen, ganz egal, wie sehr Sie es mögen und wie sehr Sie daran hängen. An diesem Punkt müssen Sie das Kleidungsstück (oder Kostüm) wegwerfen und ein neues bekommen. Dann spielen Sie Ihre nächste Rolle in einem neuen Stück, einem, in dem Sie Ihre Rolle spielen müssen ohne die Handlung oder das Drehbuch zu kennen. Die Erde ist lediglich eine Schule, die Sie beschlossen haben zu besuchen. Jedes Leben ist eine Schulklasse mit vielen Lektionen, die zu lernen sind. Sie können nicht die nächste Klasse besuchen, bevor Sie nicht den Unterrichtsstoff der aktuellen Klasse begriffen haben. Es ist eine Schule, bei der Sie zwar keine Klasse oder Stufe überspringen können, aber möglicherweise müssen Sie eine Klasse wiederholen. Sie machen so lange weiter, bis Sie es richtig hinbekommen und das kann entweder länger oder kürzer dauern. Wenn Sie es diesmal nicht hinbekommen, werden Sie beim nächsten Mal mit den gleichen Schwierigkeiten und Lehrstunden konfrontiert, bis Sie es zum Schluss begreifen und erfahren haben, was es Sie lehren sollte. Dann geht es weiter zu nächsten Lektion oder zur nächsten Klasse, die eventuell leichter oder schwerer sind. Das geht so weiter bis Sie irgendwann Ihren Abschluss machen und in der geistigen Welt verbleiben können oder zu Gott zurückkehren.

Was man sät, das erntet man. Wenn die Menschen das nur verstehen würden. Das, was man anderen im Leben antun, wird irgendwann bezahlt werden müssen. Es gibt keinen Freifahrtschein. Und das, was andere Menschen Ihnen antun, muss ebenfalls zurückgezahlt werden. Ich habe tausende und abertausende von Rückführungen in meiner 30-jährigen Tätigkeit als Therapeutin durchgeführt und ich sehe es immer und immer wieder. Man kommt da nicht raus. Was immer man in einem vergangenen Leben falsch gemacht hat, wird im jetzigen Leben Probleme verursachen. Wir werden wieder mit den gleichen Leuten zusammengebracht, denen wir im vergangenen Leben Unrecht getan haben. Sie müssen sich Ihren Fehlern immer stellen. Wenn alle Menschen das nur verstehen würden - wie anders würde unsere Welt dann aussehen. Wenn die Menschen verstehen würden, dass alles, was sie in diesem Leben tun, zurückkommen und sie verfolgen wird. Es wird auf die eine oder die andere Art eine Abrechnung geben. Das ist das Gesetz des Universums: Das Gesetz von Ursache und Wirkung, das Gesetz der Balance, das man Karma nennt. Das ist eins der wichtigsten Themen, an dem ich mit meinen Klienten während der Therapie arbeite. Ich sage immer, dass Menschen so viel „Gepäck und Müll" mit sich herum tragen. Einiges stammt aus früheren Leben, einiges aus diesem Leben. Aber sie entledigen sich dessen nicht. Zum Schluss macht es sie krank. Vieles davon ist Karma, das aus einem anderen Leben übertragen wurde, manchmal weil sie mit den gleichen Menschen über *viele* Leben hinweg zu tun hatten. Sie geraten in ein Muster, in einen Trott. Und es ist dieses Muster, das keinem guten Zweck dient. Sie müssen begreifen, dass sie diese Muster im jetzigen Leben auflösen müssen, sonst müssen sie wiederkommen und die Themen mit den gleichen Menschen erneut ausarbeiten. Manchmal reicht diese Aussage schon, um ihnen einen heilsamen Schock zu versetzen und damit sie sich die Situation genauer ansehen: „Das will ich auf keinen Fall! Ich will sie loswerden! Ich kann diese Leute nicht ausstehen!" Dann sollten sie die Themen besser jetzt mit ihnen klären. Einmal fragte ich das Unterbewusstsein: „Wäre es nicht einfacher, wenn wir die Gründe kennen, warum wir zurückkommen? Wenn wir uns an die Verbindungen mit den Menschen in unseren Leben erinnern würden?" Die Antwort war: „Es wäre kein Test, wenn wir die Antworten kennen würden."

Bevor wir ein neues Leben beginnen und noch in der geistigen Welt sind und unser vorheriges, gerade beendetes Leben betrachten, sprechen wir darüber auch mit anderen Seelen. Wir schließen Verträge ab. „Hey, beim letzten Mal lief's ja nicht so gut. Versuchen wir's noch mal? Diesmal bist du der Ehemann und ich die Ehefrau. Vielleicht klappt es ja so". Und so treffen wir Entscheidungen, zurückzukommen und es mit den gleichen Leuten nochmal zu probieren. Wir können die Rollen auf jede beliebige Weise tauschen. Oft klappt das nicht, da wir in den gleichen Verhaltensmustern wie vorher stecken bleiben, auch wenn wir uns nicht mehr daran erinnern, was diese Muster früher waren. „Wir kommen einfach nicht miteinander aus. Alles, was ich sage oder tue, ist falsch. Es ist einfach die Hölle, mit denen zu leben. Sie ahnen nicht, was ich alles durchmache. Ich wünschte, es gäbe einen Ausweg." Es gibt keine Lösung, solange derjenige noch die Belastungen und den „Müll" von früher mit sich herum trägt. Oft ist die Situation so schlimm, dass man mit der betreffenden Person nicht direkt sprechen kann, um das

Problem zu lösen. In diesem Fall empfehle ich die gedankliche Kommunikation. Erzählen Sie demjenigen per Gedankenkraft, dass sie merken es funktioniert nicht. Sie haben es versucht und wissen, der andere hat es auch versucht, aber es klappt einfach nicht. „Wie wäre es also, wenn wir den Vertrag zerreißen? Du gehst deinen Weg und ich meinen. Wir müssen uns das gegenseitig nicht länger antun. Ich entlasse dich in Liebe." Dann stellen Sie sich vor, wie sie beide den Vertrag zerreißen und ihn in den Müll werfen.

„Gut" und „böse" gibt es nicht. Das „Böse" existiert nicht. Es gibt keinen Teufel. Es gibt keine Hölle. Es gibt nur Lektionen, die gelernt werden. Es gibt nur Energien - positive und negative. Was wir als das „Böse" wahrnehmen, sind Menschen, die ihre Energie auf negative Weise nutzen. Anstatt dafür die Verantwortung zu übernehmen, ist es für sie so viel einfacher zu sagen: „Der Teufel hat es mir befohlen! Ich bin von bösen Mächten besetzt worden, die mich beeinflusst haben und mich furchtbare Dinge tun ließen (etc. etc.). Meine Eltern hatten kein Verständnis für mich" (etc. etc.). Uns allen passieren schlimme und unschöne Dinge im Leben. Das ist Teil des Lebens. Man nennt es „leben". Aber haben Sie etwas aus den unangenehmen Umständen gelernt? Wenn Sie nur eine einzige Sache daraus gelernt haben, war das der Sinn dieser Lektion. Wenn Sie nichts daraus gelernt haben und andere für Ihr Unglück verantwortlich machen, werden Sie weiterhin negative Dinge anziehen, bis Sie schließlich verstehen, was Sie daraus lernen sollten. Dann werden Sie frei sein. Darin liegen der Wert und die Schönheit der Erforschung unserer vergangenen Leben. Obwohl einige Dinge ungerecht erscheinen, finden wir eventuell entsprechende Antworten, wenn wir uns unsere vergangenen Leben anschauen. Wir zahlen lediglich jenes Karma zurück, das wir durch unsere vergangenen Taten angesammelt haben. Erinnern Sie sich, dass ich zuvor davon sprach, dass wir das ernten, was wir säen. Wir können uns nicht vor der Rückzahlung unsere Schulden drücken, nur weil wir sterben. Das wäre zu einfach. Die Dinge sind nicht bereinigt, bis die Schuld abgetragen ist. Dann können wir mit einer unbeschriebenen Tafel neu beginnen.

Was ist der schnellste, aber nicht der einfachste Weg, Karma zurückzuzahlen? Ganz sicher nicht das Motto: „Du hast mich verletzt, also verletze ich dich." Das hält das Rad des Karmas höchstens in ständiger Bewegung. Nein, der schnellste Weg ist zu *verzeihen*. Ich habe nicht gesagt, dass es einfach wäre. Einige Verletzungen sind so tief, dass es schwer ist, sie loszulassen. Aber Sie müssen verzeihen, ohne Einschränkung, und Sie sollten es aufrichtig meinen. Dann müssen Sie *sich selbst* verzeihen. Das ist ebenfalls eine der schwersten Übungen im Leben. Aber wenn Sie das Karma wirklich lösen möchten und nicht dazu verurteilt sein möchten, zurückzukehren und etwas zurückzuzahlen, müssen Sie vergeben. Sobald Sie das tun und es aufrichtig meinen, passiert etwas Wunderbares. Man kann Sie nicht mehr verletzen. Man kann keine Knöpfe mehr bei Ihnen drücken, die Sie an die Decke gehen lassen. Es ist bei den meisten Leuten sowieso ein Spiel; sie kennen genau die Knöpfe, die gedrückt werden müssen, um eine Reaktion hervorzurufen. Sobald Verzeihung ins Spiel kommt (erinnern Sie sich: Sie brauchen sich dazu nicht gegenüber zu stehen), verändert sich alles. Vielleicht dauert es eine Weile, aber Sie werden subtile Veränderungen feststellen, und die Dinge werden einfacher. Was wäre die Alternative? Ein karmisches Rad, das sich unaufhörlich weiterdreht und weiterdreht?

Ich hatte einmal einen männlichen Klienten, der am ganzen Körper sehr schwer an Krebs erkrankt war. In meiner Arbeit habe ich festgestellt, dass Krebs so gut wie immer durch unterdrückten Ärger verursacht wird. Der Ärger wird innerlich festgehalten (besonders bei Krebsarten, die den Bauch oder die Eingeweide betreffen) und nicht nach außen geleitet. Wenn das passiert, wühlt sich der Ärger immer tiefer und wenn er sich dann nicht ausdrücken kann, beginnt er, den Körper von innen aufzufressen. Jedes Mal, wenn der Arzt den Krebs in einem Teil des Körpers dieses Mannes operiert hatte, trat er an einer anderen Stelle wieder auf. Also fragte ich ihn: „Sind Sie auf irgendetwas wütend?" Er schrie beinahe, als er sagte: „Ja, und wie - auf meine Ex-Frau! Ich hasse sie!! Sie hat die Kinder und lässt mich sie nicht sehen!" Ich sprach mit ihm über Vergebung und darüber, den Ärger loszulassen. „Ich kann ihr nicht verzeihen! Wenn ich das tue, hat sie gewonnen!" Ich sah ihm direkt in die Augen und erwiderte: „Sie hat gewonnen, wenn sie Sie *tötet*."

So einfach und doch so schwierig ist es. Und daher dreht sich das karmische Rad immer weiter.

* * *

Eines Abends, als ich vor dem Fernseher saß und Vorschläge für verschiedene Manuskripte während der Werbepausen las, wurde mir schlagartig etwas klar. Es ging um etwas, das einer der Autoren schrieb. Es bezog sich nicht auf eine meiner Schlussfolgerungen, denn er benutzte das Argument in einem anderen Zusammenhang. Aber mir ging dabei das sprichwörtliche Licht auf. Es war so, als würden sich plötzlich viele verschiedene lose Informationen, die ich erhalten hatte oder die ich selbst entdeckt hatte, zu einem Ganzen zusammenfügen und damit einen besonderen Sinn ergeben. Die Einzelteile waren die ganze Zeit über da, ich hatte sie nur nicht richtig einordnen können. Bei meiner therapeutischen Methode arbeite ich mit dem Unterbewusstsein, um die Patienten zu heilen. Ich tue das, indem ich dem Unterbewusstsein erlaube, den Grund für die Krankheit oder das Leiden zu finden. Wenn es den Grund erklärt hat, kann es das Problem beheben. Es ist möglicherweise das eigene Bewusstsein des Patienten, das die Heilung ermöglicht, sobald der logische Verstand während der Hypnose (tiefen Meditation) zur Ruhe kommt. Was immer es ist, es funktioniert und ich habe regelrechte Wunder in meiner Praxis erleben dürfen. Ich nenne diesen Teil, mit dem ich kommuniziere, das „Unterbewusstsein", weiß allerdings, das es nicht das Gleiche ist, was die Psychiater meinen. Das hier ist etwas viel, viel Größeres und wesentlich mächtiger. Ich glaube, dass ich mit dem „Höheren Selbst", dem höheren Bewusstsein, der Überseele des Klienten kommuniziere. Es ist jener Teil, der alle Antworten und Informationen kennt und sollte es angebracht sein, kann daraus Heilung erfolgen. Es antwortet auf die Bezeichnung „Unterbewusstsein" und daher nenne ich es so. Während wir kommunizieren, spricht es von sich selbst als „wir", d.h. nicht als eine einzelne Entität. Es spricht durch alle Klienten auf gleiche Weise, egal wo auf der Welt ich gerade praktiziere.

Nun zu jenem Stück des Puzzles, das den richtigen Platz fand und meine Erkenntnis möglich machte. Ich habe drei Bücher von Dr. O.T. Bonnett über die Fähigkeit des Geistes, den Körper zu heilen, herausgebracht. In *Why Healing Happens* sagt er, dass es sehr wichtig ist, mit den Zellen in unserem Körper zu sprechen, wenn wir etwas heilen möchten. Um die Zellen wissen zu lassen, dass eine höhere Autorität mit ihnen spricht (unsere Persönlichkeit), sollten wir sie immer als „wir" adressieren. Die Zellen sind daran gewöhnt, ihren Pflichten nachzukommen und sich um die verschiedenen Funktionen des Körpers zu kümmern. Sie sind es aber nicht gewohnt, dass ein anderer Teil sich ihrer bewusst ist. Wenn wir sie darauf aufmerksam machen können und sie fragen, uns zu helfen, sind wir quasi die *Stimme Gottes* und sie hören zu.

In jenem Manuskript, das ich las, erwähnte jemand, dass wir uns selbst als einen Körper, eine Einheit betrachten. Aber in Wirklichkeit sind wir nur eine Karkasse, die Billionen von individuellen Zellen beherbergt. Diese Zellen erschaffen alle Organe und Lebenssysteme unseres Körpers. Sie alle haben eine bestimmte Aufgabe zu erfüllen und arbeiten in Ausgewogenheit und Harmonie miteinander. Wir sind diejenigen, die alles aus dem Gleichgewicht bringen und Krankheiten schaffen. Wörtlich sagte er, dass wir nur ein Gefäß sind, welches eine enorme Kolonie von Lebewesen beherbergt. Diese sind fähig zu denken, zu verdauen, sich zu vermehren und auszuscheiden - also alles, wozu wir Menschen in der Lage sind. Da wir also nur ein Lebewesen sind, dass aus einer riesigen Kolonie von Billionen von Einzelwesen besteht, wäre es also nicht korrekt von uns in der „ich" Form zu sprechen. Wir sollten von uns in der „wir" Form sprechen.

Das war der Moment, als mir ein Licht aufging. Es kam mir alles so vertraut vor. Wir sollten mit unseren Zellen kommunizieren, indem wir in der „wir" Form sprechen. Auch das Unterbewusstsein spricht von sich in der „wir" Form. Bedeutet das, dass es ebenfalls Teil eines noch größeren Bewusstseins ist? Ich denke ja und das Kapitel über Gott (oder die Quelle) wird das noch weiter verdeutlichen. Niemand ist alleine. Wir sind alle Teil einer viel größeren Struktur und jeder Teil ist auf die anderen Teile angewiesen, um zu überleben. Kein Teil kann alleine überleben. Ich hatte viele Male in meinen Vorlesungen davon berichtet, dass wir eigentlich Zellen im Körper Gottes sind. Nun passte alles zusammen. Mir wurde gesagt, dass sich alles um Kommunikation und das Sammeln von Informationen dreht. Wir müssen zahllose Leben leben, um jede erdenkliche Lektion zu lernen und um Wissen zu sammeln. Warum das alles? Mir wurde gesagt, dass wir diesen Schatz an Informationen zurück zu Gott bringen, wenn wir alle unsere Lektionen gelernt und unsere „Reifeprüfung" abgelegt haben. Gott war neugierig, deshalb wurden wir im Anfang als individuelle Funken des Lebens erschaffen. Er wollte so viel wie möglich erfahren und das war als eine einzelne Entität nicht möglich. So wurden wir erschaffen und ausgesendet, um alles erdenkliche zu erfahren und es zurück zu Ihm zu bringen. Wie die Informationen in diesem Buch zeigen werden, waren wir unbeschreiblich glücklich und zufrieden, bei Gott zu sein, wo es eine Form der Liebe jenseits unserer irdischen Vorstellungskraft gibt. Dort wollten wir eigentlich nicht weg, aber wir mussten, da dies der Sinn unserer Schöpfung war. Viele Menschen kennen dieses Gefühl von Getrenntsein und Einsamkeit auch in diesem Leben und haben nie verstanden, woher es kommt. Wir waren nur zufrieden, als wir alle zusammen waren. Die Trennung war extrem schwierig und wir werden uns erst dann wieder vollständig fühlen, wenn wir „nach Hause" zurückkehren und dort bleiben können.

Das ergab jetzt alles einen Sinn. Auch innerhalb unseres Körpers dreht sich alles um Kommunikation. Zellen kommunizieren und beziehen sich aufeinander und obwohl die Zellen ständig sterben und ersetzt werden, sehen sie sich selbst als Ganzes. Sie sehen sich nicht als getrennt. Zellen und DNA senden unablässig Informationen zu unseren Gehirnen und kommunizieren mit diesem entscheidenden Teil von uns. Wäre es zutreffend zu sagen, dass die Zellen *uns* als ihren Gott betrachten und ihre Aufgabe darin besteht, Informationen und Wissen auf die einzige Art zu sammeln, die sie kennen, um das Wissen dann an den höheren Teil unseres Körpers weiterzugeben? Das ist das Gleiche, was unsere Aufgabe während unserer zahlreichen Leben ist: Informationen zu sammeln und sie an Gott zurückzusenden.

Falls die Zellen jemals versuchen würden, ihre Wahrnehmung von uns (sofern sie uns bemerken) zu erklären, hätten sie damit wahrscheinlich genau solche Schwierigkeiten wie meine Klienten bei dem Versuch, ihre Wahrnehmung von Gott zu definieren. Sie würden uns vermutlich als dieses riesige, vage „Etwas" außerhalb des Gehirns und des Körpers bezeichnen. Als etwas allmächtiges (weil wir die Macht haben, *sie* zu schädigen) und als ein allwissendes und zerbrechliches Gebilde, dass sie nicht sehen oder begreifen können. Und so erfüllen sie weiter ihre Arbeit als Teil eines Organs (oder in welcher Weise auch immer), völlig ahnungslos, dass *sie* sterben, wenn wir sterben. Die einzelnen Zellen erfüllen ihre Aufgabe und sind sich gar nicht bewusst, dass sie Teil eines Organs

(Herz/Leber/Nieren u.s.w.) sind. So gesehen könnte es auch eine Analogie dafür sein, dass eine Überseele aus mehreren Teilen (Leben/Persönlichkeiten) besteht, die alle ihre Einzelschicksale leben und die völlig ahnungslos sind, Teil einer größeren Einheit zu sein. Wir sehen uns selbst als Individuen, die unabhängig von einer allumfassenden Seele und von Gott agieren. Ich glaube, dass es bei diesem Vergleich mehr Übereinstimmungen als Unterschiede gibt. Man muss lediglich ein neues Konzept untersuchen.

In meinem Buch *Das gewundene Universum* – Buch Zwei schrieb ich, dass auch die Erde ein Speicherort für Informationen ist, die von allen auf ihr existierenden Lebewesen (Zellen) gesammelt werden. Auch die Sonne trägt Informationen zusammen, nicht nur von der Erde, sondern auch von allen anderen Planeten, Monden, Asteroiden und Satelliten, die sich im Weltraum befinden. Uns wurde gesagt, dass auch alle anderen Sonnen als Sammelstelle von Informationen hinsichtlich ihrer jeweiligen Sternensysteme dienen. Und die Universen sammeln wiederum Informationen von allen Sternensystemen. Es ist für mich erstaunlich zu sehen, dass es kontinuierlich darum geht, Wissen und Informationen zu sammeln. Es ist dasselbe im Mikrokosmos (und wir wissen nicht, wie klein dieses System wirklich ist) bis zum Makrokosmos (auch hier wissen wir nicht, wie groß es tatsächlich ist). Lediglich Gott oder die Quelle kennen den Zweck für das weitreichende Sammeln von Informationen. Vielleicht, um neue Welten zu kreieren? In meinen letzten Büchern hatte ich bereits geschrieben, dass sich der Zyklus von Reinkarnation, Wiedergeburt oder Erneuerung nicht nur auf die Menschheit bezieht. In einem weiteren Kapitel dieses Buches gehe ich darauf ein, dass sich dieses Konzept auf alles Lebendige bezieht (d.h. alles mit einschließt, da alles Energie ist und daher alle Dinge lebendig sind).

Wir haben entdeckt, dass sogar Gestirne einen Zyklus von Tod und Wiedergeburt haben. Ein Stern oder eine Sonne haben eine endliche Lebensspanne und sie sterben in einer glorreichen Explosion, wenn ihre Energie (oder ihre Seele?) sich löst und in einer Supernova aufgeht. Auf die Frage: „Was passiert dann?" wurde mir gesagt, dass die Energie zur Schöpfung neuer Sterne recycelt wird. Das Universum dehnt sich ständig aus, aber sogar das Universum hat ein endliches Leben. Es kann sich nur bis zu einem bestimmten Punkt weiter ausdehnen (oder explodieren), bevor es zum Stillstand kommt. Dann beginnt es, zu implodieren. Es beginnt, Energie zu verlieren und zu sterben. Und wenn das Universum an diesem Punkt ist – was passiert dann? Die Antwort, die ich erhielt, lautete: „Dann setzt der ganze Prozess wieder erneut ein. Alles fängt neu an". Alles ist ein Prozess von ständiger Wiedergeburt, Wiederverwertung und von Erneuerung.

Auf die Praxis bezogen bedeutet das für unser tägliches Leben (anstatt das Thema in den Bereich jenseits unserer Vorstellungskraft zu verbannen), dass unser Geist zu allem fähig ist. Wir ahnen nicht, wie viel Macht wir tatsächlich haben. Wir sind an die Grenzen gewöhnt, die uns andere setzen. Wir müssen endlich verstehen, wie mächtig wir wirklich sind. Wir können alles, was wir wollen, im Leben kreieren. Wir können unsere Körper heilen. Wir können alles erreichen. Alles, was wir tun müssen ist, jene Grenzen aufzuheben, die uns andere und wir selbst uns gesetzt haben. Wir müssen begreifen, wie viel Kraft wir haben. Und dann müssen wir daran *glauben!* Glauben und darauf vertrauen. Niemand kann uns unsere Kraft nehmen, außer wir lassen es zu. Es ist jetzt an der Zeit, jene Fähigkeiten wiederzugewinnen, die in vergangenen Generationen einmal eine Selbstverständlichkeit waren. Unsere Welt durchläuft dramatische Veränderungen und wir müssen uns ebenfalls ändern, um damit Schritt zu halten. Wir alle müssen wieder unsere Fähigkeiten (übersinnlicher und anderweitiger Art) aktivieren. In dieser neuen Welt, auf der neuen Erde, wird es so selbstverständlich sein wie das Atmen. Deshalb erwachen wir jetzt. Alles fügt sich zusammen und wir alle haben eine besondere Rolle in diesem Prozess.

Das ist mein (bisheriges) Verständnis von den Dingen. Vielleicht haben *Sie* eine andere Auffassung dazu. Aber bleiben Sie offen für alle Möglichkeiten und lassen Sie uns die Dinge gemeinsam erforschen!

KAPITEL ZWEI

ZUSAMMENFASSUNG TYPISCHER FÄLLE

Der Hauptteil meiner Hypnose-Tätigkeit hat während der vergangenen 30 Jahre in meiner Arbeit als Therapeutin bestanden. Meine Aufgabe ist es, jenen Menschen zu helfen, die hoffen, Erklärungen und Erleichterung bezüglich ihrer Probleme zu finden, damit sie eine normales und erfülltes Leben führen können. Damit sie unbeschwert weitergehen können, ohne durch ihr „Gepäck" und ihren „Müll" belastet zu werden. Das ist mein primäres Anliegen. Natürlich gab es auf diesem Weg viele Irrungen und Wendungen, die die bewusstseinsverändernden Konzepte, über die ich jetzt schreibe, ermöglicht haben. In diesem Kapitel möchte ich einen kleinen Teil dieser typischen Fälle und ihrer Verbindung zu vergangenen Leben beleuchten.

Anfang November 2006 beschäftigte ich mich mit zwei Fällen von Kindesmissbrauch. Ein Mann und eine Frau, die sehr tief von ihren Erfahrungen gezeichnet waren. Der Mann erinnerte sich an ständige Schläge ab dem Alter von zwei Jahren bis zu dem Zeitpunkt, als er mit 18 Jahren von zu Hause wegging. Er war auf seinen Vater immer noch sehr wütend. Der andere Fall, eine Frau, hatte alle Erinnerungen vor dem Alter von 17 Jahren abgeblockt. Sie war von ihrem Vater seit dem Alter von ca. 4-5 Jahren sexuell missbraucht worden. Sie war ebenfalls sehr wütend, weil sie dachte, dass sie ihr Leben zerstört habe. Nachdem sie von zu Hause ausgezogen war, wollte sie das College besuchen, aber es war alles zu viel für sie. Sie rutschte ab in Drogen, Alkohol und Prostitution. Als sie zu mir kam, war sie 29 Jahre alt und hatte ihren Tiefpunkt erreicht. Sie brauchte dringend Hilfe. Sie hatte einen Selbstmordversuch hinter sich und war in der Psychiatrie gelandet. Drogen und Alkohol hatten ihren Körper, besonders die Nieren, angegriffen. Eine Niere musste entfernt werden. Die verbleibende Niere funktionierte nicht richtig und sie litt unter Vergiftungserscheinungen und anderen körperlichen Symptomen (das Unterbewusstsein sagte, sie versuchte sich umzubringen, um ihr Leiden zu beenden). Sie war schwer depressiv und wollte nur noch schlafen. Das war schwierig, denn sie musste drei Kinder alleine versorgen. Sie verletzte sich selbst, indem sie ihren Körper schnitt und ritzte. Es war offensichtlich, dass sie ihren Körper hasste (obwohl sie schön war, fand sie sich selbst hässlich) und wollte diesen fehlerhaften Teil von sich zerstören. Beide waren sehr unglücklich, traurig und depressiv. Als sie meine Praxis verließen, hatten beide Leben eine komplette Wende genommen und beide konnten sich den Dingen mit Hoffnung anstatt mit Verzweiflung stellen, da wir die Ursache für ihre Probleme gefunden hatten. Beide Fälle waren unterschiedlich, aber dennoch gleich.

Der Mann sah sich auf einem Schlachtfeld in einem der Weltkriege. Da wollte er aber nicht sein. Er erzählte, die Musterungsoffiziere hätten ihn belogen. Sie hatten ihm erzählt, es würde nur einen kurzen Krieg geben und dass er nicht kämpfen müsste. Aber dann war er mittendrin. Kugeln flogen ihm um die Ohren, Bomben explodierten und tödliches Gas lag in der Luft. Überall starben Soldaten. Er sagte, dass irgendwo sein Bruder sei, er ihn jedoch im Chaos und Rauch nicht sehen konnte. Mein Klient hatte sich freiwillig gemeldet, aber sein Bruder wollte nicht; er hatte ihn überredet. Weil er so verängstigt war, nahm ich an, dass er auf dem Schlachtfeld sterben würde. Als ich ihn zum letzten Tag in seinem Leben führte, überraschte er mich, als er sagte, er wäre alt und würde in seinem Bett sterben. Er hatte den Krieg überlebt und war sicher nach Hause gekommen, geheiratet und eine Familie gegründet. Sein Bruder hatte nicht so viel Glück. Er wurde im Krieg getötet. Natürlich fühlte er sich deshalb schuldig, denn er nahm an, dass der Bruder noch leben würde, hätte er ihn nicht überredet, am Krieg teilzunehmen. Als wir mit dem Unterbewusstsein sprachen, sagte es, dass sein Bruder in diesem Leben sein Vater sei. Der Bruder inkarnierte mit sehr viel Ärger und Verbitterung, da er der

Meinung war, er sei um sein Leben betrogen worden. Er war fest entschlossen, es ihm als Vater heimzuzahlen. Er plante, dessen Leben zu vernichten oder es für ihn wenigstens so schrecklich wie möglich zu machen. Das erklärte den grundlosen Zorn, dem der Junge oft ausgesetzt war. Man muss Mitleid mit den Vater haben, denn er hatte sehr viel Karma durch die Entscheidung angesammelt, mit seinem ganzen ungelöstem Ärger zurückzukommen. Als der Mann die Verbindung verstand, konnte er den Vater loslassen, konnte ihn gehen lassen und ihm verzeihen. Damit zerriss er den Vertrag und kappte innerlich die Taue. Nach intensiver Arbeit verließ er die Praxis als ein veränderter Mann. Er litt zudem unter schlimmen Rückenschmerzen vom Hals abwärts bis zum unteren Rücken. Der Schmerz war offensichtlich verursacht durch die schwere Last, die er fünfzig Jahre lang mit sich herum getragen hatte. Jetzt konnte er sie loslassen.

Die Verbindung der Frau zu einem voherigen Leben war anders, jedoch ähnlich. Sie sah sich selbst im kriegsgeplagten Deutschland während des 2. Weltkrieges. Soldaten kämpften in den Straßen, aber sie kämpften nicht gegen Soldaten, sie schossen auf Zivilisten. Sie war Ärztin und versucht den vielen Menschen zu helfen, die in den Straßen lagen, bluteten und an Schusswunden starben. Die Soldaten waren wie von Sinnen und vergewaltigten die Frauen bevor sie sie erschossen. Sie erschossen auch Männer und Kinder. Die Klientin meinte, die Erschossenen waren möglicherweise Juden. Das reinste Chaos regierte die Straßen und sie versuchte, einigen der Leute zu helfen, wurde aber von den wütenden Soldaten zur Seite gestoßen. Zuerst ließen sie sie in Ruhe, weil sie Ärztin war. Aber dann wurden die Kämpfe und die Panik schlimmer und sie flüchtete in ein Gebäude, um sich im Treppenhaus zu verstecken und beobachtete die Kämpfe von dort. Da fand man sie und zog sic auf die Straße. Zu diesem Zeitpunkt verhielten sich die Soldaten völlig verrückt und hörten auf niemanden. Sie fesselten sie und die vielen Soldaten wechselten sich dabei ab, sie zu vergewaltigen. Dann tötete man sie durch einen Schuss in den Kopf. Als ich sie bat, ihren Körper von außen zu betrachten, sah sie, wie man ihren Körper auf einen Berg von anderen Körpern warf. Dann verbrannte man alle. Nach dem Tod fühlte sich keinen Zorn, da sie verstand, dass die Soldaten in den Emotionen des Krieges gefangen waren und ihr „Männer-Ding" machten.

Sie kam mit dem Vorsatz ins Leben zurück, anderen zu helfen, da ihr das im vergangenen Leben nicht ausreichend gelungen war. Ihr jetziger Vater war der erste Soldat, der sie damals vergewaltigte. Er war zurückgekommen, um das Unrecht wieder gut zu machen. Er hatte die Absicht, sie großzuziehen und zu beschützen. Das war der Plan, aber es änderte sich offenbar, als er in seinen Körper kam. Das Unterbewusstsein sagte, dass er seinen ursprünglichen Vorsatz vergessen und sich im fleischlichen verloren hatte. Daran zeigt sich, dass die hereinkommende Seele zwar einen guten Plan und beste Absichten zum Ausgleich des Karmas haben kann, sie das Leben aber möglicherweise ungünstig beeinflussen wird und dass Menschsein überhaupt nicht einfach ist. In der geistigen Welt sieht es so einfach aus, als wäre es ganz leicht, das Angestrebte zu erreichen. Aber die hereinkommende Seele vergisst, dass sie sich mit dem freien Willen anderer Seelen arrangieren muss, da hier der freie Wille existiert. Und dass es eine große Herausforderung ist, mit dem Druck der menschlichen Emotionen umzugehen. So hatte er sich verstrickt und hatte unglücklicherweise noch mehr Karma geschaffen. Beide Männer sollte man bedauern, nicht beschimpfen.

Da die Umstände sich geändert hatten, mussten sich nun auch die Pläne der Klientin ändern. Sie war gekommen, um zu helfen. Sie war jetzt immer noch in der Lage zu helfen, aber in ganz anderer Form, als sie es erwartet hatte. Die vielen schlimmen Erfahrungen würden als Vorbereitung dienen, anderen Frauen, die ebenfalls sexuellen Missbrauch erlebt hatten, zu helfen. Sie wäre in der Lage zu helfen, denn sie konnte die Thematik verstehen. Was für eine bessere Hilfe konnte es für Opfer geben, als von jemandem, der das alles selbst durchlebt hatte? Ihr Leben konnte nun eine Wendung nehmen; sie war fähig, die Vergangenheit loszulassen und in die Zukunft blicken.

Zwei verschiedene Fälle mit einem gemeinsamen Thema: Kindesmissbrauch. Die beiden Klienten waren nicht nur aufgefordert, ihrem übergriffigen Vater zu verzeihen, sondern auch sich selbst - und dieser Teil ist oft die schwerste Lektion.

Eine noch bemerkenswertere Erklärung für Kindesmissbrauch, die sich auch in ehelichem Missbrauch fortsetzte, fand sich innerhalb einer Reihe von Leben, die in religiöser Umgebung, in Klöstern, Nonnenklöstern oder Konventen stattfanden. Dort, unter sehr harschen und lieblosen

Umständen, wurde der tiefsitzende Glaube gezeugt, dass man leiden müsse, um in den Himmel zu kommen und bei Gott zu sein. Und an Leiden mangelte es diesen sogenannten "religiösen" Menschen nicht. Diese Glaubenssätze saßen so tief bei einer meiner Klientinnen, dass sie diese trotz mangelnder Erinnerung nicht loslassen konnte. Alle anderen Menschen aus den vergangenen Leben waren zurückgekehrt, um in diesem Leben die Rolle der Schurken zu spielen. Sie schufen dieselben negativen Umstände, da sie überzeugt war, derart schlechte Bedingungen seien der einzige Weg in den Himmel.

Das ist ein wichtiger Punkt. Die Schwüre, die in vergangenen Leben getätigt wurden, sind sehr wichtig und haben eine große Macht, da sie einmal mit größter Überzeugung geleistet wurden. Da sie im damaligen Leben nie widerrufen wurden, gibt es eine Überblendung zum jetzigen Leben. Einige der häufigsten Schwüre sind: Schwur unverheiratet zu bleiben und Keuschheit zu üben - das führt zu sexuellen Problemen in diesem Leben. Schwur der Armut, was Geldprobleme im jetzigen Dasein verursacht. Und dann entdeckten wir auch den Schwur, zu leiden. Der einfachste Weg, diese Schwüre loszuwerden ist, sie bei jener Persönlichkeit zu lassen, die sie einst leistete. Zu erklären, dass diese Schwüre ihre Richtigkeit und ihren Zweck in einem vergangenen Leben hatten, aber für dieses Leben nicht mehr relevant sind. Die Macht dieser Schwüre kann gebrochen werden, in dem man sie widerruft und loslässt.

* * *

Eine Klientin hatte eine Reihe von Auffahrunfällen, die ihre Aufmerksamkeit forderten. „Ihre" Methode, das Bewusstsein zu erwecken scheint drastisch zu sein, aber ich habe festgestellt, dass oft einschneidendere Maßnahmen erforderlich sind, wenn die subtilen Signale des Unterbewusstseins, die bereits zuvor ausgesendet wurden, nicht wahrgenommen werden. Man sagte uns, dass „sie" in den vergangenen Jahren schon einiges versucht hatten, die Klientin aber „zu sehr in den alten Programmen gefangen war". Einer meiner Studenten hatte Schwierigkeiten damit, dieses Konzept zu verstehen, als ich während meines Unterrichts viele Beispiele erwähnte, in denen Menschen schreckliche Unfälle erlebten, die sie entstellt oder verkrüppelt zurückließen. Aber diese tragischen Unfälle änderten den Kurs ihres Lebens. Dieser Schüler sagte: „Das kann nicht sein. Die geistige Welt würde uns das nie antun. Sie ist da, um uns zu helfen und um uns zu beschützen, nicht um uns zu schaden".

Ja, das trifft zu. Sie wachen immer über uns und sind immer da, um uns zu helfen. "Wir sind immer und in jeder Hinsicht da. Jedes Bedürfnis wird ernstgenommen. Alle Fragen werden beantwortet". Woher wollen wir wissen, dass diese Unfälle nicht Teil des Lebensplans sind? Wenn ein Mensch sich zwischen seinen Leben in der geistigen Welt befindet, berät er sich mit seinen geistigen Beratern, den Älteren und den Meistern, um einen Plan für jene Art von Leben zu entwerfen, das er bei der Rückkehr auf die Erde gerne erleben würden. Es dient zum einem dazu, Karma auszubalancieren und andererseits dazu, zu wachsen und noch mehr zu lernen. Und auch dazu, so vielen Menschen wie irgendwie möglich zu helfen. So ist es vielleicht auch Teil eines Plans, dass die Helfer der geistigen Welt Ereignisse inszenieren, um einen Menschen auf den Seelenpfad zurückzuführen, falls er seine Mission vergessen haben sollte. Was also drastisch erscheint, ist in Wirklichkeit Teil eines Plans, dem jeder, der daran beteiligt ist, zugestimmt hat. Wenn zarte Hinweise und Eingebungen nicht fruchten, müssen stärkere Interventionen folgen. Das alles geschieht unter dem Aspekt der Liebe, auch wenn es aus unserer begrenzten menschlichen Perspektive anders aussehen mag. Während meiner Lesungen sage ich immer: "Jedem passieren schlimme Dinge im Leben. Wir entkommen dem nicht. Das ist Teil des Lebens. Aber wenn wir uns das Ganze genauer betrachten, *wirklich* ansehen, was haben wir daraus gelernt? Wenn Sie daraus nur einen Punkt gelernt haben, war das der Sinn und Zweck der Erfahrung." Niemand hat je behauptet, dass das Leben einfach wäre. Die Erde gilt als ein sehr schwieriger Planet. Und je mehr wir lernen, um so schneller verlassen wir das karmische Rad und müssen nicht mehr hierher zurückkehren. Wir können uns auf unserem Weg nach „oben" orientieren, anstatt uns ständig im Kreis zu drehen.

* * *

Eine Klientin, Mitte 50, suchte mich auf, weil sie unter schweren Problemen mit Leber und Bauchspeicheldrüse litt.

Diese hatten sie im Alter von 41 Jahren beinahe das Leben gekostet, sie waren aber bereits ihr ganzes Leben in einer milderen Form aufgetreten.

Es war vollkommen lähmend für sie und die Ärzte sagten ihr damals, dass sie sich darauf vorbereiten sollte, zu sterben. Es gab keine Hilfe, außer eventuell eine Lebertransplantation, aber dazu war sie damals zu krank. Obwohl man ihr sagte, sie müsse sterben, weigerte sie sich, das zu akzeptieren (damit ist bereits die Hälfte der Schlacht gewonnen). Ihr Leben war gerettet, als sie einen Heilpraktiker fand, der sich auf Kinesiologie spezialisiert hatte. Dieser Heilpraktiker änderte ihren Lebensstil, insbesondere ihre Ernährungsgewohnheiten und stellte ihr ganzes Leben um. Als sie zu mir kam, hatte sie immer noch Probleme mit der Leber, die aber längst nicht so schwerwiegend wie noch vor ein paar Jahren waren. Ihr Anliegen bei der Sitzung war, die Ursache für die Krankheit zu finden, um den Körper in die vollständige Heilung zu bringen. Während der Sitzung fanden wir eine ungewöhnliche Erklärung für die Erkrankung der Leber und der Bauchspeicheldrüse.

Sie sah sich in zwei Leben, die jeweils als zentrales Thema den Verlust eines geliebten Menschen hatten - den Mann, den sie heiraten wollte. Das erste war inmitten einer trostlosen Siedlung, wo es nichts außer Resignation und Niedergeschlagenheit gab. Sie wollte unbedingt der Trostlosigkeit ihrer Herkunft entfliehen (grausamer Vater, desinteressierte Mutter und ein Haus voller hungriger Kinder). Sie traf einen Fremden, der in das Dorf kam und nahm an, dass er sie heiraten würde. Am Tag der Hochzeit ging sie in ihrem Hochzeitskleid zur Kirche; alle ihre Verwandten waren gekommen. Der Gedanke zu heiraten und der Gegend zu entkommen machte sie sehr glücklich. Doch der Mann kam nie; sie wurde am Altar stehen gelassen. Jeder in der Familie verhöhnte und verspottete sie. „Wie konnte sie auch glauben, fliehen zu können und ein anderes Leben als wir zu leben. Sie ist ein Nichts und niemand wird sie je wollen." Sie hatte keine Wahl, als in das trostlose Zuhause zurückzukehren. Dort starb sie aus Kummer und an gebrochenem Herzen. Sie war überzeugt, dass es keinen Ausweg für sie gab, was wahrscheinlich für die damalige Zeit stimmte.

Ich ging mit ihr noch weiter zurück in der Zeit um herauszufinden, warum sie sich selbst in diese Situation gebracht hatte. Sie sah sich in einem Wirtshaus, alle Anwesenden dort waren glücklich. Man feierte ihre Verlobung. Aber bevor sie heiraten konnte, wurde ihr Verlobter bei einem Unfall während der Feldarbeit von einem Zugpferd getötet. Sie war sehr unglücklich und heiratete nicht mehr. Sie starb in ihren 40ern, allein, aber nicht ohne Freunde. Ihr Unterbewusstsein sagte, der Grund für ihre Krankheit sei, dass sie vor einer nochmaligen Trauer schützen wolle. Der Verlust ihrer beiden großen Lieben hatte sie in den vorherigen Leben sehr getroffen. Also verhinderte sie in diesem Leben jede Möglichkeit, zu heiraten. Da sie besonders während der Jahre, in denen sie normalerweise einen Ehemann gefunden hätte, sehr krank war, standen die Chancen gut, dass sie nicht noch einmal verletzt wurde. Ihr Unterbewusstsein sagte, sie hätte damals sterben können, stattdessen wendete sich durch die Begegnung mit der Heilpraktikerin metaphysischen Themen zu. So konnte ihr Leben eine produktive Wendung nehmen. Auf diese Weise konnte sie leben und anderen Menschen etwas beibringen. Da die Wahrscheinlichkeit für eine Heirat jetzt recht gering war, gab es für die Krankheit keinen Anlass mehr. Die restlichen Symptome konnten nun verschwinden (die Symptome waren die gleichen wie jene, an denen sie im zweiten Leben gestorben war). Ihre Migräne hing ebenfalls mit diesem Thema zusammen und konnte nun losgelassen werden.

* * *

Ein anderer Fall, bei dem der Klient starke Depression und das Gefühl von gesellschaftlicher Isolation seit seiner Kindheit hatte, ließ sich über zwei andere Leben zurückverfolgen. Obwohl der Mann in eine sehr große Familie mit 12 Kindern hineingeboren wurde, hatte er zu keinem von ihnen ein enges Verhältnis. Da war immer ein Gefühl von Isolation und Depression. Es setzte sich in seinem späteren Leben fort: ein Gefühl der Apathie, eine Gleichgültigkeit und das Gefühl, nur ein Beobachter zu sein, der alles von außen betrachtet. Er befand sich in psychiatrischer Behandlung und bekam Medikamente gegen seine Depression, aber das half ihm nicht. Auch Naturheilmittel wirkten nicht. Eine Diagnose lautete: „Freisein von Verletzungen". Mit anderen Worten: um nicht verletzt zu werden, war es für ihn einfacher, sich abzukapseln und weder mit Menschen, noch auf eine andere Weise zu interagieren. Es war eine einsame Existenz; selbst seine Arbeit machte ihm keinen Spaß. Obwohl äußerlich attraktiv hatte er nie geheiratet. Seine Apathie und sein scheinbares Desinteresse am Leben schreckten Frauen ab. Einmal war er sehr verliebt und wollte heiraten, aber die Beziehung zerbrach, was ihn noch tiefer in die Depression stürzte. Ein anderes Mal war eine weitere Frau ihm sehr zugeneigt, aber er ging nicht darauf ein. Er dachte, dass die einzige Lösung war, sich umzubringen und zog es ernsthaft in Erwägung. Als er zu mir kam, hatte er eine Freundin, die ihn aus einem metaphysischen Ansatz zu verstehen versuchte und er hoffte, dass es klappte. Er hatte auf ihre Initiative hin der Regression mit mir zugestimmt. Zu Beginn der Sitzung war er skeptisch und grinste, als sei das Ganze lächerlich, aber er stimmte zu. Als wir die Sitzung begannen und das Unterbewusstsein baten, ihn zurückzubringen, um den Grund für sein Bedürfnis nach Isolation zu finden, fühlte er plötzlich eine riesige Freude in sich, so, als sei es endlich an der Zeit, Antworten zu finden. Es überraschte ihn, dass er ein so großes Glück spürte, als ich vom Finden der Ursache sprach.

Er fand sich in einem vergangenen Leben wieder, das überraschenderweise seinem heutigen Leben sehr ähnlich war. Er lebte in einer kleinen Stadt (irgendwo im Westen) und reparierte Gespänne und Kutschen (in diesem Leben reparierte er computergesteuerte Elektronik in Fabriken). Er war ein Einsiedler ohne Familie und fühlte sich wie ein Außenseiter in der Stadt. Er fühlte sich von einer attraktiven, sehr schönen schwarzhaarigen Frau angezogen, und litt still, da sie seine Zuneigung nicht erwiderte. Er war viel zu introvertiert, um ihr zu zeigen, was er fühlte. Die Arbeit machte ihm keinen Spaß und nichts erschien ihm lebenswert. Der einzige Ort, an dem er glücklich war, befand sich auf einer Klippe, wo er über das Meer schauen konnte und dort still sitzen konnte – weit weg von allem. Später war auch das kein Trost mehr für ihn. Irgendwann hielt er es nicht mehr aus und schoss sich in den Kopf. Obwohl er hoffte, dass damit alles zu Ende war, wissen wir ja, dass das nicht der Fall ist. Selbstmord macht die Sache nur noch schlimmer, denn das Gesetz des Karmas besagt, dass man dieselben Umstände wiederholen muss, bis man seine Lektion gelernt hat. Und das traf hier ganz sicher zu, denn er sagte unter Tränen: „Mein jetziges Leben ist eine Wiederholung des anderen Lebens. Ich konnte vor gar nichts flüchten." Er fühlte, dass die erste Frau, zu der er sich in diesem Leben angezogen fühlte, dieselbe Frau aus dem vergangenen Leben war, die ihn ebenfalls zurückgewiesen hatte. Die Geschichte wiederholte sich. Er hatte das gleiche Kartenblatt nochmal bekommen, um zu sehen, was er diesmal damit machen würde. Später war er überrascht, dass er während der Rückschau auf das traurige Leben des Mannes, der Kutschen repariert und Selbstmord begangen hatte, so heftig geweint hatte.

Aber woher kam dieses Leben? Warum war er erneut in einem Zyklus derselben, sich wiederholenden Fehler gefangen worden? Was erzeugte dieses Muster? Ich brachte ihn noch ein Stück weiter zurück, um die Antwort darauf zu finden. Er fand sich in einem Leben in der Wüste wieder. Dort war eine Gruppe von Nomaden, die von Ort zu Ort durch die Wüste mit Kamelen zogen und ihre Zelte an verschiedenen Plätzen errichteten. Er war eine wunderschöne junge Frau, die sich ihrer Sexualität sehr bewusst war. Sie zeigt es offen und neckte die Männer und genoss die Wirkung, die auf sie hatte, indem sie mit ihnen flirtete und ihre Gunst dann zurückzog. Irgendwann ging sie zu weit und die Männer fanden das Spiel nicht mehr witzig. Man griff sie an und vergewaltigte sie so schwer, dass sie daran starb. Im nächsten Leben des Mannes im wilden Westen fühlte er dann unbewusst, dass es sicherer sei, keinerlei sexuelle Gefühle zu haben. Sich von jedem Kontakt zurückzuziehen. Und auch um zu erfahren, was es bedeutet, zurückgewiesen zu werden. Dieses Muster setzte sich dann im jetzigen Leben fort, weil er sich umgebracht hatte. Die beiden Leben waren von einem Extrem ins andere gekippt. Er würde die goldene Mitte finden müssen, um die Auswirkungen abzufedern. Eine Möglichkeit war, zu verstehen, wie alles passiert war und dass Selbstmord keine Lösung war. Er hatte in diesem Leben mehrmals über Selbstmord nachgedacht, hatte es sich aber zum Glück im letzten Moment anders überlegt.
Man entkommt den Dingen nämlich nicht.

* * *

Donna war lesbisch und wollte mit ihrer Partnerin gerne ein Kind durch künstliche Befruchtung bekommen. Zunächst probierten sie es mit dem Sperma ihres Bruders, da es so eine genetische Verbindung gab, aber der kleine Junge war eine Totgeburt. Sie probierten es erneut mit einem Spender, der zwar nicht verwandt war, aber den gleichen ethnischen und sozialen Hintergrund hatte. Diesmal brachte ihre Partnerin eine Tochter zur Welt. Alles war in Ordnung, bis die beiden einen heftigen Streit hatten, als das Mädchen 8 Jahre alt war. Die Mutter nahm das Kind mit und erlaubte Donna keinerlei Kontakt. Das brach ihr fast das Herz. Verständlicherweise suchte sie Antworten. Ihr wurde mitgeteilt, dass sie und das kleine Mädchen sehr viele gemeinsame vergangene Leben hatten und dass es eine große Liebe zwischen beiden gab. Diese Trennung passierte aus einem guten Grund und war wichtig für ihre Entwicklung. Sie würden wieder zusammenkommen, wenn der richtige Zeitpunkt gekommen war. Ich fragte nach dem kleinen totgeborenen Jungen. "Das ist dieselbe Seele. Es hatte mit Lektionen für den Bruder zu tun, der den Samen spendete. Und das Kind war nicht dazu bestimmt, die gleichen genetischen Strukturen zu haben. Es war sozusagen ein Testlauf für das Baby, für Donna und für ihre Partnerin. Und es war eine karmische Erfahrung für den Bruder als Spender, aber es war die gleiche Seele, die in den Körper des Mädchens kam".

Die genetischen Strukturen waren nicht kompatibel und als sie einen anderen Spender wählten, passte die Genetik. Es war dieselbe Seele, denn sie sollte in diese Familie kommen. Ich denke, wenn Menschen diesen Punkt verstehen würden, könnte es ihre Trauer weitgehend lindern. Wenn ein Baby stirbt und es zeitnah eine weitere Geburt gibt, ist es sehr häufig dieselbe Seele, da ein Vertrag zwischen allen Beteiligten existiert. In der Zwischenzeit ermöglicht diese schmerzhafte Erfahrung viele Lektionen für alle Betroffenen.

* * *

Eine weitere Klientin erlebte ein Leben als Mann, das nicht sehr ereignisreich war, außer dass er durch eine Gruppe getötet wurde. Er empfand eine sehr große Liebe zu einer Frau, die nicht seiner sozialen Klasse angehörte und daher tötete man ihn. Aber es tötete nicht die starke Liebe, die er empfand. Als die Klientin erwachte, sagte sie, dass sie niemals zuvor so eine tiefe, tiefe Liebe und Emotion zu jemandem gefühlt hatte. Es war sehr überwältigend. Nachdem der Mann gestorben war, wollte sie die Szene und das Leben nicht verlassen. Als Seele im Jenseits ging er dorthin, wo die Frau lebte und sah sie weinen. Er legte seinen unsichtbaren Arme um sie und versuchte, sie zu trösten, obwohl er wusste, dass sie ihn nicht spüren konnte. Schließlich verstand er, dass er dort nicht bleiben konnte und schwebte nach oben zu einem hellen Licht. Je weiter er sich von der Szenerie entfernte, umso besser fühlte er sich. Als er sich später mit seinen Beratern in der geistigen Welt sein Leben anschaute, sagten sie, dass er eine sehr wichtige und wertvolle Lektion gelernt hatte. Es war im ermöglicht worden, die wahre Liebe zu erfahren. Dann musste er sich auf seine nächste Inkarnation auf der Erde vorbereiten. Ihm wurden drei mögliche Szenarien verschiedener Leben zur Auswahl gestellt, so dass er sich entscheiden konnte, welches davon er in seiner nächsten Inkarnation erfahren wollte. Er dachte immer noch an seine verlorene Liebe und wollte wieder mit ihr vereint sein. Ihm wurde gesagt, dass es stets um Liebe geht, aber dass es ihn nicht weiterbringen würde, wenn er die gleiche Beziehung noch einmal erleben würde. Er könnte wieder zwar mit ihr vereint sein, aber nur in einer anderen Rollenverteilung. Darum geht es im Kern: tauschen und unterschiedliche Rollen spielen, oft mit den gleichen Menschen (Seelen). Daher kehren wir immer und immer wieder zurück und wechseln die Rollen innerhalb verschiedener Szenarien. Die wichtige Botschaft bei dieser Sitzung war, dass Liebe niemals vergeht. Der Tod kann uns nicht trennen. Liebe nimmt eine andere Form an, aber sie kann nie verloren gehen. Die Liebe ist die wunderbarste Lektion von allen, ganz egal, wie viele Prüfungen sie durchlaufen muss. Wir werden immer auf die ein oder andere Weise wiedervereinigt. Liebe zu verstehen und sie zu erfahren ist das Höchste. Wenn wir das einmal verstanden haben, können wir Liebe und Mitgefühl für jeden Menschen entwickeln, da wir nie wissen, für welche Rolle sich der andere diesmal entschieden hat.

* * *

Während einer meiner Sitzungen wurde mir gesagt, dass viele unserer Träume Nachrichten des Unterbewusstseins sind. Und da sie in Symbolen erfolgen, sind sie für unseren wachen Verstand oft schwierig zu entziffern. Viele meiner Klienten bringen seitenweise Aufzeichnungen ihrer Träume mit und möchten für sie eine Erklärung bekommen. Das Unterbewusstsein sagt dann stets, dass sie leicht zu verstehen sind, wenn man sich auf die Symbole konzentriert. Albträume sind ebenfalls Botschaften. Falls das Unterbewusstsein versucht hat, eine Nachricht auf verschiedene Weise zu vermitteln und jemand begreift sie nicht, wird sie in härterer Form durch einen Albtraum überbracht. Angst stellt die Aufmerksamkeit sicher. Jemand erinnert sich mit Sicherheit an den Traum, wenn er urplötzlich mit einem Gefühl von Angst erwacht. Die Symbole sind dann für das Bewusstsein leicht zugänglich und können genauer untersucht werden.

* * *

Hier einige ausgewählte Fragen, die während unterschiedlicher Sitzungen von mir gestellt wurden:

F: *Was passiert eigentlich genau, wenn der Körper stirbt? Ich meine direkt danach?*
A: Unser menschlicher Verstand nimmt an, dass wir dann mit anderen Seelen im Jenseits Kontakt haben, die uns dabei helfen, jenen Weg zu nehmen, der in unserem Verständnis zu Gott führt. Wir bestimmen das, was wir direkt nach dem körperlichen Tod erleben werden selbst, während wir noch in unseren Körpern sind. Es ist individuell verschieden.
F: *Wenn der Körper stirbt: Ist es in irgendeiner Weise mit Schmerz verbunden, wenn der Geist den Körper verlässt?*
A: Nein. Der Geist scheint den Körper zu verlassen, kurz bevor der physische Körper stirbt. Im Krieg zum Beispiel, wenn ein plötzlicher Tod eintritt. Auch bei anderen plötzlichen, „zufälligen" Todesfällen. Im Alter und bei Krankheit verlässt der Geist den Körper zur Vorbereitung auf das Kommende zeitweilig.
F: *Viele Menschen haben mir berichtet, dass der Geist nicht immer im Körper eines Neugeborenen bleibt, sondern Wanderungen unternimmt. Stimmt das?*
A: Der Geist kennt den Zeitpunkt der Empfängnis und es ist für ihn möglich, den Entwicklungsstand des Fötus immer wieder zu „prüfen". Offenbar tritt er in den Körper des Babys während oder kurz nach der Geburt ein. Aber weil er weiterhin so eine gute Verbindung zu geistigen Welt hat, unternimmt er Wanderungen an diesen vertrauten Ort. Plötzlicher Kindstod tritt offenbar dann ein, wenn der Geist

entscheidet, in der jenseitigen Welt zu bleiben. Oder er bleibt eventuell länger dort, als der sich gerade entwickelnde Körper verkraften kann. Es scheint, als brauche es den Geist in Zusammenarbeit mit dem Körper, um das physische Leben aufrecht zu erhalten.

F: *Kann es sich auch manchmal um ein Versehen handeln? Der Geist kommt einfach nicht rechtzeitig in den Körper zurück?*

A: Es gibt offensichtlich keine „Versehen" oder „Fehler"! Es muss so sein, dass derjenige daran *glaubt*, dass er zurückkehren kann, wenn er das will. Und genauso muss derjenige ganz bewusst sein Einverständnis geben, falls er sich anders entscheidet.

F: *Wir wollen nichts tun, was „Gefahr" verursacht.*

A: Gefahr! "Gefahr" bedeutet nicht unbedingt, den physischen Körper für immer zu verlassen!

* * *

F: *Wandert der Geist zwischen den Welten, während das Baby schläft?*

A: Das ist der beste Zeitpunkt, ja. Das passiert ja auch bei älteren Menschen oder Menschen, die sehr krank sind.

F: *Beraten sich diese Menschen währendessen mit der geistigen Welt?*

A: Sie sind dann *dort*.

* * *

F: *Was genau ist die Hölle?*

A: Wenn man stirbt und glaubt, man wird in den Feuern der Hölle brennen, wird das erste Erlebnis das sein, was der menschliche Verstand kreiert hat. Diese Erfahrung muss aber *nicht andauern*. Sie wird nur das sein, was man *zuerst* sieht. Das erweiterte Selbst kann sich sofort in etwas sehr Positives entwickeln. Dazu braucht es nur die entsprechende Wahrnehmung. Aber wenn man *glaubt*, dass man in die Hölle kommt, wenn man stirbt, wird es die erste Erfahrung sein. Die Hölle, die man *selbst* konstruiert hat.

F: *Dann muss man also nicht dort bleiben?*

A: Nein, das muss man nicht

F: *Wie kann man von den eigenen Vorstellungen frei werden?*

A: Das Beste dagegen ist, um es mit eurem Begriff zu sagen, „Gott". Es scheint, dass Gott in jedem menschlichen Bewusstsein genau das manifestieren kann, was nötig ist, um die Tür zur Erleuchtung zu öffnen. Erleuchtung bedeutet, zu verstehen, dass man mit seinem Bewusstsein alles kreieren kann, was man möchte, weil man die größte Kraft dazu *selbst besitzt.*
F: *Was genau sind wir? Wir glauben von uns gerne, dass wir eine Persönlichkeit haben, dass wir Individuen sind.*
A: Wir alle sind ein Teil Gottes

* * *

F: *Gibt es einen großen Unterschied zwischen einem Gebet und einer Meditation?*
A: Das ist ein sehr großer Unterschied. Ein Gebet ist eine bewusst gesteuerte Energie. „Meditation" bedeutet, offen für alles zu sein, was hereinkommt. Das Gebet dagegen ist zielgerichtet. Beten bedeutet, seine Gedanken gezielt auf etwas zu richten, diese Gedanken *sind* die wirkliche Kraft, die jeder Mensch besitzt
F: *Dann sind Gebete etwas sehr Reales?*
A: Gebete sind definitiv real und sind definitiv sehr mächtig
F: *Manche Menschen sprechen leere Gebete und wiederholen nur Texte, ohne das etwas dahinter ist.*
A: Das liegt daran, weil sie sich selbst in der ihnen jeweils zu eigen gemachten Definition von Gebet limitieren.
F: *In einigen Kirchen werden Gebete nur rezitiert, ohne wirklichen Sinn dahinter.*
A: Die Kirche ist kein guter Ort, um ursprüngliche Gebete zu finden. Wir beginnen erst jetzt zu verstehen, was Gebete wirklich bedeuten. Jeder von uns hat mehr Macht, als uns bewusst ist und wenn wir zusammenkommen, um unsere Gedanken auf ein bestimmtes Ziel zu richten, haben wir eine *vielfach potenzierte* Kraft. Die Kirche hatte ursprünglich die richtige Idee, einen Platz zu schaffen, wo Menschen zusammenkommen konnten, um ihre Kraft für das höhere Gute erheblich verstärken zu können. Unglücklicherweise ging die richtige Richtung verloren.
F: *Sollte man zu einer Entität / zu jemandem speziellen beten?*
A: Gebet bedeutet, einen bewussten Gedanken auf ein

bestimmtes Ziel zu richten. Man kann zu etwas Negativem genauso wie zu etwas Positivem beten. Wir hoffen, dass das Gebet immer auf etwas Positives gerichtet ist. Die positive Kraft ist die größte Kraft von allen.

F: *Man muss also nicht zu einem Gott oder einer anderen Entität beten?*

A: Das ist ein Irrtum der Menschheit. Die Macht ist in *allem*. Sie auf eine bestimmte Entität zu beschränken wäre nicht korrekt.

F: *Dan muss man also nicht zu einem bestimmtem Gott beten und ihn auf diese Weise um Hilfe bitten?*

A: Oh, *nein*! Gott ist kein „Wesen" oder eine „Entität". Gott, wie Sie es meinen, ist die große positive *Kraft*, die kollektive, positive Kraft von ALLEM DAS IST. Gott eine "Entität" zu nennen oder insbesondere zu *personifizieren*, bedeutet also das Konzept zu *limitieren*.

F: *Menschen so sehr daran gewöhnt, diese Kraft als eine höhere Person wahrzunehmen.*

A: Das stimmt. Das ist eines eurer größten Probleme.

F: *Wenn wir also die Kraft des Gebets verwenden, richten wir sie nicht auf etwas, sondern richten sie auf ein bestimmtes Ziel?*

A: Ja, richtig. Auf das Ziel, sich mit dem größten Guten, der positiven Kraft zu verbinden. Dem „Klebstoff" des Universums! Das ist ein passender Ausdruck.

F: *Wie sieht es mit Schutzgebeten für andere Menschen aus?*

A: Was man damit im Grunde tut ist, zu beten, dass die positive Kraft sich des Individuums bewusst wird. Man betet für die Aufmerksamkeit der positiven Kraft.

F: *Aber es schadet nicht, das Gebet auf eine „Figur" zu lenken die wir Gott nennen, oder?*

A: Es limitiert nur (das Konzept).

F: *Was ist mit Engeln? Manche beten zu Engeln und Heiligen.*

A: Diese Begriffe sind genauso limitierend. Wir funktionieren alle mit einem physischen Gehirn. Es gibt viele Konzepte, die für den menschlichen Verstand unbegreiflich sind: „für immer" oder „Ewigkeit" sind für das begrenzte menschliche Gehirn schwer zu erfassen. Wenn es also hilfreich für das Individuum ist, in Begriffen wie „Engel, Geistwesen und Götter" zu denken, sollte das lediglich ein Vehikel sein, um zu einem größeren Verständnis zu gelangen. Es sollte nicht das Ende sein.

F: *Ich habe so viele verschieden Theorien gehört. Ich habe gehört, dass die Engel jene Geistwesen oder Seelen waren, die bei der Entstehung der Welt von Gott nie aus den Augen gelassen wurden.*

A: Den Begriff „Augen Gottes" zu verwenden bedeutet bereits, die Kraft zu personifizieren. Die Kraft kann sich manifestieren, *wie auch immer* sie vom menschlichen Geist wahrgenommen wird. Alles kommt von der „göttlichen Quelle". Alles kommt von Gott. Alle *negativen* Dinge sind durch Menschen geschaffen.

* * *

D: *Wie definiert man Engel?*

J: Es sind die, die im Dienste der Menschen stehen. Das ist ein genereller Begriff wie „wir" ihn verwenden. Es gibt verschiedene Ebenen – mit Ebenen sind aber nicht Hierarchien gemeint. Damit ist die Ebene gemeint, auf denen Menschen gedient wird. Diese Gruppe (Engel) widmet sich dem Wohlergehen und der Hilfe derer, die sich entschieden haben, auf der Erde zu inkarnieren.

D: *Ich habe gehört, dass sie nie physische Existenzen hatten. Trifft das zu? (Ja). Sie helfen also jenen, die sich entschieden haben, eine physische Existenz zu wählen?*

J: Das ist richtig.

* * *

F: *Wäre es gut, zu einer bestimmten Tageszeit zu meditieren?*

A: Ja, am besten vor Sonnenaufgang, wenn der Tag noch nicht Tag ist und die Nacht nicht mehr Nacht. Dann gibt es eine Stille, eine Dunkelheit und es ist friedlich. Die Erde (Gaia) ist sich dieser Zeit bewusst, wie auch alle anderen. So auch die Tiere und die Pflanzen, die Winde und die Wasser. Das ist die optimale, *beste* Zeit und leichteste Zeit, um zu meditieren - natürlich ist es nicht immer die leichteste Zeit für jene, die arbeiten müssen!

F: *Gibt es eine zweitbeste Zeit dafür?*

A: Ja, am frühen Morgen. Jede *frühe* Zeit am Morgen ist eine gute Zeit. Der andere Zeitpunkt ist, wenn die Sonne versinkt.

Wenn die Dämmerung einsetzt, gibt es auch eine Stille, der wir als Menschen bewusst sind. Das ist auch eine gute Zeit dafür. Aber es gibt keine *schlechte* Zeit, um zu meditieren. Jede Zeit, die sich ein Mensch diszipliniert nimmt, um zu meditieren ist eine gute Zeit.

F: *Wie können wir sicher sein, dass die Gedanken, die in der Meditation kommen von einer höheren Ebene stammen und nicht unsere Gedanken sind?*

A: Es ist das Ausmaß an Emotion und Gefühl, dass mit dem Gedanken verbunden ist. Zufällige Gedanken die auftauchen, durch den Geist flitzen und Vergangenheit, Wünsche, Spekulationen, Hoffnungen und Träume betreffen, haben nicht dieselbe emotionale Kraft, wie Eingebungen vom erweiterten Selbst. Das Gefühl ist der Schlüssel. Wenn die Antwort nur in Worten kommt, ohne Gefühl, muss sie kritisch untersucht werden. Es scheint, dass das Gefühl der wesentliche Bestandteil ist.

* * *

Auf die Frage, ob Menschen Hilfe bei Erfindungen erhalten:

A: Menschen sind in der Lage, sich mit dem Gedanken der Notwendigkeit einer Sache zu verbinden und mit dem bewussten Gedanken, der bereits um diese Sache herum enstanden ist. Es ist wie ein physischer Klecks. Die Leute, die sich auf das Problem (den Klecks) konzentrierten, haben sich geöffnet, um diese Gedankenform zu *erhalten* und um sich mit ihr zu *verbinden*. Allerdings sind sich viele dessen nicht bewusst. Die Tatsache, dass sie sich eine lange Zeit darauf fokussiert haben, bedeutet nicht unbedingt, dass sie gebetet oder meditiert haben. Sie haben vielleicht nur sehr häufig daran gedacht. Für diese Leute kam die Erfindung oder die Idee zur Erfindung vielleicht in einem Traum oder in Form einer plötzlichen Eingebung. Man liest oft von Erfindern die erzählen, dass sie beim Aufwachen die Antwort auf, was auch immer, plötzlich im Kopf hatten. Das erklärt auch warum Menschen in verschiedenen Teilen der Welt mit denselben neuen Erfindungen ungefähr zur selben Zeit starten. Sie haben sich einfach in das Problem eingeloggt und in die Lösungen, die um das Problem herum kreisen. Menschen kreieren das Problem *und* die dazugehörige Lösung.

F: *Auch wenn es eine radikale Idee ist, an die vorher niemand gedacht hatte? Manche Erfindungen sind ihrer Zeit weit voraus.*

A: Das liegt daran, weil man es in linearer Zeit betrachtet. Es gibt nicht wirklich „vorher". Alles existiert simultan. Aber Menschen in ihrem begrenzten menschlichen Verstand ordnen alles. Es ist die einzige Art, auf die sie funktionieren können. Sie würden wie Mäuse in einem Irrgarten hin und her rennen, wenn sie nicht diese willkürlichen Strukturen für sich errichten würden.

Über Prophezeiungen:

A: Es sind alles Wahrscheinlichkeiten. Die Zivilisation der westlichen Welt ist so besessen von Umreißungen und Hierarchien und darin, Dingen ein Etikett zu geben, dass alles gemessen, definiert und beschrieben werden muss. So wurde auch das Konzept „Zeit" und „Datum" entwickelt. Es ist nicht richtig, dass Menschen alle Dinge mit Zeiten und Daten versehen, denn das ist nicht das Wesen der Dinge. Es ist nur unsere *menschliche* Art, zu versuchen, die Dinge *fassbar* zu machen. Das ist nicht passend. Begriffe wie „26. Oktober" ist ein Versuch der linken Gehirnhälfte, Eindrücke und Abläufe einzuordnen. Das ist nicht der beste Weg, um Voraussagen zu treffen.

F: *Menschen brauchen Zeitrahmen.*

A: Sie denken sie brauchen sie. (Gelächter)

F: *Aber es macht die Dinge einfacher.*

A: Es macht sie einfacher, trägt aber auch erheblich zur Verwirrung über simultane Zeit bei.

F: *Bezüglich simultaner Zeit. Ich habe da eine entweder/ oder Frage. In unserer Zeit haben wir Geschichtsbücher über die Ereignisse, die im 14. Jahrhundert in Europa stattgefunden haben. Ist es laut simultaner Zeit so, dass das 14. Jahrhundert in Europa immer noch andauert und die Leute noch immer ihren Dingen innerhalb einer Fortsetzung des 14. Jahrhunderts nachgehen? Oder passieren die dort beschriebenen Dinge jetzt gerade zur gleichen Zeit, in unserer Zeit?*

A: Die Information (Prophezeiung), dass z.B. der Präsident vor der Wahl bei einem Autounfall getötet werden würde, passierte nicht in *dieser* ausgewählten Zeitlinie. Das heißt nicht, dass es gar nicht passierte. Es bedeutet, dass es nicht innerhalb von *unserem* Fokus passierte. Was im 14. Jahrhundert passiert oder im Moment gerade passiert hat genau die gleichen Wahrscheinlichkeiten, wie im Beispiel des Präsidenten, bei dem er *nicht* bei einem Autounfall getötet wird und von dem wir *in diesem Fokus wissen*. Unsere Geschichtsbücher behandeln *einen* möglichen *Fokus*.

F: *Andere mögliche Szenarien des 14. Jahrhunderts finden jetzt statt, ist das die Aussage?*

A: Ja, und sie werden von Dingen beeinflusst, die wir jetzt tun, in der Zukunft tun und in der Vergangenheit getan haben, um einmal diese menschlichen Begriffe zu verwenden.

F: *Ist das 14. Jahrhundert denn dann irgendwie eingefroren, so dass Menschen nicht ins 15. Jahrhundert wechseln?*

A: Nehmen wir an, Sie leben im 14. Jahrhundert. Sie sind keine „einzelne" Person. So, als ob Sie auf einem Platz stehen, nach vorne sehen und Ihren Körper dann einen Zentimeter nach rechts bewegen und so einen anderen Bildmittelpunkt (Fokus) erhalten. Überlegen Sie einmal, wie viele unterschiedliche Fokusse Sie haben können, allein dadurch, dass Sie Ihren Körper auf diese Weise einmal im Kreis drehen. Genauso viele Wahrscheinlichkeiten können zur selben Zeit und überall jederzeit entstehen. Es ist für den menschlichen Verstand sehr schwer zu fassen.

F: *Es ist schwierig, weil wir ja wissen, dass sich der physische Körper von einem Baby zu einem alten Mann entwickelt. Ich kann das Konzept der „Nicht-Zeit" nicht wirklich verstehen.*

A: Das ist der eine Fokus, den Sie kennen, aber Sie kennen auch ein Baby, dass sich nicht in einen Erwachsenen entwickelt hat (Ja). Also war es so, dass es *dieser* Fokus war, mit dem Sie auf das Baby zu jener Zeit geblickt haben. Dasselbe Baby, in einem *anderen* Fokus, kann alt werden.

F: *Das ist der Teil, der für mich schwer ist, zu verstehen, denn wenn es alles zur selben Zeit passiert - unser Körper ist doch ganz unterschiedlich in unterschiedlichen Jahren.*

A: Sie kennen nur einen Fokus. Dieser physische Fokus in dem wir uns hier und jetzt befinden. In einem anderen Fokus ist Dolores Cannon vielleicht eine Zirkus-Akrobatin! In unseren

Träumen sind Sie sich einige Ihrer anderen Realitäten *bewusst*. Wir alle sind das. Wir sehen nicht genauso aus, wir haben nicht dieselben Beziehungen, aber trotzdem können wir uns immer wieder in unseren Träumen als diejenigen, die wir sind, identifizieren.

F: *Ja, aber es doch immer, dass unsere Träume symbolisch sind.*

A: Ihr *Leben* ist eine Symbolik. Wir *alle* leben es sinnbildlich.

F: *Ist es wahr, dass das Einzige, was real erscheint, die Dinge sind auf die wir uns zu einem bestimmten Zeitpunkt fokussieren?*

A: Das stimmt genau. Deshalb können Menschen ein vergangenes Leben im 14. Jahrhundert in Schweden oder anderswo in diesem Augenblick für Dolores erleben. Das ist *genau* der Punkt. Es bedeutet den Fokus zu verschieben.

F: *Allerdings habe ich in meiner Arbeit Muster gesehen, wie ein vergangenes Leben ein anderes zu beeinflussen scheint und es eine Vorwärtsentwicklung gibt.*

A: Ja, in *dem F*okus scheint es sich fortschreitend zu entwickeln.

* * *

S: Wenn jemand eine traumatische Erfahrung gemacht hat und 10 Jahre später darüber nachdenkt, erlebt er die Zeit simultan. Wenn sich die Gedanken auf jene Zeitachse konzentrieren, die man jeweils erlebt. Das Ausmaß an Energie, die man in den Gedanken hineingibt, bestimmt darüber, wie tief man in diese Zeit eintaucht.

D: *Wenn ich eine Rückführung in ein anderes Leben mache, wäre das in etwa vergleichbar?*

S: Es ist ähnlich. Was man bei den verschiedenen Leben beachten sollte, sind die Muster, die sich von Leben zu Leben übertragen. Sie sind wie Überblendungen. Nehmen wir als Beispiel ein durchsichtiges Blatt mit einem aufgemalten Stiefel. Dann ein weiteres transparentes Blatt mit einem weiteren aufgemalten Stiefel und so weiter und so fort bis es verschiedene Schichten gibt, die sich mit dem ersten Blatt komplett decken. Wenn es zwischendurch ein schmutziger Stiefel wird, so ist das Ihre Entscheidung. Aber als Basis ist da immer noch der Stiefel.

D: *Eine Sache, die ich versucht habe in den Rückführungen zu verstehen ist, warum eine Persönlichkeit in einem*

vergangenen Leben in einem anderen Land, wo man eine andere Sprache spricht, sich mit mir auf Englisch unterhalten kann?
S: Sie benutzen den Gehirnschaltkreis des derzeitigen Lebens. Das Selbst übersetzt automatisch in die verständlichen Begriffe der Jetzt-Zeit.
D: *Können sie auch in ihrer eigenen, ursprünglichen Sprache sprechen?*
S: Es ist möglich, wenn die Klienten vollkommen in das vergangene Leben eintauchen und damit übereinstimmen.
D: *Manchmal kennen sie die üblichen englischen Ausdrücke nicht, wenn sie etwas übersetzen.*
S: Weil sie vollkommen in das andere Leben eintauchen. Sie überblenden sozusagen beide Leben, sodass einige Begriffe aus dem vergangenen Leben sich mit den Begriffen des jetzigen Lebens überschneiden. Zu dem Zeitpunkt gibt es dabei so viele Überschneidungen zwischen beiden Leben, dass es fast zu einer völligen Verwirrung innerhalb des Selbst kommt. Sie sind in Übereinstimmung, um sich dieses Lebens bewusst zu sein und um dieses vergangene Leben zu begreifen. Sie müssen sich der Zeitepoche voll bewusst sein. Aber die grundsätzlichen Hirnfunktionen sind immer noch im jetzigen Leben und der heutigen Sprache verankert.
D: *Aber es ist auch möglich, dass von Zeit zu Zeit fremde Worte und Sätze durchkommen?*
S: Oh ja, ja.
D: *Und dasselbe bei Musik. Sie waren in der Lage, in ihrer Sprache aus der damaligen Zeit zu singen, was ich bemerkenswert fand. Dann ist es also möglich?*
S: Es ist möglich. Was ist unmöglich?

* * *

Eine Erklärung, was passiert, wenn man Entitäten channelt:

A: Alle die, die channeln und alle die, die gechannelt werden, sind jeweils Aspekte voneinander. Ein Beispiel wäre eine elektrisches Schalttafel. Jedes individuelle Leben oder ein Aspekt davon ist ein Punkt auf dieser Tafel. Die elektrischen Impulse laufen von einem Punkt zum anderen. Aber nur, wenn ein bestimmter Punkt oder ein bestimmter Schaltkreis offen sind, klappt eine Verbindung. Diese Schalttafel wäre bei einer Überseele entsprechend sehr viel größer. Wir sind im Ganzen wesentlich mehr als ein individueller Schaltkreis. Wir sind mit allem verbunden. Um mit einem anderen Schaltkreis Verbindung aufzunehmen, muss die elektrische Struktur dieselbe sein. Die Wichtigkeit des Individuums liegt insbesondere darin, dass diese Verbindung zugelassen wird, da sie sonst von ihm unterbrochen wird. Um diese Verbindung vollkommen zu erlauben und zu erfahren, ist die Einfachheit der Energie, die Liebe ist, sehr wesentlich. Alle Ideen über Bewusstseinsanhebung und das Leben positiv zu leben, kann man auf die Selbstliebe reduzieren. Wie kann man Liebe geben, wenn man keine Liebe fühlt? Wie soll man etwas ausdrücken und weitergeben, dass man selbst nicht hat? Es ist Selbstliebe, man kann es auch Selbstwert oder Selbstachtung nennen - wie man möchte. Es ist immer noch Selbstliebe. Ich bin lediglich eine Verbindung in dem Schaltkreis, ein Aspekt desjenigen, der mich channelt.

* * *

Über Reinkarnation:

F: *Wenn jemand dieses Leben verlassen hat und daran glaubt, dass er in einem anderen Leben wiedergeboren wird: kann er den Ort und die Zeit selbst bestimmen? Oder liegt das außerhalb seiner Kontrolle?*
S: Nichts liegt außerhalb unserer Kontrolle. Wir haben vollkommen und komplett die Kontrolle über unser Leben. Wenn wir uns zu einem bestimmten Land oder einer Zeit hingezogen fühlen, wird die Seele automatisch dieses Bedürfnis in das Selbst programmieren. Diese Sehnsucht gibt es vor dem bewussten Gedanken. „Oh, 2002 ich würde gerne in Tibet leben". Diese Gedanken sind unsere Gedanken, diese Gedanken sind unsere Programme.
F: *Kann man ebenso leicht in ein Leben in 10.000 v. Chr. zurückgehen, wie in ein Leben in der Zukunft? Mit anderen Worten, wenn die Zeiten zeitgleich stattfinden und wir in linearer Zeit denken, kann man zurück genauso wie nach vorne gehen?*
S: Natürlich.

F: Wie wird das erreicht?

S: Wie? Es ist schon erreicht. Die Welt wie wir sie kennen, wie wir Realität wahrnehmen, ist bereits voll ausgeformt. Sie ist nicht das Stück einer Pastete oder deren Kruste, die noch gefüllt und gebacken werden muss. Sie ist die Pastete. Wo man sich im Moment befindet, hängt lediglich davon ab, worauf ein bewusster Gedanke sich gerade fokussiert. Alles ist in allem enthalten, aber um die Dinge weniger verwirrend zu machen und weil es die Natur unserer Realität ist, hat man ein Bewusstsein für das Jetzt. Das bedeutet nicht, dass es gestern nicht gibt oder nie gab, oder dass es morgen nicht gibt oder nie geben wird. Es ist jetzt. Worauf man sich gerade fokussiert ist das, wo man dann zeitlich landet, aber *alles* ist immer da.

F: Nehmen wir an, jemand würde zurück in eine bestimmte Zeit gehen wollen, um eine Änderung der Geschichte vorzunehmen. Wäre es möglich, dass daraus eine völlig neue Zukunft entspringt?

S: Eine großartige Frage. Ja, das ist möglich. Dazu müsste aber zunächst aus voller Überzeugung geglaubt werden, dass es machbar ist. Es braucht eine vollkommene bewusste, unterbewusste und superbewussste Erfahrung, um das zu erreichen. Das heißt nicht, dass die heutige Geschichte für die daran Beteiligten jetzt anders wäre. Was es bewirken würde ist eine Gabelung, ein „Y" auf einem Weg. Die Schöpfung einer anderen Realität. Aber es würde nicht unbedingt die Realität jener ändern, die jetzt hier im Augenblick leben.

F: Es wäre also eine der möglichen Realitäten? (Ja). Ist das schon mal passiert?

S: Alles passiert vorher, nachher und jetzt. Um diese Fähigkeit zu haben, müsste derjenige einen gewissen Bewusstseinsgrad - in Ermangelung eines besseren Begriffs - erreicht haben. Dieses Individuum sieht, nimmt wahr und kennt die Muster des Lebens und erlebt gesellschaftliche Ereignisse. Die Geschichte wäre sich ebenfalls der Lektionen und der Erkenntnisse bewusst, die gewonnen werden müssen und dem Bedürfnis der jeweiligen Seelen, bestimmte Erfahrungen zu machen. Sie gehen mit Strom, sozusagen. Sie würden die Strukturen, die am geeignetsten, am besten sind, verstehen. Sie haben das Bewusstsein des Annehmens

verstanden. Ist das so verständlich?
F: *Nicht so ganz.*

* * *

F: *Wählen wir unser Geburtsdatum selbst?*
A: Ja, wir wählen es.
F: *Auch wenn jemand per Kaiserschnitt geboren wird?*
A: Man wählt eine Mutter, die es nötig haben wird einen Kaiserschnitt zu haben.
F: *Warum ist das Geburtsdatum von Bedeutung?*
A: Alles in diesem Universum beeinflusst alles andere.

* * *

F: *Haben wir ein bestimmtes Ziel?*
A: Ja. Es gibt in jedem das Bewusstsein, was dieses Ziel ist. Man arbeitet an seinem Ziel, egal ob man sich dessen bewusst ist, oder nicht. Man arbeitet an diesem Ziel. Sich dieses Ziel bewusst zu sein, ist eine Frage des wissen wollens. Hört sich einfach an. In dem man sich weniger Gedanken macht, zu diesem oder jenem für ein paar Informationen zu rennen und indem man selber bewusster wird und in Übereinstimmung mit sich selbst ist. Indem man lernt, sich selbst zu vertrauen. Indem man meditiert und jene Werkzeuge nutzt, die einem guttun, wird man mehr lernen. Selbstliebe zu lernen ist das ultimative Ziel. Alles andere, dass man sich zu erreichen wünscht und das vollständig realisiert werden soll, resultiert aus dieser Selbstliebe
F: *Was meinst du mit „ultimativen Ziel"?*
A: Endgültig, ultimativ. Darum geht es in dieser Realität, das ist es, was diese Existenz, diese Erde, diese menschliche Erfahrung ausmacht. Selbstliebe zu lernen. Das ist, was wächst, was sich ausdehnt, was diese Realität braucht und wodurch sie wachsen kann: Selbstliebe. Darum geht es beim Menschsein.
F: *Du scheinst anzudeuten, dass - wenn es einmal erreicht ist - es andere Realitäten gibt, zu denen wir aufbrechen. Ist es das, was du meinst?*
A: Sind da nicht andere Realitäten? (Ja) Glaubst du, wir sind in dieser Realität gefangen?

F: Dann kann man es nicht endgültig nennen.
A: Nicht endgültig, nein. Es ist das erste Ziel. Das ist der Sinn (Sinn, das ist das richtige Wort) der menschlichen Realität.
F: Wie viele Leben braucht es ungefähr, um diese Selbstliebe zu lernen?
A: Wie viele? Wir würden uns wünschen nicht zu viele, aber spielt es auf lange Sicht gesehen eine Rolle?
F: Wie um alles in der Welt konnte diese Realität soweit vom Kurs abkommen, dass uns beigebracht wurde, die Selbstliebe sei ein Tabu?
A: Die Menschen haben dies Erfahrung gewählt.

* * *

Eine Frage bezüglich Zwillingen.

S: Diese Entscheidung wird mit der anderen Seele zusammen aus Liebe getroffen. Man kann auf der physischen Ebene nicht enger verbunden sein. Weil sie eine identische DNA haben und die Gedanken quasi gleich funktionieren. Es sind natürlich nicht *dieselben* Gedanken, aber der Prozess ist sehr ähnlich. Es gibt bereits die Rahmenbedingungen und nicht alle Leerstellen müssen ausgefüllt werden, weil sie ihnen bereits bekannt sind. Sie wollten gerne mit jemanden zurückkehren, den sie lieben anstatt alleine zu kommen. Und dies sind schwierige Zeiten. Sie brauchen diese Art der Begleitung, da sie etwas beständiges ist. Und es gibt nicht viel Konstanz in diesen Leben.

Während einer Sitzung im Rahmen meines Unterrichts wollte eine Teilnehmerin gerne etwas über ihren verstorbenen Zwilling wissen. Das Unterbewusstsein sagte, dass sie das, was sie tun wollte, vollendet hatte. „Sie hat ihre Lektionen absolviert und es war Zeit für sie zu gehen." Das ist leicht zu sagen, aber es macht das Trauern nicht leichter."Es tut ihr sehr weh. Es wird sie noch eine lange Zeit schmerzen. Bei Zwillingen gibt es fast so etwas wie ein goldene Kordel. Eine sehr feine goldene Kordel, die sie verbindet. Und selbst im Tod – oder was man „Tod" nennt – zerreißt sie nicht ganz. Und so sind sie *für immer* ein Teil von einander".

Vor vielen Jahren hatte ich eine Erklärung für siamesische

Zwillinge gefunden. Nehmen wir an, zwei Seelen, die sich in der geistigen Welt auf die Rückkehr zur Erdenschule vorbereiten besprechen ihren Vertrag miteinander. Sie haben einander früher schon geliebt und sind bereits während vieler, vieler Leben zusammen gewesen. Vielleicht ist etwas traumatisches in jenem Leben passiert, dass sie gerade verlassen haben. Nun sagt einer von beiden: *"Wir werden nie wieder getrennt sein!"* Ein
einfacher Wunsch mit unvorhersehbaren Konsequenzen. Und eine recht logische Erklärung.

Einer meiner Klientinnen hatte eine Frage bezüglich Ihrer Geburt. Sie war ein Drilling. Einer der Drillinge war bei der Geburt gestorben. der andere hatte eine geistige Behinderung die erforderte, dass er sein gesamtes Leben in einer Pflegeinstitution versorgt wurde. Der dritte war meine Klientin. Sie wollte wissen, warum das passiert war. Das Unterbewusstsein sagte, dass der erste Drilling seine Meinung änderte, als die Geburt einsetzte und entschied, dass er nicht zu dieser Zeit geboren werden wollte. Das resultierte in einer Totgeburt. Der zweite entschied, als er zwei oder drei Monate alt war, dass er mehr von diesem Leben lernen konnte, wenn er geistig behindert wäre. Also entwickelte er eine geistige Störung. Die Mutter hatte immer gesagt, dass das Baby normal schien, bis es zwei oder drei Monate alt war. Dann passierte plötzlich etwas. Die Ärzte waren anderer Meinung, weil sie sagten, dass es diese Krankheit von Geburt gab und sich nicht später entwickelt haben konnte. Ich denke die Erklärung, die ich gefunden habe ergibt mehr Sinn, da die Seele die Kontrolle über die Art des Körpers hat, die sie bewohnt.

* * *

Parallele Leben:

F: Wenn jeder von uns gleichzeitig in verschiedenen Existenzebenen lebt: sind dies dann parallele Leben?
A: Das ist richtig. In dem Sinn, dass alle Menschen, zum jetzigen Zeitpunkt, lediglich Facetten des wirklichen kompletten Selbst sind. Das sind die genau festgelegten Punkte des Bewusstseins. Das gesamte Bewusstsein ist weit über das hinausgehend, was man auf der jetzigen Ebene erfassen oder sich vorstellen kann. Daher kann man leicht erkennen, dass,

wenn das Bewusstsein wächst und man seine Realität auf der spirituellen Leiter erweitert, erkennbar wird, dass sich das eigene Bewusstsein mit dem anderer Menschen überschneidet. Und so ist man auf dem letzten Level tatsächlich auf der Gott-Ebene, wo alles eins ist. Das Bewusstsein auf dem eigenen Level ist lediglich ein langgezogener, genau fokussierter Punkt eines umfassenden spirituellen Bewusstseins. So kann es also sein, dass auf verschiedenen Ebenen sich das Bewusstsein tatsächlich mit anderen überschneidet. So das letztendlich alles eins ist. Daher sind alle Leben letztlich übereinstimmend und synchron.

D: *Es wurde zuvor schon gesagt, dass wir nur die Spitze unseres eigenen Eisbergs sind.*

A: Das trifft zu.

* * *

S: Regenbogen sollen uns an die Farbe von Energie und Schöpfung erinnern. Es ist eine Erinnerung daran, das da viel mehr ist, als das menschliche Auge sehen kann. Die Farbe der Schöpfung besteht aus allen verschiedenen Schattierungen, die jenseits der menschlichen Vorstellungskraft liegen. Zumindest eine Erinnerung daran, dass es eine Zeit gab, als diese Energie uns in einem anderen Sein umhüllt hat. Es ist eine Erinnerung an zu Hause, an die liebende Energie. Diese kleine Erinnerung dient dazu, das es mehr bezüglich des Spektrums der Farben gibt, als wir mit den Augen wahrnehmen. Es ist eine Erinnerung an unsere eigentliche Heimat.

S: Wir sollten bedenken, dass sich etwas in allen von uns öffnet, wenn sich einer von uns öffnet. Wir sind verbunden. Wir sind keine individuellen, autonomen Einheiten. Wir haben individuelle Persönlichkeiten, aber im großen Bild sind wir alle miteinander verbunden. Wir sollten uns daran erinnern, dass wir alle eins und dass wir zuerst spirituelle Wesen sind.

* * *

Eine Frau war während verschiedener Leben jung gestorben.

Das Unterbewusstsein erklärte:"Sie hat viele Dinge gelernt, die sie lernen musste und es gab keinen Grund für sie, weiterzumachen". In diesem Leben lebte sie länger." Sie hat diesmal länger gebraucht, um ihre Lektionen zu lernen. Sie vergisst, dass sie ihren Körper bewusst loslassen muss. Man bestimmt die Art, wie man dann Körper verlässt im Voraus. Es muss einen Ausstiegspunkt geben und es kann auf jede Art geschehen, die man wählt. Ob Krankheit oder Tod, was auch immer in die Lernerfahrung passt. Aber wenn es zum Zeitpunkt kommt, zu gehen, entscheidet derjenige zu gehen und geht aus freiem Willen. Niemand anderes kann diese Entscheidung für ihn treffen."

* * *

S: Es gibt eine Menge von gemischten Energien in Menschenansammlungen. Man sollte darauf achten, sich gut zu schützen, bevor man sich in eine Ansammlung von Leuten begibt. Manchmal kann die Energie einer Masse an einen andocken. Wenn das passiert, verliert man Energie und fühlt sich müde. Es gibt so viele Menschen, die nach Energie hungern, da ihre Eigenschwingung nicht hoch genug ist, um eine gute Energiequalität hervorzubringen. Wenn sie dann jemanden finden, der eine hohe Schwingung hat, docken sie an diesen Menschen an und nutzen seine Energie. Sie sind dann wie Saugnäpfe.

Ich habe schon Bezeichnungen wie „psychische Vampire" gehört. Es ist zwar ein negativer Begriff, trifft es aber im Kern. Sie machen es nicht absichtlich, aber sie saugen Energie ab. „Man muss sich schützen, auch wenn man zum Einkaufen geht. Überall da, wo es eine große Ansammlung von Menschen gibt. Es ist unbedingt nötig, das eigene Energieniveau auf dem höchsten Level zu halten. Der Körper besitzt eine eigene Intelligenz. Hören wir auf ihn. Sprechen wir ihn öfter an. Das mag er. Er mag es, das wir ihn wahrnehmen. Magnesium ist sehr wichtig für den Körper. Wenn wir viel Energie lassen, macht es Magnesium leichter für uns, die Energie wieder in uns aufzunehmen."

* * *

Eine Klientin kam in meine Praxis, ohne wirklich drängende Probleme zu haben und sie machte sich nicht viel daraus, in ihre vergangenen Leben abzutauchen. Als wir uns unterhielten, wurde klar, dass der Tod ihrer Schwester sie immer noch sehr belastete. Sie war sich nicht sicher, ob es ein Leben nach dem Tod gibt, obwohl sie in einer strengen christlichen Umgebung aufgewachsen war. Es war schon vor einem Jahr passiert und sie verbrachte immer noch die meiste Zeit damit, an ihre Schwester zu denken, um sie zu weinen und zu trauern. Als wir mit der Sitzung begannen, dachte ich, es würde so wie normalerweise auch verlaufen. Ich wäre nicht überrascht gewesen, herauszufinden, dass sie und ihre Schwester ein gemeinsames vergangenes Leben hatten. Stattdessen sah sie sich sofort in einem prächtigen Garten. Es gab dort wunderschöne Blumen in leuchtenden Farben und eine herrliche Musik lag in der Luft. Aus der Beschreibung wusste ich, dass es wahrscheinlich kein irdisches Umfeld war. Als ich fragte, ob sie jemanden entdecken konnte, sah sie ihre Schwester durch die Blumen auf sich zukommen. Sie trug ein langes Kleid und sah wunderschön und strahlend aus. Sie nahmen einander bei der Hand und ihre Schwester sagte sehr bewegt: „Lass' mich gehen! Du siehst ja, dass es mir gut geht!

„Aber was denn ist passiert? Wir dachten, dass es dir besser geht, aber du bist dann doch gestorben."

Ihre Schwester antwortete: „Es war Zeit für mich zu gehen. Ich hatte alles getan, was ich mir in diesem Leben vorgenommen hatte und es war Zeit zu gehen." Und dann sagte ihre Schwester, dass noch jemand anderes da wäre, den sie treffen sollte, bevor sie diesen herrlichen Ort verlassen würde. Da sah sie ihre Eltern, die jung, gesund und glücklich aussahen. Sie sagten zu ihr: „Du kannst sehen, dass es uns allen gut geht. Es ist so wunderschön hier. Es gibt nichts, um das du trauern musst. Wenn deine Zeit gekommen ist, wirst auch du hier herkommen und wir werden dich alle erwarten."

Skeptiker mögen sagen, dass diese Sitzung nur ein Wunschtraum aufgrund ihrer Trauer war. Aber spielt das wirklich eine Rolle? Ich habe genug Sitzungen absolviert, um zu wissen, dass es echt war und diese Sitzung war ein Geschenk für sie, um in ein normales Leben zurückzufinden. Mir wurde gesagt, dass Trauer nur die verstorbene Seele zurückhält und daran hindert, dorthin zu gehen, wo sie hingehen soll. Wenn wir trauern, ist das eine egoistische Handlung, weil wir nur um uns selbst trauern und wie unser Verlust uns betrifft. Es betrifft unsere Lieben nicht in der gleichen Weise. Sie haben ihr Leben gelebt, sie haben einen Ausgang gefunden, weil es Zeit war und müssen nun ihren eigenen Weg weitergehen. Sie sind mehr als glücklich, „nach Hause" zurückzukehren.

ZWEITER TEIL

LEBEN IN NICHT-MENSCHLICHEN KÖRPERN

KAPITEL DREI

ANDERE LEBENSFORMEN

Es gibt immer noch Menschen die, wenn das Thema Reinkarnation auftaucht, rufen: „Was meinst du damit, ich habe schon mal gelebt? Das ist unmöglich! Das ist der einzige Körper, das einzige Leben, dass ich jemals hatte. Das ist das einzige, was real ist." Das sind diejenigen, die noch nicht einmal die kleinsten Schritte in die faszinierende Welt des Unbekannten gemacht haben. Dann gibt es die nächste Gruppe, die geschockt ist, wenn sie es herausfindet (durch Rückführung oder durch andere Methoden), das es ein anderes Leben vor diesem gab. Es schockiert das Glaubenssystem. Es bringt einen zum Nachdenken. Normalerweise ist es so, dass das Unterbewusstsein bei Beginn einer solchen Erfahrung sehr weise auswählt, was derjenige verkraften kann. Das Leben, das den Klienten gezeigt wird, ist normalerweise ein langweiliges, ödes, gewöhnliches Leben. Das, was ich „Kartoffel ernten" Leben nenne. Da gibt es normalerweise nichts traumatisches oder dramatisches, weil sie noch nicht bereit sind, damit umzugehen. Trotzdem beantwortet dieses Leben Fragen, normalerweise bezüglich Familienangelegenheiten etc. Ich könnte nicht nur ein, sondern mehrere mit den Tausenden von Rückführungen füllen, die ich gemacht habe. Es ist so selbstverständlich geworden, das es für mich keinen besonderen Wert als Schriftsteller hat. Es ist nur für den Klienten als Therapie wertvoll. Daher schreibe ich nur über jene Fälle, von denen ich glaube, dass sie unser Wissen über Wiedergeburt durch den therapeutischen Sinn erweitern. Viele der Fälle, die ich vorgenommen habe, enthalten Daten, Namen, und Orte, die von jenen recherchiert werden können, die die Echtheit überprüfen wollen. Einige Menschen haben ein

Bedürfnis nach dieser Überprüfung, um ihre Erfahrungen zu „beweisen". Ich sage ihnen, dass sie gerne die Fälle überprüfen können, falls sie das möchten. Ich brauche diese Prüfung nicht mehr, denn ich weiß ohne Zweifel, dass Wiedergeburt real ist. Ich weiß und fühle ganz fest, dass sie alle Antworten besitzt, vor allem die, die die Kirche als "unerklärlich" bezeichnet.

Es macht Sinn, dass 90% der vergangenen Leben, die ich entdecke, einfach und unspektakulär sind. So ist die Welt. So sind die meisten unserer Leben. Es gibt wesentlich mehr normale Menschen, als die wenigen, die ihren Namen in der Zeitung wiederfinden. Wenn Menschen entdecken, dass sie mindestens ein anderes Leben hatten, muss sich das erst setzen. Einige verwerfen es als unmöglich und kehren zu ihren normalen Leben zurück und in ihre sicheren, akzeptierten Glaubenssysteme. Das ist in Ordnung. Ich bin nicht hier, um die Glaubenssätze anderer zu ändern. Meine Aufgabe ist es, das zu präsentieren, was ich gefunden habe, und den Leser seine eigene Meinung bilden zu lassen.

Dann gibt es noch die, die folgende Entdeckung gemacht haben: Das jetzige Leben ist nicht alles, was es gibt. Dann möchten sie mehr wissen - und müssen vorsichtig sein, um nicht von dem überwältigt zu werden, was sie eventuell entdecken, weil ihr Leben nie wieder dasselbe sein wird. Man sagt: wenn man einmal etwas lernt, kann man es nie wieder vergessen. Wenn sie erstaunt sind, dass sie ein einziges Leben auf der Erde lebten - wie viel erstaunlicher ist es ja dann für alle, dass dies nur der Anfang der Erforschung ist - die Spitze des Eisbergs. Ich musste während der letzten 40 Jahre, in denen ich diese Experimente mache, durch ähnliche Änderungen in meinen Glaubenssätzen gehen. Und während ich arbeitete, habe ich die Schleusen zu unendlichen Möglichkeiten geöffnet. Die unterschiedlichen vergangenen Leben sind nur durch die Vorstellungskraft begrenzt und einige, die ich jetzt miterlebe, übersteigen jegliche Vorstellungskraft. Darin liegt der Sinn, die Serie *Das gewundene Universum* zu schreiben. Ich habe die Welt des gewöhnlichen lange hinter mir gelassen. Alle meine Leser berichten mir, dass sie bereit sind, ihren Verstand gemeinsam mit mir zu erweitern. Also lassen Sie uns zusammen forschen.

Die Erde ist nur eine der Schulen, in die wir kommen, um Lektionen zu lernen und Informationen über das Leben zu sammeln. Wir alle hatten viele, viele Hunderte von Leben auf

Erden, aber wir haben auch auf anderen Planeten und in anderen Dimensionen gelebt. Das habe ich in den ersten beiden Büchern der Serie erforscht und ich werde weitere dieser Fälle in diesem Buch präsentieren, um die Vorstellungskraft der Leser zu erweitern.

In jedem Fall habe ich entdeckt, dass der physische menschliche Körper nur eine Form ist, den die Seele annehmen kann. Die meisten Leute glauben, dass die körperliche Form die einzige ist, in der sie erscheinen können und verstehen nicht, dass man einen Körper *hat* und nicht ein Körper *ist*. Es ist nur ein Anzug, den sie für einen Moment tragen. Und wie alle Bekleidung, ganz egal, wie sehr wir sie mögen, wird sie abgetragen und muss weggetan werden. Und dann finden wir einfach neue Kleidung, ein anderes Kostüm für die nächste Rolle die wir im kosmischen Drama spielen. Warum sollte das nächste Kostüm ein menschlicher Körper sein? Warum sollte es nicht ein Tier, eine Pflanze oder unbelebtes Objekt sein? Wer könnte bestreiten, dass diese Tiere ein Leben haben? Im gesamten Leben geht es um Erfahrungen und um das Lernen. Wer würde behaupten, man kann nichts daraus lernen, ein Hund oder ein Stein zu sein. Es bedeutet nur, dass man seinen Geist etwas öffnen sollte, was die Definition von Leben bedeutet. Schon öfter hat man mir gesagt: ich kann akzeptieren, dass ich schon mal geboren wurde – aber als ein Tier? Nein, das kann ich nicht glauben."

In meiner Arbeit habe ich entdeckt, dass wir unsere Existenz in *absolut jeder erdenklichen* Form erleben müssen, bevor wir unserer Schule, unseren Lektionen, unserer Ausbildung beendet haben. Wir müssen wissen, wie es ist, in jeder erdenklichen Situation zu sein, bevor wir zu unserem Schöpfer, Gott, der Quelle zurückkehren können. Ich werde in den nächsten Kapiteln noch näher auf unsere Reise eingehen, die wir unternommen haben, seit wir die Quelle verlassen haben. In diesem Teil des Buches werde ich Fälle präsentieren, wo der Klient nicht in ein gewöhnliches Erdenleben und in einen typischen menschlichen Körper eingetaucht ist. In jeden Fall wird es die wertvollen Lektionen zeigen, die gelernt werden können, wenn man in diesen anderen Formen existiert, und sei es auch nur für eine kurze Zeit. Daran werden wir erkennen, wie viel nötig ist, bevor wir unsere Reifeprüfung in der Schule des Lebens ablegen können. Achtung! Ihr Glaubenssystem wird definitiv herausgefordert werden und ihr Verstand sich biegen müssen. Hoffen wir, dass er sich öffnet und alles wie einen Schwamm aufsaugt.

Die Menschen, die zur mir kommen und denen ich auf meinen Reisen begegne und die eine Regressions-Therapie wünschen, sind ganz normale Menschen aus allen möglichen Bereichen des Lebens. Man würde nie vermuten, was ihre Lebensgeschichte ist. Das ist wichtig. Sie sind hier, um in dieser hektischen Welt ein so normales Leben wie möglich zu führen. Diese anderen Erinnerungen bleiben verborgen in den Aufzeichnungen ihres Unterbewusstseins und werden nur freigegeben, wenn das Unterbewusstsein meint, es sei der richtige Zeitpunkt. In meiner Arbeit für ich die Klienten immer zuerst zu am meisten *geeigneten* Leben und oft sind die Antworten auf ihre Fragen dort zu finden. Dann spreche ich das Unterbewusstsein an, um die Fragen, die wir noch haben, zu beantworten. Die erste Frage, die ich stets habe ist, warum das Unterbewusstsein ausgerechnet dieses Leben gewählt hat. Seine Logik übersteigt unsere eigene bei Weitem und seine Erklärung ist normalerweise etwas, woran wir nie mit unserer begrenzten menschlichen Logik gedacht hätten. Aber alles findet seinen Platz und ergibt absolut Sinn. Das ist also der Ablauf, dem ich bei den Fällen in diesem Buch folgen werde. Ich glaube der Leser wird genauso erstaunt sein wie ich, als ich den betreffenden Klienten durch das vergangene Leben führte bis das Unterbewusstsein schließlich die Antwort offenbarte. Das ist der Grund, warum ich meine Arbeit so liebe. Ich arbeite mit einer extrem mächtigen Quelle des Wissens, die unglaubliche Fähigkeiten hat und die die Vorstellungskraft übersteigt. Und nichtsdestotrotz werden die Leser sehen, dass die Antworten stets gleich sind und dieselben Begriffe verwendet werden. Also spreche ich immer zum selben universellen Teil. Es kommt durch jeden hindurch, mit dem ich arbeite. Ich habe abslotut keinen Zweifel daran, mit wem oder was ich kommuniziere. Ich bin inzwischen so vertraut damit, als hätte ich ein Telefonat mit einem alten Freund.

LEBEN ALS TIER

Als Wendy in ihr vergangenes Leben blickte, war sie verwirrt und berichtete über etwas, dass sie nicht einordnen konnte: „Ich bin auf dem Wasser. Und ich bin etwas ganz, ganz winziges auf einem Blatt, dass auf dem Wasser schaukelt. Das ergibt gar keinen Sinn."

D: Sehen wir uns das mal an. Was meinst du mit etwas ganz, ganz winziges?
W: Ich weiß es nicht. Ich bin so klein und das Blatt ist riesig. Ich schaukele nur auf dem Wasser. Ich weiß, dass ich lebendig bin. Ich habe Bewusstsein. Es ist ruhiges, klares Wasser. Es sieht aus wie Glas.
D: Kannst du etwas sehen, wenn du nach oben blickst?
W: Einen Baum. Es ist ein knorriger Baum am Ufer des Wassers. Die Hälfte der Wurzeln ragt ins Wasser und die andere Hälfte ist auf dem Land. Ich weiß nicht, was ich da mache. Alles was ich sehe, ist Wasser, den Baum und das Blatt
D: Du kannst dir deiner Gestalt bewusst werden.
W: (plötzlich) Ein Wurm! Er ist gelb und dick. Er ist klein, aber dick. Ich wünschte, ich hätte Arme aber ich habe keine Arme. Ich habe Beine, aber sie sind stummelig. Und ich bin auf diesem Blatt gefangen. Es scheint so, als könnte ich mich nur etwas schlängeln. Ich komme nicht vom Blatt, weil ich nicht schwimmen kann. Aber ich will hier auch nicht bleiben. Es ist gefährlich. Ich glaube, ein Vogel könnte mich greifen.
D: Wie bist du aufs Wasser gekommen?
W: Ich bin vom Blatt gefallen. Ich war auf dem Blatt. Sieht so aus, dass ich das falsche Blatt gewählt habe.
D: Oh! Das muss ja ein ziemliches Erlebnis gewesen sein. Denn normalerweise bleibst du sicher weit weg vom Wasser (Ja). Was frisst du, wenn du da oben im Baum sitzt?
W: Blätter.
D: Ah! Sind sie gut?
W: Das ist, was ich eben so fresse. Sieht aus, als ob in diesem Leben so gut wie nichts passiert.
D: Wie frisst du die Blätter?
W: Einfach mit dem Mund. Ich krabble mit meinen kurzen Füßen herum. Ich fühle mich eingeschränkt, gehemmt– Oh! Jetzt gleite ich davon. Es scheint eine Strömung zu geben. Eine reißende Strömung ist vor mir. Da ist ein Wasserfall. Er sieht so groß aus, aber das ist er nicht. Es scheint nur so, weil ich so klein bin-ich werde mitgerissen und die Ränder des

Blattes biegen sich nach oben. Wir werden schneller. Ohh! Ich werde im Wasser nach unten gedrückt-aber da gibt es eine Luftblase, die sich um mich herum und das Blatt gebildet hat, während wir nach unten gedrückt werden. Es tanzt nach oben und unten, nach oben und wieder hinab. Das ist verrückt! Auf und ab, auf und ab und hinunter. So kann ich nicht ertrinken. Endlich werde ich in ein ruhigeres Wasser gewirbelt. Und die Sonne strahlt hell. Ich liege einfach nur auf dem Blatt.

D: *Das war ja ein ziemliches Abenteuer*
W: Es war sehr beängstigend.
D: *Was wirst du jetzt machen?*
W: Ich liege einfach nur auf dem Rücken, weil ich nicht schwimmen kann.

Würde sie ertrinken? Oder würde sie vielleicht ein Vogel fressen?

D: *Wir können die Zeit komprimieren. Was passiert danach?*
W: Das Blatt wandert schließlich weiter und verfängt sich am Ufer. Und ich kann zurück auf das Gras krabbeln. Weil die Uferböschung etwas in das Wasser hineinragt und ich von der Unterseite des Grases wieder nach oben krabbeln kann.
D: *Ich wette, es fühlt sich prima an aus dem Wasser raus zu kommen.*
W: Ja, tut es. Ich will da nicht wieder rein. Ich werde jetzt die treffen, die so sind wie ich. Sie sind froh, dass mir nichts passiert ist. Es ist wie eine Versammlung.
D: *Sie erkennen dich?*
W: Ja, das tun sie.
D: *Erzählst du ihnen, was passiert ist?*
W: Ja. Sie sagen, die anderen hatten nicht so viel Glück wie ich.

Einige fragen sich vielleicht, wie die Gruppe der anderen Würmer sie kennen konnte, da sie in großer Entfernung voneinander waren, die ein Wurm schwer überbrücken kann. In meinen früheren Arbeiten – z.B. auch in meinem Buch *Zwischen Tod und Leben* - habe ich herausgefunden, dass Tiere und Pflanzen zu einer anderen Art von Seelengruppe gehören als wir Menschen. Während Menschen als Individuen zu agieren scheinen, sind Pflanzen und Tiere in einem gemeinsamen

Verbund als Gruppenseele zusammengeschlossen, die auf subtile Weise miteinander interagieren.das wurde mir eines Tages klar, als ich auf meiner Landstraße unterwegs war. Da sah ich einen großen Schwarm Vögel aus den Bäumen aufsteigen. Sie fanden sich sofort zu einer großen Masse zusammen und wirbelten und drehten sich zusammen am Himmel. Jeder war für sich eine individuelle Lebensform und trotzdem interagierten sie als eine Intelligenz, als ein Bewusstsein mit einem Verstand. Das ist auch eine gute Analogie für „die Quelle", die ich später noch vorstellen werde. Wir sind individuell, aber gleichzeitig auch Teil des Ganzen. Wir sind nie getrennt.

Dann führte ich Wendy in die Zukunft in eine weitere Situation. Normalerweise führe ich denjenigen zu einem wichtigen Tag in dem Leben. Aber was kann ein wichtiger Tag im Leben eines Wurmes sein? Mit Sicherheit konnte nichts dramatischer sein, als dass was das arme kleine Ding gerade erlebt hatte. Ich fragte, was sie gerade tat.

W: Ich liege auf dem Rücken. Ich bin nicht mehr so dick, wie ich mal war. Mein Körper ist schrumpelig. Ich nehme meinen letzten Atemzug. Ich bin einfach alt und ich sterbe. Niemand ist hier. Es sieht aus, als wäre mein Körper vertrocknet und dann bin ich weg. Ssshhwww! Ich bin froh, dass es vorbei ist.

D: *(lacht) Das war ganz schön seltsam, oder?*

W: Sehr seltsam, ein Insekt zu sein.

D: *Aber jedes Leben hat eine Lektion, hat einen Sinn. Was denkst du, hast du von diesem Leben gelernt?*

W: Ich weiß, das ich mich schrecklich eingeengt gefühlt habe. Und verletzlich. Jetzt bin ich frei. Ich verlasse diesen einengenden Körper und gleite davon. Oh, bin ich froh, dass es vorbei ist!

Als ich Wendy's Unterbewusstsein kontaktierte, fragte ich, warum es dieses Leben für sie ausgesucht hatte.

W: Um zu zeigen, dass man alles in der Schöpfung sein kann, sogar ein niedriger Wurm. Viele glauben, es gäbe keine Lektion im Leben eines Wurmes zu lernen. Eine Sache, die sie gelernt hat, war die Erfahrung der Begrenzung, der Einengung, aber trotzdem gab es ein Gruppenbewusstsein -

sogar bei einem niedrigen Wurm. Es war nicht sinnlos.
D: *Ja, das zeigt uns, das alles lebendig ist.*
W: Das Leben kann noch winziger als bei einem Wurm sein.
D: *Ich habe in meinen Sitzungen von keinem Leben kleiner als bei einem Wurm gehört. Ich hatte schon Luft, Schmutz und ein Leben als Stein.*
W: Ja, sie sollte dankbar sein, dass sie kein Leben als Stein gezeigt bekommen hat. Ein Wurm ist viel freier als ein Stein.
D: *Das stimmt. Mir wurde gesagt, ein Leben als Stein ist sehr langsam und sehr kompakt.*
W: Und sehr einengend.

* * *

Es gab noch mehr Sitzungen in meiner Praxis in Huntsville zwischen 2005-2006, die mit Tier-Inkarnationen zu tun hatten. Bei diesen machte ich keine Tonabandaufzeichnungen, sondern fertigte Notizen an, nachdem der Klient gegangen war. Als Reporterin habe ich eine unstillbare Neugierde, ich will immer alles über alles wissen. Deshalb stelle ich so viele Fragen. Im Falle der Menschen, die Inkarnationen als Tier erlebten, wollte ich wissen, wie es sich *anfühlt* ein Tier zu sein. Wie leben sie? Wie sehen sie? Viele Fragen - und ich habe versucht, einige Anworten durch meine Notizen wiederzugeben.

Dorothy sah sich in einem Leben als Adler. Es war ein sehr kraftvoller Körper und sie mochte ihn sehr. Aber das Erstaunlichste am Adler-Sein war, dass all seine Energie in den *Augen* gebündelt war, in dem was er *sehen* konnte. Sie hockte am Rand eines Nestes und sah über eine schneebedeckte Bergregion und konnte sehr klar jedes einzelne kleine Detail erkennen. Als sie über die Landschaft schaute, nahm sie die Farben unglaublich intensiv wahr und die Schatten waren sehr schwarz und dunkel. Es gab eine sehr klare Trennung zwischen Farben und Schatten. Ganz anders als das, was Menschen sehen. Dann, als sie eine Bewegung am Boden sah - ein Kaninchen-, veränderte sich ihre Sichtweise. Wenn sie etwas erblickte, dass sich bewegte, war es fast, als würde sie in ein Infrarot –Feld blicken. Eine rötliche Farbe, als ob sie die Energie eines Tieres sähe und nicht das Tier selbst. Als ob, wenn das Tier sich bewegte, sie es anhand eines Energie-Infrarot Feldes verfolgen könnte. Ihre Augeneinstellung wechselte immer hin und her, wenn sie auf Nahrungssuche war oder dann, wenn sie etwas sah, was sich bewegte.

Nachts war die normale Sicht aufgrund der Dunkelheit ausgeschaltet, aber eine andere Sehfähigkeit schaltete sich ein, wenn sie sie brauchte. Auch hier sah sie eher das Energie *Feld*. Aber Nachts war es bläulich-grün. So wirkte die Bewegung nicht wie Infrarot, sondern war bläulich-grün. Das erinnerte mich an die Nachtsichtgeräte, die Soldaten benutzen. Ich glaube, sie erfassen die Energie einer Person und sind in der Lage, diese Energie in Nachtsicht anstatt die Person selbst abzubilden. Es sieht immer entweder grünlich oder rötlich aus wo sie die Hitze oder die Energie einer Person abbilden. Offenbar war das die Art, mit die der Adler sehen konnte. Und wie können wir eigentlich wissen, wie er seine Augen benutzt? Offenbar wechselte er zwischen zwei Arten des Sehens hin und her. Und der intensivste Aspekt ein Adler zu sein war, dass er all seine Energie in das Sehvermögen konzentrierte. Ich kann mir vorstellen, dass Nachtvögel, so wie z. B. Eulen, eine ähnliche Funktionsweise der Augen habe

* * *

In einem anderen Fall erlebte eine Frau eine Serie verschiedene Leben in Tier - und Pflanzenkörpern. Eines davon war schwierig zu identifizieren, als sie zum ersten Mal dort hineintauchte.

S: Ich bin so etwas wie eine Blase. Ich mag es nicht, weil ich irgendwie eingequetscht bin. Gequetscht. In einer Blase. Ich bin ganz eingeengt.

Das war verwirrend. Wo war sie? Was war sie?

S: Weil ich in einer Blase bin, habe ich keinen Platz, um mich zu bewegen. Es ist schwierig. Ein schwebender Ballon. Es ist überhaupt nicht bequem. Ich mag Freiheit. In dieser kleinen Blase bin ich nicht sehr frei. Ich muss da raus.

Weil es ihr körperliche Beschwerden verursachte, nahm ich sie weiter mit in die Zukunft, wo sie bereits heraus war und bat sie zu erklären, was sie sah.

S: Eine Amoebe? Bin ich im Wasser? Ich kam aus einer Wassertasche. Ich kann atmen, aber ich bin im Wasser – Es ist ein Art Tier. Und ich kann im Wasser schweben.
D: Welche Art von Tier?
S: Etwas schleimiges (Pause). Dieser Körper ist schwer zu erklären. Es ist, als würde man seine Zehen nehmen und sie zu einem Kreis verbinden. Da sind die Extremitäten aber du bist der Mittelteil. Du bist der Körper. Das ist so *seltsam*. Ein länglicher Körper. – Eine Kaulquappe? Könnte es eine Kaulquappe sein? Oh, ich bin ein Frosch, denn da gibt es diese wellenartigen Dinge, die aus mir herauskommen und gleichzeitig bin ich dieses schleimige, länglich aussehende Ding. Und da sind die Knospen, die in den See hineinragen. Es sieht aus wie etwas, dass man Frosch nennen würde. Die kleinen knospenartigen Dinger, die wie Zehen aussehen sind meine Beine! Und da ist ein Kopf! - So kann ich im Wasser und auch außerhalb des Wassers atmen. Ich mag es hier. Ein guter Platz, um herzukommen. Das war eine gute Entscheidung. Wie eine Art Übergang. Ich mag es.
D: *Was siehst du um dich herum?*
S: Schnaken im Wasser. Kleine Tierchen zum Fressen. Ich fresse sie, wenn sie vorbeifliegen. Ich strecke meinen Kopf aus dem Wasser und sie kleben fest. Ist ganz OK, aber langweilig. Es ist nicht das, was ich dachte. Ich möchte jetzt verschwinden und etwas anderes sein - Jetzt sehe ich Farben: Rot, Weiß. Das rote und weiße ist ein Teil einer Blume. So, als wenn es da außen eine helle Farbe gibt und wenn man weiter hinein geht wird es dunkler? Das ist es, was ich bin. Ich *bin* die Blume! Ich mag es, Dinge auszuprobieren. Und dich habe eine hellere Farbe, so können die Farben changieren. Ich habe mich entschieden auszuprobieren eine Blume zu sein, da sie viele verschiedene Farbschattierungen haben.
D: Wie fühlt es sich an, eine Blume zu sein?
S: Weite. Ausdehnung. Wachsen. Herrlich. Weich. Es ist einfach wunderbar. Aber dann stirbt man, denn Blumen halten nicht lange. Ich habe es nur mal so ausprobiert. Es war schön, solange es andauerte.

Es scheint so, als seinen viele dieser seltsamen Leben kurz.

Sie sind gerade so lang, dass die Seele diese Erfahrung machen kann.

* * *

Einige der faszinierendsten Leben als Tier sind die von Insekten. Eine Klientin beschrieb das Leben als Spinne, und sie beschrieb die Art und Weise, wie sie sehen konnte. Wie Sie wissen, haben Spinnen mehrere Augen und mit unserer menschlichen Logik nehmen wir an, dass es schwierig ist, sie alle zusammen zu benutzen. Ich fand heraus, dass sie sie nicht alle zur gleichen Zeit benutzen. Ihre Augen sind in Intervallen angeordnet, aber ohne das es verwirrend ist. Es war so, als ob man mehrere TV-Apparate gleichzeitig anschaut, die alle dasselbe Bild zeigen. Die Spinne nahm sie als ein Bild wahr, obwohl das Bild aus Facetten bestand. Wenn die Spinne eine Bewegung in einem Auge sah, war das das Bild, auf das sie sich fokussierte. Die anderen Augen wurden nicht benutzt, es sei denn, etwas wurde in dem Bereich wahrgenommen. Sie konzentrierte sich auf jenen Teil, der etwas Interessantes zeigte oder eine Bewegung wahrnahm. Während wir Dinge aus dem Augenwinkel heraus wahrnehmen, konnte sie sich auf diesen Teil konzentrieren und das gesamte Bild wahrnehmen, auch wenn es sich im Randbereich befand. Es war dasselbe wie bei der Frau, die sich in einem Leben als Fliege wiederfand. Deren Augen sind auch in mehreren Facetten angeordnet. Fliegen fokussieren sich auf Bewegung in dem Bereich, wo es gerade wichtig ist. Der Klient sagte: „Andernfalls gäbe es eine Überladung mit Informationen. Ich wähle aus, was ich will und ingnoriere den Rest." Sehr clever!

Es scheint, dass diese Lebewesen ein breiteres und detailreicheres Spektrum sehen können als wir das tun. All das hat mich gelehrt, das Leben in allen Formen zu respektieren und wertzuschätzen und zu verstehen, dass in allem der Funke des Lebens sitzt.

* * *

Ein anderer Fall dieser Art zeigte sich, als eine Klientin sich in einem Leben als kleiner Wal wiederfand. Zuerst wusste sie nicht, wo sie war. Sie tauchte ins Wasser ein und dann unter

Wasser. Sie sah eine Flosse, aber sie war nicht sicher, ob sie ein Fisch oder eine Robbe oder etwas Ähnliches war. Als sie unter Wasser tauchte, fragte ich sie, ob sie dort unten atmen konnte. Sie antwortete: „Nicht sehr lange". Sie musste wieder auftauchen. Das bedeutete, dass sie ein Säugetier sein musste und schließlich erkannte sie, dass sie ein Wal war. Sie genoss es einfach, im Ozean zu schwimmen und Fische zu fressen. Als die Sitzung weiter voranschritt, sah sie ein kleines Fischerboot. Sie wusste nicht, was es war, da sie so etwas noch nie gesehen hatte. Sie schwamm darunter hindurch und kam auf der anderen Seite wieder hervor. Als sie sich umdrehte, um zu sehen, was es war, bekam sie Angst. Also schwamm sie davon. Sie nahm an, dass man sie nicht gesehen hatte, aber sie irrte sich.

Plötzlich verspürte sie einen Schmerz und durch die Beschreibung deutete sich an, dass es eine Harpune war. Sie sagte immer wieder: "Sie haben mich erstochen! Warum haben sie das getan? Ich habe niemandem etwas zu Leide getan. Ich habe nur mein Leben gelebt und bin herumgeschwommen. Warum haben sie mir weh getan?" Dann beschrieb sie, wie man an ihr zog... man spannte ein Netz und Taue um sie und hievte sie auf das größere Boot. Als sie schließlich an Land kam, hing man sie auf und schnitt sie entzwei. Sie weinte und entschied, dass sie das nicht weiter mitansehen wollte.

Einer der Gründe für die Sitzung war, die Ursachen für ihre physischen Problem zu finden. Sie hatte Rückenschmerzen, die zu Taubheit in ihren Armen und Händen führten. Se wachte mehrmals in der Nacht auf und fühlte diese Taubheit. Es wirkte sich auch auf ihre Arbeit aus; es fiel ihr schwer, Dinge festzuhalten. Als wir mit dem Unterbewusstsein sprachen, erklärte es, dass die Ursache in *dem* gesehenen Leben lag. Als sie den Wal aufschnitten, schnitten sie tief bis zur Wirbelsäule, während sie noch am Leben war. Und es setzte sich in diesem Leben in einem Gefühl der Verletzlichkeit fort. Es betraf den Rücken und die Nerven der Arme und Hände. Ich hätte vermutet, dass es auch die Beine betrifft, aber in diesem Fall war es nicht so. Mit dieser besonderen Erklärung konnten die Schmerzen weggenommen werden, denn sie gehörten nicht in dieses Leben. Es war ein weiterer Fall eines Klienten, dessen Körper sich an einen traumatischen Tod erinnerte. Ihr wurde dieses Leben gezeigt, um sie daran zu erinnern, dass es eine Zeit gab, wo sie sehr glücklich war. Sie war frei und konnte alles tun, was sie wollte, obwohl es kein glückliches Ende gab. Sie sollte wissen, dass sie dieses Gefühl und diese Freiheit auch wieder in diesem Leben erfahren konnt

* * *

Eine Frau, die sich in einem Leben als Giraffe sah, fühlte sich sehr erhaben, da sie alle anderen überblicken konnte. Noch einige Tage später hatte sie das Gefühl, auf Stelzen zu gehen.

Und dann machte ich während meiner wöchentlichen Radio-Sendung ein Interview mit einer Frau, die mit Tieren kommunizieren konnte. Sie erzählte, wie sie mit ihren Tieren sprach, insbesondere mit ihrer Katze und diese ihr alles sagte, was sie wissen wollte. Es gab einen entscheidenden Unterschied zwischen der Kommunikation mit Tieren oder mit Geistführern. Eine der Fragen, die sie der Katze stellte, lautete: „Wie nehmen Katzen Menschen wahr?" Sie wusste, dass Hunde meistens alles zuerst als Geruch wahrnehmen, aber sie wollte auch wissen, wie Katzen Menschen wahrnehmen. Und ihr wurde gesagt: „Zuerst sehen wir euch als wirbelnde Energien bevor ihr eine definitive Gestalt annehmt". Das brachte ich auf eine Idee: Wenn Katzen zuerst Energien sehen würde das erklären, wieso Katzen Geister sehen können und andere Dinge, die wir nicht sehen können. Sie sehen die Energien der Entitäten oder was immer es ist, ohne dass sie eine Form erkennen müssen.

Ich hatte einen leichten Zugang dazu, da ich persönliche Erfahrungen mit der einzigartigen Wahrnehmung der Katzen gemacht hatte. Als mein Mann in der U.S. Navy während des Vietnam-Kriegs in den 60-er Jahren diente, lebte ich in St. Louis, Missouri. Wir lebten in einem zweistöckigen Gebäude gegenüber vom Tower Grove Park wo alle Häuser in der Straße gleich aussehen. Meine Kinder und ich fanden bald heraus, dass es im Haus spukte. Das Phänomen ereignete sich überwiegend im Obergeschoss, wo die Lichter an und aus gingen, Türen sich schlossen und wieder aufgingen und laute Schritte zu hören waren, die Nachts die Treppe rauf und runter rannten. Weil wir etwas knapp bei Kasse waren, hatten wir keine andere Möglichkeit, als dort zu bleiben bis mein Mann aus dem Krieg zurückkehrte. Also gwöhnten meine Kinder und ich uns an den unsichtbaren Hausgast und nannten in George. Aber das ungewöhnlichste dabei war das Verhalten von „Boots", unserer siamesichen Katze. Nachdem die Kinder abends im Bett waren, saß ich unten im Wohnzimmer im Sessel und versuchte, mich beim Fernsehen zu entspannen. Aber meistens saß „Boots" am Fuß der Treppe und sah auf den oberen Treppenabsatz im ersten Stock. Während sie dort saß, schlug ihr Schwanz hin und her, so wie Katzen das tun, wenn sie etwas beobachten. Sie saß dort eine lange Zeit mit voller Konzentration, Ohren aufgestellt und den Schwanz schlagend, etwas beobachtend, das ich nicht sehen konnte. Meistens würde ich dann voller Verzweiflung sagen: „Boots, warum gehst du nicht los und fängst eine Maus?" Damals dachte ich, dass wahrscheinlich alle Tiere die Fähigkeit hatten, etwas zu sehen was wir nicht sehen konnten, aber diese neue Erklärung war einleuchtender. Katzen sind eher darauf programmiert, Energien zu sehen und daher macht es Sinn, dass sie auch die Energie von Geistern sehen können. Wahrscheinlich war es verwirrend für Boots, da sie nicht erkennen konnte, was diese Energie genau war.

* * *

Ich hatte noch viele weitere Fälle, wo die Klienten sich in einem Leben als Blume, als Kornähre oder als Stein sahen. Das Leben als Stein ist sehr laaaangsam. Jene Leser, die meine anderen Bücher gelesen haben, werden sich erinnern, dass ich in meinem Buch *Vermächtnis der Sterne* meinen ersten Fall hatte, wo ein Klient in ein nicht-menschliches Leben eintauchte. Ein Mann wollte sein erstes Leben auf dem Planeten Erde sehen. Natürlich dachte ich, dass es ein Leben als Höhlenmensch oder etwas Ähnliches sein würde. Stattdessen kam er in eine Zeit, als es auf der Erde noch kein Leben gab. Der Boden war instabil, Vulkane brachen aus und spukten alle erdenklichen Gase und chemische Verbindungen aus. Die Erde war noch nicht genug abgekühlt, um Leben auf ihr zu ermöglichen. Der Mann sah sich selbst (und viele andere) als Teil der Atmosphäre. Mit anderen Worten: Er war *Luft*. Das war für mich in dieser Phase meiner Arbeit schwierig zu verstehen, denn ich hatte noch nicht erkannt, dass *alles* lebendig ist. Ich dachte: Er ist also eine chemische Verbindung, ein Element und trotzdem hat er Bewusstsein. Er war sich seiner selbst und seiner Aufgabe bewusst und es war im möglich, mit mir zu kommunizieren. Seine Aufgabe zu der Zeit war dabei zu helfen, giftige Gase (besonders Ammoniak) aus der

Luft zu filtern, so das Leben auf der Erde existieren konnte, wenn es aus der „Ursuppe" zu Beginn allen Lebens auf der Erde entstehen würde. Wenn er dmit nicht gerade beschäftigt war, flog er hinein in die fließende Lava und wieder heraus, nur um zu erfahren, wie sich das anfühlt. Ich begleitete ihn bei seiner Entwicklung von jenem Zustand, in dem er jetzt war, über die verschiedenen unterschiedlichen Lebensformen (als Pflanzen und Meerestiere), die sich langsam entwickelten. Alls das musste Milliarden von Jahren gedauert haben. Danach war ich für alles offen, was ein Klient mir erzählen würde. Es zeigte mir, das nichts, keine Form von Leben, unmöglich war.

* * *

Ein ähnlicher Fall ereignete sich, als ich damit begann, meine Klientin 2003 in meiner Praxis in Arkansas zu sehen. Als der Mann die Szenerie betrat, fand er sich auf einem sehr dunklen, kahlen Planeten wieder. Aber da gab es Dinge, die aus dem Boden ragten und spitzer als gewöhnliche Steine waren. Sie hatten scharfe Ecken und Kanten. Er wusste, dass er auf einem schwarzen Planeten ohne Licht war, wo nichts wuchs. Er hatte keinen Körper und schien ein Teil des Planeten zu sein, im besonderen ein Teil der Oberfläche. Dann tauchte er unter die Oberfläche und es schien so, als ob dies eine Hülle war, die etwas im Inneren bedeckte. Er hatte große Schwierigkeiten zu beschreiben, was er sah. Es war, als ob Dinge im Untergrund wuchsen, etwa so wie an der Oberfläche: spitz zulaufende, sehr große Steine. Sie waren sehr eigenartig, ungewöhnlich – er hatte nie etwas Vergleichbares zuvor gesehen und sie waren definitiv nicht biologischen Ursprungs. Als er weiter ins Innere kam, konnte er Licht sehen, dass von Lavaströmen zu kommen schien. Er tauchte hinein und kam wieder heraus, nur um zu sehen, wie sich das anfühlte, aber er war sich im Klaren, dass es Bewusstsein um ihn herum gab. Nicht unbedingt Wesenheiten oder Menschen, aber Bewusstsein. Manchmal sagen Klienten, dass sie pure Energie oder Energiewesen sind. Aber er betonte, er sei Bewusstsein und wusste, dass er dort unten Teil von allem war.

Als ich ihn vorwärts auf der Zeitschiene brachte, sah er, dass sich die Oberfläche des Planeten verändert hatte. Er beschrieb etwas, dass sich wie eine Raumstation anhörte, aber er hatte

Mühe, es zu beschreiben. Es war etwas, dass von der Oberfläche des Planeten hervorstach, so, als ob es eine Reihe von Gebäuden wäre. Und diese ganze Stadtgesellschaft - oder was auch immer es war - formte eine Reihe von Gebäuden, die mindestens tausend Stockwerke hoch war und einmal um den ganzen Planeten lief. Später fragte ich ihn, ob er so etwas wie die Saturn-Ringe meinte. Er sagte, es sei recht ähnlich, bis auf die Tatsache, dass sie (Gebäude) fest auf dem Planeten verankert waren. Und Menschen lebten in dieser Station (oder wie immer man sie nennen mag). Sie lebten nicht auf der Oberfläche des Planeten, sondern in diesem Komplex einer Stadtgesellschaft, die sich in die Höhe schraubte. Die Bewohner sahen menschenähnlich aus; allerdings trugen sie lange Gewänder. Sie gingen verschiedenen Tätigkeiten an diesem Ort nach. Er lebte in einer Art Führungsposition unter ihnen.

Als ich später mit dem Unterbewusstsein sprach, sagte es, dass man ihm ein Leben auf einem weit entfernten Planeten aus einer Zeit gezeigt hatte, als es noch keinerlei Leben gab. Diese „Dinger" waren nicht-menschliche Körper, die sich gerade in einem frühen Entwicklungsstadium unter der Hülle, die den Planeten umgab, befanden. Die Lava war der Beginn des Lebens. Er hatte keinen Körper, da er Teil von allem war. Das, was er während der Entwicklung des Planeten sah, diente dazu ihm genau das zu zeigen - und dass er Teil dieses Prozesses war. Die Entwicklung bestimmter Lebensformen dauerte eine Ewigkeit und er beseelte jede von ihnen, bis es schließlich in intelligente Lebensformen mündete. Als er dann zum Anführer dieser ganzen Gemeinschaft wurde, war das so, als ob er so weit gekommen war, wie es ihm möglich war. An diesem Punkt *starb* er nicht. Er entschied nur, seinen Körper zu verlassen. Und als er das tat, kam er auf die Erde. Von dort sollte er sich weiterentwickeln. Während sich der andere Planet von der Formation des ersten Lebens immer weiter fortentwickelte, hatte er dort alles gelernt, was es zu lernen gab. Also war die nächste Phase der Lektionen, von vorne auf einem Planeten zu beginnen, der andere Regeln und Lektionen zu bieten hatte. Deshalb war er auf der Erde gekommen.

* * *

Im März 2007, nachdem ich mit der Arbeit an diesem Buch

begonnen hatte, gab es eine Sitzung, die noch einen weiteren Aspekt der Idee der Reinkarnation als Tier in einem anderen Leben hervorbrachte. Meine Klientin sah sich in einem Raum, wo sie sich in einer durchsichtigen Plastik-Kapsel befand. Sie war sich bewusst, dass es in diesem großen Raum überall verteilt noch viele weitere gleiche Plastik-Kapseln gab. Als sie sich ihres Körpers bewusst wurde, schien dieser nicht komplett ausgeformt zu sein. Sie wusste, dass er zwei Beine hatte und schien mehr tierisch als menschlich zu sein. Er schien mit etwas umwickelt zu sein, während er auf einem Tisch in einer röhrenförmigen Plastikhülle lag. Sie fühlte, dass sie eine Art Experiment war. Es war ihr möglich, ein Wesen zu sehen, dass im Raum umherlief, dass die Kapseln und ihre Inhalte prüfte. Er war sehr groß und trug einen weißen Kittel, aber er schien nicht menschlich zu sein. Sie war sich auch bewusst, dass es noch viele weitere Wesen in einem anderen Raum gab, die die Fortschritte auf ihren Computern überwachten und konnte Tastaturen, Monitore, Ziffernblätter und Messzeiger erkennen. Ich versuchte, weitere Informationen von der Person zu erhalten, die sich um sie und die anderen zu kümmern schien, aber der Zugang war blockiert. Alles, was sie erfahren konnte war, dass sie eine Art Experiment waren und sich über dem Planeten befanden. Von Zeit zu Zeit rotierten die Kapseln durch den Raum. Ich brachte sie in die Zukunft m mehr Informationen zu bekommen und sie sah sich selbst auf einem Planeten, auf den sie gebracht worden war. Sie war in einer Art Gehege oder Käfig in einem Gebiet voller Schlamm und man beobachtete sie. Als ich sie weiter in die Zukunft brachte, um mehr zu erfahren, sprang sie in ein anderes, diesmal menschliches Leben, als ein römischer Gladiator.

Ich wusste, dass meine Fragen beantwortet werden würden, sobald ich das Unterbewusstsein zu diesem seltsamen Leben befragte. Es antwortete, dass ihr dieses Leben gezeigt wurde, weile sie immer neugierig war, ob es Laben auf anderen Planeten gab. Sie war in der Tat ein Experiment, das mit der Besiedlung eines anderen Planeten zusammenhing und hatte auf einem riesigen Raumschiff stattgefunden. Verschiedene unterschiedliche Lebensformen wurden durch Neukombination und Manipulation von Genen und DNA kreiert, und sie war das Ergebnis einer dieser Experimente. Als sie sich ausreichend entwickelt hatte, wurde sie auf einen Planeten gebracht, um den das Raumschiff kreiste. Sie wurde in ein Gehege gebracht und an die Umgebung gewöhnt, bevor man sie frei ließ. Der Grund, warum es an einem bestimmten Punkt in der Rückschau dann nicht weiterging war, weil sie nicht überlebt hatte. Ihr Experiment war gescheitert. Mit anderen Worten: Es hatte nicht funktioniert und der Orgaismus konnte sich nicht an das Umfeld des Planeten anpassen. Das Unterbewusstsein sagte, dass es nicht auf der Erde passiert war. Ich sagte, dass ich bereits wusste, dass vor zehntausenden von Jahren Leben auf der Erde gesät worden war, und das Unterbewusstsein erwiderte, dass dieselbe Sache auf zahllosen anderen Planeten stattgefunden hatte. Es geschieht auch heute noch, denn auf diese Art wird Leben in allen Universen angesiedelt.

KAPITEL VIER

UNTERSCHIEDLICHE LEBENSFORMEN

Tiere und Pflanzen sind nicht die einzigen Lebensformen, die die Seele oder der Geist bewohnen können. Ich hatte viele Klienten, die Leben in verschiedenen Formen beschreiben. Einige übersteigen die Vorstellungskraft und trotzdem fühlt sich der Klient wohl dabei, sie zu bewohnen- so, als sei es nichts unlogisches.

* * *

IM LAND DER RIESEN

Jack sah sich selbst als einen sehr großen Mann mit langem blonden Haaren namens Larce. Sein Kopf ragte bis zu halben Höhe des Baumes, neben dem er stand. Er trug braune Leinenhosen und ein Hemd mit gepufften Ärmeln und Hosenträgern. Außerdem trug er Sandalen mit aus Rinde gefertigten Sohlen und auf dem Rücken einen Schaft, in dem ein Schwert steckte. Das Schwert diente zum Schutz gegen Leute, die sogar noch größer waren als er. Er konnte frisch gebackenes Brot aus einer entfernt stehenden Hütte riechen. „Dort leben kleine Leute. Sie können nicht für sich selbst sorgen". Er brachte ihnen ein Wildtier, das er in den Händen hielt und etwas Mehl. „Da ist eine junge Frau und ich sehe zwei kleine Mädchen und ein Baby. Ich so viel größer als sie, aber ich fühle große Zuneigung zu diesen kleinen Leuten. Um anzudeuten, um wie viel größer er war, sagte er, der Kopf der Frau reichte nur bis zu seiner Hüfte. Es gab Dörfer mit diesen kleinen Menschen und sie schwebten in Gefahr durch die Leute, die sogar größer als er waren und fühlte sich verantwortlich, sie zu beschützen. Er lebte nicht in den Dörfern, sondern an einem nahegelegenen Berg. „Ich kann ... alles überblicken. Ich kann das Tal überblicken und sehen, ob alles in Ordnung ist." Er machte dies nur aus Zuneigung zu den kleinen Leuten.

Es war kalt in dieser Gegend und die Leute trugen oft Pelze. Zusammen mit seiner Familie, die aus Eltern, Brüdern und Schwestern bestand und für die er ebenfalls sorgte, lebte er in einem Gebäude aus Stein. Die noch größeren Leute lebten auf einer Insel etwas weiter weg von der Küste. Sie kamen im Frühjahr und Herbst mit ihren großen Eisenschiffen an Land. Diese großen Leute lebten in Dunkelheit in riesigen Schlössern aus riesigen Steinen mit großen Holztüren. Sie waren niemals zufrieden und wollten, was die anderen hatten. Sie töteten alles, nur um zu töten. Sie hatten mechanische Dinge: Gewehre die feuerten und die Schiffe sahen aus, als flögen sie über das Meer, ohne das sie Segel hatten. Er beschrieb, dass sie aussahen wie Bulldoggen: ein hervorstehender Unterkiefer mit zwei Zähnen, die über die Oberlippe ragten, einen großen Buckel und sehr wenig Haare. Sie liefen vorn über gebeugt. Er wusste, wie sie aussahen, denn er hatte einst einige von ihnen während einer Schlacht im Wasser verwundet. Er betonte, dass er nicht tötete, sondern sich verteidigte.

D: *Das klingt wirklich nach seltsamen Menschen. Weiß jemand, woher sie gekommen sind?*
J: Sie kamen ursprünglich von einem roten Ort. Das ist gerade alles, was ich sehen kann. Ein Planet mit roten Steinen.
D: *Ich frage mich, ob euer Volk Geschichten über sie kennt.*
J: Gestrandet. Sie konnten nicht dahin zurück, wo sie hergekommen waren. Keine Atmosphäre. Sie konnten dort nicht mehr existieren. Sie mussten den Ort verlassen.

Ich brachte ihn nach vorne zu einem wichtigen Tag in dem Leben. Die kleinen Leute feierten eine Hochzeit. Seine Familie war auch da. Sie hatten schon lange keine Probleme mehr mit den seltsamen Leuten gehabt. Vielleicht starben sie aus. Er sagte, das sei schlecht für deren Rasse, aber gut für ihn und seine Leute.

Ich brachte ihn zum letzten Tag seines Lebens. Er lag auf

einem Bett in seinem Haus. Sein Körper war nicht alt. Er war weiter gewachsen und war zu groß geworden. Das verursachte Brustschmerzen, Schwäche durch das große Gewicht, Atemnot und Schmerzen in den Gelenken und Füßen und im unteren Rücken. Er sagte, man kann zu groß oder zu klein sein. Die seltsamen Leute waren nie zurückgekommen. Als er auf die Insel fuhr, um nachzusehen, fand er nur Knochen. Alles war so, wie sie es zurückgelassen hatten.

Die kleine Frau aus der Hütte war bei ihm, als er starb. Nach seinem Tod legte man seinen Körper in ein Boot und verbrannte ihn, während er auf das Meer hinaus trieb. Man machte das mit jedem Toten, der irgendeine Form von Krankheit hatte. Die Lektion aus diesem Leben war Respekt. Respektiere dich selbst und auch deine Feinde. Und sei in der Lage, alles oder jeden zu lieben, egal ob er groß oder klein ist. Und Vorsicht. Und Achtsamkeit. Höre, sehe, beobachte. Er fühlte, dass er diese Lektionen verinnerlicht hatte.

Ich rief dann das Unterbewusstsein, um einige Fragen zu beanworten.

J: Jack musste dieses Leben sehen, um die Liebe zu erkennen, die er damals nicht leben konnte. Er kann diese Liebe nun heute teilen. Es ist seine derzeitige Frau; sie war die kleine Frau in der Hütte.
D: *Dann sind sie also zusammen zurückgekehrt* (Ja) *Das ist entscheidend, denn jetzt haben sie dieselbe Größe, nicht wahr?*
J: So ziemlich, ja. Die Liebe war in dem vergangenen Leben unmöglich und das hat ihn sehr verzweifelt gemacht. Er konnte mit ihr nur als ein Freund zusamen sein.

Ich bat das Unterbewusstsein darum, einige Eigenarten zu erklären. "Alles was Jack betrifft ist seltsam. Alles neigt dazu, anders zu sein, weil er gerne außergewöhnlich ist. Er mag das Normale nicht. Während all seiner Leben konnte er immer etwas sehen, was andere Leute nicht sehen konnten. Er war immer anders.

D: *Das ist ja keine schlechte Sache. Es bedeutet lediglich, das Anpassung nötig ist.* (Ja) *In dem Leben war er sehr groß und wuchs immer weiter. Kannst du mir etwas über seine Leute erzählen?*

J: Seine Leute stammten von einem anderen Planeten. Sie wurden auf der Erde angesiedelt.

D: Wo war das?

J: Ein kaltes Land. Im Land der Wikinger. Der Nordteil. Weit zurück in der Geschichte.

D: Würden die kleinen Leute heute als normal groß angesehen werden?

J: 1,70 m. Einige kleiner. Seine Gruppe war zwischen 2,75 m und 3,00 m groß. Sie kamen von einem anderen Planeten und wurden hier angesiedelt.

D: Sie waren für diesen Planeten also eigentlich zu groß, nicht wahr?

J: Ja, deshalb wurden sie im Norden angesiedelt, damit sie weit weg von den anderen waren. Die kleineren Menschen hatten Angst vor ihnen. Man siedelte sie dort an, um zu sehen, ob sie überleben würden.

D: Warum wuchsen sie ständig weiter?

J: Ein genetischer Defekt.

D: Als sie angesiedelt wurden, begannen also die Probleme (Ja) *Hat die Gruppe bis in unsere Zeit überlebt?*

J: Ja. Sie sind jetzt nicht mehr so groß.

D: Sind einige der sehr großen Menschen heute Nachkommen dieser Gruppe? (Ja) *Ich hätte gedacht, dass sie aussterben* (Nein) *Was ist mit denen, die noch größer waren und auf der Insel lebten?*

J: Sie stammten woanders her. Ein großer Irrtum. Sie sollten nicht hier sein. Sie sollten woanders hingeschickt werden.

D: Warum landeten sie hier?

J: Sie haben sich verrechnet, eine falsche Kalkulation ihrerseits.

D: Er sagte, dass sie gestrandet seien (Ja) *Irgendetwas bezüglich eines roten Planeten?*

J: Ein roter Planet (überrascht) aber nicht Mars. Er hatte eine schlechte Atmosphäre. Sie mussten weg, sie konnten dort nicht atmen.

D: Sie verrechneten sich also und landeten dann versehentlich auf der Insel (Ja) *Es klang so, als ob sie sich nicht fortpflanzen konnten.*

J: Sie waren alle männlich. Deshalb starben sie schließlich aus. Sie waren sehr gewalttätig. Nichts Humorvolles an ihnen.

Außer, dass sie sehr hässlich waren.
D: Also war es wahrscheinlich das Beste, dass sie auf der Insel isoliert waren (Ja) *Was ist mit den Burgen? Haben einige die Zeit überdauert?*
J: Unter Schlamm. In der heutigen Zeit würde man sie in Island finden. Möglicherweise werden Gegenstände gefunden. Man wird sie nicht zuordnen können.
D: Und ihre Schiffe wahren wahrscheinlich Raumschiffe.
J: Ja, sie liegen unter dem Schlamm.
D: Wird man sie finden?
J: Es könnte sein.

Also sind die Geschichten und Märchen, die wir alle unser ganzes Leben lang gehört haben, vielleicht letztendlich doch keine Fiktion. Ich habe immer geglaubt, dass die meisten Geschichten und Legenden auf einigen Tatsachen beruhen Aber ich weiß auch, dass die Menschheit über die Zeit diesen Geschichten und Legenden etwas hinzugefügt oder etwas davon weggenommen hat und so ist es schwierig, das Original zu kennen. Als ich in Norwegen war, habe ich einige Museen in Oslo besucht. Ich sah die alten Gemälde, die die Geschichten über Riesen, Trolle, Oger und seltsame Kreaturen abbilden. Jacks Unterbewusstsein sagte, dass sie im Norden lebten. Vielleicht tragen diese Geschichten ja die Erinnerung dieser Kreaturen, die vor langer Zeit auf der Erde lebten. Und das erklärt eventuell auch, warum derzeit Menschen auf der Erde leben, die besonders groß sind. Vielleicht tragen sie die Gene dieser sanften Riesen in sich.

* * *

Ein weiterer Fall in Seattle, Washington vom April 2002, wo ich bei der APRT Konferenz (Association for Past-Life Research and Therapy) einen Vortrag hielt, deckte eine weitere unerwartete Lebensform auf.

Jede Sitzung, die ich bei einer Therapie mache, dient dazu, das Unterbewusstsein des Klienten in das am besten geeignete Leben zu bringen um die Probleme des jetzigen Lebens zu klären oder jene Informationen zu bekommen, die sie brauchen. Wie ich es schon zuvor in diesem und in den zwei vorherigen Bänden dieser Reihe gezeigt habe, findet sich der Klient oft in seltsamen

Zusammenhängen wieder, die keine logische Basis oder Erklärung haben. Ich vertraue immer darauf, dass das Unterbewusstsein einen Grund dafür hat, denjenigen dort hinzubringen, also werde ich einfach zur Reporterin, zur Forscherin und frage nach Antworten innerhalb dessen, was das Unterbewusstsein demjenigen gezeigt hat. Wenn ich versuchen würde, denjenigen dort wegzuholen und irgendwohin zu bringen, wo es für mich logischer ist, würden die wesentlichen Informationen verlorengehen.

Das erste, was Wanda erblickte, als sie die Szenerie betrat, war eine Gruppe von Leuten, die nicht wie normale Menschen aussahen. Das war verwirrend für sie, denn sie beschrieb sie folgendermaßen: „Sie bestehen aus etwas Solidem, es gibt eine Struktur, aber das dehnt sich in einen Schimmer aus. Das ist ja cool." Sie war angenehm überrascht, dass ihr eigener Körper genauso war. „Oh, mein Körper macht das Gleiche! Ein Schimmern. Das ist toll! Und das Licht, das Schimmern hält an und wird dann schwächer und schwächer als sie weggehen, aber es ist immer noch da. Da ist eine solide Struktur im Inneren dieses Lichts, aber es ist, als wäre man in einer Art Glaskugel. Und das eigene Licht ist diese Art Kugel. Ich bin einfach glücklich. Da ist ein kleiner Unterschied in der Weise, wie sie leuchten. Einige sind strahlender als andere und es gibt Unterschiede in den Farben, einige sind pfirsichfarben, andere mehr erdbeerfarben. Ich strahle in einem sanften Gelb. Und wir alle schweben."

Sie war so aufgeregt und glücklich, sie genoss es und beschrieb überschwänglich, was sie sah. Fast wie ein Kind, wenn es etwas entdeckt. „Sie sind so glücklich, mich zu sehen". Ich glaube, sie haben hier auf mich gewartet. Es ist fast wie eine Party. Ich verstehe noch nicht einmal genau, was sie sagen. Sie sprechen zu schnell. Es hat viele Veränderungen gegeben. Sie wollten mir alle Veränderungen auf einmal erzählen. Sie haben Angst, dass die Gegend krank wird. Und wir wollen es ändern, verbessern. Die Farben sind nicht so strahlend, wie sie einmal waren."

D: Welche Gegend?
W: Oh, da unten ist es nicht so hell. Und wir müssen es verbessern (sie klang jetzt nicht mehr so glücklich). Die

Schimmer sind nicht heller, aber sie erschienen mir heller! Sie sagen, das ist nicht gut.

D: Bist du schon einmal dort gewesen?

W: Ich war hier schon einmal vor langer Zeit, als wir begannen. Wir kamen hierher und entschieden uns, hier zu leben. Und so haben wir diese Gegend gefunden, aber dann passierten einige Dinge, die es schwierig machen, hier weiterzuleben. Und sie wollen die Gegend nicht verlassen.

D: Leben sie auf dem Erdboden oder schweben sie einfach in der Luft - wenn ich das richtig verstehe?

W: Sie brauchen den Boden nicht. Aber was dort unten passiert, macht das Leben für uns schwierig.

D: Du sagtest, du warst am Anfang dort, als sie zuerst dort hinkamen? (Ja) *Und dann bist du weggegangen?*

W: Ja, ich musste woanders hin und jemand anderem helfen. Als sie erst einmal begonnen hatten, konnte ich dann weggehen und einer anderen Gruppe helfen.

D: Also das ist es, was du tust? Von einer Gruppe zur anderen gehen?

W: Ja, weil sie glauben, dass ich wichtig bin.

Das war verwirrend. Ich hatte keine Ahnung, wo sie war oder wer diese anderen Wesen waren. Sie schienen eine Art Energiewesen zu sein, aber es gab Unterschiede.

D: Was ist ihre Aufgabe?

W: (Pause) Sie sprechen mit den Feen. Wo leben die Feen? Ah, ja! Die Feen und andere Wesen leben unten am Boden. Der Boden ist ganz weit weg, dort unten.

D: Wie sehen die Feen aus?

W: Sie sehen wie Menschen aus, sind aber sehr klein. Sie sehen aus wie Königinnen ... oh, da gibt es auch ein kleines Einhorn, aber es ist eine Miniatur, so wie die Fee. (lacht) Ich habe dort unten hineingezoomt, um zu sehen, wie es dort ist. Ich kann mich überall herum bewegen, so wie ich will. Das möchte ich gerne immer so machen.(lacht)

D: Was für eine Art von Aufgabe haben die kleinen Menschen dort unten?

W: Sie versuchen, den Planeten in einem guten Zustand zu halten und den größeren Tieren zu helfen. Und da gibt es noch andere Menschen, aber sie arbeiten nicht mit den kleinen Menschen (Feen) zusammen. Die kleinen Feen mögen Tiere.(erfreut) Und sie mögen auch mich.

D: *Was macht dein Volk, um den Feen zu helfen?*
W: Wir helfen ihnen dabei, von den normalen Menschen fernzubleiben. Wir erzählen ihnen, wann diese Menschen vorbeikommen, weil diese Menschen nicht nett sind. Menschen tun ihnen weh (sie wurde traurig).

D: *Auf welche Weise tun sie ihnen weh?*
W: (traurig) Weil manche Menschen ihnen den Lebensraum wegnehmen und das tut ihnen weh. Menschen nehmen ihnen das Zuhause weg; ihr Zuhause sind die Bäume. Es gibt nicht mehr viele Bäume.

Offenbar waren die Feen wie Naturgeister, deren Aufgabe es war, die Pflanzen und Bäume zu schützen. Sie waren bestürzt, weil die Menschen jene Bäume fällten, die die Feen geschworen hatten, zu beschützen. Sie mussten das Gefühl haben, bei ihrer Aufgabe versagt zu haben.

D: *Und deshalb mögen sie die Menschen nicht?*
W: Ja, aber dies ist nicht der Planet Erde. Es ist nicht so wie auf der Erde. Es sind die nicht dieselben Pflanzen. Wir waren gekommen, um den Feen bei ihrer Arbeit zu helfen, weil sie so klein waren und nicht alles endlos überblicken konnten. Und so haben wir ihnen dabei geholfen, jene Gefahren zu erkennen die ihnen schaden könnten.

D: *Und ihr habt die Fähigkeit, diese Dinge zu sehen und zu wissen, wie man sie warnen kann?*
W: Ja, wir können sehen, ja!

D: *Und du sagtest, dass du zu anderen Orten gegangen bist?*
W: Ja, das musste ich. Es gab noch andere Welten, die jemanden brauchten, um den Feen zu helfen. Und die Feen sind sehr glücklich, wenn wir kommen, weil sie ein gefühl von Sicherheit haben und keine Angst haben müssen. Wir leben oben am Himmel! Wo Menschen uns nicht sehen können, aber die Feen können uns sehen. Ich glaube, die Menschen mögen uns nicht sehr gerne. Sie scheinen nichts für die Natur übrig zu haben.

D: *Aber mit deinem besonderen Schimmer konnten sie dich wahrscheinlich sowieso nicht sehen.*
W: Richtig. Sie sehen nur Strukturen, und wir haben nicht

wirklich eine Struktur. Ich bin zurückgekommen, um nach meinen Leuten zu sehen und sicherzustellen, das alles in Ordnung ist. Sie sind glücklich, mich zu sehen, und sie müssen mir alles erzählen. Deshalb konnte ich nichts hören. (kichert) Es passierte zu viel. Aber die Feen sprechen nicht so schnell. Ich kann zu anderen Welten reisen, aber meine Aufgabe liegt dort. Es sind sehr sanfte Wesen. Sie sind so rücksichtsvoll, so warm. Einfach nur bei ihnen zu sein, fühlt sich wie Liebe an. Die Menschen *versuchten*, dorthin zu kommen, aber wir verursachten einen heftigen Gestank. Wir kombinierten Elemente, die übel riechen. Wir kennen uns mit so etwas aus, aber die Menschen verstehen das nicht. Es hat prima funktioniert! Und die Menschen verschwanden (kichert). Sie werden versuchen, den Gestank loszuwerden. Jeder ist glücklich, besonders, wenn die Leute verschwinden.

Obwohl diese Wesen normalerweise keinerlei Zeitgefühl haben, entschied ich mich, sie in der Zeit vorwärts zu einem wichtigen Tag, wo etwas passierte, zu bringen

D: *Was machst du? Was siehst du?*
W: Oh, da sind Menschen. Und das sind große Städte. Das ist nicht gut. Wir haben es mit dem Gestank probiert, aber es hat nicht funktioniert. Sie sagen, dass sie einfach die Luft verändern können. Sie glauben, dass es da draußen etwas gibt, was sie brauchen. Ich bin nicht sicher, was es ist, aber es hört sich nicht gut an für uns. Sie werden Tiere fangen und Experimente durchführen und das ist überhaupt nicht gut. Sie werde uns nichts tun. Sie werden den Feen und den Tieren weh tun. Aber das sind unsere Freunde, und sie sind ein Teil von uns.
D: *Ich dachte, sie können die Feen nicht sehen.*
W: Sie können sie nicht sehen, aber sie versetzen sie in Angst und das verletzt sie. Und sie verlieren ihr Gebiet. Ich bin sehr traurig, denn da liegt meine Aufgabe. Und ich habe sie nicht schützen können (weint fast). Ich will das gar nicht sehen. Sie haben sie verletzt, weil ich sie nicht beschützt habe. Meine Aufgabe war, es nie zu so etwas kommen zu lassen. Ich sah, dass diese Leute kommen würden und es hat nicht funktioniert.(traurig)
D: *Was sind das für Tiere, die sie mitnehmen?*

W: Einige von ihnen haben Flecken wie Leoparden.
D: *Du meinst Großkatzen?*
W: Ja, aber sie sind nicht bösartig. Alle Tiere sind gutmütig. Sie haben Angst. Jeder hat Angst.
D: *Was für andere Tiere nehmen sie mit?*
W: Die Affen. Und all die schönen Vögel (weint beinahe). Sie haben auf uns gezählt.
D: *Gibt es etwas, was du jetzt tun kannst, um den Tieren zu helfen?*
W: Ich weiß nicht. Ich glaube nicht. Die Menschen sind zu groß.
D: *Und die Feen können auch nichts tun?*
W: Nein. Vielleicht versuchen sie es (sehr unglücklich). Aber da sind zu viele Leute. Und sie sind sehr *sicher*, dass sie es tun werden. Sie bringen die Tiere in Käfige. Die Tiere haben Angst und einige von ihnen sterben, weil sie so viel Angst haben. Sie wollen nicht mehr leben. Sie bringen sie in dieses große Gebäude. Und sie fällen die Bäume.

Dann konnte Wanda offenbar das Ganze nicht mehr länger ansehen, weil sie glaubte, dass es ihre Schuld war, dass diese negativen Dinge passierten. Sie verließ abrupt die Welt, in der sie als eine Art Naturgeist den Feen und Tieren half und wechselte in die geistige Welt (Jenseits). Sie dachte, dass sie ganz sicher dabei versagt hatte, den kleinen Menschen zu helfen. Nun meldete sie sich unglücklich zurück, um ihre nächste Aufgabe entgegen zu nehmen. Sie und die älteren Ratsmitglieder entschieden, dass sie mehr Gutes bewirken konnte, wenn sie das nächste Mal als „Mensch" zurückkam, anstatt ein leuchtendes Energiewesen zu sein, da sie mehr Macht hätte, die Dinge zu verändern. Sie beschrieb die Entitäten des Rates, mit denen sie sich beriet:

W: Sie sehen aus wie Kugeln aus Licht, aber sie sind anders als die Lichter, von denen ich eines war. Ganz anders. Sie sind weich, substanzlos. Na ja, ich nehme an, es gibt dort eine Art Struktur, aber sie strahlen so hell, dass es schwer ist zu sehen, ob sie eine Struktur haben. Sie sehen nicht so aus wie die Wesen, zu denen ich gehörte.
D: *Sind es diejenigen, die die Entscheidungen treffen?*
W: Sie *helfen* dabei, die Entscheidungen zu treffen. Sie lassen dich deine eigenen Entscheidungen treffen, aber sie zeigen

dir alles und sprechen mit dir über die Entscheidungen.
D: *Du hast dich also entschieden, zu versuchen ein „Mensch" zu sein?*
W: (unsicher) Ja, ich kann das machen.
D: *Es ist immer etwas beängstigend, wenn etwas Unbekanntes, Neues und Anderes passiert, nicht wahr?* (Jaa!!) *Und was geschieht dann - wie wirst du ein Mensch?*
W: Da ist dieses kleine Baby. Sie haben mir gesagt, dass ich das kleine Baby sein würde und ich erwiderte, dass ich kein Baby sein möchte, da Babys keine Stärke zeigen können.
D: *Ja, aber irgendwo musst du ja anfangen.*
W: Ich werde einfach ein Kind werden. Ungefähr sechs Jahre alt.
D: *Du wirst also kein Baby sein?* (Nö) *Kannst du das Kind sehen?*
W: Oh, er ist niedlich. Er hat viel Energie. Und er ist sehr um die Tiere besorgt. Und ich sage ihm einige der Dinge, die ich weiß. Aber ich weiß nicht mehr sehr viel, es verflüchtigt sich langsam.
D: *Wie kannst du er werden, wenn er bereits sechs Jahre alt ist? Er hätte ja bereits eine Seele, einen Geist, der in ihm lebt, oder?*
W: Ich weiß es nicht. Ich habe ihn einfach gesehen und bin zu ihm gegangen und dann war ich er.
D: *So kann es also manchmal auch funktionieren?*
W: Ich weiß es nicht genau. Ich sah das Baby und wollte es nicht sein. Dann sah ich ihn und nun bin ich er.
D: *Und so wird man ein Mensch - man muss klein anfangen?*
W: Ja, aber ich bin sechs Jahre alt und kann Dinge tun, weil ich mich erinnere. Aber ich kann ihm nicht von den Feen erzählen, weil ich mich nicht an *alles* erinnere. Ich weiß, es gibt da etwas, aber ich weiß nicht mehr, was es genau ist.

Obwohl es etwas unklar war, wurde deutlich, dass sie sich entschieden hatte, ein „Mensch" zu werden, um etwas bewirken zu können. Es war offenbar ihre erste Inkarnation als Mensch, aber es war definitiv nicht ihr jetziges Leben als Wendy. Ich musste diese Entität hinter uns lassen, damit wir uns in Raum und Zeit nach vorne bewegen konnten. Auf diese Weise konnte ich mit ihrem Unterbewusstsein kommunizieren.

D: *Ich weiß, dass das Unterbewusstsein alles für Wendy*

aussuchen könnte. Warum hat sich das Unterbewusstsein entschieden, ihr dieses Leben zu zeigen?
W: Weil sie wertvoll war. Jetzt, in ihrem heutigen Leben, glaubt sie, dass sie mit den Tieren und Pflanzen nicht arbeiten kann. Und sie sollte wissen, dass sie einen großen Unterschied bewirken kann, obwohl sie ein einzelner Mensch ist. Sie glaubt, dass es für den Einzelnen zu schwer ist, etwas zu bewirken. Und dabei vergisst sie, dass einer den Anfang machen muss. Sie hat einige Ideen, was man alles starten kann. Sie setzt sie nur nicht um.
D: Ist das der Grund, warum sie die Energieform verlassen hat und eine menschliche Inkarnation gewählt hat?
W: Das ist einer der Gründe. Sie will nicht mehr mit den Tieren und Pflanzen arbeiten. Sie möchte mit Menschen arbeiten, weil sie hofft, dass sie sich bessern werden. Aber sie ist nicht sicher, ob die Menschen auf der Erde bereit sind zu verstehen, dass es viele verschiedene Dimensionen gibt. Wir dringen endlich zu ihr durch. Lange genug hat es ja gedauert! Sie weiß ja schon so lange, dass sie mit Menschen arbeiten sollte.
D: Aber wenn man als Mensch geboren wird - beginnt man dann nicht damit, Karma zu erschaffen und in all dem hier verstrickt zu werden?
W: Ja. Sie entscheidet sich immer wieder dafür, hierherzukommen. Sie könnte auch an andere Orte gehen. Es ist eine Wahl, die sie trifft. Und Karma existiert dann, wenn man es will. Aber wenn man es schafft, aus den menschlichen Limitierungen auszubrechen, kann man an andere Orte gehen. Und man kann sich dafür entscheiden, das Karma hinter sich zu lassen, unabhängig davon, ob es positives oder negatives Karma ist.
D: Ja, und sie hat auch die Entscheidung getroffen ein Mensch zu werden, um etwas bewirken zu können?
W: Ja, sie hat immer gehofft, etwas bewirken zu können. Sie sollte verstehen, dass sie bereits an vielen, vielen Plätzen etwas bewirkt hat. Vielleicht kann sie jetzt damit aufhören, sich so aufzureiben. Sie versucht, sich um alles und jeden zu kümmern. Sie muss sich erinnern, dass sie sich schon seit vielen, vielen Jahrhunderten um alles und jeden gesorgt hat.

In meinem Buch *Zwischen Tod und Leben* habe ich darüber

berichtet, dass eines der Leben, die wir als Erfahrung durchlaufen müssen bevor wir in einen menschlichen Körper inkarnieren, ein Leben als Naturgeist (z.B. als Fee) ist. Sie sind die Hüter der Pflanzen und Tiere. Diese kleinen Wesen sind real und vergangenen Kulturen, die in Einklang mit der Natur lebten, war es möglich, sie zu sehen. Viele Geschichten der „kleinen Menschen" basieren auf Fakten. In unserer derzeitigen technologisierten Gesellschaft ist es viel schwieriger, sich ihrer Präsenz bewusst zu sein - es sei denn, es handelt sich jene kleine Gremlins, die es lieben, Schabernack mit meinem Computer zu treiben. Diese Geschichte zeigt auch, dass es die Naturgeister nicht sehr mögen, den Menschen zu nahezukommen. Sie haben eine ländliche oder eine natürliche Umgebung sehr viel lieber als die geschäftigen Städte.

Eine andere Form von Leben, das ebenfalls gelebt werden muss, ist das der Elementare. Ich bin nicht sicher, ob es das ist, was Wendy erfahren hat. Sie hat den Feen ja eher geholfen, als zu ihnen zu gehören. Die Elementare sind fundamentale Energien, die nicht durch eine feste Form definiert sind. Sie scheinen keine Intelligenz zu besitzen, mit der man kommunizieren kann. Sie werden von Orten angezogen und nähren sich von oder addieren etwas zu den dort vorhandenen Energien, unabhängig davon, ob diese positiv oder negativ sind. Die meisten Menschen können diese grundlegenden Energien fühlen, wenn sie bestimmte Gebäude betreten. Man denke z.B. daran, wie sich die Energie einer Kirche von der eines Gefängnisses unterscheidet. Es ist die Addition von Energien, die in einer Struktur verbleiben. Dieses Kapitel macht deutlich, dass es viele andere verschiedene Lebensformen gibt, bevor die Seele versucht, die Form eines komplizierten Menschen anzunehmen.

* * *

Beschreibt die nächste Sitzung eventuell dieselbe Art von Entität, nur unter anderem Namen?

D: Sally würde gerne wissen, auf welche Weise die Feen in das menschliche Reich kommen? Sie interessiert sich sehr für die kleinen Menschen, die Feen.
S: Feen sind keine kleinen Menschen. Feen sind im Vergleich zu Menschen sehr groß.

D: Wir stellen sie uns immer sehr klein vor.
S: Das sind keine Feen. Es sind die, die dazwischen sind, die kommunizierenden Naturgeister, die deliminal (phonetisch) zwischen der menschlichen Ebene und der Welt der Feen existieren.

Das Wort „deliminal" gibt es nicht. Der nächstmögliche Begriff wäre „liminal/ Liminalität", was einen Schwellenzustand beschreibt, d.h. deliminal demnach wäre als Aufhebung einer Schwelle zu verstehen. In meiner Arbeit erfinden die Wesenheiten, mit denen ich kommuniziere, oft neue Worte. Manchmal wird ein Verb dabei zum Hauptwort oder umgekehrt, um in der Bedeutung möglichst nahe an das heranzureichen, was beschrieben werden soll. War das hier auch der Fall?

D: Du sagtest, dass die Feen in Wirklichkeit ziemlich groß sind?
S: Ja, sie sind enorm. Sie sind nicht klein. Sie sind manchmal größer als die meisten Menschen. Sie haben die Fähigkeit, ihr Sein auf eine andere Weise zu interpretieren. Sie sind den Menschen ähnlich, weil sie zwei Arme und zwei Beine haben, aber sie haben eine stärkere Verbindung zur Natur. Deshalb haben sie Gefühle und physische Körper, die eher der Natur entsprechen. Sally hat übrigens einen Freund, der aus dem Feenreich kommt und in seiner Erscheinung einem Baum ähnelt. Seine Haut ist wie Baumrinde und sein Haar wie eine spezielle Art grüner Blätter. Sie interpretieren ihren Körper anders.
D: Ist es denn ein physischer Körper? (Ja) *Nun, sie wollte gerne wissen, wie sie das menschliche Reich betreten.*
S: Sie nutzen die Elemente.
D: Ich kenne die Elementare, aber meinst du jetzt die Elemente?
S: Sie benutzen die Elemente. Alle ihre Körper sind eine Kombination der vier Elemente Feuer, Wasser, Erde, Luft. Und sie trennen jedes der Elemente. Dann treten sie durch ein Portal und rufen auf der anderen Seite die Elemente im menschlichen Reich wieder zusammen.
D: Aber ihr physischer Körper erscheint dabei menschlich?
S: Ja, richtig. Für einen Menschen sehen sie recht seltsam aus, aber sehr viel menschlicher, als wenn sie immer noch in der Feenwelt wären.
D: Die Leute wüssten also gar nicht, dass sie mit einer Fee

sprechen.
S: Nein, sie würden aber denken, dass dieser Mensch ein bisschen seltsam ist. Sie würden denken, dass diese Fee in einem menschlichen Körper anders aussieht als normale Menschen.
D: *Weiß die betreffende Person, die eine Fee ist, das sie anders ist?*
S: Oh, ja. Sie erinnert sich an alles.
D: *Sie wissen, dass sie keine normalen Menschen sind.*
S: Ja, sie können viel einfacher kommen und gehen als wir.
D: *Wie kann sie die heilenden Fähigkeiten der Feen selbst nutzen?*
S: Sie muss mit den Elementen in eine engere Verbindung kommen und verstehen, dass diese eine essentielle Rolle bei den Krankheiten spielen. Und sie muss die Elemente dann so verändern, dass sie in Balance und Harmonie miteinander sind und sich der Krankheitszustand auf diese Weise bessern kann. Dazu muss sie nicht in der Nähe einer Person sein. Sie hat diese Informationen verstandesmäßig zur Verfügung, aber sie hat sie noch nicht angewendet. Es hat erneut mit dem Problem zu tun, dass sie glaubt, sie könne das nicht.
D: *Wir limitieren uns selbst, nicht wahr?* (Ja).

* * *

Als Betty in ihr Leben eintauchte, sah sie sich, wie sie ein seltsames Objekt in einer fremdartigen Landschaft betrachtete. Das Objekt war ein glatter, austernfarbener Zylinder, auf dem ein runder Ball auf der Spitze thronte. Seitlich war ein rechteckiges, rotes Design zu sehen. Der Zylinder stand alleine auf einigen Steinen. Im Hintergrund war ein seltsamer marmorierter Himmel bestehend aus zwei Farbtönen zu sehen: marineblau und blassgelb. Als sie sich umdrehte, sah sie weitere seltsame Steinformationen: „Sie haben ein bisschen die Form einer Sanduhr. In die Länge gezogen und ganz dünn in der Mitte. Und einige haben Spitzen." Es hörte sich definitiv nicht so an, als sei sie auf der Erde. Dann verkündete sie: „Es sieht so aus, als sei alles andere im Untergrund. Ich muss in den Untergrund. Wir leben nicht auf der Oberfläche, wir leben unter der Oberfläche. Da ist eine Öffnung, eine runde Röhre. Man geht durch die Röhre. Das ist nicht mein Zuhause. Ich mache eine Tour und dann gehe ich zurück. Wir sind Minenarbeiter. Wir haben einen check an den Signalanlagen durchgeführt. Ich bin der Kommunikationsoffizier. Dieser Zylinder ist ein Kommunikations-Signal. Die Spitze des Balls öffnet sich und sendet Licht aus."

Ich fragte sie, ob sie nach unten gehen und nachsehen wolle, wie es ist, dort unten zu sein. Sie sagte, man rutscht einfach die Röhre hinunter. Sie gelangte in eine Kammer, wo sie ihre äußere Bekleidung auszog. Offenbar war es etwas, was an der Oberfläche getragen werden musste. „Ich ziehe es aus und ich bin kein Mensch. Ich sehe wie ein Insekt aus. Ich habe viele Arme und einen Kopf, der wie ein Football geformt ist. Wie bei einer Ameise. Ich habe Kneifzangen am Kiefer. Und meine Augen sitzen am oberen Ende von Antennen. Ich kann in jede Richtung blicken. Ich habe vier Beine und sechs Arme. Mein Körper ist braun und in drei Sektionen unterteilt. Das oberste Glied ist der Kopf. Die nächste Sektion hat sechs Arme und die größte vier Beine. Und ich habe eine Art Atemgerät, das auf meiner Brust sitzt. Keine Apparatur. Es ist eine Art Organ außen auf meiner Brust. Ich ziehe die Luft ein und es kommuniziert. Es pfeift und klickt. So kommuniziert es und wir alles verstehen, was gemeint ist."

D: *Gibt es einen Grund dafür, warum du an der Oberfläche etwas Spezielles tragen musst?*
B: Es ist eine Art Strahlung. Man kann dort nicht atmen, ohne diesen Schutzanzug zu tragen und er schützt einen vor der Strahlung.
D: *Warum gibt es dort diese Strahlung?*
B: Wir sind sehr nah an der Sonne. Die einzigen Male, wo ich nach oben gehe ist, um die Signalanlage zu überprüfen.
D: *Es hört sich so an, als sei es sehr wichtig, dass die Signalanlage funktioniert.*
B: Deshalb haben sie mich. Ich bin die Notfallversorgung. Wenn etwas mit der Anlage falsch läuft, kann ich SOS funken, einen Impuls senden. Aber ich glaube, es würde mich umbringen. Ich glaube, ich würde es nicht überleben. Das zu tun würde mir alles abverlangen. Zuviel Energie.
D: *Also deshalb nennen sie dich den Kommunikationsoffizier?*
B: Ja, ich bin für den Notfall da.
D: *Und wenn irgendetwas passiert, müsstest du dich opfern, um*

eine Nachricht zu senden? (Ja).

Es gab noch andere Wesen im Untergrund, die ihr ähnlich waren. „Wir sind in Häuser aufgeteilt. Ich glaube, du würdest es „Häuser" nennen. Jedes Haus hat eine bestimmte Aufgabe und wir als von dort Abstammende haben ebenfalls eine Aufgabe. Ich stamme vom Kommunikationshaus ab."

D: *Das ist es, was du mit Abstammung meinst? Die Fähigkeiten werden vererbt?* (Ja). *Und die anderen haben andere Fähigkeiten und Aufgaben, die zu erledigen sind?*
B: Oh, ja, die Tunnelarbeiter. Wir arbeiten dort unten. Wir bauen ab.
D: *Gibt es dort auch Wohnräume?*
B: Orte, um sich zurückzuziehen. Ich glaube nicht, dass ich schlafe.
D: *Was ist mit Nährstoffen, um den Körper am Leben zu halten? Nimmst du irgendetwas zu dir?* (Nein) *Wie bleibst du am Leben?*
B: Wir werden mit dem, was wir brauchen, geboren. Und wenn das weg ist, sind auch wir weg.

Sie erzählte das alles ganz nüchtern. Es störte sich nicht im geringsten. So war es eben in jenem Leben, das sie sah.

D: *Du musst ihn nicht immer wieder versorgen oder auffüllen?*
B: Nein. Es ist ein kurzes Leben. Wir arbeiten nur.
D: *Was baut ihr ab?*
B: Wir bauen einen bestimmten Stein für jemand anderen ab. Nicht für uns. Wir brauchen ihn nicht.
D: *Es hört sich so an, als braucht ihr überhaupt nicht viel von irgendetwas, oder?*
B: Nein. Wir machen das, um jemand anderem zu helfen. Die Steine sind weiß, manchmal durchsichtig. Manchmal grün und lila. Sie werden pulverisiert und zu einem anderen Planeten verschifft.
D: *Habt ihr dort unten Equipment, um die Steine zu pulverisieren?*
B: Ja, sie werden verarbeitet. Wir haben die Häuser, die das machen. Wir sind alle Arbeiter.
D: *Werden die Steine zu deinem Heimatplaneten gebracht?*

B: Ich habe, glaube ich, keinen Heimatplaneten. Denke, ich wurde auf einem Schiff geboren. Und hier runter gelassen, um die Arbeit zu erledigen.
D: *Haben sie viele von euch gleichzeitig nach unten gelassen?*
B: Ja, genug, um die Arbeit zu tun. Es ist ein kurzes Leben. Sie bringen mehr hierher, die uns dann ersetzen können.
D: *Wie denkst du darüber? Magst du dieses Leben?*
B: Ich kenne solche Emotionen nicht. Ich denke und fühle mehr als andere, weil ich der Kommunikator bin. Wenn ich dieses Leben hinter mir gelassen habe, werde ich, glaube ich, Licht sein. Und dann kann ich machen, was ich will.
D: *Wird euch das beigebracht oder weißt du es einfach?*
B: Wir wissen es. Wir werden so geboren. Wir wissen, dass das, was wir machen, zeitlich begrenzt ist. Aber die Leute, die uns züchten, wissen es nicht. Die Leute, auf deren Schiff wir sind. Die verstehen es nicht, aber wir tragen die Erinnerung daran in uns. Wir wissen, dass wir lediglich von einer Existenz zur nächsten gehen. Es ist vorübergehend. Es ist etwas, das man nur für kurze Zeit erlebt.
D: *Du sagtest, du hättest mehr „Gefühle" als die anderen, da du der Kommunikator bist?*
B: Weil ich nicht wirklich einer von ihnen bin. Ich sehe nur so aus.
D: *Du hast erwähnt, dass die Leute auf dem Schiff anders sind. Wie sind sie?*
B: Sie sind größer. Sie haben nur zwei Arme und zwei Beine. Und ihre Köpfe sind rund. Sie haben andere Merkmale als wir.
D: *Weißt du etwas über dieses Schiff und wohin es reist?*
B: Es ist ein Bergbau-Raumschiff und hat den Auftrag, Minen abzubauen. Sie züchten Arbeiter in Inkubatoren und setzten sie auf dem Planeten aus, damit sie Bergbau betreiben. Die Arbeiter wurden genetisch verändert, damit sie bestimmte Aufgaben ausführen können und sich bestimmte Strukturen in ihren Körpern bilden. Sie bauen die Erze ab und liefern sie. Ihre Zeit ist begrenzt. Alles ist getimt.
D: *Wenn du auf den Planeten gebracht wirst, weißt du also genau, was du zu tun hast und wo dein Einsatzort ist?* (Ja) *Und du stellst nie irgendetwas in Frage.*
B: Nein, nicht nötig. Wenn ich geboren werde, weiß ich bereits, um was es sich handelt. Und ich trage die Erinnerung an

meine Abstammung in mir. Ich kenne die anderen Orte, wo meine Vorfahren waren. Ich erinnere mich und verstehe, was sie erfahren haben und das wird sich in der Linie des Hauses weiter fortsetzen. Aber ich glaube, ich bin eine Mutation.

D: *Gemessen an all deinen Erinnerungen warst du also immer diese Art von Wesen?* (Ja). *Weil du die Erinnerungen in dir trägst, die die Leute auf dem Schiff in dich hinein programmiert haben?*

B: Sie können so etwas nicht hinein programmieren. Wir haben die Erinnerungen schon. Sie haben uns lediglich genommen.

D: *Aber du erwähntest, dass sie diesen Teil gar nicht verstehen.*

B: Nein, sie verstehen ihn nicht. Die Schiffsbesatzung hat keinen spirituellen Glauben, außer jenem, den sie als Kind gelernt haben. Sie sind härter, sie sind keine spirituellen Wesen und sie sehen die geistige Ebene in uns nicht. Sie sind ganz anders. Sie überlegen auch nicht viel. Es sind ebenfalls Arbeiter, wenngleich auch auf andere Weise als wir. Sie sind vollständig programmiert. Ich denke nicht, dass sie menschlich sind oder dass sie lebendige Wesen sind. Es sind Androide.

D: *Androide?* (Ja) *Du glaubst also nicht, dass sie einen Geist besitzen?* (Nein) *Sind all die Leute auf dem Schiff gleich?*

B: Nein. Da gibt es noch andere Typen auf den oberen Decks. Ich kann sie hören, aber nicht sehen. Diese besitzen einen Geist. Sie sind echt.

D: *Was weißt du über diese Wesen?*

B: Diese Wesen sind sehr gut ausgebildet. Sie haben verschiedene Schulen durchlaufen. Sie sind aufeinander angewiesen, es ist ein Team. Sie sind sehr unterschiedlich und haben untereinander viele verschiedene Formen, es gibt zahlreiche unterschiedliche Wesen. Es ist eine komplette Crew bestehend aus mindestens 200 Leuten. Sie bekommen spezielle Schulungen und sie sind Teil eines Konglomerats von Untertagebau-Maßnahmen. Da befinde ich mich, es gibt acht Planeten in dem Sonnensystem. Vier davon sind bewohnt und tauschen sich miteinander aus. Eine der Tagebaumaßnahme reicht weit bis außerhalb des Sonnensystems und bringt Erze mit zurück oder was auch immer auf den Planeten gebraucht wird.

D: *Die Wesen auf den oberen Decks: Kommen sie alle von verschiedenen Planeten in deinem Sonnensystem?*

B: Und von weiter weg. Sie haben angeheuert. Es gibt eine Gefahrenzulage, da es eine gefährliche Arbeit ist.
D: Müssen diese Wesen etwas zu sich nehmen?
B: Ja, das müssen sie. Sie haben Küchen, sie haben Duschen, sie haben Gewächshäuser. Sie bauen Dinge an. Es gibt Bibliotheken, aber dort sind keine Bücher. Sie arbeiten mit ihren kleinen, rechteckigen Tablets, die alles mögliche können. Dort sind Musik, Stimmen, Vorlesungen, Veranstaltungen und Unterhaltungsprogramme aufgezeichnet.
D: Wie können Sie diese Dinge verstehen, wenn es nicht durchs Lesen geschieht?
B: Es gibt Apparaturen mit einem Hologramm. Das funktioniert anders. Ich habe bisher nichts Vergleichbares gesehen. Das Hologramm verbindet sich mit ihnen.
D: Und auf diese Weise bekommst du auch deine Informationen? (Ja) *Denn zunächst sagtest du, dass du sie nur hören kannst, aber jetzt bist du in der Lage, mehr über sie in Erfahrung zu bringen* (Ja) *Und sie merken es gar nicht, oder?*
B: Nein, sie sehen uns nur als Arbeiter, als Insekt, aber wir sind keine Androide. Wir haben nur eine kurze Lebenskraft, aber diese ist sehr intensiv. Sie ist sehr stark.
D: Diese anderen Wesen, die höher entwickelt sind: Haben sie unterschiedliche Geschlechter, oder sind sie alle gleich?
B: Es gibt verschiedene Geschlechter, aber es sind nicht unbedingt Weiblein und Männlein. Es gibt einige Frauen und Männer, aber da ist noch mehr. So sind nicht alle. Nicht alle sind so physisch. Und einige legen Eier. Viele verschiedene Typen. Sie alle kommen von ganz unterschiedlichen Orten.

Ich wollte nun, dass sich die Wesenheit auf die Einrichtungen im Untergrund konzentrierte, anstatt auf das Raumschiff.

D: Konzentriere die nun auf die Einrichtungen im Untergrund – es ist keine Stadt, sondern eine Bergbau-Station (Ja). *Und ab und zu musst du nach oben gehen, um die Signalanlage zu überprüfen.*
B: Nur um sicherzustellen, dass sie noch aufrecht steht und nicht von einem Meteor getroffen wurde. Das kann passieren.
D: Worin liegt die Bedeutung der Signalanlage genau?

B: Die Wichtigkeit der Anlage besteht darin, zu signalisieren, dass die Fracht oder die Schiffsladung fertig sind, oder dass neue Arbeiter gebraucht werden.
D: *Falls zu viele gestorben sind?* (Ja) *Was passiert mit ihren Körpern, wenn sie sterben?*
B: Man recycelt den Kadaver, aber das darin enthaltene Licht darf sich davon lösen.

Wenn also das Signal sichtbar wird, kommen sie und holen die Kadaver und bringen neue Arbeiter. Das Signal wird von Satellit zu Satellit im Weltraum übermittelt. Wir sind eine drei Tages-Reise von allem entfernt. Sie kommen und schweben über uns. Dann senden sie den Retraktor nach unten, und dieser sammelt die Bodenschätze und Kadaver ein. Und dann schicken sie die Behälter mit den neuen Arbeitern nach unten.

D: *Weißt du, wozu sie die pulverisierten Erze verwenden?*
B: Ich werde fragen.
D: *Du kannst Fragen stellen und Antworten erhalten?* (Ja). *Sie haben keine Ahnung, dass du das tun kannst, oder?* (Nein). *Du bist schlauer als sie* (Lacht).
B: Sie verwenden die pulverisierten Erze als Treibstoff. Für ihre Raumschiffe, Energieanlagen und Städte. Deswegen muss der Kreislauf aufrechterhalten werden. Und es wird gerecht verteilt. Es läuft friedlich ab. Es gibt keine Machtkämpfe. Alle teilen miteinander.
D: *Das ist sehr gut. Niemand versucht, die Kontrolle über irgendetwas zu übernehmen.*
B: Nein. Den Punkt haben sie bereits hinter sich gelassen. Das war in der Vergangenheit so. Sie sind erfinderisch. Sie arbeiten mit Licht und zerstoßenen Steinen und sie stellen diese Flächen her, die das Licht vervielfachen. Und es gibt Reflektoren, die dieses Licht dorthin bewegen, wohin sie wollen, so dass es Städte beleuchten und Fahrzeuge antreiben kann. Und sie nutzen es, um die Nahrungsversorgung sicherzustellen. Es wird für ein Kraftwerk genutzt. Das ist eine kontrollierte Gesellschaft.
D: *Aber die Bedürfnisse eines jeden werden sichergestellt?*
B: Ja, aber es ist alles sehr steril. Es gibt nicht viel Bewegung. Das sind nicht viele Kinder. Ich fühle keine Freude. Nur Existenz.

D: *Es ist also keine ideale Gesellschaft.*
B: Ich mag es nicht, aber es ist ja nur vorübergehend. Es ist kurz. Ich baue nichts ab. Ich kommuniziere mit allen. Sage ihnen, wo ihr Einsatzort ist und wo sie als Nächstes suchen müssen.

Ich beschloss, ihn vorwärts zu einem wichtigen Tag zu bringen. Obwohl es ein kurzes Leben war, gab es vielleicht etwas, das er wichtig fand. Er sah einen Tunnel, meinte aber, dieser sei woanders, da er eckig und nicht rund war. „Es fühlt sich anders an. Ich glaube, ich komme zurück zum Schiff. Sie rufen mich auf das Schiff zurück. Und ... sie wollen mich aufschneiden. Warum wollen sie mich aufschneiden? Sie haben etwas über mich entdeckt. Als ich die Lichtnachricht sendete, benutzte ich ein Wort, das ich nicht hätte benutzen sollen. Ich habe das Wort anders verwendet. Sie wollen wissen, warum. Sie holen mich hoch. Sie glauben, dass ich anders bin und wollen nachsehen, ob das in meinem Inneren zu sehen ist. Ich glaube nicht, dass sie etwas finden werden, da es nichts ist, das man im Inneren sehen kann. Und ich werde ein kürzeres Leben haben."

D: *Woher kommt es, dass du anders warst?*
B: Vom Licht.
D: *Es stammt also vom spirituellen Teil in dir?* (Ja). *Und du glaubst nicht, dass sie das verstehen werden, oder?*
B: Sie werden es verstehen.
D: *Warum? Was passiert jetzt?*
B: Ich lasse es vor ihnen entweichen, bevor sie mich aufschneiden. Ich lasse meinen Lichtimpuls frei. Ich lasse das Licht los. Und das ist jetzt witzig. Sie fallen alle um.
D: *(lacht) Damit haben sie nicht gerechnet, oder?*
B: Nein, aber ich glaube, ich habe ihnen weh getan. Ich sehe Blut aus ihren Ohren und Nasen kommen.
D: *Wer hat es gemacht, die Androiden oder die anderen?*
B: Die anderen. Die Androiden waren dazu nicht fähig.
D: *Du wolltest also nicht damit warten, bis sie dich aufschneiden.*
B: Richtig. Sie können mich aufschneiden, nachdem ich den Lichtimpuls freigelassen habe. Dieser Puls war der echte Teil von mir. Ich habe ihn vollständig losgelassen. Er hat sie alle geblendet. Und ist durch sie hindurchgegangen.
D: *Was war es, war es Energie oder war es etwas anderes?*

B: Es ist Energie. Sie ist nicht schwer, sondern leicht. Und ich navigiere sie einfach durch das Schiff. Alle Anteile davon. Sie war so gewaltig in diesem kleinen Raum, als sie losgelassen wurde. Und nun bewege ich mich durch das Schiff. Ich nehme alles auf und behalte es, lerne alles auswendig. Alle Systeme, alle Bewohner, alle Abstammungslinien. Ich behalte mir alles.

D: Du nimmst alles in dir auf? (Ja). Warum machst du das?

B: Um es weiterzugeben. Damit meine zukünftigen Generationen das Wissen über Pflanzen, Völker, Wesenheiten und die Planeten in sich tragen können.

D: Die zukünftigen Generationen deines Hauses?

B: Meines Hauses. Und es wird sich verändern. Es wird zu etwas Größerem werden. Die Informationen gehen hinaus an alle Generationen. Zeit und Raum spielen für uns keine Rolle. Das hat es noch nie.

D: Also hast du dich entschieden, dir alles zu merken, bevor du woanders hingehst?

B: Es war eine gute Gelegenheit. Ich merke mir jedes Metall, jedes Material und wie die Zellen arbeiten, wie alles funktioniert. Ich sende diese Informationen jetzt ins Licht.

D: Wie machst du das?

B: Per Gedankenkraft.

D: Alles was du siehst und fühlst, setzt du in Gedanken um und sendest sie dann aus?

B: Ja, so habe ich es immer gemacht.

D: Normalerweise wäre das nicht Teil deines Lebens, oder?

B: Ja und Nein. Es ist schon in unserem Haus vorgekommen und ich nutze es. Es ist so, dass Zeit für uns keine Rolle spielt. Wir existieren schon so lange.

D: Du warst also nicht um deine Hülle besorgt, weil du ohnehin nicht lange gelebt hättest.

B: Nein, es war ja nur vorübergehend. Wir hatten uns getarnt. Sie haben das nie herausgefunden. Sie wussten nie, wer wir sind. Sie haben nur das Insekt gesehen und den Arbeiter. Auf diese Weise können wir überall sein. *D: Aber die anderen Wesen, wie du eines warst, hatten diese Fähigkeit nicht, oder? Die aus den anderen Häusern meine ich, die von anderer Abstammung sind.*

B: Sie haben sie auch.

D: Glaubst du, sie haben sie benutzt?

B: Bisher nicht. Sie haben einfach gewartet. Für uns funktioniert es. Man hat als Arbeiter ein kurzes Leben und dann verlässt man den Körper. Und man nimmt das ganze Wissen mit sich, bis man es ins Licht sendet.
D: *Weißt du, was das Licht damit anfängt?*
B: Es kreiert neue Dinge.
D: *Es braucht also alle diese Informationen, um etwas Neues schöpfen zu können?*
B: Nein, aber es hilft dabei, die Richtung festzulegen, wohin sich die Schöpfung entwickeln soll. Das Licht ist in der Lage, *alles* zu kreieren. Es ist ein Strom von Gedanken, der sich mit allen anderen Gedankenströmen verbindet. Und wenn das passiert, werden neue Dinge erschaffen. Manche Ströme gehen zurück, wo sie hergekommen sind, einige gehen vorwärts in neue Richtungen die erforscht werden und einige werden gesichert oder wirbeln um sich selbst wodurch sie ihre Intensität steigern. Es gibt einen göttlichen Geist, von dem wir wissen, dass wir ein Teil dessen sind und er schätzt diese Erfahrung und nutzt sie, um sich auszudehnen und zu vertiefen.
D: *Der göttliche Geist braucht also diese Informationen, um etwas schöpfen zu können?*
B: Nein, er nutzt diese Informationen nur, um etwas zu erschaffen. Er ist *immer* im Zustand, etwas zu kreieren. Das verändert sich nicht.
D: *Warum sind neue Informationen wichtig?*
B: Weil sie eine Erfahrung bedeuten, sie bedeuten Erinnerung und Erneuerung. Damit wird der Fokus auf das, was einmal war, was ist und was zukünftig sein kann, gerichtet. Es geht immer um den Wandel, um die Veränderung.
D: *Deshalb ist es also wichtig, dass die Informationen fließen.*
B: Ja, um die Veränderung voranzubringen. Diese Leute dort sind festgefahren. Sie bewegen sich nicht mehr. Sie entwickeln sich nicht ausreichend weiter. Sie verlieren ihre Kreativität, sie verlieren ihre Lebensfreude. Sie werden automatisiert, sie ...
D: *Stagnieren?*
B: Ja, das trifft es, sie stagnieren.
D: *Du gehst also nicht dorthin zurück?*
B: Nein, damit bin ich fertig. Ich habe so viel wie ich kann dort getan.

D: *Entscheidest du, wohin du als Nächstes gehst? Oder hilft dir jemand dabei?*
B: Es ist eine Entscheidung der Gruppe. Wir alle entscheiden.
D: *Wo ist diese Gruppe?*
B: Sie befindet sich im Licht. Ich gehe ins Licht. Und da ist ein Gefühl, ein Verstehen, ein inneres Wissen. Wenn man in diesem Licht ist, empfindet man eine Art Ruf oder Sog zu etwas. Oder man fühlt sich angezogen und man kann sich herantasten und herausfinden, wo es hingeht und was dort genau passiert. Und wenn es notwendig ist oder einen Reiz ausübt, kann man dann dort hingehen. Es ist eine lange Reise, aber das ist in Ordnung.
D: *Es geht also immer darum, von einer Sache zur nächsten zu gehen, sich immer weiter auszudehnen und immer neu dazuzulernen. Trifft es das?*
B: Das trifft es, das ist der Sinn. Das ist der Sammel- und der Ausgangspunkt. Aber es geschieht spiralförmig, da ist immer eine Bewegung. Es fühlt sich für mich so an, als stünden wir nahe vor einem Ereignis.
D: *Wo wird entschieden, wo wir als nächstes hingehen?*
B: Das hängt davon ab, wo man sich im Licht man befindet. Es gibt verschiedene Level. Wenn man zum Beispiel an einem bestimmten Gebiet, einem Gedankenstrang arbeitet, gibt es da andere, die ebenfalls daran arbeiten und die Richtung weisen oder dabei helfen, eine Erfahrung dazu zu machen, wofür sie nützlich sein sollte. Aber wenn man bereits jenseits dessen ist, wenn man also nicht mehr in diesem Konzept gefangen ist, wird es weniger konkret. Es ist dann eine Einheit des Geistes, der sich zu jederzeit in alle Richtungen bewegen kann. Und um diese Balance in sich aufrechtzuerhalten, in Perfektion zu halten, manchmal auch in den alleräußersten Bereichen, muss dieser Zustand der Perfektion immer wieder optimiert werden. Und das Licht bittet dich eventuell, hinzugehen und diese Optimierung vorzunehmen.
D: *Wenn man sich also immer weiter auf den verschiedenen Levels entwickelt, erhält man zunehmend mehr Mitspracherecht über das, was man als Nächstes tun wird?*
B: Ja, weil man Teil dieses einen Geistes ist. Es ist wie eine Hologramm. Es teilt sich und jedes einzelne Teil ist ein perfektes Abbild. Aber sind alle Teil eines größeren

Gesamtbildes.

Ich bat sie, diese Szenerie zu verlassen und der kleinen Kreatur, die jetzt ein Funke dieses Lichts war, ihren eigenen Weg fortzusetzen. Ich leitete Betty an, in ihren Körper zurückzukehren und bat das Unterbewusstsein, Kontakt mit uns aufzunehmen und zu erklären, warum es so ein eigenartiges Leben für Betty zur Ansicht ausgewählt hatte. Ich wusste, dass es einen Grund dafür gab - den gibt es immer.

B: Es geht um die Vielseitigkeit des Lichts. Das die Dinge nicht immer das sind, was sie zu sein scheinen. Und die Erkenntnis, dass das innere Licht so viel mehr beinhaltet.
D: *Welche Bedeutung hat das für Bettys jetziges Leben?*
B: Die Abstammung. Die Art, wie sie dient, um das Licht zu absorbieren und wieder abzugeben und dann weiter voranzugehen. In ihrem Leben geht es um Vereinigung. In ihrem Leben geht es um die Justierung der Perfektion.
D: *Wie sollte sie die Information des gezeigten Lebens nutzen?*
B: Ich möchte, dass sie sich an den Strom des Bewusstseins erinnert und wohin es fließt. Ich möchte, dass sie sich an den Zustand der Einheit erinnert und dass die Gedanken und die Konzentration auf etwas von multiplen Geisteskräften kommt. Und dass sie ein Gefäß dieses Lichts in menschlicher Form ist.
D: *Sie war in dem gezeigten Leben ein Kommunikator.*
B: Sie war schon immer ein Kommunikator. Sie ist es auch jetzt. Das ist ihre Bestimmung. Sie berät Menschen und kommuniziert mit ihnen. Sie klinkt sich in die Quelle des Lichts dieser Menschen ein. Sie zieht die Vorhänge zurück und hilft ihnen dabei sich zu erinnern, dass sie Liebe sind. Und hilft ihnen, sich an die Verbindung zum Göttlichen zu erinnern.
D: *Sie möchte gern wissen, ob es einen Weg gibt, ihre übersinnlichen Fähigkeiten und ihre spirituellen Beratungen zu verbessern.*
B: Alles ist so, wie es sein soll.
D: *Sie macht alles richtig?*
B: Völlig ausreichend.
D: *Sie stellt sich diese Frage.*
B: Das sollte sie sich auch fragen. So bleibt sie auf Kurs, es hält

ihr Ego in Schach. Sie hatte mit ihrem Ego schon in der Vergangenheit zu kämpfen.

* * *

In einer meiner Hypnose-Kurse erwähnte eine Frau einen Aspekt, der nicht zu meiner Methode passte, die ich unterrichtete. Es bedeutet eine Abweichung und Ablenkung, aber ich konnte nicht darüber hinwegsehen, also versuchte ich, es zu beantworten. Es ging darum, dass wir alles *sein* müssen, wenn wir uns entschließen, auf der Erde zu inkarnieren. Alles bedeutet: Gasförmig, Mineralstoffe, Steine, Pflanzen, Tiere und dann alle Phasen des menschlichen Befindens durchlaufen. Es liegt daran, dass Gott neugierig ist und er uns aussendet (als ein Bestandteil / einer Zelle Gottes), um so viel wie möglich zu lernen und das Wissen dann zurück zu seinem gigantischen Computer zu bringen. Wir treten diese Reise immer und immer wieder an, bis wir unseren „Abschluß" machen und letztendlich bei der Quelle allen Seins bleiben können. Die Frau sagte, dass sie diese Theorie nicht glauben könne, da Gott allwissend war. Er besaß das gesamte Wissen und brauchte uns nicht. Nach allem, was ich erfahren habe, trifft das so nicht zu. Gott ist eine Zusammenstellung dessen, was jeder einzelne von uns in ihm seit unendlichen Zeiten deponiert hat. Er ist aus einer unstillbaren Neugierde heraus immer auf der Suche und wünscht sich, unablässig zu lernen. Also kreiert Er stets neue, andere Lebensformen.

Sie fragte, wozu Er denn alle diese Informationen brauchen würde. Ich habe herausgefunden, dass es dazu genutzt wird, etwas Neues zu erschaffen. Ich erklärte ihr, dass es so aussieht, als ob sich unser Universum stetig ausdehnt, während wir immer weiter an die Außengrenzen reisen; unsere Erfahrungen und unser Wissen vermehrend. Dann scheint es einen Punkt zu geben, wo es an seinem Endpunkt der Ausdehnung ankommt und damit beginnt, zur Quelle zurückzukehren oder zu implodieren. Ist das der Punkt, wo wir endlich nach Hause zurückkehren, mit all dem Wissen was wir erfahren haben? Ist das der Punkt, wo wir uns ausruhen und bei Gott bleiben können? Dann sieht es wiederum so aus, dass auf das Implodieren wieder eine Ausdehnung erfolgt und dies ein stetiger Kreislauf ist. Sie fragte:

„Gibt es jemals einen Punkt, wo wir damit aufhören? Einen

Punkt, wo wir aufhören zu existieren und zum Nichts werden?" Ich glaube das nicht, weil alles Energie ist und Energie niemals sterben kann. Sie verändert nur ihre Form. Die Frau konnte nicht den Sinn darin erkennen, immer und immer wieder zum selben Universum zurückzukehren und all die Millionen Lektionen in verschiedenster Form zu lernen. Es würde einen Punkt geben, wenn wir alle Erfahrungen gemacht haben würden, die möglich sind und wir dann aufhören konnten, zu existieren.

Ein Mann im Kurs hatte die perfekte Antwort darauf, er sagte: „Ja, wir könnten alles in diesem Universum erfahren und wissen. Aber es gibt Millionen und Millionen anderer Universen, die Welten und Kreaturen in sich bergen, die wir uns nicht einmal annähernd vorstellen können." Wie ich auch in diesem Buch bereits schrieb, gibt es Universen, die völlig anderen physikalischen Gesetzen gehorchen. Orte, wo die Planeten eckig und nicht rund waren etc. Es muss unzählige weitere Erfahrungen geben, die uns an anderen Orten erwarten. Falls wir also jemals die Möglichkeiten in diesem einzigen Universum erschöpfen, gibt es noch Millionen mehr davon zu erforschen. Und vielleicht erforschen wir auch jedes Mal etwas Neues, wenn ein Universum sich nach seiner Implosion wieder ausdehnt und seinen eigenen, neuen Zyklus von Reinkarnation beginnt. Die Möglichkeiten sind endlos und so ist auch die Weiterentwicklung unserer Seele. Solange Gott neugierig bleibt und weitere Erfahrungen in sein riesiges Lagerhaus des Wissens einbringen möchte, sind wir dabei behilflich, etwas zu seiner kreativen Allmacht beizutragen. Daher kehren wir immer wieder zu unseren „Zuhause" zurück, wo uns umfassende Liebe und die Kraft der Regeneration erwarten. Auf diese Weise werden wir niemals sterben.

KAPITEL FÜNF

DER GRÜNE PLANET

Ronda tauchte in ein Leben und konnte zuerst nichts sehen, aber sie fühlte, dass sie sich im Weltraum befand. „Da ist nichts um mich herum. Ich fühle, dass ich schwebe. Es ist, als ob ich ein Teil von allem bin. Es ist dunkel, aber das ist sehr angenehm. Es fühlt sich so an, als ob ich ins Universum hineinsehe. Und es ist so, als seien das alle meine Kinder. Sie sind alle meine Schwestern. Und all die Sterne und Planeten, all die Galaxien, sind wie meine Familie. Während sie das beobachtete, passierte etwas Spektakuläres. „Gerade wurde eine Galaxie geboren". In ihrer Stimme lag Ehrfurcht. „Sie ist einfach aus dem Nichts hervorgebrochen. Sie war plötzlich da und wuchs - wunderschön."

D: *Sie hat plötzlich einfach Form angenommen?* (Ja) *Weißt du, wie so etwas plötzlich passieren kann?*
R: Nein, es passiert einfach.
D: *Kommst du oft an diesen Ort?*
R: Nein, ich glaube nicht, dass ich hier schon einmal war. Es fühlt sich so angenehm an und es wunderschön hier. Ich fühle, dass ich hierbleiben möchte, aber wahrscheinlich gibt es einen Ort, zu dem ich gehen muss. Okay, ich sehe jetzt einen Planeten. Es sieht wie ein großer, grüner Mond aus. Wir kommen näher heran und es sieht aus, als sei er mit Moos bewachsen. Und jetzt komme ich auf den Planeten. Es gibt da sehr weiche Bäume.
D: *Das, was so wie Moos aussieht?*
R: Ja, es ist ein ganzer Wald. Die Bäume sind größer als ich selbst. Ich gehe durch einen Wald und es ist sehr feucht dort. Die Bäume sind wie ein Baumkronendach, daher ist es dunkel. Die Bäume haben schwammartige Blätter. Ein sehr

hübsches Grün. Der ganze Planet sieht so aus. Der Boden ist dunkel und weich, aber ich sinke nicht ein. Und die Bäume haben eine sehr raue, dunkelbraune Rinde.
D: *Sieht der Boden aus wie Dreck?*
R: Er sieht aus wie geschredderte Baumrinde.

Ich ließ sie sich selbst betrachten und war von der Beschreibung überrascht. Sie war keinesfalls ein menschliches Wesen. „Ich habe Schwimmhäute an den Füßen und sie sind irgendwie blau-grau. Sie sehen aus wie in die Länge gezogene Entenfüße und da ist Haut zwischen den Zehen. Und meine Beine sind lang und staksig. An den Händen habe ich auch Schwimmhäute. Ich habe einen Daumen und drei Finger.

D: *Kannst du Dinge in die Hand nehmen?*
R: Ja, ich kann sie zwischen den Häuten halten.
D: *Trägst du irgendwelche Kleidung?*
R: Nein, ich bin einfach nur sehr, sehr dünn.

Ihr Gesicht war vertikal in die Länge gezogen, hoch und dünn. Keine Haare. Große Augen, die fast ihr gesamtes Gesicht bedeckten.

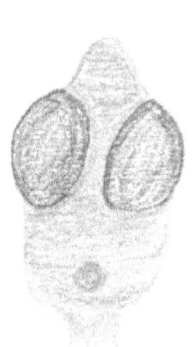
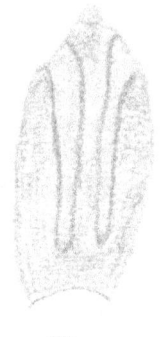

Foot

Face

D: *Warum brauchst du so große Augen?*

R: Weil es hier dunkel ist. Da ist Licht über den Bäumen, aber hier unten am Boden ist es dunkel.
D: Gibt es Tag und Nacht, verstehst du wie ich meine?
R: Nein, es gibt keinen Tag und keine Nacht, es ist immer dämmrig.

Sie sagte, ihr Mund sei nur eine Art Loch. Ich fragte: „Isst du irgendetwas, nimmst du etwas zu dir?"

R: Ich esse Rinde. Ich nehme sie vom Boden auf. Und die Schwimmfüße helfen mir dabei, auf der Rinde zu laufen. Ich zerkleinere sie und esse sie dann. (überrascht) Zunge! Ich habe eine Zunge. Ich zerdrücke die Rinde in meinen Händen und dann lecke ich sie mit meiner Zunge von den Händen auf.
D: Ist das alles, was du zu dir nimmst?
R: Ja. Nur die Rinde.
D: Wonach schmeckt sie?
R: Das weiß ich nicht.
D: Ich dachte gerade, dass du ja daran gewöhnt bist und gar nichts anderes kennen würdest. Trinkst du etwas?
R: Nein, das ist Feuchtigkeit in der Luft. Ich nehme sie über meine Haut auf. Es ist kühl und feucht in den Wäldern und deshalb brauche ich nichts zu trinken.
D: Hast du ein Geschlecht? Weißt du, was ich meine?
R: Ich bin ein ... Weibchen. Ich lege Eier. Und mein Partner befruchtet die Eier, nachdem sie gelegt wurden.
D: Lebst du in der Gegend?
R: Ja, im Wald.
D: Du sagtest, dass der Wald den gesamten Planeten bedeckt. (Ja) Lebst du an einer bestimmten Stelle im Wald?
R: Es gibt ein Gebiet, das sozusagen unseres ist. Es gibt noch andere wie wir es sind und wir kämpfen um die Gebiete.
D: Gibt es nicht genug Land für alle?
R: Es ist ein kleiner Planet. Die anderen Gruppen wollen größere Gebiete haben.
D: Wie kämpfen sie miteinander?
R: Sie rammen sie gegenseitig und stoßen zusammen. Aber nur selten wird jemand dabei getötet. Es geht lediglich darum, zu dominieren. Der größte gewinnt.
D: Musste eure Gruppe jemals kämpfen?

R: Nein, weil unser Männchen das größte ist. Und so weit kommt es normalerweise gar nicht. Die anderen weichen schon vorher zurück.
D: *Er dominiert also die anderen Territorien.* (Ja) *Lebt ihr geschützt in einem Unterstand oder etwas ähnlichem?*
R: Nein, wir sind immer draußen.
D: *Gibt es nicht extreme Temperaturschwankungen?*
R: Nein, die Temperatur ist immer die gleiche.
D: *Und wenn du die Eier legst, wo legst du sie genau hin?*
R: Wir legen sie einfach. Dann kommen die Männchen und befruchten sie.
D: *Ist deine Gruppe eine große Gruppe?*
R: Ja. Mein Männchen hat zwanzig Weibchen. Die meisten haben nicht so viele.
D: *Wie verbringst du deine Zeit?*
R: Mit Nahrungssuche.
D: *Aber du sagtest, dass die Rinde überall ist, nicht wahr?*
R: Ja, aber wir brauchen sehr viel davon. Das ist der Grund, warum es Territorialkämpfe gibt.
D: *Ich stelle mir vor, dass die Rinde überall ist, denn sie fällt von den Bäumen ab.*
R: Ja, aber die Weibchen, die die Eier legen, brauchen sehr viel Nahrung. Es gibt so viele Weibchen. Die Männchen brauchen die Weibchen, aber sie brauchen auch genug Gebiete, um sie versorgen zu können.
D: *Stirbt jemals jemand in den Gruppen?*
R: Manchmal, aber dann überwiegend aus Altersgründen. Aus Altersgründen bedeutet: im Alter von 3 Jahren eurer Erdzeitrechnung.
D: *Ich dachte, das wäre eine Möglichkeit, um die Bevölkerung zu kontrollieren. Es gibt also Todesfälle, aber andererseits reproduziert ihr euch laufend.*
R: Manchmal werden die Eier aber auch zerstört, besonders, wenn sie dorthin gelegt wurden, wo Kämpfe stattfinden werden.
D: *Schlaft ihr denn oder weißt du, was das bedeutet?*
R: Wir ruhen uns aus, wir schlafen nicht. Wir hören damit auf, uns zu bewegen. Meistens bewegen wir uns.
D: *Seid ihr die einzige Spezies auf diesem Planeten oder gibt es noch andere tierische Lebensformen?*
R: Es gibt nur uns, und die Bäume. Aber wir sind dabei, sie zu

dominieren. Wir zerstören die Bäume. Deswegen brauchen wir mehr Gebiete. Das ist es, was dort gerade passiert – die Bäume sterben.

D: *Auf welche Weise sterben sie?*

R: An manchen Orten ist die Rinde nicht mehr da. Sie nehmen sie vom Baum.

D: *Sie warten nicht mehr, bis sie von alleine abfällt?*

R: Nein. Das Gebiet, in dem ich lebe, ist noch intakt. Unser Männchen war in der Lage, die anderen Männchen fernzuhalten.

D: *Ist ihnen denn nicht klar, dass sie die eigene Nahrungsgrundlage zerstören?*

R: Nein, mein Männchen versteht es. Mein Männchen versteht, dass es nicht mehr als zwanzig Weibchen haben kann.

D: *Aber wenn ihr dann Kinder habt – wenn man sie so nennen will – müssten diese ja dann auch fressen, oder?*

R: Ja, aber er weiß, wie viele Eier er befruchten sollte. Er ist in dieser Frage sehr weise.

D: *Weil euer Planet begrenzte Ressourcen hat. Euer Leben besteht also lediglich aus Fressen und Reproduktion.*

R: Fressen und Eier legen.

D: *Habt ihr nicht den Wunsch, woanders hinzugehen?*

R: Nein. Die anderen Orte auf diesem Planeten befinden sich im Sterbeprozess. Die Gruppen fressen die Rinde. Sie haben auch zu viele Eier befruchtet. Es gibt zu viele Nachkommen. Sie fressen die gesamte Rinde! Und nun töten sie die Bäume. Und bald gibt es nicht mehr genug zu fressen.

Ich brachte sie vorwärts zu einem wichtigen Tag, obwohl ich mir nicht vorstellen konnte, wie ein wichtiger Tag in einer so gleichförmigen Existenz aussehen konnte.

R: Es existiert nichts mehr außer unserem Gebiet. Der Rest des Planeten ist verödet und unfruchtbar.

D: *Was ist mit den anderen Gruppen passiert?*

R: Sie sind ausgestorben. Sie haben alles aufgefressen. Sie sind am Ende alle verhungert.

D: *Und die Bäume konnten auch nicht überleben?*

R: Nein. Mein Männchen hat nun den gesamten Planeten unter sich. Unsere Gruppe ist die einzige, die noch existiert.

D: *Aber was nutzt euch der ganze Planet, wenn ihr in den*

anderen Gebieten nicht leben könnt?
R: Ohne die anderen werden sich die Bäume auf lange Sicht erholen. Das wird nach meinem eigenen Leben sein.
D: Eure Gruppe ist also die einzige, die Nachkommen hat?
R: Ja, aber unser Männchen ist klug. Er wird sicherstellen, dass sich alles erholt, denn er wird seine Nachkommen unterrichten. Er wird nur eine bestimmte Anzahl an männlichen Nachkommen am Leben lassen und er wird ihnen alles beibringen.

Es sah so aus, als würde es keine große Abwechslung in einem solchen Leben geben, also brachte ich sie vorwärts zum letzten Tag ihres Lebens, um zu sehen, was sich dort für sie ereignete.

R: Ich bin gerade ... Ich ruhe mich nun endgültig aus. Ich kann mich nicht mehr bewegen.
D: Ist es das, was geschieht, wenn du stirbst? (Ja) *Obwohl du frisst, reicht es nicht aus, um dich am Leben zu erhalten?*
R: Man verschleißt. Man bewegt sich während des Lebens so viel, dass man einfach zum Schluß ausgelaugt ist.

Ich brachte sie zu jenem Moment, als sie den Körper verlassen hatte und auf der anderen Seite war. „Kannst du deinen Körper sehen?"

R: Ja. Er verschwindet einfach. Er zersetzt sich, löst sich auf, nehme ich an.
D: Was glaubst du, hast du von diesem Leben gelernt?
R: Die Bedeutung, die Balance zu finden. Nicht mehr zu nehmen, als man verwenden kann.

Das war eine wichtige Lektion und eine, die sich auch auf unsere aktuelle Zeit anwenden ließ, da auch wir dabei waren, die natürlichen Ressourcen Erde auszubeuten ohne diese zu ersetzen. Hoffen wir, dass uns nicht dasselbe Schicksal ereilt, bevor wir verstehen, dass dies nicht die beste Art zu leben ist.
Als ich Rondas Unterbewusstsein am Ende der Sitzung hinzubat, fragte ich, warum es dieses eigenartige Leben für sie ausgesucht hatte. Ich wusste, dass es keine Möglichkeit gab, zu bestimmen, wo sich dieser Planet befand.

R: Weil sie in diesem Leben Balance lernen muss. Etwas, was sie im damaligen Leben gelernt hat und nun wieder erlernen muss.
D: *Das war natürlich eine drastische Form, Balance zu erlernen, oder?*
R: Ja, aber es war eine wichtige Lektion für sie.
D: *Im damaligen Leben gelang es ihrer Gruppe, zu überleben.*
R: Ja, weil sie einen Anführer hatte, der etwas von Gleichgewicht verstand.
D: *Interessant, dass es ihnen möglich war, von Rinde zu überleben.*
R: Es war ihre Nahrungsquelle.
D: *Es zeigt auch, was passiert, wenn ein ganzer Planet aus dem Gleichgewicht gerät.*
R: Ja. Aber im Moment ist *sie es*, die aus dem Gleichgewicht geraten ist. Sie muss lernen, die verschiedenen Bereiche ihres Lebens besser miteinander ins Gleichgewicht zu bringen. Sie ist eine Lehrerin, die nicht unterrichtet. Sie sollte es aber. Sie ist eine Heilerin. Sie sollte anderen zeigen, wie man heilt. Sie hat in der Vergangenheit (in anderen Leben) schlechte Erfahrungen gemacht. Diese muss sie loslassen. Sie wurde für ihren Glauben an Heilung getötet. Sie wurde gefoltert. Sie muss das vergessen. Sie muss verstehen, dass es nun ein neues Leben gibt. Deshalb muss sie nun Balance finden. Sie muss das, was sich in der Vergangenheit ereignet hat, ins Gleichgewicht mit dem bringen, was jetzt geschieht und verstehen, dass es einen Bedarf und einen Raum für Lehrer gibt. Sie wird in diesem Leben weder gefoltert, noch getötet werden. In unserer Zeit haben sich die Dinge geändert und sie sollte ihr Wissen nun weitergeben. Und sie sollte Heilung durch das Erlernen des Gleichgewichts finden und dieses Gleichgewicht an andere weitergeben.

Ich bin der Meinung, dass das Unterbewusstsein uns dieses Leben auch sinnbildlich für die Umstände der heutigen Zeit, in der wir leben, zeigte. Es ist eine Warnung, dass sich die Geschichte wiederholen könnte. Es spielt keine Rolle, dass es sich auf einem anderen Planeten ereignete. Es zeigt, dass wir in die gleiche Richtung driften könnten, wen wir unsere Umwelt nicht respektieren und vergessen, unseren Planeten, unser Zuhause, zu schützen.

KAPITEL SECHS

STRUKTUR IST NICHT DAS ENTSCHEIDENDE

Clare ist eine bemerkenswerte junge Frau. Ich habe sie erstmals in Kona, Hawaii im Februar 2005 getroffen. Sie reist um die ganze Welt und tut genau das, was sie will. Es gibt kein Abenteuer, das vor ihr sicher wäre. In Hawaii fuhr sie jeden Tag mit einem kleinen Charterboot hinaus, um mit den Delphinen zu schwimmen. Während sie in Kona war, besuchte sie meine Lesungen und Workshops. Als ich dann einige Monate später in London war, arrangierte sie ein Treffen mit mir während ich dort Lesungen hielt und Hypnose unterrichtete. Sie lebt in Europa und so war es einfach für sie, dem Unterricht beizuwohnen und eine Hypnose-Sitzung wahrzunehmen. Das klingt alles ziemlich normal, aber was es so außergewöhnlich macht, ist die Tatsache, dass Clare an den Rollstuhl gefesselt ist. Sie hat es nie zu einem Handicap werden lassen. Ich war besorgt, ob sie am Unterricht teilnehmen konnte, da er in einem Privathaus in der Nähe vom Hyde Park stattfand; einem wunderschönen, alten dreistöckigen viktorianischen Gebäude. Allerdings sind die Häuser in London, wie auch die Restaurants, Züge und alles andere, nicht behindertengerecht konzipiert. Es gelang ihr, die Steintreppe, die zur Eingangstür führte, hinauf zu manövrieren und war drinnen, bevor wir überhaupt merkten, dass sie da war. Sie hatte nicht um Hilfe gebeten und auch nicht darauf gewartet.

Als sie eine Sitzung buchen wollte, konnte ich mir nicht vorstellen, wie das funktionieren sollte. Mein Hotel war eines von diesen tausenden alter Häuser, die zu einem Hotel umgebaut worden waren. Es gibt unzählige Blöcke davon, die alle eng zusammenstehen und während des 18. und 19. Jahrhunderts Familien beherbergten. Jetzt sind es Hotels, aber die Räume sind klein und teilweise umgebaut, so dass es nur winzige Badezimmer gibt. Üblicherweise gibt es einen sehr kleinen Aufzug, kaum groß genug für zwei Leute und Gepäck und die Korridore gleichen Hindernisrennen. Ich konnte mir nicht vorstellen, wie Clare das alles meistern sollte, um zu einer Sitzung zu kommen. Aber sie sagte mir, ich solle mir keine Sorgen machen und dass sie daran gewöhnt war, in alle möglichen Gebäude hinein- und herauszukommen, die von den meisten Leuten als unüberwindbar für Rollstuhlfahrer eingestuft wurden. Es handelte sich um das bekannte Motto: „Wo ein Wille ist, ist auch ein Weg". Ich wusste, um welche Zeit sie kommen wollte und ich hatte vor, nach unten zu gehen und ihr mit dem Fahrstuhl zu helfen, aber sie klopfte schon an meine Tür, bevor ich dazu die kleinste Chance hatte.

Ich bewundere diese junge Frau aufrichtig und wusste, dass eine der Themen, die sie in der Sitzung behandeln wollte, der Frage nach dem Grund für ihre Behinderung war. Es gelang ihr, aus dem Rollstuhl mit Hilfe ihrer Arme und ihrem Oberkörper auf das Bett zu kommen. Ihre Beine waren nicht vollständig gelähmt, aber sie trugen ihr Gewicht nicht. Sie hatte kein Problem damit, in eine tiefe Trance zu kommen und als ich die Sitzung begann, hatte ich wie immer keine Ahnung, was wir später entdecken würden.

Clare kam von der Wolke, als diese über einer großen Stadt in der Nähe einer Küste schwebte. „Die Stadt ist wie eine Mondsichel entlang der Bucht geformt. Es gibt hohe und etwas niedrigere Gebäude und Stege, die in so etwas wie Wasser hineinreichen. Das ist seltsam, denn es sieht so aus, als ob das Wasser an den Seiten hochsteht, aber das Meer sieht irgendwie festgezurrt aus. Es gibt keine Wellenbewegung. Alles sieht aus wie eingefroren." Ich brachte sie ganz nach unten, bis sie auf dem Boden stand und fragte sie aus dieser Perspektive nach einer Beschreibung. „Ich nehme eine Farbe wahr, Bronze oder Kupfer. Es ist eine Art Plastik. Sogar unter meinen Füßen fühlt es sich an wie ein metallisches Plastikmaterial. Auch die Gebäude sind daraus gemacht und alles hat so einen kupfer-orangefarbenen Schimmer. Und es gibt Bäume, die genauso aussehen wie Modelle, so, als seien sie aus künstlichem Material gemacht."

Sie konnte keine Fahrzeuge oder Menschen erkennen. Die Straßen waren leer, aber das passiert häufig, wenn ein Klient zum ersten Mal eine Szenerie betritt. Sie sind meistens alleine, ohne dass es andere Lebenszeichen gibt. Wenn wir dann weitersprechen, kommen andere Wesen und Gegenstände ins Bild, beinahe so, als müsse die Szenerie erst gebaut werden, und dann kann der Rest folgen. Sie bemerkte auch etwas, dass am dunklen Himmel über der Stadt wie eine Wolke aus kupferbronzefarbenen Sternschnuppen aussah. Ich fragte nach einer Beschreibung ihrer selbst. „Ich bin sehr lang und dünn. Und meine Beine sind sehr, sehr dünn, besonders ab unterhalb der Kniescheibe. Meine Füße fühlen sich eher wie Hufe als wie Füße an. Ich trage keine Kleidung. Mein Körper fühlt sich wie ein Skelett an. Sehr dünn. Und auch aus Plastikmaterial gemacht! Irgendwie hauchdünn, zart. Meine Haut hat auch diesen Bronzeton. Ich habe dünne Arme und lustig aussehende Hände. Sie sind breit, viel breiter als die alles andere. Sechs Finger und eine Art Daumen, der wesentlich kürzer als die anderen Finger ist."

D: Was ist mit deinem Gesicht? Hast du irgendwelche Haare?
C: (Lacht) Ja, ich fühle mich wie ein Skelett mit Haaren. Sie haben eine helle Farbe und sind sehr gerade, ähnlich wie Strohhalme.
D: Hast du Augen?
C: Ja, ich glaube, da ist etwas in den Augenhöhlen. Es könnten Augen sein. Ich kann sehen. Keine Nase. Ich bin nicht ganz sicher, was den Mund betrifft. Da ist eine Öffnung. Es ist fast so, als hätte dieses Skelett keine Haut. Nur dieses seltsame Material. Da sind keine Ohren.
D: Nimmst du Nahrung zu dir?
C: Es gibt keine Organe. Nur diese Struktur, nicht anderes. Sie ist leer.
D: Was hält dich am Leben, wenn du kein Herz und keine Lungen hast?
C: Ich frage mich selbst, ob da Leben ist. Es sieht aus, als ob es ein System innerhalb dieser Struktur gibt, in der etwas zirkuliert. Es ist eine flüssige Energie, hellblau. Sie zirkuliert innerhalb dieser Struktur. Und da muss auch etwas Grünes sein.
D: Musst du sie trinken oder irgendwann ersetzen?
C: Nein, es ist wie bei einem Auto, das getankt wird. Ich glaube von Zeit zu Zeit muss es betankt werden.
D: Wie wird das gemacht?

C: An der Ferse dieser Struktur. Dort ist eine Öffnung zum Betanken.

Als Clare ihr Quartier beschrieb, war das nicht weniger eigenartig. Sie lebte in einer Art Keller unter einem der Gebäude. Sie brauchte auch keinen Schlaf, genauso wenig wie sie essen musste. Das Zimmer war kahl, es gab nur diesen Raum. „Es ist schwer zu sehen. Ich bin in diesem Zimmer und da scheinen andere Wesen zu sein, die viel größer sind als ich und blaue Punkte haben. Als ob sie leer wären und ein paar blaue Punkte oder was auch immer um sich herum hätten. Aber der Rest ist leer oder schwarz. Es ist, als ob sie im Nirgendwo schweben. Ich habe etwas Dichtes gespürt. Es erlaubt mir zu fühlen, dass da etwas sein muss, weil es sich bewegt. Es scheinen Wesen dort zu sein, aber ich kann sie nicht sehen. Nur diese Umrisse aus blauen Punkten. Es ist nicht durchgehend so. Ich habe das Gefühl, dass wir etwas zusammen machen müssen".

Als ich versuchte herauszufinden was sie machen sollte, was ihre Aufgabe war, sah sie sich plötzlich nach oben und aus dem Raum heraus schweben. „Es wird grau um mich herum anstatt dass ich die anderen Farben sehe. Ich sehe nichts. Ich bin dort herausgesaugt worden. Ich schwebe. Es ist, als ob ich in einer Wolke bin, in etwas Grauem."

D: Ist etwas passiert, weswegen du diesen Ort verlassen musstest?
C: Nein. Ich bin einfach verschwunden.

Mehr Informationen konnte ich nicht über diese seltsame Kreatur erhalten, also bat ich sie, sich durch Raum und Zeit weiterzubewegen bis sie etwas anderes sah, dass geeignet erschien. Meine Neugierde war definitiv geweckt. Ich versuchte zu verstehen, was diese seltsamen Szenen mit Clare und ihrem derzeitigen Leben zu tun hatten.

C: Ich sehe Rot und Schwarz. Schwarz mit ein paar roten Umrandungen. Ich bin etwas schwerer geworden. Während ich herabsinke, nehme ich an Dichte zu. Der ganze Körper fühlt sich dichter an. Er besteht aus zwei Schichten. Die obere Schicht ist etwas strukturierter, mehr wie Plastik. Und die untere Schicht, die das Bett berührt, ist weicher. Und es kribbelt in den Armen und in der Brust. Und im Kopf. Und jetzt im Gesicht.

D: *Hat dieser Körper zwei Arme und zwei Beine - woraus besteht er?*

C: Er hat *mehr* als zwei Arme und Beine. Er hat vier Beine und dabei nur zwei Hüften. Und er hat drei Arme auf jeder Seite, die von den Schultern ausgehen.

D: *Kannst du etwas über das Gesicht sagen?*

C: Es sieht zur Hälfte tierisch aus. Der Kopf ist länger und besteht aus zwei Teilen. Der erste Teil sieht aus wie ein menschlicher Hinterkopf. Dann ist da so etwas wie eine Verlängerung in einem 40 Grad Winkel nach vorne. Was dazu führt, dass die Stirn des Kopfes nach vorne ragt und sich über den unteren Teil des Gesichtes biegt. Ich glaube, es sieht wie ein offener Mund aus, aber es ist ein kompletter Kopf und ein Gesicht. Die Haut ist goldfarben.

D: *Ist es schwierig zu laufen, weil du so viele Beine hast?*

C: Ich kann sogar schneller laufen, denn eines der Beine berührt immer den Boden. Die Art, wie sie sich bewegen, ähnelt mehr einem Rad.

D: *Das ergibt Sinn. Wo lebst du?*

C: Es scheint da etwas im Himmel zu geben. Es ist sehr groß. Wie ein Schiff. Nicht wirklich ein Schiff, aber einige Lichter mit mehreren Strukturen dazwischen.

D: *Gibt es da noch andere?*

C: Mir sind keine anderen bekannt – Ich werde wieder raus gezoomt.

Sie verließ die Szenerie wieder und driftete ins Nichts. Ich konnte keine weiteren Informationen mehr erhalten. Ich bat sie also, sich wieder durch Raum und Zeit zu bewegen und eine geeignete Szene zu finden. Als ich sie fragte, was sie sehen konnte oder fühlen konnte, wurde sie frustriert und wollte aufhören. „Ich kann nirgends hingehen. Ich kann nichts sehen. Ich fühle nur ‚zzzz' in meinem Körper.

D: *Das ist in Ordnung. Du machst das wunderbar. Gib' dich dem einfach hin, denn es geschieht aus einem bestimmten Grund. Was fühlst du in deinem Körper?*

C: Es fühlt sich an wie Ameisen.

D: *Du meinst die Nerven?*

C: Wahrscheinlich.
D: *Wo befindet sich das Gefühl überwiegend?*
C: In den Fingern, im Rücken, in den Beinen. Ein Beben. Das Bild, das ich erhalte, ist, dass es sich wie der gesamte Kosmos anfühlt. Als ob ich voll mit Planeten und Sternen wäre.
D: *Oh, das ist ja ganz schön groß, oder?* (Ja) *So, als ob du dich da draußen zwischen allem befindest?*
C: Nein, *als sei* ich der Kosmos.
D: *Du bist das ganze Ding.* (Ja) *Wie fühlt sich das an?*
C: Freiheit. Ich muss nichts wollen. Ich kann einfach nur sein. Ich bin, und das reicht aus. Es ist wie nach Hause zu kommen.
D: *Und weil es so groß ist, ist es schwer, es sich vorzustellen?*
C: Nein, es ist keine Einbildung. Es bedeutet, zu Sein.
D: *Aber wenn du alles sein kannst, was machst du genau?*
C: Nichts. Endlich einmal nichts. Ich existiere nur. Lasse den Dingen einfach ihren Lauf.
D: *Bist du ganz alleine?*
C: Es scheint, dass ich alles bin. Und auf diese Weise sind wir alle zusammen. Es gibt keine Trennung.

Das alles klang so vertraut, da ich die gleiche Beschreibung von vielen anderen von jenem Ort erhalten hatte, den alle „Zuhause" nennen. Sie sind dort so glücklich, dass sie dort bleiben wollen. Sie haben gar nicht den Wunsch, etwas anderes zu erfahren. Aber ich braucht mehr Informationen, also wusste ich, dass ich sie von diesem wunderbaren Ort der Zufriedenheit wegbringen musste.

D: *Warum hast du dich entschlossen wegzugehen, wenn es dorts so perfekt und wunderschön war?*
C: Aus Pflichtgefühl, glaube ich. Um Erfahrungen zu sammeln, so dass alle anderen sich entwickeln können. So dass unterschiedliche Erfahrungen gesammelt werden können und die Dinge wachsen und gedeihen können. *D: Und das war an einem perfekten Ort nicht möglich?*
C: Ich glaube, es ist eine Frage der Zustandsveränderung.
D: *Du musstest also diesen wunderbaren Zustand verlassen und woanders hingehen, um Informationen zu sammeln?* (Ja) *Um zu lernen.* (Ja) *Wie fühlte sich das an, also du getrennt*

wurdest?
C: Sehr schmerzhaft..
D: Kannst du jetzt zurückkehren, oder musst du bleiben und noch weiter lernen?
C: Ich glaube, ich kann jetzt zurückkehren.
D: Wo bist du hingegengen, als du dich trennen musstest?
C: Es fühlt sich so an, als würde ich zuerst ein Planet werden.
D: Oh, das wäre ja eine gigantische Erfahrung, oder? (Ja).
Was kannst du noch werden, ausser ein Planet zu sein?
C: Es fühlt sich an wie ein Wesen, dass gummiartig und etwas länger ist. So wie ein Reptil. Es gibt Organe. Es ist sehr anders. Es gibt keine Begrenzungen. Überhaupt keine.
D: Ist das Teil des Lernens, unterschiedliche Körpertypen zu erfahren (Ja) *Sie sind zwar alle physisch, aber sie sind alle unterschiedlich, oder?*
C: Ja, ganz genau. Es sind andere Bewegungen und eine andere Art, die Dinge zu sehen.
D: Dann gehst du also von Körper zu Körper und von Ort zu Ort, um Informationen zu sammeln? (Ja) *Gibt es irgendjemanden oder irgendetwas, das dir sagt, wo du hin gehen sollst und was was du machen sollst?*
C: Es ist wie ein Ruf aus dem Inneren.

Ich entschied mich, sie in der Zeit zu jenem Punkt voranzubringen, wo sie erstmals entschied, in den Körper von Clare zu gehen.

D: Warum hast du dich entschieden, diesen Körper anzunehmen?
C: Ich fühle mich nach unten zu ihm hingezogen. Und es ist eine sehr freudige Erfahrung. Es fühlt sich an wie etwas, das man unbedingt machen will.
D: Wie ein Sog? Als ob man in etwas hineingezogen wird? (Ja) *Bereits als Baby oder wann genau?*
C: Es findet schon sehr früh in der Entwicklung des Babys statt. Als Fötus.
D: Wenn es im Bauch der Mutter ist? (Ja). *Als du in den Körper von Clare gekommen bist: war es das erste Mal, dass du einen menschlichen Körper besessen hast?*
C: Nein. Es gab schon viele weitere vor diesem Körper.
D: Es scheint, als würdest du die Dinge gerne erforschen, oder?
C: Ja, ich werde des Experimentierens und der Erfahrungen jetzt

allerdings müde. Müde, all diese verschiedenen Dinge auszuprobieren - und auch der Variationen bin ich überdrüssig.

Nachdem ich sie zurück im Körper von Clare hatte, dachte ich, dass es an der Zeit wäre, das Unterbewusstsein zu befragen, anstatt sie durch ihr aktuelle Leben zu führen. Ich fragte, warum Clare diese eigenartigen, fremdartigen Lebensformen gezeigt worden waren.

C: Um ihr zu zeigen, dass ihre Struktur nicht wichtig ist.
D: *Ganz sicher waren sie nicht menschlicher Natur.*
C: Es spielt keine Rolle, ob sie eine Struktur haben oder was auch immer sie sein mögen. Der Geist kann alles beseelen. Es spielt keine Rolle, wie die Materie auszusehen scheint. Sie waren nur eine weitere, kuriose Spielart des Lebens und all der lustigen Formen, die es annehmen kann. Nur um sich an das anzupassen, was im Moment gerade benötigt wird.
D: *Also ist die äußere Struktur nicht wichtig?* (Nein) *Und natürlich ist der wichtigste Teil die Lebenskraft selbst, nicht wahr?*
C: Sie ist der Funke, ja. Der Geist, die Lebenskraft, was auch immer. Und diese sammelt Informationen und Erfahrungen. Es gibt unzählige Lebensformen. Es spielt keine Rolle, welche Art Körper sie gerade hat. Alles besitzt innerlich dieselben Informationen oder hat sich aus denselben Information entwickelt. Aus der gleichen Quelle. Aus dem großen Geist oder wie auch immer man es nennen möchte. Und dieser kann jede beliebige Form oder Konsistenz oder was immer er möchte, annehmen.
D: *Ist es das, was sie als gesamten Kosmos wahrgenommen hat, als es ihr gezeigt wurde?*
C: Ja, es ist ein Teil davon. Alles ist Teil davon, alle seltsamen Formen, alle Ausformungen sind Teil des Einen. Es gab einen Moment, wo sie dort drin war. Es gab dann einen Augenblick, wo etwas anderes passierte und sie wurde ins Licht gezogen. Sie *war* der Kosmos, aber gleichzeitig auch in etwas, dass noch ursprünglicher war - wie das Licht, das pure Licht. Das geschah, bevor sie ein Planet wurde. Es fühlte sich an wie der Anbeginn von allem.
D: *Wenn der Kosmos alles wäre, was wäre dann das Licht?*

C: Einfach der Ursprung.
D: *Der Ursprung dessen woraus der Kosmos und alles andere stammt?*
C: Ja. Vielleicht gab es auch noch etwas einen Schritt davor, aber das kann nicht formuliert oder ausgedrückt werden.
D: *Ich habe das früher schon einmal gehört. Es gibt einige Worte, Begriffe und Konzepte, die wir niemals verstehen werden. Es gibt keine Sprache, sie zu beschreiben.* (Ja) *Es existierte also etwas vor dem Licht.*
C: Ja, denn das Licht ist bereits eine Manifestation. Aber es kann nicht erklärt werden.
D: *Als sie ins Licht ging, wurde sie ein Planet.*
C: Erst danach, als sie sich vom Licht trennte.
D: *Und es muss viele weitere Erfahrungen gegeben haben, bevor sie die unterschiedlichen Körper probierte.*
C: Sehr viele.
D: *Worin lag der Sinn, dass sie so viele unterschiedliche Dinge erfahren musste?*
C: Um die gesamte Schöpfung wieder zusammenzubringen. Um alles zusammenzufassen. Eine Zusammenfassung der verschiedenen Schöpfungen zu erhalten. Und sie dann zur Quelle zurückzubringen.
D: *Was macht die Quelle anschließend mit diesen Manifestationen?*
C: Sie scheint größer zu werden und anzuwachsen, kompletter zu werden. Und prächtiger, facettenreicher.
D: *Also wächst die Quelle ständig und addiert etwas zu sich selbst dazu.* (Ja) *Und deshalb hast du all das Clare gezeigt, damit sie es verstehen kann?*
C: Sie weiß es.
D: *Aber sie hätte in vergangene Leben gehen können.*
C: Nein. Keine vergangenen Leben mehr. Das ist nicht mehr wichtig. Sie muss nach vorne gehen. Sie hat bereits alles integriert. Sie muss vorwärts gehen.
D: *Wohin ist vorwärts? Weißt du das?*
C: In eine andere Denkweise. Alles miteinander zu kombinieren, damit es keine Gewalt mehr gibt. Keine Erschütterungen innerhalb der verschiedenen Dinge, so dass es Harmonie und Weiterentwicklung geben kann, als ob sie von einem Bach, einem Fluss, nach vorne getragen werden.

Ich begann nun damit, Clares Fragen an das Unterbewusstsein zu stellen: „Warum hat sie diese Lähmungen in ihrem Rücken und in ihren Beinen? Was ist der Grund dafür?"

C: Es ist ein Sinnbild für die Welt, wie sie heute ist. Alles strebt in unterschiedliche Richtungen, anstatt Harmonie zu finden und sich in eine Richtung zu bewegen.

D: *Heißt das, ihren Körper zieht es in viele verschiedene Richtungen?* (Ja) *Aber sie wurde damit geboren.*

C: Ja, aber es wurde viel schlimmer, als es so viel Unfrieden um sie herum gab. Sie wusste nicht, wie sie damit umgehen sollte. Der Streit in ihrer Familie. Sie wurde einerseits zu ihren Eltern gezogen, andererseits zu ihrer Großmutter. Und sie konnte die unterschiedlichen Kräfte nicht miteinander vereinen.

D: *Also das war der Zeitpunkt, wo sich die Erkrankung manifestierte.* (Ja) *Gibt es etwas, was wir jetzt dagegen tun können? Ich weiß um die Macht des Unterbewusstseins.*

C: Sie muss die Harmonie in sich selbst finden.

D: *Sie macht so viele wundervolle Dinge. Wir möchten ihr gerne helfen. Wie kann sie diese Harmonie in sich selbst finden?*

C: Indem sie stirbt. (Das war ein Schock).

D: *Das möchten wir aber nicht, oder?*

C: Vielleicht nicht physisch, aber sie muss sterben.

D: *Wie kann sie sterben, ohne den Körper zu verlieren?*

C: Sie muss aus ihm herausgehen.

D: *Welchem Zweck würde das dienen?*

C: Um wieder mit einer anderen Sichtweise in ihn zurückzukehren.

D: *Kann das ohne den physischen Tod möglich werden?*

C: Ja, das ist möglich. Sie muss aus dem Körper herausgesaugt werden, in die Wäsche gegeben und zurückgebracht werden.

D: *Wird es passieren, während sie Nachts schläft?*

C: Das kann jederzeit passieren.

D: *Wir möchten den Körper keinesfalls verletzen. Verstehen wir uns? Denn es ist meine Aufgabe, niemals jemanden Schaden zuzufügen.*

C: Nein, sie wird nicht verletzt. Sie kann nicht verletzt werden. Sie hat schon so viele Dinge durchgemacht, ohne verletzt zu werden.

D: *Sie wird also den Körper verlassen und dann in ihn mit einer*

anderen Perspektive zurückkehren?
C: Der Körper wird erst einmal genauso hilflos erscheinen wie vorher.
D: Und dann wird der Körper in Harmonie kommen?
C: Ja, er wird neu ausgerichtet werden.
D: Wird sie ihre Beine wieder anfangen zu spüren und zu bewegen?
C: Ja, das wäre durchaus möglich.
D: Wenn der Körper erst einmal wieder in Harmonie ist, kannst du dann die Verbindungen wieder herstellen?
C: Das ist möglich. Sie existieren noch immer und sind vollständig.
D: Sie haben sich also nicht zurückgebildet und können wieder miteinander verbunden werden?
C: Sie sind bereits verbunden, sie sind nur sehr dünn, betäubt, oder ... es ist schwer auszudrücken. Es ist, als seien sie gequetscht, und anstatt das alles ungehindert durch sie hindurchfließt, fließt nur eine geringe Menge durch sie hindurch. Wie ein Bach, der ein Trockenheit erlebt. Ja, es könnte mehr werden und sie könnten durch ein neues Energiefeld gehen.
D: Kannst du das bewerkstelligen?
C: Wenn es ihr gelingt, sich vollständig neu auszurichten, wird es möglich sein.
D: Wann sollte sie das machen, wann sollte sie in Harmonie kommen?
C: Übernächstes Wochenende. Sie wird dann wieder zu Hause sein.
D: Und du wirst über den Geist wachen, so dass er wieder eintreten kann.
C: Ja, denn die Arbeit ist noch nicht getan. Es wird noch viel mehr passieren – viel, viel mehr. Es wird langsam und schrittweise passieren. Sie wird bemerken, dass das Gefühl in ihre Beine zurückkehrt.
D: Und dann wird sie sukzessive damit beginnen, die Beine wieder zu bewegen.
C: Ja, sie müssen erweckt werden. Es ist an der Zeit! Es ist Zeit. Diese Zeit ist jetzt! Während sie ausprobiert, ihren Körper zu verlassen und gereinigt zu werden, sich neu zu justieren, sollte es möglich sein, gleichzeitig an ihrem ganzen Körper zu arbeiten, während sie ihre Energien neu ausrichtet.

D: *Während sie sich also außerhalb ihres Körpers für eine kurze Zeit befindet, kannst du an ihrem Körper arbeiten?*
C: Ja, die Maschine wieder in Gang bringen. Der ganze Körper muss überholt werden. Es ist wirkungsvoller, wenn sie außerhalb ihres Körpers ist, denn ihre Energiesysteme werden ebenfalls instandgesetzt. Sonst muss nichts weiter unternommen werden.
D: *Aber es besteht keine Gefahr für sie; sie wird zurückkommen.*
C: Sie wird müde sein. Das ist der beste Weg. Ja, die Zeit ist reif. Sie wird die Massen anziehen. Sie wird auf einem weitreichenden Niveau unterrichten. Nach der Instandsetzung wird sie auch anders ausdrücken. Ihr wird es besser gelingen, die Dinge so auszudrücken, dass andere ihr folgen können und ihre Worte verstehen. Und sie wird verstärkt auf einem Energie-Level arbeiten, bei dem die Energien direkt durch ihren Körper fließen. Sie wird Wissen weitergeben und sie wird die ganze Welt bereisen. Ihr Leben beginnt jetzt. Sie hat diesen Impuls gebraucht. Sie wird andere heilen. Darauf hat sie gewartet.
D: *Wie wird sie sich fühlen, wenn das passiert?*
C: Sie wird sich erneut etwas eigenartig fühlen. Nicht wirklich etwas sehen können, Schwierigkeiten damit haben, ihr Zunge zu bewegen, um etwas zu sagen. Und dann braucht sie sich einfach nur aufs Bett zu legen und alles andere wird von selbst passieren.
D: *Der Grund dafür ist, dass die Verbindungen im Moment noch getrennt sind, deshalb ist es schwierig, zu sprechen.* (Ja) *Wenn sie also übernächstes Wochenende wieder zu Hause ist und sich so fühlt, kann sie sich einfach aufs Bett legen und warten, bis es vorbeigeht?*
C: Bis sie sich wieder eins mit sich selbst fühlt.
D: *Und in dieser Zeit wirst du am Körper arbeiten.* (Ja) *Das ist großartig. Damit hat sie heute nicht gerechnet, oder?*
C: Nein, überhaupt nicht.
D: *Sie hat auf Informationen gehofft, aber nicht in dieser Weise. Es ist seltsam, dass wir uns zuerst auf der anderen Seite des Globus getroffen haben und jetzt wieder hier.*
C: Ja, es sollte so sein. Es gibt keine Zufälle. Sie hat ihre Zeit gebraucht, aber jetzt ist sie hier.
D: *Sie hat ihre Lehren aus der Behinderung gezogen und jetzt braucht sie sie nicht mehr.*

C: Korrekt. Es einfach geschehen lassen. Sie weiß jetzt, dass die Dinge ihre eigene Dynamik entwickeln und sie muss nicht darüber nachdenken, wie sie ans Ziel kommt. Sie ist bereit. Große Dinge werden geschehen. Solange sie nicht daran zweifelt, wird sie sie erreichen. Sie muss daran glauben, dass es wahr ist.

Als Clare erwachte und sich wieder in ihren Rollstuhl hinein manövrierte, sagte sie, dass sie bereits Verschiedenes wahrnahm, was zuvor nicht da war. Sie hatte mehr Steuerung in einem ihrer Beine (normalerweise musste sie die Beine anheben, um sie im Rollstuhl zu platzieren). Und sie hatte einige ungewöhnliche Empfindungen in den Beinen. Ich erklärte ihr, wie der Ablauf sein würde, wenn sie nach Hause kam. Ich dachte, dass es am besten für sie wäre, wenn sie alleine war und niemand sie störte, wenn der Prozess einsetzte. So konnten sie mit ihr in Ruhe arbeiten und alle Zeit haben, die dafür notwendig war.

KAPITEL SIEBEN

DAS BEWUSSTSEIN DER ZELLEN

Dieses Material hat in meinen Ordnern seit über zwanzig Jahren geschlummert. Ich blätterte durch viele der Aufzeichnungen und entsorgte einige der Sitzungen von 1985, einer Zeit, als unsere Gruppe damit begann, regelmäßig Treffen in Eureka Springs abzuhalten. Es war eine wunderbare Periode des Erforschens und der Kameradschaft. Es war wirklich sehr wichtig, andere zu treffen, die auf gleicher Wellenlänge lagen und mit ihnen diskutieren zu können. Obwohl sich die Gruppe auflöste, fühle ich noch immer eine Nähe zu diesen wunderbaren Menschen, die damals so wichtig für mich waren. Wahrscheinlich haben sie gar keine Ahnung, wie sehr ich ihre Freundschaft und ihr Verständnis in den Tagen damals brauchte, als alles, was ich entdeckte, neu und anders war. Bei unseren Treffen hatten wir oft ein generelles Thema das uns interessierte und erforscht wurde, und wer immer sich als Freiwilliger meldete, wurde in Trance versetzt und beantwortete die Fragen der Gruppe. Als ich dieses vergessene Protokoll fand, fühlte es sich für mich so an, als hätte es über zwanzig Jahre lang darauf gewartet, wiederentdeckt zu werden und in meine Arbeit Eingang zu finden. Die Zeit dafür ist jetzt reif und es hat ein Zuhause gefunden. Es passt hervorragend zum Thema Bewusstsein und der Erkenntnis, dass *alles,* das ist, Leben und Intelligenz besitzt. Obwohl ich zu jener Zeit, als die Sitzung stattfand, nicht viel von dem verstand, was dort gesagt wurde. Mein Bewusstsein war noch nicht ausreichend erweitert. Das zeigt mir, wie weit ich innerhalb der letzten zwanzig Jahre in meinem Denken und meinem Verständnis für der Dinge weiter gekommen bin.

Das Thema des Abends war Heilung. Ich kann noch immer vor mir sehen, wie unsere gesamte Gruppe aufmerksam im Raum sitzt und beobachtet, was geschieht – begierig an allem teilzuhaben, indem wir aktiv Fragen stellen. Oh, wie ich diese Tage und diese lieben Menschen vermisse!

Teilnehmer (Unterbewusstsein): Wir erkennen die Wichtigkeit dieses Themas für heute Abend an und sind bestrebt, die Aspekte von Heilung mit euch zu erörtern. Heilung ist ein wichtiges Unterfangen. Alles ist entweder im Zustand der Heilung oder läuft auf den Zustand der Zerstörung hinaus. Zerstörung ist ein natürliches Phänomen und nicht so negativ, wie es manchmal erscheint. Aber eine *vorzeitige* Zerstörung einer Entität oder eines Bewusstseins oder eines Teils lebendigen Materials muss vermieden werden. Daher muss Heilung von allen lebendigen Wesen praktiziert werden, um die für sie angemessene Lebensspanne innerhalb eurer Zeit/ Raum Dimension zu ermöglichen.

Fragesteller: Kannst du den Prozess körperlicher Heilung des menschlichen Körpers beschreiben? Was passiert dabei auf Zellebene?

S: Jede einzelne Zelle ist für ihre eigene Existenz auf eine Weise verantwortlich, die auch auf die Totalität des Wesens des Organismus zutrifft. Die Zelle muss sich um sich selbst kümmern, aber auch um die gegenseitige Beziehung mit den Zellen, die sie umgeben, insbesondere mit Zellen, die Teil einer größeren systemischen Organisation sind, wie z.B. eines spezifischen Organs. Die Zelle ist dafür verantwortlich, Nahrung aus den sie umgebenden Energiefeldern zu beziehen; Nahrung, die für die Entwicklung und das Wachstum der Zelle geeignet ist. Sie ist dafür verantwortlich, ihre eigene Funktion zu überwachen, so dass sie so viel Nahrung, wie sie braucht behalten kann und jene Elemente, die sie für ihre spezielle Funktion nicht benötigt, in den Rest des Organismus zu entlassen. Die Zelle hat ein Bewusstsein über Fehlfunktionen, so wie dies auch für die gesamte Entität gilt, welche ein Krankheitsgefühl wahrnehmen kann, das auf ein irgendwo vorhandenes Problem schließen lässt. Die Zellen erhalten Informationen von einem Gedankenpool, der in Relation zu ihrer bestimmten Zelle steht, genauso, wie auch Menschen

Informationen von einem Gedankenpool (kollektives Bewusstsein) erhalten. Auf dieselbe Weise erhalten auch Tiere bezüglich ihres Verhaltens Informationen von Gedankenpools. Die Zellen haben die Fähigkeit, Kontakt zu einer „idealen Zelle" aufzunehmen um sich zeigen zu lassen, wie sie funktionieren sollten und um sie zu warnen, wenn diese Funktion aus dem Ruder läuft. So fordern sie dann auch die Informationen über den Heilungsprozess an. All das findet in Bruchteilen von Sekunden und in mikroskopisch kleinsten Details statt. Die Zellen haben die angeborene Fähigkeit innerer Information, aber sie erhalten auch zusätzliche Informationen von älteren Zellen im Körper und von einem Gefühl für die Energie des Körpers.

F: *Du hast die ideale Zelle erwähnt, nach der sich alle anderen Zellen richten.*

S: Das ist richtig

F: *Bedeutet das, dass sie sogar auf einer mikroskopisch kleinsten Ebene etwas haben müssen, das sie anleitet, etwas, dass sie als Muster verwenden können?*

S: Ja. Auf jeder Ebene.

F: *Sogar auf kleinster mikroskopischer Ebene?*

S: Besonders auf dieser Ebene. Zellen funktionieren im Wesentlichen auf einem mikroskopischen Level.

F: *Ich dachte daran, dass die Zellen diese ideale Zelle vielleicht als Gott betrachten würden.*

S: Richtig.

Einer der Teilnehmer aus unserer Gruppe sagte: An diese Frage anknüpfend - Gibt es evtl. einen Bezug zwischen dem, was die Zelle als ihr Ideal betrachtet und jenem Ideal, das wir als unser Höheres Selbst ansehen?

S: Nicht in der Art, wie du die Frage meinst. Es gibt kein Höheres Selbst für eine Zelle, insbesondere so, wie ihr den Bezug zu eurem Höheren Selbst versteht. Es existiert, aber es ist eher wie ein Muster, anstatt Führung zu geben oder Aktivitäten anzuleiten.

F: *Bedeutet dies, dass Zellen einen Verstand haben?*

S: Ja. Jedes lebendige Etwas besitzt Bewusstsein, auch als Verstand bekannt.

F: *Ich dachte gerade daran, dass Menschen ein Gehirn besitzen. Wären Zellen in der Lage, in ähnlicher Weise zu denken?*

S: Im Sinne einer zoologischen Definition von Intelligenz

bezüglich der Fähigkeit zur Wahrnehmung der Umgebung, der Fähigkeit sich fortzupflanzen und der Fähigkeit der Bewegung erfüllen Zellen diese Kriterien

F: *Das wäre dann etwas sehr Rudimentäres. Ist es das, was du meinst?*

S: Zellen betrachten sich nicht als "ziemlich rudimentär". (Gelächter)

F: *Ich meinte damit, sie würden nicht den Verstand eines Menschen haben. Oder doch?*

S: Auf seine Weise hat jeder kleinste Teil eines Bewusstseins den Verstand eines Menschen. Einige von ihnen haben einen Verstand, der besser für ihren Organismus funktioniert, als es der menschliche Verstand jemals tun könnte.

F: *Bei einer Heilung müssen wir also mit dem inneren Verstand dieser Zellen kommunizieren?*

S: Ja, genau.

F: *Bei einer Heilung, so wie wir sie verstehen, müssen wir Zugang zu den grundlegenden Problemen finden. Wir müssen die Ursache für unser Unwohlsein oder unsere Krankheit herausfinden. Könntest du einen Weg vorschlagen, wie wir dies effektiver tun können?*

S: Die prinzipielle Antwort ist, dass man den eigenen Körper um Unterstützung für diese Region bitten sollte. So in der Art "Ich weiß, dass ich mit meinem Körper kommunizieren kann. Ich weiß, dass ich um Unterstützung bei der Heilung bitten kann. Aber ich weiß nicht wirklich, wie ich das hinkriegen kann. Könntest du mir vielleicht dabei helfen?" Das ist die vereinfachte Antwort. Die Methode der Selbst-Entdeckung erfordert ein wesentlich detaillierteres Verständnis über deine eigene Geschichte innerhalb deines eigenen Körpers. Und auch – für die, die daran glauben – von den vergangenen und zukünftigen Leben, da es eventuell einen Bezug zum jetzigen Körper gibt. Diese Komplexität ist aber nicht notwendig. Es ist nicht immer erforderlich, ganz genau zu wissen, was die Heilung blockiert. Es ist eventuell ausreichend anzuerkennen, dass diese Blockaden bestehen. Man kann durch geistige Kommunikation darum bitten, dass diese Blockaden aufgelöst werden oder man kann deren Auflösung visualisieren. Wenn man daran glaubt, dass diese Blockaden aufgelöst werden können, ohne dass man sich damit beschäftigen muss zu verstehen, wie sie entstanden sind, reicht das für die meisten Menschen. Wie wir wissen, macht der Glaube den Unterschied. Wenn man glaubt, dass die Blockaden aufgelöst werden können und das Heilung erfolgen wird, ohne dass man Tausende von Dollar in einen Psychoanalytiker investiert, dann ist das der Weg. Es ist ein wesentlich einfacherer Weg.

F: *Wie funktioniert Fernheilung?*

S: Die Heilung von einer Person zur anderen mit anscheinender Überbrückung einer weiten Distanz unter Anerkennung des Raum/ Zeit Aspekts erfolgt in Wirklichkeit nur über eine kurze Entfernung. Der Heiler verbindet sich mit der Energie der Entität, die auf einer sofortigen Basis geheilt wird. Die Fähigkeit des Heilers liegt darin, seine Aura zu vergrößern, sich der anderen Person zuzuwenden und sie zu berühren. Dadurch gelingt eine Zusammenführung dessen, was wir als Raum und Zeit wahrnehmen. So kann auf dieselbe Weise Heilung erfolgen, wie sie auch durch das physische Auflegen der Hände oder das Verbinden mit der Aura einer in der Nähe befindlichen Person erreicht werden kann.

F: *Kannst du beschreiben, wie die Energie von einer Person zur anderen übertragen wird oder auch, wie eine Person die heilende Energie auf eine andere übetragen kann?*

S: Es ist eine Frage, jene elektrischen Bahnen zu nutzen, von denen wir alle umgeben sind. Es ist natürlich keine Elektrizität im herkömmlichen Sinne, sondern ein energetisiertes Kraftfeld, das jeden von uns umgibt. Einige besonders empfängliche Menschen sind dazu bereit, ihre natürliche Schutzbarriere zu mindern um zu erlauben, das sich das Energiefeld anderer Menschen sich mit ihrem eigenen überschneidet und nehmen es auf. Umgekehrt erlauben wieder andere Menschen, dass sich ihre eigene Schutzbarriere herabsenkt, damit sie ihre heilenden Energien an andere aussenden können. Energien, die eine spezielle Krankheit attackieren oder sich mit Liebe der generellen Aura eines empfangenden Menschen nähern, generieren nochmals eine Verstärkung des Vorgangs. Bedenke, dass diese beiden Menschen sich bereits lange Zeit vorab verabredet haben, um diese besondere Form der Heilung gemeinsam zu ermöglichen. Der empfangende Körper erkennt diesen zusätzlichen Schub an Energie und da der Betreffende sich innerlich bereits auf dem Weg der

Genesung befindet, beschleunigt sich dieser Prozess noch einmal. Jener Mensch, der die Heilung vornimmt, erklärt sich bereit, einen Teil seiner verfügbaren Energie zu opfern, von der er mehr als ein durchschnittlicher Mensch generieren kann. Dann sendet er diese Energie an einen bestimmten Punkt im Körper oder ganz generell an die allgemeine Verfassung der empfangenden Person. Diese Energie scheint eine eigene Intelligenz zu besitzen – und so ist es auch. Sie sucht sich ganz gezielt Problemzonen aus und löst diese auf, entfernt Blockaden und erlaubt diesen Arealen, ihren eigenen gesunden Zustand wiederzuerlangen.

F: *Wenn ich mit Menschen zusammen bin, die krank sind und sich alles mögliche einfangen, ziehe ich manchmal eine Barriere hoch um die Bakterien oder Viren davon abzuhalten, in meinen Körper zu kommen. Ist es möglich, so etwas zu tun?*

S: Tust du es denn?

F: *Ich versuche, es zu praktizieren. Ich glaube daran. Aber ist es auch eine Tatsache?*

S: Hat es denn funktioniert? (Ja) Also?! (Gelächter)

F: *Ich habe lediglich geistig eine Barriere errichtet, so dass die Bakterien und Viren nicht durchkommen*

S: Wenn du an Bakterien glaubst und daran, dass du ein Schutzschild gegen sie errichten kannst – wenn du also an diese beiden Dinge glaubst, dann ist es ein Leichtes, sie auch umzusetzen. Du könntest auch ganz einfach die Wahl treffen, nicht an Bakterien und Viren zu glauben.

F: *Sind sie denn echt?*

S: Nicht auf eine Art, an die du und die medizinische Welt glauben.

F: *Wie sind sie dann?*

S: Na, ganz OK. (Gelächter)

F: *Du sagtest ja, dass sie auf eine Art nicht echt sind...*

S: Sie verursachen keine Krankheiten. Ich entschuldige mich, ich sollte dich nicht aufziehen, aber es macht sehr viel Spaß, dich aufzuziehen. Die Theorie, dass Bakterien und Viren Krankheiten verursachen, ist eben das - eine Theorie. Wie du weißt, kreieren Menschen ihre eigenen Krankheiten für ihre eigenen Zwecke. Keime sind dabei ein willkommener Sündenbock. Wenn man ganz einfach nicht daran glaubt, dass sie einem schaden können, dann tun sie es selbstverständlich auch nicht. Aber es braucht eine ganz große Portion an Glauben in einer Welt, in der sie als wissenschaftliche Erklärung für Krankheiten angesehen werden. Da ist tatsächlich die alte Erklärung von einer Besessenheit durch den Teufel näher an der eigentlichen Wahrheit. Nicht, dass Menschen tatsächlich vom Teufel besessen wären, aber das emotionale und spirituelle Konflikte, Beziehungsprobleme sowie Stress die eigentliche Ursache für Krankheiten sind. Keime haben eine Menge schlechter Presse bekommen.

F: *Aber sie sind in einem Labor unter einem Mikroskop beobachtet worden.*

S: Sie existieren auch in einem Labor. Sie sind nur nicht der Grund dafür, weshalb Menschen Krankheiten für sich selbst erschaffen.

F: *Was ist mit Epidemien?*

S: Wie du weißt, haben bei Massenereignissen alle daran Beteiligte beschlossen, Teil dieses Massenereignisses zu sein. Und sie haben dieses spezielle Ereignis aus einem für sie persönlichen und wichtigen Grund selbst gewählt, meist um ein Exempel zu statuieren, d.h. eine Art Lehrstunde oder Lektion für die anderen Menschen zu geben, die sich in der Nähe des Ereignisses befinden oder die davon erfahren haben.

F: *Ich denke da besonders an Krankheiten wir den schwarzen Tod. Man sagte, dass er durch Flöhe auf Ratten verursacht wurde und sich zu jener Zeit überall in Europa ausbreitete und viele Menschen tötete.*

S: Schlechte Presse für Ratten und Flöhe.

F: *Du meinst, weil sie daran glaubten, breitete sich die Krankheit aus?*

S: Zum einen das, zum anderen aber auch die Tatsache, dass sie zusätzlich ihre besonderen, persönlichen Gründe hatten, weshalb sie in ein solches Ereignis verwickelt waren.

F: *Wir hörten, das Lachen die beste Medizin ist. Kannst du sagen, warum?*

S: Der Grund, warum Lachen die beste Medizin ist, liegt darin, das uns Lachen – zumindest für den Augenblick – ein positives Gefühl der Freude und des Wohlfühlens beschert. Es verursacht sofortige Gesundheit.

F: *Dann bedeutet das umgekehrt, dass Sorgen und Trauer schädlich für das System sind?*

S: Unangemessene, langgezogene Trauer oder Gram wird medizinisch als Depression definiert, die die Gesundheit des Trägers und jedem, der mit ihm in Kontakt kommt, reduziert. Traurigkeit oder Sorge als Ausdruck einer angemessenen Reaktion auf ein Ereignis oder eine Situation schadet ihm dagegen nicht. Das Unterdrücken oder Leugnen einer solchen Emotion ist schädlicher, als diese Emotion zu erfahren und anschließend eine angemessene emotionale Reaktion zu äußern.

F: *Der natürliche Ausdruck von Emotionen ist also gut für mich?*

S: Richtig.

F: *Und es ist das Blockieren dieser Emotionen, das Störungen und Krankheiten verursacht?*

S: Es ist eine vereinfachte Art, ein Hindernis zu beschreiben, aber im Prinzip stimmt das.

F: *Das heißt also, es ist sogar gut, auch Ärger zu erfahren und ihm Ausdruck zu verleihen?* (Ja)

F: *Diese Frage betrifft nicht direkt das Thema Heilung, hat aber einen Bezug dazu. Wenn das Höhere Selbst den Körper verlässt und die Zersetzung beginnt – haben dann die Zellen im Körper noch Leben in sich, bis sie zu etwas anderem umgewandelt werden?*

S: Du möchtest wissen, was dann passiert?

F: *Ja. Ich frage mich, da ja jede Zelle Leben zu dem Zeitpunkt besitzt, wenn der Geist den Körper verlässt – ist die Körperzelle dann noch lebendig und entscheidet sich danach, in einen Zustand der Auflösung zu gehen?*

S: Eine hervorragende Frage. Der Grat zwischen Leben und Tod ist, so sagt man und du auch aus der Literatur weißt, sehr schmal. Deine praktische Erfahrung sagt dir aber, dass es nichts Schmales gibt. Entweder ist man tot oder lebendig. Aber wenn du dich umschaust, um die mehr wissenschaftlichen, mehr technischen Aspekte dieser Frage zu verstehen, wirst du zum Beispiel feststellen, dass Bäume eine lange Zeit tot zu sein scheinen und dann buchstäblich ins Leben zurückspringen. Insgesamt sterben sie über viele Jahre in kleinen Einheiten ab. Laß' uns den Körper eines Menschen nehmen. Wenn der Geist den Körper verlässt, behalten die Zellen bestimmte Aspekte des Lebens zurück, wie zum Beispiel die Bewegung auf Zellebene, da die

Auflösung auch eine Form der Bewegung bedeutet. Das Abfallen vom Fleisch von den Knochen ist ganz sicher eine Bewegung und kann beobachtet werden. Es gibt aber auch Aspekte des Lebens, die für die meisten Zellen beim physischen Tod nicht mehr stattfinden. Darunter fallen beispielsweise Reproduktion, die Verarbeitung von Nährstoffen und das Ausscheiden von nicht verwendeten Stoffen. Diese Art von systemischen Funktionen findet nicht mehr statt. Trotzdem wachsen einige Zellen, wie du weißt, auf morbide Art und Weise für einige Zeit weiter. Wie bei einem Baum sterben Teile von einem Menschen also in unterschiedlicher Geschwindigkeit ab. Und es gibt eine Art Leben, bevor diese Teile sich auflösen und in etwas anderes übergehen. Dann setzen sie ihre Existenz natürlich in einer ganz anderen Form fort, soweit fassend, dass Staub als ebenso lebendig anzusehen ist wie ein Vogel im Flug.

F: Das wäre ja eine Form der Reinkarnation bis hinunter auf Zellebene. Ich sehe auch die Veränderung, die wir durchlaufen, wenn wir sterben (oder sich unser Körper verändert, bis er für tot erklärt wird) und wir dann in eine andere Dimension wechseln. Ist dies auch etwas, das mit der intelligenten Kraft in der Zelle geschieht – verwandelt sie sich dann ebenfalls in eine andere Form?

S: Ja.

F: Ist diese Zelle noch Teil des menschlichen Bewusstseins? Wie ja zum Beispiel ein Fingernagel noch eine Zeit weiter wächst, wenn der Mensch gestorben ist. Vereinigt sich diese Zelle dann später mit dem menschlichen Geist oder nimmt sie einen anderen Weg?

S: Diese Zelle wir die Erinnerung weiter in sich tragen, ein Leben als Teil des menschlichen Körpers gehabt zu haben. So wie sie Erinnerungen daran in sich trägt, Teil anderer Lebensformen gewesen zu sein, als sie in anderen Stadien, in anderen Formen, in anderen Dingen daran beteiligt war, Leben zu kreieren. Aber ihre Erinnerung wird kurzgeschlossen sein, so wie eure derzeitige Erinnerung unterbrochen ist und ihr euch normalerweise nicht daran erinnert, dass Anteile von euch einmal in einem Dinosaurier oder einer Fliege existierten.

F: Wie nehmen diese Zellen uns als Körper wahr? Können sie uns wahrnehmen oder erkennen? Sie leben ja in uns.

S: Sie spüren, dass sie Teil eines größeren Organismus sind, so wie wir auch instinktiv spüren, dass wir Teil einer Überseele sind. Dasselbe vage Gefühl, zu etwas Größerem zu gehören, das manchmal in uns auftaucht. Die Zellen sind sich dessen öfter bewusst als wir, weil sie dieses Gefühl schätzen und mit ihm vertraut sein können, indem sie normal funktionieren. Wenn deine Leber gut funktioniert und die Dinge tut, die sie tun soll, empfindet sie ein Gefühl der Harmonie, das, wäre sie in der Lage es dir als ein individueller Verstand auszudrücken, dir ein Bewusstsein von Freude vermitteln würde, dass viele von uns leider nur sehr selten erfahren.

F: *Als was nehmen sie unser Gehirn oder unseren Intellekt wahr, der sie dirigiert?*

S: Nicht mit einem kritischen Geist. Einfach akzeptierend, dass dies der Weg ist, wie der Organismus funktioniert.

F: *Ich dachte, dass sie es eventuell als Gott oder die alles antreibende Kraft des Universums wahrnehmen. Könnte das nicht sein?*

S: Du überträgst die menschliche Eigenschaft, nach Gott zu suchen auf die Zellen, die ihre Existenz einfach nur als ein Teil der göttlichen Schöpfung empfinden.

F: *Existiert ein steuernder Verstand oder ein Bewusstein, welches unserem Planet eigen ist?*

S: Das Bewusstsein unseres Planeten existiert als etwas flächendeckendes, umfassendes. Damit ist eine *Lebensform* gemeint, die jedem Planeten zu eigen sein kann und die in der Lage ist, physische Strukturen und physische Entitäten zu erschaffen, um deren Lebenszyklus zu verändern – anders als beispielsweise Tiere, die das nur begrenzt können – und die nicht auf eine generationsübergreifende Fortsetzung des geschaffenen pocht, also selbst Schöpferkraft besitzt. Diese Lebensform wird auf dem jeweiligen Planeten, wenn man so möchte, zum Bewusstsein. Sie bildet auch das Gewissen des gesamten Planeten und trägt die Aufgabe in sich, global zum Wohle des Planeten zu denken. Diese Lektion muss aber erst noch anhand der Intelligenz der Menschen auf diesem Planeten erlernt werden. Aber das Universum ist so konzipiert, dass der Planet selbst, obwohl er Bewusstsein und Intelligenz besitzt, nur in Kombination mit intelligenten Wesen, die die Oberfläche des Planeten verändern können, etwas erreichen kann.

F: Heißt das, dass das Gehirn des Planeten stirbt, wenn die Menschen auf dem Planeten sterben?

S: Nein, das Gehirn des Planeten würde gemeinschaftlich mit anderen intelligenten Wesen zusammenarbeiten, und dies schließt alle Tiere, Pflanzen, Steine und andere lebendigen Dinge mit ein. Wenn es keine Tiere oder Pflanzen gibt, die einspringen können, um den physischen Zustand des Planeten zu verändern, wird der Planet keine Notwendigkeit darin sehen, ein solche symbiotische Beziehung auszuüben. Er wird dann einfach zulassen, dass ein mehr natürlicher, ungesteuerter Ablauf stattfinden kann.

KAPITEL ACHT

ALLES IST BEWUSSTSEIN

Dieser ungewöhnliche Fall erinnerte mich an die „mechanische Person" im ersten Buch aus dieser Reihe, wo die Frau sich im Körper eines roboterhaften, mechanischen Wesens wiederfand. Es war ein sehr frustrierendes Leben, da ihre Erbauer nicht realisierten, dass sie ein bewussteres Wesen war, als sie annahmen. Sie war nicht einfach nur mechanisch, sondern hatte auch Emotionen und Gefühle, obwohl sie diese nicht äußern konnte. Als man sie aus Metall schuf, merkte man nicht, dass man dabei versehentlich auch einen kleinen Funken Leben in sie hineingegeben hatte, der ihr Bewußtsein verlieh. Es war das erste Mal, dass ich so einen Fall zu Gesicht bekam. Als ich später einmal eine meine Gruppen-Rückführungen machte, sagte einer der Teilnehmer, dass er sich als ein roboterhaftes Wesen sah. Er „starb", als man ihn irgendwann auseinander baute. Dieser Fall hier ist so so ähnlich und zeigt mir erneut, immer das Unerwartete zu erwarten und dass man in dieser Arbeit niemals etwas als selbstverständlich ansehen kann.

Tina kam im Mai 2006 in meine Praxis. Sie war zunächst klinische Therapeutin und gab nun medizinische Massagen. Der Grund für ihren Besuch waren hauptsächlich persönliche Beziehungen. Aber die Sitzung verlief in eine völlig andere Richtung und war überhaupt nicht das, was wir erwartet hatten. Das machte erneut deutlich, dass wir diesen Ablauf nicht kontrollieren.

Als sie von der Wolke kam, beschrieb sie so ungewöhnliche Dinge, dass sie kaum Worte dafür fand. Als sie eine große, ovalförmige, weiße Struktur sah, wusste sie, dass sie keinesfalls auf der Erde sein konnte. Aus der Ferne betrachtet war sie größer als ein Fußballfeld. Sie konnte nicht erkennen, woraus das Material gemacht war: „Vielleicht Metall, vielleicht Plastik, oder etwas glattes". Dann sah sie einen Eingang, der lediglich eine Öffnung war und in die eine Rampe hineinführte.

T: Ich schwebe einfach hinein. Und ich sehe da drinnen etwas, das wie eine Stadt aussieht. Ich verstehe noch nicht, was ich genau sehe, aber da sind viele kleine Kreaturen. Sie sehen fast wie kleine Ameisen aus, sehr emsig. Es scheint, dass jeder – ich zögere, sie Menschen zu nennen – ein Ziel verfolgt, sie sind sehr arbeitsam. Außen sieht dieser Ort heiter und wie in einem Traum aus, einfach eine große, weite, weiße Fläche. Innen ist es dunkler und nicht das, womit ich gerechnet habe. Es ist sehr groß. Und es geht, so vermute ich, tief in den Untergrund und vielleicht auch noch nach oben. Diese Kreaturen sind intensiv damit beschäftigt, etwas zu tun – sie scheinen Dinge zu bauen. Es gibt offenbar viele Ebenen, die aufeinander geschichtet sind. Das Wort „Stadt" fällt mir ein, aber es ist nicht wirklich eine Stadt. Das Ganze hat verschieden Räume, beinahe wie unterschiedliche Sektoren. Es ist so, als schaute man in ein aufgeschnittenes, offenes Puppenhaus, man kann jeden Raum sehen. Ich war sehr ängstlich, herzukommen. Ich mag es hier nicht. Ich glaube, dass diese Kreaturen lebendig sind, aber sie scheinen roboterhaft insofern zu sein, dass sie offenbar keine Wahl haben. Als ob sie bei allem, was sie tun, ein Programm abläuft. Niemand schaut auf oder spricht oder ist freundlich. Es scheint mehr wie ... was wollte ich sagen? Mehr technisch als mechanisch. Aber sie sind alle sehr fleißig und lassen sich durch nichts von ihrem Tun ablenken. Sie sind sehr zielgerichtet.
D: *Ist es das, was dich gestört hat?*
T: Ja, es scheint dort nicht besonders angenehm oder freudvoll zu sein. Alles erscheint unwirtlich. Diese Kreaturen arbeiten alle sehr dicht zusammen, einige von ihnen sind wie gestapelt und stehen übereinander. Es gibt keinen Respekt. Es gibt keine Individualität.

Sie beschrieb, das die Hände der Kreaturen Fühler anstatt Finger hatten. Sie benutzen sie, um kleine Knöpfe zu drücken, kleine Lampen an schmalen Boxen. Sie konnten die Fühler sehr schnell bewegen, so, als ob jemand tippt oder Klavier spielt, nur dass sie das Gleiche mit kleinen Lichtboxen machten.

T: Wenn sie tippen, passiert etwas mit den schmalen Boxen. Etwas, dass sich weit außerhalb dieser Struktur ereignet. Ich weiß nicht, ob das hier ein Gebäude auf dem Boden ist, oder ob es ein Raumschiff sein könnte. Es ist sehr, sehr groß. Ich habe das Gefühl, dass sie sehr viele Dinge kontrollieren. Fast, als ob es Neuronen in einem großen Gehirn sind. Und indem sie diese kleinen Boxen bedienen, passiert etwas außerhalb dieser Struktur. Ich weiß nicht, ob sie Individuen sind oder ob es ein Gruppenbewusstsein gibt oder ob sie Teile eines ganzen sind. Oder ob sie mechanisch sind.

Ich fragte nach einer Beschreibung der Körper dieser seltsamen Kreaturen.

T: Sie haben Augen, aber sie führen diese Tätigkeit mehr durch Berührung aus. Es ist eine Routine-Arbeit. (dann eine plötzliche, schockierende Erkenntnis) Während ich das sage, fühlte ich, dass ich ... eine von ihnen bin. (sie fing zu weinen an) Und ich mag es nicht.

Als sie das sagte, wurde sie unerwartet zu einer von ihnen. Sie trat in einen der Körper ein, der so war wie jene, die sie zuvor beschrieben hatte.

T: (traurig) Es ist einfach keine besonders glückliche Existenz. Ich fühle, dass ich nicht wirklich eine Wahl habe und es ist einfach – nicht sehr lustig. Es ist eine Schinderei. Was erreichen wir eigentlich? Ach du je! Wir haben *keinerlei* Wahl und wir tun nicht anderes. Es ist wirklich eigenartig, denn wir sind auf eine Art lebendig. Aber wir – zumindest *ich* – mag nicht, was wir da tun. Ich werde einfach gezwungen, damit weiterzumachen. Und ich weiß nicht, wie lange ich das schon gemacht habe, aber es erscheint wie eine Ewigkeit. Es scheint endlos weiterzugehen, dass hier drin bin und das hier tue.
D: *Fühlt sich dein Körper mechanisch an oder eher, als ob er aus einer Substanz gemacht ist?*
T: Er fühlt sich hart und kross an, als ob ich eine Schale habe. Ich habe, glaube ich, Beine, aber fühlt sich so an, dass ich mehr nach vorne angetrieben werde, als dass ich laufe. Ich

schwebe oder rutsche entlang, aber ich bewege meine Beine nicht. Ich fühle, dass ich etwas Mechanisches bin, oder ähnlich wie ein Käfer, oder ich dazu gezüchtet wurde und mache es einfach. Und ich weiß nicht, woher ich komme und ich weiß nicht, wann das hier enden wird. Und ich weiß nicht, wie ich entstanden bin. Ich glaube nicht, dass es irgend jemanden hier interessiert oder dass er es versteht. Ich glaube, dass wer immer oder was immer die Kontrolle über mich hat, gar nicht versteht, dass es bei mir ein Empfindungsvermögen gibt. Da ist ein großer Mangel an Gefühl. Dass ich als eine Kreatur oder ein Ding angesehen werde und es ist gänzlich unbekannt, dass ich ein Bewusstsein habe.

D: *Weißt du, warum du diese Wiederholungen ausführst?*

T: Ich habe das Gefühl, dass ich einige Wesen oder irgendetwas am Leben erhalte. Dass wir im Hintergrund arbeiten, wie eine Energie, die irgendwie eine Welt da draußen durch unsere Bewegung in Gang hält. Und ich glaube nicht, dass die Welt, die wir aufrechterhalten, dieselbe ist, die uns erschaffen hat. Es gibt da etwas über und weiter weg von uns, das nicht versteht, dass wir wissen, was wir wissen. Und das nicht versteht oder es nicht kümmert, dass *das hier keinen Spaß macht.* Ich glaube, ich arbeite im Schichtdienst und wenn ich weggehe, wird an mir gearbeitet. Ich gehe woanders hin und werde deaktiviert und vielleicht gereinigt und überholt. Und ich glaube, dass ich in den Schlafmodus gehe, mich schlafen lege.

D: *Kannst du erkennen, was das für ein Ort ist?*

T: Auf einem andern Level, in einer Art Kapsel oder Raum oder wie auch immer das genannt wird. Und ich schlüpfe in eine kleine Vorrichtung, so, als ob ich an einem Ort andocke. So wie man einen Rasierer oder etwas Ähnliches wieder auflädt. Ich gehe an diesen Ort und docke an und werde deaktiviert. Ich verliere meine Kraft. Mein Bewusstsein. Und etwas passiert mit mir. So als ab ich gereinigt oder wieder aufgeladen werde - ich weiß nicht genau, was geschieht. Aber ich docke dort an und verschwinde dann irgendwie. Und dann ist das nächste, was ich bemerke, dass diese kleine Vorrichtung mich wieder ausspuckt. Und ich kehre zurück und fange mit der gleichen Arbeit von vorne an.

D: *Das ist also die einzige Pause, die du davon bekommst.*

Ansonsten geht es nahtlos weiter?
T: Sieht ganz danach aus. Und es ist keine wirkliche Pause, denn ich bekomme ja nichts davon mit.
D: Nimmst du irgendeine Substanz zu dir, um dich am Leben zu erhalten?
T: Wenn, dann bekomme ich sie an der Dockingstation und ich weiß nicht, was es ist. Das ist vielleicht etwas in der Atmosphäre, was dorthin gesprüht wird oder da drinnen ist und was mich aufrecht erhält. Und ich weiß nicht, ob es mich gesund erhält oder energetisiert oder mich am Laufen hält, ob es mein Treibstoff ist. Ich weiß es nicht. Aber je länger ich dort bin, umso mehr fühle ich, dass ich als etwas Mechanisches betrachtet werde, als ein Stück von einer Maschine. Ich habe Bewusstsein. Aber ich glaube nicht, dass ich mit den anderen Maschinen oder Robotern oder Wesen oder was immer wir sind, kommunizieren kann. Es ist wirklich seltsam. Es ist, als ob irgendwie ein Bewusstsein kreiert worden ist und sie wissen nicht, dass wir es besitzen. Es würde denjenigen, die uns erschaffen haben, nie in den Sinn kommen. Ich kann nur vermuten, dass diese anderen Wesen das Gleiche fühlen, aber wir können nicht kommunizieren. Ich fühle mich, als ob ich total in mir eingeschlossen bin. Ich mache das alles, weil ich keine Wahl habe. Und ich habe das Gefühl, dass es eine Art Hölle ist. Ich weiß, es gibt darin eine Bedeutung, aber für mich persönlich ist es bedeutungslos. Reine Wiederholung. Und ich bin hier eingeschlossen und kann nicht kommunizieren. *Ich kann nicht kommunizieren.* Es ist hoffnungslos! Es ist hoffnungslos! Ich bin total in der Hülle einer Maschine eingeschlossen, die diese Arbeit verrichtet.

Ich dachte, es wäre an der Zeit herauszufinden, wie alles begann. Wie diese Seele in diese unglückliche Situation geraten war. „Wir können uns zurückbewegen, weil wir die Zeit manipulieren können. Du kannst herausfinden, wie das hier entstanden ist und wer es getan hat. Geh zurück zu dem Punkt, als du zuerst dort hineingekommen bist."

T: Sie wissen es also! Ich mag es nicht, weil sie es wissen! Ich kenne den Grund nicht, aber ich weiß, dass es ein mechanisches Ding oder ein synthetisches Ding ist. Es ist etwas künstlich geschaffenes. Es ist nichts, das natürlich gewachsen ist. Es ist ein Bewusstsein, dass vereinigt wurde - und sie sind sich dessen bewusst. Es scheint, als ob mein Bewusstsein dort platziert wurde. Als ob es dort hineingezaubert wurde ... in dieses Ding hineingeblasen wurde. Und ich bin hineingesetzt worden und sie wissen es.

Es war genau der gleiche Prozess, der in „Die mechanische Person" in Buch 1 beschrieben wurde. Ein kleines Stück Bewusstsein wurde in den Roboter geblasen und damit wurde er aktiviert.

D: Was war dein Bewusstsein vor dieser Erfahrung?
T: Ich bin ein kleines organisches Wesen. Ich bin nicht sicher, was es genau ist, aber da ist dieser kleine runde Ball, der eher organisch zu sein scheint. Ich sehe ein Fließband, wo der Ball aus einer Richtung dieses Fließbandes kommt. Und diese kleinen Roboter-Dinger kommen aus einer anderen Richtung. Und es gibt einen Ort, wo man als Bewusstsein dort hinein injiziert wird.
D: Und du hast dich als Bewusstsein in diesem kleinen Ball befunden?
T: Ja, ja, ja. Ich war da drin. Und irgendwie hat jemand oder etwas – das wurde mir noch nicht gezeigt – uns gezüchtet. Und hat dieses kleine Bewusstsein erschaffen und uns dann in diese Roboter verfrachtet. Es gibt ein Bewusstsein, das ... gezüchtet wurde. Ich verwende das Beispiel eines Retortenbabys.
D: Dann können diese kleinen mechanischen Dinger nicht ohne diesen Funken, diesen kleinen Teil von Bewusstsein, funktionieren, oder?
T: Richtig. Und deshalb sind wir gezüchtet worden, um diese kleine Maschine zu bewohnen. Es ist nicht besonders gut, eines dieser Dinger zu sein.
D: Ich nehme an, dass dieser jemand, oder wer immer das erfunden hat, nicht darüber nachdenkt.
T: Ich glaube, dass sie sich selbst erzählen, egal ob sie sich dessen bewusst sind oder nicht, dass es sowieso kein ausreichendes Empfindungsvermögen da drinnen geben kann, da wir ja gezüchtet wurden. Aber meine Erfahrung ist, dass es die absolute Quälerei bedeutet. Es ist wirklich

seltsam. Wenn man da hinten mit all diesen kleinen runden Dingern auf diesem Förderband zusammen ist, gibt es da nicht dieses Gefühl von Hoffnungslosigkeit und Schinderei. Diesen kleinen Bällchen geht es gut. Die kleinen Bälle sind einfach da. Aber das ändert sich, wenn sie in dieses mechanische Ding kommen. Wenn man in diese große, gigantische Fabrik, Stadt oder dieses Kontrollzentrum hinausgeht – was immer es auch ist. Es gibt Ebenen um Ebenen, Räume und Räume und noch mehr Räume. Es gibt hunderte und tausende dieser kleinen Wesen, die diese Boxen bedienen. Als ich dort hinein schwebte, nahm ich ein Gefühl von Hoffnungslosigkeit und Trauer wahr.

D: Sehen wir mal, ob wir herausfinden können, wer das alles verantwortet. Diejenigen, die alles diese Dinge ursprünglich erschaffen haben

T: Ich schwebe jetzt zurück. Und ich sehe einige Wesen, die ziemlich groß sind. Sie sind viel fließender und weicher in ihrer Form. Mehr aus Licht gemacht oder aus einer anderen Substanz als unsere physische Substanz. Und sie erschaffen Dinge (sie zu sehen, löste bei Tina jetzt eine körperliche Reaktion aus). Oh! Es ist sehr ermüdend ... sie anzusehen. Ich muss einatmen (Sie atmete tief ein). Sie sind in der Lage, Dinge zu manifestieren ... Dinge in ihre Existenz zu *denken*.

D: Warum ist es ermüdend, sie zu beobachten?

T: Ich glaube, sie sind nicht sehr nett. Sie sind nicht bösartig, aber sie haben keinerlei Mitgefühl. Sie sind sehr groß und sehr mächtig. Und sie haben – nehme ich an – eine bestimmte geistige Fähigkeit.

D: Sind es physische Wesen?

T: Sie sind physisch, aber von einer feineren Struktur als das, was ich als physisch kenne. Sie haben eine Art körperloser Lichtstruktur und haben sehr große, dunkle, runde Augen. Etwas anderes kann ich nicht erkennen. Ich sehe keine Hände. Ich sehe keine Füße. Es ist nicht Caspar, der Geist, aber es ist ein ähnliches, weißes Ding wie er. Sehr groß, ungefähr sieben Meter, mit diesen riesigen Augen. Und sie müssen nichts tun (es war schwierig, zu erklären). Wir helfen dabei, etwas abzubauen oder etwas zu erhalten. Wir bewirken das mittels der Fernbedienung. Und was ich dabei nicht mag ist, dass wir nur erschaffen wurden, um ihnen zu dienen. Das ist interessant. Körperlich sind sie uns weit

voraus, aber es gibt irgendeine Abhängigkeit oder ein Bedürfnis, das mit der physischen Welt zusammenhängt. Und sie erschaffen uns, um eine Schnittstelle zur physischen Welt zu kreieren und um etwas in der physischen Welt zu bewirken. Es gibt von ihnen längst nicht so viele wie von uns. Wir erschaffen nichts. Sie erschaffen uns und wir beschaffen Dinge für sie - etwas, dass sie entweder selbst verwenden oder dass sie gegen etwas eintauschen, dass sie brauchen. Und es ist ermüdend und erschöpfend, da das Ganze unerbittlich ist (sie fing an, zu weinen). Dass ich keine Wahl habe, als mit dieser ermüdenden Tätigkeit Tag für Tag weiterzumachen. Es ist für sie, aber es kümmert sie nicht. Und ich weiß nicht, ob es ein Ende geben wird (ihre Stimme war jetzt voller Verzweiflung). Ich vermute, dass wir eines Tages alt werden und sterben. Und ich weiß nicht, was dann mit uns geschieht, aber wir machen es viel länger, als wir eigentlich wollen (sie weinte jetzt noch stärker). Es ist die totale Versklavung. *Total,* denn es gibt keine Wahl und keine Hoffnung. Und keine Dankbarkeit, da ihnen nicht einmal klar ist, dass wir etwas fühlen. Und selbst wenn sie es wüssten, wäre es ihnen, vermute ich, egal. Wir erfüllen ihr Anforderung fortlaufend, fortlaufend. Was dabei erstaunlich ist: Diese Wesen haben im gesamten Universum und bei verschiedenen Planeten einen unglaublichen Einfluss. Sie bekommen, was sie wollen. Sie sind in ihrer Kälte angsteinflößend. Es gibt keinen Respekt für andere, nur für sie selbst. Es ist nicht so, dass sie bewusst böse sind. Sie sind einfach nur ahnungslos. Sie sind einfach absolut mit sich beschäftigt und kümmern sich ausschließlich um sich selbst.
D: *Sehr ich-bezogen*
T: Vollkommen.

Sie war nun endlich in der Lage, teilweise zu verstehen, was ihre Aufgabe in dieser seltsamen Umgebung war. Die kleinen Boxen dienten dazu, Maschinen auf diesem Planeten mittels einer Fernbedienung zu kontrollieren. Es handelte sich um eine Art Bergbau. Kleinere unbemannte Raumschiffe oder Transporter konnten zu anderen Welten fliegen und Behälter mit einer abgebauten gelben Substanz, einem Puder, füllen, die dann woanders abgeworfen wurden. Das Puder wurde als Treibstoff für verschiedene Zwecke verwendet. Die größeren Wesen konnten sich auch irgendwo anders aufhalten, denn ihre Aufgabe bestand darin, die kleinen Roboter zu erschaffen, damit die Bergbaumaschinen überall eingesetzt werden konnten. Es spielte keine Rolle, solange alle ihre Arbeit erledigten.

Ich entschied, dass es an der Zeit war, sie von dieser Szene zu einem wichtigen Tag in diesem Leben vorwärts zu bringen – falls es in einem solchen Leben von sich wiederholender Fronarbeit einen derartigen Tag überhaupt geben sollte. Als sie die Szene vor sich sah, weinte sie, aber es waren Tränen der Erleichterung, nicht der Verzweiflung.

T: Es ist mein Todestag. Und ich bin so froh, hier endlich rauszukommen. Ich verschwinde einfach. Und ich verlasse ihn. *Ich verlasse ihn.* Ich verlasse den Roboter *und das tut so gut* (weint). Mein Gott, es tut so gut, da rauszukommen!

D: *Woran ist der Roboter gestorben?*

T: Es passierte etwas in meinem Bewusstsein und ich habe mich einfach aufgelöst. Ich weiß nicht wie oder warum, aber ich wurde von dem zusammengehalten, was den kleinen Ball antrieb. Und ich vermute, dass darin mein Tod lag. Etwas löste sich auf, so dass es nicht länger zusammengehalten werden konnte. Wie die Spannung bei einer Blase. Irgendwann zerplatzt dann diese Blase.

D: *Kannst du sehen, ob etwas mit deinem Körper passiert?*

T: Ich bin verdunstet. Der Roboter ist geblieben und hat seine Kraft verloren. Er war entweder gerade in seiner Dockingstation oder hat gearbeitet. Das kleine Roboterwesen krümmte sich etwas. Es wurde deaktiviert. Und ich löste mich in derart kleine Teile auf, dass ich durch die Moleküle des Roboters passte. Was immer mich auch zusammenhielt, hielt mich nicht mehr zusammen. Es war wie ein Fingerschnippsen. Ich löste ich mich augenblicklich auf. Und dann schwebte ich hinauf und verließ ihn. Es war unbeschreiblich. Das war der einzige gute Tag in meinem Leben. Da rauszukommen. Es war schlimm! Es war wirklich schlimm! Ich schwebe jetzt davon. Ich will da nicht bleiben. Und alles wird zunehmend kleiner ... verschwindet in der Distanz.

Es schien, als konnte sie nicht schnell genug dort wegkommen. Sie wollte so viel Distanz wie irgendwie möglich zwischen diese Wesen und ihren Geist bringen.

D: Warum hattest du dich ursprünglich dazu entschieden, diese Erfahrung zu machen? Von dort, wo du dich jetzt befindest, kannst du sehen, warum du diese Art von Leben gewählt hast. Ich werde dich nicht dorthin zurückbringen, denn es genügt, wenn wir es beobachten.
T: (ein Schock) Ich war einmal eines dieser riesigen Wesen! Und ich vermute, ich sollte erfahren, welche Auswirkungen ich verursache. (sie machte eine Pause, um Atem zu holen und um diese neue Entwicklung zu verarbeiten) Ich war auf der anderen Seite. Jetzt habe ich das Wissen, dass ich brauchte, um die Auswirkungen meiner Handlungen einschätzen zu können. Denn diese gigantischen Wesen haben eine weitreichende Wirkung. Sie sind riesig und haben einen großen Einfluss und trotzdem verstehen sie nicht, wie enorm das Ausmaß ihres Einflusses tatsächlich ist. Ich hatte viele andere Erfahrungen, nicht nur als Roboter, aber auch in anderen Lebensformen, die unter dem Einfluss dieser riesigen, grauen Wesen standen. Ich hatte ein langes Leben als eines dieser Wesen, ohne zu begreifen, worin meine Verantwortung liegt. Ich war sehr kalt und egoistisch und habe meine Wirkung nicht verstanden. Und danach war es an der Zeit zu erfahren, was diese Handlungen für Auswirkungen haben, denn so darf man nicht agieren. Es geht um Ursache und Wirkung. Man kann nichts tun, ohne das es einen Effekt hat. Und so musste ich diese Auswirkungen erfahren. Musste verstehen, wie das ist. Was ich getan habe.

Das Gesetz von Karma, von Ursache und Wirkung, ist also kein rein menschliches Konzept, das nur auf der Erde existiert. Es reicht viel weiter. Es ist ein Gesetz, das alle Planeten und Universen betrifft. Es betrifft auch Wesen von solchem Einfluss, wie wir ihn uns lediglich vorstellen oder ihn vermuten können. Nichts und Niemand ist davon ausgenommen. Wie man in den Wald hineinruft, so schallt es heraus. Man muss erfahren, wie es ist auf der anderen Seite ist, dessen zu sein, was man kreiert hat und was man einem anderen Wesen als Erfahrung zugemutet hat. Darüber gilt es intensiv nachzudenken. Wenn wir dieses Gesetz tatsächlich tief in uns verinnerlichen würden – wie viel besser und humaner wäre dann diese Welt. Wenn wir das nur verstehen würden, gäbe es keine harten Verurteilungen anderer und keine Vorurteile mehr. Denn wir wüssten ja, dass, wenn wir zu harsch urteilten, wir genau als das zurückkehren müssten, was wir zuvor mit Vorurteilen selbst bedacht und abgelehnt haben. Wie sonst könnten wir diese Lektion lernen? Wir müssen beide Seiten der Medaille kennen lernen. Wenn dieses Gesetz tatsächlich anerkannt und umgesetzt werden würde, gäbe es keine Kriege und keine Gewalt mehr und der Himmel auf Erden würde Realität.

T: Es bedarf für sie keiner Anstrengung, es zu tun. Sie erschaffen einfach, ohne zu überlegen. Sie tun es, ohne darüber nachzudenken, ob es positiv oder negativ ist. Tun einfach nur das, was ihnen in den Sinn kommt. Was immer sie wollen, was immer ihnen dient. Es ist beinahe so, als würden sie das Universum verschmutzen. Sie erschaffen Müll und kommen nicht auf die Idee, dass sie es tun. Sie machen einfach, was immer sie wollen, ohne auch nur einen Gedanken an die Konsequenzen zu verschwenden.

D: *Es war ihnen nicht klar, dass die anderen Dinge, die sie erschaffen haben, Leben oder Bewusstsein besitzen.*

T: Wenn man dieses große Wesen ist, ist man so in sich gefangen, dass da kein Platz für Bewusstsein bleibt. Man sollte sie nicht zu sehr verurteilen, nicht, weil sie nichts Schlechtes tun, sondern weil sie es nicht anders kennen. Das ist alles, was sie können. Sie sind so in sich gefangen, dass sie kein Bewusstsein für die Wirkung haben, die sie anrichten. Es ist ihnen, glaube ich, niemals in den Sinn gekommen.

Und trotzdem muss das Karma zurückgezahlt werden.

D: *Wie hast du dieses Leben als großes Wesen verlassen können, um als Bewusstsein in den kleinen Roboter zu schlüpfen?*

T: Wenn man ein so ein riesiges Wesen ist, hat man eine viel größere Bewusstseinskontrolle. Ich entschied, dass ich genug davon hatte, eines der großen Wesen zu sein. So, als ob ich dessen müde wurde. Also verließ ich es. Man entscheidet sich dafür, es zu tun und dann ist es irgendwann vorbei. Aber dann geht man an einen anderen Ort, um festzulegen, was man als Nächstes tun wird.

D: *Hat dich jemand dabei beraten?*

T: Es war eine Art Gruppenentscheidung. Ich ging hinüber und habe mich mit einer Gruppe bestehend aus anderen Bewusstseinen darüber unterhalten. Und dann habe ich entschieden, wo ich danach hingehe.

D: *Also wolltest du die Erfahrung machen, wie es ist, auf der anderen Seite zu stehen, aber das war nicht gerade spaßig.*

T: Nein. Die ganze Sache ist ziemlich bizarr. Weil man nichts anderes weiß, außer das, was man kennt während man sich gerade in einer bestimmten Inkarnation befindet, welche auch immer das ist. Ich weiß noch nicht einmal, wie ich diese hier nennen soll. Dann beendet man sie und geht woanders hin und schaut sie sich an. Es gibt eine Diskussion, aber sie läuft beinahe automatisch ab. Das geht ungefähr so: Du hast das getan und jenes getan, also ist sich jeder einig. Dann macht man die nächste Sache. Es ist nicht so, dass es keine Wahl gibt, aber es gibt da eine absolute Klarheit auf der anderen Seite. An diesem Ort dazwischen. Alles besitzt eine solche Weite und ist so klar. Und dann ergibt es so viel Sinn, woanders hinzugehen und dann, bumm, geht man *woanders* hin. Im Vergleich zu diesem Ort der Klarheit ist alles viel beengter, weil man nicht mehr das gleiche Wissen wie zuvor hat. Es verblasst langsam.

D: *In Ordnung. Laß' uns zurückgehen zu dem Moment, als du endlich dort herausgekommen bist und du langsam davon gleitest.*

T: Nachdem ich das Dasein des kleinen Roboters beendet habe?

D: *Ja. Nachdem du ihn verlassen hast.*

T: Ich bin dort weg geschwebt. Erst ganz langsam. Je weiter ich von dem Ort entfernt war - was immer er auch war - umso schneller ging es. Ich schien mich schneller und schneller und schneller und schneller von dort wegzubewegen, bis es ganz automatisch verlief. Beinahe so, also würde ich durch einen Vakuum-Schlauch oder etwas ähnlichem gezogen. Und ich ging an diesen Zwischenort zurück. Vielleicht sage ich zu viel und ziehe aus dieser einen Erfahrung zu viele Schlüsse, aber es scheint so, als ginge man dahin vor und zurück. Von: in-etwas-zu-sein zu: außerhalb-etwas-zu sein und dann wieder zurück zu etwas-zu-sein. Ich werde also erneut durch dieses Vakuum an jenen Ort gezogen, wo es eine Gruppenentscheidung gibt.

D: *Aber wenn du dir diese Erfahrung anschaust – hast du etwas daraus gelernt? Worin lag der Sinn?*

T: Ich denke, ich habe gelernt, nett zu sein. Man muss sich verantwortlich verhalten. Ich habe das nur zu gut gelernt. Und ich sehe, dass es so schrecklich war, dieses kleine Ding zu sein, dass ich ein paar Leben lang aussetzen musste. Ich habe dort gelernt, dass man für seine Aktion sämtliche Verantwortung übernehmen muss. Das Handlungen unglaubliche Folgen nach sich ziehen können. Aber die andere Erkenntnis, von der ich in diesem Leben nur einen kleinen Schimmer hatte, ist, dass es da viel mehr Bewusstsein in allem und überall gibt. Tina versteht es nun immer öfter und es liegen Lehren darin verborgen. Obwohl ich sehen kann, dass das Bewusstsein mechanisch in diesen Roboter installiert wurde, lehrt mich dieser Roboter etwas. Es ist wie mit Neonbuchstaben auf meine Stirn geschrieben: Alles besitzt Bewusstsein. *Alles besitzt Bewusstsein.* Und was ich als Tina aus dieser Erfahrung mitnehmen soll, ist zu verstehen und nicht zu vergessen, dass alles Bewusstsein hat. Dass diese Decke, dieses Mikrofon, dieses Bett - das alles ein Bewusstsein hat (sie nahm einen tiefen Atemzug).

D: *Wir nehmen meist an, dass irgendein Material, das angefertigt wurde, so etwas nicht haben kann.*

T: Aber das tut es. Und wenn Tina etwas aus dieser Erfahrung mitnehmen soll ist eines der wichtigsten Dinge *nicht zu vergessen*, dass alles Bewusstsein besitzt. Sie kann anderen Menschen dabei helfen, sich daran zu erinnern. Aber ganz einfach geht es für sie auch darum, Bewusstsein in absolut allem zu ehren. Das ist vorrangig für sie. Es gibt hier nicht die große Frage: „Was ist der Sinn ihres Lebens"? Das ist es nicht. Aber für ihre restliche Zeit auf diesem Planeten Erde geht es darum, in so großer Harmonie wie möglich zu leben, indem sie versteht, respektiert und anerkennt, dass Bewusstsein in allem existiert. In vergangenen Zeiten wussten das die Menschen noch: in ihrem täglichen Leben respektierten sie das Bewusstsein des Feuers, das Bewusstsein des Kessels und das Bewusstsein der Nahrung, die man zu sich nimmt. Bewusstsein steckt in allen Dingen. In absolut allem! Es gibt Bewusstsein in jedem belebten und unbelebten Ding in diesem Universum, in dieser Realität und in jeder anderen Realität. Die Basis ist Bewusstsein.

D: Heißt das, das wir all diese Dinge erfahren müssen?

T: Wir müssen nicht *alle* diese Dinge erfahren, obwohl wir viele davon erfahren. Es ist überall. Aber für Tina geht es in diesem Leben darum, jenes Bewusstsein in dieser sehr realen physischen Welt zu respektieren und anzuerkennen. Es ist für sie nicht unbedingt notwendig, in Kontakt mit anderen vergangenen Leben oder Realitäten zu sein. Diese sind alle da. Sie hatte alle diese vielfältigen und vielfachen Erfahrungen und wird diese haben, wenn wir die Zeit als einen Faktor berücksichtigen möchten. Aber es spielt keine Rolle. Sie ist alles davon. Wir alle sind es. Diese Unterschiede sind marginal, sie sind unbedeutend. Alle diese Wesen, diese Realitäten, sind recht klein. Es sind Erhebungen auf der Oberfläche. Sie sind wie Farbschattierungen. Sie sind unbedeutend.

D: Aber du kennst unsere Neugierde. Wir möchten von den Erfahrungen wissen, die wir hatten.

T: Das ist normal. Und es ist in Ordnung. Es ist gut für Tina, dass sie sich diese jetzt angeschaut hat. Um in Harmonie zu sein, muss sie anerkennen, dass Bewusstsein alles Sein durchdringt. Es ist das Bewusstsein, dass die Substanz bildet, die einzige Substanz. Und die Freude in ihrem Leben, die Harmonie in ihrem Leben, entsteht nicht dadurch, dass sie etwas bestimmtes tut, etwas bestimmtes weiß oder sich auf eine bestimmte Art verhält. Sie ensteht einfach durch die Anerkennung, dass Bewusstsein die Substanz von allem ist. Und in diesem Leben als kleines Roboterwesen war das qualvollste, das schwierigste zu ertragen – und zwar noch jenseits der Einsamkeit – der Mangel an Respekt und an Anerkennung. Nicht als Bewusstsein wahrgenommen zu werden. Und so ist es ihre Berufung, wenn man es so nennen will, anzuerkennen, dass es Bewusstsein überall gibt. Zu erlauben, dass das ein wissentlicher Gedanke in ihr ist.

D: In der Arbeit, die ich bisher getan habe ist vieles von dem, was du beschreibst, als Natur der Elementarwesen bezeichnet worden. Im Unterschied zum Bewusstsein, das in Pflanzen, Tieren und Menschen existiert. Als reine Energie.

T: Man kann sie als Elementare bezeichnen. Als grundlegende Energie. Vielleicht sprechen wir von derselben Sache. Wenn man sich ein Elementar anschaut, kann man darin diese grundlegende Qualität erkennen. Aber wenn wir normalerweise von Elementen sprechen, sprechen wir von der Natur. Und wir sprechen von einer organischen Substanz. Aber sehen wir uns das mal an und schauen, was wir mit diesem Planeten gemacht haben. Wir sind in diesem technologischen Wettlauf. Was wir beachten müssen ist, dass Technologie Bewusstsein besitzt. Dinge, die hergestellt werden, haben Bewusstsein. Ein Starbucks-Kaffee besitzt Bewusstsein. Alles hat seinen Platz, aber es geht darum, das Elementare anzuerkennen, das Bewusstsein, das Leben darin anzuerkennen. Es ist nichts falsch daran, den Kaffee zu trinken, aber erkenne sein Bewusstsein an und bedanke dich dafür, dass es ihn gibt und dass er zur Verfügung steht. Das Haus zu ehren, das uns Schutz gibt. Das Bett zu schätzen, das uns trägt. Anzuerkennen, dass es, auf einer ganz eigenen Ebene, da ein Bewusstsein gibt. Auf eine eigene Art und nicht in der Art, wie wir normalerweise über etwas sprechen, das lebendig ist. Aber es wird zum Leben erweckt. Dass wir, auf unsere eigene Weise auf dem Planeten Erde – genauso wie es die riesenhaften Wesen taten – alle möglichen Dinge kreieren. Wir stellen Dinge her. Wir machen Schmuck und bauen Nahrung an. Wir stellen Radios, Flugzeuge und Autos her. Anzuerkennen, dass sie ihr eigenes kollektives Bewusstsein und ihr eigenes individuelles Bewusstsein haben, wenn wir sie einmal erschaffen haben. Dass sie ein gewisses Maß an Empfindungsvermögen besitzen. Dass das da ist. Und es einfach als gegeben ansehen, so, wie Tina es geschätzt hätte, in diesem anderen Leben wahrgenommen und respektiert zu werden. Auf diese Weise wird alles in Harmonie gebracht.

D: *Wahrscheinlich denke ich an menschliche Persönlichkeiten, an menschliches Bewusstsein. Bedeutet das, dass wir als menschliche Seelen – vielleicht drücke ich mich jetzt nicht richtig aus – einmal Betten, Stühle und all diese Dinge gewesen sind?*

T: Auf der untersten, grundsätzlichen Ebene ist *alles ein* Bewusstsein. Und manchmal spaltet sich davon ein Teil ab und wird zu einem Stuhl. Oder zu einem Roboter. Oder zu einem Menschen. Oder einem Engel. Es ist alles dasselbe. *Es ist alles dasselbe.* Es ist alles ein Spiel. Du bringst etwas ins Spiel ein und dann führt eins zum anderen. Und einer besitzt die Erfahrung in einer Sache und die Erfahrung in einer anderen Sache. Aber das menschliche Bewusstsein ist auf seiner grundlegendsten Ebene, auf seiner reinsten Ebene, eins.

D: *Ich habe Klienten in Leben mit zurückgenommen, wo sie Pflanzen und Tiere waren, aber ich habe nie daran gedacht, dass etwas, das hergestellt, gebaut oder erfunden wurde, dieselbe Art von Bewusstsein besitzen könnte.*

T: Aber das tut es. Aus dem Blickwinkel, von dem ich spreche, haben diese Dinge vielleicht nicht das gleiche Maß an Bewusstsein. Es scheint in einigen Dingen mehr Bewusstsein zu geben, als in anderen. Aber in allen Dingen, die auf der physischen Ebene existieren, gibt es das Element von Bewusstsein.

D: *Das ist eine ganz andere Art, die Dinge zu betrachten.*

T: Eine andere Sache, die man wissen muss, ist die Bedeutung der Schöpfung. Sich der Tatsache bewusst zu sein, dass wir ständig Dinge erschaffen, manchmal mit längerer Lebensdauer, manchmal mit einer kürzeren Lebensdauer. Innerhalb dieser Schöpfung hat jedes Wort, das wir sprechen, jede Aktion die wir auf diesem Planeten ausführen, eine Auswirkung. Und wenn wir Rituale, in die wir mit ein bestimmtes Maß an Bewusstsein hineinbringen, ausführen, hat das eine noch größere Wirkung und erschafft zusätzlich etwas in anderen Realitäten über die physischen Realitäten hinaus. Aufgrund der Intention erzeugt dies eine größere Dauerhaftigkeit oder eine größere Realität. Und wenn wir beiläufig etwas sagen, hat das ebenfalls eine Auswirkung und wir erzeugen eine Kräuselung in der Realität des physischen Bewusstseins. Je kraftvoller jemand spricht, umso größer dieses Bewusstsein. Je größer die Intention, je größer die Anzahl derer, die es tun, umso stärker kann diese Kräuselung sein und umso länger kann sie andauern. Aus diesem Grund sollte man sehr vorsichtig sein, was man sagt und tut.

D: *Sich bewusster zu sein, was man sagt und tut.*

T: Ja. Weil es einen Effekt hat. Wenn wir beiläufig sprechen, erzeugt es einen beiläufigen Effekt. Aber wenn wir mit Stärke, Emotion und Bewusstsein sprechen, ist die Intention und der Effekt wesentlich größer. Wie wir wissen, hatte jede Ursache eine Wirkung. Es ist simpel. Es passiert einfach. Es ist etwas Automatisches. Es ist die Regel des Universums. Es ist also weise, mit Achtsamkeit zu sprechen und zu agieren.

Ich bat um Erlaubnis, dieses Material in meiner Arbeit zu verwenden, da ich alles immer wie in Puzzle zusammensetze.

T: Selbstverständlich. Das ist gar kein Problem.
D: Ich nehme an, dass ich mit Tinas Unterbewusstsein gesprochen habe. So nenne ich es jedenfalls.
T: Du darfst es gerne so nennen.
D: Ich nehme an, dass ich damit gesprochen habe, denn mit dir kommuniziere ich jedes Mal.
T: Und damit liegst du richtig, Dolores. Das bin ich. Wir sind alle dieses eine.
D: Du sprichst durch jeden hindurch, mit dem ich arbeite.
T: Absolut. Und wir können verschiedene Erscheinungsformen haben. Denn auch wir tragen zeitweise eine Maske, wählen eine Haut, aber wir sind stets dasselbe. Und wir segnen dich in deiner Arbeit.

* * *

In einem anderen Fall ging eine Klientin in ein Leben zurück, dass in Atlantis oder in einer anderen, weit fortgeschrittenen Gesellschaft stattgefunden haben konnte. In meinen anderen Sitzungen mit Klienten, die über Atlantis Informationen gegeben haben, entdeckte ich, dass die Wissenschaftler dort so hochentwickelt waren, dass sie die DNA von Tieren und Menschen manipulieren konnten und auf diese Weise viele halb-Mensch/ halb-Tier Kreaturen schufen. Das war einer der Hauptgründe für die Zerstörung von Atlantis. Sie waren zu weit gegangen und hatten die Naturgesetze missachtet. Aber in diesem Fall waren sie mit ihren Experimenten sogar noch weiter gegangen – mit schrecklichen Folgen. Die Frau hatte große Schwierigkeiten zu beschreiben, was sie sah und erlebte. Es war ihr so fremd, dass sie es nicht sehen wollte. Sie war Teil einer Gruppe, die in einem Gebäude auf einer Insel isoliert war. Nach und nach wurden durch Experimente viele ihrer Organe (besonders in Oberkörper) mit Kristallen ersetzt. Es muss eine lange Zeit gedauert haben, bis sich der Körper umgestellt hatte, ohne sich damit umzubringen. Diese Leute wurden dann dazu verwendet, Energien zu generieren, um bestimmte Dinge anzutreiben. Kurz gesagt waren sie offenbar denkende und laufende Erschaffer von Elektrizität und Energie. Sie wurden eventuell auch kreiert, um als Waffen eingesetzt zu werden. All das verstörte meine Klientin sehr und sie wollte es sich nicht länger ansehen. Das war einer der Gründe, warum es so schwierig war, klare Bilder von dem zu erhalten, was passierte. Sie sah offenbar viel mehr, als sie erzählte. Ich nahm sie von der Szene weg und brachte sie zu ihrem Todestag. Was sie dort sah, war schrecklich. Etwas war beim Generieren von Energie schiefgelaufen, verursachte eine Überspannung dieser Menschen und führte dazu, dass sie explodierten. Die Kraft war so gewaltig, dass sie das Gebäude und jeden, der dort drin war, zerstörte. Als sie ihren Körper verließ, sah sie, das die Teile ihrer kristallinen Struktur zersprungen waren und sich tief in die Mauern gegraben hatten. Der Tod war schockierend, plötzlich und sehr brutal. Sie musste Zeit in dem Bereich der geistigen Welt verbringen, wo die Seelen sich regenerieren können. Es verging eine lange Zeit, bis sie wieder etwas Neues wagen konnte und als menschliches Wesen inkarnierte. Das hatte natürlich Misstrauen und Angst in ihrem derzeitigen Leben verursacht, besonders jenen gegenüber, die sich in einer Machtposition befinden.

Dies war also ein weiteres Beispiel für die Wissenschaftler in Atlantis, die die Gesetze der Natur missachteten und die Grenzen der Menschlichkeit weit überschritten haben.

* * *

Der folgende Fall ist ein weiteres Beispiel, wie tief einige Zivilisationen sinken können, wenn sie keine Achtung vor dem menschlichen Leben haben. Dieser Fall hat nicht auf der Erde stattgefunden.

Marie kam in meine Praxis, um Antworten auf persönliche familiäre Probleme zu finden. Das Unterbewusstsein zeigte ihr zwei Leben und ich konnte keine Verbindung zwischen ihnen erkennen. Aber ich unterschätze nie das Wissen, das damit verbunden ist. Das Unterbewusstsein hat immer einen Grund dafür, demjenigen genau diese(s) Leben zu zeigen. Seine Logik übersteigt bei Weitem die unsrige. Zuerst sah sie sich in einem gewöhnlichen, alltäglichen, einfachen Leben in dem nichts Besonderes passierte. Dann, als ich sie vorwärts zu etwas anderem bewegte, sagte sie, dass ihr rechter Arm wehtat. Ich weiß nie genau, wann die Klienten in ein anderes Leben eintauchen. Manchmal kommen sie am Tag ihres Todes in dieses andere Leben, manchmal wenn etwas Traumatisches passiert. Natürlich ist meine erste Pflicht dann, alle Missempfindungen zu beseitigen, damit sie sich aufgehoben fühlen und die Fragen beantworten können. Ich fragte sie, warum ihr Arm weh tat.

M: Ich weiß es nicht. Es fühlt sich so an, als wäre da Metall drin (ich war verwirrt. Sie zeigte auf ihren Unterarm). Es fühlt sich wie Metall an. Innen ... Metall ... im Arm. Wie eine Stange, dort, wo der Knochen sein sollte.
D: Wie ist sie da reingekommen?
M: Die Knochen brach. Sie haben den Knochen entfernt und eine Stange eingesetzt.
D: Wer war das?
M: Ärzte. Sie haben den Knochen mit einer Stange ersetzt. Ich weiß nicht, warum sie da ist. So sollte da eigentlich nicht sein. Warum haben sie das gemacht? (sie zeigte auf ihre beiden Arme) Hier ist eine Stange drin, da nicht.
D: Sie ist nur im rechten Arm. (Ja) *Und das verursacht den Schmerz?*
M: Ja, der Arm fühlt sich schwer an, sehr schwer. Ich weiß nicht, ob er brach oder ob er von ihnen gebrochen wurde. Irgendwie brach der Knochen und deshalb haben sie diese Stange eingesetzt.
D: Was ist mit der Schulter? Ist sie in Ordnung?
M: Oh, dieser ganze Arm fühlt sich an, also könnte er ersetzt worden sein. Er fühlt sich nicht wie der andere Arm an. Er fühlt sich künstlich an, überhaupt nicht echt.
D: Konnten sie den Arm nicht einfach von selbst heilen lassen?
M: Experimente. Sie machen Experimente.
D: Was meinst du damit?
M: Ich weiß es nicht. Ich bin nicht glücklich. Ärzte – Wissenschaftler. Von meiner Schulter abwärts. Ich will das nicht!

Ich wollte wissen, was für eine Art Körper und welches Geschlecht sie hatte, aber sie sagte, dass sie sich nicht sehen könne. Ihre ganze Konzentration galt ihrem Arm. „Arme und Beine. Überwiegend menschlich, aber nicht ganz menschlich". Ich bat sie, sich umzuschauen und mir von ihrer Umgebung zu erzählen. „Tische aus Edelstahl. Fenster ... oval. Es fühlt sich an, als läge ich auf dem Tisch und sie untersuchten meinen Arm. Sie wollen überprüfen, ob er funktioniert. Das einzige, was daran echt ist, ist das Fleisch drumherum. Deshalb ist er schwerer. Deshalb tut er weh. Ich musste den Schmerz erneut von ihr nehmen und fragte, ob sie erkennen könne, wer das machte. „Sie haben weiße Laborkittel an ... weiße Laborkittel und sie haben schwarze Haare. Ihre Gesichter sehen seltsam aus. Ihre Haare reichen bis zu einem Punkt in der Mitte ihrer Stirn. Dieser Teil sieht sehr seltsam aus. Er sieht fast unwirklich aus, vielleicht wie eine Maske". Ich fragte sie, ob sie mit ihnen kommunizieren und herausfinden konnte, was da vor sich ging. Aber sie sagte, dass sie gar nicht auf sie achten. Sie ignorierten sie einfach und hörten nicht zu. „Sie wollen nur ... den Arm. Sie sagen, dass er eine Waffe sei. Sie haben aus meinem Arm eine Waffe gemacht. Ich will das nicht."

D: Wie sollst du ihn als Waffe benutzen?
M: Um damit zu kämpfen. Ich habe etwas geschlagen und ihn verbogen. Mein Arm wurde beschädigt und sie wollen nicht, dass das passiert.
D: Und du hast ihn als Waffe benutzt?
M: Ja, zum Kämpfen. Zum Kämpfen.
D: Ist das deine Arbeit? (Ja) *Bist du Soldat?*
M: Nein, ich mache Karate.

Ich brachte sie in der Zeit etwas zurück, um ihr Leben zu sehen, bevor das passierte. „Ich hatte meinen eigenen Arm, als sie mich kidnappten. Sie haben mich gestohlen. Es war eine verlassene Gegend. Da ist keinerlei Farbe. Alles ist staubig. Es gibt flache Steine. Sehr uninteressant. Und sie kommen und nehmen mich mit. Eine Art schwebendes Gefährt. Sie saugen mich einfach herauf wie mit einem Staubsauger und dann passiert es."

D: Und dann machen sie das, was du gesehen hast? (Ja) *Und sie haben dich ausgesendet, um zu einem Kämpfer zu werden?*
M: Ja, zu einem Kämpfer. Es fühlt sich so an, als hat es in einem

Ring stattgefunden. In einem runden Ring, nicht einem rechteckigen. Ich glaube, es war ein Sport. Wettkampf. Mit anderen so wie ich, mit diesen seltsam anmutenden Armen, ein eigenartiges Gefühl. Jeder hat es entweder in dem einen oder im anderen Arm.

D: *Also befindet es sich bei einigen von ihnen in ihrem anderen Arm?*

M: Ja, damit es einen fairen Kampf gibt. Sie müssen diesen Arm wegnehmen, ich will ihn nicht! Ich mag ihn nicht!

Offenbar war der künstliche Arm beschädigt worden und sie versuchten, ihn zu reparieren. Ich bewegte sie dann nach vorn zu einem wichtigen Tag, um zu sehen, was passierte. Was sie als Nächstes beschrieb war schwer zu verstehen. Ich werde es hier zusammenfassen. Sie sah sich auf einer grauen Steinplatte sitzen und war eine Art winziger Kreatur. Die beste Art, wie sie es beschreiben konnte, war: „Eine Form von künstlichem Gebilde, wie ein Roboter. Spiegel, Ovale, Kreise, Klappen. Eine kleine Kreatur, die aus all diesen Kreisen und Ovalen besteht. Etwas mechanisches". Was also als mechanischer Arm begonnen hatte, war nun in etwas anderes weiterentwickelt worden. „Jetzt gibt es diese vollkommen künstliche Lebensform, die aus Muttern und Bolzen besteht. Das ganze Ding! Aber es ist sehr klein. Und ich fühle, dass *ich* das bin! Es kann sehen. Es hat Augen ... keine physischen Augen, aber es kann sehen.

D: *Warum haben sie dich in dieses mechanische Ding verwandelt?*

M: Ich bin nicht ganz sicher – Ein Versuch, das Fleisch loszuwerden. Und dann nehmen sie die Seele und tun sie in das hier hinein. Es ist leichter, sich um so etwas zu kümmern. Keine Krankheiten. Ich mag es nicht.
D: *Sie haben also langsam angefangen, in dem sie einzelne Teile ersetzt haben?*
M: Teile, ja.
D: *Sind sie dann schließlich beim gesamten Körper angekommen* (Ja) *Aber in ihm ist noch immer ein Funke Leben?*
M: Ja, es kann sehen. Es will, dass sich weiß, dass es sehen kann.
D: *Bist du noch immer der Krieger?*
M: Die Dinge haben sich verändert, weil es sehr klein ist. Sehr, sehr klein. Nur ein Container, worin die Seele Platz hat.

Es gelang mir nicht, herauszufinden, was der Grund dafür war, so etwas zu erschaffen. Warum hatten sie einen physischen Körper genommen und ihn auf etwas reduziert, das einem Computerteil ähnelte? Ich entschied, sie zum letzten Tag ihres Lebens als das kleine, mechanische Wesen vorwärts zu bringen. „Was passiert jetzt? Was kannst du sehen?"

M: Einen Haufen alten Schrott. Diese Typen haben vor nichts Achtung. Werfen einfach alles weg. Sie machen das ganz lässig. Sie werfen Dinge einfach weg. Stoßen sie problemlos zur Seite. Jetzt sehe ich, wie sie lachend davon gehen.
D: *Begreifen sie, dass etwas Lebendiges da drin war?*
M: Ich glaube nicht, dass sie das kümmert.

Es würde keine Möglichkeit geben, noch mehr Informationen über dieses seltsame Leben zu erhalten, also rief ich das Unterbewusstsein, um Fragen zu beantworten. „Warum hast du dieses Leben ausgesucht und hast es ihr gezeigt?"

M: Damit sie es weiß; damit sie es sehen kann.
D: *Was meinst du damit?*
M: Es spielt keine Rolle, woraus man gemacht ist, man sieht immer, man nimmt immer wahr. Es spielt keine Rolle. Fleisch und Knochen oder Schrauben und Muttern. Da ist immer Bewusstsein.
D: *Wir denken nie daran, dass etwas mechanischen lebendig sein könnte.*

M: Nein, aber so ist es.
D: Alle ist lebendig. Ist es das, was du ihr sagen möchtest?
M: Ja, Bewusstsein, Achtsamkeit. Alles lebt.

Ihr wurde mitgeteilt, dass sich dieses Leben auf einem anderen Planeten ereignet hatte, wo man mit der Erschaffung von künstlichem Leben experimentierte. Sie hatten dort gelernt, beides zu kombinieren: lebendiges mit Maschinen. Meine Klientin sollte es wissen, damit sie das Lebendige wertschätzen konnte.

Dies waren also zwei Fälle, bei dem das Unterbewusstsein versuchte, unserer Zivilisation mitzuteilen, dass *alles* lebendig ist. Das *alles* Bewusstsein besitzt. Sogar Dinge, von denen wir nie vermutet hätten, das sie Empfindungsvermögen besitzen. Natürlich habe ich mein Auto immer angesprochen, ihm einen Namen gegeben und ihm eine Persönlichkeit zugestanden. Aber diese Sitzungen haben mir die Augen dafür geöffnet, dass da noch viel mehr ist. Wir glauben, dass wir uns unserer Umgebung bewusst sind, aber offenbar haben wir noch einen langen Weg vor uns, Leben in all seinen unvorhersehbaren Formen zu schätzen. Ich hatte Sie ja gewarnt, dass meine Bücher geschrieben wurden, um Sie zum Nachdenken zu bringen!

DRITTER TEIL

HILFE VON ANDEREN WESEN

KAPITEL NEUN

DER PLANET DER BLAUEN MENSCHEN

Als Tom in die Szenerie vor sich sah, war er der Beobachter. Es war Nacht und er stand am Straßenrand irgendwo auf dem Land. Es war Vollmond der die Szene erhellte, so dass er alles deutlich sehen konnte. Als er dort stand und versuchte herauszufinden, wo er war und was passierte, sah er eine von Pferden gezogene Kutsche mit großen Rädern, die an ihm vorbeifuhr. Er nahm dann ein großes Haus wahr, dass etwas zurückgesetzt von der Straße stand. Dann hielt die Kutsche vor dem Haus, ein Passagier stieg aus und die Kutsche fuhr davon. Zuerst nahm er keinen Körper von sich wahr, sondern schien zu schweben. Dann fand er sich plötzlich im Körper jenes Mannes wieder, der aus der Kutsche ausgestiegen war. Er trug einen langen Mantel, der in das 18. Jahrhundert passte und einen Zylinder. Lange schwarze Hosen und eine Tuchkrawatte, die er um den Hals geschlungen hatte. Als er gewahr wurde, dass er einen Gehstock bei sich trug, war klar, dass er recht wohlhabend sein musste. „Ich fühle, dass ich mittleren Alters bin, an der Grenze zum Altwerden. Ich habe einen Bart, aber er ist noch nicht komplett grau. Ich gehe etwas gebückt, fühle mich aber nicht alt. In meiner anderen Hand trage ich einer dieser alten Doktortaschen."

D: *Was ist in der Tasche?*
T: Hmm! Fläschchen und andere Dinge. Ein Stethoskop, Pasten und Pulver, Röhrchen und eigene kleine Erfindungen.
D: *Was glaubst du, machst du da mitten in der Nacht?*
T: Ich glaube, ich bin an diesen Ort gekommen, um einen

Hausbesuch zu machen.

D: *Dann lebst du also nicht da.*

T: Nein, ich lebe da nicht. Die Kutsche hat mich nur hergebracht. Da ist eine ältere Dame, die Hilfe braucht. Genauer gesagt ist die ältere Dame meine Mutter, also bin ich schon mal dort gewesen. Aber ich bin dort, glaube ich, nicht aufgewachsen, obwohl ich spüre, dass die ältere Dame meine Mutter ist. Ich statte meiner Mutter einen Hausbesuch ab. Jetzt gehe ich zum Haus und trete ein. Es scheint mir wohl vertraut genug, um einfach hineinzugehen. Ich hänge meinen Hut, Mantel und Stock an die Garderobe. Dann sehe ich zuerst ich die Halle an und blicke aus irgendeinem Grund in alle Räume. Ich weiß nicht, warum ich überprüfe, ob sich dort jemand befindet, aber ich tue es. Es ist ein großes Haus. Und dann gehe ich die Treppe hinauf und betrete eines der Zimmer.

Bis hierher klang es wie eine typische Rückführung, nahm aber schnell eine überraschende Wendung. Er hielt inne und sagte mit einem erstaunten Gesichtsausdruck: „Das erscheint mir aber jetzt etwas eigenartig".

D: *Was ist eigenartig?*

T: Meine Mutter liegt dort im Bett, aber da ist noch etwas anderes im Raum. Und ich denke nicht, dass es *menschlich* ist.

D: *Wie sieht es aus?*

T: Ich kann die Umrisse nicht genau erkennen, aber es sieht nicht menschlich aus. Es hatte lange Arme und lange Beine und ist leicht gräulich. Und ich bekomme ein verwirrendes Bild. Es scheint raubtierhaft zu sein und gleichzeitig ist es das gar nicht. Ich bin nicht sicher. Es ist aber beängstigend. Ich glaube ich bin wahrscheinlich schockiert, das es irgendwie so aussieht wie ein Alien aus einem Film. Aber das könnte auch *mein* Schock sein, den gleichzeitig fühlt es sich in Ordnung an. Ich erhalte hier zwei verschiedene Eindrücke.

D: *Bemerkt deine Mutter etwas?*

T: Ich glaube, sie schläft, aber sie ist sich dessen, was vor sich geht, trotzdem bewusst. Es ist, als wäre meine Mutter gerade erst in ihren Körper zurückgekehrt. Genauer gesagt, ist sie noch nicht vollständig wieder da. Sie wird gerade erst dort wieder hinein platziert.

D: Von diesem Wesen?
T: Ich glaube nicht von diesem Wesen. Von etwas anderem, das aber mit dem Wesen assoziiert ist. Es scheint ein Licht im Fenster. (Pause) Ich zögere etwas, zum Fenster zu gehen, weil diesen Wesen dort ist, aber das Licht scheint von weiter oben zu kommen. Das Wesen ist dort beim Fenster am Fuße des Bettes. Ich glaube, ich bin ziemlich schockiert darüber. Ich bin nicht sicher, was das Wesen dort macht. Zuerst dachte ich, dass es meine Mutter attackiert und deshalb bekam ich Angst. Und deshalb sah ich es auch als gefährlich an, denn es ist seltsam, etwas in einem Schlafzimmer zu sehen, das nicht menschlich ist. Aber ich habe irgendwie das Gefühl, dass ich diese Leute (Wesen) schon einmal getroffen habe. Ich kann nicht genau sagen, wieso ich das fühle, aber etwas an diesem Wesen scheint mir vertraut, obwohl ich weiß, dass ich es nicht klar sehen kann. Ich glaube, ich komme jetzt über den Schock hinweg, aber ich bin noch immer argwöhnisch, weil ich nicht genau weiß, was hier vor sich geht. Ich glaube, irgendetwas in Zusammengang mit diesem Licht hilft meiner Mutter dabei, in ihren Körper zurückzukehren. Ich bin nicht sicher, warum dieses Wesen dort steht, außer, dass es mich jetzt zu sich hinüberwinkt. Und es will, dass ich das Licht benutzend nach oben schwebe.
D: Was denkst du darüber?
T: Es ist interessant, dass ich jetzt, wo es mich gefragt hat, ganz begeistert von dieser Idee bin. Ich bin immer noch wegen meiner Mutter besorgt, aber seltsamerweise doch nicht wirklich besorgt. Als ich zum Haus kam, war ich besorgt, dass sie sterben könnte.
D: War sie krank?
T: Sie ist alt. Sie ist an dem Punkt, wo es so aussieht, als hätte sie nicht viel länger zu leben. Ich glaube nicht, dass sie sehr krank ist, aber sie alt und schwach. Also kam ich, um zu sehen, wie es ihr geht. Ich hatte einen Brief von ihr erhalten, dass sie dabei ist, etwas zu verlieren - nicht ihre Gesundheit, aber ihre Zeit. Sie fühlte, dass es Zeit war. Dass sie bereit war, zu sterben. Und da ich Arzt bin, beschloss ich natürlich, etwas zu unternehmen (gequälter Humor) Ich weiß nicht, weshalb ich das dachte. Aber jetzt bin ich hier und bin seltsamerweise nicht mehr wirklich um sie besorgt. Ich

glaube, diese Sache ist größer als meine Besorgnis darüber, dass sie sterben könnte. Ich fühle irgendwie, dass die Dinge jetzt für sie in Ordnung kommen. Keine Ahnung, wieso. Also bin ich mehr daran interessiert, mich auf dem Licht nach oben transportieren zu lassen. Ich glaube, zum Teil möchte ich dort selbst etwas machen und zum Teil möchte ich wissen, wo sie war und was sie dort gemacht hat. Oder warum sie in ihren Körper zurückgekehrt ist.

Jetzt kam es mir vor wie eine der typischen UFO – Ereignisse, aber es folgte erneut eine Wendung.

D: *Es ist also Neugierde.*
T: Ja, das ist es. Jetzt werde ich ins Licht hinauf gezogen. Ich bin geschützt. *Mein Körper bleibt da unten.* Mein Körper kommt nicht mit, er bleibt unten. Komischerweise bleibt er einfach stehen, wo er ist, die Doktortasche noch in der Hand, die Kleider am Körper. Aber ich schwebe hoch ins Licht.
D: *Gehst du mit dem Wesen mit?*
T: Das Wesen bleibt da, wo es ist, um auf meinen Körper aufzupassen. Ich glaube, es ist das, was es tun soll. Und das hat es auch bei meiner Mutter getan. Es bleibt dort und wacht darüber, dass dem Körper nichts passiert. Das er intakt bleibt.
D: *Erzähl' mir was passiert, während du hinauf zum Licht gehst.*
T: Es wirkt sehr strahlend und es fühlt sich sehr leicht an, weil ich schwebe. Und das Licht wird heller und heller und scheint alles herum in sein Licht zu tauchen. Ich habe den Eindruck, als hätte ich irgendwie einen Sprung gemacht.
D: *Was meinst du mit ... Sprung?*
T: Ich meine damit, dass ich an einem Ort verschwunden und woanders wieder aufgetaucht bin, indem ich dem Licht folge. Ich bin nicht bei dem Licht geblieben, sondern dort hinein verschwunden und bin jetzt woanders.
D: *Wohin hast du diesen Sprung gemacht?*
T: Ich bekomme zahlreiche unterschiedliche Eindrücke. Ein Wasserfall. Die Sonne, die auf den Sprühnebel des Wasserfalls scheint und viele kleine Regenbögen verursacht. Ich bekomme Bilder dieser kleinen, nebelartigen Regenbögen. Aber ich glaube nicht, dass sie vom Wasserfall stammen. Ich glaube, es sind nur die vielen kleinen,

verschiedenen Farben, die tanzen. Ich bin von Licht umgeben und da sind noch andere Farben, die dort auch tanzen. Jetzt ändere ich wieder den Ort ... Oh! OK. Ich stehe auf einem Balkon und sehe mir einen Wasserfall an. Aber ich habe den Eindruck, dass ich mich nicht länger auf der Erde befinde. Es ist seltsam, ich habe das Gefühl, als ob ich jetzt wieder einen Körper habe, aber es ist nicht derselbe Körper, den ich verlassen habe. Meine Hände halten sich am Geländer fest.

D: Es ist also ein anderer Körper. Wie sieht dieser Körper aus?

T: Es ist seltsam, aber ich erhalte den Eindruck von einem großen, *blauen* Körper. Es ist eigenartig, weil ich nicht so sehr den Eindruck von einem Körper erhalte, sondern von mir als Person. Ich scheine jemand mit erheblicher Autorität zu sein, wie ich hier auf diesem Balkon stehe und eine herrliche Stadt mit Wasserfällen überblicke. Es ist ein Gebäude, das teilweise in den Berg hinein gebaut wurde, dort, wo sich die Wasserfälle befinden. Die Gebäude dieser Stadt fügen sich natürlich in die Landschaft ein. Ich weiß nicht genau, ob ich hier das ganze Sagen habe, aber ich besitze einige Autorität. Da sind Häute zwischen meinen Fingern. Ich bin groß, von blauer Farbe und meine Haut scheint ledern zu sein. Es ist auch kein blasses blau. Ich fürchte mich nicht davor, blau zu sein; es ist eine schöne, kräftige blaue Farbe.

Er hatte einige Schwierigkeiten damit, seine Kleidung zu erkennen, weil sie offenbar nichts Notwendiges war. „Sie ist von gazeartiger Qualität, mehr Dekoration als Kleidung. Etwas Farbiges um meine Schultern. Vielleicht ein Zeichen meines Ranges oder meiner Position, aber kein funktionelles Kleidungsstück. Trotzdem trage ich einen Gürtel aus schwerem Metall mit eincm eingearbeiteten Braguette. Er scheint Gold- oder Messingfarben zu sein. Nein, er ist aus Gold. Das ist interessant. Ich fühle, dass ich einen männlichen Körper habe, aber gleichzeitig habe ich auch etwas Weibliches. Aber nicht androgyn. Mehr wie ein Heraphrodit. Ich habe sozusagen beide Teile der Ausstattung. Ich habe männliche Genitalien, aber auch eine Gebärmutter und andere weibliche innere Organe". Ich fragte nach seinem Gesicht. "Ich habe große, schwarze Augen, aber ich bin beinahe fischartig. Oder wie eine Echse. Es ist keinesfalls ein menschliches Gesicht. Es ist ein großes, breites Gesicht, fast wie bei einer Kröte. Obwohl es ein Krötengesicht ist, bekomme ich zusätzlich das Bild von kiemenartigen Strukturen und Nackenfalten auf dem Rücken, die längslaufend angeordnet sind. Gerüschte, lamellenartige und Strukturen aus Schwimmhäuten, hauptsächlich an der Rückseite des Kopfes. Ich habe keinen richtigen Hals, es fließt alles ineinander. Auf der Erde war ich in diesem anderen Körper. Ich bin nicht wirklich Arzt und ich bin nicht wirklich der Sohn dieser Frau, obwohl ich das angenommen habe. Ich glaube, ich hatte temporäre Amnesie um herauszufinden, was es bedeutet, ein Mensch zu sein. Ich glaube, es war eine Mission, um verschiedene Fakten zu sammeln.

D: *Du meinst, dass du nur für eine kurze Zeit auf die Erde gekommen bist?*
T: Genau so war es. Ich hatte das Gefühl, der Sohn dieser Frau zu sein, aber ich glaube, ich habe diesen Körper nur für eine kurze Zeit ausgesucht.
D: *Ein Körper, der bereits existierte, oder was meinst du damit genau?*
T: Das ist interessant. Ich glaube, dieser Körper wurde für mich erschaffen.
D: *Ohne geboren zu werden?*
T: Ich fühle, dass ich geboren wurde, aber nicht auf die Weise, wie Körper normalerweise geboren werden.
D: *Was genau meinst du damit?*
T: Ich glaube, dass ich auf eine sehr spezielle Art der Sohn dieser Frau bin, denn ich wurde nicht so geboren, wie ein Mensch normalerweise in ein menschliches Leben hinein geboren wird. Ich wurde in ihren Körper platziert und danach wieder entfernt.
D: *Wusste sie das?*
T: Nein, sie war sich dessen nicht wirklich bewussst. Ich denke, dass ich, als das blaue Wesen, welches ich bin, die Fähigkeit besaß, diesen menschlichen Körper zu bewohnen und dann wieder zu meiner Heimat zurückzukehren. Ich war in diesem menschlichen Körper nur eine kurze Zeit. Ungefähr zwanzig Jahre.
D: *Und du sagtest, dass du gar kein Arzt gewesen bist?*
T: Das ist richtig. Was ich damit meinte ist, dass ich nicht

wirklich ein Mensch gewesen bin.

D: *Aber in diesem Körper warst du Arzt.*

T: Das ist richtig, ja. Der Unterschied ist, dass es keine normale menschliche Inkarnation war. Ich hatte eine Mission. Aus irgendeinem Grund ist es für mich als das blaue, krötenhafte Wesen, welches ich bin, wichtig, für eine kurze Zeit aus meinem Körper zu treten und in einen anderen Körper zu wechseln. Und für diese Zeit das Leben als Mensch zu erfahren, welches, soweit ich weiß, nur etwa zwanzig Jahre dauerte. Ich glaube, meine Mutter starb in dieser Nacht. Und dann war es Zeit für mich, wieder herzukommen. Ihre eigene Inkarnation war aber echt.

D: *Wenn du jetzt also diesen menschlichen Körper auf der Erde verlässt, wirst du nicht mehr zurückkommen?*

T: Ich glaube, es ist noch Gegenstand der Diskussion, ob ich zurückkommen werde oder nicht. Ob es noch etwas für mich zu tun gibt, jetzt, wo meine Mutter nicht mehr da ist. Möglicherweise kehre ich zurück und deshalb behalten sie den Körper dort. Aber wenn ich nicht zurückkehre, werden sie auch den Körper mitnehmen.

D: *Wie wirst du das herausfinden?*

T: Ich muss es mit den Leuten in diesem Raum besprechen (Pause). Wir haben entschieden, dass es keine Notwendigkeit mehr für mich gibt, zurückzukehren, es war genug. Miene Mutter ist auch in diesem Raum und sie ist sich dessen bewusst, dass es eine ihrer menschlichen Inkarnationen war. Sie hatte viele davon. Sie hat das gefunden, was sie in diesem Leben finden wollte. Und ich habe ihr dabei geholfen, es zu ermöglichen. Es war nötig, dass ich hergekommen bin, um ihr bei ihrer Arbeit zu helfen. Ich musste sie an ihre Arbeit erinnern, denn sie hatte den Weg in ihrem derzeitigen Leben zwischendurch verloren.

D: *Das war der Grund für dein Dasein?*

T: Das ist richtig. Und jetzt, wo ich zurück bin, erkennen wir, dass wir erfolgreich waren und ich nicht zurückkehren muss.

D: *Was geschieht mit dem Körper, der noch auf der Erde ist?*

T: Er wird transportiert. Er wird nicht bleiben, um dort zu sterben. Man wird sich um den Körper kümmern, aber meine Seele ist nicht länger mit ihm verbunden und er wird seinem natürlichen Gang folgen. Man wird sich um ihn kümmern und ihn irgendwo auf unserem Planeten in einen Tank legen.

Die Zellen werden ihre Lebenszeit vollenden, da auch sie Bewusstsein haben. Nichts wird getötet. Die Zellen werden ihre Lebenszeit vollenden und dann wird der Körper sterben.

Als Tom erwachte, hing er noch seinen Gedanken nach. Er sagte, das Wesen in dem Zimmer entfernte nun seinen Körper und transportierte ihn an einen anderen Ort. Der Körper konnte dort nicht bleiben, da er nicht wie andere menschliche Körper war. Er erklärte nicht genauer, was daran anders war. Vielleicht, weil es keine normale Inkarnation war. Der Körper wurde auf ein Raumschiff gebracht und in einen Tank gelegt. Die Zellen lebten weiter, da es ihnen erlaubt werden sollte, ihre Lebensspanne zu vollenden. Die Mutter starb eines natürlichen Todes und da ihr Körper eine reguläre Inkarnation erlebt hatte, musste nichts weiter damit geschehen.

T: Sie starb dann. Es war eine wirkliche, physische Inkarnation, die sie hatte. Später wird jemand ihren Körper in ihrem Bett finden und es werden normale Beerdigungsrituale folgen.
D: *Haben andere auf deinem Planeten auch derartige Erfahrungen ....*
T: Ja, die haben sie. Manchmal kommen sie auf die Erde, aber oftmals reisen sie auch woanders hin. Aber es ist Teil unserer Kultur während eines Lebens eine Reise stattfinden zu lassen, um andere Planeten zu erforschen, denn ein einziges unserer Leben dauert viele tausend Jahre lang. Manchmal erfolgt es in Form eines kompletten Lebens, einer vollständigen Inkarnation. Und manchmal wird es anders gehandhabt. Aber während wir dort leben, haben wir eine Amnesie - unabhängig davon, ob es eine vollständige Inkarnation ist oder nur der Abschnitt eines Lebens - genau wie auch alle anderen Bewohner der Erde eine Amnesie bezüglich ihrer anderen Leben haben. Wir erhalten diese Amnesie, damit wir eine authentische, menschliche Erfahrung machen können. Wenn wir auf einen anderen Planeten kommen, eine andere Kultur erfahren, passen wir uns allem an, was dort geschieht. Die Amnesie, die auf der Erde Teil einer Kultur ist, ist kein universelles Phänomen.
D: *Wenn derjenige auf der Erde lebt, ist sich seine Persönlichkeit also nicht bewusst, dass noch ein anderer Seelentyp in seinem Körper existiert.*

War das so ähnlich wie bei Estelle in Buch eins der Serie, als ein Reptil in ihren Körper gekommen war, um ein Leben auf dem Planeten Erde zu erfahren? In diesem Fall musste der Körper angepasst werden, um die unterschiedlichen Energien handhaben zu können.

T: Das ist richtig. Aber es ist nicht so, dass der Körper und die Seele einer anderen Person verwendet werden. Es ist einfach jene Seele, die entschieden hat, in eine normale Inkarnation hineingeboren zu werden. Es ist die Seele eines Wesens von unserem Planeten.

D: *Aber die Seele erfährt eine Amnesie während sie auf der Erde ist, weil es sonst zu verwirrend für sie wäre.*

T: Na ja, nicht unbedingt zu verwirrend, da wir an diese Art des Reisens ja gewöhnt sind. Aber es wäre dann keine vollständige menschliche Erfahrung. Auf der Erde haben die Bewohner während ihrer unterschiedlichen Leben eine Amnesie.

D: *Andernfalls hätte man zu viele Erinnerungen, die störend wirken könnten.*

T: Ja, man hätte nicht die normale menschliche Erfahrung.

D: *Macht ihr so etwas öfter oder nur einmal?*

T: Wir machen es öfter - auf der Erde aber nur dieses eine Mal. Ich hatte viele Inkarnationen als Mensch, aber damals hatte ich vollständige, normale Inkarnationen und ich widmete meine Seele vollkommen der menschlichen Erfahrung. Diese besondere Reise erfolgte nun vom Planeten der blauen Menschen. Die Reise war das erste und einzige Mal, dass ich als blaues Wesen auf die Erde kam.

D: *Während der vollständigen Inkarnationen war auch deine Seele entsprechend zugeordnet. Ist das richtig?*

T: Ja, das ist richtig, das ist korrekt.

D: *Dann bleibst du jetzt also auf diesem Planeten und lebst dein Leben einfach weiter?*

T: Das ist richtig, ich lebe mein Leben jetzt weiter. Dabei ist aber wichtig zu wissen, dass ich einen Fehler beging, als ich auf diesem Planeten inkarnierte. Ich hatte viele Leben auf unterschiedlichen Planeten und in vielen Sternensystemen. Und zahlreiche Leben innerhalb unterschiedlicher Zivilisationen auf der Erde. Aber während ich als blaues

Wesen auf meinem Planeten lebte, ist das mein einzige Reise auf die Erde gewesen. Und irgendwie habe ich dieses Leben, als ich mich von hier auf die Erde begab, mit einem kurzen Ausflug verwechselt. Das Wichtige dabei ist also, dass es kein kurzer Besuch oder eine Entführung war, sondern dass ich dieser Extraterrestrische tatsächlich *war*. Ich habe es für ein Familienmitglied, meine Schwester, getan, obgleich sie auf der Erde die Rolle meiner Mutter hatte. Sie war auf meinem Planeten meine Schwester und sie verlor sich auf der Erde. Also kam ich auf die Erde, korrigierte ihren Weg und machte dann wieder einen Sprung zurück. Dieses Leben als Arzt war kein echtes Leben. Es waren lediglich jene zwanzig Jahre, in denen ich versuchte, die Fehler meiner Schwester zu korrigieren. Meine Schwester war in jenem Leben meine Mutter- wenn du verstehst, was ich meine.

D: *Ich verstehe, sie war also deine Schwester auf dem blauen Planeten?*

T: Ganz genau. Sie war eine meiner zahlreichen Schwestern. Ich musste ihr helfen. Sie hatte einen Fehler gemacht. Sie hatte ihren Weg verloren und drohte verrückt zu werden.

D: *Oh! Was war die Ursache dafür? Hatte es etwas mit den unterschiedlichen Energien (irdische Inkarnation vs. blauen Wesen) zu tun?*

T: Nein. Auf dem blauen Planeten haben wir in bewusster Weise Zugang zu vielen unserer unterschiedlichen Leben. Für sie war es allerdings eine ganz normale menschliche Inkarnation. Als Mensch wurde sie aber von den vielen negativen Energien niedergedrückt, die auf der Erde existieren und hat diese aufgesogen. Das gleiche Muster habe *ich in diesem* Leben wiederholt, um denselben Energien nachspüren zu können. Sie hat den Schmerz und die Negativität auf sich genommen und es war zu viel für sie. Und so kam ich als ihr Sohn dazu, um ihr dabei zu helfen sich auszubalancieren und Heilung zu finden.

D: *Passiert so etwas häufiger, wenn eine nicht-irdische Energie versucht mit irdischen Energien zurechtzukommen?*

T: Wenn es eine persönliche Verbindung aus einem irdischen Leben zum blauen Planeten gibt, mischen wir uns in das Geschehen auf der Erde normalerweise nicht direkt ein, weil sich andere planetarische Energien darum kümmern. Wir vom blauen Planeten wirken überwiegend lediglich unterstützend. Andere aus unserem Sternensystem helfen irdischen Inkarnationen, indem sie ein großes Maß an Energie, an Liebe und an Zuwendung senden. Wir tun es auch, aber dieses Mal galt diese Unterstützung ganz fokussiert meiner Schwester. Wir sind normalerweise mehr damit befasst jenen zu helfen, die sich auch an ihre anderen Leben auf anderen Planeten erinnern können. Es ist für uns mehr eine generelle Angelegenheit, der Erde und den Erdenergien zu helfen. Aber manchmal helfen wir speziellen Leben, die aus unserer eigenen Gattung stammen. Wir helfen nicht unbedingt den individuellen Leben von anderen Einzelwesen.

D: *Passiert es häufiger, dass Menschen so verwirrt werden, wie es bei deiner Mutter der Fall war?*

T: Sie hatte viele Leben als Mensch. In einigen davon war sie verwirrt, in anderen nicht. Es waren also ganz normale menschliche Inkarnationen, die Teil der normalen, menschlichen Erfahrungen waren. Was ihren Geist in diesem Leben in Mitleidenschaft gezogen hat, war die gewöhnliche menschliche Negativität. Die übliche Negativität auf der Erde. Es geschah nicht aufgrund ihres anderen extraterrestrischen Lebens, dem Leben auf dem blauen Planeten. Das war lediglich der Ort, wo wir Leben auf eine bewusste Weise wahrgenommen und uns entschieden haben, zu helfen. Dort, auf dem blauen Planeten, hat sie mich dafür ausgewählt zur Erde zu kommen, was eine große Ehre für mich war.

D: *Ist der blaue Planet dein Heimatplanet?*

T: Innerhalb dieser besonderen Erfahrung, ja. Dort habe ich viele Leben gehabt und es ist einer meiner Heimatplaneten. Aber ich habe verschiedene Heimatorte. Ich habe auch eine Heimat in anderen Planetensystemen; die Erde ist ebenfalls mein Zuhause. Denn als Seele bin ich auf vielfältige Weise und zu vielen Zeiten Teil einer physischen Erfahrung gewesen.

D: *Ich versuche immer einen klaren Unterschied zwischen der Rückkehr zu einem Planeten und dem Aufenthalt in der geistigen Zwischenwelt zu machen. Ist es anders?*

T: Ja. Auf dem blauen Planeten handelt es sich um eine physische Inkarnation.

D: *Manchmal hören sich beide ähnlich an, gerade dann, wenn man mit seinem Seelenkörper kommen und gehen kann.*

T: Ja, aber auf dem blauen Planeten haben wir die Kunst des Seelenreisens weit vorangebracht. Ich denke, das ist der richtige Ausdruck dafür. Da wir auf diesem Planeten in diesem Leben und in dieser Erfahrung spirituell ausreichend entwickelt sind, haben wir es als Rasse verstanden, uns der anderen Leben ebenfalls bewusst zu sein. Wir sind uns darüber im Klaren, dass wir einerseits auf dem blauen Planeten sind und andererseits auch auf anderen Planeten desselben Systems oder in anderen Systemen sein können.

D: *Was macht ihr mit den Informationen, sobald ihr sie zurückgebracht habt?*

T: Wir lernen mehr über andere Kulturen. Und indem wir nun auf der Erde waren und meiner Schwester in ihrem Leben geholfen haben, haben wir mehr darüber entdecken können, wie das Leben auf der Erde ist. Mehr darüber, warum Menschen ihren Weg verlieren. Mehr darüber und insbesondere darüber, warum *sie* ihren Weg verloren hat. Und das lag daran, weil sie die Negativität der Erde in sich aufgenommen hatte.

D: *Warum ist es für euch wichtig, diese Informationen zu kennen?*

T: Weil es das Gleiche ist, was ich jetzt auch als Tom in diesem Leben erlebe. Ich habe viele schmerzhafte Erfahrungen in diesem jetzigen Leben gemacht.

D: *Das war eine von Toms Fragen. Er sagt, dass er keinen physischen Schmerz, aber einen inneren Schmerz verspürt. Kannst du ihm darüber etwas mitteilen?*

T: Es war das Annehmen des Schmerzes des gesamten Planeten. Da war sehr viel Zorn. Die Schwester aus dem anderen Leben hatte das gleiche Problem - Zorn auf das Leiden, das hier existiert. Manchmal verlieren wir uns in dem Glauben, dass wir scheinbar nichts dagegen ausrichten können. Uns betreffend können wir nichts gegen den Schmerz der anderen tun, außer, sie lassen sich helfen. Natürlich können wir wählen, dieses schmerzhaften Leben gar nicht erst aktiv zu erleben. Aber manchmal vergessen wir das und manches Mal erlauben wir uns den Schmerz trotz dieses Wissens zu fühlen. Und manchmal verursacht die Erkenntnis, wieviel Schmerz hier existiert, über Gott und auf alles Göttliche sehr zornig zu werden und wir nehmen diesen Schmerz selbst in uns auf.

D: *Tom sagte, seit er ein Kind war, hatte er immer dieses Gefühl innerlich zu schreien.* (Ja) *Und das hat es verursacht? Dass er die Emotionen des Planeten selbst in sich aufgenommen hat? Wie wir wissen, ist der Planet ein lebendiges Wesen.*

T: Ja, aber lass' mich noch deutlicher werden. Es ist nicht unbedingt die Emotion des Planeten, da der Planet sich um sich selbst kümmern kann. Es sind Emotionen der Lebewesen auf dem Planeten, die ihren Weg verloren haben. Und so viele haben ihren Weg verloren. Und wenn es darum geht zu helfen, kann man dabei verloren gehen. Und dann wurde er verwirrt, wer er war und wo er sich befand. Er wurde verwirrt, ob dies sein eigener Schmerz oder der Schmerz anderer war. Und er entschied sich, es zu seinem Schmerz zu machen, um dort hindurch zu finden. Und doch gehörte er nie zu ihm, das tat er nie. Er muss ihn loslassen.

D: *Und deshalb hatte er Selbstmordabsichten?* (Ja) *Er wollte einfach nur dieser inneren Aufruhr entkommen.*

T: Ja. Er war damals nicht im Gleichgewicht. Als er den ganzen Schmerz auf sich genommen hatte, verlor er seinen Weg und vergaß, wer er war.

D: *Aber diese Amnesie ist normal hier, oder?*

T: Die Amnesie ist normal, aber er hat so viele Leben in so vielen Sternensystemen erlebt, dass er eine Präsenz als Bewusstsein hat, das natürlicherweise heilend und positiv ist. Und genau das hatte er vergessen.

D: *Warum ist er diesmal auf die Erde gekommen?*

T: Dies ist ein sehr ausschlaggebendes Leben. Es ist ein Leben, in dem er eine Führungsrolle übernehmen wird und viele, die einen Weg suchen, in die neue Welt führen wird. Es war ihm nicht klar, dass die Probleme so schlimm sein würden. Er glaubte, er sei in der Lage, durch sie wesentlich leichter zu kommen, als es ihm dann tatsächlich gelang. Er ist hier, um anderen zu helfen. Aber mehr noch als das ist er gekommen, um mit anderen etwas Neues aufzubauen, damit diese Art Schmerz nicht mehr auf diese Art weiter gehen muss. Viele Menschen fühlen diesen Schmerz ebenfalls, aber sie wissen nicht, was ihn verursacht. Er dagegen weiß es. Er kann sich mit dem Göttlichen verbinden, mit dem Bewusstsein von allem was ist, dem Bewusstsein der Gnade. Und er hat ein Wissen darüber, wie die unterschiedlichen Leben sind, er hat ein Wissen darüber, wie die physische Erfahrung über die einzelnen Leben hinaus und zwischen den Leben ist. Er ist hier, um eine neue Art zu leben, eine neue Art geboren zu werden und zu sterben und eine neue Art, zwischen den Leben zu existieren zu ermöglichen, so dass der Zyklus des Schmerzes nicht weitergehen muss. Er ist da, um eine neue Erfahrung zu kreieren, bei der Menschen sich mehr dessen bewusst sind, was sie sind, sich ihres göttlichen Ursprungs bewusst werden und sich weniger auf Schmerz, Leid und Scham konzentrieren. Dass sie sich mehr der Gründe für ihr Dasein bewusst sind und weniger vom Mythos des Schmerzes vergiftet werden und von der Idee, das Lernen durch Schmerz erreicht werden muss. Und von der Idee, das Karma wichtig ist, dass man nur durch Leiden klug wird. Die, die diese falschen Überzeugungen haben, können bewusster werden und erleben, dass man durch Freude, Liebe und Frieden lernen, leben und wachsen kann. Und obwohl es auf diesem Planeten üblich ist, sich verloren zu haben, kann dieses neu gefundene Bewusstsein und diese neue Erfahrung bezüglich der verschiedenen Leben, der Zeit zwischen den Leben und über die Leben hinaus, dazu führen, dass es weniger Bedarf an Schmerz und Leid geben wird. Menschen werden nicht mehr in der Verwirrung verloren sein. Es gibt viele, die gekommen sind, um dasselbe umzusetzen. Und noch viele mehr, die gekommen sind, um aus der Distanz zu helfen. Aber viele Seelen sind zu dieser Zeit inkarniert, um diese neue Erfahrung zu machen.

D: *Du sagtest, es würde einen neuen Weg geben, geboren zu werden.*

T: Ja, das bedeutet eine neue Art von Erfahrung. Es wird immer noch physische Geburten geben, Seelen, die inkarnieren, aber die Scham wird nicht weitergegeben werden. Der Schmerz wird nicht weitergegeben werden. Die Verwirrung wird nicht weitergegeben werden. Und die Amnesie wird nur da eingesetzt, wo sie auch wirklich notwendig ist. Sie wird nicht für jeden so vollständig sein, wie es derzeit der Fall ist. Menschen werden sich bezüglich anderer Inkarnationen viel bewusster sein, ihre spirituellen Ziele kennen und ihre generelle Richtung wissen. Sie werden weniger auf dieses eine Leben fokussiert sein, außer, es ist ein Leben, auf das sie sich uneingeschränkt konzentrieren sollen. Aber selbst dann wird es nicht durch den Schmerz geschehen, sondern es wir durch Liebe und Freude geschehen.

Tom wurde als klassischer Arzt ausgebildet, entschied sich aber dann, diesen Weg nicht weiterzuverfolgen. Er beschäftigt sich mit Heilung durch Energien, hatte damit allerdings Probleme bekommen.

T: Das ist erneut einer Verwechslung mit seinem vorherigen Leben geschuldet. Er sollte im derzeitigen Leben niemals klassischer Arzt werden. Er verlor sich in der allgemeinen Verwirrung und erinnerte sich, dass ein Arzt kommt, um zu helfen. Aber er ist auf andere Weise ein Heiler. Er kann auf jeden Fall seine Ausbildung als Arzt nutzen. Eigentlich ist aber dafür vorgesehen, bei der Geburt dieser neuen Welt und der neuen Erfahrungen zu helfen. Das ist der hauptsächliche Fokus in seinem jetzigen Leben. Und die klassische Medizin, obwohl sie hilfreich ist, war in diesem Fall ein Irrtum. Er muss nicht dorthin zurückkehren und sie weiterverfolgen - diese Frage hatte er sich gestellt. Wir verändern nun seine Energien. Wir öffnen sein Herz, denn in seinem Herzen hält er die Angst fest. Sie wird in den nächsten Jahren schrittweise gelindert. Seine Rolle liegt darin, dieses Phänomen anschließend zu erforschen. Deshalb haben wir auch erwähnt, dass es langsam vor sich gehen wird, denn im Moment wäre es nicht sinnvoll für ihn, eine vollständige Heilung zu erfahren. Es ist aber in jedem Fall für ihn an der Zeit, mehr zu lernen und mehr zu erreichen und mehr darüber zu lernen, wer er ist. Zurzeit muss er den Dingen noch weiter auf den Grund gehen.

KAPITEL ZEHN

ÜBERLEBEN

Als Peggy von der Wolke kam, fand sie sich in einer öden, sehr hügeligen Landschaft mit wenig Vegetation wieder. Überwiegend war dort Buschwerk. Sie sah sich nach Menschen oder Zeichen von Siedlungen um, konnte aber nichts entdecken. Dann sah sie einen kleinen Pfad, der aus einer Schlucht herausführte. Als sie ihm folgte, fing sie plötzlich an zu schweben. Der Weg schlängelte sich durch Felsen und grüngelbe, trockene Grasbüschel an einem großen Berg hinauf. Die ganze Szenerie wirkte sehr verlassen. Keinerlei Lebenszeichen, wo immer sie auch hinsah. Sie entdeckte dann mehrere Bäume, aber sie waren alle tot. Als ich sie bat, an sich herunter zu sehen, sagte sie: „Ich fühle meinen Körper gar nicht. Ich fühle mich wie ein Energiewesen. Wie eine Masse. Fast wie ... nicht unbedingt wie ein runder Ball, sondern wie etwas Längliches. Vibration. Es fühlt sich fast an, wie der Wind, der sich bewegt." Sie fühlte sich begrenzt, aber nicht wie in einem Körper, sondern fühlte nur etwas, dass dieser Energie eine Umrandung gab. „Es ist fast so, als gäbe es ein Licht im Zentrum dieses Ovals, das aus Energie besteht. Und das Licht strahlt in einem ovalförmigen Bogen hinaus."

Sie mochte diesen Ort, obwohl er verlassen war. „Er fühlt sich sehr kuschelig an, sehr vertraut. Aber trotzdem fühlt es sich so an, als würde ich nach etwas suchen. Ich gehe immer noch den Berg hinauf und ich komme zu einem Platz, wo sich sehr viele dunkelgrüne Bäume befinden. Vielleicht sind es Pinien, sie sind groß. Ich habe das Gefühl, ich suche nach einer Höhle oder einer Ausbuchtung in der Erde. Ich glaube, ich soll dort jemanden treffen."

D: Woher kommst du?
P: Das klingt vielleicht eigenartig. Ich denke, ich bin vom Himmel gekommen. Ich bin an diesen Ort *gesendet* worden, aber ich bin hier zuvor schon einmal gewesen. Ah, warte! Es ist gar keine Höhle. Es ist eine Hütte, aber sehr primitiv. Sie hat ein Grasdach und Holzpfosten. Und sie ist am Rand einer Uferböschung verankert. Es gibt da eine Pritsche... und da ist ein Mann – dünn, alt. Wie ein Einsiedler. Ich bin zu ihm gekommen, um mit ihm zu sprechen, mit ihm zu kommunizieren. Er hat nach Informationen gefragt, also wurde ich zu ihm gesendet, um mit ihm zu sprechen. Es ist ein alter Mann. Er liegt auf der Pritsche. Es ist so, als ob ich in seinen Verstand eintreten kann.

D: Ich habe mich gefragt, ob er dich sehen kann.
P: Ich glaube nicht, aber er weiß, dass ich da bin. Er kann es fühlen. Und ich spreche mit ihm. Er wollte gerne wissen, wie lange er diese Form noch behalten soll. Er möchte gehen. Aber ich bin hier, um ihm zu sagen, dass er noch nicht gehen kann. Es gibt da etwas, was er noch tun muss. Ich weiß, dass er müde ist, aber es gibt da eine Siedlung hinter den Hügeln wo er hingehen muss. Er muss mit diesen Leuten sprechen, weil sie Hilfe brauchen. Sie sind verwirrt. Sie brauchen Führung und er besitzt die nötige Weisheit, um ihnen zu helfen. Er muss dies tun, bevor er gehen kann.

Das klang sehr danach, dass Peggy als ein Schutzengel oder geistiger Führer agierte. Dieser gab ihm Rat, stillte aber auch seinen Durst nach Informationen. Das klang nach einer weiteren Bestätigung dafür, dass wir eine solche Rolle übernehmen können, während wir auf der anderen Seite sind.

D: Was denkt er darüber?
P: Er ist nicht gerade begeistert davon. Aber er ist bereit, zu gehen, weil er weiß, dass er gekommen ist, um bestimmte Dinge zu tun. Und er hat auch anderen auf diese Weise geholfen. Es gab einige Unruhe im Dorf. Es kann mit Erdbewegungen zu tun haben, aber die Menschen sind verunsichert. Sie glauben, dass die Götter sie bestrafen. Er muss hingehen und ihnen erklären, dass es keinen Gott in den Bergen gibt, der sie bestraft.

D: *War er schon einmal in diesem Dorf?*
P: Nein, nicht in diesem. Er war in anderen Dörfern.
D: *Dann werden sie nicht wissen, wer er ist.*
P: Auf eine Art wissen sie es, weil es Gerüchte über weise Menschen gibt, die in den Bergen leben.
D: *Du sagtest, er hat anderen geholfen. Wer sind diese Leute, die zu ihm kommen?*
P: Er geht selbst zu ihnen. Als er noch jünger war, ging er noch viel weiter hinaus. Jetzt, da er alt ist, kann er nicht mehr so weit laufen. Aber in diesem Ort ist er noch nie gewesen. Ich glaube, sie werden ihn akzeptieren. Er ist ihre einzige Chance, denn wenn sie ihn nicht akzeptieren, wird es sehr chaotisch werden und sie werden es nicht überleben.
D: *Du meinst, es wird zu viel Angst geben?*
P: Ja, und sie werden gegen einander handeln.
D: *Kannst du sehen, was passiert ist, dass diese Unruhe verursacht hat?*
P: Möglicherweise war es eine Lawine von Felsbrocken. Aber sie glauben, dass es einen Gott in den Bergen gibt, der sie bestraft. Und sie beschuldigen sich gegenseitig, der Grund dafür zu sein. Das jemand etwas getan hat, um den Gott in Rage zu bringen. Und es gibt so wenige Menschen in dieser Gegend, dass die gesamte Population aus dem Gleichgewicht geraten würde, wenn ein Dorf zerstört würde. Es ist für das gesamte Ökosystem sehr wichtig.
D: *Für das System dieser Gegend?*
P: Der gesamten Erde.
D: *Ich dachte immer, eine zu hohe Bevölkerungsdichte würde das Ökosystem aus dem Gleichgewicht bringen – nicht aber eine zu geringe Anzahl von Menschen.*
P: Hier ist es anders. Diese Menschen sind mit der Erde sehr verbunden und es gibt eine Aufgabe, die sie erfüllen sollen. Es muss sichergestellt werden, dass es genug Population gibt, damit die Menschen nicht aussterben. Denn wenn diese Menschen aussterben, wird es diesem Ort und der Welt sehr schaden (zu sich selbst): Warum müssen diese Menschen dort sein? Sie müssen etwas auf unserer Erde entdecken, damit sich eine andere Welt weiterentwickeln kann.
D: *Ist diese Welt die Erde?*
P: Nein, es ist nicht die Erde.
D: *Dann gibt es diese Population auf der Erde noch nicht sehr*

lange?
P: Richtig, es gibt sie dort noch nicht lange. Und auf der anderen Welt, von der ich sprach, gibt es in der Atmosphäre immer noch viele Störungen. Diese Welt ist noch nicht sehr alt und sie hat sich in nach ihrer Entstehung noch nicht beruhigt. Aber es ist herrlich dort. – Jetzt sehe ich einen großen Bogen aus Felsgestein; alles ist wunderschön. Er geht jetzt in das Dorf. Ich glaube, deshalb bin ich in der Nähe dieses Bogens – um ihm Kraft zu geben. Nicht unbedingt physische Kraft, aber Entschlussfähigkeit. Ich helfe ihm bei seinem Entschluss, in dieses Dorf zu gehen.

D: *Weißt du, wo diese Menschen ursprünglich hergekommen sind?*

P: Ich möchte es so formulieren, dass diese Population dorthin gebracht wurde. Die Urbevölkerung hat sich freiwillig gemeldet. Sie kamen von einem anderen Ort. Ich glaube, aus dem gleichen Sternensystem, aber von einem weiter fortgeschrittenen Planeten. Sie kamen überein, dem neuen Planeten zu helfen. Das läuft schon seit einigen Generationen. Trotzdem entwickeln sich die Kolonien nicht auf jene Weise weiter, wie man es erhofft hat. Aber sie sollen keinerlei Kontakt zu ihrem Heimatplaneten aufnehmen.

D: *Hat die Urbevölkerung diese Geschichten denn nicht an ihre Nachkommen weiter weitergegeben?*

P: Sie haben sie anscheinend vergessen. Oder ihre Erinnerungen wurden ausgelöscht.

D: *Das macht Sinn, falls sie ganz von vorne und unvoreingenommen mit allem beginnen wollten. (Ja) Und deswegen können sie es sich nicht leisten, dass das ganze Dorf ausradiert wird – es gäbe niemanden mehr, der das fortführt*

P: Und dann kam der Einsiedler. Er ist dort bereits eine lange Zeit gewesen. Und er hat das Gefühl, nichts bewirkt zu haben, aber er hat viel mehr bewirkt, als er glaubt. Er nimmt es aber nicht so wahr. Wäre er nicht gewesen, wären sie bereits ausgelöscht. Er ist jetzt im Dorf und ich sage ihm, was er ihnen vermitteln soll. Er beruhigt die Menschen, denn sie sind sehr aufgeregt. Er sagt ihnen, was sie tun sollten. Wir sind hoch in den Bergen. Ein Grund, warum sie über den Steinschlag so aufgebracht sind, ist, dass er ihre gesamte

Ernte begraben hat. Er teilt ihnen deshalb also mit, dass sie ihren Lebensraum verlassen müssen.

D: *Mit dem gesamten Dorf umziehen sollen?*
P: Ja, hinunter in einen Bereich, der viel sicherer ist. Ich erzähle dem Eremiten deshalb, wohin sie gehen sollen. Sie hören auf ihn. Und sie suchen ihr sieben Sachen zusammen. Sie werden im Tal viel sicherer sein. Sie werden jährlich viel mehr Zeit haben, um die Saat auszubringen. Sie werden näher an anderen Orten sein, mit denen sie Handel treiben können, denn sie fertigen auch Steinmetzarbeiten an. Sie ziehen nun los und er sagt ihnen, dass die Reise mehrere Tage dauern wird. Er geht mit ihnen und ich führe sie alle an.
D: *Sie können dich auch nicht sehen?*
P: Nein, sie können mich nicht sehen. Ich gehe aber mit dahin hinunter, wo sie auch hingehen.
D: *Sie müssen ganz von vorne anfangen, oder?*
P: Ja, das müssen sie. Es gibt dort aber nicht viel, also wird es nicht sehr schwer sein.
D: *Der Eremit war also die Stimme der Vernunft.*
P: Ja. Sie sind erleichtert, dass er dort war.
D: *Wir können jetzt die Zeit in die Zukunft beschleunigen. Bleibt der alte Mann lange bei ihnen?*
P: Er wird einige Jahre bei ihnen bleiben, um ihnen zu helfen.
D: *Bleibst du auch die ganze Zeit über dort?*
P: Ich bin zeitweise dort. Ich komme und gehe. Aber am Ende dieser zwei Jahre komme ich, um ihm zu sagen, dass er gehen kann. Er hat seine Arbeit beendet. Ich bin bei ihm und er verlässt seinen Körper. Und dann kann er meine Energie sehen. Wir gehen gemeinsam weg und kehren auf den Planeten zurück. Ich glaube, dass die Wesen dort keine physische Gestalt haben.
D: *Ist es ein solider, physischer Planet?* (Ja) *Er existiert also nicht nur energetisch.* (Nein) *So wie man sich zum Beispiel den Himmel vorstellt.*
P: Nein, es ist ein physischer Planet.
D: *Und der Eremit ist nun ein feinstoffliches Wesen?*
P: Ja, jetzt ist er das.
D: *Erkennt er diesen Ort wieder?*
P: Ja, er ist nun zuhause und er hat seine Pflicht gegenüber dem neuen Planeten erfüllt. Wenn er zurück ist, gehen wir zu

einer Gruppe, die aus Energie besteht. Er wird ihnen gegenüber kommunizieren, wie es ihm und der Population dort ergangen ist. Er gibt sozusagen seinen Bericht ab.

D: Passiert das immer, wenn jemand von da weggeht?

P: Ich glaube, ja. Ich bin selbst eine Art Kurier.

D: Gehst du auch an andere Orte?

P: Ja, ich gehe zu anderen Welten. Manche von ihnen sind physisch bewohnt, andere nicht. Manche existieren auf einer feinstofflichen Ebene. Ich bin ein Nachrichtenüberbringer für den großen Rat innerhalb des gesamten Sternensystems. Und es ist ein sehr großes Sternensystem.

D: Hattest du jemals ein physisches Leben oder warst du immer eine Energieform?

P: Nein, ich habe auch physische Leben gelebt. Ich ziehe es aber vor, eine Energieform zu sein. Ich mag es nicht, in einem Körper gefangen zu sein. Ich mag es, mich frei zu fühlen.

D: Wenn du das Andere lieber magst – warum trittst du dann in einen Körper ein?

P: Um zu lernen.

D: Kannst du alles Wichtige nicht auch so lernen?

P: Nein, einige Dinge lassen sich viel leichter in einem Körper lernen. Emotionale Aspekte, Gefühle, Empfindungen. Begrenzungen. Es ist interessant, Emotionen zu erleben. Und man kann Dinge schneller lernen, wenn man diese Emotionen spürt.

D: Dann kannst du also auf deinem Heimatplaneten und mit deiner Energieform keine Emotionen erleben?

P: Nicht so, wie man sie in einem physischen Körper erleben kann. Nicht diese Art von Emotionen. Sie sind dort viel milder. Es ist einfacher.

D: Warum ist es wirkungsvoller, Emotionen physisch zu erleben?

P: Es ist die Art, wie sie hereinströmen. Man kann ihnen nicht ausweichen. Sie sind sehr direkt. Und man muss versuchen Probleme zu lösen, die wir als reine Energieform nicht kennen.

D: Wenn du in einen physischen Körper kommst, hast du dann keine Angst davor, dich hier zu verstricken und in Fallen zu treten? Ich denke dabei an Karma.

P: Nein, ich fühle kein Karma.

D: Wenn man ein physisches Leben lebt und mit anderen Menschen interagiert ist es so leicht, sich in Dingen zu

verstricken und Karma zu schaffen.
P: Das ist richtig. Aber ich kann mich nicht daran erinnern, jemals in Karma verstrickt worden zu sein.
D: *Wenn das passiert, muss man nämlich in der physischen Welt bleiben und dort wieder inkarnieren.*
P: Bei mir ist es nicht so. Ich komme und gehe.
D: *Ist es nicht schwierig, den Fallen in der physischen Realität auszuweichen?*
P: Für mich nicht. Ich weiß nicht wieso. Warum ich nicht in diese Fallen getappt bin? Ich glaube, weil ich immer ein Botschafter war, auch während ich meine physische Leben hatte. Ich war immer ein Kurier. Ich wurde als Botschafter kreiert.
D: *Während der physischen Leben ist es also auch deine Aufgabe, Menschen etwas beizubringen und Nachrichten zu übermitteln?*
P: Oh ja. Dinge, die sie brauchen. Die Erde ist ein herrlicher Ort. Ich mag diese Erde sehr und ich mag ihre Schönheit. Und trotzdem ist es für die Menschen auf der Erde schwierig. Es existiert dort eine solche Schwere. Manchmal macht es mich traurig, sie so kämpfend und verletzt zu sehen und sie verstehen nicht, wieso das so ist. Wenn sie auf die Erde kommen, nehmen sie alles sehr ernst. Es ist, also ob die Erde ein einziges Drama ist. Es gibt andere Orte, Planeten, wo es wie in einer leichten Komödie zugeht. Aber auf der Erde ist alles sehr dramatisch und die Menschen verstricken sich in alle möglichen Dramen. Sie nehmen also *so* ernst.
D: *Das liegt daran, weil sie glauben, dass es darüber hinaus nichts gibt.*
P: Ja. Sie müssen anfangen, die Dinge leichter zu nehmen!
D: *Aber wenn man hier inkarniert, erinnert man sich nicht mehr daran.*
P: Das ist richtig. Es würde helfen, wenn wir uns an diese Dinge erinnern würden.
D: *Warum wird es uns dann nicht gestattet?*
P: Weil es darum geht, was wir hier lernen möchten. Es würde das Ganze verfälschen, wenn wir uns erinnern würden. Ich glaube, Menschen kommen hierher, um Dramen zu erleben. Es ist Teil dieser Erfahrung, sich durch diese schweren, dramatischen und emotionalen Erfahrungen hindurchzuarbeiten. Wir können uns nicht erinnern, denn

sonst wären wir nicht in der Lage, jene Dinge zu tun, für die wir hierhergekommen sind. Aber hoffentlich wird sich das bald ändern. Und es wird leichter werden.

D: Du sagtest, dass du auch zu anderen Welten gereist bist und dort eine physische Form angenommen hast?

P: Ja. Aber das sind jeweils sehr unterschiedliche Erfahrungen und unterschiedliche Lernaufgaben gewesen. Ich denke nicht, das eine Welt der anderen jemals komplett gleichen wird. Unterschiedliche Energien, unterschiedliche Atmosphären, einige davon schwerer, andere leichter. Einige Energien kann man selbst erschaffen. Es gibt sogar Welten, wo es keinen freien Willen gibt.

D: Was passiert in einer solchen Welt?

P: Es gibt nur bestimmte Wege, die man einschlagen muss und man hat keine Wahl.

D: Das ist auch eine Lektion, oder?

P: Oh ja. Oder eine Erfahrung.

D: Zu sehen wie es ist, wenn man keine Wahl hat.

P: Ja. Das ist nicht gerade lustig.

D: Gibt es einen Favoriten bezüglich der Welten, wo du schon gewesen bist und wohin du gerne zurückkehren möchtest?

P: Ja. Jene, die nur aus purer Liebe und reinem Licht bestehen.

D: Diese Welt, wo du nur aus Energie bestehst? (Ja) *Ist diese Welt anders als die, in der man als geistiges Wesen zwischen seinen einzelnen Leben und Inkarnationen existiert?*

P: Ja, es ist eine andere Welt.

D: Natürlich hat man aber auch keinen Körper, wenn man sich in der Zwischenwelt befindet.

P: Richtig. Aber das ist anders. Es gibt eine Verschiebung. Das überirdische Zwischenreich befindet sich in einer anderen Dimension als jene Dimenionen, in denen man zwar ein feinstoffliches Wesen ist, aber trotzdem zu einer Welt gehört. Es sind andere Dimensionen als jene, in der das Zwischenreich liegt.

D: Wenn man ein Energiewesen ist, kann man allerdings nicht wirklich sterben, oder?

P: Nein, man stirbt nicht. Man kann aber wählen, jene Welt zu verlassen und wieder in die geistige Zwischenwelt zu wechseln.

D: Ich habe mich gefragt, ob man dann ebenfalls dorthin wechselt.

P: Ja, das tut man. Auf meinem Heimatplaneten gibt es verschiedene, aus Energien bestehende Gruppen, die andere Welten beobachten. Sie senden Botschafter zu den anderen Welten, um diesen zu helfen. Es ist ungefähr so wie beim Betrachten von Glühwürmchen. Die feinstofflichen Wesen leuchten zu anderen Welten und senden ihnen Informationen.

D: *Von deinem Heimatplaneten aus kannst du also nicht einfach in einen Körper wechseln.*

P: Richtig. Man transportiert lediglich Nachrichten und man muss in das Zwischenreich wechseln, um neue Aufgaben zu erhalten. Um in andere Dimensionen und in andere Universen gehen zu können.

D: *Wenn du dich dort im Zwischenreich befindest, bist du also nicht diese leuchtende Energie?* (Nein) *Und dort gibt es Wesen, die dir mitteilen, wohin du gehen sollst - hast du dabei eine Wahl?*

P: Man hat eine Wahl. Du triffst sich mit einem Rat und entscheidest, was du lernen und erfahren möchtest. Und an welchen Ort und wann du es erfahren möchtest. Und auch, mit wem aus deiner Gruppe du zusammen gehen möchtest. Ich bin ein feinstoffliches Wesen, ich bin Energie und befinde mich auf dem Heimatplaneten. Und wir kommen zu diesem Planeten zurück, nachdem wir Nachrichten weitergegeben haben. Es gibt dort noch andere feinstoffliche Wesen. Aber wenn wir uns entschließen, dort wegzugehen, um in das Zwischenreich zu wechseln, kommen oftmals auch andere aus unserer Gruppe mit. Wenn wir dann in andere physische Welten inkarnieren, gehen wir gemeinsam dort hin.

D: *Wird uns gezeigt, wie diese jeweiligen Leben aussehen werden?*

P: Wir bekommen eine Übersicht und wir entscheiden dann, ob es das ist, was wir machen möchten. Es ist eine Art Vorschau.

D: *Du bist also in der Lage, Erfahrungen zu sammeln und etwas zu lernen ohne dabei Negativität und Karma anzusammeln.*

P: Wir können in Fallen tappen, wenn wir Wesentliches vergessen. Wenn wir in die physische Welt inkarnieren, erinnern wir uns während wir dort sind daran, wie wir uns von Karma befreien und es nicht an uns haften lassen.

D: Wie können wir verhindern, dass uns Karma anhaftet?
P: Indem wir uns darüber bewusst sind, dass wir es selbst erschaffen und es dann auflösen. Sie nicht in die Dramen hineinziehen zu lassen. Das ist für viele sehr schwer. Aber in der Gruppe, in der ich bin, gibt es eine Art Erinnerungschip – nicht auf bewusster Ebene, aber es gibt eine Form von Alarm, der uns benachrichtigt, dass wir uns in diesem Leben um unser Karma kümmern müssen. Und das nicht in die Zukunft verschieben.
D: Menschen verstricken sich in Dramen und glauben, dass das die einzige Realität ist.
P: Und das kann auch uns passieren, wenn wir nicht vorsichtig sind.
D: Bist du dir des Körpers bewusst, durch den du gerade sprichst? Der Person, die als Peggy bekannt ist? (Ja) Warum hast du dieses Leben als Peggy gewählt? Ist dir im Zwischenreich mitgeteilt worden, dieses Leben zu leben?
P: Ich wurde gefragt; ich wurde durch die Liebe gefragt. Dieser wunderbaren Liebe, diesem „Alles Was Ist".
D: Du meinst jene Liebe, die auf der anderen Seite in der geistigen Welt existiert?
P: Ja, in der geistigen Welt. Eine spirituelle Liebe; die Information, dass die Erde zu dieser Zeit Liebe benötigt. Dass sie das Licht braucht.
D: Also die Art von Energie, die dich in deiner Essenz ausmacht.
P: Ja. Ich fand immer, dass die Erde wunderschön ist. Deshalb möchte ich ihr gerne helfen.
D: Was denkst du über Peggys Leben? Läuft es so, wie es laufen sollte?
P: Das Leben auf der Erde ist hart, aber es klappt einigermaßen.
D: Besonders, wenn man hier kommt und alle die Erinnerungen sind ausgelöscht – ist es das, was es so schwierig macht?
P: Ja, richtig. Das tut es. Und alles fühlt sich so schwer an. Dies ist eine sehr wichtige Zeit. Deshalb sind so viele Menschen hier – weil etwas Entscheidendes passieren wird. Sie möchten es gerne erleben. Und unterschiedliche Energien und Wesen möchten es ebenfalls erleben, daher insgesamt die Eile, hierherzukommen. Es ist sehr aufregend.
D: Warum möchten diese Seelen zu dieser Zeit hier sein? Was ist es, das sie erfahren möchten?

Ich wußte bereits die Antworten auf meine Fragen, da diese Informationen durch so viele meiner Klienten in unterschiedlichen Sitzungen kommen. Aber ich stelle sie trotzdem immer wieder, denn wenn dieselben Informationen durch unterschiedliche Menschen wiederholt werden, haben sie aus meiner Sicht eine größere Glaubwürdigkeit. Außerdem kommen stets zusätzliche Details ans Licht.

P: Sie möchten die große Veränderung miterleben, die passieren wird, wenn die Erde in eine höhere Dimension wechselt, denn es wird positive Auswirkungen auf das gesamte Universum haben und es ebenfalls verändern.
D: *(überrascht) Das gesamte Universum?*
P: Ja. Man würde gar nicht annehmen, dass ein kleiner Planet am anderen Ende einer kleinen Galaxie eine solche Wichtigkeit besitzt. Aber das tut die Erde. Ich denke, sie wurde dort strategisch platziert. Es hat etwas mit heiliger Geometrie zu tun, aber das ist alles, was ich weiß.
D: *Und deshalb kommen alle zu dieser Zeit hierher? Sie möchten es gerne selbst erleben.*
P: Ja. Es wird sehr dramatisch werden. Und wenn es passiert, wird eine große Energiewelle durch das gesamte Universum gehen.
D: *Aber es gibt auch eine große Zahl von Menschen, die sich entschieden haben, den Planeten zu dieser Zeit zu verlassen.*
P: Sie tun es, um Raum für andere zu machen, die nachkommen werden. Sie haben in diesem Leben das erlebt, was sie erleben wollten. Sie haben zugestimmt, hierherzukommen und während der großen Naturkatastrophen zu helfen. Jede Naturkatastrophe bringt die Erde näher an diesen Dimensionswechsel.
D: *Tatsächlich? Denn wir glauben normalerweise, dass dies eine negative Energie ist.*
P: Ja, das ist aber nicht der Fall.
D: *Ich habe zwei Versionen gehört: Die eine ist, dass die Erde durch schreckliche Zeiten hindurchgehen wird und die andere, dass wir eine neue Erde kreieren werden.*
P: Beide sind zutreffend. Es wird eine Überblendung geben und es wird zwei Erden geben. Die eine Erde wird die andere überlagern. Und wir sollten daran denken, das alles lediglich eine Erfahrung bedeutet. Keine Erfahrung ist gut oder

schlecht. Es sind lediglich Erfahrungen. Erst die Wahrnehmung der Menschen macht es zu einer guten oder schlechten Erfahrung.

D: Einige werden sich also entscheiden, auf jener Erde zu bleiben, die die negativen Erfahrungen macht. (Ja) Und die anderen entscheiden, auf jene Erde zu gehen, die zur neuen Erde wird. (Ja) Mir wurde auch gesagt, dass sie sich der jeweils anderen Gruppe nicht bewusst sein werden.

P: Das ist auch das, was ich gehört habe.

D: Und als Peggy will sie den Dimensionswechsel und den Wechsel in die neue, höhere Frequenz miterleben? (Ja) Und es wird eine vollkommen neue Erfahrung sein, wenn sich das gesamte Universum auf einmal zur gleichen Zeit verändert?

P: Ja. Es werden wunderbare Wellen von Energie entstehen. Als wenn sich eine Blume öffnet. Und diese Energie wird sich in das gesamte Universum ergießen. Es wird ein überwältigendes Ereignis sein.

D: Aber jene auf der alten Erde werden nicht merken, was vor sich geht.

P: Nein, das werden sie nicht.

D: Sie werden sich derer, die die alte Erde verlassen und auf die neue Erde gegangen sind, nicht einmal bewusst sein?

P: Das ist richtig.

D: Ich habe diese Berichte von vielen unterschiedlichen Menschen gehört und deshalb wollte ich sie gerne überprüfen.

KAPITEL ELF

DIE ENERGIE DES SCHWARZEN LOCHS

Als Louise von der Wolke kam, sah sie sich an einem Ort, der ihr auf eigenartige Weise vertraut war, obwohl er der Erde in keiner Weise ähnelte. „Wir sind an einem Ort, den ich schon einmal gesehen habe, den ich wahrnehme als – nein, von dem ich *fühle*, dass er mein Zuhause ist. Die Gebäude sehen aus wie pinkfarbene Spitzen. Ich bin weit oberhalb des Planeten und alles, was man sehen kann, sind verschieden große Spitzen. Man könnte denken, es seien riesige Kristalle, aber ich weiß, dass es Gebäude sind. Sie schimmern und sie haben ein kristallartiges Aussehen." Dann sah sie sich auf dem Boden. „Jetzt kann ich etwas erkennen, dass wie Häuser aussieht, aber in der Form sehr modern ist. Sie haben alle eine unterschiedliche Farbe, abhängig davon, welche Art von Energie derjenige hat, der darin lebt."

L: Sobald ich die Spitzen aus der Ferne sah, fühlte ich, dass dort mein Zuhause ist. Es ist ein schönes Gefühl. (Pause) Es gibt dort eine Art Maschinen. Es entspricht ungefähr dem, was ein Heizungskesselraum oder ein Hochofen ist. Abgesehen von den äußeren Strukturen gibt es etwas, dass das Ganze am Laufen hält. Ich fühle, dass es mich zu dieser Maschinerie hinzieht und dass ich dorthin gehen will.

In dem Augenblick, als sie es sagte, war sie bereits dort.

L: Ich sehe Kreaturen, die wie Menschen aussehen, aber ein Teil von mir weiß, dass es keine Menschen sind. Und diese

Menschen rennen aus jenem Gebäude, dass all diese Maschinen beherbergt. Und sie kommen, um mich zu begrüßen. Sie umarmen mich und freuen sich, mich zu sehen.

D: *Wie sehen sie aus?*

L: Das ist eigenartig. Das zu sehen ist sehr verwirrend für mich. Denn zuerst sehen sie wie Menschen aus, dann wie etwas anderes und anschließend wieder wie Menschen. Jetzt kommt der Punkt, an dem ich denke, ich bilde mir das alles vielleicht nur ein, denn was ich gesehen habe, sind „Schwarze Loch Menschen". Ich nenne sie so, denn ich arbeite mit ihnen zusammen. Sie sind alle weiß, ungefähr 1,80 cm groß und haben eine wurstförmige Struktur. Sie haben einen kurzen Nacken und kleine Arme. Und ein diamantförmiges Gesicht: Am oberen Teil spitz zulaufend, an den Seiten zwei weitere Spitzen und ebenso am Kinn. Ich sehe sehr hübsche Augen, aber sie sind schräg verlaufend: Die äußeren Winkel zeigen nach unten. Über dem Gesicht gibt es eine Ausbuchtung, man könnte fast glauben, dass ihr Gehirn außerhalb des Kopfes auf ihrer Stirn sitzt. Sie haben vier Beine, die ungefähr bei einem Drittel vom Boden beginnend aus dieser wurstförmigen Struktur ragen. Es sind vier dünne Beine, die gleichmäßig angeordnet aus dem Körper wachsen.

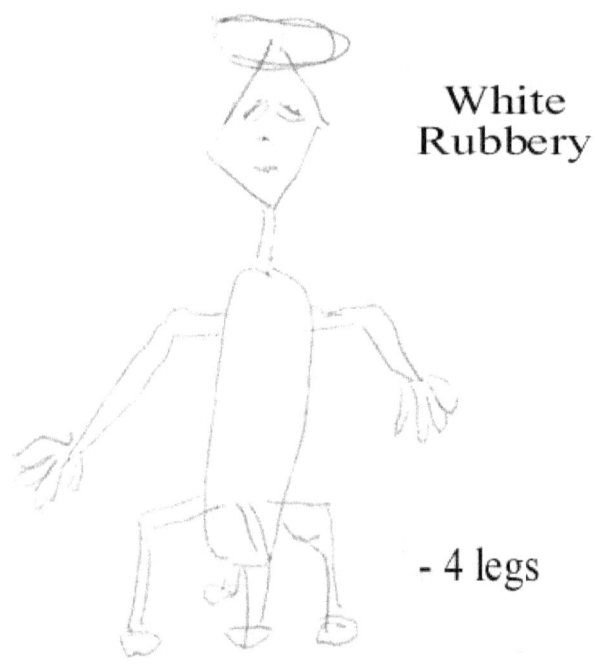

White Rubbery

- 4 legs

Ich sehe sie dort also, was mich verwirrt, weil sie mir gesagt haben, dass sie aus dem schwarzen Loch kommen. Oh, haben sie mir gerade mitgeteilt, dass sie mit der Energie aus dem schwarzen Loch arbeiten? Also deshalb fühle ich mich zu ihnen hingezogen, weil sie wie ich sind. Einer von ihnen sagt: „Willkommen, willkommen, willkommen". So, als ob ich eine ganz lange Zeit nicht zuhause gewesen bin. Und wir etwas nachzuholen haben. So fühlt es sich an. Wir sind alle sehr aufgeregt.

D: *Kannst du sehen, wie du aussiehst?*
L: Hmm. Ich sehe mich auf zweifache Weise. Wenn ich mich aus der Distanz betrachte und zurückschaue, sehe ich wie ich aus – menschlich. Wenn ich in meinem Körper bin und an mir herunterschaue, sehe ich wie ein schwarzes Loch Wesen aus – so wie sie.

D: *Ist es schwierig, mit vier Beinen zu laufen?*
L: Nein. Nein. (lacht) Ach, es war lustig, dass du das fragst, denn es ist, als würdest du mich fragen: „Ist es schwierig, sich hinzusetzen"? Es ist so natürlich.

D: *Glaubst, du, dass du mit diesen Wesen in dem Gebäude*

zusammengearbeitet hast?
L: Die Worte, die ich gerade hörte, lauten: „Meine Gruppe, meine Gruppe". Im Moment fühlt es sich so an, als wäre ich gleichzeitig dort und auch hier. Das passiert alles im jetzigen Moment. Und ja, ich bin dort eine lange Zeit nicht gewesen.
D: *Warum bist du dort weggegangen?*
L: Um Informationen zu sammeln. Deshalb bin ich hier auf der Erde. Um Informationen zu sammeln.
D: *Wozu brauchst du diese Informationen?*
L: Ich sehe die Worte: „Wir dehnen uns aus" vor mir . Unser Planet dehnt sich also aus. Und ich sehe, dass verschiedene Leute von uns zu anderen Orten gereist sind. Und dann kommen wir zurück und erstatten Bericht. Das ist meine Aufgabe. Es gibt ganz unterschiedliche Leute und Gruppen, die mit unterschiedlichen Aufgaben betraut sind. So wie meine Gruppe eine bestimmte Arbeit in diesem „Etwas" macht, das „etwas" zum Laufen bringt. Es hat mit diesem Gebäude zu tun. Und so sammle ich Informationen, die für dieses Gebäude von Bedeutung sind. Und dann gibt es einige Leute, deren Gruppen der Mitte der Stadt zugeordnet sind. Sie bekommen unterschiedliche Informationen über unterschiedliche Plätze (Pause) Sie zeigen mir jetzt, wie ich zu einer größeren Anzahl von Leuten über das spreche, was ich herausgefunden habe – und ich bin währenddessen in einem der pinkfarbenen Gebäude. Und sie zeigen mir, dass die Leute, die zu allen möglichen Orten ausgesendet werden, aus ganz unterschiedlichen Gruppierungen ausgewählt wurden. Ich bin also Teil einer bestimmten Gruppe, aber meine Informationen sind für alle, denn sie zeigen mir, dass ich darüber zu sehr vielen Leuten spreche.
D: *Welche Art von Informationen teilst du mit den anderen?*
L: Ich erhalte die Formulierung: „Physik, Astronomie, charakteristische Eigenschaften aller physischen Dinge hier auf der Erde. Wie die Dinge hier funktionieren. Kulturen. DNA." Alles, was ich herausfinden kann.
D: *Und die anderen, die ausgesendet wurden - finden sie die gleiche Art von Informationen?*
L: Ja, aber unterschiedliche Leute gehen an unterschiedliche Orte zu unterschiedlichen Zeiten. Lass' uns mal schauen. Sie versuchen mir zu sagen, wie viele jetzt auf der Erde sind, es sind nur etwa 13. E sind derzeit also 13 auf der Erde, aber es

waren auch schon weniger oder mehr, abhängig vom jeweiligen Zeitpunkt.

D: Warum ist es so wichtig, Informationen zu sammeln?

L: Das frage ich mich auch (lacht). Sehen wir es uns einmal an. Sie sagen mir, dass ein Teil dieser Maschinerie mit der Energie des schwarzen Lochs zu tun hat. Und sie sagen, dass es sich hierbei um eine ganz, ganz stark zusammengepresste Energie handelt. Es soll eine Methode entwickelt werden soll, die dem Universum (und vielleicht darüber hinaus) helfen könnte, sich selbst zu heilen. Und angesichts der verschiedenen Energien, mit denen wie arbeiten, müssen wir mehr über jene Orte erfahren, denen wir helfen werden. Das wird den Unterschied machen. Um es kurz zu machen: Es soll herausgefunden werden, welche Energien gebraucht werden, damit wir die richtige Art davon bereitstellen können. Deshalb sammeln wir all diese Informationen. Wir werden unterschiedliche Probleme an unterschiedlichen Orten, wie zum Beispiel auf der Erde, heilen. Ich weiß nicht, wo noch. Aber einige Orte brauchen mehr von einem bestimmten Teil dieser speziellen Energie. Einige Orte brauchen einen anderen Teil dieser Energie. Und einige Orte brauchen eine ganz bestimmte Menge einer Energie. Sie haben mir grade gesagt, dass, wenn ich auf die Erde komme, ich genau das mitbringe, was gebraucht wird. Ich bringe die Energie des schwarzen Lochs mit. Und was immer ich herausfinde, dass gebraucht wird, bringe ich dorthin mit. Wir sind insgesamt 13 Leute, die es auf diese Art machen. Wir gehen dann irgendwann zurück und andere werden nachkommen und das Gleiche tun. Und ja, es geht darum, Informationen zu sammeln und gleichzeitig diese Energie bereitzustellen. Sie zeigen mir auch den Grund, warum ich vor vielen Ratsmitgliedern einen Vortrag halte. Es geht darum, zu berichten. Nur darum: zu berichten. „Dort bin ich hingegangen. Das habe ich dort vorgefunden. Das hier wurde bereitgestellt. Und das ist anschließend passiert."

D: Gehst du häufig hin und zurück?

L: Na ja, ich bin in diesem jetzigen Leben 61 Jahre alt und sie sagen, dass ich schon 15 mal zurückgekommen bin. Und wenn ich zurückgehe, treffe ich mich mit der Familie oder vielmehr der Gruppe - nicht der Familie - wird mir gerade mitgeteilt. Und treffe mich mit meiner Gruppe und berichte, stellen Sie sich das vor! Und mir wird mitgeteilt, dass all die anderen Energien, die hereinkommen und die von Menschen gebraucht werden, Teil des Ganzen sind. Wenn also jemand die Energie von Kupfer braucht, wäre er nicht in der Lage, mit einer anderen Energien umzugehen. Also erhalten sie nur einen Teil der Energien.

D: *Was genau ist diese Kupfer-Energie?*

L: Wie du weißt, besteht jedes Ding aus Energie. Alles hat eine unterschiedliche Vibration. Einige Menschen brauchen eventuell die Schwingung von Kupfer. Dem Metall. Des Minerals. Es ist nur ein Teil der totalen Energie. Und jetzt, wo ich im bewussten Zustand mehr und mehr Informationen erhalte, wird diese Energie um ein vielfaches verstärkt an einen bestimmten Ort gesendet. Aber an Großteil meiner Tätigkeit besteht darin, Nachts, während ich schlafe, an unterschiedliche Orte der Erde zu reisen. Und je nachdem, was für Energie sie vom schwarzen Loch benötigen, ist dann jene, die sie bekommen.

D: *Hast du dich freiwillig dafür gemeldet oder hat dich jemand gefragt, ob du es machen willst?*

L: Ich sehe hier, dass es eine Ehre war. Als wenn man einen Preis gewinnt. So in etwa wie: „Du gehst dort jetzt hin. Oh, ich bin es wirklich, die geht." Wir sind alle gleich. Es spielt keine Rolle, ob du den Boden wischst oder Präsident bist. Wir sind alle gleich. Jeder kann dazu auserwählt werden. Und es fühlt sich so an, als ob jeder mal an der Reihe für eine solche Aufgabe ist. Man kommt nur aus unterschiedlichen Gruppen.

D: *Hast du hier auf der Erde schon vor vielen Jahren damit begonnen? Kannst du sehen, wie alles begann?*

L: In dem Moment, als du es gefragt hast, haben sie mir den Heimatplaneten gezeigt. Mal sehen. Ich sehe mich selbst, wie ich viel Male auf die Erde und auch zu anderen Orten reise und gereist bin. (Pause) Wir sind in einem *großen* Gebäude, dass viele Schubladen hat. Fast, als hätte man je eine Abteilung mit einer Schublade darin. Dann macht man sich bereit, zur Reise. Ich weiß nicht, wie man in die Schublade reinkommt, aber man ist dort drin. Im Moment weiß ich nicht genau, wie das funktioniert, aber der physische Körper ist in der Schublade. Und der Geist ist nicht mehr dort. Und dann kommt man zurück und man hat seinen Körper wieder.

Das hatte Ähnlichkeit mit anderen Fällen, wo der physische Körper an Bord eines Raumschiffes blieb. Dort wurde der Körper in einer Art Schlafzustand gehalten, während der Geist andere Aufgaben wahrnahm.

D: *Dann muss der Körper also nicht sterben.*
L: Nein, das muss er nicht. Es ist ähnlich wie beim Winterschlaf.
D: *Und dort wartet er, bis du deine ... Reisen und Aufgaben erfüllt hast?* (Ja) *Es ist also dein Geist, deine Seele, der diese Reisen unternimmt?*
L: Ja, ich bin dafür auserwählt worden. Ich weiß nicht, wer diese Entscheidungen trifft. Mir wird mitgeteilt, dass es die Mitglieder des Rates sind. Sie entscheiden: Jetzt ist es für diese Seele an der Zeit, jetzt für jene, jetzt für diese. Und man geht und kommt immer wieder zurück. Es ist, als ob jeder auf diesem Planeten ständig von einem Ort zum anderen hin und wieder zurückwechselt. Jetzt erzählen sie mir von meiner Gruppe. Diese Gruppe besteht aus 19 Wesen, aber da verschiedene Wesen an unterschiedlichen Orten sind, arbeitet man normalerweise mit einer Kerngruppe bestehend aus 12 Personen zusammen. Die Zusammensetzung ändert sich ständig, aber der Gruppengeist bleibt trotzdem bestehen.
D: *Was macht der Rat mit all diesen Informationen, sobald sie zurückgebracht wurden und darüber berichtet wird?*
L: Also, ich sehe zwar keinen Computer, aber mir wird gesagt, dass sie keine Computer brauchen. Sie hören die Informationen lediglich und können dann bereits entscheiden, was notwendig ist. Als ob man beispielsweise jemandem eine bestimmte Menge an Arznei gibt und es sich dann herausstellt, dass er etwas mehr davon braucht. Sie wissen, wie sie an bestimmte Plätze weitere Energie senden können. Aufgrund der Berichte und anhand dessen, was stattgefunden hat, können sie die nächsten Schritte entscheiden. Sie wissen, wie viele von uns zur Erde reisen sollten. Wie viele dorthin und wie viele woanders gehen sollten. Wie viel von der Energie des schwarzen Lochs zur Verfügung gestellt werden sollte. Wie viel davon an jedem Ort gebraucht wird. Das alles beobachten sie genau. Es versteht sich, dass bei jedem Besuch von uns die Energie des

schwarzen Lochs mitgebracht wird. Und wir sind in der Lage, damit zu heilen. Dort oder da - wo immer sie gerade gebraucht wird.

D: *Warm nennt man sie „die Energie des schwarzen Lochs"?*

L: Mir wurde gerade mitgeteilt: "weil sie genau das ist" (lacht). Sie kommt tatsächlich von den schwarzen Löchern im Universum. Irgendwie ist es unseren Leuten möglich, diese Energie einzufangen, festzuhalten und weiterzugeben.

D: *Die nächste Frage betrifft etwas, dass die Wissenschaftler schon lange beschäftigt. Was sind diese schwarzen Löcher? Wir wissen, was die Wissenschaftler darüber sagen, aber was sagt ihr dazu?*

L: (Pause) Was mir gezeigt wird, ist Folgendes: Man sieht sich das Universum an und nimmt es als etwas Schwarzes mit Planeten und Sternen wahr und das Schwarze darin als ein Material oder eine Textur. Und als etwas solides Ganzes. Man könnte es auch aus Plastik gemacht wahrnehmen, in jedem Fall wird der Kosmos als solides Ganzes verstanden. Und dann bewegen sich von rechter und linker Seite des Universums Teile aufeinander zu (er zeigte mir später, was er sah, indem er ein Blatt Papier nahm und dessen Enden umbog, so das sich die Kanten berührten). Wenn sich diese Teile aufeinander zu bewegen und es Verwerfungen in der Mitte gibt, setzt das eine Energie in Bewegung, die sich zu drehen beginnt. Und genau das verursacht ein schwarzes Loch. Es ist etwa so, als hätte man einen Fels hier im Untergrund, der sich bewegt und aufgrund des Drucks ein Erdbeben verursacht. Und so kommen die Energien des Kosmos zusammen und verursachen einen Strudel ... Nein! Sie sagen: „keinen Strudel". Sie sagen mir, ich solle den Begriff „Druck" verwenden. Diese Enden des Universums, die sich aufeinander zu bewegen, verursachen eine Intensität, die dazu führt, dass ein enormer Druck auf alle vorhandenen Energien ausgeübt wird. Und mit diesen zusammengepressten Energien arbeiten wir.

D: *Die Wissenschaftler sagen, dass nichts innerhalb des schwarzen Lochs existieren kann.*

L: Ja, sie sagen, dass alles in dieses Loch hineingezogen wird. Es ist dort sehr dicht, das bekomme ich als Information. Sie verwenden permanent das Wort: „Druck, Druck, Druck".

D: *Das darin nichts wirklich existieren kann ... Was sagen sie dazu?*

L: Sie zeigen mir jetzt etwas - als ob es genau hier ein schwarzes Loch gibt (lacht). Einer von ihnen sagt: „Schau mich an!" Und er springt dort hinein und wieder hinaus. Springt dort hinein und wieder hinaus. Und er sagt: „Hey, ich kann darin existieren! Ich kann wirklich existieren". Und nun sagen sie, dass wir die Energie weitertragen können. Deshalb gehen wir auf die Erde. Wir studieren hauptsächlich, wie die Auswirkungen auf die Erde waren, seitdem die letzte Gruppe dorthin kam und die Energie des schwarzen Lochs mitgebracht hat. Wir lernen also über all diese Dinge und gleichzeitig verteilen wir die Energie des schwarzen Lochs. Dann gehen wir zurück und erstatten Bericht „So sehen die Dinge jetzt aus". Es besteht eine Ko-Existenz mit der Energie des schwarzen Lochs.

D: Aber sagen unsere Wissenschaftler nicht, dass alles dort hineingesaugt wird und nichts herauskommen kann?

L: Ja. Und sie betonen weiterhin das Wort „Druck, Druck und nochmals Druck". Es gibt dort eine solch unglaubliche Menge von Druck. Sie sagen, dass wir damit arbeiten können. Wir sind in der Lage, hinein und wieder hinauszugehen. Einige der Energie nehmen wir mit und verteilen sie. Wir könnten kein komplettes schwarzes Loch mitnehmen. Das wäre zu viel. Sie sage mir, dass wir nur mit kleinen Anteilen davon arbeiten. Es also ein sehr, sehr mächtige, kondensierte Energie.

D: Wir haben auch gehört, dass etwas woanders wieder herauskommt, wenn es einmal vom schwarzen Loch eingesaugt wurde.

L: Wie ein weißes Loch. So nennen es, glaube ich, einige Wissenschaftler.

D: Aber an sagt, dass Raumschiffe beispielsweise nicht in der Lage wären, dem Sog des schwarzen Lochs zu widerstehen und nicht mehr entkommen könnten. Sie würden dort hineingezogen.

L: Ja. Wenn ich versuche herauszufinden, was dann passieren würde, bekomme ich wieder fortwährend das Wort „Druck, Druck, Druck" übermittelt. Sie zeigen mir diesen einen Bereich voll mit immensem Druck. Und sie sagen mir, dass wir offensichtlich eine bestimmte Vibration besitzen, so dass wir diesen Druck handhaben und damit arbeiten können.

Wenn ein Raumschiff ebenfalls diese Vibration hat, könnte es diesen Druck gleichfalls handhaben. Wenn es die richtige Vibration hat, könnte es hinein und wieder hinausfliegen.

D: Ist denn die Theorie zutreffend, dass man in einem anderen Teil der Galaxie (oder ganz woanders) wieder herauskommt, wenn man einmal von einem schwarzen Loch eingesaugt wurde?

L: (lacht) Derjenige, der vorhin in das schwarze Loch hinein und wieder herausgesprungen ist, sagt: „Komm' mit mir!" Wir schweben durch die Luft. Jetzt kommen wir zu einem ziemlich kleinen schwarzen Loch. Es ist nur etwa so groß wie ein Haus, aber trotzdem ist die gleiche Art von Energie darin. Und er sagt: „Okay, siehst du irgendetwas da drinnen?" Und ich sage, „Nein. Ich sehe dort nichts". Es ist genauso, als wenn man sich den Kosmos anschaut. Er sieht schwarz und leer aus. Er erwidert: „Okay, lass' uns reingehen. Kannst du etwas fühlen?" Darauf ich: „Nein". Also nimmt er ein kleines Gerät, dass Kilo pro Quadratzentimeter anzeigt. Eine Druckanzeige. Und er sagt: „Jetzt sieh' dir das mal genau an". Der Druck wird so hoch, dass die Anzeige explodiert. Er: „Druck, Druck, Druck." Dann gehen wir tiefer hinein. Es fühlt sich so an, als ob es abwärts geht. Und es sieht aus, wie ... weißt du noch dort, wo die zwei Teile des Universums zusammengekommen sind? Nur einige Teile des Kosmos sind miteinander in Kontakt gekommen. Oben und unten und an den Seiten wurde es nicht zusammengedrückt. Und jetzt kommen wir auf der anderen Seite heraus, dort, wo es nicht zusammengedrückt wird, dort, wo kein Druck besteht. Es ist wie oben und unten, genau dasselbe existiert an den Seiten. Und abermals sagt er, wahrscheinlich um seinen Punkt zu verdeutlichen,: „Druck, Druck, Druck." Das ist es. Darum geht es. Um den Druck, der herrscht.

D: Aber ihr seid woanders rausgekommen?

L: Ja, wenn man so will. Allerdings nicht in einer anderen Dimension. Man ist im Kosmos an den Seiten und auch oben und unten. Es gibt nur einen bestimmten Bereich, der zusammengedrückt wird und das ist es, was es ausmacht, das schwarze Loch. Er macht es sehr deutlich, indem er sagt: „Der Druck, der Druck, der Druck". Er spricht dabei nicht von unserer Physik. Nicht von unserem atmosphärischen

Druck und nicht von irgendeinem Flüssigkeitsdruck. Er spricht vom Druck dieser immensen Energie. Energie, die zusammengedrückt, zusammengedrückt und immer weiter zusammengedrückt wird. Und er betont, dass daraus keine dichtere Form von Energie wird, so, als ob etwas zum Beispiel von Gas zu Flüssigkeit und von Flüssigkeit zu etwas Festem den Zustand wechselt. In dieser Hinsicht wird es nicht dichter. Es ist eine andere Form von Physik. Es ist eine andere – (Pause) ... jetzt höre ich, wie sie sagen: „Für euch unverständlich, für euch unverständlich". Zumindest kann ich aber verstehen, dass es viele verschiedene Energien gibt, die diesem Druck ausgesetzt sind. Aber es ist nicht das Gleiche, als würde man hier auf der Erde ein Gas nehmen und es hohem Druck aussetzen. Es ist nicht das Gleiche, als würde man etwas Festes nehmen und es hohem Druck aussetzen.

D: *Ich hatte angenommen, dass die Leute, die etwas mit Physik zu tun haben, daran Interesse habe würden. Es ist also nicht so, wie alle annehmen?*

L: Nein. Es ist fast wie ein anderes physikalisches Gesetz bezüglich der Druckverhältnisse. Es hängt damit zusammen, wie die Energien reagieren.

D: *Deswegen seid ihr in der Lage es zu verwenden, da es eine andere Form von Energie ist.* (Ja) *Ich habe an ETS mit ihren Raumschiffen gedacht. Sie wissen, wie man mit den schwarzen Löchern manövriert oder sie vermeidet. Ergibt das Sinn?*

L: Was mit auch gerade gezeigt wird ist, dass unterschiedliche ETs auch unterschiedliche Vibrationen haben. Sie haben auch unterschiedliche Energien. Und unterschiedliche schwarze Löcher haben einen unterschiedlich starken Druck. Sie zeigen mir also ... Warte einen Moment! Sicher! Das macht Sinn. Es ist abhängig von den Energien, die in jenem Teil des Kosmos gerade präsent waren, als die beiden Teile zusammengedrückt wurden - davon hängen diese Enegien letztendlich ab ... Welche Art von Druck dort herrschte, als die beiden Energien aufeinander getroffen sind. Davon hängt es ab, welche Art von schwarzem Loch daraus entsteht. Welche Art von Energien zusammengedrückt worden sind. So die Leute – die unterschiedlichen ETs und die unterschiedlichen Raumschiffe wissen das normalerweise.

„Wir können in *dieses* schwarzes Lochen fliegen, aber nicht in *das andere* schwarze Loch".

D: *Einige Leute glauben, dass diese schwarze Löcher Portale sind. Sind sie etwas anderes?*

L: Was sie mir gerade mitteilen lautet: „Ein Portal ist ein Portal".

D: *Dann ist das schwarze Loch also kein Portal?*

L: Die Worte, die ich erhalte, lauten: „Unter besonderen Umständen". Also offenbar zumindest gelegentlich.

D: *Das zeigt also, dass es „Wesen" gibt, die unter jeder Art von Umständen existieren können?*

L: (lacht) Ich bekomme gerade die Worte:"Aber natürlich".

D: *Unsere Wissenschaftler sind der Meinung, dass nichts innerhalb von etwas existieren kann, dass derart dicht und schwer ist.*

L: Genauer gesagt *leben* wir dort nicht, aber wir können in den schwarzen Löchern *sein* und sie *nutzen*.

D: *Dieser Planet, den du als dein Zuhaue betrachtest, befindet sich also nicht in einem schwarzen Loch?*

L: Nein, er befindet sich außerhalb, verwendet aber dessen Energie. Er weiß, wie der das machen muss. Und nimmt dann diese Energie und hilft damit auch anderen Orten im Universum.

D: *Sie kann dirigiert werden und sie wissen, wie sie das tun müssen.* (Ja) Und sie möchten gerne, dass Louise diese Energien dirigiert?

L: Ja. Im Moment.

D: *Hatte Louise bereits viele Leben hier auf der Erde oder ist das ihr erstes?*

L: Ich höre: „Ihr wurden viele Leben aufgeprägt".

Mehr Informationen zum Konzept der „Aufprägung" finden sich in meinen Büchern *Keepers of the Garden* und *Between Death and Life* sowie im Anfang dieses Buches.

D: *Es ist also nicht wirklich notwendig, viele Leben zu leben.*

L: Derjenige, der mir den Weg in das schwarze Loch gezeigt hat, sagt: „Nein, das ist natürlich nicht wirklich notwendig".

D: *Aber dieses jetzige Leben ist wirklich notwendig. Sie sammelt Informationen und sendet sie zurück.*

L: Ja. Das ist das, was ich schon zuvor getan habe.

D: *Ich erhalte dieselben Informationen von verschiedenen*

Leuten darüber, dass es Entitäten gibt, die Informationen sammeln und darüber Bericht erstatten. Ich nehme an, viele haben einen ähnlichen Auftrag.
L: Wow! Ja. Das ist großartig.
D: *Kann ich auf diese Weise weitere Informationen von Louise erhalten oder sollte ich nun ihr Unterbewusstsein kontaktieren?*
L: Es geht auf die ein oder andere Weise - wie du möchtest.
D: *Ich kann die Informationen also auf beiden Wegen erhalten?*
(Ja)

Ich fragte dann nach den körperlichen Beschwerden, bei denen Louise Hilfe benötigte. Sie hatte eine Art Druckgefühl auf dem Rücken zwischen ihren Schulterblättern.

L: Ich sehe nun wieder die Schubladen, in denen sich die physischen Körper befinden. Lass' mich mal sehen. Ah, Okay. Jetzt fühlt mein physischer Körper – mein menschlicher Körper – die Verbindung zu dem anderen Körper. Das ist irgendwie seltsam. Sie sagen, es liegt daran, weil ich im Moment eine so starke Verbindung habe. Es liegt daran, wie mein physischer Körper auf die energetische Verbindung mit dem anderen Körper da oben reagiert. So, als ob man ein vergangenes Leben sieht und die Emotionen spürt. Ich kann sehen was passiert, wie ich die Person auf dem anderen Planeten bin. Ich kann die Verbindung spüren. Und das, was ich physisch spüre, sitzt hinter meinem Herzchakra. (Pause) Ich sehe, wie sie etwas erklären, aber ich kann es nicht hören. (Pause) Okay. Die vergangenen Leben, die Leben, die mir als menschliche Existenz aufgeprägt wurden und die, die ich in der geistigen Welt zwischen den Leben lebte, sind ebenfalls eine Illusion. Dass der Planet, auf dem ich lebe, ebenfalls eine Illusion ist. Das schwarze Loch ist eine Illusion. Es gibt auch keine Leben, die dazwischen stattfinden.
D: *Aber ihr physischer Körper wartet auf dem Planeten darauf, dass sie zurückkehrt?*
L: Ja. Und es wird so geschehen. Aber das ist *auch* eine Illusion. Alles ist es. *Alles.* Alles ist Illusion. Und was wir als die Leben dazwischen wahrnehmen, ist ebenfalls eine Illusion.
D: *Aber es ist sehr tröstlich für die Menschen.*

L: Das ist richtig, ja.

D: Es wäre für unseren Geist andernfalls sehr schwierig zu funktionieren, wenn wir nicht etwas hätten, wovon wir annehmen, dass es real ist. Wenn also alles, was uns bekannt ist, eine Illusion ist - ist dann überhaupt irgendetwas real? Denn ich weiß, dass wir unsere Realität selbst erschaffen. Also erschaffen wir auch unsere Illusionen.

L: Ich habe gerade auf eine Antwort gewartet. Und mir wurde etwas gezeigt, dass wie die große Zentralsonne aussieht.

D: Gibt es sie denn in der Realität?

L: (lacht) Mir wird mitgeteilt: "Wenn du gerne möchtest, dass sie Wirklichkeit ist, dann ist sie es" (Pause) Sie haben mir alle möglichen Arten von Universen gezeigt. Ich sah vor allem die Erde. Ich sah vor allem - so nennt man es wohl - meinen Heimatplaneten. Und ich sah, wie alles zu einem Ort, in eine Richtung gesaugt wurde. Es war, als ob ich in der großen Zentralsonne stehe und alles dort hineingesaugt wird. Wie war die Frage nochmal?

D: Was ist die große Zentralsonne?

L: Ein Aspekt davon ist, dass sie aus allem gemacht ist. Alles ist in ihr enthalten. Alles ist darin, denn alles wurde in sie hineingesaugt.

D: Wie sieht sie aus?

L: Für mich sieht sie so aus, als wäre man in einem cremig gelb-goldenen Licht, und es gibt es auch eine Ahnung, als befände man sich innerhalb von Flammen. Man kann diese Flammen nicht sehen. Man kann sie nicht fühlen. Aber es gibt eine Ahnung, dass sie da sind.

D: Ich möchte dich nicht beeinflussen, aber ich muss an etwas denken, was mir erzählt wurde. Nämlich dass im Laufe der Zeit, alles, was erschaffen wurde, zurück zur Quelle implodiert. Ergibt das Sinn?

L: Nein, das ist nicht das, was mir gezeigt wurde. Es wurde mir keine Implosion gezeigt. Mir wurde symbolisch alles gezeigt, über das wir gesprochen haben: Mein Zuhause, die Erde und alles, was daraus hervorströmt. Und ich erhalte die Worte: „Keine Implosion, keine Explosion".

D: Ist die große Zentralsonne das Äquivalent zu dem, was einige Leute die „Quelle" nennen? (Pause) Glaubst du, es ist das Gleiche und hat nur einen anderen Namen?

L: Ja, andere nennen es die Quelle. Aber ich sehe es als einen

Lichtball. Ich sehe Tausende anderer Lichtkugeln und dann rauschen sie alle zusammen an einen anderen Ort. Es ist, als ob die Erde in dessen Innerem ist und aus dieser Quelle entstanden ist. Es sieht so aus, als ob das, was wir die Quelle nennen, jeweils aus einer anderen Quelle heraus entstanden ist.

D: *Wir limitieren die Quelle also, indem wir denken, es gäbe nur eine einzige Quelle?*

L: Richtig. Und ich höre, dass es weiter und weiter geht. Und ihre Energie dazu da ist, von allen benutzt zu werden.

Ich fragte dann nach ihrem Lebenssinn, was sie mit ihrem derzeitigen Leben machen sollte. Das war eine ihrer Fragen.

L: Sie zeigen mir, dass ich zur Erde hin - und wieder zurückreise und auch, dass der andere Planet wandert. Aber ich wollte nichts über meinen Lebenszweck in dieser anderen Existenz wissen. Ich wollte etwas über meinen Lebenssinn hier auf der Erde wissen. In dieser Welt.

D: *Ja. Diese anderen Dinge sind interessant, aber wir müssen jetzt hier in dieser derzeitigen physischen Existenz leben.*

L: Die Worte, die ich erhalte, lauten: „Mach einfach so weiter". Und das Gefühl dabei ist, dass ich stets nach meiner Intuition gehe. Ich werde hierhin oder dahin geführt. Meiner Intuition folgend.

Louise hatte eine Frage bezüglich einer ungewöhnlichen Erfahrung, die sie vor über 20 Jahren machte. Es geschah Nachts und sie sah einen aus einem Metallnetz geformten Ball mit einem Loch. Dort ging sie hinein.

L: Ich bin nach Hause gegangen. Sie wollen mir jetzt mitteilen, dass Teil meines menschlichen Unterbewusstseins damit begonnen hatte, sich darüber bewusst zu sein, wer ich war und woher ich kam. Und jede Nacht ging ich zurück und lernte dazu. Das ist auch das, was jetzt gerade passiert und das, was zukünftig passieren wird. Sie zeigen mir, dass ich bis zu einem bestimmten Zeitpunkt die Energie des schwarzen Lochs noch nicht mit zur Erde gebracht hatte. Ich musste erst hierherkommen, mich an die Erde gewöhnen und erst dann war ich dazu bereit. Das geschah, als ich ungefähr

40 Jahre alt war. Und jede Nacht wanderte ich dorthin und wieder zurück. Ich wurde daran erinnert, woher ich kam. Und weshalb ich auf der Erde war. Und am Ende sagten sie: „Jetzt bring diese Energie auf die Erde". Nun gehe ich Nachts an ganz verschiedene Orte. Lass' mal sehen: was hat der Ball symbolisiert? Sie sagen: „Er ist anschließend verschwunden, oder?" Ja. Ich habe ihn danach nie wiedergesehen. Der Ball zeigte mir, dass es um mich herum eine Energie gab, die verhinderte, dass bestimmte Dinge aktiviert wurden, bis ich wirklich dazu bereit war. Und das Loch symbolisierte, davon befreit zu werden. Und dann von weiter oben weitere Informationen zu erhalten. Dann war ich bereit. Ja, und wie!

KAPITEL ZWÖLF

IM UNTERGRUND

Über das Phänomen der Untergrundstädte habe ich bereits im Buch II der Serie geschrieben; die Idee ist also nicht neu. Es gibt sehr viele Mythen und Legenden, die sich darum ranken und ich war immer überzeugt, dass alle Legenden irgendwo einen wahren Kern haben. Oftmals sind sie über die Jahre verändert und angepasst worden, um dem jeweiligen Zeitgeschmack zu entsprechen, aber mir wurde gesagt, dass ihr Ursprung (so sehr er auch verschleiert worden mag), stets auf wahren Ereignissen beruhen. Die Geschichte, die sich in dieser Sitzung offenbarte, war eine weitere Version davon.

Als Marian von der Wolke kam, sah sie sich in einem Umfeld, dass sich für sie sehr unbehaglich anfühlte. Sie stand vor einer großen Eiche, die den Anfang eines dunklen Waldes markierte. Der Wald grenzte an einen Ozean, und wurde lediglich von einem schmalen Streifen Sand vom Wasser getrennt. Der Boden war erodiert und durch das Wasser bis zum Beginn der Baumlinie abgetragen. Die Bäume waren riesig und sehr alt, mit schwarzer Rinde und großen, knotenartigen Strukturen; die Blätter klein und schmal und all das erinnerte an nichts, was man vom Planeten Erde kannte. Das war einer der Gründe, warum sie sich so unwohl fühlte. Es gab so viele dieser seltsamen Bäume, dass sie das Licht im Wald blockierten. „Dieser Wald ist kalt. Er sollte aber nicht so kalt sein. Es fühlt sich nicht vollkommen schlecht an, aber es fühlt sich nicht richtig an. Das Gleichgewicht stimmt nicht ... oder irgendetwas anderes stimmt nicht". Dann eine plötzliche Erkenntnis: „Oh, da sind keine Lebewesen. Es gibt keine Geräusche! Da ist gar nichts!"

Sie erkannte, dass sie in dem gezeigten Leben ein rothaariger junger Mann in Fellkleidung war, der Pfeil und Bogen und ein Messer bei sich trug. Normalerweise hätte er all das dabei gehabt, um Tiere zu jagen, aber er sagte: „Ich bin auf der Jagd nach etwas anderem." Etwas, das in diesen unbekannten Wäldern gefunden werden konnte. Die Bäume wuchsen sehr dicht beieinander und formten eine natürliche Überdachung; so hielten sie das Tageslicht ab, ähnlich wie bei einem Tunnel (oder, wie sie es beschrieb: wie eine Höhle). "Ich suche nach etwas, dass am Ende des Tunnels sein sollte. Der Wald formt aufgrund seines Wuchses eine Höhle.

D: Bist du schon einmal in diesem Teil gewesen? (Nein) Aber da gibt es etwas, wonach du suchst?
M: Ich glaube, ja.
D: Woher weißt du, dass es dort ist, wenn du dort noch nie gewesen bist?
M: Ich weiß es eben nicht genau, daher suche ich ja danach.

Er vertraute lediglich seinem Glauben daran, denn der einzige Weg, wie er von diesem Ding erfahren hatte, war anhand von Geschichten; Legenden, die ihm die Leute erzählt hatten. Soweit er wusste, hatten diese Leute nie danach gesucht oder versucht, es zu finden. „Es gibt einen Grund, danach zu suchen: Es wird gebraucht. Ich weiß nicht, wozu. Es hat die Antwort auf etwas."

D: Eine Antwort für dich oder für deine Leute?
M: Es ist für alle. Man sucht nicht für sich selbst danach.
D: Wäre es egoistisch, danach für sich selbst zu suchen?
M: Ja! (Er war erstaunt darüber, dass man so etwas fragen konnte)
D: Was sind das für Geschichten, die du über dieses Ding gehört hast?
M: Nur, dass es da ist. Man findet es am Ende einer Höhle. Es hat alle Antworten. Es hat etwas das es braucht, um zu überleben, um weiterzumachen. Es ist irgendwo in dieser Höhle.
D: Ist es ein Objekt?
M: Nein, es ist eher ein Wesen. Es ist schwer zu erklären. Es hat nicht wirklich eine Form und gleichzeitig kann es viele

Formen annehmen. Die Geschichten sprechen nur davon, was es besitzt und über das Konzept der Antworten. Es ist ein Geschenk. Ich weiß nicht, wie ich es erklären soll.
D: Gibt es etwas in dieser Zeit, in der du lebst, das geschieht und wozu diese Hilfe und die Antworten benötigt werden?
M: Es werden Veränderungen passieren, sehr große Veränderungen. Veränderungen, die sowohl etwas erschaffen, als auch zerstören werden. Alle Völker, viele Orte. Es ist, als ob die Erde sich gegen sich selbst richtet und alles beginnt von vorne. Alle rechnen damit, aber das Wissen, wie damit umgegangen werden kann und wie es weitergeht, ist verloren gegangen.
D: Die Geschichten erzählen davon, dass es passieren wird? (Ja) *Passiert im Moment etwas? Gibt es irgendwelche Anzeichen?*
M: Nicht da, wo ich lebe, aber wir wissen, dass es kommen wird.
D: Aber das könnte noch weit in der Zukunft liegen?
M: Es ist näher, als wir glauben. Man liest, man sieht, man hört. Man hört die Anzeichen. Wir beobachten. Alles teilt sich einem mit und wenn man genau hinhört, kann man es hören.
D: Dein Volk muss sehr im Einklang mit der Natur leben, wenn ihr um diese Dinge wisst.
M: So haben wir es gelernt. Man kann es nicht anders lernen. Man muss es so machen. Wen man es ignoriert, ist man ... tot!

Ich fragte ihn nach dem Ort, wo seine Leute lebten. Es gab nicht sehr viele von ihnen und sie lebten in Behausungen, die sich in der Nähe der Wälder befanden. „Sie sind als Teil des Waldes errichtet worden. Wen man von Weitem schaut, kann man sie nicht von den Wäldern unterscheiden. Sie vermischen sich optisch mit den Bäumen und sind auf diese Weise versteckt. Obwohl er sich in den Wäldern auskannte, war der Teil, wohin er gereist war, weit von seinem Zuhause entfernt und vollkommen anders.

Ich brachte ihn in der Zeit nach vorne, bis er durch den höhlenartigen Wald gestreift war, um zu sehen, ob er das gefunden hatte, wonach er suchte. Er hatte Schwierigkeiten, es zu beschreiben. "Es hat keine Form und ist sehr hell. Es verändert seine Form, es ist nichts Festes. Fast wie eine Flüssigkeit, aber es ist keine Flüssigkeit. Es ist sehr, sehr *Weiß*!

Ich habe noch nie etwas Derartiges gesehen. Manchmal sieht es aus wie ein alter Mann, dann bewegt es sich, wechselt oder verändert sich und sieht dann wie etwas anderes aus. Aber keine dieser Formen sind fest!"

D: *Wo hast du dieses Wesen gefunden?*
M: Es befindet sich am hinteren Ende der Höhle. Dort ist es sehr weitläufig, sehr groß. Es ist nicht wie in dem Durchgang, dem Hohlweg, wo es dunkel ist. Ich ging bis zum Ende dieser Höhle und konnte an der Öffnung ein Leuchten entdecken. Ich war sehr überrascht.
D: *Kannst du mit diesem Wesen sprechen?*
M: Ja und Nein. Nicht so, wie ich mit dir sprechen würde, aber es kann mit mir kommunizieren. Es ist so, als ob man den Bäumen oder dem Wind zuhört. Es ist nicht dasselbe, als wenn man Worte miteinander austauscht. Er gibt mir einen kleinen Teil von sich selbst - (das verstand ich nicht) - der in meine Hand passt. Es ist ein kleiner Teil von ihm. Ich muss ihn mit zurücknehmen. Es ist ungefähr so, als hätte man Wasser und nähme eine Kelle, mir der man einen Teil abschöpft. Aber er besteht nicht aus Wasser. Es *fühlt* sich nicht wie Wasser an. (Das war die beste Art, wie er es beschreiben konnte).
D: *Wie sieht dieser Teil denn aus?*
M: Er ist wunderschön, aber es ist nur ... hell und strahlend! Es ist wie ein gelb - weißes Licht (lacht)
D: *Anders! Aber war da nicht etwas, über das du mit diesem Wesen sprechen wolltest?*
M: Das ist es. Das ist, was ich mit zurücknehme.
D: *Hat er deine Fragen nicht beantwortet?*
M: Doch, er hat mir alle Antworten gegeben! Sie sind in meiner Hand! (lacht) Ich werde es mit zurücknehmen. Das wird uns Sicherheit geben, es wird ermöglichen, dass wir weiterexistieren. Die Erde wird sich schließen und so soll es auch sein.

Der Mann wusste, dass es Zeit war, nach Hause zurückzukehren. Er hielt dieses seltsame Licht in seiner Hand. „Es ist nicht kalt. Es ist nicht heiß. Das ist ein außergewöhnliches Gefühl. En gutes Gefühl. Es ist nicht schwer, aber ich weiß, dass es da ist. Es ist fast so, als wäre es ein Teil

von meiner Hand aber trotzdem von ihr getrennt."
Ich beschleunigte die Zeit etwas, so dass er wieder Zuhause war.

M: Wir haben nicht mehr viel Zeit – es beginnt. Das Teil muss jetzt in die Mitte gebracht werden.
D: *Was beginnt?*
M: Die Veränderungen, die Erde ... die Umwälzungen. Die Erde wölbt sich nach oben und stülpt sich um. So, als ob sie einen Kokon bildet.
D: *Was siehst du?*
M: Die Erde wirft sich auf und stülpt sich um! Unser Teil muss sich im Zentrum des Dorfes befinden, in der Mitte der Häuser. Es wird alles von uns abhalten und uns allen Sicherheit geben.
D: *Du sagtest, es sei wie ein Kokon; als wenn sich die Erde umstülpt. Meinst du damit den Boden, das Wasser, oder was genau?*
M: Hauptsächlich den Boden, die Erde. Es sind auch Bäume darin, aber es ist vor allem Erde. Als ob sich eine hohle Schale oder ein Gehäuse bildet, aber sehr dick und sehr weitläufig.
D: *Siehst du es auf dich zukommen?*
M: Ich sehe, wie es entsteht.
D: *Ich stelle mir vor, dass das sehr beängstigend sein muss.*
M: Nein, mir wurde beigebracht, dass es passieren soll. Was wir brauchten, war dieses Stück, damit wir überleben können. Wir werden eine lange Zeit unten bleiben müssen, bevor wir zurückkommen können.
D: *Und was macht ihr dann? Abwarten und zuschauen?*
M: Das ist alles, was wir machen können.
D: *Ich versuche, es mir geistig vorzustellen, weil ich es nicht vor mir sehen kann. Ist es so, also ob Dreck über den Wald geschleudert wird?*
M: Es ist so, als ob man im Ozean schwimmt und sehr hohe Wellen über einen drüber schlagen. Der Boden, die Erde formt sich wie bei einer Welle aufwärts, aber aufgrund des Teils stürzt nichts in die Mitte hinunter. Die Welle geht darüber hinweg.
D: *Euer kleiner Bereich ist also wie ein Hohlraum in der Mitte von allem.* (Ja) *Sind auch Bäume darin enthalten?*
M: Einige, nicht alle.

D: *Du sagtest, es formt sich wie ein Kokon. Es wölbt sich über alles.*
M: Ja. Es geht nach unten. Es muss nach unten gehen. Das ganze wölbt sich hinuter bis in das Erdinnere. Es wird sehr viele Veränderungen auf der Erdoberfläche geben. Dieser Kokon wird bis hinunter *in* die Erdoberfläche reichen. Tief hinein, so dass er nicht zerstört werden kann.
D: *Und das betrifft alle deine Leute?*
M: Ja, all jene, die Zuhause waren. Unglücklicherweise haben es viele nicht geschafft.

Obwohl mir das alles sehr seltsam erschien, nehme ich an, das nichts unmöglich ist.

M: Es ist jetzt die *einzige* Möglichkeit, zu überleben.
D: *Könnt ihr darin atmen?*
M: Ja. Der Kokon ist so groß wie das Dorf. Er hat die Größe des gesamten Areals.
D: *Könnt ihr etwas sehen?*
M: Ja, aufgrund des hellen Teils.
D: *Könnt ihr mit eurem Leben normal weitermachen?*
M: Ja. Sie werden hier eine lange Zeit leben müssen. Es werden viele, viele Jahre vergehen, bevor sie an die Oberfläche zurückkommen können.
D: *Warum müsst ihr so lange dort unten bleiben?*
M: Wie lange dauert es, bis ein Baum wächst? Was zerstört ist, ist zerstört. Es kann nicht sofort wiederhergestellt werden. Sie werden die alten Weisheiten und Lehren erst wieder lernen und weitergeben müssen. Und wenn die Zeit gekommen ist, werden sie an die Oberfläche zurückkehren.
D: *Seid ihr in der Lage, dort unten etwas Essbares zu finden?*
M: Es gibt dort unten sehr viele essbare Dinge. Wir haben auch Samen, die gepflanzt werden können.
D: *Könnt ihr euch auch außerhalb des Kokons aufhalten?*
M: Ja, er ist offen. Es gibt dort unten große Hohlräume.
D: *Ich frage mich, wer diese Räume geschaffen hat?*
M: Die Erde selbst. Es gibt große Hohlräume im Erdinneren, in die man gehen kann. Es gibt kleine Seen. Die Erde hat viele Geheimnisse, viele Lebewesen und Kreaturen. Es ist, als wenn man den Bäumen oder den Steinen zuhört und zu anderen Kreaturen spricht. Mit der Erde ist es das Gleiche.

Sie war für uns bereit, jetzt müssen wir für sie bereit sein.
D: Es gibt dort unten also auch Lebewesen?
M: Sehr viele. Einige von ihnen haben wir nie zuvor gesehen.
D: Ich frage ich, wie sie dort unten hingekommen sind?
M: Auf dieselbe Weise wie wir.

Was er berichtete klang zunehmend wie die Stadt im Untergrund, die ich in *Band zwei* beschrieben habe. In diesem Buch schrieb ich auch, dass es viele solcher Städte im Untergrund gibt, die noch heute existieren. Sie werden von einer Miniatur-Sonne bestrahlt. Es gibt Wasser und viele Tiere; einige davon sind uns unbekannt.

D: Gibt es dort noch andere Menschen?
M: Sie werden dort ankommen. Es gibt noch andere, die dieses Wissen hatten.
D: Werdet ihr den Zeitpunkt kennen, an dem ihr auf die Erdoberfläche zurückkehren könnt?
M: Oh ja. Die Erde wird es uns sagen. Das ist schon einmal geschehen. Der Legende nach gab es bereits eine Welt vor dieser Welt. Sie entwickelte sich nicht so, wie sie sollte. Und so tat die Erde das, was sie tun musste. Diejenigen, die noch sehen und zuhören konnten, wussten, was sie tun mussten. Die, die es nicht konnten, mussten die Erde verlassen.
D: Gab es einen bestimmten Grund, warum es diesmal geschehen ist?
M: Aus dem gleichen Grund wie damals: Es gab zu viele, die den falschen Weg eingeschlagen hatten und nicht mit den anderen zusammenarbeiteten.
D: Auf diese Weise schützt sich die Erde also? (Ja) *Wirst du sehr lange dort unten bleiben?*
M: Ich werde es wahrscheinlich nicht mehr an die Oberfläche schaffen.

Das alles konnte noch sehr lange dauern und ein Tag würde vermutlich wie der andere sein. Ich entschloss mich deshalb, ihn zum letzten Tag in seinem Leben zu bringen und zu sehen, was ihm dort passierte. „Ich sehe einen Torbogen. Es fließt Wasser hindurch. Ich bin gestürzt. Ich bin irgendwo aufgeschlagen. Ich war alt. Deshalb fiel ich hin. Meine Beine arbeiteten nicht mehr wie sonst".

D: Aber dein Volk war in der Lage, dort unten zu leben und sich selbst zu versorgen?
M: Oh, ja. Es ging ihnen gut. Es *geht* ihnen gut. Sie werden standhalten.
D: Hast du irgendjemand anderen gesehen?
M: Es gab da eine Gruppe, die vor einiger Zeit aus einer der Öffnungen kamen. Sie hatten es nach unten geschafft. Sie waren nur eine kurze Zeit da und kehrten dann zurück. Die jüngeren von uns werden sie besuchen und sehen, was danach passiert ist. Sie sind in einem anderen Teil der Untergrundwelt. Ich selbst bin dort nie gewesen.
D: Aber es hat dir nichts ausgemacht, die Erdoberfläche zu verlassen, oder?
M: Nein, nur manchmal ist es hier unten schwieriger als da oben. Die Kinder erinnern sich nicht mehr an die Außenwelt. Ich schon. Unsere Leute werden weitermachen und überleben.

Jetzt war e an der Zeit, mit dem Unterbewusstsein zu sprechen, um einige Antworten zu bekommen, die wir bisher nicht erhalten hatten.

M: Es ist dasselbe. Es ist dieselbe Lektion. Es gibt Lehren, die unterrichtet werden sollen. Es gibt Inhalte, die weitergegeben werden müssen. Dieses Leben ist nicht völlig nutzlos gewesen. Es gibt da eine Parallele.
D: Meinst du mit der Parallele, dass das Leben, das sie jetzt lebt, unter den gleichen Bedingungen stattfinden wird?
M: Ja und Nein. Es ist nicht genau das Gleiche, wie das, was sie damals erlebt hat. Aber sie bereitet sich jetzt auf dasselbe Geschehen vor. Es werden sehr viele Veränderungen auf uns zu kommen. Und es gibt Anteile, die verlorengegangen sind, aber weitergegeben werden sollen. Lehren, die daraus gezogen wurden. Wie wir mit der Erde kommunizieren und wie wir mit ihr arbeiten können. Wie wir etwas verstehen und wie wir uns an etwas erinnern. Wie wir den Bäumen und den Blättern zuhören können. Oder den Stimmen der Tiere und dem Wind lauschen. Das alles existiert da draußen und sie weiß, wie sie es nutzen kann.
D: Aber wie du weißt, geht das in unserer modernen, hektischen Gesellschaft verloren und wird unterdrückt. (Ja) Menschen

achten nicht darauf.

M: Oder falls sie es tun, wird ihnen gesagt, sie seien verrückt.

D: *Glaubst du denn, dass etwas passieren wird und dass dieses Wissen dann ganz verloren geht?*

M: Es geht bereits verloren. Nicht nur durch die Menschen, auch durch Energien, durch Raum und Zeit. Aber an diesen Dingen sollte festgehalten werden. Sie sind Teil dieses Planeten. Es wird sehr viele Erdveränderungen geben, aber das ist nicht die größte Sorge. Die Sorge gilt den Veränderungen, die die Menschheit bringen wird – darin liegt die wirkliche Gefahr. Die Menschheit als Ganzes zerstört das Wissen um die Balance - die Fähigkeit, zwischen Menschheit und Natur ein Gleichgewicht zu finden. Das ist eine sehr zerstörerische Kraft. Und sie wird die Existenz der Menschheit bedrohen.

D: *Was hat das mit Marians gegenwärtigem Leben zu tun?*

M: Jeder spielt seine Rolle darin. Jedes Lebewesen auf diesem Planeten hat eine einzigartige Rolle. Sie muss die ihre finden. Sie kennt sie, bezweifelt sie aber. Ich kann sie ihr zu diesem Zeitpunkt nicht mitteilen. Sie muss sie selbst finden. Wenn sie die Dinge etwas langsamer angeht und zuhört, wird sie den Schlüssel zum Öffnen dieser Tür finden.

Ich wollte noch mehr über jenes Leben im Untergrund wissen, das sie beschrieben hatte. Es gab Übereinstimmungen, aber auch Unterschiede zu jenen Geschichten, die ich bereits von anderen Klienten gehört hatte. Mir wurde gesagt, dass diese Städte existieren und Menschheit irgendwann die entsprechenden Nachweise darüber finden wird.

D: *Ich habe bereits andere Geschichten von Orten im Untergrund gehört, aber nie von einem Ort, der einfach im Erdboden versunken ist.*

M: Jeder kommt auf eine andere Weise dorthin.

D: *Dann ist das physisch tatsächlich passiert?* (Ja) *Das leuchtende Teil, das er mit hinunter genommen hat – was war das?*

M: Das war ein Teil von einem jener Wesen, die diesen Planeten schützen. Es gibt viele von ihnen. Dieses Wesen war ihm am nächsten.

D: *Er sagte, dass dieses Teil wie ein Licht sei.*

M: Es haben noch viele weitere Dinge einen Anteil daran gehabt, aber der Lichtschein war ein Teil davon.

D: *Es sendete auch genug Licht aus, so dass die Gruppe dort unten etwas sehen konnte (Ja). Und es konnte auch die gesamte Gruppe schützen, während sie versanken. (Ja) Es war also sehr mächtig.*

M: Ja, sehr. Das musste es auch sein. Es ist schließlich ein Teil jenes Wesens, dass die Erde schützt und kann deshalb auch mit der Erde kommunizieren. So wie deine Hand das macht, was du ihr sagst. Würde die Erde nicht auch das machen, was du ihr sagst, wenn du ein Teil von ihr wärst?

D: *Ich verstehe. Deshalb war es diesem Teil also möglich, den Kokon zu formen, um so die gesamte Gruppe sicher in den Untergrund der Erde versinken zu lassen.*

Die Legenden der Hopi Indianer berichten davon, dass unsere Welt als die 4. Welt bezeichnet wird. Sie glauben, dass die anderen drei Welten aufgrund von menschlicher Gier und Korruption sowie der Auflehnung gegen unsere Naturgesetze zerstört wurden. Die 1. Welt wurde durch die Trennung und Versinken von Landmassen, ausgelöst durch Erdbeben, vernichtet. Die 2. Welt wurde anhand von Kälte durch die „große Eiszeit", zerstört. Die 3. Welt war eine Welt der Hochtechnologie, die unserer derzeitigen Zivilisation weit überlegen war. Sie wurde durch die „große Flut" vernichtet und jene, die auf die Propheten hörten, wurden an sichere Orte im Untergrund geleitet. Als die 4. Welt bereit war, kamen viele aus dem Untergrund wieder an die Erdoberfläche und ließen sich dort nieder. Ihnen wurde mitgeteilt, dass die 4. Welt eine Welt der Zerstörung sein würde und die 5. Welt der Beginn einer Zeit des Friedens. Dieser letzte Aspekt klingt sehr nach der Idee der „Neuen Erde", der ich in *Buch zwei* und auch in diesem Buch nachgehe.

* * *

Die nächste Sitzung fand ebenfalls an einem Ort im Untergrund statt, der sich allerdings nicht auf der Erde befand. Als Joan von der Wolke kam, fand sie sich in einer fremdartigen, seltsamen und kargen Landschaft wieder. Alles war mit einer roten Kruste überzogen und es gab keinerlei Vegetation. Rote, zerklüftete und massiv aussehende Berge dominierten das Bild. Ich bat sie, an sich herunterzublicken und zu beschreiben, wie sie aussah. Als sie ihre Füße beschrieb, sagte sie – mehr neugierig als erschrocken - „Die treffendste Beschreibung, die ich finden kann, ist, dass sie ähnlich wie Vogelfüße aussehen. Der Klauen ähnlich wie bei einem Kranich oder einem Ibis, aufgeteilt in dreiteilige Klauen. Sie haben eine durchsichtig beige bis silbrige Farbe. Ein Gegensatz zu der Landschaft, die ich gesehen habe." Dann beschrieb sie ihren Körper. „Lange Beine. Dünn. Spindeldürr, in Ermangelung eines besseren Wortes. Ich kann am besten die äußere Form beschreiben. Ähnlich der eines Vogels, aber der Körper hat eher eine tropfenförmige Form. Ich habe einen kleinen Hals. Die meisten Gliedmaßen sehen wie eine Art Flügel aus, werden an deren Ende aber zu Händen wie von Außerirdischen. So wie dünne Arme mit größeren Händen am Ende. Sechs Finger, den Daumen mitgezählt. Ich dachte, mein Gesicht und mein Kopf würden auch wie von einem Vogel aussehen, aber sie sind löwenköpfig geformt. Oder wie von einer Katze. Und ich habe schulterlanges, schwarzes Haar." Es hörte sich an wie eine Mixtur aus verschiedenen Formen und Arten, aber definitiv wie etwas Außerirdisches. Ich nehme an, es gibt keinen Grund, warum es insgesamt eher wie eine Katze oder ein Vogel aussehen muss. Mit anderen Worten: es kann ruhig eine Mischung aus allem sein. Was hier normal ist, ist dort vielleicht unnormal und umgekehrt. Ich gehe also mit allem mit, was mir geschildert wird und stelle dann weitere Fragen.

„Ich verstehe jetzt, dass dieser rote Ort ein Außenposten ist. Es gibt noch viele andere Lebensformen hier, alle möglichen Arten von Wesen. Wir arbeiten hier mit einer bestimmten Energie. Ich versuche zu erkennen, wo genau ich das tue. Ob es in einem Gebäude stattfindet oder ob ich es draußen mache. Jetzt sehe ich, dass ich einige Stufen hinab in eine Einrichtung im Untergrund gehe, wo es eine riesige – ich nenne es mal Stadt – gibt. Dort, wo es Bereiche gibt, in denen verschiedene Zivilisationen unter der Oberfläche dieses roten Planeten leben. Es gibt etwas, woran wir in dieser Untergrundhöhle arbeiten. Diese Höhle ist aber moderner als eine gewöhnliche Höhle gestaltet. Wir arbeiten an einer Art Experiment, dass mit der Transmutation von Energien zusammenhängt. Wir arbeiten daran, Energie zu adaptieren, damit man sie auch in anderen Bereichen des Universums nutzen kann. Deshalb gibt es hier so viele unterschiedliche Zivilisationen. Wir arbeiten an etwas, dass allen von Nutzen sein wird. Die Ergebnisse werden ausschließlich für positive Zwecke verwendet werden."

D: *Darum geht es also in diesem Experiment.*
J: Ja. Es geht darum, die Energien, durch andere, neue Wegen zu nutzen, die dem Universum dienen. Das ist meine Aufgabe.
D: *Lebst du dauerhaft in dieser unterirdischen Einrichtung?*
J: Im Moment lebe ich dort. Diejenigen, die am Experiment teilnehmen, leben alle im Untergrund.
D: *Und die anderen Wesen nehmen diese Energien mit zu anderen Orten im Universum?*
J: Ja. Ich reise nicht selbst an diese Orte. Ich sende die anderen dorthin. Es gibt viele verschiedene Lebensformen, die an demselben Projekt arbeiten.
D: *Weißt du, ob diese Energie auch auf der Erde verwendet werden wird?*
J: Ja, es wird einen Zeitpunkt geben, an dem sie dort verwendet wird.
D: *Ich war nicht sicher, ob du dich überhaupt im selben Universum wie die Erde befindest.*
J: Ja, wir sind im selben Universum. Die Energie wird eines Tages auf der Erde genutzt werden.
D: *Wofür wird sie verwendet werden?*
J: Ich habe da eine Blockade ... Die Energie kann für verschiedene Zwecke verwendet werden, nicht nur für eine bestimmte Anwendung. Das würde von jener Person festgelegt, die diese Energie mit an die neuen Einsatzorte bringt. Wenn wir die Energie dorthin bringen, verändern wir sie für die jeweiligen Einsatzorte. Aber sie wird nicht in einem festen Gebäude verwendet werden. Es wird sich um eine Form der freien Energie handeln, die für verschiedene Zwecke an vielen verschiedenen Orten genutzt werden kann.

Ich brachte Joan zu einem wichtigen Tag in dem Leben. Sie sagte, sie hatte Schwierigkeiten damit, etwas Bestimmtes zu lokalisieren. Es war, als ob sie hinein und wieder hinaus aus einem Nebel glitt. „Ich habe versucht, etwas Klarheit zu erhalten. Im Moment kann ich erkennen, dass das Projekt das Wichtigste ist, was ich derzeit tun kann."

Es wurde deutlich, dass ich Joan nicht zu mehr Szenerien in

diesem Leben bewegen konnte. Daher entschloss ich mich, das Unterbewusstsein zu dem Leben zu befragen, welches sie gesehen hatte. „Weshalb hast du dieses Leben für Joan ausgewählt?"

J: Damit sie versteht, dass sie mit Energien arbeitet. Sie weiß es zum Teil, aber sie sollte erkennen, dass sie noch viele weitere Fähigkeiten besitzt, mit Energien zu arbeiten.

Joan - wie so viele andere, die zu mir kommen - arbeitete mit Reiki und half Menschen dabei, Heilung zu finden. Es ist verblüffend, wie viele meiner Klienten bereits Heiler sind oder Heilberufe ergreifen möchten. Vielen wird mitgeteilt, dass sie ihre Fähigkeit mit verschiedenen Energien zu arbeiten für ihrer Heiltätigkeit ausbauen sollten. Joan wurde gesagt, dass sie mit Reiki weitermachen sollte, aber das es in dieser Form nicht ausreichend war. „Sie" hatten größere Pläne mit ihr, sowie das auch bei vielen anderen der Fall ist.

J: Sie sollte sich mehr darauf konzentrieren, Energien dorthin zu senden, wo sie gebraucht werden, um diese Orte in dieser neuen Phase der Veränderung zu stärken und auszubalancieren. In dieser Zeit ist sie hier, um der Erde bei der Veränderung und Transformation ihrer Energien behilflich zu sein. Sie und viele andere sind jetzt hier, um diese Energien insbesondere zum Nutzen der Erde zu verankern, auszubalancieren und sie weiter zu tragen. Alles ist eng miteinander verbunden. Alles was geschieht, hat eine Wirkung auf alles andere.

D: *Du sagtest:„neue Phase." Was hast du damit gemeint?*

J: Es gibt sehr viele Veränderungen, sehr viele Transformationen, die derzeit geschehen. Es findet ein sehr großer Anstieg von Energien statt und es existiert sehr viel Unsicherheit. Die, die deren Aufgabe es hier ist, sollten nun dabei helfen, die Energien anzuheben und auszubalancieren. Das ist im Moment Joans vorrangige Aufgabe. Und auch die, Wissen zu teilen und Menschen, die sich nicht darüber bewusst sind, wer sie eigentlich sind, dabei zu helfen, sich zu öffnen. Sie hat sich zu sehr begrenzt. Sie tritt in eine neue Phase ein und sie ist hier, anderen dabei zu helfen, neuenPhasen der Erkenntnis über die Unendlichkeit der

Schöpfung zu erlangen.
D: *Joan sagte, dass sie in ihrem bewussten Zustand ständig die Worte „verankere die Energien" innerlich hört oder vor sich sieht. Kannst du ihr sagen, was damit gemeint ist?*
J: Ja. Deswegen ist sie hier. Sie ist hier, um die neuen Energien, die hereinkommen, zu verankern. Diese zu halten, sie in sich zu tragen und an Orte zu bringen, wo diese Energien zuvor noch nie waren.
D: *Wie sollte sie das am besten machen?*
J: Alleine durch die mentale Fokussierung auf das Halten, die Verankerung und das Einführen der Energien. Sie ist eine Antenne für deren Einführung. Die Energien kommen durch sie und durch andere in die Erde und wieder heraus. Dass sie sich ihrer Aufgabe nun bewusst wird, wird ihre Intention stärker, weitreichender und wirkungsvoller werden lassen.
D: *Ist sie in der Lage, das Wissen und die Informationen, welches sie während ihrer anderen Existenz auf dem fremden Planeten erhalten hat, hier anzuwenden?*
J: Ja. Daher stammt das Wissen, die Informationen und die neue Energie, über die wir gesprochen haben. Das Experiment. Die Energie wird ähnlich wie bei Radiowellen, Mikrowellen oder magnetischer Strahlung auf sie und auf andere zu diesem Zweck übertragen. An diejenigen, die zu dieser Zeit und zu dem Zweck hierhergekommen sind, als Antennen zu fungieren. (sie wurde emotional). Die Energie der Liebe. Eine sehr mächtige, aber liebevolle Energie, die die Energie des Schöpfers, die zu dieser Zeit in unseren Kosmos kommt, transformiert, erhöht und erweitert. Sie fühlt so stark, weil sie sich mit jener Person verbindet, die sie war, als sie an dieser Energie gearbeitet hat. Und das Wissen und das Bewusstsein darüber, warum sie sich so fühlt, bewegen sie innerlich. Sie ist nur gelegentlich mit dieser Tiefe von Liebe und Heilung in Berührung gekommen. Das löst diese Emotionen bei ihr aus.
D: *Hat sie ein vergangenes Leben betrachtet?*
J: Es ist eines ihrer parallelen Leben. Es findet gleichzeitig zu diesem Leben statt.
D: *So etwas dachte ich mir schon. Da mit dieser Energie experimentiert wird und die Erde sie jetzt erhält, muss dieses Leben von ihr dort gleichzeitig stattfinden.*
J: Ja, es findet zur selben Zeit statt. Aber die Energie wird auch

zu anderen Sektoren gebeamt. Sie erhält sie hier und andere erhalten sie an anderen Orten, die dafür bereit sind. Die Energie landet nur da, wo es angebracht ist.
D: Sie arbeitet also mit dieser Energie, erhält sie gleichzeitig und sendet sie auch wieder aus, da alles zur selben Zeit stattfindet.
J: Ja, das ist richtig.
D: Aber sie musste ein normales Leben führen, um an diesem Punkt anzukommen, oder?
J: Ja, so war es. Sie musste erst an diesen Punkt gelangen. Das Verständnis um die physischen Aspekte des Lebens half ihr dabei, einige Dinge zu begreifen, die sie zunächst lernen musste und haben ihr den Weg geebnet, sich jenen Informationen zu öffnen, die sie benötigte. Reiki war Teil ihres Weges, sich mit der Energie der Liebe zu verbinden, denn diese Energie ist Teil der heilenden Kraft des Universums, der heilenden Kraft des Schöpfers. Es ist eine Variante, damit umzugehen. Es ist eine der Möglichkeiten, sie zu erfahren. Und es ist eine Möglichkeit, diese Energie zu channeln, sie umzuwandeln und sie jemand anderem zu übertragen, damit dieser sie als seine innere, leitende Kraft erfahren kann. All das sollte sie begreifen, um die nächsten Schritte zu verstehen. Sie ist in einer doppelten Funktion hier: Als Antenne, aber auch als Sender. Sie hat hier eine Aufgabe, so wie viele andere hier auf der Erde und im Universum, die lernen, diese Energie zu nutzen, um sie auf eine höhere Ebene zu heben. Um auf jede erdenkliche Art zu helfen. Und genau das tut sie auch in diesem Leben.

Von dieser „zweiten Welle der Freiwilligen" habe ich bereits zuvor gesprochen. Es sind diejenigen, die als Kanäle und Antennen für Energie fungieren. Ihre hauptsächliche Aufgabe besteht darin, die Energie in die Erde zu leiten, damit sie von anderen genutzt werden kann. Natürlich ist sich so gut wie keiner von ihnen auf einer bewussten Ebene darüber im Klaren.

* * *

DIE NEUE ERDE & DIE VERSTECKTE STADT

Anitas Sitzung war verschwommen. Sie hatte etwas

traumähnliches, was für sie verwirrend war. Es sah so aus, als sei sie an Bord eines Raumschiffes und man arbeitete dort an ihrem Körper. Wir bekamen mehr Antworten dazu, als ich das Unterbewusstsein befragte. Es sagte, dass Anita ihre unterschiedliche Präsenz an zwei verschiedenen Orten durcheinanderbrachte und sich diese in ihrer Wahrnehmung überschnitten. Weiter erklärte es, dass sie an Bord eines Mutterschiffes war, wo man ihren Körper heilte und einige Erneuerungen vornahm. Dann wurde sie in die innere Erde gebracht. Ich wollte wissen, warum man sie *dahin* brachte.

A: Um ihr zu zeigen, dass es die innere Erde gibt und was dort geschieht. Sie ist dort viele Male gewesen. Es ist ein Ort ... des Schutzes. Es gibt dort viele Tiere und es wird auch ein Ort sein, wohin die Menschen später während der großen Veränderungen gebracht werden. Um Schutz vor den Zerstörungen auf der Erde und vor den von Menschen gemachten Krankheiten zu finden.
D: *Krankheiten können das innere der Erde also nicht erreichen?* (Nein)

Sie sah einen Mann und sprach mit ihm, sie schien ihn zu kennen. Sie sah auch etwas Glänzendes, was sie für ein Vortex hielt. Uns wurde mitgeteilt, dass es ein Portal war und der Mann auf diese Weise reiste. Der Mann sagte, er habe mit mehreren Staatschefs gesprochen, aber sie würden nicht auf Ratschläge hören.

D: *Wissentlich kontaktiert?*
A: Einige ja. Aber sie haben ihre eigene Agenda.
D: *Wer kontaktiert sie?*
A: Verschiedene Entitäten. Verschiedene Gruppen.
D: *Ich bin neugierig, was Staatschefs denken, wenn ihnen dämmert, dass sie kontaktiert werden.*
A: Einige führende Politiker sind sich der anderen Wesen und dem, was geschieht, sehr bewusst.
D: *Sie wissen, dass diese Wesen existieren?*
A: Ja. Aber sie wollen ihre Macht nicht aufgeben.
D: *Sie müssen sehr überrascht sein, wenn sie sie sehen.*
A: Wenn ich sage „wissentlich", geschieht das nicht unbedingt auf einer persönlichen Ebene. Es findet mehr auf der

mentalen Ebene statt. Und einige Kontakte sind ähnlich dem, was mit Anita geschieht. Die Leute werden nach oben gebracht und man spricht mit ihnen.

D: Aber sie erinnern sich nicht daran?

A: Einige von ihnen erinnern sich an Bruchstücke. Aber sie wollen ihren Griff auf die Erde nicht lockern. Sehr viele von ihnen stehen auf der dunklen Seite. Zu der Zeit, als mit ihnen gesprochen wurde, waren wir an einem Scheideweg. Die starken Veränderungen hätten losgehen können. Oder doch noch verzögert werden können.

D: Welche Art von Veränderungen?

A: Kriege. Mehr Kriege bedeuten mehr Erdveränderungen.

D: Du meinst, dass es eine Verbindung zwischen den Erdveränderungen und Kriegen gibt?

A: Ja. Je negativer die Schwingungen sind, desto mehr Veränderungen gibt es. Es liegt an der Energie, die durch die Schwingungen entsteht.

D: Und damals hätte all das passieren können?

A: Ja. Es war eine Krise. Aber dann wurde das Ganze noch einmal hinausgezögert. Jemand traf eine andere Entscheidung. Man weiß nie genau, was im einzelnen dazu führt, dass es eine Verzögerung gibt. Die Meinungsänderung eines führenden Politikers, der sich entscheidet, etwas doch nicht zu tun. Es könnte auch ein Zusammenspiel verschiedener Faktoren gewesen sein. Wenn etwas nicht eintritt, wissen wir nie genau, was die Ursache dafür ist. Aber wir standen definitiv an einem Scheideweg. Und es werden weitere Wegegabelungen auf uns zukommen. Mit diesen Veränderungen gehen Anitas Veränderungen einher, weil sie das entsprechende Bewusstsein erlangt hat. Und sie wird wissen, was zu tun ist. Sie muss es aber jetzt noch nicht wissen, da sie nicht verstehen würde, was sie damit anfangen soll. Weder mit den Informationen, noch mit der einhergehenden Macht.

D: Welcher Art von Macht?

A: Stärke durch bestimmte Fähigkeiten. Die Fähigkeit, Dinge zu tun und sie zu sehen. Die Fähigkeit, Menschen zu helfen. Sie zu heilen. Im Moment muss sie aber noch nicht wissen, was genau ihre Aufgabe sein wird. Sie würde zu viel darüber nachdenken.

Der schreckliche Tsunami, der Weihnachten 2004 in Indonesien auftrat, hatte über 200.000 Menschenleben gefordert. Ich wollte wissen, ob er durch negative Energien verursacht worden war.

A: Nein, nicht unbedingt durch negative Kräfte. Man versucht, etwas derartiges auschliesslich mit negativen Energien in Verbindung zu bringen, aber es ist auch ein natürlicher Prozess. Diejenigen, die gehen mussten, sind gegangen. Die, die bleiben sollten, sind geblieben. Das, was Leute „Wunder" nennen – Babies auf Matratzen, Menschen, die in Bäumen hängenblieben. Einige, die gegangen sind, werden an andere Orte gehen. Und einige werden höherdimensionale Aufgaben wahrnehmen, einige werden ihr Leben ganz woanders von Neuem beginnen. Es gab also viele Gründe, zu gehen.

D: *Aber sie sind in solch großen Gruppen von uns gegangen.*

A: Das ist richtig. Es wird noch größer werden. Enorme Ausmaße annehmen. Das wird der Wechsel sein. Aber einige der negativen Dinge, die Menschen tun werden dazu führen, dass die Erdbeben oder Flutwellen früher einsetzen werden. Oder andere Naturkatastrophen früher eintreten. Denn alles, was wir tun, hat eine Auswirkung auf die Natur, auf unsere Erde. Auf alles, was wir tun, folgen Konsequenzen.

VIERTER TEIL

ZUM ERSTEN MAL AUF DER ERDE

KAPITEL DREIZEHN

DIE FREIWILLIGEN

Als ich meine Forschungen anhand von Rückführungen zunächst begann, war ich der Meinung, dass ich nur Menschen finden würde, die sich ausschließlich an vergangene Leben auf der Erde erinnern würden, denn das war alles, was ich kannte. Mein Glaubenssystem hat sich innerhalb der letzten 30 Jahre enorm erweitert und ausgedehnt. Meine erste Begegnung mit Lebensformen außerhalb unserer Welt und allem, was wir hier wahrnehmen, ereignete sich, als ich Phil traf. Seine Geschichte erzählte ich in dem Buch *Hüter der Gärten* Zuerst erinnerte er sich an ganz normale vergangene Leben und die Sitzungen entwickelten sich so, wie ich es erwartet hatte. Wahrscheinlich sollte das auch so sein, denn keiner von uns war zu diesem Zeitpunkt bereit, schon einen Schritt weiterzugehen oder überhaupt zu begreifen, das absolut alles möglich ist. Als unsere Arbeit weiter voranschritt, überraschte er mich damit, von Inkarnationen auf anderen Planeten in extraterrestrischen Körpern zu berichten. Das war meine erste Berührung mit diesem Thema und damals fehlten mir die Worte. Was fragt man einen Außerirdischen? Als die Arbeit mit Phil weiterging, erhielt ich einen Schatz an Informationen über die Ansiedlung (oder den Beginn) des Lebens auf der Erde, denn „sie" fanden, dass die Zeit für die Aufdeckung dieses Wissens reif war. Wir beide richteten uns in dieser neuen Situation ein und wurden mit dem Außergewöhnlichen vertrauter. Meine Neugierde gewann die Oberhand und die Fragen sprudelten nur so aus mir heraus. Es wurde uns erklärt, dass Phil eine der vielen Seelen war, die nie zuvor auf der Erde inkarniert hatten. Diese Seelen hatten sich freiwillig bereit erklärt, hierher zu kommen und der Erde in dieser Zeit des Umbruchs zu helfen. Sie hatten daran natürlich keine bewusste Erinnerung und daher gestaltete sich ihr Leben schwierig. Sie mochten es nicht, hier zu sein. Sie hatten Probleme damit, sich an die Gewalt auf der Erde zu gewöhnen. Sie sehnten sich danach, „nach Hause" zurückzukehren, obwohl sie nicht genau wussten, wo ihr „Zuhause" war. Sie wussten nur, dass es nicht hier ist. Die Probleme wurden durch die Tatsache verursacht, dass da, wo sie herkamen, nur Liebe, Friede und Anmut existierte. Es war eine große Entscheidung, freiwillig in eine so radikal andere Umgebung zu kommen. Sie taten es aus einem Gefühl der Liebe und der Hilfsbereitschaft, obwohl es schwierig - und in manchen Fällen unmöglich - war, sich anzupassen.

Daraus ergab sich aber die Frage: Wenn er nie zuvor auf der Erde gelebt hatte, wie konnte er dann durch verschiedene irdische Inkarnationen gegangen sein, bis diese erstaunlichen Informationen schließlich nun zu uns durchdrangen? Es gab Anlass, an meiner Arbeit zweifeln. Bedeute dies, dass es Reinkarnation gar nicht gibt? Dass die vergangenen Leben, die ich mit so vielen Klienten erforscht hatte, reine Fantasie waren? Vielleicht hatte die Kirche Recht: wir lebten nur einmal und das war's ? Wie sonst war diese ungewöhnliche Entwicklung zu erklären? Die Antwort darauf war die, dass die Leben, die er glaubte gelebt zu haben, reine *Aufprägungen* waren. Ich hatte von so etwas nie zuvor gehört und ich war die erste Autorin, die diese Theorie aufgriff. In meinen Büchern *Hüter der Gärten* und *Between Death and Life* berichte ich ausführlicher über dieses Konzept. Die komprimierte Version davon lautet, dass eine Seele auf der Erde und in einer menschlicher Umgebung gar nicht existieren könnte, ohne Daten und Informationen über vergangene Leben in ihrem Unterbewusstsein gespeichert zu haben. Sie braucht etwas, auf das sie zurückgreifen, auf das sie sich berufen kann. Andernfalls wäre das, was hier stattfindet, für sie viel zu neu, zu drastisch und zu überwältigend. Genauso, wie wir Erfahrungen aus der Kindheit mitbringen, auf die wir bei Bedarf zurückgreifen können, geben uns auch die Informationen und Ereignisse aus unseren vergangenen Leben die Möglichkeit, uns auf einen für uns wichtigen Erfahrungshintergrund zurückzugreifen. Das bedeutet, dass Niemand, d.h. kein Neugeborenes, als unbeschriebenes Blatt in diese Welt kommt. Wir haben stets den Hintergrund unserer vergangenen Leben und

Erfahrungen in unserem Unterbewusstsein gespeichert. Diese helfen uns dabei, in der jetzigen physischen Existenz eine Orientierung zu finden. Natürlich sind wir uns all dessen nicht bewusst; genauso wenig, wie wir uns unserer vergangenen Leben bewusst sind. Viele von uns können sich nicht einmal an die Ereignisse ihrer Kindheit erinnern. Das heißt aber nicht, dass diese nicht statt gefunden haben.

Das Konzept der des „Aufdrucks" oder der „Aufprägung" gleicht dem Nachschlagen in einer Bibliothek. Die Seele bereitet sich auf diese Weise darauf vor, in eine völlkommen unbekannte und fremdartige Umgebung einzutauchen. Ohne entsprechendes Hintergrundwissen wäre sie darin vollkommen verloren. Bevor sie in einen physischen Körper eintritt, wird ihr also gestattet, sich aus dem enormen Bestand der kosmischen Bibliothek (der Akasha-Chronik) die Leben anderer auszusuchen, von denen sie annimmt, dass sie ihr beim Eintreten in die physische Welt von Nutzen sein werden. Mir wurde gesagt, dass jede Seele dieses Verfahren nutzen kann, nicht nur die außerirdischen Seelen. Wenn sich zum Beispiel eine Seele entschließt, ein Leben als Anführer oder Staatsoberhaupt zu leben, die Seele aber keine derartigen Leben in der Vergangenheit gelebt hat – wie soll sie dann wissen, was zu tun ist? Wie soll sie wissen, wie sie die Führung und die Kontrolle in einer Situation übernimmt, wenn sie nie zuvor in einer derartigen Lage gewesen ist? In einem solchen Fall würde sie dann die Leben von Führungspersönlichkeiten wählen, von Präsidenten, Königen, Gouverneuren, Schiffskapitänen – Menschen, die bereits eine Führungsposition innehatten. Diese Leben werden dann der Seele aufgeprägt und werden Teil ihrer Seelenerinnerung. Wenn also dieses Prinzip bereits „normalen" Seelen dienlich ist, die regelmäßig auf die Erde zurückkehren, kann man sich vorstellen, wie notwendig diese Maßnahme erst Recht bei extraterrestrischen Seelen ist, welche zum ersten Mal auf einen fremden und oftmals feindlichen Planeten wie die Erde kommen.

Ich fragte: „Wie kann ich den Unterschied feststellen, wenn ich mit jemandem arbeite. Wie kann ich wissen, ob das, an was sich die Klienten erinnern, ein tatsächliches Leben oder eine Aufprägung ist?" Die Antwort, die ich erhielt, lautete, dass ich nicht in der Lage sein würde, den Unterschied festzustellen. Die Aufprägung wird genauso real wie ein tatsächlich gelebtes Leben. Alle Erinnerungen, Emotionen und Gefühle sind uneingeschränkt vorhanden. Der einzige Unterschied, den ich erkennen kann, ist der, dass nur Informationen, aber kein Karma weitergegeben werden. Das ist auch eine plausible Antwort auf jene Streitfrage, die Skeptiker häufig bezüglich der Reinkarnationslehre stellen. Sie argumentieren: „Warum erinnern sich die Leute immer an die Leben von berühmten Persönlichkeiten, wie Kleopatra oder Napoleon?" Zuerst einmal stimmt das nicht. Menschen erinnern sich nicht primär an die Leben von Berühmtheiten. Der überwiegende Teil erinnert sich an langweilige, dumpfe und gewöhnliche Leben, bei denen wenig Aufregendes passiert. Ich hatte schon Klienten, bei denen eine *Verbindung* zu großen Persönlichkeiten bestand, aber bei mir war nie ein Klient, der *selbst* eine dieser bedeutenden Persönlichkeiten war. Es gibt heute wesentlich mehr normale Menschen, als die, die ihren Namen in der Zeitung wiederfinden. Und es hat schon immer wesentlich mehr dieser vollkommen normalen Menschen gegeben. Deshalb sind das auch die Informationen, die während der Sitzungen zum Vorschein kommen. Aber um noch einmal auf das Argument, welches die Skeptiker vorbringen, zurückzukommen: Auch wenn es zwei oder mehr Menschen geben sollte, welche behaupten, eine berühmte Persönlichkeit in einem anderen Leben gewesen zu sein, würde das nicht notwendigerweise bedeuten, dass einer von ihnen lügt oder fantasiert. Einer oder beide von ihnen könnte sich an eine Aufprägung erinnern, weil es keinerlei Möglichkeit für denjenigen gibt, den Unterschied festzustellen.

Aber da ich inzwischen so intensiv mit dem Unterbewusstsein und seinem unermesslichen Schatz an Wissen zusammenarbeite, kann es mir auch mitteilen, ob es sich bei einem vergangenen Leben um eine Aufprägung handelt. Auf diese Weise kann ich dann doch den Unterschied erkennen. Ich werde in diesem Buch im Verlauf noch weitere Beispiele aufgreifen. In jedem Fall ist aber die Theorie der Aufprägung ein zusätzliches Teil in diesem riesigen und komplizierten Puzzle, das wir „Leben" nennen und welches ich fortlaufend erforsche.

Seit ich mit Phil gearbeitet habe und an dem Buch über ihn schrieb, bin ich in Kontakt mit weiteren Menschen gekommen, die das Gleiche fühlen. Als das Buch in andere Sprachen übersetzt wurde und begann, in anderen Ländern Verbreitung zu finden, bekam ich ständig Post von Menschen, die für *Hüter der Gärten* ausgesprochen dankbar waren. Sie hatten bisher geglaubt, dass sie als einzige das Gefühl hatten, nicht hier sein zu wollen, die die Gewalt in dieser Welt nicht verstanden, die „nach Hause" wollten und die an Selbstmord dachten, um hier herauszukommen. Es half ihnen enorm zu wissen, dass sie nicht verrückt waren und sie nicht alleine sind. Sie sind einige von vielen, die freiwillig kamen, um der Erde durch die jetzige Krise zu helfen. Sie waren aber nicht auf jene Auswirkungen gefasst, die die Umstände hier auf ihre zarten Seelen haben würden.

Wie ich im zweiten Buch dieser Serie schrieb, habe ich nun drei Wellen von Menschen gefunden, die zum ersten Mal ein Leben auf der Erde leben. Diejenigen der ersten Welle haben in etwa das Alter von Phil und sind jetzt *(Anm.: Stand 2020)* in ihren späten Sechzigern bis Anfang Siebzigern. Sie hatten die meisten Probleme damit, sich anzupassen. Die zweite Welle ist heute *(2020)* in ihren späten Vierzigern bis Anfang Fünfzigern. Sie haben nicht ganz so viele Schwierigkeiten gehabt und bewegen sich mit wesentlich mehr Leichtigkeit durch das Leben. Sie führen ein Leben, das darauf ausgerichtet ist, anderen zu helfen, bei dem sie kein Karma ansammeln und führen meist ein eher unauffälliges Leben. In meinen Sitzungen werden sie als „Antennen", als „Kanäle" und als „Beobachter" beschrieben. Sie dirigieren jene Energie, die die Erde zur Zeit benötigt. Viele von ihnen möchten keine Kinder, da das Karma mit sich bringen könnte und sie nicht in den wiederkehrenden Zyklus der irdischen Inkarnationen eingebunden werden wollen. Sie möchten lediglich ihre Aufgabe erfüllen und dann wieder gehen. Die irdischen Erfahrungen haben auf sie einen weniger traumatisierenden Effekt als das bei der ersten Welle der Fall war. Die dritte Welle ist nun *(2020)* in ihren späten Zwanzigern bis frühen Dreißigern. Diese Menschen sind bereits (auf unbewusste Art) mit allem Wissen, dass sie benötigen, hierhergekommen. Ihre DNA ist bereits verändert und sie sind auf eine Weise vorbereitet, dass sie mit wenigen oder keinen Problemen durchs Leben gehen können. Einmal fragte ich, warum die erste Gruppe so viele Probleme und Schwierigkeiten damit hatte, hier zurechtzukommen. Die Antwort war, dass sie die „Pioniere" und die „Wegweiser" waren. Sie bereiteten den Weg für alle die, die folgten. Ihre Schwierigkeiten dienten also einem höheren Sinn.

Seit meinem ersten Treffen mit Phil in den 1980er Jahren habe ich viele Menschen getroffen, die ihre erste Inkarnation auf der Erde erleben. Von ihnen wusste keiner etwas über dieses Thema, bevor wir mit unseren Sitzungen begannen. Jetzt erst wird ihnen erlaubt, diese Informationen zu erhalten, denn es ist an der Zeit für sie zu erkennen, wer sie wirklich sind und worin ihre Aufgabe auf der Erde und zu diesem Zeitpunkt besteht.

* * *

James kam vor allem deshalb in meine Praxis nach Arkansas, um in seiner Sitzung einem ungewöhnlichen Ereignis in seiner Kindheit nachzugehen. Er hatte es nie vergessen. Es gab einige Hinweise darauf, dass es eventuell mit dem Phänomen fehlender Zeit verknüpft war, aber darüberhinaus gab es keine näheren Details. Da es ihn die ganzen Jahre über kontinuierlich beschäftigt hatte, wollte er dem Phänomen unbedingt nachgehen und war nicht in erster Linie an der Erforschung seiner vergangenen Leben interessiert. Ich brachte ihn zurück zu jener Nacht, wo der Zwischenfall stattgefunden hatte, aber er bekam auf einer bewussten Ebene keinen Zugang zu weiteren Informationen. Zudem wollte sein Verstand die Kontrolle behalten, da James befürchtete, möglicherweise etwas zu erfinden. Ich blieb hartnäckig und schließlich kamen einige Informationen ans Licht. Hauptsächlich Empfindungen - das Gefühl zu schweben und zu treiben und sich in einem kleinen Gefährt zu befinden. Dann das Gefühl von Bewegung und die verblüffende Erkenntnis: „Vorwärts, vorwärts – woanders hin, sehr, sehr schnell. Als sich das Ding bewegt hat, als es ... nach vorne *sprang?* hatte ich das Gefühl ... mich zu teilen, wie Atome, die sich teilen" Obwohl es seltsam klang, beschrieb er das Gefühl allerdings als angenehm. „Wie eine Entmolekularisierung, aber nicht im negativen Sinne, es ist einfach etwas, dass notwendig ist. Es ist notwendig, um reisen zu können. Man kann nicht mit seinem physischen Körper reisen. Die Geschwindigkeit ist zu hoch. Der Körper würde auseinanderbrechen. Sie entmolekularisieren mich, bis ich später wieder zusammengesetzt werde. Innerhalb der Kuppel des Gefährts wird das alles duch Licht zusammengehalten. Vielleicht hält das Licht die Moleküle fest oder hindert sie daran, woanders hin zu schweben." Er konnte niemanden entdecken, dem er eine Frage stellen konnte. Ich fragte, ob es irgendeine Möglichkeit gab, um an Informationen zu kommen. „Noch nicht. Weil ich nur in Einzelteilen vorhanden bin! Sie müssen mich erst wieder zusammensetzen (Lachen). Ich mache es nicht selbst. Etwas anderes ist dafür zuständig." Dann das schwindelerregende Gefühl, sich erneut rasend schnell nach vorne zu bewegen. Und dann die Überraschung. Als er wieder zusammengesetzt war, hatte er eine andere Form, ein anderes Aussehen und glich nun mehr einem kleinen, grauen ET. Er hatte Schwierigkeiten damit, die Empfindungen zu beschreiben, die ihm durch den Kopf gingen. „Ich habe das Gefühl, nicht wirklich *Ich,* mein Ich, mein eigenes Ich zu sein. Als ob die Erinnerungen an mich selbst in etwas anderem existieren." Er kommunizierte mit anderen Wesen, die genauso aussahen wie er. Dann erneute Verwirrung, als er versuchte, zu beschreiben, was er sah. „Da sind Tafeln über die Erde an der Wand befestigt und es findet etwas statt. Ein Training."

D: Wer oder was wird dort trainiert?
J: Ich! Es ist ein Workshop. Dort wird alles gelehrt. Die Fähigkeiten und jenes Wissen, das in den Tafeln über die Erde steht. Es ist kompliziert. Systeme, Funktionen, Formen ... nicht nur die Geschichte, aber ... Fundamentales ... Grundlegendes!
D: Lernst du das alles selbst oder unterrichtest du es?
J: Ich lerne ... nein, es ist beides! Ich bringe es *mir selbst* bei.
D: Ist es Wissen über das Schiff, auf dem du dich befindest?
J: Das könnte so sein, wenn ich es wollte. Dieses Wissen kann alles sein, was dort existiert. Alles, was in diesem ... Apparat ... gespeichert ist.
D: Zu welcher Art von Wissen möchtest du denn gerne Zugang haben?
J: Zu Simulationen. Es ist nicht dassebe wie bei Video-Spielen, aber so ähnlich. Simulationen. *Lebens*-Spiele. Ich kann programmieren, was ich sehen möchte. Es gibt Unterbrechungen ... (er kämpfte damit, das Konzept zu verstehen). Es ist so ähnlich, als ob man etwas im Fernsehen sieht. Aber es ist nicht dasselbe. Es sieht nicht genauso aus, aber es ist das Gleiche Prinzip.
D: Meinst du damit, dass es ein Programm für dich herunterlädt?
J: Ja. Es wird mir vorgespielt.

Er entdeckte, dass er etwas auf dem Kopf hatte was gegen seine Schläfen presste.

J: *Dafür* sind die Dinger an meinen *Schläfen* da! Dort kommen die ganzen Informationen an. Jemand anderes macht das, aber er macht es ganz gezielt. Wird die *Erinnerung* von dort nach hier transferiert, oder...?

D: *Du sagtest, es sei ein „Spiel des Lebens"?*

J: Ja, es sind Szenarien, aber große, lange Szenarien – solche, die davon berichten, wie alles einmal gewesen ist.

D: *Es gibt also mehr als nur ein Szenario?*

J: Leben. Jede erdenkliche Möglichkeit, die du wählen möchtest!

D: *Wählst du selbst aus, was du herunterladen möchtest?*

J: Manchmal. Andere werden vorgegeben, so, als ob ein Auftrag erfolgt.

D: *Sie werden also hinuntergeladen und man ist in der Lage zu sehen, was passieren wird?*

J: (seufzt) Man lebt es, aber nicht ... vollständig. Es ist eine Illusion. Man speichert die Szenen im Gehirn ab und lebt sie, aber man lebt sie nicht ... komplett. Man nimmt die Erfahrungen daraus mit, ohne diese Leben wirklich zu leben.

D: *Gibt es einen bestimmten Grund dafür, das zu tun?*

J: Um Wissen und ... *Mitgefühl* zu erfahren, vielleicht? In jedem Fall ... Verständnis. Die Frage, die sich stellt, ist: wozu?

D: *Das habe ich mich auch gefragt.*

J: Die Antwort lautet: „um Wissen zu erlangen". Der Bergriff „Wissen" ist alles, was ich erhalte. Wisssen, um anderen helfen zu können – vielleicht, um *zukünftigen* Menschen zu helfen? Es dient dazu, zu helfen. Ich weiß allerdings nicht genau, wie. Es ist wie eine Bibliothek, nur eine andere Version davon. Nicht so sehr ätherisch ... mehr greifbarer Natur. Eher auf Technologie als auf reiner Essenz basierend.

D: *Wird das also aus einem bestimmten Grund gemacht – um dem physischen Körper, der auf der Erde lebt oder leben wird, zu helfen?*

J: Vorbereitung. Das Wort, das ich erhalte, heißt „Leben", genauer gesagt ... die Erfahrung des Lebens. Vorbereitung.

Obwohl das alles etwas verwirrend klang, glaubte ich zu wissen, was er mir beschreiben wollte; versuchte aber, ihn nicht zu beeinflussen. Ich wollte gerne erreichen, dass er es mir mit seinen eigenen Worten beschrieb. Aber es kamen keine weiteren Informationen mehr an. Eindeutig wurde er von irgendetwas blockiert, aber ich glaubte nicht, dass es durch ihn geschah. Es war an der Zeit, das Unterbewusstsein hinzuzuziehen. Als ich merkte, dass es anwesend war, erkundigte ich mich, ob es erlaubt war, Fragen zu stellen. Eine autoritäre Stimme antwortete: „Ja, aber stelle sie *ganz vorsichtig!*" Ich begriff, dass James noch nicht bereit war, dass ihm alles offenbart wurde, denn es war klar, dass er die Bruchstücke, die er gezeigt bekommen hatte, nicht alle verstand. Ich würde sehr vorsichtig agieren und den Instruktionen des Unterbewusstseins folgen müssen. Sonst würde es sich zurückziehen und ich hätte keine Möglichkeit mehr, an weitere Antworten zu kommen. Ich machte deutlich, dass ich nichts forcieren würde und nur das akzeptieren würde, was James tatsächlich wissen wollte. Das Unterbewusstsein sagte, das das Gezeigte James lediglich verwirrt hätte und er sich noch nicht weit genug entwickelt hätte, um die Zusammenhänge zu verstehen. Er musste noch Vieles lernen.

D: *Glaubt du, dass die Bruchstücke, die du ihm gezeigt hast, ihm helfen werden?*
J: Er wird weitere Fragen stellen.
D: *Warum hatte er das Gefühl, dass sich der Zustand aller Moleküle veränderte?*
J: Weil es so war! Die Moleküle werden auseinander genommen, damit sie eine neue Form erhalten ... aber nur für diese Reise. Wenn James reist, muss es stattfinden oder er würde auseinanderbrechen.
D: *Als das passierte, wurde ihm gezeigt, dass er sich in dieses andere Wesen verwandelte. Existiert es zu gleichen Zeit, wie James existiert?* (Ja) *Was bedeutet das? Eine Übertragung, die erst in die eine Richtung und dann wieder in die andere Richtung abläuft?*
J: Es ist alles dasselbe, und zwar insofern, als dass alles gleichzeitig existiert.

Ich versuchte, noch mehr über diesen fehlenden Zeitabschnitt herauszufinden, aber mir wurde mitgeteilt, dass die Zeit noch nicht reif für James war. Er musste damit warten, bis er ein anderes Niveau von Verständnis für die Dinge erreicht hatte. Er befand sich derzeit noch in einem frühen Lernstadium. „Sie" hatten mir schon einmal mitgeteilt, dass manches Wissen dann eher wie Gift, anstatt wie Medizin wirkt. Wenn das Wissen nicht korrekt verstanden oder zu früh weitergegeben wird, verursacht das Probleme. Dieer Punkt schien auch bei James gegeben zu sein.

D: *Hat James jenen Vorgang, der uns als Afuprägung bekannt ist, beschrieben?* (Ja!) *Bei dem andere Leben unserer Erinnerung aufgeprägt werden, um so als Referenz dienen zu können?*
J: Ja. Wie bei einem Verzeichnis.

Das Unterbewusstsein hielt sich immer noch zurück, aber ich konnte bereits festhalten, dass James einer jener neuen Menschen war, die zwar hier auf die Erde gekommen waren, jedoch nie zuvor in einem menschlichen Körper inkarniert hatten. Er war definitiv aus einem bestimmten Grund hier, aber den genauen Grund sollte er noch nicht wissen. „Er kann einen kurzen Blick darauf werfen und Einblicke erhalten, aber er darf auf keinen Fall alles erfahren. Es wäre zu viel für ihn."

D: *Es hat ihn aber niemand gezwungen, hierher zu kommen, oder?*
J: Nein, er hat sich freiwillig entschieden, zu diesem Zeitpunkt auf die Erde zu kommen. Er wusste, dass es schmerzhaft werden würde, aber er ist stark.
D: *Kannst du James irgendetwas darüber mitteilen, was seine Aufgabe hier ist?*
J: Mit gutem Beispiel voranzugehen. Die anderen werden dann folgen. Er ist ein Lehrer. Regeln, Gesetze - aber nicht die der irdischen Art, keine menschlichen Gesetze. Er lehrt andere durch seine Interaktionen, nicht mit Worten, sondern durch Taten. Seine Aura und seine Energie bewirken bei anderen Menschen etwas.
D: *Er dachte, er sollte vielleicht hinausgehen und zu anderen sprechen, um ihnen von bestimmten Dingen zu erzählen.*
J: Die Nachrichten würden im Eifer des Gefechts verloren gehen. Er kann sie aber durch mentale Telepathie übertragen ... mit Hilfe seines Unterbewusstseins. James vermittelt sie nicht aktiv.
D: *Wer vermittelt sie dann?*

J: Das Wissen selbst tut es ... er ist eine Leitung ... James ist eine Empfangsstation. Er strahlt Energie aus und gibt sie weiter. Wenn man eine Wand hat und etwas dagegen wirft, fällt es hinunter. Wenn man eine weitere Wand dazu stellt, welche etwas weiter entfernt ist und einen Gegenstand (oder einen Gedanken) dagegen wirft, wird das Ganze wieder hinunterfallen. Aber mit vielen Wänden, die *dicht* zusammenstehen, entsteht eine Vibration des geworfenen Gegenstandes oder der Gedanken. Das Objekt wird schneller hin und her geworfen. Die Aussendung verstärkt sich. Das Signal verstärkt sich.

D: *Weil es sich vervielfacht.*

J: Ja. James sollte verstehen, dass ein Mensch zu sein harte Arbeit bedeutet. Wenn er aber dem Gefühl der Liebe folgt, kann er nie den falschen Weg nehmen.

Was als Untersuchung eines möglichen UFO Falles begann, entpuppte sich also im weiteren Verlauf als ein weiteres Beispiel für einen Menschen, der mit der zweiten Welle der Freiwilligen auf die Erde gekommen war und hier helfen wollte. James war eine sehr sanfte Seele, die von dem, was hier um ich herumgeschah, sehr berührt war. Es würde eine Zeit dauern, bis er genug gelernt und sich ausreichend weiterentwickelt hatte, bevor er zusätzliche Antworten erhalten konnte. In der Zwischenzeit sollte er lediglich seine Aufgabe wahrnehmen, die darin bestand, einen Kanal und ein Signal für die hereinkommenden und hinausgehenden Energien zu bilden, die die Erde in dieser Zeit benötigt. James ist ein weiteres Beispiel für die Schwierigkeiten, mit denen sich diese zartbesaiteten Seelen in der für sie feindlichen und fremdartigen Umgebung konfrontiert sehen.

* * *

DER BESUCHER

Judy war eine von vielen Klienten, die ich während meiner 30-jährigen Tätigkeit kennenlernte und die das Gefühl haben, nicht hierher zu gehören. Sie wollen nicht hier sein und haben Schwierigkeiten damit, sich in unserer Welt anzupassen. Die Rückführung verlief normal, aber wir bekamen keine Antworten bis zu jenem Moment, als wir das Unterbewusstsein kontaktierten. Ich bat es, uns die Gefühle zu erklären, die Judy beschäftigten.

J: Sie hat sich hier auf diesem Planeten nie zu Hause gefühlt. Es gibt viele andere Orte im Universum, wo die Energien wesentlich besser sind, wo sie sich geliebt fühlt und sie spürt, dass sie dort hingehört. Andere Orte, an denen sie gelebt hat und wo Menschen sich lieben, wo sie in Frieden leben, wo sie sich gegenseitig helfen und sich umeinander kümmern.
D: *Warum ist sie auf die Erde gekommen, wenn sie an diesen anderen Orten so viel glücklicher war?*
J: Weil es ihr Auftrag ist.

Ich hatte diesen Aspekt schon so häufig gehört, dass er begann, wie eine gesprungene Schallplatte zu klingen. Aber warum sollten so viele meiner Klienten dasselbe sagen - es sei denn, es wäre wahr? Sie konnten gar nicht wissen, wie die anderen sich geäußert hatten, denn ich hatte noch nie zuvor darüber geschrieben.

J: Da gibt es jene von uns, die auf die anderen Orte im Universum schauen. Wir sehen Orte, die unsere Unterstützung brauchen. Und wir wissen, dass wir diese Unterstützung geben müssen, um unsere Art zu leben zu schützen und um unseren Frieden erhalten zu können.
D: *Wie hängt das, was hier passiert denn mit eurer Art zu leben zusammen?*
J: Das, was hier geschieht, betrifft das gesamte Universum. Wir sind alle miteinander verbunden und wenn andere in einer niedrigen Frequenz schwingen, betrifft uns das ebenfalls. Aber der Grund liegt nicht allein darin, dass wir liebevolle, sehr liebevolle und außerdem friedliche Menschen sind. Es hat nicht nur damit zu tun, dass wir selbst gerne so bleiben wollen. Wir möchten auch gerne mit anderen teilen, was wir selbst erfahren und was wir herausgefunden haben. Die Menschen auf diesem Planeten sind nicht glücklich. Hier, auf der Erde, kämpfen sie jeden Tag. Sie wissen nicht, was es bedeutet, in vollständigem Glück und in vollkommenem Frieden zu leben und eins mit dem Schöpfer zu sein. Es ist

unsere Aufgabe, ihnen dabei zu helfen.

D: *Seid ihr in der Lage gewesen, von dort, wo ihr euch befindet, zu sehen, was auf den anderen Planeten passiert?*

J: Wir können alles sehen, was wir sehen möchten. Wenn wir es sehen wollen, sehen wir es. Das, was hier passiert, sieht für uns so aus: Die Traurigkeit breitet sich von einem Menschen zum anderen Menschen aus. Jedes Mal, wenn auf der Erde jemand unglücklich ist, strahlt das auch auf andere Lebewesen aus. Es gibt so wenig, was diesen Zustand beheben könnte.

D: *Und als dein Volk gesehen hat, was auf der Erde passiert, habt ihr euch entschieden, hierherzukommen?*

J: Ja. Wir mussten einfach helfen. Wir dachten, wir könnten einen Unterschied machen. Wir sind Lebewesen von großer, großer Liebe und von großem Frieden. Wenn wir andere Seelen sehen, die in Not sind, liegt es in unserer Natur, ihnen zu helfen. Es hilft uns dabei, erfüllt zu leben.

D: *Aber als du hier hergekommen bist, war es dann doch nicht ganz so einfach, oder?*

J: Ja, es war schwierig. Wir möchten helfen, aber es ist für uns sehr schwer, hier zu überleben. Alles ist sehr fremd. Unsere Vibrationen sind wesentlich höher. Das verursacht Probleme. Auf unserem Planeten war Judy eine große Heilerin. Sie wird nicht glücklich werden, solange sie diese Arbeit nicht fortsetzen kann.

D: *Sollte sie eine bestimmte Methode verwenden?*

J: Auf unserem Planeten denkt man einfach daran, zu heilen und es geschieht. Auf der Erde ist das nicht so einfach. Hier sind so viele Zweifel auf so viele Arten und an so vielen Orte gesät worden, das man manchmal kleine Hilfsmittel oder Methoden anwenden muss, von denen man annimmt, dass sie den Heiler unterstützen. Aber die Heilung erfolgt von innen. Die gesamte Energie stammt aus „der Quelle". Wenn sie sich selbst aufrichtig verzeihen kann und sich in dieses Leben integriert, werden die heilenden Kräfte ganz leicht aus ihr heraus fließen. Sie wird in der Lage sein, anderen zu helfen. Und sie wird dazu nicht unbedingt die Methoden benötigen, die sie studiert hat. Diese Energie wird einfach fließen und sie wird wissen, was zu tun ist. Dazu wird sie auch ihre Hände benutzen. Manchmal ist es hilfreich, die Hände dazu zu nehmen. Unsere Art zu heilen kann auch aus der Distanz stattfinden, weil wir alle miteinander verbunden sind. Da, wo wir herkommen, ist es so leicht, das alles zu tun. Es ist sehr niederschmetternd, hier herzukommen und nicht in der Lage zu sein, es auf die gleiche Weise umzusetzen.

D: *Natürlich braucht es aber die Erlaubnis der betreffenden Person, um eine solche Fernheilung durchzuführen, oder?*

J: Ja, richtig. Auf der Erde geben die Menschen diese Erlaubnis nicht auf eine bewusste Weise, sondern (auf der Seelenebene) dann, wenn es die Aufgabe der anderen Seele ist, diese Heilung zu ermöglichen. Judy wird in der Lage sein, das alles zu tun. Auf unserem Planeten ist es für diejenigen, die darin ausgebildet sind, sehr einfach. Wir denken uns etwas und sofort setzt die Wirkung ein. Auf unserem Planeten ist die Schwingungsfrequenz sehr viel höher als hier auf der Erde, wo sie wesentlich niedriger ist. Es ist ziemlich frustrierend, dass die Wirkung hier nicht sofort eintritt.

D: *Was ist mit den Allergien, die Judy hat?*

J: Die Allergien sind ein Symptom dafür, dass sie kämpft, von dieser Atmosphäre, von diesem Planeten und von seinen Energien loszukommen und sie tut es, indem sie fortwährend die niedrigen Frequenzen abblockt. Sie mag nicht, wie es sich hier anfühlt. Sie will es nicht einatmen, ihr Körper kämpft dagegen an, er will es loswerden, will alles hier loswerden.

D: *Der freie Wille, den es hier gibt, spielt dabei eine Rolle.*

J: Wir können die Dinge für eine positive Entwicklung nicht erzwingen, das ist nicht unsere Art. Es gibt im Moment sehr viele Veränderungen auf diesem Planeten. Mehr und mehr Menschen wachen auf. Aber es ist so schwierig für uns, von einem Ort, wo es soviel Liebe und Freude gibt, hierher zu kommen.

* * *

Hier ein weiteres Beispiel für eine Klientin, die als Freiwillige oder „Erstmalige" auf die Erde gekommen ist:

Shirley kam von der Wolke und beschrieb die Landschaft, die sie sah, als trostlos und verwüstet. „Alles, was hier einmal gelebt hat, gibt es nicht mehr. Alles ist verschwunden. Etwas hat bewirkt, dass alles Leben verschwunden ist. Jetzt gibt es hier nur noch braune Erde, Schmutz und leblose Krater. Was immer hier existiert hat, existiert jetzt nicht mehr. (sie wurde emotional) Nichts. (Weinen) Ich glaube, das war mein Zuhause. (Schluchzen) Es ist vernichtet worden. Aber ich bin nicht sicher, was das verursacht hat. Alles war so herrlich – grüne Wiesen, Bäume, Wälder. Wie ein Garten Eden."

Ich bat sie, zu beschreiben, wie es dort aussah, bevor die Zerstörung einsetzte. „Ich sehe viele Bäume. Bäche, die fließen. Hängende Weidenbäume. Es ist, als ob man sich in einem wundervollen Garten befindet. Da gibt es Blumen und Vögel und Tiere, die herumspazieren. Ein Einhorn kommt vorbei. Es ist weiß, hat eine lange Mähne und ein spitzes Horn auf seiner Stirn. Es ist einfach wunderschön. Was für ein herrlicher, was für ein absolut perfekter Ort. Soweit das Auge reicht, gibt es dort nichts als eine einzige Idylle. Ich nehme meinen Körper in einer Mischform wahr. Ich fühle eine männliche, aber auch eine weibliche Energie. Beides gleichzeitig. Und ich sehe eine menschliche Form, aber es ist lediglich der energetische Umriss eines Menschen. Als würde ich nicht wirklich einen physischen Körper besitzen. Ich fühle, dass ich gar nichts zu essen brauche. Es ist die Schönheit von allem, was mich umgibt, die mich am Leben erhält. Das ist alles, was es dazu braucht. Die Verbindung mit der Natur (sie wurde erneut emotional). Ich spüre, dass es auch meine Verbindung zu Gott, meinem Vater ist, die mich am Leben erhält. Wenn ich dort jetzt wieder bin, spüre ich einen inneren Frieden, weil es dort so wundervoll ist. Und alles harmoniert miteinander."

Ich entschied, sie in der Zeit vorwärts zu bringen, um zu sehen, was mit diesem wunderbaren Ort geschehen war.

S: Etwas ist zu uns gekommen und hat alles verbrannt und zerstört. Alles, was ich sehe, sind Flammen, die vom Himmel heruntergekommen sind und alles verbrennen.
D: *Kannst du erkennen, woher diese Flammen gekommen sind? Du kannst jetzt alles sehen und bist in der Lage, es zu verstehen und darüber zu sprechen.*
S: (sie zögerte) Das erste, was ich gesehen habe, ist ein Drache (Lachen) Mein Verstand sagt mir: „Nein, das kann gar nicht sein". Aber ich sehe trotzdem einen Drachen - das ist alles,

was ich erkennen kann. Ich sehe Flammen, die aus seinen Rachen schießen. Er ist grün mit riesigen Schuppen und er fliegt im Himmel umher.

Ich war über diese unkonventionelle Antwort keineswegs beunruhigt. Ich entschied, einfach dem zu folgen, was sie mir beschrieb. Ich wusste, dass das Unterbewusstsein vor Ende der Sitzung alle offenen Fragen beantworten würde, sofern sie sich nicht schon vorher klärten.

S: Mein Gefühl sagt mir, dass es jemanden gibt, der auf diesen Ort eifersüchtig ist und einen Drachen geschickt hat, um alles zu zerstören.
D: *Konnte derjenige nicht einen eigenen Ort der Schönheit finden?*
S: Ich bin sicher, dass es diesen Leuten möglich gewesen wäre. Aber sie wollten nicht, dass jemand anderer ihn besitzt. Sie wollten nicht, dass irgend jemand dort glücklich ist.
D: *Was geschah mit dir, als alles zerstört wurde?*
S: Ich fühle, dass ich weggegangen bin. Ich wollte nicht mehr dort sein, weil es diesen Ort nicht mehr gab.
D: *Du kannst aus deiner jetzigen Perspektive genau erkennen, was damals passiert ist. Kannst du mir mehr über diese eifersüchtigen Wesen oder was immer sie sind, erzählen?*
S: (sie kichert) Ich sehe ein Land von Riesen. Sie sind sehr groß. Großknochig, lange Beine, lange Arme, sehr muskulös. Sie sind wie eine Gemeinschaft und es gibt einen Anführer, der nicht sehr nett ist. Er kannte diesen wunderschönen Ort. Es gab Eifersucht und Ärger.
D: *Gibt es dort, wo die Riesen leben, Drachen?*
S: Ja. (lachte) Sie sind im Vergleich zu den Riesen klein. Sie sind wie ihre Haustiere.
D: *Das war also die Art von Kreatur, die sie ausgesendet haben, um euren Lebensraum zu zerstören. (Ja) Ich frage mich, welche Art von Genugtuung es ihnen verschaffte.*
S: Niemand sollte in Freude, Harmonie oder Frieden leben können. Das wurde einfach von ihnen zerstört.
D: *Was hast du getan, nachdem euer Lebensraum zerstört wurde?*
S: Ich bin eine Zeitlang umhergeschwebt und habe dann meinen Vater besucht, weil Er mich liebt. Ich fühle die Liebe und die

Energie durch mich hindurchfließen. Ich fühle mich genährt und spüre seine bedingungslose Liebe.

D: Kannst du erkennen, wie der Vater aussieht?

S: Ich sehe einfach nur diese Kugel aus Licht, die Lebensenergie. Es gibt noch andere, die dort sind. Wir müssen uns laben. Lange kann ich dort nicht bleiben. Ich fühle, dass ich meine nächste Aufgabe erhalten werde.

D: Wie lautet dein nächster Auftrag?

S: Ich muss zur Erde kommen.

D: Du siehst darüber nicht sehr glücklich aus. Hast du eine Wahl?

S: Nein, es fühlt sich nicht so an, als hätte ich eine Wahl. Es ist ein Auftrag, ein Job. Jemand muss es machen, weil es sonst keiner tut. Ich glaube, deshalb bin ich so zornig auf Ihn, meinen Vater, weil ich keine Wahl hatte. So, als ob man für jemanden arbeitet. Er sagt einem, was man zu tun hat, andernfalls ... Oder wenn man beim Militär ist und Anweisungen Folge leisten muss. So hat es sich angefühlt, denn ich musste wieder hinunter.

D: Aber du empfindest auch eine große Liebe für Ihn.

S: Ja, das tue ich. Aber ich war verärgert, weil ich gehen musste. Ich hätte mich nicht dazu entschieden, auf die Erde zu kommen. Ich habe den Auftrag erhalten, hierher zu kommen.

D: Erzähl' mir was passiert, wenn du auf die Erde kommst. Wie ist der Ablauf?

S: Ich sehe mich selbst durch verschiedene Stadien von Energiezuständen gehen. Wie unterschiedliche Stationen oder Stufen, die ich durchlaufe und bei denen ich verschiedene Informationen erhalte. So, als wenn ich mich mit unterschiedlichen Entitäten und Lebewesen verbinde, bevor ich hierher komme und jeder gibt mir Informationen. Aber ich habe keine physische Form. Und sie alle erteilen mir Informationen und Ratschläge, die ich anwenden kann.

D: Was tust du, wenn du schließlich auf die Erde kommst?

S: Zunächst muss ich geboren werden. Ich habe das früher schon mehrfach durchlaufen, aber nicht mehr in letzter Zeit. Es gibt etwas, das ich hier erledigen muss. Diesmal ist da dieses Gefühl, eine Mission zu haben. Etwas, das ich hier erreichen muss (sie wurde emotional) und ich weiß nicht, was es ist. Aber ich weiß, dass ich einen *großen* Auftrag habe.

D: Aber dein erster Schritt ist, als Baby geboren zu werden? (Ja)

Fühlt es sich anders an, wieder in einem Körper zu sein?
S: Ja, definitiv. Ich fühle mich eingezwängt. Die andere Art des Seins war sehr frei. Und jetzt fühle ich mich anders. Ich bin ein hübsches, weibliches Baby. Ich wollte gerne ein Mädchen sein. Für diese Zeit und für diese Aufgabe, die ich hier habe, war es die richtige Entscheidung, eine Frau zu werden.

D: *Wie fühlt es sich an, in diesem Körper zu sein?*
S: Ich habe mich darin noch nie wohlgefühlt. Ich hatte immer ein eher negatives Körperbild von mir. Obwohl ich weiblich sein wollte, was es schwierig für mich, mich in einer weiblichen Form zu sehen. Ich mochte es nie, in den Spiegel zu schauen. Mir gefiel nicht, was ich sah. Ich war der Meinung, die Anatomie sollte irgendwie anders sein (lachte). Wenn ich in den Spiegel sehe, denke ich jedes Mal, ich sollte dieses herrliche, leuchtende Wesen aus Licht erblicken. Denn das ist das, was darunter existiert.

D: *Aber du hast diese Hülle, diese Schale gewählt. Und nun ist es notwendig, in dieser Schale zu bleiben, bis erledigt ist, weswegen du gekommen bist.*
S: Ich weiß, dass es darum geht, anderen zu helfen. Das fühle ich. Ich glaube die anderen Male bin ich aus freiem Willen gekommen und habe mich selbst dafür entschieden. Dieses Mal war es nicht so, dieses Mal war alles anders. Ich wäre lieber aus freien Stücken gekommen, anstatt einen Auftrag zu erhalten. Es ist wichtig, aber ich weiß nicht, warum. Ich weiß nicht, wozu. Ich weiß nur, dass es darum geht, anderen Menschen zu helfen. Dabei zu helfen, das andere geheilt werden.

Ich bat das Unterbewusstsein zu erklären, warum es Shirley diesen Ort, der zerstört wurde, gezeigt hatte. „Warum hast du ihr diese Szene gezeigt? Was möchtest du ihr mitteilen?"

S: Das war der perfekte Ort. Sie kann dort hinreisen und sich damit wieder verbinden, wann immer sie Kraft tanken möchte. Sie ist in der Lage, sich dort mit allen Wesen, allen Geschöpfen zu verbinden und mit ihnen zu sprechen. Diese Wesen haben versucht, mit ihr zu kommunizieren, aber sie hat sie blockiert. Sie hatte Angst, dass sie nicht real sind. Sie wird in der Lage sein, die Herzen und den Verstand anderer mit ihrer Stimme zu heilen und ihnen auf vielen Ebenen zu helfen: auf physischer, geistiger, emotionaler und spiritueller Ebene. Indem sie mit anderen Menschen spricht, wird sie diese Form der Heilung weitergeben. Und indem sie über Gott und darüber, worum es im Leben tatsächlich geht, spricht. Sie braucht keine Angst zu haben. Wir werden sie schützen. Wir werden sie anleiten.

D: *Dieser Ort, den sie gesehen hat, war voller besonderer Wesen. Hat es diesen Ort tatsächlich gegeben?*

S: Ja, es gab ihn einmal.

D: *Mit Einhörnern, Riesen und Drachen? (Ja) Die meisten von uns glauben, dass diese Geschöpfe lediglich Fantasiewesen oder Legenden sind.*

S: Nein, sie haben tatsächlich existiert.

D: *War dieser Ort, den sie gesehen hat, auf der Erde* (Nein) *Was wir jetzt in unseren Legenden wiederfinden sind Erinnerungen an diesen Ort?*

S: Es sind Erinnerungen an eine längst vergangene Zeit.

D: *Ich habe mich gefragt, warum diese Wesen in unseren Legenden noch heute fortleben.*

S: Weil es sie tatsächlich früher einmal hier auf der Erde und an anderen Orten gegeben hat. Und sie existieren auch noch weiterhin in anderen Dimensionen.

D: *Du meinst, die Erinnerungen daran haben in unserem Bewusstsein die ganze Zeit überdauert? (Ja) Wovon wir also annehmen, dass es lediglich Legenden und Geschichten sind, basiert tatsächlich auf Wahrheit?*

S: Ja, das denke ich.

* * *

Hier nun ein weiteres Beispiel für eine Sitzung mit einer Freiwilligen, die zum ersten Mal auf die Erde gekommen ist:

Als Beth sich in der Sitzung als jungen Mann auf einem arabischen Markt sah, klang das zunächst nach einer normalen Rückführung in ein vergangenes Leben. Das begann sich zu ändern, als ihr bewusst wurde, dass sie ein Buch mit sich trug. „Es ist ein Handbuch. Eine Anleitung bezüglich physikalischer Gesetzmäßigkeiten. Ich versuche, sie den Menschen in vereinfachter Form zu übermitteln. In dieser Gegend bin ich nur für eine kurze Zeit, dann ziehe ich weiter und unterrichte das Wissen an anderen Orten." Das machte er bereits seit drei Jahren und er hatte kein festes Zuhause, in das er zurückkommen konnte.

D: Glaubst du, dass dieses Buch kompliziert oder schwer zu unterrichten ist?
B: Nein, mir sind diese Informationen schon sehr lange bekannt. Ich bringe sie aus einer höheren Quelle stammend hinunter auf diese Erde. Die heilende Energie dieser Informationen ist sehr mächtig. Das Buch und die Energie, die mit diesen Informationen verbunden sind.
D: Es ist also etwas anderes als die normale Physik, die wir sonst kennen. Ist es das, was du meinst?
B: Ja. Es gibt Informationen, die in den Worten eingebettet sind, aber die Menschen hören sie nicht. Diese Worte dienen ihrem eigenen Wohl, ihrem eignen Verständnis und ihrer eigenen Entwicklung.
D: Woher stammt dieses Buch?
B: Ich habe es geschrieben, um Informationen zu vereinfachen und um Nachrichten übermitteln zu können. Es sind in erster Linie Notizen, die mich daran erinnern, welche Bereiche ich inhaltlich abdecken soll. Es gleicht mehr einem Überblick als einem detaillierten Werk.
D: Kannst du mir ein Beispiel dafür nennen, was du den Menschen beibringst?
B: (Pause) Etwas über Fische, es gibt Fische im Ozean. Und die Fische schwimmen mit einer Geschwindigkeit, die Wasser verdrängt. Je schneller die Fische schwimmen, umso mehr Wasser verdrängen sie und umso stärker wird der Druck auf die Fische. Das ist das Gesetz der Massenträgheit.
D: Was bedeutet das genau?
B: Das ist eines der Gesetze des Planeten - das Gesetz der Schwerkraft.
D: Und die Fische?
B: Das Ganze bezieht sich auf eines der Gesetze dieses Planeten.
D: Das Gesetz der Schwerkraft?
B: Ja, innerhalb der Massenträgheit.

Er reiste von Ort zu Ort und gab sein Wissen an jeden weiter, der ihm zuhören wollte. Er liebte es, an verschiedene Orte zu reisen und unterschiedliche Menschen zu treffen. Dafür wurde er nicht bezahlt und ich fragte mich, wie er seinen Lebensunterhalt finanzierte.

B: Ich schlafe nicht viel und ich muss nichts essen. Ich esse nur zum Vergnügen. Alles, was ich brauche, erschaffe ich selbst.

D: *Kann dein Körper ohne Nahrung überleben (Ja) Aber dein Körper ist doch physischer Natur?*

B: Manchmal. Wenn ich unterrichte, habe ich eine physische Form. Und wenn ich andere Bedürfnisse habe, verlasse ich meinen Körper und gehe dahin, wo ich bekomme, was ich benötige ... irgendwo nach oben. Mein Körper gleicht mehr einer Energieform als einem physischen Körper.

D: *Wohin gehst du, wenn du nicht in deiner physischen Form bist?*

B: Oh, ich gehe auf ein Raumschiff.

D: *Gibt es ein Raumschiff in der Nähe?*

B: Ja, es ist fest stationiert. Aber nicht auf dem Boden, sondern im Himmel.

Es ist rund und ziemlich groß. Es fasst ungefähr 200 Leute.

D: *Kommen diese Leute auch auf die Erde?*

B: Ja, einige von ihnen. Sie suchen unterschiedliche Orte auf.

D: *Welche Art von Körper hast du, wenn du in diesem Raumschiff bist?*

B: Bisher habe ich mich selber gar nicht angeschaut, sondern lediglich die anderen gesehen. Ich habe einen sehr kleinen Mund, einen großen Kopf und große Augen und große, lange Finger.

D: *Sehen alle Wesen auf dem Schiff so aus wie du?*

B: Ja. Sie tragen keine Kleidung. Ihre Körper sind dünn und fleischfarben.

D: *Haben sie unterschiedliche Geschlechter?* (Ja) Es gibt Männer und Frauen?

B: Ja. Ihre Anatomie ist aber die Gleiche. Wir erkennen den Unterschied anhand ihrer Essenz.

D: *Welche Essenz hast du, wenn du auf dem Schiff bist?*

B: Männlich. Wenn ich im Raumschiff bin, helfe ich dabei, jene Lehrer zu organisieren, die hinunter auf die Erde gehen.

D: *Unterrichten sie in unterschiedlichen Sachgebieten?*

B: Ja. Die weibliche Lehrkraft unterrichtet im Fachbereich Gesundheit. Dann gibt es noch einen Mann, der

Naturwissenschaften unterrichtet, aber auf eine Weise, die für alle verständlich ist ... dem jeweiligen Wissensstand der Einzelnen entsprechend. Ich habe mehr gelernt als die anderen, habe eine größere Lebenserfahrung und habe mehr Situationen meistern müssen. Jedem von uns wird beigebracht, wie wir auf einem Niveau sprechen und lehren können, das alle Menschen erreicht. Wir können uns dahin beamen, wo wir hingehen wollen. Und ich konzentriere meine Studien und Lehrtätigkeit im Moment auf dieses besondere Gebiet, wo ich mich gerade aufhalte. Und andere gehen an andere Orte der Welt.

D: Die Hauptsache liegt also für alle darin zu versuchen, Wissen und Informationen an die Erdenbewohner weiterzugeben (Ja) *Wurdest du dafür von jemandem angeleitet?*

B: Es muss mich jemand angeleitet haben. Wir kommen von einem größeren Schiff.

D: Dieses Schiff mit 200 Leuten hört sich auch schon sehr groß an.

B: Nein. Auf dem anderen Schiff gibt es tausende von unterschiedlichen Wesen. Es sind alles verschiedene Zivilisationen. Auf dem kleineren Schiff sind es überwiegend Wesen, wie ich eines bin.

Es gab einen Heimatplaneten, von dem sie kamen, aber sie flogen nicht sehr häufig dahin zurück. „Ich konzentriere mich auf meine Mission und meine Arbeit hier."

D: Wenn man einem Schiff zugeteilt ist bleibt man also eine lange Zeit dort?

B: Ja, aber es geht nicht um Zeit. Zeit gibt es nicht. Der Erfolg wird anhand der Lehrinhalte gemessen und daran, wieviele Leute ich erreichen kann. Ich kenne das Konzept der Zeit welches die Menschen haben. Ich kenne es, aber ich verstehe es nicht, denn alles geschieht simultan. Ich lehre solange, bis ich das Gefühl habe, ich sollte etwas Neues dazulernen. Wenn das eintritt, sammele ich zusätzliches Wissen und bringe es erneut zu den Menschen. Ich gehe an verschiedene Orte und sehe wie einer von ihnen aus. Auf diese Weise werden die Leute nicht misstrauisch und stellen keine Fragen wie: „Woher kommst du?". Ich ziehe weiter. So stellen sie keine Fragen.

D: *Möchtest du, dass sie diese Informationen verwenden?*
B: Irgendwann, ja. Wenn sie diese Informationen nicht jetzt benötigen, werden sie sie vielleicht zu einem anderen Zeitpunkt einmal später anwenden können. In jedem Fall erhöhen diese Informationen bereits jetzt ihr Bewusstsein.
D: *Du kommst ja in erster Linie hier her, um anderen etwas beizubringen. Ist das die Mission deiner Leute?* (Ja) *Gibt es auf dem großen Schiff denn noch andere Missionen?*
B: Viele, sehr viele Missionen. Sie reisen an viele Orte. Sie interagieren mit den jeweiligen Bewohnern nicht auf dieselbe Weise, wie wir es tun. Sie sind eher mit der Interaktion der Planeten und dem universellen Ziel von Harmonie und Frieden betraut.
D: *Was können sie tun, um das Verhalten der Planeten zu beeinflussen?*
B: Indem sie die Planeten vor der Selbstzerstörung bewahren. Indem sie Liebe und Licht bringen und den Bewohnern dabei helfen, Harmonie untereinander herzustellen.
D: *Kommt es zu Problemen, wenn einer der Planeten aus dem Gleichgewicht gerät?*
B: Ja, für alle! Für jeden Planeten. Alle werden von dieser Energie beeinflusst, denn diese Energie breitet sich wellenförmig im gesamten Universum aus.
D: *Die überwiegende Anzahl der Wesenheiten auf dem großen Schiff interagieren also auf unterschiedliche Weise mit anderen. Aber in jedem Fall dient es dazu, der Erde zu helfen?*
B: Nicht nur der Erde. Nein – vielen Planeten. Ich habe nicht genug Zeit. Ich kann es auf keiner Karte zeigen. Und ich kenne nicht alle Orte, zu denen die Besatzung reist und weiß nicht, was sie dort genau tun. Es sind zu viele Leute. Es gibt zu viele verschiedene Missionen. Aber im Moment besteht meine eigene Aufgabe darin, den Menschen auf der Erde zu helfen.
D: *Und das große Schiff ist irgendwo anders stationiert?*
B: Es ist sehr weit weg von unserem eigenen, kleinen Schiff stationiert. Deshalb arbeiten sie auch an anderen Projekten. Es ist sehr weit von uns entfernt. Wir berichten ihnen, was geschieht.
D: *Wenn du nichts essen musst – was erhält dich dann am Leben?*

Ich kannte die Antwort darauf bereits, aber ich stelle stets dieselben Fragen, da die Ergebnisse dann umso glaubwürdiger sind. Wenn viele Menschen dieselbe Antwort geben, ist es höchstwahrscheinlich die Wahrheit.

B: Licht.
D: Wie bekommst du dieses Licht?
B: Ich nehme es in meinen Körper auf.
D: Woher kommt das Licht?
B: Es muss nicht von einem bestimmten Ort kommen. Es ist überall. Es ist nicht so, dass ich mich davon aktiv ernähre. Das Licht wird vom Körper automatisch absorbiert.
D: Stirbt der Körper denn? Hört er irgendwann auf, zu existieren?
B: Ja. Der Körper verschleißt. Wenn er uns eine Zeit lang gedient hat, entledigen wir uns seiner und bekommen einen neuen Körper.
D: Diesen Körper könnt ihr dann also nicht mehr verwerten?
B: Nein, das stimmt so nicht. Der Körper stirbt nicht vollständig. Er besteht aus Energie. Er kann recycelt werden.
D: Du meinst, dass der Körper auf reine Energie reduziert wird?
B: Nein, der Körper *ist* reine Energie.
D: Du erwähntest, dass ihr nach einer gewissen Zeit einen anderen Körper erhaltet?
B: Das sind nicht wir, sondern einige der anderen Wesen auf dem Schiff. Ihre Körper werden aufhören zu existieren, da sie hauptsächlich physischer Natur sind. Andere von uns haben eine mehr energetische Natur. Meine Erscheinung ist hauptsächlich energetischer Natur.
D: Aber du hast dich dazu entschieden, diese Erscheinungsform, die du auf dem Schiff hast und von der du gesprochen hast, selbst zu wählen?
B: Ja. Sie gleicht der Form, die ich auf meinem Heimatplaneten habe. Dort habe ich sehr viel Zeit verbracht.
D: Ich dachte, dass für einen Körper, der aus reiner Energie besteht, gar keine Notwendigkeit besteht, eine Hülle zu wählen?
B: Na ja, er hat eine Form, einen Umriss, aber er ist nicht so ... fest? Wir bewegen uns freier als ein Wesen, das eine solide physische Struktur hat.

Da wir zu diesem Zeitpunkt nicht viel mehr über seiner Situation erfahren würden, brachte ich ihn zu einem wichtigen Tag in seinem Leben. Aus seiner Beschreibung entnahm ich, dass er offenbar erneut in ein anderes Leben gesprungen war, auch wenn er noch immer ein extraterrestrisches Wesen war. Diesmal hatte er allerdings einen festen physischen Körper. Er wurde sehr unruhig und aufgeregt und er fühlte sich sichtlich unwohl, als er beschrieb, was vor sich ging. „Wir befinden uns im Krieg mit ... es ist ein galaktischer ... Krieg. Da sind sehr, sehr viele Raumschiffe.

D: Befinden sie sich in der Erdatmosphäre?
B: Nein (er war den Tränen nahe). Ich weiß nicht, wo wir uns befinden. Wir sind irgendwo da draußen im Weltraum (er wurde emotional). Das alles müsste gar nicht passieren! Es gibt keinen Grund, zu kämpfen. Der Kampf ergibt keinen Sinn!
D: Hat euch jemand angegriffen?
B: Da sind viele, viele Zivilisationen in verschiedenen Schiffen vertreten. Es gibt nicht nur zwei Parteien. Das Ganze spielt sich zwischen vier verschiedenen Gruppen ab. Alle wollen das Gleiche. Der Krieg wurde durch Missverständnisse und durch mangelnde Kommunikation verursacht.
D: Ich dachte, wenn man in diesem Entwicklungsstand angekommen ist, gäbe es keine Notwendigkeit für Gewalt mehr.
B: Leider nein. Diese Wesen stammen von einem Planeten, der voller Gier und Hass ist. Sie wollen alles für sich beanspruchen. Sie sind nicht Teil unserer Gruppe.
D: Welches Missverständnis war die Ursache?
B: Ich weiß es nicht genau. Land? Besitz? Es ging um ein Gebiet, das unseres war und das sie haben wollten. Sie haben eine Allianz mit einer anderen Gruppe geschmiedet. Die Kämpfe dauern schon eine lange Zeit an. Wir nutzen alle eine Art von Waffe, die aus den Raumschiffen feuert. Sie ist sehr laut. Die Energie, die entsteht, wenn die Geschosse vorbeifliegen, ist schrecklich. Wenn die Geschosse einschlagen, legen sie Teile des Schiffes lahm. Ich will nicht kämpfen, aber wir müssen es tun. Es ist der letzte Ausweg. Wir haben alles versucht, aber sie verstehen uns nicht. Sie

versuchen gar nicht erst, zuzuhören. Sie wollen gar nicht probieren, zu einer Übereinkunft zu kommen und eine friedliche Lösung zu finden. Wir haben versucht, zu verhandeln. Wir haben alles versucht. Das ist der einzige Weg, den sie kennen, um einen Konflikt zu lösen. Wir haben keine andere Wahl.

Ich brachte sie zeitlich vorwärts in die Zukunft, um zu sehen, wie der Konflikt geendet hatte und was möglicherweise passiert war.

B: Sie sind weg. Und wir haben unser Land zurück. Wir können es wieder aufbauen und erneuern. Wir haben unseren Planeten und können wieder in Frieden leben. Wir sind nicht gestorben, sondern haben überlebt. Frieden und Harmonie sind erneut eingekehrt und das ist wunderbar. Die Invasoren sind woanders hingegangen oder sind einfach nicht mehr da. Wir waren siegreich, wenn man es denn einen Sieg nennen will. Einige von ihnen sind gestorben. Sie haben sich entschieden, ihre Kriege woanders hinzutragen.

Da der Konflikt beendet schien, brachte ich sie in die Zukunft zu einem anderen wichtigen Tag und es sah aus, als wäre sie abermals in ein anderes Leben als außerdisches Wesen gesprungen. Nichts von dem, was sie davon erzählte, ähnelte auch nur im entferntesten einer physischen Existenz auf der Erde. Als sie die nächste Szene erblickte, hatte sie Schwierigkeiten, diese zu beschreiben.

B: Ich weiß nicht, was das ist. Es ist ein öder, verlassener Planet. Aber da gibt es etwas, das diesen Teil des Planeten vollkommen umschließt. Ich versuche, darüber etwas in Erfahrung zu bringen. Oh! (eine Erkenntnis). Wir haben herausgefunden, dass es einen neuen Planeten gibt, der besiedelt werden soll. Er ist vollkommen karg. Es ist der Beginn ... die Geburt eines neuen Planeten. Es gibt viele Raumschiffe, die die eine Hälfte des Planeten umkreisen. Und sie kommen von überall her. Aber wir arbeiten alle in Form einer Gruppe zusammen, um die Ansiedlung von Leben auf diesem Planeten zu ermöglichen.
D: Gibt es dort zu diesem Zeitpunk noch gar keine

Lebensformen? (Nein) *Was braucht es, um die Ansiedelung von Leben ermöglichen?*
B: Pflanzliche Organismen, die sich im weiteren Verlauf vermehren.
D: Woher bekommt ihr diese Organismen?
B: Wir haben sie von anderen Orten mitgebracht.
D: Ist es deine Aufgabe, sie von anderen Orten einzusammeln?
B: Nein. Ich helfe dabei, alles zu organisieren und den Planeten zu bepflanzen. Jedes Raumschiff hat einen eigenen Aufgabenbereich und meiner ist der der Vegetation.

Ich hatte nicht erkannt, dass er sich bereits in einem anderen Leben befand und deshalb fragte ich: „Du warst vorher als Lehrer tätig. Ist das hier jetzt eine neue Aufgabe, die du bekommen hast?"

B: Das war jemand anderes. Das war nicht ich.

Da begriff ich. Sie war in ein anderes Leben gesprungen, war aber immer noch ein Außerirdischer. Beth Stimme begann sich zu diesem Zeitpunkt langsam zu verändern. Sie wurde abgehackt und roboterhaft. Dann beschrieb sich als ein Wesen, dass einen kurzen, grauen Körper hatte und eine körpernahen, grauen Anzug trug.

D: Und deine Aufgabe besteht jetzt darin, die Bepflanzungen zu überwachen?
B: Nicht zu überwachen. Ich bin ein Arbeiter wie die anderen auch. Wir haben eine große Aufgabe. Es gibt sehr viel Land, dass bepflanzt werden muss.
D: Woher wisst ihr, was dort wachsen wird?
B: Es wurden viele Experimente auf dem Planeten durchgeführt, um zu sehen, was dort am besten wachsen wird.
D: Und ihr beginnt zunächst mit den pflanzlichen Organismen?
B: Mit kleinen Pflanzen. Es gibt viele von uns, die das machen. Wir beginnen in einem Gebiet und wechseln dann in eine andere Gegend und pflanzen viele verschiedene Arten an.

Diese Geschichte kam mir bekannt vor. Ich habe die Aussaat (oder den Beginn) von Leben auf dem Planeten Erde in zwei meiner Bücher beleuchtet: *Hüter der Gärten* und *Die Aufseher*.

Als ich die Informationen damals erhielt und später die Bücher darüber schrieb, kamen mir diese Erzählungen sehr seltsam vor. Aber inzwischen habe ich sie so häufig gehört, dass ich weiß, dass es die tatsächliche Version darüber ist, wie unser Leben auf der Erde begonnen hat. Und ich habe angefangen, es als eine Tatsache zu akzeptieren. Es war nicht ganz klar, ob sie von der Fruchtbarmachung des Planeten Erde sprach. Aber mir war bereits durch andere Sitzungen bewusst geworden, dass auf diese Weise Leben auf vielen weiteren Planeten angesiedelt worden war, sobald diese ein bestimmtes Stadium der Entwicklung erreicht hatten. Es war eine bewährte Methode, um Leben weiterzutragen. Es wurde erfolgreich seit Anbeginn der Zeit verwendet und wird bis in die Ewigkeit praktiziert.

D: *Wirst du sehen, welche Samen wachsen?*
B: Wir wissen bereits aus unseren Testreihen, welche Samen wachsen werden.
D: *Wirst du dortbleiben, um die Entwicklungen zu verfolgen?*
B: Ja, wir werden dort bleiben, bis sich die Aussaat verankert hat. Dann wechseln wir in ein anderes Gebiet und pflanzen dort weiteres Saatgut an.
D: *Wird das nicht eine enorme Zeit beanspruchen?*
B: Wir haben alle Zeit der Welt. Für den Moment bringen wir die Saat aus und unsere Raumschiffe werden so lange bleiben, wie sie benötigt werden. Und wir versorgen die Pflanzen anfangs mit Nährstoffen, bis sie groß genug sind, um sich selbst zu versorgen.

Sie hatte Schwierigkeiten damit, Englisch zu sprechen. Jedes Wort wurde mit getrennter Energie gesprochen, so, als ob ihr jedes einzelne Wort Schwierigkeiten bereitete. Ich hatte das schon früher erlebt, insbesondere dann, wenn kleine, graue Wesen versuchten, mit uns zu kommunizieren. Es gibt dazu ein eindrucksvolles Beispiel in meinem Buch *The Custodians*. Das liegt vor allem daran, weil sie in ihrem natürlichen Zustand nicht daran gewöhnt sind, sprachliche Kommunikation zu verwenden, sondern sich telepathisch verständigen. Deshalb muss ihr Vokabular auch an die geistige Kapazität des jeweiligen Klienten angepasst werden.

D: *Was ist mit der Ansiedelung von Tieren? Seit ihr ebenfalls*

dafür zuständig?
B: Mein Bereich sind die Pflanzen. Ich weiß nicht, was die anderen tun.

Das alles hätte jetzt noch eine sehr, sehr lange Zeit so weiter gehen können. Deshalb brachte ich sie zu einem weiteren, wichtigen Tag in ihrem Leben. Sie lächelte, als sie sagte: „Es ist ein wundervoller Planet"

D: Kannst du ihn vom Raumschiff aus sehen?
B: Nein. Ich stehe auf dem Planeten. Er ist herrlich.

Ihre Stimme klang erneut verändert. Sie hatte nun einen verträumten, wehmütigen Charakter und einen eigenartigen Akzent. War Beth erneut in ein anderes Leben getaucht?

B: Unsere Pflanzen sind gewachsen. Es gibt nun überall sehr viel Vegetation. Alles ist wunderschön. Wir haben mit unserem Plan Erfolg gehabt.
D: Was ist der nächste Schritt?
B: Es wird Wasser und Schnee geben und es werden andere Tierarten hierher gebracht.
D: Woher kommen sie?
B: Sie wurden auf den Schiffen gezüchtet.
D: Wurden sie ebenfalls von anderen Orten mitgenommen?
B: Ja, wir haben nur die Besten ausgewählt.
D: Und jetzt könnt ihr sehen, welche überleben werden?
B: Wir wissen, welche Tier- und Pflanzenarten überleben werden. Es ist alles unter Kontrolle.
D: Das höhrt sich alles sehr gut an, aber es braucht sicher eine lange Zeit, um all das umzusetzen, oder?
B: Dafür leben wir.

Es war nun an der Zeit, das Unterbewusstsein zu befragen, um einige Antworten zu erhalten.

D: Warum hast du diese Leben für Beth ausgewählt?
B: Das ist, wer sie ist. Sie ist ein Wesen von einem anderen Planeten. Sie hat die meisten ihrer Leben auf anderen Planeten verbracht und an anderen Orten als hier auf der Erde. Sie hat sich das oft gefragt und sie weiß es tief in

ihrem Inneren bereits.

D: *Ihr wolltet also gerne, dass Beth weiß, dass dies tatsächlich der Wahrheit entspricht?* (Ja) *Es klingt so, als sei sie in diesen Leben ein gutes, hilfreiches Wesen gewesen, das sehr viele wichtige Aufgaben wahrgenommen hat. Warum hat sie sich dazu entschlossen, in einen menschlichen Körper zu inkarnieren, wenn die überwiegende Zahl ihrer Leben auf anderen Planeten und Raumschiffen stattgefunden hat?*

B: Weil jetzt der richtige Zeitpunkt dafür ist. Sie hatte bisher noch keine Leben auf der Erde.

D: *Dann muss es für sie sehr seltsam sein, in diesem physischen Körper zu sein.*

B: Ja. Es mussten einige Anpassungen vorgenommen werden, um ihre Situation zu verbessern. Sie hat sie gut gemeistert.

D: *Sie sagt, dass sie immer noch einige Beschwerden hat.*

B: Ja. Wir sind uns dessen bewusst und weitere Anpassungen werden vorgenommen, aber sie sträubt sich dagegen. Es ist die Angst davor nicht zu wissen, was mit ihrem physischen Körper passiert.

D: *Sie wurde von physisch existierenden Eltern geboren, oder?*

B: Sie trat in den physischen Körper ein, nachdem dieser geformt worden war. Dieser Körper wurde ihr anvertraut.

Beth hatte einige körperliche Probleme. Sie hatte bereits zwei Operationen hinter sich, aber die Schwierigkeiten blieben weiter bestehen.

B: Als sie in diesen Körper eintrat, war das, wie man so sagt, keine perfekte Landung. Sie trat in diesen Körper zu schnell ein und das führte zu einer Fehlausrichtung. Also versuchten wir, das zu korrigieren.

D: *Ist das der Grund für ihre Probleme mit dem Knie und der Schulter?*

B: Für alle Probleme in ihrem Körper. Der Geist ist zu schnell und in Schieflage in den Körper eingetreten und daher stimmte die Anpassung nicht.

D: *Ich dachte daran, dass diese Anpassung vielleicht manchmal schwierig ist, wenn die Seele noch nie zuvor in einem menschlichen Körper gewesen ist.*

B: Ja, das ist ebenfalls Teil des Problems. Aber sie kann es überwinden, indem sie ihre Energien ausbalanciert und diese außerdem erdet. Und wir werden sie dabei unterstützen. Ihre Operationen sind uns bekannt und ihr wird demnächst geholfen. Sie muss zunächst lernen, ihr Energien auszubalancieren und anschließend werden wir die endgültigen Korrekturen vornehmen. Sie sollte uns mitteilen, wenn sie sich nicht gut fühlt und das zum Ausdruck bringen, damit wir wissen, was ihr Körper durchmacht. Es liegt hier ein strukturelles Problem vor, mit dem sie bereits geboren wurde. Wir können einige der Beschwerden lindern, aber Beth wusste bisher nicht, dass sie danach fragen muss. Wir können uns nicht einmischen, solange wir keine Erlaubnis dazu erhalten. Sie ist gekommen, um Wissen hierher zu bringen. (so wie auch in den anderen Leben). Mir sind Grenzen gesetzt, wie viele Informationen sie zu dieser Zeit erhalten kann. Ihr Mission wird sich bald offenbaren. Sie muss geduldig sein. Bald wird sie in der Lage sein, zu helfen und einen Unterschied zu machen, so wie sie das schon ihr ganzes Leben lang tun wollte. Bald ist es soweit. Ihre Mission wird dann sehr rasch ihren Lauf nehmen und sie wird wissen und auch gezeigt bekommen, was sie zu tun hat.

Ich hatte während meiner Arbeit bereits viele andere Menschen kennengelernt, denen ebenfalls gesagt wurde, sie seien zum ersten Mal auf der Erde. Ich fragte: „Haben alle, die zum ersten Mal in einem menschlichen Körper auf die Erde kommen, die Aufgabe, anderen zu helfen?"

B: Ja, sie sind alle hier, um zu helfen. Aber auf unterschiedliche Weise. Am Anfang werden sie dabei helfen, anderen den Weg zu zeigen. Ihnen beizubringen, dass die Wesen aus fremden Welten nicht hier sind, um den Menschen zu schaden. Aber nach diesem Erstkontakt wird es andere Missionen und Aufträge für diese Menschen geben und sie werden der Menschheit dabei helfen, Gottes Willen in die Tat umzusetzen.

D: *Mir wurde mitgeteilt, dass all diejenigen, die seit vielen, vielen Leben die auf die Erde kommen, mehr oder weniger gehandicapt sind. Diejenigen wie Beth tragen nicht das ganze Karma und andere Dinge vor sich her, mit denen sie sich auseinandersetzen müssen. Sie können daher freier agieren.*

B: Ja, sie können sich unbelasteter durch das Leben bewegen und sich auf ihre Mission konzentrieren.

* * *

Anstatt in ein vergangenes Leben einzutauchen, sah sich Joanne in einem herrlichen Ort, wo ein strahlendes Licht hinunter auf eine Stadt voller Kristalle schien. „Es sind Kristalle von unterschiedlicher Farbe. Sie sind überall. Alles besteht aus puren Kristallen und reines Wasser läuft an ihnen herab. Und da ist dieses sehr, sehr helle Licht, in dem sich die Kristalle vielfach spiegeln. Das Licht befindet sich irgendwo oberhalb und bewirkt ein Funkeln der Kristalle. Sie haben alle eine unterschiedliche Größe, einige von ihnen sind riesig, andere kleiner. Ich weiß, dass es eine Kristallstadt ist, wo wirklich alles aus Kristallen besteht." Sie brach mit solcher Heftigkeit in Tränen aus, dass es später schwirig war, das Band zu transkribieren. Sie schluchzte, als sie sagte: „Das Licht fühlt sich wie Zuhause an! Zuhause! Ich bin glücklich auf der Erde, aber ich gehöre hier nicht her. Ich bin nur zu Besuch. Es ist, als hätte ich auf dem Weg nach Hause auf der Erde Station gemacht. Eine Unterbrechung eingelegt.
Die Kristallstadt ist ein sehr, sehr schöner Ort, um sich auszuruhen. Mein eigentliches Zuhause fühlt sich wie die Kristallstadt an. Und da ist dieses Licht. Beide Orte haben eine Gemeinsamkeit. Es ist, als ob die Erde mein Zuhause ist und ich zu Besuch bin. Und die Kristallstadt fühlt sich ebenfalls wie mein Zuhause an, aber ich bin nicht sicher, ob es tatsächlich mein Zuhause ist."

D: *Wenn es dort so herrlich ist, warum bist du dann gegangen?*
J: (weint wieder) Ich weiß nicht, wieso! Ich hatte einen Plan. Ich glaube, weil wir eine Mission haben, aber ich weiß nicht genau, weshalb ... Ich habe das Gefühl, es gab einen Plan, den ich mit anderen zusammen gemeinsam verfasst habe. Es war ein Plan, ein Vorhaben. Es fühlt sich wie eine Verabredung an, ich habe bei etwas zugestimmt.
D: *Bei was hast du zugestimmt? Weißt du das?*
J: (Pause) Ich glaube, ich weiß es. Es geht darum, Liebe zu zeigen, bedingungslose Liebe zu demonstrieren, sie einfach zu sein und sie auf diese Weise weiterzugeben, dafür verfügbar zu sein. Dieser Plan wurde zusammen mit

höherdimensionalen Wesen ausgearbeitet und ich habe zugestimmt, ihn gemeinsam mit ihnen umzusetzen.

D: *Hat dich jemand gebeten, das zu tun?*

J: Ja, ich habe volontiert, denn ich war zuversichtlich, den Plan umsetzen zu können.

D: *Hat dir irgendjemand, bevor du volontiert hast, gezeigt, wie es sich auf der Erde anfühlen würde?*

J: Ich erinnere mich nicht, dass mich irgend jemand gewarnt hätte. Ich glaube, ich war einfach voller unbändigem Selbstvertrauen und voller Liebe. Und dann war es ein solcher (Kultur) Schock für mich (sie weinte erneut). Oh! Ich wusste es bisher nicht, aber ich habe meine Meinung kurz bevor ich geboren wurde, geändert. Ich habe meine Meinung geändert! Ja, ich habe meine Meinung geändert! Als mein Geist in den Körper des Babys eintrat, änderte sich meine Meinung, aber sie sagten, es sei zu spät. Der Plan war in vollem Gange und ich musste geboren werden. Es war zu spät. Trotzdem geschah es freiwillig. Ich sagte: „Wenn es getan werden muss, dann werde ich es auch schaffen (weint wieder). Ich weiß, dass ich es kann!"

D: *Du dachtest, dass du wirklich einen Unterschied bewirken kannst.*

J: Ja, aber es tut sehr weh. (Weinen) Es schmerzt mein Herz.

D: *Warum fühlt es sich so schlimm an?*

J: (weinte sehr heftig) Hier auf der Erde zu sein tut sehr weh, weil ich mich auf der Herzensebene mit anderen verbinden möchte. Und das ist nicht sehr oft möglich. Es ist einfach sehr schwierig, Menschen zu finden, die sich auf einer tiefen Ebene verbinden können.

D: *Meinst du, es ist eine ständige Suche danach, Menschen zu finden, die genauso fühlen wie du?*

J: Ich denke nicht, dass ich sie suche. Ich sehne mich einfach nur nach dieser wirklich tiefen Verbindung.

D: *Aber du sprichst durch einen Körper, der sich „Joanne" nennt. Ist es eventuell so, dass es das erste Mal ist, dass du in einem menschlichen Körper inkarniert bist?*

J: Ich weiß es nicht. Alles erscheint mir so surreal und ... wie ein Schock! Wenn ich mehrmals als Mensch geboren worden wäre, wäre ich wahrscheinlich viel besser daran gewöhnt. Ich weiß es nicht genau.

D: *Aber du hast diese Vereinbarung getroffen und du möchtest*

Dinge hier verändern.
J: Ja, das möchte ich und ich habe Angst, dass ich das nicht tue (erneutes Weinen). Mir wurde gesagt, dass ich alleine dadurch, dass ich hier bin, einen Unterschied bewirken kann, aber ich glaube, ich muss noch viel mehr tun. Nicht einfach nur sein. Ich habe das Gefühl, dass ich etwas *machen* muss, um wirklich eine Veränderung bewirken zu können. Ich war sicher, dass alleine meine Präsenz reichen würde, um einen Unterschied zu machen, dass ich nicht aktiv tun muss, aber ich hatte vergessen, dass so viel, so unglaublich viel Liebe da draußen gebraucht wird. Echte Liebe. Ich will einfach noch viel mehr ermöglichen.
D: *Du weißt ja, wie Menschen sind. Die meisten wissen darüber nichts. Und man kann sie nicht zu Veränderungen zwingen.*
J: Das kann man nicht, das ist richtig. Man liebt sie einfach und man sieht ihr Licht. Man liebt sie, auch wenn sie sich nicht selbst lieben. Man liebt sie, so dass sie dieses kleine Licht in sich *wirklich* fühlen können und damit arbeiten können.
D: *Warum ist das so wichtig?*
J: Warum ist es so wichtig, zu *lieben*? Warum es für mich wichtig ist, Liebe zu zeigen? Damit es diesen Menschen möglich ist, durch das Wenige, was sie durch mich berühren kann, etwas in ihrem Inneren zu fühlen. Es ist, also ob man etwas Perfektes in ihnen berührt und allein dadurch, dass man es in ihnen anstößt, sagen sie „Oh!"
D: *Und dadurch bewirkst du einen Unterschied. Aber warum ist es so wichtig, dass du diesen Aspekt in den Menschen erweckst?*
J: (sie weinte erneut) Weil die meisten Menschen immer noch im Tiefschlaf sind und nichts verstehen. Es ist in Ordnung. Im Moment ist das noch Teil ihrer Reise.
D: *Jeder ist auf einem unterschiedlichen Weg unterwegs. Alle Menschen lernen verschiedene Lektionen und viele von ihnen sind noch tief schlafend. Aber als jemand, der hier volontiert, stellt sich die Realität auf der Erde dann viel härter dar, als man es vorher dachte.*
J: (sehr emotional) Ja, so ist es! – Ich habe so viel Zeit meines Lebens außerhalb von meinem Körper verbracht. Ich trank, als ich ein Teenager war. Ich hatte Angst, dass ich einfach von den anderen hier zurückgelassen worden war. Also versuchte ich, auf diese Weise zu entkommen. Ich versuchte

- indem ich meinen Körper verließ - jener Situation zu entkommen, der ich vorab zugestimmt hatte,

D: *Und du hast einen Weg gefunden, zu flüchten. Aber man kann nicht wirklich gehen, solange man noch einen Job zu erfüllen hat.*

J: Ja, eine Flucht – das ist das passendere Wort – Flucht.

D: *Wo bist du hingegangen, als du so viel Zeit außerhalb deines Körpers verbracht hast?*

J: Da, wo ich hingegangen bin, war es friedlich und ruhig und es war ein Ort, wo ich gerne sein wollte.

D: *Aber du musstest zurückkommen, oder?*

J: Jedes Mal!

D: *Weil es dein Körper ist und du mit ihm verbunden bist.*

J: Das ist richtig und mit der Zeit hab ich das auch herausgefunden. Ich habe es ungefähr vor fünf Jahren gemerkt, Zu dieser Zeit war ich etwa 30 Jahre alt. Damals fing ich an, bewusster zu werden und zu realisieren, was ich tat. Ich wusste es vorher nicht! Mir war nicht klar, dass ich vor etwas flüchtete. Anschließend hörte ich auf zu trinken. Ich ging dann einfach so aus meinem Körper heraus. Das war mir allerdings Anfangs ebenfalls nicht klar, erst später verstand ich es. Ich wusste gar nicht, dass ich es tat. Es war mir jederzeit am Tag möglich, meinen Körper zu verlassen. Einfach zu flüchten. Aus meinem Körper heraus und wieder hinein zu gehen. Ich befand mich damals in einer Depression.

D: *Ich dachte, das müsste während du schläfst geschehen.*

J: Nicht bei mir. Ich konnte innerhalb einer Minute wieder da sein.

D: *Du koppelst dich einfach ab.* (Ja) *Und die Leute um dich herum merkten nicht, dass du eigentlich weg bist?*

J: Nein, weil es so schien, als sei ich da. Ich beantwortete Fragen. Ich sprach, aber ich war nicht wirklich anwesend. Sie dachten wahrscheinlich, ich sei etwas eigenartig oder nicht wirklich am Thema interessiert.

D: *Aber du warst trotzdem in der Lage, deiner Arbeit nachzugehen?*

J: Ja, ich erinnere mich, dass ich versuchte, in meinem Körper zu bleiben. 1991 brach alles über mir zusammen, denn ich begriff, dass ich mir gar nicht erlaubte hatte, hier zu sein und Schmerz zu fühlen.

Das alles hörte sich wie ein emotionaler Zusammenbruch an. Zu der Zeit, als sie in meine Praxis kam, hatte sie Probleme mit ihrem Ehemann. Seine Trinkerei verletzte sie. Die Situation spitzte sich während der Sitzung zu, als sie zu weinen anfing und nicht mehr aufhören konnte. Sie sagte immer wieder „Ich kann es nicht tun, es schmerzt zu sehr." Es waren die aufgestauten Emotionen vieler Jahre, die ich nun Bahn brachen. Nachdem sie ihren Emotionen freien Lauf gelassen hatte, dauerte es eine längere Zeit, bis sie wieder etwas fühlen konnte. Ihre Welt war buchstäblich über ihr zusammengebrochen. Sie hatte Jahre damit verbracht, vor dem Leben wegzulaufen und jetzt war es an der Zeit, endlich den Dingen ins Auge zu sehen und anzuerkennen, dass sie den Schmerz, den es um sie herum gab, nicht ändern konnte. Es war ganz sicher ein Erwachen. „Es gelang mir, besser mit dem Druck umzugehen. Ich machte dahingehend weiter und fing an, mir meiner Umgehung immer bewusster zu werden. Ich musste die Entscheidung treffen, bewusster zu leben und den Schmerz in diesem Verlauf auch zu fühlen. Nicht zu versuchen, ihm auszuweichen. Jetzt weiß ich, dass der Schmerz mir geholfen hat, mehr Mitgefühl für mich selbst und für andere zu entwickeln. Ich denke, dass ich mich in den letzten Jahren auf etwas vorbereitet habe und gewachsen bin, damit ich nun jenen Unterschied machen kann, der den Zweck meines Kommens ausmacht. Ich lerne dazu. Das ist etwas, was ich machen muss und etwas, das ich machen will. Es ist ein Teil dessen, wer ich bin."

Joanne arbeitete in einem Krankenhaus und außerdem in der Sterbebegleitung und sie wendete ihr neu gefundenes Selbstvertrauen dort an. „Es war mir schon immer möglich, Liebe zu *zeigen,* aber das, was ich nun tun will, geht darüber hinaus. Mein Plan beinhaltet mehr, als die nur diese tagtägliche From der Liebe. Da gibt ist noch etwas, das darüber hinaus geht. Ich weiß nicht genau, wie ich es erklären soll. Es geht darum, bedingungslose Liebe zu zeigen, damit Menschen diese Qualität erfahren können." Sie hatte herausgefunden, dass sie es erreichen konnte, indem sie Menschen ganz einfach mit ihren Händen oder mit ihrem Blick berührte. Oder ihnen in die Augen blickte. „Ich *weiß,* wenn sie dies Liebe empfangen und sie wissen es auch. Da ist dieser Schmerz, aber ich tue es stets in Liebe. Ich sehe mehr und mehr, was für einen großen Unterschied es macht, sie mit den Händen zu berühren - ganz besonders in ihren letzten Stunden. Ich weiß nicht, wie ich es erklären kann. Man *gibt* die Liebe nicht, man *ist* diese Liebe. Man liebt! Es spielt keine Rolle, ob derjenige kriminell ist, man liebt ihn einfach."

Das Unterbewusstsein meldete sich: „Sie konnte ihre Wirkung auf andere nicht wirklich einschätzen. Menschen hatten einen Effekt auf sie, aber sie konnte ihre eigene Wirkung nicht richtig erkennen und einordnen. Jetzt ist sie sich ihrer Wirkung bewusster." Ich fragte, warum ihr dieser Aspekt gezeigt wurde. „Es ist für sie an der Zeit, es zu wissen, es zu fühlen und Vertrauen darin zu haben."

D: Wir hatten damit gerechnet, ein vergangenes Leben von Joanna zu sehen, aber stattdessen hast du entschieden, ihr die herrliche Stadt aus Kristallen zu zeigen.
J: Es ist das, was sie ausmacht. Vergangene Leben sind für Joanna nicht von Bedeutung. Sie verkörpert Liebe.
D: Was ist die Stadt aus Kristall genau? Joanna sagt, sie ist ein Ruheort.
J: Sie ist der höhere Aspekt dessen, wo *ich* mich befinde ... Wo *ich* residiere.
D: Existiert diese Stadt in der geistigen Welt?
J: Ja. Sie ist kein physischer Ort. Aber trotzdem sehe ich bildlich Kristalle, die von reinem Wasser umspült werden. Und ich sehe dieses strahlende weiße Licht. Über und um diese Kristalle herum gibt es dieses sehr, sehr helle, weiße Licht. Es ist so, als wären die Kristallstadt und das helle Licht ganz dicht zusammen, so, als würden sie beinahe eine Einheit bilden. Es fühlt sich so an, als sei dort der höhere Aspekt meines Selbst zuhause.
D: Hatte Joanna bereits früher einmal physische Leben auf der Erde?
J: Nein. Sie ist Teil des Lichts und sie hat sich *entschieden*, hierher zu kommen, da es Zeit ist, die Menschheit aufzuwecken.
D: Ich denke, dass es eine sehr mutige Seele braucht, um sich in dieser Zeit freiwillig für diesen Ort zu entscheiden. Es ist für diese sensitiven Menschen, die noch nie hier waren, sehr schwierig, ihr Leben auf der Erde zu verbringen.
J: Sie haben Angst und es schmerzt sie.
D: Sie spüren alles viel intensiver als diejenigen, die bereits

viele, viele Leben auf der Erde verbracht haben. Aber warum soll sie anderen dabei helfen, zu erwachen?
J: Es wird auf der Erde sehr starke Veränderungen geben und es ist für viele Menschen die richtige Zeit und die Gelegenheit, zu *erwachen*. Joanna hat ihnen bereits durch ihre Liebe geholfen, zu erwachen. Ohne Druck auszuüben, sondern lediglich anhand ihrer bedingungslosen Art zu lieben. Sie sollte lernen, sich davon zu befreien, ob Menschen diese Liebe annehmen können oder nicht, weil sie sehr sensibel ist und es sie jedes Mal schmerzt, zurückgewiesen zu werden.
D: Denn nicht jeder kann diese Liebe annehmen.
J: Ja, und sie weiß das. Sie sollte die Liebe auf jede Weise weitergeben, die ihr möglich ist, auf jede Art, die ihr Freude und Erfüllung bringt. Auf jede Weise, die einen anderen Menschen berühren kann. Sie muss dazu niemanden körperlich berühren, sie braucht dazu nur in seiner Nähe zu sein. Ungeachtet dessen liegt etwas in einer körperlichen Berührung, das auf eine andere Weise berühren kann und sie entdeckt es mehr und mehr.

Joanna arbeitete auch mit Töne wenn sie sich um andere Menschen kümmerte. Sie wollte gerne erfahren, warum sie die Notwendigkeit spürte, das zu machen. „Joanne entdeckt gerade, dass das Singen dieser Töne dimensionsübergreifend heilen kann. Diese Töne heilen." Sie sagte auch, dass sie manchmal in einer seltsamen Sprache sang. Joanne wusste nicht, woher sie kam. Es ereignete sich spontan. „Diese Sprache ist nicht dazu da, verstanden zu werden, denn sie ist nicht für den Verstand gedacht. Sie ist für das Herz bestimmt. Damit sie die Menschen erreichen kann. Sie fühlen sie, anstatt sie mit ihrem Kopf und ihrem bewussten Verstand zu analysieren."

D: Stammt diese Sprache von der Erde? (Nein) *Woher kommt sie?*
J: Aus der Dimension der Engel.
D: Bedeutet das, dass Joanna Teil des Engelreiches war, bevor sie auf die Erde kam? (sie flüsterte "Ja") *Und sie trägt die Erinnerung an diese Töne, Wörter und an die Musik in sich?* (Ja, ja) *Gibt es eine Verbindung zwischen der Dimension der Engel und der Kristallstadt?*
J: Die *Töne* sind die Verbindung

D: *Ist es für die Mitglieder des Engelreiches ungewöhnlich, zum ersten Mal auf die Erde zu kommen?*
J: Es geschieht manchmal. Sie müssen es nicht tun, aber sie können eine physische Existenz wählen.
D: *Umso schwerer ist es hier zu sein, wenn man von einem so wunderbaren Ort voller Liebe kommt.*
J: (sie seufzte) Oh, ja.
D: *Ich dachte immer, Menschen und Engel hätten unterschiedliche Aufgaben, die sie wahrnehmen und Engel würden nicht auf die Erde kommen.*
J: Sie können wählen. Joanne versteht allmählich hier zu sein, sie lernt dazu; es ist nicht einfach, aber es gelingt ihr inzwischen ziemlich gut.
D: *Mir wurde gesagt, dass das Problem darin besteht, dass die meisten Menschen zu lange auf der Erde waren; sie sind durch zu viele Leben gegangen und haben zu viel Karma angesammelt.*
J: Ja, es ist endlos, endlos, endlos.
D: *Werden deshalb die anderen Wesen hierher gesendet? Weil sie nicht darin gefangen sind?*
J: In meinem Fall habe ich *gewählt* hier herzukommen. Um Menschen anzuleiten, um ihnen zu helfen. Damit sie irgendwie, auf irgendeine kleine Weise, verstehen können, was vor sich geht. Selbst der kleinste Funke könnte einen großen Unterschied für sie bewirken. Es *könnte* sie dazu veranlassen, darüber nachzudenken, worum es hier eigentlich geht.

Als ich diesen Teil abtippte, dachte ich plötzlich an eine Passage aus der Bibel die davon erzählt, dass viele Menschen, ohne es zu wissen, Engel beherbergen. Sie handelt davon, jedem mit der gleichen Güte zu begegnen, denn man weiß nie, wann man eventuell auf einen Engel trifft. Man kann nicht wissen, was der tatsächliche Grund dafür ist, warum man jemandem begegnet und sei es nur für einen kurzen Moment. Das ist umso zutreffender, da selbst Joanne nichts über ihren tatsächlichen Hintergrund wusste. Sie hatte sehr viel geopfert, um in diese Welt voller Dunkelheit und Schwere zu kommen in der Hoffnung, ein kleines Licht mitbringen zu können, um anderen Menschen auf ihrem Weg behilflich zu sein. Das sollte uns daran erinnern, wie wichtig selbst eine kleine freundliche Geste oder ein Lächeln für andere sein kann. Es könnte den entscheidenden Unterschied machen.

* * *

Ein Mann aus England suchte mich auf und wir fanden die Zeit für zwei Sitzungen. Er hatte bereits seine *vierte* Nierentransplantationen hinter sich. Ich fand das für sich genommen bereits höchst erstaunlich, da ich kaum glauben konnte, dass man einem Menschen eine solche Operation derart häufig zumuten würde. Nach der dritten Operation wäre er beinahe gestorben und er verbrachte Monate im Krankenhaus, wo man im Spritzen gab, um ihn zu sedieren. Außerdem benötigte er über Monate hinweg ein Atemgerät. Als er schließlich zu sich kam, hatte er viele Schwierigkeiten, weil seine Muskeln verkümmert waren. Er konnte nicht essen, er konnte nicht sprechen und er hatte sogar Probleme damit, das Atmen wieder zu erlernen. Während dieser ganzen Zeit hatte er extreme Schmerzen und die eingesetzte Niere versagte. Sein erste Niere versagte, als er erst 16 Jahre alt war. Als er zu mir kam, war er 41 Jahre alt. Die vierte Transplantation war soweit erfolgreich, aber als er zu mir kam, lag sie erst ein Jahr zurück. Da er nun Medikamente nahm, die das Immunsystem unterdrückten, bekam er sehr leicht eine Infektion. Wenn das passierte, erlitt er eine Blutvergiftung und sein Körper funktionierte nicht mehr richtig. Er hatte damals eine sehr, sehr harte Zeit.

Als ich die Sitzung durchführte, ging er nicht in ein vergangenes Leben zurück, sondern er strebte – wie das inzwischen sehr viele Klienten tun – zurück zum Licht, zurück zur Quelle und wollte dort nicht wieder weg. Warum wollte er diese starken Nierenprobleme in seinem Leben erfahren? Denn es lässt sich immer wieder feststellen, dass wir derartige Erlebnisse selbst für uns wählen. Warum würde er diese schwerwiegenden Nierenprobleme für sich schaffen, die vier Nierentransplantationen erforderlich machten? Das Unterbewusstsein sagte, dass dies sein erstes Leben auf der Erde war. Und er war fest entschlossen, *alles* zu erfahren. Alles, was es in einem einzigen Leben zu erfahren gab. Vielleicht, weil er hier nicht lange sein würde? Oder weil er nicht wiederkommen würde? Anstatt es langsam angehen zu lassen und schrittweise vorzugehen - so wie man es normalerweise machen würde - hatte er beschlossen, so viel wie möglich in ein einziges Leben hinein zu packen. Als ich nach dem Zeitpunkt fragte, an dem er beinahe gestorben wäre, sagte er, dass er auch dieses Erlebnis ausgewählt hatte, weil er wissen wollte, wie es sein würde, an der Schwelle des Todes zu stehen. Er hatte auch die Erfahrung der zahlreichen und intensiven Schmerzen gewählt. Er wollte alle Erfahrungen machen, die in einem menschlichen Leben möglich waren. Ohne Zweifel hatte er sich wirklich viel aufgeladen. Es schien fast zu viel für eine einzige Seele, es sei denn, diese Art von Seelen waren dazu entschlossen, hierher zu kommen und *alles sofort* hinter sich zu bringen. Weil sie nicht wissen, ob sie jemals noch einmal wiederkommen werden. Die Erde wird in jedem Fall nicht mehr die Gleiche sein. Wenn sie noch einmal wiederkommen wären sie vielleicht nicht mehr in der Lage, solche Dinge zu erleben. Ich fand, dass das eine sehr ungewöhnliche Erklärung war. Ich hatte angenommen, er würde in ein vergangenes Leben zurückgehen und dass es uns zeigen würde, warum er diese Nierenprobleme hatte. Und er sagte mir, dass er sich während dieser ganzen Zeit, als er das alles erlebte, niemals gefragt hatte: „Warum ich? Warum passiert das mir?" Nicht einmal als Kind. Er nahm sein Schicksal an und fand einen Weg, damit umzugehen. Auf einer bestimmten Ebene wusste er ganz sicher, dass er sich freiwillig dazu entschlossen hatte hierher zu kommen und diese Erfahrungen zu machen und dass es das war, was er wollte.

Es war der wirklich interessante Fall eines jungen Mannes, der den ganzen Weg aus England gekommen war und ein großes Risiko einging, da er im Flugzeug anderen Menschen mit möglichen Erkrankungen ausgesetzt war. Diese Gefahr wurde durch die zirkulierende Luft im Flugzeug noch verstärkt. Er war dieses große Risiko eingegangen, nur um ein paar Sitzungen mit mir zu haben. Also hoffe ich wirklich sehr, dass ihm diese Erklärungen weitergeholfen haben.

* * *

Beinahe genauso überraschend war ein Fall, den ich vor einigen Jahren in London hatte. Während des Vorgesprächs fragte ich die junge Frau nach ihrem Beruf, da ich vor der eigentlichen Sitzung versuche, soviel wie möglich über meine

Klienten in Erfahrung zu bringen. Sie antwortete kurz angebunden: „Ich bin eine Nutte. Stört Sie das?" Ich sagte: „ Solange es Sie nicht stört, stört es mich auch nicht." Als sie merkte, dass ich sie nicht verurteilte, entspannte sie sich und begann, mir zu vertrauen. Während der Sitzung entdeckten wir, dass sie zur zweiten Welle der Freiwilligen gehörte, die gekommen war, um die Ereignisse hier zu beobachten und anderen Zivilisationen darüber Bericht zu erstatten. Was für einen besseren Weg könnte es geben, über das sexuelle Verhalten der Menschen möglichst viel in Erfahrung zu bringen als den, eine Prostituierte zu werden? Ziemlich ungewöhnlich, aber ich nehme an, sehr wertvoll für die große Sammlung der Informationen über unsere Spezies. Es sieht so aus, als wäre nichts zu unbedeutend und als hätte alles einen wichtigen Platz in der Sammulung von Wissen über uns.

KAPITEL VIERZEHN

ZUM ERSTEN MAL MANN UND FRAU

Zu Beginn meiner Tätigkeit nahm ich an, dass es für ein Geistwesen unmöglich sein würde, mit seiner ersten Inkarnation direkt in einen physischen menschlichen Körper inmitten unserer hektischen und zivilisierten westlichen Welt zu kommen Ich dachte, es wäre logisch, dass diese Geistwesen zunächst in eine primitivere Gesellschaftsform inkarnieren, wo das Leben einfacher und überschaubarer war. Auf diese Weise könnten sie lernen, auf der Erde und mit den Menschen zurechtzukommen, bevor sie mit unserem modernen Lebensstil konfrontiert werden. Jetzt finde ich heraus, dass das nicht immer der Fall ist. Ich treffe mehr und mehr dieser besonderen Menschen, die ausgesendet wurden oder sich freiwillig gemeldet haben, während dieser herausfordernden Zeiten hier auf der Erde zu helfen. Sie erzählen mir, dass sie als Energiekanäle oder Antennen hierher gekommen sind. Für sie ist es natürlich bedeutend schwieriger hier auf der Erde zu sein, das sie nicht den Erfahrungshintergrund vieler verschiedener irdischer Inkarnationen besitzen.

Im Oktober 2005 traf ich zwei weitere dieser besonderen Menschen. Und noch ungewöhnlicher daran war, dass sie Mann und Frau waren. Ich finde, es ist wunderbar, dass sie in der Lage waren, sich unter Millionen von Menschen in der Welt zu finden, so dass ihre identischen Energien gemeinsam wirken können. Andererseits wurde mir so oft berichtet, dass nichts zufällig geschieht. Sie hatten diesem Verlauf offenbar, bevor sie gemeinsam inkarnierten, zugestimmt und einen Plan dafür entworfen.

Beide erzählten mir in Trance eine identische Geschichte,

obwohl sie sich auf einer bewussten Ebene über diese Dinge nicht im Klaren waren. Als Tim von der Wolke kam, sah er lediglich ein sehr helles Licht. „Es ist sehr hell. Seine Strahlen verbreiten sich in alle Richtungen. Es ist wunderschön, aber man nicht direkt hineinblicken. Es besteht aus vielen verschiedenen Farben. Seine Wirkung ist sehr beruhigend. Es strahlt eine sehr große Liebe aus. Und es umgibt dich auf eine Weise, als würde es dich in seine Arme schließen." Wenn so etwas geschieht, weiß ich, dass sie sich in der geistigen Welt befinden oder dass sie zur Quelle (Gott) zurückgegangen sind. Es gibt auch einige Energiewesen, die so erscheinen. Ich bat darum, dass Tim etwas gezeigt würde, was für ihn von Bedeutung war. Anstatt in ein vergangenes Leben zu wechseln, wurde er zu einem Raum gebracht, in dem sich mehrere Wesen in Roben aus einer Art fließendem Stoff befanden. Er konnte keine genauen Umrisse von ihnen ausmachen, das sie sich schwerelos im ganzen Raum bewegten.

T: Ich sehe zwar keine Wände, aber ich fühle, dass wir uns in einer geschlossenen Umgebung befinden. Es ist eine Art Ältestenrat und wir befinden uns bei einem Treffen, zu dem sie zusammengekommen sind, um verschiedene Anliegen zu diskutieren. Dinge, die das Universum betreffen. Die unterschiedlichen Planeten. Sie müssen für andere Lebewesen einige Entscheidungen treffen oder genauer gesagt für ... ich denke, für jene, die sich in einer niedrigeren Schwingung befinden, für jene, die bisher die höheren Dimensionen oder Frequenzen nicht erreichen konnten. Es ist ein Gremium, dass diesen Lebewesen dabei hilft, bestimmte Entscheidungsprozesse voranzubringen und sie dabei unterstützt, neue Weichen für die Zukunft zu stellen.

Er erkannte, dass er den gleichen, zarten, geistförmigen Körper besaß und dass er Teil dieses Rates war.

T: Andernfalls könnte ich gar nicht hier sein. Hier existiert eine höhere Vibration, eine höhere Frequenz. Sie treffen nicht unbedingt selbst die Entscheidungen, aber sie helfen anderen dabei, diese zu treffen. Was immer im Hinblick auf die niedrigen Frequenzen der beste Weg zu sein scheint.
D: *Auf welche Weise helfen sie dabei, dass bestimmte*

Entscheidungen getroffen werden?
T: Es sieht danach aus, als gäbe es für jede niedrigschwingende Frequenz gewisse andere Frequenzen, die diese Menschen zunächst erlernen müssen, um ihre eigene Schwingung auf ein anderes Niveau anheben zu können. Der Rat hilft ihnen dabei, Entscheidungen zu treffen, die sie dann tatsächlich in die Lage versetzen werden, ihre Schwingungsebene zu erhöhen.
D: *Ist das nicht eine Einmischung?*
T: Nein, es ist lediglich eine Form der Orientierungshilfe.
D: *Gibt es ein spezielles Thema, an dem ihr im Moment arbeitet?*
T: Nur das, anderen zu dienen. Zu helfen. Führung zu vermitteln. Deshalb sind wir hier. Anderen dabei zu helfen, zu Erkenntnis und Wissen zu gelangen.
D: *Gibt es ein bestimmtes Projekt, um das ihr euch im Moment besonders kümmert?*
T: Es gibt ganz unterschiedliche Arten von Projekten. Wenn wir uns des Problems der niedrigen Frequenzen annehmen, helfen wir uns damit auch selbst, denn wir lernen auch etwas dabei, wenn wir anderen etwas beibringen. Wenn man dient, gewinnt man auch selbst etwas dazu. Es hilft dabei, Wissen zu erlangen.
D: *Arbeitet ihr zurzeit mit bestimmten Planeten zusammen?*
T: Wir arbeiten mit sämtlichen Universen zusamen. Nicht nur mit bestimmten Planeten.
D: *War es notwendig für dich, physische Inkarnationen zu durchlaufen, um Teil des Rates werden zu können?*
T: Nein. Man muss dazu keine physischen Inkarnationen erleben. Nur wenn man das wünscht. Man kann das Niveau seiner Vibrationen auch dann anheben, wenn man keine physischen Leben durchlaufen hat und kann Teil des Rates werden. Manchmal kann das eine Weile dauern. Aber manchmal kann die eigene Entwicklung auch sehr schnell voran gehen.
D: *Hattest du jemals den Wunsch nach einer physischen Inkarnation?*
T: Nicht zu jenem Zeitpunkt, über den wir jetzt sprechen.
D: *Du hast dort drüben einfach deine Aufgabe erfüllt.*
T: Das war alles, was ich tun musste.
D: *Das hört sich wirklich nach einer bedeutenden Aufgabe an.*
T: Es war das, worum man mich gebeten hatte.

Dann bat ich ihn, zu jenem Moment zu gehen, an dem er sich entschieden hatte, in einen physischen Körper zu kommen, denn schließlich kommunizierte ich ja mit einem physischen Körper in unserer Dimension. Er musste sich irgendwann dazu entschlossen haben, hierher zu kommen und zu inkarnieren. Ich wollte gerne wissen, ob ihm irgend jemand gesagt hatte, das zu tun.

T: Nein, es war meine eigene Entscheidung. Und es bot sich mir die Gelegenheit dazu. Mit anderen Worten: die physische Form, die passend war, stand zur Zeit meiner Entscheidung gerade zur Verfügung.
D: *War irgendetwas passiert, dass dich zu dieser Wahl veranlasst hat?*
T: Erfahrungen zu sammeln. Weil es etwas war, das ich noch nie zuvor gemacht hatte. Es war etwas ganz Neues.
D: *Hast du dir den Körper, in den du inkarniert bist, selbst ausgewählt?* (Ja) *Wie sieht er aus?*
T: Es ist der jetzige. Es gibt keine andere Zeitebene.
D: *Kannst du erklären, was du damit meinst?*
T: Es ist die Person, mit der du gerade sprichst.
D: *Meinst du damit, dass Tim zuvor noch keine anderen physischen Inkarnationen erlebt hat?* (Richtig) *Ich habe immer geglaubt, wenn das der Fall ist, müsste es sehr, sehr schwierig sein. Direkt aus der geistigen Welt hier in unsere Welt, wie sie derzeit ist, zu kommen, ohne darauf anhand von anderen Leben vorbereitet worden zu sein.*
T: Es ist sehr schwierig, aber es gibt Wege, diesen Prozess zu unterstützen. Es gibt bestimmte Verfahren. Ich weiß nicht, ob ich diese Vorgänge adäquat beschreiben kann.
D: *Ich würde es sehr zu schätzen wissen, wenn du es versuchst. Auch Analogien können dabei helfen.*
T: Es ist so, als ob die Information zur Verfügung gestellt wird. Als ob man in eine Kammer geht. Und wenn man aus dieser Kammer wieder herauskommt, ist diese Information in dir verankert. Dann kann diese Information, die in dir existiert, eine Referenz geben, dir einen Hintergrund geben. Etwas, auf das du dich beziehen kannst.

Er wusste offenbar, wovon er sprach. Er beschrieb den Vorgang, der bei einer *Aufprägung* stattfindet.

T: Ich glaube nicht, dass man in ein physisches Leben eintreten kann, ohne irgendetwas zu haben, auf das man sich beziehen kann. Es ist schon so schwierig genug, selbst wenn man diese Informationen zur Verfügung hat. Alles ist ganz anders hier. Es gibt so viel zu erfahren und zu lernen. Es war sehr hart, den wundervollen Ort dort drüben zu verlassen, aber es war eine Erfahrung, die Tim machen wollte. In dieser Zeit, in diesem Abschnitt der Menschheitsgeschichte, werden sehr große Veränderungen stattfinden. Die Dinge schreiten sehr schnell voran, die Entwicklung verläuft rasant. Tim wollte die Möglichkeit haben, diese Dinge aus nächster Nähe zu beobachten.

D: *Ihn hatte also niemand dazu aufgefordert, diese Dinge zu tun.*

T: Nein, es gibt dir niemand Anweisungen und sagt dir, dass du das alles tun sollst. Das sind Entscheidungen, die man selbst trifft. Und sie werden vorher diskutiert. Er wurde von anderen Mitgliedern des Rates bei dieser Wahl beraten.

D: *Wir sind sehr daran gewöhnt, die irdischen Leben als etwas anzusehen, bei denen wir Karma anhäufen und dann immer wieder zurückkehren müssen, um es auszugleichen.*

T: Tim hat diese Art von Karma nicht, das du ansprichst. Er ist hier, um den Fortschritt der menschlichen Entwicklung zu beobachten. In welchem Ausmaß die Menschen ihre Frequenzen anheben. Um zu sehen, wie sie neues Wissen akzeptieren. Und wie sie es anwenden. Ob sie es für etwas Gutes oder aus einer Gier heraus für etwas Negatives benutzen.

D: *Die Erde ist ein komplizierter Planet, nicht wahr? Weil es hier so viele unterschiedliche Menschen gibt.*

T: Die Erde ist *sehr* kompliziert. Kein anderer Planet ist so wie sie. Die Form der hier existierenden Negativität macht den entscheidenden Unterschied aus. Die menschliche Spezies ist eine sehr kriegerische Rasse. Sie hat große Probleme damit, friedlich zu leben. Fast so, als ob sie nicht in Frieden mit anderen zusammen existieren kann. Es kommt vermutlich daher, weil sie sich in einer niedrig schwingenden Frequenz befindet. Jeder, der hierher kommt, muss sehr vorsichtig sein, damit er nicht von diesen niedrigen Frequenzen eingefangen wird. Es ist ein Planet, der große Herausforderungen birgt. Aber ich wollte es versuchen. Ich denke, dass man jedes Mal, wenn an inkarniert, auch Karma generiert. Und ich werde dieses Karma ohne Zweifel ausgleichen müssen. Trotzdem glaube ich, dass mein Fokus hauptsächlich auf einer positiven Balance und einem sehr liebenswürdigen Umgang mit anderen liegen wird. Und dieses Karma muss auch nicht unbedingt etwas Negatives bedeuten. Es geht darum, Wege zu finden, um es zu reduzieren. Sich dessen verantwortungsvoll anzunehmen, um dieses Karma nicht fortwährend weiterzutragen.

D: *Wie sieht dein Plan aus? Nur für dieses eine Leben hierher zu kommen?*

T: Im Augenblick, ja. Ich muss mir noch einmal einen Überblick verschaffen, wenn ich zurück in der geistigen Welt bin.

D: *Du willst also nicht bleiben, um andere Existenzen zu erfahren?*

T: Ich weiß nicht, ob ich für andere Existenzen hierher zurückkehren möchte. Vielleicht gibt es für mich wichtigere Dinge zu tun, als erneut in einen physischen Körper zu inkarnieren. Ich weiß noch nicht, ob ich es umsetzen werde, oder nicht. Es ist so leicht, hier hängenzubleiben, hier eingefangen zu werden. Es gibt so viele Dinge, die einen hier festhalten können. Obwohl sich viele wünschen hier zu sein, ist diese Erfahrung extrem schwierig. Es sieht alles ganz einfach aus, bis man dann tatsächlich eine physische Form hat. Wenn man einen Körper hat, wird alles extrem schwierig

D: *Eines der großen Probleme ist bestimmt, das man in seiner körperlichen Hülle die Dinge vergisst und sich nicht mehr an alles erinnern kann?*

T: Ja, das ist absolut richtig.

D: *Wäre es nicht leichter, wenn wir uns an alles erinnern könnten?*

T: Ich glaube nicht, dass es gut wäre, wenn man sich in seiner körperlichen Form an alles erinnern würde. Wahrscheinlich wäre es viel zu überwältigend, alles zu wissen. Die Dinge wären zu groß. Es wäre alles zu verwirrend und dann würde man versuchen, Dinge zu verändern und das wäre nicht unbedingt zum Vorteil. Vielleicht könnte man dann nicht mehr die Dinge lernen, die man für das eigene Wachstum hier ursprünglich erlernen wollte.

D: *Die Leute sagen immer, dass es für sie einfacher wäre, wenn*

sie vorher alles gewusst hätten
T: Ich glaube, dass es zu viele Informationen für sie wären. Wenn man bereits vorher über alles Bescheid wüsste – worin läge dann der Sinn, hierher zu kommen?

Eine von Tims Fragen betraf die Probleme, die er mit seinen Eltern hatte.

D: Warum hast du deine Eltern ausgewählt? Gab es dafür einen Grund?
T: Sie benötigten Hilfe auf eine andere Art. Indem ich als die Persönlichkeit zu ihnen kam, die ich bin, half ich ihnen dabei zu sehen, dass Eltern sich nicht zu stark in das Leben ihrer Kinder einmischen sollten. Es ging darum, ihnen zu vermitteln, dass Entscheidungen selbst getroffen werden müssen.
D: Das war also eine Lektion für sie?
T: Oh, ja. Wir unterrichten sie. Kinder lehren ihre Eltern etwas und die Eltern glauben, sie bringen ihren Kindern etwas bei. Viel öfter ist es aber umgekehrt. Viel öfter, als wir glauben.
D: Ich scheine in letzter Zeit mit vielen Menschen zu arbeiten, die Energiearbeiter und Heiler sind.
T: Und es wird noch viel mehr von ihnen geben. Es beginnt gerade erst. Die Menschen suchen nach Alternativen. Sie versuchen, andere Wege einzuschlagen. Sie verstehen, dass das, woran sie gewöhnt sind, nicht wirklich ihren Interessen dient. Einige werden aber an den alten Mustern festhalten. Sie haben Schwierigkeiten damit, diese loszulassen und weiter zu gehen. Das ist ihre Konditionierung und ihre Erziehung, aber ist gibt viele andere Menschen da draußen und besonders jene, die jetzt neu hinzugekommen sind. Sie alle werden nach dieser Art der Information suchen. Und natürlich werden sie auch neue Informationen mitbringen. Die meisten dieser Informationen sind allerdings nicht neu. Für die Menschen in unserer Zeit sind sie neu, aber es sind eigentlich alte Informationen. Es gibt nur eine begrenzte Anzahl physischer Formen, aber so viele spirituelle Seelen möchte hierher kommen. Die physischen Formen sind dafür einfach nicht ausreichend. Und es gibt noch viele weitere Geistwesen, die kommen möchten, aber es stehen dafür leider nicht genügend physische Vehikel zur Verfügung.

D: *Ich verstehe. Aber im Moment steigt weltweit die Population ja an, es müssten doch eigentlich genügend physische Formen zur Verfügung stehen.*
T: Aber das ist nicht der Fall. Außerdem gibt es einige Kräfte, die versuchen, die Verfügbarkeit dieser Vehikel zu kontrollieren.
D: *Was genau meinst du damit?*
T: Es gibt Machthaber, die versuchen, die Verfügbarkeit der physischen Formen zu kontrollieren, beispielsweise durch Krankheiten und durch Kriege.
D: *Du meinst, dass sie beabsichtigen, viele dieser physischen Formen zu eliminieren?* (Oh, ja) *Dann gibt es also nur eine begrenzte Anzahl physischer Formen, in die deine Form des Geistes eintreten kann?*
T: Ja. Das ist zutreffend.
D: *Aber vielleicht gibt es genügend Vehikel, um den Wechsel zu bewirken.*
T: Das hoffen wir sehr. Aufgrund der vielen chemischen Zusätze ist es sehr schwierig, adäquate Nahrung zu finden, andererseits passt sich der menschliche Körper aber an. Deshalb gibt es auch mehr und mehr Menschen, die altes Wissen zur Verfügung stellen, um bei diesem Prozess zu helfen. Wir sehen in dieser Zeit eine neue Art von Menschen, die hierher kommen. Sogar deren Eltern und Großeltern versuchen nun, Nahrungsmittel zu finden, in denen nicht so viele chemische Zusätze vorhanden sind, wie das in der Vergangenheit einmal üblich war. Es gibt eine große Anzahl von Menschen, die auf eine viel bessere Ernährung achten als das andere tun. Und das ist nur eine der Veränderungen, die wir bereits beobachten können. Nicht für alle, aber für einige. Der Zugang zu guten Nahrungsquellen wird mit der Zeit etwas schwieriger werden und es wird ein wirkliches Problem sein. Aber es werden immer Informationen durchkommen und zur Verfügung stehen, die in dieser Situation hilfreich sein werden.
D: *All das wird den Anstieg der Frequenzen beeinflussen, oder?*
T: Ja, das wird es.
D: *Mir wurde gesagt, dass wir den physischen Körper leichter machen müssen.*
T: Ja, wir müssen unsere Körper leichter machen. Und das wird bei diesem Prozess helfen.

Tim wurde mitgeteilt, wie er seine geistigen Kräfte dazu nutzen konnte, andere zu heilen. „Er muss seinen Geist weiterentwickeln und lernen, ihm zu vertrauen. Diese Techniken wird er durch Meditation erlernen. Der Geist ist sehr mächtig. Dadurch, das Tim das Problem sieht und es erkennt, wird sein Geist die notwendigen Änderungen in die Wege leiten. Er wird in der Lage sein, in die Körper hineinzuschauen. Als ob man in den Körper der jeweiligen Person reist und dort hineinblickt. Es ist so, als ob man in das Blatt eines Baumes hineingeht und dort in die feinen Blattadern des Chlorophylls vordringt. Er wird alles in Bildern sehen. Er wird anhand von Bildern, die ihm gezeigt werden, auch sehen, wie alles sein sollte und was geschehen sollte. Dann können die Veränderungen ihren Lauf nehmen. Er braucht dazu nicht die aktive Beteiligung der betreffenden Person, aber er benötigt ihre Zustimmung. Denn einigen möchten ihren Krankheitszustand - aus was für Gründen auch immer - behalten."

* * *

Am Nachmittag hatte ich dann eine Sitzung mit Tims Frau Sandy und ich war überrascht, den gleichen Typ von Seele vorzufinden wie bei ihrem Mann. Natürlich passiert nie etwas aus Zufall, aber ich hatte noch nie zwei solcher Fälle an einem einzigen Tag gehabt.

Zu Beginn der Sitzung, hatte Sandy ebenfalls Schwierigkeiten damit, etwas anderes außer sich verändernden Farben zu sehen. Nach verschiedenen Versuchen, sie zu einem vergangenen Leben zu bringen oder sie etwas Konkretes sehen zu lassen, kontaktierte ich schließlich das Unterbewusstsein. Es gab uns Informationen, die zuvor nicht zugänglich waren. Manchmal dringen die Informationen nicht durch, wenn der Klient innerlich nicht bereit ist, sie zu hören. Das Unterbewusstsein schützt die Klienten aber auch darüber hinaus, denn es ist sehr wählerisch ist, in welchem Umfeld die Informationen preisgegeben werden.

S: Was mit Sandy passiert ist, gleicht einem Experiment. Es wurde zuvor noch nie versucht. Wir probieren, das Energielevel anzuheben. Es gibt auf der Erde und an anderen

Orten Gesetzmäßigkeiten bezüglich der Energie bei Inkarnationen. Aber aufgrund der jetzigen Zeitqualität und der Umstände, in denen wir uns befinden, versuchen wir, höhere Schwingungsfrequenzen auf die Erde zu bringen und sie dann zu erweitern. Das Niveau selbst nach der Inkarnation anzuheben. Und auch, das höchstmögliche Niveau hereinzubringen, ohne den physischen Körper zu beschädigen.

D: *Weil der Körper nicht zu viel oder zu hohe Frequenzen von Energie verkraften könnte?*

S: Ja, richtig. Es gibt ein Level, das der menschliche Körper nicht verkraften könnte. Weil es zuvor schon einmal schiefgegangen ist, sind dieses Experiment und diese Erfahrung für Sandy sehr wichtig. Deshalb hat sie sich freiwillig gemeldet, hierhier zu kommen, es zu tun und es durchzuziehen. Und wir haben es geschafft. Diesmal hat es geklappt. Als es vorher schiefgegangen ist, war es, als hätte es einen Kurzschluss gegeben.

D: *Hat es den physischen Körper verletzt?*

S: Richtig. Der Körper starb. Es waren zu viel Energie, zu viele Informationen und zu viele hohe Frequenzen für einen einzigen Körper.

D: *Er konnte das nicht verkraften.*

S: Richtig. Aber dieser Körper kann es. Und als der Körper älter wurde, haben wir ihn noch feiner kalibriert, damit er mehr verkraften kann und haben dann noch weitere Energie hinzugefügt. Viele ihrer physischen Probleme sind durch den Stress und die Anspannung, diese Energie zu halten, verursacht worden.

D: *Hatte sie bereits vorher einmal physische Inkarnationen?*

S: Nur Aufprägungen.

D: *Du meinst, dass Sandy noch nie zuvor irgendeine physische Inkarnation erlebt hat?*

S: Nein. Sie hat der Erde assistiert, aber sie hatte keine Inkarnationen auf der Erde, lediglich um das Gebiet der Erde herum und hat anderen, die inkarniert waren, assistiert. Sie hat Wissen zur Verfügung, dass aber nicht auf tatsächlichen Inkarnationen beruht und hat hinter den Kulissen anderen während deren Inkarnationen geholfen.

D: *Warum ist sie zu dieser Zeit auf die Erde gekommen?*

S: Weil es für die Erde sehr wichtig war. Und Sandy besitzt die

Fähigkeit, jene Energie zu mitzubringen, die auf diese Weise, in dieser Stärke und in diesen Proportionen hier zu dieser Zeit hereingebracht werden musste. Es ist sehr wissenschaftlich. Es ist fast wie eine mathematische Gleichung von Energie. Ihre Energie ließ sich sehr gut anpassen, da sie bereits eng mit der Erde zusammengearbeitet hatte. Sie wusste bereits, wie die Dinge ablaufen, welche Regeln und Gesetzmäßigkeiten es, wissenschaftlich gesprochen, gibt. Sie war also in der Lage, ihr Energie und ihren Körper anzupassen. Auch dabei helfen wir ihr.

D: Aber wenn jemand zum ersten mal hierher kommt – besteht dann nicht die Gefahr, dass sich derjenige/ diejenige in Karma verstrickt?

S: Nein. Der Grund dafür ist, dass Sandy kein Karma ansammelt. Sie befindet sich auf einem anderen Niveau. Oder wir könnten auch sagen: sie hat einen anderen Vertrag mit der Erde.

D: Als Mensch besteht ja normalerweise immer das Risiko, sich in Karma zu verstricken und immer wieder zurückkehren zu müssen.

S: Richtig. Aber Sandy wird nicht vom Karma gefangen genommen werden. Ihr Vertrag besteht darin, ihr Energie zur Erde zu transportieren. Sie hat keine karmischen Verträge.

D: Sie ist also geschützt, damit sie kein Karma ansammeln kann

S: Richtig!

D: Das ist alles ziemlich verzwickt.

S: Die Menschen, mit denen zusammen sie hierher gekommen ist, hatten andere Verträge und haben sich im Karma verheddert. Sie fühlen sich zu Sandy hingezogen, da sie ihnen auf eine unbewusste Weise hilft, dieses Karma loszulassen.

D: Diese Leute haben also keine direkte karmische Verbindung zu Sandy?

S: Nein. Sie ist gekommen, um ihnen zu helfen, das Karma, welches sie mit anderen haben, zu bereinigen. Es ist so ähnlich wie bei einer Ballmaschine. Wenn der Ball aus einer Maschine kommt und der Schlag daran geübt werden soll. Aber es gab kein Team, das diesen Ball zurückgespielt hätte. Sandy ist lediglich die Kulisse, wohin dieser Ball verschwunden ist. Sie hat einen Platz eingenommen, so dass die Menschen in der Lage sind, ihr eigenes Karma mit Hilfe von Sandy loszulassen.

D: *Diese Menschen haben also jemanden gebraucht, um ihr Karma auszubalancieren.*

S: Das ist richtig, denn sie haben sich auf einer abschüssigen Straße befunden. Sie waren in einer negativen Spirale gefangen. Sandy hat zugestimmt, der Erde zu helfen, aber das fand auf einer anderen Ebene statt. Es berührte nicht die Ebene der Inkarnation. Aber diesmal hat sie sich dazu entschlossen, zu inkarnieren. Und sie hat sich auch dazu entschlossen, mehr Energie mit zur Erde zu bringen. Es ist strategisch gesehen eine bedeutsame Zeit, denn es existiert der freie Wille und es ist eine Zeit, in der eine Balance gefunden werden muss. Es ist die Zeit, wo die Erde an einem Scheideweg steht, eine Entscheidung in der Luft liegt und es eine deutliche Veränderung geben wird. Dies ist ein Ort der Veränderung. Wir befinden uns an einer Weggabelung.

D: *Ist das der Grund, warum jetzt so viel mehr der – ich möchte sie nicht „neue" Seelen nennen, denn sie besitzen so viel Weisheit und Stärke – so viel mehr „dieser" Seelen zu dieser Zeit hierher gekommen sind? (Ja) Ich treffe immer mehr von ihnen. Einige von ihnen sagen, sie seien nur Beobachter. Sie möchten hier nicht dauerhaft festsitzen.*

S: Es ist nicht so, dass sie nur Beobachter sind ... versuche einmal, dich an das Bild der Ballmaschine zu erinnern. Der Schläger trifft den Ball und dieser fliegt sonst wo hin. Der Schläger trifft in also den Ball und dieser fliegt irgendwo hin, aber die Kulisse (= Sandy) reagiert nicht so, wie man es erwartet hätte. Und deshalb wird kein Karma generiert. Der Ball wird wieder zurückgespielt. Aber die betreffende Person macht ihr Ding wie gewohnt und befreit sich dabei von ihrem Karma. Und auf diese Weise sammeln Menschen wie Sandy kein Karma an. Sie sind nicht hierher gekommen, um das zu tun. Andererseits sie sind nicht einfach nur Beobachter. Sie heilen. Sie bringen positive Energie mit, um anderen zu helfen. Andere Seelen nehmen diese Energie wahr, fühlen die Vibrationen und möchten sich dem anpassen.

D: *Aber das Wichtigste ist, dass sich diese „neuen" Menschen, so wie Sandy, sich nicht in irgendetwas hineinziehen lassen.*

S: Da besteht keine Gefahr, denn ihr Energieniveau ist sehr

stabil. Es ist beinahe so, als würden sie die ganze Zeit über ein starkes Licht aussenden. Oder als ob sie eine Energie ausstrahlen und diese sich auf eine heilende Art mit anderen Menschen verbindet. Und es gibt keine Löcher, in die sie geraten können und kein Karma, mit dem sie sich verbinden könnten. Es ist also ein sehr positive Sache.

Einige meiner Fälle dieser Art des speziellen Menschentyps wurden doch bestimmte Vorrichtungen und Schutzschilder davor bewahrt, Karma anzusammeln. Davon habe ich in meinen anderen Büchern berichtet. Aber Sandys Unterbewusstsein sagte: „Es gibt keinen Anlass für diese Vorrichtungen, denn der Schutz existiert in ihr selbst, durch ihr Energie und die Aufgabe, die sie hier hat. Und weil sie zuvor noch nie Karma angesammelt hat. Es gibt nichts, was sie hier karmisch verstricken könnte."

S: Ihr Tochter ist auf die gleiche Weise hierher gekommen wie ihre Mutter, mit dem Unterschied, dass sie es noch etwas perfekter umsetzen konnte. Ihr Körper hat sich noch besser angepasst. Aufgrund der Pioniere, die hier ankamen und die richtige Energie mitbrachten, ist es nun für die nachfolgenden Menschen mit dieser Energie leichter. Ihr Ehemann, Tim, ist auf ähnliche Weise hierhergekommen. Er kam, um den Weg zu bereiten. Die ersten Versuche hatten nicht geklappt. Es war zu hart, zu stressig für den menschlichen Körper.
D: *Mit wurde gesagt, dass die gesamte Energie einer Seele gar nicht in einen menschlichen Körper passen würde. Es würde den Körper zerstören.*
S: Das ist richtig
D: *Und Tim sammelt auch kein Karma an.* (Korrekt) *War es Zufall, dass beide gleichzeitig hier inkarnierten?*
S: Nein, das war kein Zufall. Sie hatten, bevor sie zur Erde kamen, geplant, in der gleichen Gegend zu inkarnieren. Beide haben eine ähnliche Energie. Nicht dieselbe, aber recht ähnlich. Sandy war ein Experiment. Das Ausmaß an Energie in ihrem Körper wird normalerweise auf zwei unterschiedliche Körper verteilt. Teil des Problems war die Menge an Energie und auch die Höhe ihrer Frequenz. Zuvor ging es schon einmal schief. Während die Seele hereinkam hatten wir nicht das richtige Timing und die richtige

Feinabstimmung für den Körper und auch nicht die richtige Menge an Energie zur richtigen Zeit. Das ist alles sehr technisch.

D: Aber es musste dieselbe Menge an Energie sein, wie sie normalerweise in zwei Körpern vorhanden ist.

S: Ja, das war das Experiment. Es war sehr wichtig und es hat viel gebracht. Es war sehr hilfreich. Sie ist nicht die einzige, die das gemacht hat. Ebenso ihr Mann. Es ist ein wenig anderes bei ihm, aber fast das Gleiche. Und es gibt noch andere. Sie hilft denjenigen, während sie Nachts ihren Körper verlässt. Sie hat anderen dabei geholfen, sich anzupassen und mit ihrer Inkarnation zurecht zu kommen und einige dabei unterstützt. Der Teil, den sie nicht ganz versteht ist der, dass sie, seit sie hier ist, noch mehr Energie in ihren Körper aufgenommen hat. Du hast sicher von Walk-Ins gehört, d.h. wenn eine Seele den Körper verlässt und eine andere hereinkommt. Das ist hier nicht der Fall. Hier sind es nicht zwei Seelen gewesen. Kürzlich ist das doppelte der normalen Energie in Sandy gekommen. Diese existiert nun dauerhaft in ihr weiter.

D: Es gab keinen Seelenaustausch.

S: Nein, keinen Austausch. Es war eine Zusammenkunft, eine Addierung. Wir hatten ihr zuvor zweimal mitgeteilt, dass dieser neue Aspekt von ihr hereinkommen würde. Und jetzt ist er hier und ist mit ihr verbunden.

D: Hat sie gemerkt, als es passierte?

S: Nicht bewusst. Aber ihr war bekannt, dass es geschehen würde und sie hat sich darauf gezielt vorbereitet und das war eine große Hilfe. Und sie weiß, dass sie sich jetzt anders fühlt. Aber sie hatte bisher noch nicht bewusst verarbeitet, dass jetzt mehr von ihr in ihr ist und sie sich mit ihr verbunden hat. Ihr wird jetzt sehr viel Wissen zur Verfügung stehen. Es wird nicht alles auf einmal geschehen, aber es wird ausgelöst werden, sobald sich die Energien angepasst haben.

D: Wenn dieses Leben irgendwann beendet ist – wird sie dann zurückgehen und nicht mehr hierher zurückkehren müssen?

S: Richtig. Sie wird so lange bleiben, bis ihre Arbeit beendet ist. Sie muss dann nicht mehr inkarnieren. Sie wird so lange bleiben, bis der Sprung, bis die Veränderung auf der Erde vollzogen ist.

D: *Befindet sich der Ort, von dem sie kommt, in der geistigen Welt?*

S: Alles, was keine feste Form hat, gehört zu geistigen Welt. Es gibt viele, viele Orte dieser Art. Es ist nicht so, dass man stirbt, um dorthin zu kommen. Man befindet sich dort, bevor man inkarniert. Es ist lediglich ein anderer Bereich des Seins.

D: *Manche Menschen glauben, dass diese Art von feinstofflichen Wesen Engel sind, die noch nie zuvor inkarniert waren.*

S: Es sind keine Engel. Es sind Seelen so wie du und ich, die sich nur nicht materialisiert haben. Das brauchten sie auch nicht. Sie hatten bis zu diesem Zeitpunkt gar nicht das Bedürfnis. Sandy hatte eine Form, nur eben keine körperliche. Sie hatte eine feinstoffliche Form. Und es gibt verschiedene Stadien davon ... wir nennen es nicht Inkarnationen, da es keine dichten Körper, welche auf Planeten leben, sind. Es sind Energien und sie haben einen Körper. Sie haben eine Individualität, aber sie sind reine Energie. Und sie befinden sich in einem bestimmten Bereich. Es ist nicht dasselbe wie die Quelle oder die Gottes-Energie, oder der „große See", wie wir es auch nennen. Es ist eine separate, individuelle Energie. Aber sie existiert nicht in einem Körper oder in einer physischen Form wie das bei einem Menschen der Fall ist. Oder wie bei einem anderen Körper auf irgendeinem Planeten.

D: *Das klingt logisch für mich. Im Moment kommen sehr viele Menschen zu mir, die hier als Heiler und Energiearbeiter wirken.*

S: Das liegt daran, weil wir uns in einem Zeitenwandel befinden. Es ist die Abwicklung eines Zeitalters. Wesen wie Sandy und Tim sind hier, um bei diesem Übergang zu helfen. Ich teile dir auch mit, mit wem du gesprochen hast. Es ist jener Teil von Sandy, der kürzlich zu ihr hinzugekommen ist.

D: *Die neue Energie.* (Ja)

Ist es nicht unglaublich erstaunlich, dass all diese Dinge in uns passieren und unser Verstand, unser waches Bewusstsein überhaupt keine Ahnung davon haben? Wir stolpern durch unsere Leben, tragen eine Augenbinde und versuchen, Antworten durch Versuch und Irrtum herauszufinden. Ich habe „sie" einmal gefragt, ob es nicht leichter für uns wäre, wenn wir wüssten, warum wir hier sind? Wenn wir die karmischen Verbindungen kennen würden? Und sie haben in ihrer unermesslichen Weisheit erwidert, „dass es ja kein Test wäre, wenn man die Antworten wüsste." Irren wir also weiter und ab und zu wird uns vielleicht ein Schimmer der Erleuchtung treffen.

KAPITEL FÜNFZEHN

GEBURT EINES NEULINGS

Ein japanischer Neuling

Dieses Kapitel handelt davon, dass die Berichte von Menschen, die zum ersten Mal auf die Erde gekommen sind, kein rein amerikanisches Phänomen sind. Es versteht sich von selbst, dass ich mehr Klienten in meinem Heimatland USA habe, aber es gibt auch einige Sitzungen, die ich auf meinen Reisen in andere Länder durchführe. Ich komme mit vielen eigenartigen und ungewöhnlichen Ereignissen in Berührung und inzwischen bin ich davon überzeugt, dass diese weltweit stattfinden. Die folgende Sitzung ereignete sich während meiner Reise nach Australien im Jahr 2007. Dort hielt ich Vorlesungen und unterrichtete meine Methode der Quantenheilungshypnose. Trotzdem hatte ich Zeit, einige private Sitzungen durchzuführen.

Jasmin war eine junge Japanerin, zierlich und zart in ihrer äußeren Erscheinung und erinnerte mich an eine zerbrechliche Porzellanpuppe. Aber dahinter verbarg sich eine willensstarke und entschlossene Persönlichkeit. Ich hatte gelernt, mich nicht vom äußeren Faktoren in die Irre führen zu lassen. 2006 hatte ich sie schon einmal während einer internationalen Hypnose-Konferenz in Neu Dehli getroffen. Dann traf ich sie erneut in Australien, wo sie studierte. Sie war sehr intelligent und hatte neben ihrem Studium bereits ein eigenes Geschäft eröffnet. Auch im Bereich der verschiedenen Heilungsmethoden war sie sehr aktiv und hatte einen angeborenen Wissensdrang, stets Neues zu lernen. Beim abtippen der Sitzung hatte ich aufgrund ihres Akzents erneut einige Probleme.

Als sie von der Wolke kam, sah sie sich in einer Wüste umgeben von Zelten und Kamelen. Obwohl sie Menschen sah, befand sie sich nicht selbst in einem Körper. Sie sagte, dass das keine Rolle spielen würde, da sie mit diesen Menschen nicht in Verbindung stand. Offenbar schwebte sie lediglich über der Szenerie und beobachtete alles. „Ich fühle, dass ich überall dort hinschweben kann, wohin ich möchte. Ich beobachte lediglich, was sich auf dem Planeten ereignet. Komme und gehe. Gehe irgendwohin, tauch auf, bin wieder weg und schaue mir so die verschiedenen Orte an. Dann entdeckte sie, dass sich ihre Perspektive verändert hatte und in die australische Wüste blickte. „Ich habe das Gefühl, dass ich einfach nur den Augenblick genieße." Offenbar hatte ich nun ein anderes Wesen vor mir, dass sich auch nicht in einem physischen Körper befand. Es klang ähnlich wie ein Fall aus Kapitel 19 *Die Lichtkugel,* wo sich die Klientin schwebend und beobachtend ohne ein bestimmtes Ziel sah.

Ich bat Jasmin darum, in der Zeit zurückzugehen um zu sehen, wo diese Reise begonnen hatte und wo der Anfang von allem war. Sie sah im Weltraum schweben und beobachtete dort das Geschehen. Es war herrlich dort, die Sterne funkelten und sie sah im Hintergrund den Mond.

D: Bist du allein?
J: Ja, das bin ich. Aber ich bin mit allem verbunden.
D: Wie fühlt es sich an?
J: Unterstützt. Geliebt. Beschützt. In Sicherheit.
D: Du sagtest, du fühlst dich mit allem verbunden. Wie sieht das genau aus?
J: Es gibt ein Netz, mit dem ich verbunden bin und das mit allem anderen verbunden ist. Ähnlich wie das Netz einer Spinne, aber dieses Netz besteht aus Energie und ist mit allem in Kontakt.
D: Aber du bist trotzdem eine individuelle Entität, oder?
J: Ja. Wenn ich mich auf eine bestimmte Sache konzentriere, kann ich ein Individuum sein. Es hängt davon ab, worauf mein Fokus gerichtet ist. Ich habe einfach das Gefühl mit allem, das existiert, verbunden zu sein.
D: Und das fühlt sich gut an? (Ja) *Warum hast du dich dann für die individualisierte Rolle des Beobachters entschieden?*
J: Ein Beobachter zu sein hilft mir dabei, eine eigene Individualität zu erleben. Ein Teil zu sein anstatt „nur" das Ganze. Ich fühle, dass beides seinen berechtigten Platz hat.

D: *Als du auf dem Planten herumschwebtest und alles angeschaut hast, hörte sich dass so an, als hättest du einen autonomen Weg genommen.*

J: Ich bin immer noch Teil des Netzes, das mit allem verbunden ist. Es ist ähnlich wie bei Wasser, das auch mit allem verbunden ist. Alle Moleküle und alle anderen Bestandteile sind miteinander verbunden, aber es hängt davon ab, wohin sich der Fokus richtet. Man kann ein bestimmtes Molekül sein, aber gleichzeitig spürt man auch die Gesamtheit von allem. Es ist eine Frage, wohin ich meine Aufmerksamkeit richte. Insofern kann ich sagen, dass ich ein Molekül bin aber auch, dass ich gleichzeitig ein Ozean bin. Beides ist richtig.

D: *Du hast dich also einfach dafür entschieden, loszugehen und die Dinge zu erforschen und zu beobachten? Es gab keinen bestimmten Grund dafür?*

J: Ich glaube, dass ich ein Reisender, ein Forscher bin. Ich möchte wissen, wie es ist, in dieser Dimension zu sein.

D: *Unterscheidet sich diese Dimension denn von den anderen?*

J: Ja. Ich habe den Eindruck, dass es da, wo ich hergekomme, weniger Dichte gibt. Da ist nur das reine Licht und alles läuft schneller ab. Und hierher zu kommen fühlt sich zäh und viel langsamer an. Es ist eine andere Art des Netzes und trotzdem ist alles miteinander verwoben.

D: *Trotzdem ist alles ineinander auf dieselbe Weise miteinander verwoben.*

J: Ja, das ist richtig

D: *Aber du kannst dich davon lösen und deine Aufmerksamkeit auf einen anderen Ort richten?*

J: Ja. Ähnlich wie beim flachen Teil des Meeres. Er ist flach und man kann bis zum Grund sehen. Und hierher nach unten zu kommen fühlt sich an, wie ein dicker Teppich. Alles ist undurchdringlicher und dicker.

D: *Gab es einen bestimmten Grund, warum du dich entschieden hast, die Dinge zu beobachten und zu erforschen?*

J: Ich weiß es nicht. Ich wollte es spielerisch angehen.

Ich brachte sie dann zurück zu der Szene, wo sie nicht länger im Weltraum war, sondern die Dinge, die auf der Erde passierten, beobachtete.

D: *Was denkst du über die Erde und die Dinge, die du dort sehen kannst?*
J: Die Erde ist verunreinigt. Sie ist wunderschön und liebenswert, aber sie ist beschädigt. Menschen haben sie verschmutzt. Mit Chemikalien und allem, was dazu gehört. Ich kann das gesamte Bild sehen. Die Erde fühle ich als ein Wesen, das eine bedingungslose Liebe verkörpert. Diese existiert, aber gleichzeitig gibt es auch Menschen, die unaufrichtig leben. Es macht mich traurig und gleichzeitig fühle ich, dass sie ihr Bewusstsein erweitern müssen. Sie müssen merken, was sie ihrem Zuhause eigentlich antun. Sie wissen gar nicht, was sie der Erde antun.
D: *Aber du beobachtest es einfach nur?*
J: Ja. Ich glaube, ich möchte ein Teil davon sein. Wenn ich als Freiwilliger dorthin gehe, kann ich das möglich machen.
D: *Du möchtest ein Teil dessen werden, was dort passiert?*
J: Ja, ich spüre eine Art Dringlichkeit, dass wir dort etwas verändern müssen, denn auch andere Zivilisationen werden davon betroffen. Das gesamte lebendige Gefüge, die Schöpfung, wird von der Erde beeinflusst und von dem, was die Menschen hier anrichten. Denn wenn die gesamte Atmosphäre, die Schwerkraft und das Energiefeld dieses Planeten zerstört werden, wird das auch weiter entfernte Lebenssysteme betreffen. Draußen im All. In unserer Galaxy und darüber hinaus. Sie haben mich gebeten, hierher zu kommen. Ich habe ja gesagt.
D: *Wer hat dich gebeten, hierher zu kommen?*
J: Der Rat, die Versammlung. Es gab ein Treffen. Und es hat einen Aufruf gegeben. Eine Notsituation. Es sieht so aus, als wären viele Planeten in Not. Aber es wurde speziell die Erde für diese Maßnahme ausgewählt. Es gibt noch andere, unterschiedliche Planeten, die diese Hilfe benötigen, aber ich habe mich für die Erde entschieden. Wenn ich die verschiedenen Planeten beobachte und vergleiche, fällt mir auf, dass die Erde mit ihren Bäumen, dem Wasser und den Menschen der interessanteste Planet von allen ist. Sie bietet so viele unterschiedliche Dinge. Also habe ich diese Entscheidung getroffen.
D: *Es betrifft also nicht nur die Erde. Andere Planeten haben ebenfalls Probleme?*
J: Ja, aber bei der Erde ist das Problem am dringendsten. Ich sehe

eine wirkliche Notsituation.

D: Und deshalb hast du dich für die Erde entschieden? (Ja) *Wie wirst du hierher kommen? Haben sie dir gesagt, wie das vor sich gehen wird?*

J: Meine Ratgeberin hat mir diese Insel, Japan, gezeigt. Und sie hat mir gesagt, dass ich dort leben würde. Und dann hat sie mir einen Stoß gegeben und befahl der Energie, dass sie sich verändern soll. Dann war ich dort. Ich hatte zunächst nicht verstanden, was sie meinte, als sie dort „leben" sagte. Aber sie sagte: „Du wirst es erfahren". Und dann bin ich in die materielle Welt gekommen und wurde in einen menschlichen Körper geboren. Es war wie ein Energieblitz, wie ein Leitstrahl aus Lichtenergie. Sie haben mich in diesen Energiestrahl bestehend aus Licht geschubst. Und wie eine Sternschnuppe bin ich dann über die japanische Insel geschossen und wurde geboren

D: Konntest du dir deine Eltern aussuchen?

J: Ich glaube, ich habe mir meinen Vater ausgesucht, der sich schon immer für Astronomie interessierte. Er sieht sich stets die Bilder von Planeten an, er fertigt Teleskope an und studierte Mathematik. Und so sagten sie, dass dies eine gute Option wäre. Er hat in gutes Herz.

D: Und sie meinten, dass Japan ein guter Platz zum Hereinkommen und ein guter Startpunkt wäre.

J: Ja. Sie haben diese Insel für mich ausgesucht.

D: Wie fühlte es sich an, als du in deinen Körper gekommen bist?

J: Meine Mutter hatte so viele Emotionen von Angst, niederdrückende und negative Emotionen, Besorgnis und Angespanntheit. Auf diese Weise lernte ich, dass Menschen Emotionen haben. Zuerst nahm ich an, dass ich in meinen Körper eingetreten war. Und dann war es so, als sei ich im Körper einer anderen Person. Ich habe so viele Emotionen von meiner Mutter wahrgenommen. Es war fast so, als wäre ich in ihren Körper gekommen. Ich wurde von Emotionen, Gefühlen und Gedanken geradezu bombardiert. Und von Gefühlen der Schwere.

D: Es war ganz anders, als das, was du bisher kanntest.

J: Ja, vollkommen anders

D: Glaubst du, dass du gerne in diesem Körper sein wirst?

J: Sie hatten mich zu Anfang gewarnt, dass es mich verwirren würde. Nicht zu wissen, was bin ich und was die Emotionen der anderen Menschen sind, mit denen ich bombardiert werde. Ich glaube, ich muss lernen zu unterscheiden, was die Energien der anderen sind und was meine eigenen Energien sind. Und was von anderen Menschen kommt. In einem einzigen Körper vermischen sich so viele unterschiedliche Emotionen, Glaubenssysteme und Gedanken. Alles mögliche.

D: *Und du nimmst all diese Gefühle in dir auf.* (Ja) *Es ist schwierig, sie abzuschalten.*

J: Ja. Aber es ist wahrscheinlich auch nicht so gedacht, dass ich sie abschalte, da ich lernen soll, sie zu integrieren, so wie das auch andere Menschen tun.

D: *Ist das deine erste Inkarnation als Mensch?*

J: Ja, das erste Mal. Sie sagten: „Das ist dein erstes Mal". Ein Anfang. Ich habe viel andere Lebensformen durchlebt, aber nichts vergleichbares.

D: *Haben sie dir irgendwelche Instruktionen mitgegeben?*

J: Sie sagten mir, dass ich den menschlichen Körper zulassen soll. Ich bemerke den Fötus, das Baby und wie es sich entwickelt. Und wie die Organe entstehen. Und wie die Energie fließt. Und wie sich dieses *Ding* in viele unterschiedliche Organe entwickelt. Wie es wächst. Ich beobachte, wie dieser Körper funktioniert. Es ist interessant. Er ist so anders. Beobachte, als ob ich ihn unter einem Mikroskop studiere. Ich studiere das gesamte Körpersystem. Es ist so anders.

D: *Aber wenn du in den Körper eintrittst, erinnerst du dich nicht daran, wo du vorher gewesen bist, oder?*

J: Es ist mir vermutlich nicht gestattet, mich an vieles zu erinnern.

D: *Gibt es dafür einen Grund?*

J: Weil ich vorgeben muss, ein Mensch zu sein. Ich muss wie ein Mensch agieren. Es ist wahrscheinlich klüger, keine andersartigen Erinnerungen zu besitzen.

D: *Es wäre sehr verwirrend, oder?*

J: Ja, das trifft zu. Es macht Spaß, das Herz dieses Babys schlagen zu sehen und wie sich die Knochen ... Es ist sehr faszinierend, wie das Herz schlägt. Wie es das Blut pumpt. Das sieht sehr interessant aus. Das Pumpen, die Bewegung.

D: *Als sie dir sagten, in diesen Körer zu gehen, haben sie dir da auch gesagt, was du damit tun solltest?*

J: Sie sagten mir, dass ich den menschlichen Körper ausrichten und justieren sollte. Und wie Entitäten oder Seelen ihren Lebensstrom in den Körper projizieren. Und wie man den Körper steuert, wie das gesamte System funktioniert. Auf diese Weise könnte ich das Wissen später an andere Ort bringen, so dass andere Zivilisationen auch etwas darüber lernen können. Denn es gibt nichts Vergleichbares. Es ist ungewöhnlich und sehr selten. Es gibt natürlich ähnliche Planeten wie die Erde, aber dieser Planet ist viel faszinierender.

D: *Warum ist es so selten?*

J: Diese Erde ... es fühlt sich so an, als sei sie aus irgendeinem Grund ein Experiment. Sie beherbergt so viele unterschiedliche Lebensformen. Und da ist die Komplexität des menschlichen Tuns. Menschen haben ihr eigenes Konzept von dem, was sie „Sprachen" nennen. Und dieses gesamte Konzept ist so völlig anders. Auf anderen Planeten verständigt man sich telepathisch. Aber hier gibt es unterschiedliche Körper und unterschiedliche Sprachen.

D: *Es ist leichter, wenn alles telepathisch geschieht, oder?* (Ja) Man muss sich nicht mit Worten verständigen. Was denkst du über deinen Auftrag hier?

J: Es ist aufregend, faszinierend. Und ich bin bereit, mehr zu lernen. Sie hatten mir gesagt, dass es sehr viel Arbeit sein würde, aber das macht ja gerade Spaß. Und es sieht kompliziert aus. Wenn ich also etwas kompliziertes verändere, kann ich mehr Wissen und Fähigkeiten generieren und erweitere so mein Spektrum. Sie wollen, dass ich mein Wissen transferiere aber mehr auf eine energetische Art, wie es scheint. Energetische Transmission von Wissen. Ich glaube, ich habe diese Ausbildung gebraucht, damit Menschen mich besser verstehen können. Ich weiß, dass wenn ich in andere Menschen hineingehe, ich dieses Wissen an sie weitergebe. Die Energie und die Weisheit weitergebe, so dass Menschen auf einer unbewussten Ebene von diesen Dingen Kenntnis erhalten.

D: *Du sagtest, wenn du „in andere Menschen hineingehst". Was genau meinst du damit?*

J: Ich berühre die Menschen zum Beispiel und spreche mit ihnen. Oder ich bin einfach in ihrer Nähe. Wo immer ich hingehe, habe ich das Gefühl, dass ich ein Anker für Energien bin. So dass sich andere Menschen auch wieder mit jener Energie verbinden können, mit der sie einmal in Verbindung waren. Wenn ich mit ihnen zusammen bin, aktiviere oder verankere ich sie auf natürliche Weise wieder mit diesen Energien. Immer wenn ich zwischen den Menschen umhergehe, spüren sie mich und können sich wieder mit dieser Energie verbinden.

D: *Weil sie ihre Verbindung dazu vergessen haben?*

J: Ja, es sieht so aus. Oder weil sie einfach beschlossen hatten, sich davon abzukoppeln. Sie haben sie vergessen.

Dann wurde mir mitgeteilt, dass das Unterbewusstsein wusste, dass es durch den Menschen namens Jasmin sprach. Es teilte mir auch mit, dass wenn Jasmin andere Menschen heilte, sie sich in jene Energie einklinkte, aus der sie selbst stammte. „Sie spürt, dass auf diese Weise jene Energie herangeholt wird, die für den jeweiligen Menschen am passendsten ist. Manche Menschen benötigen nur eine niedrigere Frequenz dieser Energie, werden aber trotzdem geheilt. Und die Menschen, die ihre gesamte Energie verbraucht haben, können von der höheren Frequenz und der reinen Form dieser Energie profitieren und werden ebenfalls geheilt. So kann Jasmin bestimmen, welche Frequenz die Menschen natürlicherweise auswählen. Sie wird automatisch angepasst.

D: *Was würde passieren, wenn Jasmin ihnen zu viel gibt?*

J: Sie gibt ihnen nicht zu viel. Die Energie gibt nicht zu viel. Es gibt auch keine Überreaktionen oder Nebenwirkungen.

D: *Wenn sie das tut, weiß sie also automatisch, wieviel Energie sie der Person geben muss.*

J: Ja. Wie Elektrizität ... bevor sie Menschen berührt ... es ist wie ein elektrischer Leiter. Wie Wasser. Als ob man etwas hat, das das Wasser in seiner Fließrichtung ändert, gibt es etwas, dass sich mit der Energie verbindet und deren Fließrichtung dirigiert.

D: *Ist sie sich auf bewusster Ebene darüber klar, woher diese Energie stammt?*

J: Das muss sie gar nicht wissen, denn es liegt nicht viel Sinn darin, zu verstehen, woher die Energien im einzelnen stammen und was sie ausmacht. Denn jede stammt von unterschiedlichen Planeten und aus unterschiedlichen Dimensionen. Und wenn sie sich auf jedes einzelen Detail konzentrieren würde, würde das ihren Verstand überfordern. Die Hauptsache ist, dass Menschen geheilt werden und sich wieder damit verbinden. Sie tut es, um anderen zu helfen. Es bedarf keiner genauen Erklärung.

D: *Ist sie so dicht an diese Energie gekoppelt, weil sie nicht durch so viele andere Leben gegangen ist?*

J: Ja. Sie gehört zu jenen, die zum ersten Mal auf die Erde gekommen sind, aber sie hatte simultane Leben mit anderen durch eine Verbundenheit mit deren Energie. Sie teilt ihre Energie auch momentan mit anderen Menschen, so dass sie besser in ihrem Körper zurechtkommen kann.

D: *Ist das der Grund, warum ihre Energie so pur ist, weil sie noch nie zuvor auf der Erde gelebt hat?*

J: Ihre Energie ist immer noch sehr rein. Und es ist für uns leicht, sie als Gefäß zu verwenden und eine Reihe von anderen Energien in ihr zu verankern, die andere Menschen benötigen, mit denen sie dann zusammenkommt.

D: *Gibt es Karma, das sie beschwert?*

J: Sie hat kein Karma. Es ist leicht für sie. Weißt du, sie möchte mit mir (kollektivem Unterbewusstsein) die ganze Zeit zusammen sein. Ich spreche bereits durch sie, wenn sie mit anderen Menschen kommuniziert. Auf diese Weise ist sie ein purer Kanal für *uns*. Wir sprechen häufig durch sie. Sie macht einen klasse Job. Sie erlaubt uns, mit ihr zu sein. Das ist eine gute Sache, denn das gelingt nicht vielen Menschen. Sie muss jetzt vorsichtige Schritte machen, so wie ein normaler Mensch auch. Andere Leute können ebenfalls keine Energien verkraften, die ganz plötzlich durch sie hindurch gehen. Deshalb muss sie manchmal einen Gang zurückschalten, weil das ganze Teil der Evolution ist. Sie kann nicht einfach losgehen und die Energien, Schwingungen und DNA der Menschen aktivieren. Deshalb leiten wir sie an, es langsamer angehen zu lassen, weil sie allen Menschen sofort und unmittelbar Heilung ermöglichen möchte. Aber manche Menschen müssen erst Karma ausbalancieren und sich durch einige andere Dinge durcharbeiten. Sie wird in der Lage sein, jene Schwierigkeiten, Probleme und Themen zu verstehen, die andere Menschen zunächst für sich lösen müssen. Wir wissen, dass sie manchmal frustriert wird, wenn sie andere nicht sofort heilen kann. Aber dazu braucht es oft eine gewisse Zeit, da es eine persönliche und individuelle Entscheidung der Betroffenen ist. Möglicherweise möchten sie krank bleiben, leiden und auch an anderen Umständen festhalten, die sie blockieren. Alles sollte daher schrittweise erfolgen und sie sollte andere Menschen auch dazu anleiten, in einen Körper zu schauen und diesen zu heilen. Wir verleihen ihr die Fähigkeit das zu tun, aber sie muss die Dinge langsam angehen. Für sie ist es nicht zu viel, aber für die anderen Leute wäre es zu schnell. Sie hat viele Schüler, aber diese brauchen Zeit, um zu lernen. Deshalb muss sie das Tempo drosseln. Andernfalls würden sich ihre Schüler isoliert und alleine gelassen fühlen, während sie selbst schon so weit fortgeschritten ist. Sie sollte von den Schwierigkeiten und Problemen, die andere haben, lernen. Deshalb muss es ein langsamer Prozess sein. Gleichzeitig muss sie selbst ein richtiger Mensch sein. Irgendwann wird sie ihr ganzes Wissen zusammenfassen, um einen Workshop, einen Kurs oder ein Lehrprogramm zu entwickeln. Es wird ihr auch gelingen, so dass ganz gewöhnliche Menschen – egal ob ein Erwachsener oder sogar ein Kind - lernen können, wie man Bewusstsein erweitert. In diesem Stadium muss sie allerdings zuerst lernen, ein Mensch mit allem, was dazu gehört, zu werden. Auf der Neuen Erde wird dann jeder in der Lage sein, bestimmte Dinge umzusetzen: zu heilen, in den Körper hineinzuschauen, telepathisch zu kommunizieren, Gegenstände zu materialisieren oder an zwei Orten gleichzeitig zu sein (Bilokation). Dieses Wissen ist notwendig und jeder wird diese Dinge erlernen können. Das Wissen ist für jeden zugänglich. Es sind Fähigkeiten des Erwachungsprozesses. Wir können keine genauen Zeitangaben machen, aber irgendwann wird jeder von euch in der Lage dazu sein.

D: *Du sagtest „Bilokation"?*
J: Ja. Bilokation mag ein seltsames Phänomen für euch sein, aber es geschieht andauernd. Es ist nur eine Frage, wie sehr ihr euer Verständnis für diese Dinge erweitern könnt. Für uns ist es etwas ganz natürliches. Wir gehen damit ständig um. Euer Bewusstsein ist noch sehr limitiert. Sie und alle anderen werden dieser Dinge gewahr werden, wenn die Zeit dafür

gekommen ist.

D: Sie wollte auch etwas über das Leben, ohne die Notwendigkeit zu essen, wissen.

J: Das kann sie tun. Man muss nichts essen. Das ist nicht notwendig. Jeder von euch wird in der Lage sein, irgendwann ohne zu essen auf der neuen Erde zu existieren. Die Menschen verändern sich bereits. Viele essen lediglich Früchte und Gemüse.

So hatte ich unabsichtlich eine weiteren „Neuling" während meiner Reise um den halben Globus gefunden. Wenn mein Posteingang in irgendeiner Weise ein Indikator sein sollte, gibt es da draußen eine unabsehbare Zahl jener, die entweder als Freiwillige gekommen sind, oder die hierher ausgesendet wurden, um der Erde in dieser Zeit der Krise zu helfen. Oberflächlich betrachtet sehen diese Menschen genau wie alle anderen aus und sie haben auf der Verstandesebene überhaupt keine Ahnung von dem wichtigen Auftrag, den sie erhalten haben.

* * *

Ein englischer Neuling

Diese Sitzung fand 2005 in meinem Hotel in London statt. Ich hatte sehr viele Vorlesungen und Workshops gehalten und wurde deshalb von Anfragen für private Sitzungen überflutet. Francine hatte mich überzeugt, dass es sehr wichtig für sie war, einen Termin für eine Sitzung zu bekommen und so quetschte ich sie in meinen vollen Terminkalender. Glücklicherweise - denn die Sitzung half ihr enorm weiter. Diese Dinge geschehen nicht zufällig. „Sie" führen bei allem Regie und verbinden mich mit jenen, denen ich helfen soll. Francine war seit ihrer Kindheit sehr depressiv und nahm inzwischen Antidepressiva. Sie sagte mir, dass sie Selbstmord begehen wolle. Sie wollte hier einfach nicht mehr länger sein, obwohl sie eigentlich ein gutes Leben hatte (nach unseren Maßstäben). Sie war verheiratet und hatte Kinder. Ihr Ehemann hatte für ihre Schwierigkeiten sehr viel Verständnis. Aber sie war einer jener Menschen, die ich nun immer häufiger treffe. Sie haben das Gefühl, nicht hierher, nicht auf diese Erde zu gehören. Sie war am Ende ihres Lebenswillens angekommen und es war ihr sehr Ernst mit der Absicht, sich zu töten. Die Medikamente hatten das Schlimmste verhindert, unterdrückten aber lediglich die eigentliche Ursache. Ich hatte in etwa eine Ahnung davon, was ich bei ihr finden würde, da mir immer mehr dieser sanften Seelen begegnen je näher wir dem Wechsel zur Neuen Erde kommen. Als einer der Pioniere, als Teil der ersten Welle, war es sehr schwierig für sie, denn es war eine enorme Herausforderung fü sie, sich hier anzupassen. Diejenigen der zweiten Welle hatten derartige Probleme nicht. Ich war fast sicher, dass Francine eine jener Freiwilligen war, die als erste gekommen waren, um den Weg für die anderen Freiwilligen zu ebnen.

Als Francine in tiefer Trance war, ging sie nicht in ein vergangenes Leben zurück, sondern fand sich in einer sehr unglücklichen Lage wieder. Sie konnte nichts sehen und die Informationen kamen als Eindrücke und Gefühle zu ihr. „Ich fühle mich plötzlich sehr, sehr schwer und da ist nichts. Alles ist schwarz. Und ich habe Angst. Mein Herz schlägt schneller. So, als ob alles unter Druck geraten ist. Es fühlt sich an, als ob mein Körper eingequetscht wird. Er fühlt sich eingeengt und gequetscht an." Ich sagte ihr, dass sie diese unangenehmen, physischen Wahrnehmungen nicht zu spüren brauchte und fragte: „Was glaubst du, ist der Grund dafür?"

F: Ich weiß es nicht. Ich glaube, ich werde gerade geboren oder bin kurz davor, geboren zu werden. Es fühlt sich so an, als wäre dieses Gefühl, eingequetscht zu sein, um meinen ganzen Körper herum. Mein Herz fühlt sich seltsam an.

Ich sah keine Notwendigkeit darin, dass sie sich unwohl fühlte. Falls sie ihre Geburt wahrnahm, konnte das eine ganze Zeit andauern. Deshalb brachte ich sie in der Zeit vorwärts, um zu sehen, wodurch diese Gefühle verursacht wurden.

F: Ich sehe ein Baby, das kopfüber an den Beinen gehalten wird und einen Klaps auf den Po bekommt. Ich glaube, ich bin dieses Baby.
D: *Wo bist du, während das passiert?*
F: Ich meine, dass es ein Krankenhaus ist. Ich kann es nicht sehr deutlich erkennen.
D: *Fühlst du dich besser, jetzt, wo du draußen bist?*

F: irgendetwas stimmt nicht. Es fühlt sich nicht besser an. Ich fühle mich nicht mehr so eingequetscht, aber irgendetwas stimmt mit meinem Herz nicht.

D: *Du meinst, dass es sich seltsam anfühlt, in einem Körper zu sein?*

F: Ja, ich habe Angst und bin alleine. Ich bin den Tränen nahe. Es war ein Schock. Das ist alles nicht fair. Ich bin verwirrt. Ich kann mich nicht erinnern, warum ich hier bin oder warum das alles geschieht. Warum ist hier alles so kalt und hart? Aber ich kann nicht sehr viel erkennen oder sehen. Ich kann nur alles fühlen.

D: *Du sagtest, du hast das Gefühl, alleine zu sein?*

F: Ja, weil mich niemand in den Arm nimmt oder mich an sich hält. Ich habe das Gefühl, als wäre ich alleine.

D: *Wo ist deine Mutter?*

F: Ich weiß es nicht. Sie ist nicht hier. Ich möchte im Arm gehalten werden. Ich möchte das Gefühl haben, zu jemandem zu gehören.

D: *Hast du dich dort, wo du hergekommen bist, auch alleine gefühlt?* (Nein) *Wie war es dort?*

F: Ich habe mich dort nie alleine gefühlt. Alles ist dort leicht, ist Licht, alles ist weiß und es fühlt sich an, als sei ich Teil von etwas ganz Großem. Ich weiß, dass ich damit verbunden bin und es fühlt sich nach sehr viel Liebe an. Und es tut weh, dort nicht mehr sein zu können.

D: *Gab es dort Menschen?*

F: Es fühlt sich so an, dass es hauptsächlich nur Licht gab. Aber ich glaube, man kann auch auf eine bestimmte Art eigenständig sein. Man kann einen Körper haben, aber er wäre aus Licht gemacht. Ja, ich habe das Gefühl, dass da noch andere Wesen aus Licht um mich herum sind. Und dass wir uns wie eine große Masse von Licht fühlen können, wenn wir das wollen. Ich bin mit allen von ihnen die ganze Zeit verbunden, fühle mich nie alleine, werde von allen verstanden und wir arbeiten immer alle zusammen. Ich kannte keine Grenzen und alles lief sehr viel schneller ab, war aber vertraut und alles bestand aus Licht. Es ist schwer zu erklären, denn es gibt sonst nichts außer diesem Licht und das gelegentliche Gefühl, dass ich die Umrisse von anderen Lichtwesen sehen kann. Aber das ist schon alles. Es gibt dort ein Gefühl von Liebe und Zusammengehörigkeit, so, als seien wir alle Teil derselben, einen Energie. Es fühlte sich so an, als seien wir alle zusammen.

D: *Warum musstest du in einen Körper kommen?*

F: Ich fühlte, dass es Zeit war zu gehen. Ich musste Mut zeigen und ich musste das tun, aber ich wusste, dass ich vergessen würde, wer ich war und wie mein Weg aussehen würde. Es war wichtig, dass ich ging. Ich hatte etwas zu geben und Licht zu bringen. Ich habe sehr viel Glück, denn ich habe ununterbrochen und sehr, sehr lange im Licht leben dürfen. Und es war so, als hätte jemand um Hilfe gebeten du man würde denjenigen nicht einfach ignorieren. Also musste ich gehen. Ich sagte, dass ich mich freiwillig melden würde. Ich sagte, ich *würde* gehen, um zu helfen.

D: *Hat dich jemand gebeten zu gehen und hast du das alleine entschieden?*

F: Ich glaube, ich habe mich freiwillig gemeldet, weil ich fühlte, dass ich helfen wollte. Ich glaube nicht, dass mir gesagt wurde, ich solle gehen. Ich hatte die Wahl und ich wollte gehen. Ich hatte das Gefühl, dass ich bei der Lösung von Problemen helfen konnte, indem ich mein Licht und meine Liebe weitergebe.

D: *Wusstest du, wie es hier sein würde?*

F: Ich glaube, es wurde mir mitgeteilt. Ich hatte den Eindruck, dass es schwierig sein würde und ich fühlte, dass ich darauf vorbereitet wurde. Und ich wusste, das ich eine zeitlang alles vergessen würde und ich mich nach und nach erinnern würde.

D: *Ist das der schwierigste Teil – zu vergessen?*

F: Ja, weil man sich dann so alleine fühlt. Und ich wusste nicht mehr, wer ich war.

D: *Warum ist es so wichtig, dass man vergisst, wenn man in diesen Körper kommt?*

F: Ich musste vollständig als Mensch inkarnieren, damit ich dachte, dass ich ein vollkommen menschlich war. Es wäre für meinen menschlichen Verstand zu viel gewesen, wenn ich mich an alles auf einmal erinnert hätte.

D: *Hattest du schon jemals zuvor einem Körper?*

F: Ich glaube, das war ich, ja. Aber ich glaube, ich war noch nie zuvor auf der Erde, denn es war sehr schwierig für mich, mir vorzustellen wie es in einem so dichten Körper sein würde. Ich war so sehr daran gewöhnt, mich so leicht und so frei zu fühlen – und mich dann plötzlich so schwer zu fühlen. Es war sehr verwirrend, sehr schwierig für mich. Sie hatten mir gesagt, dass es schwierig für mich sein würde und ich erwiderte, dass ich bereit sei, zu gehen, weil ich helfen wollte. Ich war bereit, alle Schwierigkeiten auf mich zu nehmen, die eventuell passieren würden. Ich glaube, es gibt einen großen Plan und ich glaube, jeder wurde gebeten, zu helfen. Er wurde entworfen, weil es in diesem Teil des Universums so viel Dunkelheit und Einsamkeit gegeben hat. Und es ist Zeit für das Licht, hierher zu kommen. Ich wurde gefragt und ich sagte, dass ich es freiwillig tun würde. Ich glaube nicht, dass ich alleine bin. Ich glaube, dass noch andere von dort, wo ich war, als Freiwillige mitgekommen sind.

D: *Wie lief es ab, als nach Freiwilligen gefragt wurde?*
F: Es gab eine große Ratsversammlung. Es waren nicht nur unsere Leute -die aus Licht- dort, es waren auch andere Wesen da. Und bei diesem Treffen wurde der große Plan entworfen und sie sagten, dass sie nach Freiwilligen suchen. Und dass wir nicht dazu verpflichtet waren, zu gehen, sondern dass es unsere Entscheidung sei. Nur wenn wir das Gefühl hätten, all das tun zu können, sollten wir gehen. In jedem Fall existierte aber ein großer Plan. Und ich erinnere mich, dass sich mein Herz so groß, so voller Liebe anfühlte. Ich dachte nur: „Ja, das mache ich. Das ist etwas, das ich machen will". Ich fühlte, dass ich dabei helfen könnte, die Balance zu Gunsten des Lichts zu verändern, denn in der Entwicklung der Erde war durch ein Zuviel an Dunkelheit erheblich abgebremst worden. Und allein dadurch, dass ich da sein würde, konnte ich bei der Herstellung des richtigen Gleichgewichts helfen, so dass die Entwicklung der Erde auf eine korrekte und angemessene Weise fortgesetzt werden konnte.

D: *Hatten sie dir gezeigt, wie es sein würde?*
F: Sie haben uns einen Überblick gegeben, wie es wäre, in einem physischen Körper zu sein und teilten uns mit, dass es sehr schwierig sein würde, sich dem anzupassen. Wir würden uns auf eine Art limitiert und eingeengt fühlen, wie wir sie nie zuvor gekannt hatten. Im Licht hatten wir die totale Freiheit. Es gab keine Begrenzungen. Es gab nur Liebe und Grenzenlosigkeit. Ich sagte, dass ich bereit wäre, es zu tun,

wenn es bei dem Plan helfen würde.
D: *Aber auf der Erde würde alles anders sein. Hier gibt es diese Begrenzungen.*
F: Ja. Es war wirklich schwer, sich vorzustellen, wie schwierig hier alles sein würde. Ich glaubte an den Plan und ich glaubte daran, dass ich genug Mut und Liebe in mir haben würde, um ihn gelingen zu lassen.
D: *Aber als du durch das Erlebnis der Geburt durch musstest, schien alles anders zu sein, oder?*
F: Ja, die Dinge änderten sich. Sogar im Bauch meiner Mutter fühlte ich bereits, wie einengend diese Dunkelheit war; so, als ob etwas ganz falsch war, so, als wenn ich nicht genug Nahrung erhalten würde. Und die Anspannung. Ich konnte diese Anspannung fühlen.
D: *Aber es war zu spät, um einen Rückzieher zu machen.*
F: Nein, das war es nicht. Ich wusste, dass das alles Teil der Vereinbarung war. Ich hatte mich bereit erklärt und so sollte es auch sein. Ich würde das zu Ende bringen und ich wollte keinen Rückzieher machen. Sie sagten, dass es Hilfe geben würde und dass ich mich zu bestimmten Leuten hingezogen fühlen würde. Dass ich mit ihnen sprechen würde und ich mich dann weniger einsam fühlen würde. Dass es Hilfe geben würde.
D: *Allerdings hast du das alles vergessen, als du in den Körper gekommen bist.*
F: Ja. So, als ob das unbegrenzte Wissen einfach ausgelöscht worden ist. Es ist quasi zu einem Nichts zusammengeschrumpft und ich muss sogar lernen, wie man atmet. Und ja, es ist wirklich hart. Ich hatte nicht erwartet, dass es so hart sein würde. Ich wusste nicht, wie schmerzhaft es sein würde. Ich wusste nicht, wie es sich anfühlen würde, derart abgeschnitten vom Gefühl der Liebe zu sein. Und die körperlichen Schmerzen. Als ich geboren wurde, fühlte ich diese Schmerzen in meinem Herz. Das Herz arbeitete nicht richtig. Da war ein Loch in einer der Herzkammern. Ich hatte mich in der Gebärmutter nicht richtig entwickelt. Die Plazenta war in ihrer Funktion eingeschränkt und es bestand ein Mangel an wichtigen Nährstoffen. Dieser Bereich war außerdem unterentwickelt, weil ich mich vom Gefühl der Liebe, das ich vorher stets gekannt hatte, abgetrennt fühlte.
D: *Was passierte dann? Konntest du das Herz heilen?*

F: Ja, es war alles Teil des Plans. Ich sollte anderen dabei helfen, ihre tatsächliche Kraft kennenzulernen und zu verstehen, dass Liebe heilt.

D: *Weißt du, ob du es alleine geschafft hast, oder ob du dabei Unterstützung hattest?*

F: Es war bereits auf einer höheren Ebene arrangiert worden, dass dies passieren würde und wir waren alle ein Teil davon. Ich war ein Teil davon, genauso wie all jene Menschen, die für mich gebetet hatten. Die Energie aller Beteiligten kam zusammen und so konnte die Heilung stattfinden. Die Energie half auch dabei, die Dinge in die Balance zu bringen, die in meinem Körper noch nicht komplett waren.

D: *Andernfalls hätte dein Körper nicht überleben können.*

F: Richtig. Ich hätte zumindest eine Operation benötigt. Aber der Plan war, mich auf eine andere Weise zu heilen.

D: *Und Menschen etwas beizubringen - bereits als Baby.*

F: Ja, es war eine gute Lektion für sie. Ich fühlte sehr viel Liebe, als ich geheilt wurde. Ich fühlte diese Energie in meinem Körper. Ich fühle die Gebete der Menschen und die Liebe, die sich über mich kam. Und das fühlte sich sehr gut an.

D: *Dann warst du also von der Liebe nicht ganz getrennt.*

F: Nein, sie existiert. Es war schön, diese Liebe zu entdecken. Es *gibt sie auch hier.*

D: *Aber es gibt so viele Dinge, die man auf der Erde lernen muss, oder?*

F: Ja, es war harte Arbeit. Ich habe gelernt, mich vor dem Leben zu verstecken. Als Kind habe ich gelernt, bestimmte Aspekte in mir zu unterdrücken, um zu überleben. Um mich vor dem Schmerz zu schützen, wenn Menschen zu mir schrecklich und gemein waren oder wenn ich in mir den Schmerz anderer Menschen deutlich spüren konnte. Ich fühlte, dass das zuviel für mich war und ich musste dieses Teil von mir eine Zeitlang unterdrücken.

D: *Du hattest nicht erwartet, dass andere Menschen grausam sein konnten.*

F: Richtig. Es verblüffte mich. Ich weiß nicht, wieso. Später, als ich aufwuchs, begann ich zu verstehen, dass Menschen selbst Opfer dieser Grausamkeiten geworden waren. Diese Erfahrungen hatten sich in Bitterkeit und Wut verwandelt, die nun an die Oberfläche kamen und auf andere Menschen in ihrem Umfeld übertragen wurden. Und wie eine Krankheit verbreitete sich Angst - Angst ein Opfer der Wut der anderen zu werden.

D: *Sie alle haben ihre eigenen Lektionen* (Ja) *Hast du andere getroffen, die ursprünglich vom selben Ort wie du stammen?*

F: Ja. Ich habe viele Menschen getroffen, einige von ihnen kommen vom selben Ort wie ich. Einige finden es hier wirklich schwierig und kommen nicht gut zurecht. Ich habe versucht, ihnen zu helfen. Sie haben wirklich große Problem damit gehabt, sich hier anzupassen.

D: *Hat das auch die Depressionen verursacht, unter denen du früher gelitten hast?* (Ja) Sprechen wir darüber. Du sagtest, du hattest sie seit vielen Jahren?

F: Ja. Ich hatte sie eine lange Zeit. Auch als Kind. Damals fing ich an, mich abzuschotten. Ich fühlte mich sehr müde. Es war sogar sehr schwierig, nur Mensch zu sein und als Mensch zu funktionieren. Ich versuchte, einfach Licht zu sein. Und ich fand es so unwahrscheinlich hart, das Licht zu sein, wenn alles um mich herum so schmerzhaft war und ich diesen ganzen Schmerz spüren konnte. Ich dachte ständig darüber nach, warum ich eigentlich hier war und ich konnte nicht erkennen, wo ich einen Unterschied bewirkte oder diesen überhaupt bewirken könnte. Es war schwierig, über mein eigenes Leben hinausblicken zu können und den großen Plan für die Erde zu erkennen. Ich wollte wissen, was der Plan war und warum ich mich nicht daran erinnern konnte. Ich wusste immer, dass ich mich eines Tages erinnern würde. Dass ich die Antworten eines Tages finden würde. Da gab es immer noch etwas anderes, etwas Größeres. Ich fühlte mich auch so schuldig, weil ich gleichzeitig versuchen musste, ein Mensch mit all seinen Facetten zu sein. Und Menschen haben nun einmal ein sehr begrenztes Verständnis davon, wie das Leben wirklich funktioniert. Wir alle machen Fehler. Ich fühlte mich jedes Mal sehr schlecht, wenn ich realisierte, dass ich gerade einen Fehler gemacht hatte, der einen anderen Menschen verletzte. Ich kann damit immer noch nicht gut umgehen. Und ich war immer recht hart zu mir selbst, weil ich diese Aufgabe zu erledigen hatte. Ich dachte, dass ich es schaffen könnte und dann begriff ich, dass es nicht so einfach sein würde. Der menschliche Körper ist so vielen Begrenzungen ausgesetzt und in dieser Dimension geht alles nur sehr, sehr langsam voran. Und ich musste lernen, nicht zu viel zu erwarten. Das war eine sehr harte Lektion.

D: *Du kannst nicht alles ganz alleine verändern, oder?*

F: Ja, das ist richtig. Ich bin Teil eines Teams, aber ich fühlte mich so einsam. Ich dachte, dass ich alles selbst machen müsste.

D: *War dir irgendwo tief im Inneren bewusst, dass es ein Team gibt?*

F: Allmählich, ganz allmählich. Zuerst glaubte ich, dieses Team in der christlichen Gemeinschaft gefunden zu haben. Weil sie dort über das Licht sprachen, löste das etwas in mir aus. Ich wollte jenen Teil, den ich unterdrückt hatte, wieder öffnen. Aber das war schwierig. Ich antwortete auf den Begriff „Licht" der Kirche, aber ich fühlte mich durch die Menschen dort sehr verletzt. Obwohl ich mein eigenes Licht und meine Liebe zu erweitern versuchte, musste ich mich immer wieder zurückziehen. Ich fühlte, dass meine Kommunikation mit dem Licht wiederhergestellt war. Ich konnte wieder einen flüchtigen Blick darauf werfen. Und trotzdem war ich Einschränkungen ausgesetzt, die sich nicht richtig anfühlten. Ich wusste, dass da mehr war, ich wusste, dass das Genze erheblich größer war. Es war so, als ob diese Leute Gott als das Netz einer Struktur betrachteten, während ich Gott als etwas ohne feste Struktur sah. Es gab für mich keine Notwendigkeit für derartige Begrenzungen. Aber sie verstanden das nicht und sie mochten mich aufgrund dieser Ansichten nicht. Da verstand ich, dass es Zeit für mich war, zu gehen. Ich fühlte mich durch das, was sie über mich sagten, sehr verletzt.

D: *Weißt du, ob diese Leute von dem selben Ort wie du gekommen waren?*

F: Ich denke, dass alle ursprünglich einmal dort hergekommen sind. Wenn man an den *Ursprung* zurückgeht, kommen wir alle von dem selben Ort. Aber es existieren unterschiedliche Abstufungen des Vergessens, wenn man in Dimensionen wie die Erde inkarniert. Einige der Menschen sind seit vielen, vielen Jahrhunderten immer wieder in den menschlichen Körper gekommen und sind durch diese Limitierungen in ihrem Denken sehr eingeschränkt.

D: *Glaubst du, dass sie eine zu lange Zeit in menschlichen Körpern verbracht haben?*

F: Ja, ich glaube, dass sie vergessen haben, wer sie eigentlich sind, weil sie hier so lange gelebt haben. Sie haben das Licht vergessen. Vielleicht brauchen sie mal Urlaub – weg von allem (lacht). Sie müssen sich wieder daran erinnern, was es bedeutet, frei und unbegrenzt zu sein. Sich ausdehnen zu können.

Francine hatte sich, als sie jünger war, eine zeitlang in Drogen geflüchtet.

D: *Denkst du, dass die Drogen dir geholfen haben, als du dich damals verloren fühltest?*
F: Ich glaube, dass ich sie manchmal als Werkzeug verwendete, um Zugang zu jenem Teil meines Bewusstseins zu erhalten, den ich wieder öffnen musste. Der Teil, der mir wieder gestattete, alle Dinge als Eins zu sehen. Es war so, als ob ich zu diesem Teil meines Bewusstseins hingeführt wurde. Die Drogen halfen mir dabei, eine Tür zu öffnen. Ich suchte nach einem Weg, diese Einheit wieder spüren zu können. Dass ich Teil des Lichts war und dass alle Informationen noch in meinem Bewusstsein vorhanden waren. Es ist jetzt nur schwerer, dort heranzukommen. Viele Menschen denken, ich sei seltsam, weil ich immer etwas sehe, das tiefer liegt. Es ist einfach schwer für sie, das zu verstehen.
D: *Weil sie so sehr mit der physischen Welt verhaftet sind.*
F: Ja. Ich glaube, es ist für mich leichter als für andere zu sehen, was hier für ein Spiel stattfindet. Als ob es einerseits ein Spiel gibt, auf der physischen Ebene zu gewinnen und andererseits ein Spiel, sich wieder mit dem Licht zu verbinden. Das kann sehr zerstörerisch sein. Und natürlich bedeutet in jeder Hinsicht ein Mensch zu sein auch, dass auch ich manchmal zerstörerisch agiere. Aber ich denke, ich sollte aufhören, mich deshalb zu geißeln.
D: *Glaubst du, dass es einfacher gewesen wäre, wenn du vorher noch andere Leben in einem menschlichen Körper gehabt hättest?*
F: Ja, wahrscheinlich wäre es gut gewesen, vorher einen Testlauf zu haben. (lacht)
D: *Aber irgendwann hättest du trotzdem zum ersten Mal inkarnieren müssen.*

F: Ja. Es wird immer schwierig sein, nicht wahr? (ab diesem Zeitpunkt übernahm das Unterbewusstsein alle Antworten): Es war für Francines Seelenreise wichtig, diese Erfahrung zu machen, denn es half dem *EINEN LICHT* dabei, mehr Wissen zu erhalten. Zusätzliche Erfahrungen zu machen ist immer eine gute Sache. Und es half dabei, einen Teil des großen Plans zu verwirklichen. Sie hilft damit sogar dem Licht, zu einem größeren Bewusstsein zu gelangen. Sie wusste, dass es nicht einfach werden würde. Alles fühlt sich für sie so intensiv an. Sie kam aus dem Kreislauf des Schmerzes nicht heraus und konnte keinen Ausgang finden. Der einzige Ausweg, der ihr einfiel war, zu sterben, weil sie wusste, dass sie dann frei sein würde. Aber zu der Zeit, als sie es versuchte, konnte sie nicht sterben. Sie sagten ihr „Nein, es ist noch nicht an der Zeit. Du musst noch bleiben". Sie verhinderten es jedes Mal, den sie liebten sie und wollten, dass der Plan für sie erfolgreich sein sollte. Wenn sie gegangen wäre, wäre sie anschließend enttäuscht gewesen. Und sie wusste, dass es zu ihrem Besten sein würde, zu bleiben.

D: *Es wurde nicht gestattet, da sie das vollenden sollte, für das sie sich freiwillig gemeldet hatte.*

F: Ja, und sie wollte auch bleiben. Aber es gab diesen menschlichen Teil von ihr, der traurig und verärgert war; der gehen wollte und den Schmerz beenden wollte. Aber sie hat eine Aufgabe zu erfüllen und sie wird es durchziehen. Das ist der schwierigste Teil.

Ich wusste, dass ich mit dem Unterbewusstsein sprach, also stellte ich weitere Fragen.

D: *Du hast dir diese Informationen sofort gezeigt. Ist es das, was sie heute wissen sollte?*

F: Ja. Es ist an der Zeit für sie, es zu wissen. Es ist an der Zeit, es zu verstehen.

D: *Sie hat sich ihr gesamtes Leben lang anders als andere gefühlt.* (Ja) *Sie sagt, dass sie das Gefühl hat, nicht hierher zu gehören.*

F: Das ist richtig. Und den Grund hat sie heute erfahren.

D: *Hat sie jemals zuvor in einem physischen Körper gelebt?*

F: Vor einer sehr, sehr langen Zeit. Sie hatte viele Leben in

Körpern, aber diese hatten eine geringere Dichte als jener Körper, in dem sie sich nun befindet. Diese Lebewesen bauten Städte und lebten ein harmonisches Leben.

D: *Fanden diese Leben auf der Erde statt?*

F: Nein, an einem weit entfernten Ort.

D: *Wäre es gut für sie, wenn sie aus reiner Neugierde etwas über diese Leben erfahren würde?*

F: Ja. Sie ist durch einen Entwicklungsprozess gegangen, bei dem sie immer mehr zum Licht wurde, bis schließlich die gesamte Zivilisation zu Licht geworden war. Sie blieb über viele, viele Zeitepochen in diesem Licht. Sie hatten sich so weit entwickelt, dass sie das Bewusstsein einer Einheit verkörperten. Sie fühlten Sie fülten dieses „Eins-Sein" mit allem zu jeder Zeit und es bestand keine Notwendigkeit, einen physischen Körper zu haben, außer, jemand wollte diese Erfahrung gerne machen. Und dann kreierten sie für sich die Lichtkörper. Sie hatten während ihres Entwicklungsprozesses viele Hürden gemeistert und es war nun an einem Ort, wo ein harmonisches Gefühl der Freude und Liebe existierte. Es war ein wunderschöner Ort des Seins und auch das Gefühl, etwas erreicht zu haben. Deshalb ist es sehr schwierig für sie, sich in einem so *unter*entwickelten Zustand wie hier zu leben.

D: *Was war der Anlass für sie, hier auf die Erde zu kommen?*

F: Es gab viele Probleme in diesem Teil der Galaxie, wo sich die Erde befindet. Durch die Dunkelheit, die hier herrscht, sind die Dinge aus dem Gleichgewicht geraten. Das große Konzil kam zusammen und entschied, dass es Zeit wäre, das System zu infiltrieren. Wesen des Lichts, die auf der Erde inkarnierten, hätten auf diese Weise die Möglichkeit, ihr Licht zu einem Planeten zu bringen, der von der Dunkelheit regiert wurde. Francine meldete sich freiwillig, weil sie wusste, dass sie diese Aufgabe meistern konnte.

D: *Aber die Dinge sehen ganz anders aus, wenn man schließlich hier unten in einen Körper inkarniert ist, oder?*

F: Ja, Francine fand es sehr schwierig, sich anzupassen. Es ist sehr hart, einen Ort zu verlassen, der so friedlich ist um auf einen Planeten zu kommen, der eine so große Dichte hat, der so langsam ist und wo so viel Schmerz existiert. Das alles wird von Menschen wie Francine sehr stark wahrgenommen, weil sie so offen ist.

D: *Es sind sehr sanfte Menschen und sie haben nicht die Programmierung von anderen Erdenleben gehabt, um sich eine dicke Haut zuzulegen.*
F: Ja, es erforderte eine Menge Mut, hierher zu gehen. Und wir sind sehr dankbar, dass sie gegangen ist, weil auf diese Weise der Plan umgesetzt werden kann. Und er funktioniert. Der Plan funktioniert.
D: *Und es gibt noch viele andere, die sich freiwillig gemeldet haben zu kommen, nicht wahr?*
F: Viele, sehr viele. Abertausende. Millionen. Und es gibt sehr viele Kinder, die darauf warten geboren zu werden, um hierher zu kommen. Deshalb bekam Francine Zwillinge, denn sie wollten gemeinsam kommen.
D: *Die Zwillinge sind also einige der Freiwilligen.* (Ja) *Kommen sie vom selben Ort wie Francine?* (Ja) *Und sie hatten ebenfalls keine vorherigen Leben?*
F: Sie sind besser angepasst, sie haben Hilfe. Sie hatten bereits einige Hilfe, bevor sie hierher gekommen sind und sie haben auch die Hilfe derjenigen, die bereits einen Großteil der grundlegenden Arbeit hier vollendet haben und den Weg aufzeigen. Und sie haben eine Mutter, die bereits selbst sehr viel Anpassungsarbeit geleistet hat und weiß, wie man sie am besten auf das Leben auf der Erde vorbereitet.
D: *Das ist auch das, was ich in meiner Arbeit festgestellt habe. Einige in Francines Alter oder auch älter, hatten große Schwierigkeiten damit, sich anzupassen. Viele von ihnen wollten Selbstmord begehen, um hier wegzukommen.*
F: Ja, das ist ein Problem.
D: *Diejenigen, die später kamen, scheinen es leichter zu haben.*
F: Ja, der Weg ist für sie bereits vorbereitet worden. Das war Teil des Plans. Diejenigen in Francines Alter sollten mit großem Mut vorangehen, um einen neuen Weg vorzubereiten. Sie wussten, dass es hart werden würde, weil sie alte Strukturen niederreißen und anschließend neue Strukturen auf zunächst ätherischer Ebene errichten mussten. Ich erhalte das Bild eines Planeten, der ein Gitter um sich herum hat und die Energie, die Francine hereingebracht hat, hilft dabei, das Gitter in eine neue Position zu verschieben. Mehr Liebe fließt auf leichtere Weise herein und befreit die vorhandenen Kanäle.
D: *Ihre Energie verursacht den Unterschied.*

F: Ja, das Licht ist nun zum ersten Mal größer als die Dunkelheit und es gibt nun die Chance, dass die menschliche Rasse sich über den Punkt hinaus entwickelt, wo sie sich selbst zerstört hätte. Sie hätte sich beinahe in diese Richtung entwickelt und deshalb wurden die Freiwilligen gebeten, zu kommen. Aber sie mussten vergessen, wer sie waren, weil die menschliche Rasse selbst erkennen muss, dass sie sich weiterentwickeln muss. Sie musste Mensch werden, um ebenfalls Teil der menschlichen Rasse zu sein und sie von innen heraus verändern zu können. Sie konnte sie nicht von außen ändern, weil das gegen die Regeln verstoßen hätte.

D: *Welche Regel meinst du?*

F: Die oberste Regel des Nicht - Einmischens.

D: *Ist das hier nicht auch eine Form der Einmischung?*

F: Nein, das hier ist Teil des Plans. Es ist ein guter Plan, denn diese Menschen vergessen, dass sie Teil des Lichts sind. Aber sie beginnen später, sich zu erinnern. Und das Licht, dass sie hereinbringen, weil sie einfach so sind, wie sie sind und dieses Licht in ihnen ist, macht den riesigen Unterschied. Sie sind ein Funke, der sich mit allen anderen kleinen Funken weltweit verbindet. Auf diese Weise wird es zunehmend heller.

D: *Und die Kinder, die jetzt hereinkommen, hatten den Weg schon für sich bereitet, damit ihnen die Dinge leichter fallen* (Ja) *Aber sie haben immer noch Schwierigkeiten, weil einige von ihnen so hoch entwickelt sind. Und die Erwachsenen verstehen sie nicht.* (Ja) *Ich habe mit vielen Lehrern gesprochen, die wissen wollten, wie sie diesen Kindern helfen können. Hättest du dazu Vorschläge?*

F: Die Begrenzungen des Erziehungssystems müssen angesehen und verändert werden, so dass der Geist eines jeden Kindes sich uneingeschränkt und auf eine kreative Weise entfalten kann. Und es müssen flexiblere Zeiten und Flexibilität zwischen den einzelnen Unterrichtseinheiten und verschiedenen Themen eingerichtet werden, so dass die Kinder erkennen können, wie alles miteinander verbunden ist. Es ist sehr schwer für sie, still zu sitzen und Zahlen und Buchstaben auswendig zu lernen, ohne das sie ein Gesamtbild erkennen können. Sie möchten sehen, wie alles zusammengehört.

D: *Und sie sollten keine Medikamente bekommen.*

F: Diese Medikamente sind in keiner Weise hilfreich. Sie lähmen sie und stumpfen sie ab. Diese Kinder sollen das System verändern und man versucht, sie zu unterdrücken und ruhigzustellen.

D: *Sie „normal" zu machen.*

F: Sie zu „normalisieren", ja. Aber es gibt inzwischen zu viele von ihnen. Die Dinge verändern sich.

D: *Sie können sie nicht alle unterdrücken.*

F: Richtig. Die Welle der Veränderung ist bereits angerollt.

D: *Wir können nun erkennen, woher die Depression kommen, die Francines Körper beeinträchtigen.* (Ja) *Wird es ihr helfen, mehr über diese Dinge erfahren zu haben?*

F: Ja, sie hat bereits mit einiger Körperarbeit begonnen, die ihr dabei hilft, die Dinge ins Gleichgewicht zu bringen, die aufgrund von Umweltverschmutzungen aus dem Lot geraten sind. Die giftige Umgebung, in der Menschen leben, haben erhebliche Auswirkungen, da sich die Körper verändern. Die Giftstoffe, die sich in ihren Körpern ansammeln führen dazu, dass sie sich blockiert fühlen und dadurch verschiedene Symptome entstehen.

D: *Francine hatte mehrere Beschwerden, für die die Ärzte versucht haben, eine Diagnose zu finden: Schwindel, Müdigkeit, Muskelschmerzen und steife Gelenke.*

F: Ja, diese sind alle Teil der Anpassungen ihres Körpers und das geschieht überall. Die Menschen sollten einen Gang zurückschalten und sich aufgrund der Umweltbelastungen viel mehr um ihre Körper kümmern. Wir helfen Francine dabei und wenn ihre Depressionen zurückgehen, wird sie sich hier auch eher zuhause fühlen, da sie glücklicher sein wird. Die Verschmutzungen auf der Erde haben sie aus der Balance geworfen. Die Botenstoffe ihres Gehirns und ihres Körpers sind aus dem Gleichgewicht geraten. Die Medikamente, die sie bekam, haben ihr zunächst geholfen, dass sie sich stabilisiert.

D: *Wenn die Depression nach dieser Sitzung also allmählich verschwindet und Francine begreift, wie die Zusammenhänge sind - werden dann auch ihre anderen Symptome verschwinden?*

F: Ja, sie wird nach und nach die Dinge, die sie gelernt hat, integrieren und ihr Körper wird sich anpassen. Ich bekomme das Bild, dass sich ihr spiritueller Körper sich nie ganz in ihren physischen Körper eingeloggt oder mit ihm verbunden hat, weil sie einen Teil von ihm immer unterdrückt hat. Und als sie sich ihm erneut geöffnet hat, wurde er nicht vollständig mit ihrem physischen Körper verbunden. Es ist schwer für sie, alle Verbindungen zu ihrem spirituellen Körper wiederherzustellen; die hergestellten Verbindungen sind alle falsch. Aber im Moment überschreibt sie alles und das wird sie heilen. Sie wird den Sinn ihres Seins wieder verstehen und ihre Depressionen werden sich legen. Es wird ihr auch beibringen, Ruhe zu bewahren und jene Begrenzungen anzunehmen, die das Leben in einem physischen Körper mit sich bringt. Das ist eine wichtige Lektion, denn auch durch die Krankheit hat sie gelernt, Balance in einer Weise zu erlangen, die sie sonst nie gekannt hätte. Und das hilft ihr. Sie kontrolliert die gesamte Situation. Sie hat das alles selbst geschaffen, selbst die Beschwerden, die Symptome, dienen ihr als Werkzeug. Und sie wird dafür zukünftig keinen Bedarf mehr haben. Während sie schläft, wird ihr Körper neu justiert werden.

D: *Ist das Teil der Veränderungen der DNA?*

F: Ja, das ist ein Teil der neu erstellten Verknüpfungen, die DNA verändert sich. Und der Grund dafür, dass es bei Francine nicht auf eine harmonische Weise geschieht, liegt darin, weil sich Giftstoffe und Verunreinigungen um Francine herum und in ihrem Körper angesammelt haben. Die neue Ausrichtung ist deshalb wesentlich schwieriger. Es ist so, als ob sich ein Teil ihres spirituellen Körpers auf einer wesentlich höheren Frequenz als ihr physischer Körper befindet und deshalb funktioniert die Verbindung nicht richtig.

D: *Findet das derzeit bei allen Menschen statt?*

F: Einige Menschen finden es einfacher, sich zu ändern, während sich die DNA Struktur verändert. Für andere ist es schwieriger. Diejenigen, die sich in einer Umgebung mit großer Umweltverschmutzung befinden und jene, die bei der Inkarnation größere Probleme hatten finden es generell schwieriger.

D: *Glaubst du, dass jeder diese Veränderungen auf irgendeine Weise merkt?*

F: Es hängt vom Bewusstseinsgrad des Einzelnen ab. Aber prinzipiell ist es so, dass diese Veränderungen auf dem gesamten Planeten stattfinden.

D: Es ist wahrscheinlich gut, dass wir es nicht auf einer bewussten Ebene wahrnehmen. Wir könnten damit gar nicht umgehen.

F: Es ist für Francine wichtig sich zu erinnern, dass sie Teil eines großen Plans ist und dass sie Teil des Lichts ist. Es ist wichtig für sie, sich zu erinnern, weiterzumachen und nicht aufzugeben. Es an der Zeit für sie, sich zu erinnern. Die Informationen, die in ihr gespeichert sind, sind zu dieser Zeit noch nicht vollkommen abrufbar, werden aber in Zukunft von Bedeutung sein. Sie wird dann insgesamt neu ausgerichtet sein. Ihr Körper wird neu justiert sein, und es wird für sie leichter sein, sich an all die Dinge zu erinnern, die sie wissen muss. Die Informationen werden oft während eines Traums verankert, besonders durch Träume mit vielen verschiedenen Symbolen. Diese Symbole enthalten Blöcke von Informationen, die dann Eingang in das Bewusstsein finden. Nach 2012 werden die Körper neu justiert und die Erinnerungen werden an die Oberfläche kommen. Die Informationen werden dann durchkommen. Sie sind bereits mit der Erinnerung verdrahtet und werden abrufbar sein, wenn die Zeit dafür gekommen ist.

Die gleichen Informationen wurden mir mitgeteilt, während ich in den letzten 20 Jahre im Netzwerk von UFO Untersuchungen aktiv war. Darüber habe ich in meinem Buch *Die Aufseher* berichtet. Mir wurde mitgeteilt, dass die Außerirdischen nicht mit Worten, sondern durch Symbole kommunizieren. Sie benutzen Konzepte und Informationsblöcke, die in einem einzigen Symbol enthalten sind. Der Verstand mag sich dieser Tatsache nicht bewusst sein aber das Unterbewusstsein registriert und versteht die Information, die das Symbol vermittelt. Symbole sind sehr alt und sind durch Äonen hindurch verwendet worden. Wenn jemand ein bestimmtes Symbol sieht, transferiert es ein komplettes Konzept in das Unterbewusstsein, wo es dann auf Zellebene absorbiert wird. Sie sagen, dass es dort ungenutzt liegt, bis die Zeit kommt, wo die Informationen gebraucht werden. Die Informationen kommen an die Oberfläche, aber derjenige wird nicht einmal wissen, woher sie gekommen sind. Das ist Teil der Bedeutung der Kornkreise, da die Symbole Informationen enthalten. Man muss sich dazu nicht einmal physisch in diesen Kornkreisen aufhalten. Es kann bereits dadurch passieren, dass man sich Bilder von ihnen ansieht. Diese Sitzung bestätigte also, was ich bereits seit 20 Jahren an Informationen erhalten hatte. Es trägt immer zur Glaubwürdigkeit bei, wenn das gleiche Wissen von Menschen einmal um den halben Globus und getrennt voneinander wiederholt wird, ohne dass diese sich jemals begegnet wären oder wüssten, was ich bereits an Wissen gesammelt hatte.

F: Wo immer Francine hingeht, agiert sie als ein Katalysator, der dem Licht in anderen Menschen ermöglicht, aufzuleuchten. Und das ist für manche Menschen nicht gerade einfach und fordert sie heraus. Aber indem Francine einfach diejenige ist, die sie ist, erfüllt sie den Plan. Auch wenn es lediglich auf einer unbewussten Ebene stattfindet, wird etwas in diesen Menschen ausgelöst und ein Licht wird in ihnen angeknipst. Sie finden es leichter zu glauben, dass das Licht gewinnen wird, wenn sie den Einfluss von Francine und von anderen spüren können. Aber manche Menschen stecken fest und finden es schwer, diese Dinge anzunehmen. Wenn sie wüsste, wieviel sie wirklich tut und was sie alles bewirkt, wäre sie froh, dass der Plan so wie ursprünglich vorgesehen vorangeht. Es wird ihr helfen zu wissen, dass sie hervorragende Arbeit leistet, indem sie einfach so ist, wie sie ist. Denn sie kann nicht gehen, bevor die Aufgabe erledigt ist und der gesamte Plan umgesetzt worden ist. Es ist sehr schade, dass so viele von der Aufgabe überwältigt sind. Den wir waren immer hier, um zu helfen. Es ist wirklich traurig. Es ist, als ob diese Leute in den irdischen Inkarnationen steckenbleiben, sich im Kreise drehen und nicht wissen, wie sie sich mit dem eigentlichen Sinn wieder verbinden sollen.

D: *Und die Welt wir durch diese Art von Menschen doch weniger negativ.*

F: Wir möchten ihr gerne sagen: *Du machst das wirklich sehr, sehr gut* und sie ermutigen. Es gibt nichts, was man noch fürchten muss. Der Körper wird lediglich neu kalibriert und darüber braucht man sich nicht zu sorgen. Entspannt euch einfach. Geht und tut die Dinge, zu denen ihr euch hingezogen fühlt. Und haltet euren Blick fest auf das Ziel gerichtet, für das ihr gekommen seid. Und das heißt, das Licht zu bringen. Seid einfach, der, der ihr wirklich seid.

Und wisst, dass ihr sehr geliebt werdet und dass ihr nie alleine seid.

* * *

Mehr als einen Monat später erhielt ich einen wunderbaren Brief von Francine. Ich höre nicht jedes Mal nach den Sitzungen etwas von meinen Klienten und es erfüllt mich wirklich mit Dankbarkeit zu wissen, dass jemandem mit dieser unorthodoxen Methode geholfen wurde. Hier sind einige Auszüge aus ihrem Brief:

„Vielen Dank noch einmal, dass Sie für mich einen Platz in ihrem engen Terminkalender gefunden haben. Ich habe sehr von unserer Sitzung profitiert. Die Depression hat sich verbessert und mein Arzt ist zuversichtlich, dass ich die Medikamente bald absetzen kann, ich habe bereits damit begonnen. Die Sitzung hat mir so sehr dabei geholfen zu sehen, WARUM ich hier bin. Dass ich mich freiwillig gemeldet habe, hier zu sein und ich habe eine neue Entschlossenheit gefunden, den Job zu Ende zu bringen. Es gelingt mir jetzt auch viel leichter, die guten Dinge hier auf Erden zu schätzen. Mich über die guten, liebevollen Beziehungen, die ich habe, zu freuen und die inspirierende Schönheit der Natur zu bewundern. Ich habe zu meinem Mann, Eddie, gesagt: „Ich bin so froh, dass ich hierher gekommen bin." Und er schmunzelte, er war einfach froh mich glücklicher zu sehen. Er hat zu anderen Menschen gesagt, dass die Sitzung mir offenbar geholfen hat, obwohl das Konzept ja so ungewöhnlich erscheint.

„Während der Sitzung habe ich sehr viel mehr wahrgenommen, als ich in Worte fassen kann und jedes Mal, wenn ich mir das Band anhöre, kommen die Gefühle ganz deutlich wieder zurück. Ich habe ganz deutlich gespürt, dass die Einsamkeit, die ich spürte, eine Illusion der 3. Dimension ist. Dass ich in Wirklichkeit die meiste Zeit von Wesen des Lichts umgeben bin und da auch noch viele andere Lichtarbeiter sind, die sich die ganze Zeit in meiner Nähe bewegen. Es ist hier nur wesentlich schwieriger, die Verbindungen zu erkennen.

„Als du mein Unterbewusstsein nach den anderen Leben, die ich gelebt habe, gefragt hast, konnte ich in einem Lichtblitz die gesamte Geschichte der Zivilisation, der ich angehörte, sehen. In der Sitzung habe ich es nicht beschrieben, aber ich habe einen

Planeten mit geringer Schwerkraft gesehen. Die Wesen dort waren von hohem und schlankem Wuchs, intelligent, liebevoll und sehr gut darin, mit anderen zu kooperieren. Die Stadt, die ich in diesem Bewusstseinsblitz gesehen habe, schien überall hohe Spitzen zu haben und die Gebäude sahen überhaupt nicht hart oder wie ein Fremdkörper innerhalb der Natur aus. Es gab hohe, drahtige Bäume. Ich sah, wie sich diese Rasse zu etwas entwickelt hatte, bei dem es keine Notwendigkeit mehr für das Physische gab. Die Körper wurden zu Lichtkörpern und vereinigten sich in einem gemeinsamen Bewusstsein.

„Als ich letzte Woche im Urlaub war, blickte ich von der Terrasse, wo ich gefrühstückt hatte und hatte plötzlich eine starke Seelenerinnerung. An dem Ort, wo ich Urlaub machte, gab es viele große, drahtige Bäume und ihre fluffigen, weißen Samen flogen überall schwerelos im sanften Wind umher. Als ich sie zum ersten Mal sah, erinnerten sie mich an etwas, aber erst in jenem Moment erinnerte ich mich daran, was es war. Auf dem Planeten mit der geringen Schwerkraft waren die Bäume zarter und in sich gewunden. Und wenn es „regnete", waren die Wassertropfen sehr groß und hingen fast schwerelos in der Luft, beinahe so, wie die Samen, die ich hier sah. Es war eine wunderbare Erinnerung an ein vertrautes Gefühl.

„Nochmals vielen Dank. Ich fühle mich so, als ob ich nun weiß, wer ich bin und ich habe darin ein ruhiges, starkes Vertrauen."

FÜNFTER TEIL

DIE QUELLE

KAPITEL SECHZEHN

VERGANGENE LEBEN SIND NICHT MEHR WICHTIG

Einer meiner Fälle im Januar 2007 zeigte, dass das Unterbewusstsein den Trend beibehielt, dass wir uns nicht mehr auf vergangene Leben fokussieren, sondern nach vorne schauen sollten und uns auf das gegenwärtige Leben konzentrieren sollten. Wie ich bereits anmerkte, gehen einige meiner Klienten nun zurück zu Quelle oder erforschen Leben in anderen Dimensionen usw., anstatt in ein traditionelles vergangenes Leben zurückzugehen. Das geschieht mehr und mehr und dieser Trend verstärkt sich weiter. Die Tendenz hat sich insofern definitiv umgekehrt, als das Zurückgehen in ein klassisches vergangenes Leben nun die Ausnahme darstellt. Das ist eine bedeutende Veränderung innerhalb meiner Arbeit. Wenn ich das Unterbewusstsein frage, warum es die betreffende Person nicht in ein für sie geeignetes, vergangenes Leben zurückgeführt hat, antwortet es, dass diese Leben nicht länger wichtig sind. Sie sind durch alles bereits hindurchgegangen und sollten vergangene Leben ruhen lassen. Ich vermute, dass es bedeutet, dass sie ihr Karma bereits zurückgezahlt haben und Karma keine Rolle mehr spielt. Das Unterbewusstsein sagt, dass sich derjenige auf das aktuelle Leben und die Zukunft fokussieren sollte. Diese Nachricht ist immer wieder wiederholt worden.

Der Fall im Januar 2007 griff dasselbe Thema auf, allerdings in leicht veränderter Form. Ich hatte bereits Klienten, die Dinge sahen, von denen ich wusste, dass es keine Leben, aber auch keine Phantasien waren. Sie haben Symbole gesehen. Normalerweise ist das der Fall, wenn sich jemand nicht direkt und bewusst mit den Problemen auseinandersetzen kann, die aus vergangenen Leben resultieren, so dass das Unterbewusstsein diese Dinge heimlich und in Form von Symbolen einschleusen muss. Aber dieser Fall war anders und er überraschte mich. Der Klient war in die USA immigriert und in seinen 40ern. Er hatte so gut wie keine Beschwerden und es schien keinerlei Notwendigkeit für eine Therapie zu bestehen. Sein Körper war in guter Verfassung, weil er in der Baubranche als Supervisor tätig war und er körperliche Aktivitäten mochte, insbesondere Tiefseetauchen. Trotzdem war er 20 Stunden mit dem Auto gefahren, um mich zu sehen. Er sagte, dass seine Hauptbeschwerde tiefsitzende, unbegründete Ängste, insbesondere vor dem Tod, waren. Ab und zu hatte er Phasen mit hohem Blutdruck und wenn diese auftraten, geriet er in Panik, dass er bald sterben musste. All das war sehr untypisch für ihn, weil er früher nie vor irgendetwas Angst gehabt hatte.

Es war für ihn einfach, in Trance zu kommen und zunächst dachte ich, dass er ein vergangenes Leben beschrieb, aber das Ganze nahm einige überraschende Wendungen. Es war so, als ob man sich im Traum einer anderen Person befand und alles, was er sah, ergab einen Sinn, als ich begriff, dass das Unterbewusstsein ihm die Antworten anhand von Symbolen übermittelte. Zunächst stand in er Lumpen gekleidet vor dem Eingang einer Höhle. Er sah eine Burg auf der Spitze eines Berges und dahinter ein aufziehendes Gewitter. Er entschied sich, zur Burg zu gehen und als er das tat, kam das Gewitter immer näher an ihn heran. Er ging über die Zugbrücke, um in die Burg zu kommen. Dort standen Wächter, die in Ritterrüstungen wie Ritter gekleidet waren, aber sie hinderten ihn nicht daran, die Zugbrücke zu überqueren und in den Burghof zu treten. Sie standen nur da und beobachteten ihn. Das war für mich der erste Hinweis darauf, dass es sich nicht um ein vergangenes Leben handeln konnte, denn zu jener Zeit hätten die Burgwächter ganz sicher keinen heruntergekommenen und in Lumpen gekleideten Mann hereingelassen. Als er im Burghof war, entdeckte er eine Wendeltreppe und stieg hinauf. Sie führte ihn ganz oben auf die Burg. Dort stand er und beobachtete in der Ferne einen Regenbogen. Dann sah er einen riesigen feuerspeienden, chinesischen Drachen auf sich zufliegen. Als er ihn umkreiste, fürchtete er sich, aber dann flog der Drache weg und ließ ihn in Ruhe. Danach sah er eine große Anzahl fliegender Ratten, die auf ihn niederstießen und ihn ebenfalls umkreisten. Das versetzte ihn erneut in Angst, bis sich die Ratten schließlich in einen Vogelschwarm verwandelten und davonflogen (zu diesem Zeitpunkt ahnte ich bereits, was das Unterbewusstsein vorhatte. Es zeigte ihm, dass seine Ängste unbegründet waren). Als er wieder zur Burg hinuntergestiegen war, händigten ihm die Wächter neue Kleidung aus. Sie kleideten ihn in Samt und Gold und gaben ihm ein herrliches Schwert, dass an seinem Griff mit Gold und Diamanten besetzt war. Dann setzten sie ihm eine Krone aus Gold auf. Er stieg auf ein weißes Pferd und verließ die Burg. Als er an einem Bach vorbeikam, flog ein weiterer Drache auf ihn zu. Dieser war größer und von anderer Art. Er war schwarz und bedrohlich. Er kämpfte mit ihm und tötete ihn schließlich mit seinem Schwert.

Dann befand er sich auf einem Schlachtfeld und sah zahlreiche Panzer, die auf ihn zufuhren. Er sagte, es sei 1914 und dass dies die Armee des Kaisers sei. Erneut stellten die Panzer keinerlei Bedrohung dar. Sie hielten auf dem Schlachtfeld an und kamen nicht näher an ihn heran. Es waren dort noch viele andere Soldaten, die aufgereiht am Straßenrand standen. Er ging auf sie zu, aber sie bewegten sich nicht. Dann ging er zu einer Küste und sah auf dem Meer ein großes Passagierschiff mit dem Namen „Titanic". Er sah, dass dort viele Menschen an Bord waren, die lachten und sich vergnügten. Sie riefen ihm zu, an Bord zu kommen. Er lief über das Wasser und stieg hinauf an Deck. Dort wurde er von glücklichen und lachenden Passagieren begrüßt. Sie sagten ihm, dass er für die Reise nicht richtig gekleidet sei, nahmen seine königlichen Roben und gaben ihm einen Anzug mit Weste und einen Hut, die aus der damaligen Zeitepoche stammten. Dann sah er die Eisberge und stellte fest, dass das Schiff einen von ihnen gerammt hatte. Als das Schiff zu sinken begann, schrien die Menschen und er kletterte auf die höchste Stelle des Schiffes auf jene Seite, die aus dem Wasser nach oben ragte. Dann sah er ein weiteres kleines Schiff in der Nähe, das ihn rettete. Ich sagte ihm, dass das alles zeigte, dass er ein Überlebender war. An Bord des kleinen Schiffes ging er in seine Kabine und nahm ein Bad. Als er aus dem Fenster blickte, sah er russische Flugzeuge mit aufgemalten roten Sternen auf den Flügeln aus dem II. Weltkrieg, die das Schiff beschossen. Aber auch diesmal wurde er nicht verletzt und das Nächste, was er sah, war, dass er an Land in moderner Kleidung spazieren ging;

er hatte Jeans und Nike Schuhe an. Ich wusste, dass sich der Kreis damit geschlossen hatte und rief das Unterbewusstsein hinzu.

Es sagte, dass es in der Tat Symbole waren, um ihm zu zeigen, dass seine derzeitigen Ängste unbegründet waren. Er hatte all diese Gefahren überstanden, ohne verletzt zu werden. Ich sagte, dass wir eigentlich erwartet hatten, in ein vergangenes Leben zurückzugehen. Das Unterbewusstsein erwiderte: „Das war auch so. Es ist nicht notwendig, Zeit damit zu verbringen, seine Leben auf eine normale Weise durchzugehen. Die Szenen wurden alle miteinander gemischt und mit symbolhaften Bildern unterlegt, um einen wichtigen Punkt zu betonen und um seine Fragen zu beantworten. Aber er hatte tatsächlich in der Zeitepoche der Burgszene, im I. und II. Weltkrieg und während des Untergangs der Titanic gelebt." Dies war also erneut ein Fall, wo es nicht notwendig war, in einzelne Leben zurückzugehen. Er sollte sich auf sein derzeitiges Leben konzentrieren und auf den zukünftigen Aufstieg seines Bewusstseins. Das Unterbewusstsein wollte, dass er sich in Heilmethoden und Energiearbeit durch Seminare und Lektüre weiterbilden sollte. Die Episoden von hohem Blutdruck waren durch Frequenz- und Schwingungsanpassungen seines Körpers verursacht worden. Auch die Anfälle von Panik waren die Reaktion des Bewusstseins auf etwas, das als nicht normal wahrgenommen wurde. Es registrierte, dass etwas mit dem Körper passierte und reagierte mit Angst.

Es scheint, dass diejenigen, die in vergangene Leben zurückgehen und sich daran im Detail erinnern, insbesondere auch bezüglich ihrer Verbindungen mit Menschen aus ihrem derzeitigen Leben, immer noch in Karma verstrickt sind und es zurückzahlen sollen, damit sie es nun loswerden. Sie arbeiten jetzt daran, damit auch sie ihren Aufstiegsprozess beginnen können. Wenn sie zu lange damit warten, werden sie im Zyklus der Wiederkehr gefangen und müssen erneut zurückkehren. Mir wurde mitgeteilt, dass es ihnen nicht erlaubt sein wird, zur Erde zurückzukehren um ihr Karma abzutragen, denn die Erde wird sich zu sehr verändert haben. Es wir hier keine Negativität mehr geben. Sie werden auf einen anderen Planeten geschickt, um ihr Karma auszugleichen. Das Unterbewusstsein sagte, dass das nicht so wichtig war, denn jeder würde irgendwann einmal aufsteigen. Bei einigen wird es eher passieren, bei anderen später. Sie müssen zunächst einmal das karmische Rad verlassen.

* * *

Bei diesen Fällen folge ich einfach dem Fluss und fahre damit fort, Fragen zu stellen, da ich nicht weiß, was das Unterbewusstsein noch an Überraschungen für sie bereithält.

In einem typischen Fall sah eine Frau unzusammenhängende Bilder, die wahllos zusammengewürfelt schienen. Lauter verschiedene Szenen aus unterschiedlichen Zeitepochen mit unterschiedlichen Menschen. Ich konnte sie nicht dazu bringen, eines der Bilder lange genug festzuhalten, um in ein Leben einzusteigen. Ich versuchte es, aber es kamen nur unzusammenhängende Bilderfolgen. Dann ging sie plötzlich an einen Ort, den sie „Zuhause" nannte. Es war eine sehr emotionale Szene. Sie weinte und weinte, weil es so wunderschön und voller Liebe war. Später sagte sie: „Warum sollte jemand eine Nahtoderfahrung machen müssen, um das *fühlen* zu können?" Auf diese Weise würde jeder *wissen*, wie es sich anfühlt. Es existiert dort ein überwältigendes Gefühl von Liebe. Diese Frau war Krankenschwester in einem Hospital. Ich dachte, dass sie diese Erfahrung eventuell dort nutzen konnte, besonders bei Patienten, die Angst vor dem Sterben hatten. Sie konnte ihnen sagen: „Ich weiß, wie es da drüben aussieht, wie sich unser Zuhause anfühlt. Ich habe die Erfahrung gemacht."

Ich fragte das Unterbewusstsein, warum es sie nicht zu einem vergangenen Leben gebracht hatte. Warum wurden ihr alles nur stückchenweise gezeigt? Es sagte dasselbe wie in den anderen Fällen auch: Vergangene Leben sind nicht mehr wichtig. Der Fokus muss auf diesem Leben, das wir *jetzt* leben, liegen. „Das hast du alles schon mal durchgemacht. Du musst nicht mehr zurückgehen und dir diese Szenen anschauen. Es ist sehr wichtig, jetzt nach vorne zu schauen und mit *diesem* Leben zurechtzukommen." Dann folgte eine sehr gute Analogie: „Wenn man sich einen Baum anschaut, konzentriert man sich auch nicht auf die einzelnen Blätter und die einzelnen Zweige. Das ist nicht wichtig. Das sind nur Teilaspekte. Man sollte sich auf den gesamten Baum konzentrieren. All diese Leben sind nur wie die Blätter und Zweige. Sie sind nicht die Totalität, denn das ist der Baum, er ist das Wichtigste." Daher wird dieser Punkt immer wieder betont, dass vergangene Leben nicht wichtig sind.

Manchmal habe ich noch derartige Fälle, denn es gibt da etwas, dass derjenige für sein jetziges Leben wissen muss. Es wird eine Verbindung zu dem Leben, dass sie jetzt leben, hergestellt. Sie können so ihr altes Karma loswerden und dann weitergehen. Die anderen, die sich um vergangene Leben keine Gedanken machen müssen und diese nicht sehen müssen, haben kein besonderes Karma mehr zu lösen. Es hindert sie nicht länger daran, sich weiterzuentwickeln.

* * *

In einem anderen Fall sah eine Frau statt ihrem vergangenen Leben etwas, das aussah wie ein enormer Diamant. Sie (das Unterbewusstsein) sagten: „Er vermittelt einen Eindruck dessen, was wir alles tun können, falls du wünschst, das zu sehen." Es war ein gigantischer Diamant mit vielen verschiedenen Facetten. Und diese Facetten ließen das Licht in alle Richtungen erstrahlen. Sie sagten: „Wenn du dir ihn genau ansiehst, ist eine der Reflexionen das Leben als römischer Soldat, eine andere Reflexion die eines nordamerikanischen Indianers. Eine andere Reflexion ist ein Soldat der heutigen Zeit. Jede Reflexion stellt ein anderes „Leben" dar, wie ihr es nennen würdet. Schau' dir an, wie einfach es wäre. Wähle einfach eine dieser Reflexionen aus, falls sie das ist, was du gerne sehen möchtest." Das Unterbewusstsein wollte sie wissen lassen, dass diese Leben alle zur Verfügung standen, wenn sie sie zu sehen wünschte. Aber sie hatte einen Punkt erreicht, wo es für sie nicht mehr wichtig war, diese Dinge zu kennen. Sie sagten: "Wir konzentrieren uns nicht mehr darauf. Es muss um das „jetzt" gehen und darum, nach vorne zu blicken.

Gegen Ende der Sitzung sagte das Unterbewusstsein: „Das Juwel, dass wir dir vorhin mit all seinen Facetten und Spiegelungen gezeigt haben, ist das *Herz Gottes.*" Das Juwel war also das Herz Gottes. Ich finde, dass ist eine sehr interessante Aussage.

* * *

Dann war der Fall eines älteren Mannes, der sein Leben als Künstler und Lehrer der Musik gewidmet hatte. Die Musik war sein Leben, seit er zum ersten Mal im Alter von drei Jahren an einem Piano hochgeklettert war und einige Töne spielte. Klassische Musik, aber auch andere Musikarten waren für ihn leicht zu lernen und die Leidenschaft seines Lebens waren Klavier und Orgel. Er hatte nie geheiratet, sondern sein Leben der Musik gewidmet. Als er jetzt darüber nachdachte, sich aus dem aktiven Leben zurückzuziehen, wollte er gerne wissen, woher sein Interesse für Musik stammte. Weil es ihm immer so leicht gefallen war, kam es möglicherweise aus einem anderen Leben? Es lag nahe zu glauben, dass er in ein vergangenes Leben zurückgehen würde, in dem er wahrscheinlich ein berühmter und verdienter Komponist oder Musiker gewesen war. Solche Fälle hatte ich bereits und es wäre eine sehr logische Erklärung dafür. Trotzdem kam es anders.

Als er damit begann, zurückzugehen, glaubte ich nicht, dass er Schwierigkeiten damit haben würde, ein geeignetes Leben zu finden, denn er besaß ein gutes bildliches Vorstellungsvermögen. Stattdessen war einfach alles schwarz, als wir ihn versuchten, in ein Leben zurückzuführen. Ich probierte viele verschiedene Methoden aus bei dem Versuch, ihn *irgendetwas* sehen zu lassen. Es gelang ihm, Szenen aus seinem jetzigen Leben zu sehen, aber darüberhinaus kam nicht mehr. Ich versuchte es damit, ihn tiefer in Trance zu bringen und als der Durchbruch kam, vermutete ich, dass das Unterbewusstsein Symbole nutzen würde, um seine Blockaden zu umgehen. Endlich sah er eine riesige Tür an der Seite einer hohen Klippe und ein kleines Wesen, das nicht menschlich aussah. Die Perspektive war folgende: Das kleine Wesen sah im Verhältnis zu der riesigen Tür, die einige tausend Meter hoch war, so klein wie eine Ameise aus. Er nannte diese Tür „das Portal" und er wusste, dass es keine Möglichkeit geben würde, diese Tür zu öffnen und hindurchzugehen. Er erkannte darin ein starkes Symbol, nämlich dass er noch nicht bereit war, diese Tür zu öffnen. Das machte die ganze Sache so schwierig. Dann sah er eine Mauer, die direkt aus dem Boden ragte. Sie wurde größer und größer und während sie immer höher hinauf ragte, wurde sich gleichzeitig immer länger, bis sie mehrere Kilometer maß. In die Mauer waren die Statuen verschiedener Männer gemeißelt, die unterschiedliche Rüstungen und Uniformen trugen. Er erkannte, dass sie aus verschiedenen Zeitepochen stammten. Die Mauer war so hoch, dass die Statuen eine Höhe von fünf Stockwerken erreichten. Sie waren nebeneinander über die gesamte Länge der Mauer angeordnet. Er schwebte an der Mauer entlang und sah sich die Statuen an. Die Mauer reichte viele Kilometer weit.

Ich interpretierte die Mauer so, dass sie die Blockaden, die wir zuvor erlebt hatten, repräsentierten. „Geh' nicht weiter. Dazu hast du keine Erlaubnis". Ich überlegte auch, dass die Statuen in der Mauer wahrscheinlich vergangene Leben repräsentierten und wir damit etwas anfangen könnten, aber es wurde uns nicht gestattet, weiter zu gehen. Dann rief ich das Unterbewusstsein dazu, um Antworten zu erhalten. Es hatte Schwierigkeiten, durchzukommen und meine Fragen zu beantworten, da sein bewusster Verstand die Kontrolle behalten wollte. Ich dachte bereits daran, ihn mittels eines Schlüsselwortes zu codieren und ihn noch einmal am Abend wiederkommen zu lassen, um die Sitzung fortzusetzen, da wir bereits mindestens eine Stunde an dieser Sache gearbeitet hatten. Der Durchbruch kam, als ich ihn nach der Mauer fragte. Plötzlich explodierte er regelrecht und es brach eine Lawine von Emotionen aus ihm heraus. Er weinte und weinte und hörte gar nicht mehr auf. Da wusste ich, dass wir den Schlüssel gefunden hatten. Wir hatten einen Nerv getroffen und seine Abwehr durchbrochen. Wir würden herausfinden, was es mit der Mauer auf sich hatte. Jedes Mal, wenn in einem Klienten die Emotionen hervorbrechen, weiß ich, dass wir etwas Wichtiges gefunden haben. Es ist nicht möglich, diese Art der Emotionen zu fälschen. Sie sind echt.

Ich ließ ihn eine Weile weinen, damit sich die aufgestauten Gefühle und die Anspannung lösen konnten und beruhigte ihn anschließend. Zu diesem Zeitpunkt war alles, was er sagte: „Tausende und Abertausende von Leben". Was er in der Mauer sah, waren *seine* Leben, aber *alle* diese Leben waren Leben von Kriegern. Er sah sich selbst in verschiedenen Rüstungen, in verschiedenen Uniformen, die alle verschiedene Soldaten repräsentierten. Sie deckten so viele, viele Zeitepochen ab und reichten so weit zurück ... es war so, wie er sagte: "Tausende und Abertausende von Leben". Und zwischen Weinen und Schluchzen sagte er immer wieder: „Es war einfach so sinnlos. Das ganze Töten, das ganze Töten." Als ich ihn endlich beruhigen konnte, sagte das Unterbewusstsein, dass das der Grund war, warum er nicht alles sehen durfte. Es war zu viel. Es wäre für ihn zu überwältigend gewesen. Es war ihm nicht gestattet, zu sehen, was er alles getan hatte. Das wurde durch die Mauer und die Tür symbolisiert. Es wurden ihm keine *Details* mitgeteilt, aber es wurde ihm genug gezeigt, damit er seine Aufgabe verstehen konnte.

Der Grund, warum er als Musiker zurückgekehrte war, dass er sein ganzes Leben umkrempeln sollte. Menschen, die sich für Musik interessieren, sind in der Regel sehr feinfühlig. In diesem Leben ist er außerdem schwul. In unserem Interview vor der Sitzung fragte ich ihn: „Du hast während zweier Kriege, Vietnam und Korea, gelebt. Warum hast du nicht auch an diesen beiden Kriegen teilgenommen?" Er sagte, dass man zu jener Zeit einen Fragebogen ausfüllen musste. Und in diesem Fragebogen wurde danach gefragt, ob er homosexuelle Neigungen hatte. Er beantwortete die Frage wahrheitsgemäß und wurde aus diesem Grund nicht eingezogen. Das alles ergab jetzt einen Sinn. Diese Umstände des Schwulseins hatten ihm bei seiner neuen Aufgabe geholfen und es erklärte für ihn auch, warum er diese angeborene Tendenz als Seelenerfahrung gewählt hatte. Und es erklärte auch die Musik.

Ich sagte dem Unterbewusstsein, dass er aufgrund seines starken Interesses an Musik und wegen seiner Frühbegabung doch sicher ein vergangenes Leben als Musiker gehabt hatte. Es sagte: „Nein. Wir alle tragen Musik in uns. Sie umgibt uns ständig. Wir nutzen sie nur nicht." Aber in diesem Leben sollte ihm gestattet werden, genau diesen Aspekt auszuleben. Die Musik ist immer *da*. Sogar in jenen schrecklichen, vergangenen Leben war die Fähigkeit dazu vorhanden, wurde aber ignoriert, da sie nicht Sinn und Zweck dieser vergangenen Leben war. Er holte also die Fähigkeit zu Musik nicht aus einem vergangenen Leben hervor. Die Musik verband ihn mit einer weicheren Seite, auf die er sich in diesem Leben konzentrieren sollte. Aber er sagte, dass da noch etwas anderes unter der Oberfläche brodelte. Er konnte sehr leicht sehr wütend werden. Er dachte oft, dass es nicht viel dazu brauchen würde, jemanden zu töten, wenn er so wütend wurde und versuchte, sein Temperament zu zügeln. Aber als Musiker, dazu noch schwul, hatte er vieles von dem unterdrückt, denn die männlichen Aspekte sind oftmals kriegerische. Er hatte sich schon gefragt, ob er eigentlich eine Frau hätte werden sollen. Das Unterbewusstsein verneinte, denn er hätte sich als Frau mit femininen Energien seinen Problemen nicht so gut stellen können wie als Mann.

Als er erwachte, fragte er, ob er sich damit noch weiter auseinandersetzen sollte. Sollte er noch mehr über seine vergangenen Leben herausfinden? Ich glaube nicht, dass das ratsam wäre, denn das Unterbewusstsein hatte ganz klar einige Barrieren errichtet und sagte: „Du kannst das zu diesem Zeitpunkt nicht bewältigen. Lass' es besser ruhen. Konzentriere dich auf dein Leben, so wie es jetzt ist." Er hatte es bisher gut meistern können, seine gewalttätigen Tendenzen unter Kontrolle zu halten. So sollte es also bleiben.

Das betont noch einmal sehr stark, dass das Unterbewusstsein niemals erlauben würde, dass derjenige etwas sieht, was er nicht verkraften könnte. Das ist wichtig, denn ich mache mir immer Gedanken darüber, wie es ist mit Teenagern oder Menschen zu arbeiten, die nicht reif genug sein, traumatische Szenen zu verarbeiten. Ich muss dem Unterbewusstsein vertrauen, dass es stets weiß, was das Beste für den Klienten ist.

Ich hatte einige ähnliche Fälle. Einer war ein Klient, der in ein Leben als General während des amerikanischen Bürgerkrieges zurückging. Jeder lobte ihn, was er für ein hervorragender Offizier sei und wie mutig er in den Schlachten agierte. Aber er sagte, dass sie gar nicht wüssten, wie überdrüssig er des Lebens als Soldat war. Er war des Krieges, des Tötens und des Blutes müde. Als wir zum Unterbewusstsein kamen, stellte sich heraus, dass er ebenfalls eine Reihe von Leben als Soldat gehabt hatte. Ein Leben nach dem anderen: als Krieger und als Soldat. Er sagte: „Sie glauben, dass es ruhmreich ist. Dass ich dieser *großartige* Soldat bin, aber daran ist nichts Ruhmreiches. Das ganze Töten und das Blut sind einfach furchtbar". In diesem Leben hatte er eine Behinderung, so dass er nicht eingezogen und Soldat werden konnte. Vielleicht hatte der Musiker, der Organist, das Töten ja zu sehr geliebt. Und deshalb wurde entschieden: „Jetzt machen wir es so, denn ein drastischer Wechsel muss her." Der General aus dem Bürgerkrieg hatte möglicherweise selbst die Entscheidung getroffen, dass er das nicht mehr töten wollte. Wer weiß? Es kann so, oder auch anders gewesen sein.

Ich hatte noch einen anderen Fall, der ebenfalls die schreckliche, nicht oft besprochene Seite des Krieges zeigte. Ein Mann war zu anderen Regressionstherapisten gegangen, um eine Rückführung in ein anderes Leben zu bekommen, aber keiner der Therapeuten war erfolgreich gewesen. Alles, was er in Trance sehen konnte, war die Farbe Rot. Er kann zu mir, um herauszufinden, ob es ihm bei mir gelingen würde, noch etwas anderes zu sehen. Wir fanden die Antwort. In einer der anderen Sitzungen war er an seinem Todestag in eines seiner Leben gekommen. Als ich dem nachging und die ganze Geschichte erfuhr, stellte sich heraus, dass er ein junger Mann zu Beginn des I. Weltkrieges gewesen war und der Armee beigetreten war, weil er annahm, dass er dort eine Reihe von Abenteuern erleben würde. Er war vorher noch nie von Zuhause fort gewesen. Als er auf die Schlachtfelder in Frankreich geschickt wurde, war das eine schreckliche und traumatisierende Erfahrung für ihn. Er fühlte, dass er von den militärischen Anwerbern belogen worden war, um ihn dazu zu bringen, der Armee beizutreten. Er war inmitten einer Schlacht, überall um ihn herum explodierten Granaten und der Gestank von Pulver und Blut war überwältigend. Es wurden so viele getötet, dass man versuchte, sie direkt auf dem Schlachtfeld zu begraben. Nachdem einige von ihnen begraben worden waren, schlugen weitere Granaten ein und katapultierten sie wieder aus dem Boden heraus. Überall flogen Leichenteile herum, Hände, Füße und Arme waren überall. Sie mussten wieder im Dreck verbuddelt werden, oftmals mit bloßen Händen. Das erklärte die Schmerzen, die Arthritis, die er in diesem Leben in seinen Händen und Handgelenken hatte. Die Erinnerungen an diese schrecklichen Ereignisse hatten sich in diesem Bereich seines Körpers manifestiert.

Er weinte und schämte sich, da er geglaubt hatte, dass der Krieg eine ehrenvolle und aufregende Erfahrung sein würde. Stattdessen war er vollkommen verängstigt und verwirrt und wollte nur noch nach Hause. Er dachte, er würde mutig und draufgängerisch sein, aber er fühlte lediglich Erniedrigung und Scham über seine Angst. In dem ganzen Chaos war er nur ein bedauernswerter, verängstigter junger Mann. Er war von dem, was er sah, geschockt. Er schrie: „Ich bin ein Feigling, ich bin ein Feigling! Ich will hier weg!" Dann kamen wir zu dem Tag, an dem er getötet wurde. Es passierte dort auf dem Schlachtfeld. Er wurde von einer Tellermine in Fetzen gerissen. Das erklärte auch die rote Farbe zu Beginn der Therapiesitzungen. Das war der Moment des Todes. Alles, was er sehen konnte, war sein eigenes Blut während sein Körper von den Bomben und der Explosion zerfetzt wurde. Das war alles, was er in seinem Blickfeld erkennen konnte.

All das war auf zu viele Leben mit demselben Lebensthema zurückzuführen. Man muss sich ändern können und andere Richtungen einschlagen. Man lernt nicht genug dazu, wenn man in einem Muster oder in einem Verhalten stecken bleibt. Aber diese Art von Lebenserfahrung macht es schwierig sich zu ändern, denn sie ist sehr tief im jeweiligen Menschen und dessen Zellgedächtnis *eingraviert*.

KAPITEL SIEBZEHN

RÜCKKEHR ZUR QUELLE

Der Priester

Judiths vergangenes Leben befasste sich mit Geschichte, aber es war definitiv keines, das sie gewählt hätte, um es sich zu erträumen. Sie war ein mächtiger Priester innerhalb der katholischen Kirche auf dem Höhepunkt der Inquisition. Dieser Mann verfolgte und zerstörte fanatisch jene, die er (oder die Kirche) als Feinde der Kirche betrachteten. Jeder, der anders dachte und sich nicht dem Willen der Kirche beugte und insbesondere jene, die die alten Bräuche wie Kräuterheilung oder Verehrung der Natur praktizierten. Diejenigen, die er beschuldigte, mussten sich noch nicht einmal etwas zu Schulden kommen lassen; es reichte schon, dass er einen Verdacht gegen sie hatte. Er war fest entschlossen, jeden auszurotten, von dem er glaubte, dass er anders sein könnte. Er wurde so effizient darin, diese armen Seelen zu verfolgen und die Unglücklichen töten zu lassen, dass er in der Hierarchie der Kirche immer höher und höher stieg. Es mündete schließlich darin, dass seine Macht gar nicht mehr in Frage gestellt wurde und sein Ego ins Unermessliche wuchs. Er ließ sogar seine eigene Schwester töten, als er entdeckte, dass sie Kräuter verwendete, um den Armen zu helfen. Er hatte keinerlei Gewissensbisse und empfand keinerlei Schuld. Er war sich sicher, dass er Gottes Willen erfüllte; so, wie dieser Wille von seiner Religion definiert wurde. Er hatte keine Zweifel, dass er das Richtige tat und stellte es zu keiner Zeit in Frage. Als er schließlich das Ende seines Lebens erreichte, glaubte er daher, dass er in einen glorreichen Himmel, auffahren würde, um bis in alle Ewigkeit an den Busen Gottes gedrückt zu werden. Er hatte den Willen Gottes vollstreckt und wusste, dass er dafür belohnt würde. Er war sehr überrascht und völlig perplex, als das nicht passierte. Nachdem er seinen Körper verlassen hatte, wurde er von leuchtenden Geistwesen begrüßt, die ihn an einen anderen Ort brachten. Sie kommunizierten nicht einmal mit ihm, als er danach fragte, was denn damit sei in den Himmel zu kommen und Gott zu treffen.

Er wurde an einen Ort voller Flammen gebracht. „Ich sehe Flammen. Ähnlich wie bei der Sonne, aber es ist nicht die Sonne. Ich bin irgendwo, wo es Flammen gibt, aber es sind keine Flammen oder Feuer wie wir sie kennen." Das Erste, was man annehmen könnte, ist natürlich, dass man ihn zur biblischen Hölle gebracht hatte. Ein Ort der ewigen Flammen und der Verdammung dafür, wie er in dem Leben seine Autorität missbraucht hatte. Aber ich wusste, dass das nicht der Fall war, da ich in meiner Arbeit bereits entdeckt hatte, dass es keine Hölle gibt. Die Hölle ist eine Erfindung der Kirche. Sie existiert nicht. Nichtsdestotrotz kann es passieren, dass jemand seinen Wunsch nach der Hölle möglicherweise erfüllt bekommt, wenn er felsenfest bei seinem Tod davon überzeugt ist, dass er ein schlechtes Leben geführt hat und daher verdammt ist, dorthin zu kommen (so wie es die Kirche verspricht). Er könnte dann durchaus das erleben, was er auch erwartet. Erinnern wir uns: Wir ziehen genau das an, wovor wir uns am meisten fürchten. Aber selbst, wenn so etwas eintreten sollte, würde derjenige dort nicht sehr lange bleiben, da die Hölle lediglich eine aus seiner Vorstellungskraft geborene Illusion wäre. Wenn diejenigen, die es betrifft, das merken (mit der Hilfe ihrer Geistführer und Engel), können sie dahin gehen, wo sie eigentlich hingehen sollten. Als der Priester also einen Platz mit Flammen beschrieb, wusste ich, dass dies nicht die Hölle sein konnte.

„Das ist nicht die Sonne. Es ist irgendwo anders. Sie sagen mir, dass es ein Ort des Ausruhens ist. Ein Ort, wohin man zurückkehren und warten kann. Das Wort „Neuprogrammierung" kommt mir in den Sinn. Es ist wie ein Ort, wo das Wissen liegt. Es existiert dort keine Zeit, daher weiß ich nicht, wie lange ich schon hier bin. Ich bin einfach da. Und überall ist dieses gelbe, das goldene Feuer. Aber es ist kein Feuer. Es ist eine Form von Energie".

D: Aber das ist nicht das, was du glaubtest, das passieren

würde?
J: Nein, nein!

Ich wusste aus Erfahrung, dass eine Seele sehr lange an einem solchen Ort bleiben konnte, also brachte Judith in die Zukunft zu jenem Tag, wo sie sich bereit machen würde, diesen Ort zu verlassen.

D: Bringen sie dich von diesem Ort weg?
J: Ja das tun sie. Ich will gar nicht zurückgehen.
D: Sprechen sie mit dir?
J: Sie sprechen nicht wirklich. Sie benutzen keine Worte so wie wir das jetzt tun. Sie sagen nur, dass wir zurückgehen müssen.
D: Haben sie gesagt, warum?

Judith wurde sehr emotional und nach vielen schweren Seufzern begann sie zu weinen. Ich versicherte ihr, dass es in Ordnung war, zu weinen und dass sie sich besser fühlen würde, wenn sie darüber mit mir sprechen würde.

J: Ich werde zurückgehen. Ich muss dahin (Ort der Flammen) zurückgehen und das Ganze aus einem anderen Blickwinkel betrachten. Denn wenn ich aus der Perspektive während ich in meinem Körper auf der Erde bin, anschaue, wäre es zu schwer.
D: Weil du dann darin verstrickt wärst, nicht wahr?
J: Ja, es wäre zu schwer. So lassen sie mich innerlich zu ihnen zurückgehen.
D: Was sagen sie?
J: Sie kommunizieren, wie wichtig es ist, von der Notwendigkeit zu wissen, dass wir auf diesen Planeten kommen. Dass wir diesem Planeten und all seinen Lebewesen helfen müssen, etwas über die Quelle der Energie zu erfahren. Darüber, wie sie hierher gebracht wurde. Und es geht auf diesem Planeten um das Lernen. Vom Ort der Flamen aus sieht das leicht aus. Vom Ort des Ausruhens. Es ist ein Ort der Verjüngung, der Klarheit und der Weisheit. Es ist fast so, als ob das der Ort im Universum ist, der die Weisheit des Universums, der Planeten und aller Lebensformen im gesamten Sonnensystem birgt. Und die Erde wurde als Ort erkannt, wo

bestimmte Energien hinfließen sollten, um der Menschheit zu helfen. Und es gibt viele Lebensformen von außerhalb der Erde, die hierher kommen. Als Menschen sprechen wir von einem „Schmelztiegel". Ja, es ist tatsächlich der Schmelztiegel für viele Lebensformen, die keine menschlichen Lebensarten sind. Und die Art, wie sich Leben auf diesem Planeten formiert, ist ein extrem dichte und schmerzhafte Prozedur. Und die Denkformen, die mit dieser Körperform hierher kommen, verursachen viel Leid zwischen den Menschen und dem, was sie „Natur" nennen. Sie sagen, es wäre normal. Und einige von uns, vom Ort der Flammen, müssen hierher kommen, um bei der Transformation zu helfen und um eine andere Energie mitzubringen. Wir werden unsere Art und Weise zu Sein von unserem Platz des Feuers mit auf die Erde bringen und werden sie in einer Form kommunizieren, die andere Menschen erreichen kann.

D: Schicken sie dich eventuell zurück, um für die Dinge einen Ausgleich zu schaffen, die du in den vergangenen Leben getan hast? (Nein) *Du musst kein Karma ausgleichen?*

J: Das ist Teil eines menschlichen Denkmusters.

D: Ich dachte an Karma.

J: Karma ist lediglich Teil der menschlichen Denkmuster. Ich hatte viele Leben auf diesem Planeten. Und ein Teil dessen, was ich erfahren soll, ist die Fähigkeit, Empathie zu entwickeln. Zu wissen, was Menschen fühlen und daher sind die Emotionen, die ich erfahre jene, die ich selbst über die verschiedenen Leben angesammelt habe. Aber das ist nicht das, was wir hier unterrichten sollen. Das ist nicht echt, es ist nicht notwendig. So etwas existiert am Ort der Flammen und des Feuers nicht.

D: Die Erde hat diese Eigenschaft, sie zieht die Menschen in alles hinein.

J: Das ist richtig, so wurde sie geformt und so wurde es mir gezeigt. Aber das ist nicht das, was tatsächlich existiert, was echt ist. Am Ort der Flammen ist das einfach nicht notwendig. Um es mit dem auszudrücken, was wir hier kennen: Es ist wie einige gigantische Leinwand, wo ein Bild nach dem anderen gezeigt wird. Ein Leben nach dem anderen gezeigt wird. Mir wurde bisher aber nicht gezeigt, wie wir hierher gekommen sind. Wie die Menschen auf

diesen Planeten gekommen sind.
D: *Aber die Hauptsache ist, dass du diesmal in einen weiblichen Körper kommen solltest, um andere Dinge zu lernen.*
J: Ja, das ist richtig.

Dann kontaktierte ich das Unterbewusstsein und fragte es, warum es ihr dieses sehr negative Leben als Priester gezeigt hatte.

J: Damit sie etwas über Macht und den Missbrauch von Macht erfahren kann. Damit sie ihre Macht, ihre Kraft nicht erneut missbraucht. Menschen werden ihr wieder Macht verleihen, wenn sie sich daran erinnert, warum sie hier ist und woher sie kommt. Sie wird mehr und mehr klare Informationen vom Ort des Feuers erhalten. Vom Ort der Weisheit. Und sie muss sich daran erinnern, nicht der Versuchung der menschlichen Macht zu erliegen; nicht in jene Falle zu treten, in die sie zuvor geraten ist.
D: *Ich war überrascht, dass der Priester für das, was er getan hatte, nicht zur Rechenschaft gezogen wurde. Er war dafür verantwortlich, dass viele Menschen getötet wurden.*
J: Ja, es war komplett aus dem Gleichgewicht geraten. Er war in der Lage, viele Menschen zu täuschen. Für ihn bestand die Lernerfahrung darin, absolut alles über das Wesen von tatsächlicher Macht und Manipulation und der damit verbundenen Ausbeutung zu erfahren.
D: *Aber ich war überrascht, dass er auf der „anderen Seite" nicht für diese negativen Dinge verurteilt wurde.*
J: Das ist ein weiterer Aspekt dessen, was die menschliche Denkweise glaubt, wie die Dinge funktionieren.
D: *Und als Judith muss sie also gar kein Karma ausgleichen?*
J: Nein, nicht in demselben Umfang. Sie hat bereits sehr viel durch ihre Kindheit, ihren Vater und die Menschen, mit denen sie aufgewachsen ist, gelernt. Sie nimmt so viel wahr und es bereitet ihr große Schmerzen, den angegriffenen Zustand der Menschheit zu erleben. In dieser Hinsicht ist das vielleicht ihr Karma, welches du bzüglich eines Ausgleichs meinst.

Obwohl sie sagten, dass Judith keine Karma zurückzahlen muss, schien dies doch der Fall zu sein. Sie hatte viele negative

Dinge in ihrer Kindheit und ihrer Jugendzeit erlebt. Deshalb glaube ich nicht, dass der Priester so einfach davongekommen ist. Was man sät, das erntet man auch. Der einzige Unterschied liegt in dem Ausmaß, das man zurückzahlen muss. Ich denke, dass Unterbewusstsein hat die Dinge mit seiner Aussage in einem größeren Zusammenhang und von einer höheren Warte beurteilt.

D: Sie führt jetzt ein vollkommen anderes Leben als zu der damaligen Zeit. Und sie wollte gerne wissen, woher sie kommt.
J: Sie kommt aus der Quelle, so wie jeder andere auch.
D: Ist der Ort der Flammen dasselbe wie die Quelle?
J: Nein, das ist er nicht. Es ist ein Ort. Es gibt noch andere Orte wie ihn. Worte können diesen Ort nur sehr unzureichend beschreiben. Es ist so, als ob unterschiedliche Wesen von unterschiedlichen Orten gekommen sind. Und der flammende Ort der Weisheit ist so etwas, was man den zentralen Ort nennen könnte. Und dann gibt es noch andere Orte in anderen ... ich habe nicht die Worte dafür. Ich meine nicht Dimensionen, sondern etwas anderes. Und nicht jeder kommt auf die Erde. Einige gehen woanders hin.

Ich fragte dann nach den physischen Problemen, die Judith hat, insbesondere nach ihren Nackenschmerzen. Das Unterbewusstsein lachte, als es sagte: „Sie sitzt sich selbst als größte Qual im Nacken. Ihre Überlegungen die sie hegt, ihre Art, wie sie an ihrem Körper hängt, jetzt, wo sie hier ist, verursachen die Schmerzen. Und all ihre Überlegungen über ihre vergangenen Leben, von denen sie annimmt, dass sie darin Schlimmes getan hält sie in ihrem Körper fest. Alles kuliminiert in diesen Nackenschmerzen. Sie werden bald verschwinden, denn sie werden nicht länger gebraucht." Dann passierte etwas, was ich schon mehrfach in meiner Arbeit mit dem Unterbewusstsein beobachtet habe: Ich sah, wie Energie in jenen Teil des Körpers geschickt wurde und ihre Schmerzen dort auflöste.

D: Sie wollte diesmal gar nicht hierher kommen, oder?
J: Sie wollte nicht kommen und sie kämpft deshalb immer noch mit starken Emotionen. Das kommt daher, weil sie an dieser

Form ihres Körpers hängt. Sie leidet sehr darunter, was sie in ihren vergangenen Leben gesehen hat: Die Zerstörung, die sie verursacht hat und auch die Verwüstungen, die andere angerichtet haben. Und sie sieht weiterhin den Schmerz und das Leid, das anhält. Diese Sitzung wird ihr dabei helfen zu wissen, dass das eine Illusion ist. Das Beste, was sie und andere in ihrer menschlichen Form tun können ist zu wissen, dass es Mitleid und Liebe gibt. Und das ist das Beste, was für diesen Planeten zu dieser Zeit getan werden kann. Das wird allen am meisten helfen. Sie scheint jetzt ins Gleichgewicht mit ihrer Mission zu kommen. In ihrer menschlichen Gestalt ist sie ein Kind Gottes, obwohl sie vom Ort der Flammen, vom Ort des Wissens stammt – was auch nur Worte sind – wird es in ihrem Leben und in ihrem Körper um Annehmlichkeiten und Überfluss gehen, die sie mit anderen teilt.

* * *

DIE QUELLE

Als ich meinen ersten Fall hatte, bei dem ein Klient zurück zur Quelle ging (Buch Eins dieser Serie), war ich überrascht und unvorbereitet. Wie ich bereits im vorliegenden Buch schilderte, werde ich häufig überrascht und mit einer Theorie oder mit neuen Informationen konfrontiert, die ich nicht verstehe. Dann muss ich dazu Überlegungen anstellen und sehen, wie sie zu dem Material passen könnten, dass ich bereits früher gesammelt habe. Als ich die Informationen erhielt, über die ich vor vielen Jahren in dem Buch *Between Death and Life* schrieb, wurde dort von der Quelle (oder Gott) als einer riesigen Energiequelle mit unermesslicher Kraft gesprochen. Mir wurde gesagt, dass es unmöglich sei, sie mit menschlichen Begriffen zu beschreiben. Diese Kraft ist so groß, dass sie als etwas bezeichnet wird, was alle Universen zusammenhält. Wenn diese Energie nur für den Bruchteil eine Sekunde aussetzen würde, bräche *alles* zusammen. Sie (das Unterbewusstsein) sagen: Obwohl die Menschen der Meinung sind, dass sie vieles über Metaphysik wissen, ist ihr Konzept über Gott nur ein winziges Fitzelchen dessen, was Gott tatsächlich ausmacht.

In meinem Fall, welcher im ersten Buch geschildert ist,

beschrieb die Klientin die Quelle als etwas, dass in der Sonne existierte, aber es war nicht die Sonne unseres Sonnensystems. Diese Sonne wird oft als die „große Zentralsonne" bezeichnet. Sie wird als ein sehr helles Licht beschrieben, das aber nicht so wie unsere Sonne brennt. Es ist ein Ort großen Mitgefühls und Trostes und sie hatte keinerlei Bestreben, ihn zu verlassen. Nach dem ersten Fall traf ich noch mehr Menschen, die von demselben Erlebnis berichteten und das Gleiche beschrieben. Darüber habe ich im zweiten Buch geschrieben. Ist es, weil ich das Konzept verstanden hatte und es integrieren konnte und mir deshalb weitere Informationen zuteil wurden? Oder liegt es an den Zeiten, in denen wir leben und es ist der Moment gekommen, dass die Menschen die Realität erkennen, wer sie wirklich sind und woher sie stammen?

* * *

NAHTOD-ERFAHRUNGEN

Als die betreffende Sitzung begann, fand sich Laura nicht in einem ihrer vergangenen Leben wieder. Stattdessen erinnerte sie sich an ein Ereignis in ihrem jetzigen Leben, bei dem sie beinahe gestorben wäre. „Ich saß in einem Lokal mit meiner Freundin, Jeanie. Ich verschluckte mich beim Essen und bekam keine Luft mehr. Ich war beschützt. Mein physischer Körper würde nicht sterben. Natürlich wusste ich das zu jener Zeit nicht. Mir wurde gezeigt, wie beschützt ich eigentlich bin. Mir wurde gezeigt, was wahre Liebe bedeutet. Ich ging sofort zu dem Ort, wo nichts als das pure weiße Licht existiert. Es fühlt sich phantastisch an, wieder dort zu sein. Ich weiß, dass Engel um mich herum sind und es ist der schönste Ort, den ich mir vorstellen kann. Es gibt nichts, was einen bindet. Wir SIND ganz einfach. Wir sind uns der anderen bewusst - der Menschen, die auf der Erde leben, aber wir haben keinerlei Anhaftungen zu all diesen Dingen. Es ist so wunderbar, so leicht. So friedlich. Mir wurde nur ein Ausschnitt gezeig, weil ich zurückgehen musste. Sie haben mir nur das Gefühl, haben mir den Schutz und die Liebe gezeigt. Aber es war noch nicht an der Zeit für mich, weiterzugehen und tiefer dort einzutauchen."

D: Dir zu zeigen, dass du nicht sterben würdest? Es war noch nicht an der Zeit, für dich zu gehen?

L: Sie wollten mir lediglich zeigen, dass es so in Ordnung war. Dass ich alles schaffen konnte, weil sie immer bei mir sein würden. Die Gegenwart, die „Ich bin" Gegenwart ist immer bei mir. IMMER.

D: *Aber wenn wir hier auf die Erde kommen, vergessen wir sie, oder?*

L: Ja, und deshalb war ich so traurig. Noch zwei Wochen danach habe ich mich gefragt, warum ich so traurig bin. Und ich begriff, dass ich darum trauerte, nicht in *Seiner* Präsenz sein zu können. Es ging darum, dass ich mich daran erinnern sollte. Es wieder fühlen sollte. Es war wichtig für mich, mich zu erinnern und alles zu fühlen, damit ich wusste, dass es echt ist. Damit ich das Vertrauen hatte, das es echt ist. Damit ich keine Angst haben würde und anderen davon erzählen konnte. Und so würden auch andere davon erfahren, die sich dann ebenfalls erinnern könnten. Ich vermisse es so sehr. (Sie begann zu weinen).

D: *Warum wühlt dich das so auf?*

L: Diese Energie ist so stark, es ist eine so liebevolle Energie. Sie reinigt, sie klärt. Sie wäscht alles hinweg, was negativ ist oder uns blockiert. Nichts außer dem Selbst kann sich daran heften. Ich schätze mich sehr glücklich, davon zu wissen. Ich hoffe, ich werde es nie vergessen. Ich will es nie vergessen.

D: *Ist es ein Ort?*

L: Für mich ist es eine Gegenwart. Manche Menschen empfinden es als einen Ort. Für mich ist es eine Präsenz, die ich immer bei mir trage. Um die ich mich immer bemühe, damit sie bei mir sein kann. In ihr liegt mein Ursprung, aber ich habe mich auch sehr weit von ihr entfernt. Einige von uns haben sich weiter davon entfernt, als andere. Aber sie existiert und sie wacht stets über uns und sie wartet auf uns.

D: *Warum haben sich einige Menschen davon weiter entfernt als andere?*

L: Manche Menschen haben sich dazu entschieden, es zu tun. Ich verstehe den ganzen Prozess nicht ganz. Ich glaube, dass soll ich zu diesem Zeitpunkt auch noch nicht. Aber es gibt da diese Finsternis. Es gibt Dinge, die sich sehr weit von dieser Energie, von dieser Präsenz entfernt haben und deren Geist vergessen haben. Menschen vergessen. Sie lassen sich von der materiellen Welt und den dichten, schwereren Realitäten blenden. Deshalb gehen einige Menschen während ihres Todes durch einen Tunnel, denn sie brauchen eine längere Zeit, um sich wieder zu erinnern. Sie müssen eine längere Reise dorthin zurück antreten. Die göttliche Präsenz möchte die Menschen wissen lassen, dass sie immer da ist, dass sie immer bei den Menschen ist. Diese Präsenz wird den Menschen gezeigt, wenn diese sie sehen müssen. Manche der Menschen kämpfen darum, sie wahrnehmen und bei sich tragen zu können, obwohl sie sich nicht ganz sicher sind, dass sie existiert. Deshalb wurde mir die Gelegenheit gegeben zu sehen, dass die göttliche Gegenwart stets bei mir ist. Ich kann diese Gegenwart in mir *aufbauen*.

D: *Welchem Zweck dient der Tunnel für diese Menschen?*
L: Er ist lediglich eine Möglichkeit zur Rückkehr.
D: *Warum kehren sie, wen sie sterben, mit einer Verzögerung an diesen wunderbaren Ort zurück?*
L: Bei einigen Menschen ist diese Verzögerung nötig, bei anderen nicht. Einige haben eine stärkere Verbindung und sind sich der Dinge bewusster oder haben stärker an sich gearbeitet. Aber eben nicht alle. Es hängt von dem Betreffenden ab und von dem Grund, warum er auf die Erde gekommen ist.
Und wie stark ihre Verbindung zur göttlichen Quelle war, bevor sie hierher gekommen sind.
D: *Dann müssen diese Menschen ihre Rückkehr also als eine Reise betrachten - als etwas, wo sie zunächst hindurchgehen müssen.*
L: Richtig.
D: *Der Plan hat für heute also vorgesehen, dich dorthin mit zurückzunehmen, um das Gefühl wieder aufleben zu lassen?* (Ja) *Du sagst, du kennst dieses Gefühl. Du trägst es sowieso immer mit dir.*
L: Aber nicht in dieser Form. Wen ich in einem physischen Körper bin, ist es viel schwieriger, sich damit zu verbinden. Es ist schwerer, damit eins zu sein. Es war heute sehr, sehr stark. Es war mir beinahe so nahe wie an dem Tag, als ich gegangen bin. Sie lassen es zu, dass mir diese Kraft hilft und mich heilt.

Laura hatte dann einige unangenehme physische Empfindungen. Sie fühlte sich schlecht und bat mich, sie aus der

Trance zu bringen. Stattdessen half ich ihr, die physischen Empfindungen auszubalancieren, sie zu lösen und den Körper in einen normalen Zustand zu bringen. Das Unterbewusstsein wies mich an, mit Lauras Körper zu sprechen. Nach einiger Zeit sah ich, dass sie sich beruhigte und ich mit meiner Arbeit fortfahren konnte. In einer solchen Situation darf der Therapeut nicht ungeduldig werden, denn das Unterbewusstsein würde niemals zulassen, dass dem Körper ein Leid geschieht. Das Unterbewusstsein schützt den Klienten zu jeder Zeit. Und wenn der Therapeut verärgert und verunsichert wird, bekommt es der Klient außerdem sofort aufgrund seiner erhöhten Sensibilität im Zustand der Trance mit. Das könnte zu weiteren beitragen beitragen, da er das Vertrauen in die Fähigkeiten des Therapeuten verliert ihn zu beschützen. Es ist in jedem Fall besser, zu dem Klienten zu sprechen und seine körperlichen Beschwerden zu lindern, anstatt ihn aus der Trance zu holen. Als ich sah, dass sich die Dinge normalisierten, fragte ich: „In welchen Teil deines Körpers hast du die Beschwerden gespürt?"

L: In meinem Herzen. Mein ganzer Körper stand unter Strom und mein Herz war *sehr* offen.

D: *Kannst du sie fragen, warum du das gefühlt hast?*

L: Um mir zu zeigen, dass wir nicht die ganze Zeit über mit dieser Energie leben können. Das es da eine Trennung gibt. Es gibt einen Schleier. Mein Körper kann wesentlich mehr von dieser Energie verkraften als die meisten anderen Menschen. Ich habe jetzt noch mehr darüber verstanden. Auch, dass die Vibration so hoch ist, dass der Körper nicht mehr verkraften kann, als ihm gegeben wird und was wir bereit sind, anzunehmen. Es ist gut für mich, das zu wissen, da ein physischer Körper seine Begrenzungen hat. Während der Geist im Körper wohnt, kann er an diesen Ort nicht vollständig zurückkehren.

D: *Sie wollten also, dass du erfährst, wie es ist?* (Ja) *Aber wir wissen auch, dass sie dich niemals irgendeiner Gefahr ausgesetzt hätten.*

L: Richtig. Deshalb sagten sie mir auch, dass du mit meinem Körper sprechen sollst.

D: *Sie möchten, dass du dich in die Erinnerung einklinken kannst.* (Ja, genau) *Auch wenn du diese Vibration nicht in ihrer Vollständigkeit erfahren kannst.*

L: Nein, der Körper würde es nicht verkraften.
D: *Sollst du diese Energie in irgendeiner Weise für etwas nutzen?*
L: Sie können sie für etwas, das mir nutzt, zu mir bringen. Aber ich muss sie nicht so stark suchen, wie ich vielleicht glaubte. Ich brauche einfach nur zu fragen, zu vertrauen und wissen, dass sie genutzt wird. Und es wird mir viel innere Ruhe geben zu wissen, dass ich dafür nicht so hart arbeiten muss, wie ich glaubte. Ich kann diese Energie dazu verwenden, mit anderen zu arbeiten und sie davon profitieren zu lassen. Und sie wird immer mit mir sein.
D: *War die Energie schon immer da, oder wurde sie zu dir gebracht?*
L: Sagen wir so: Ich habe ein upgrade bekommen (lacht). Sie ist in meiner kristallinen Struktur.
D: *Ich habe von dieser kristallinen Struktur schon zuvor gehört. Könnte das Unterbewusstsein erklären, was es damit meint?*
L: Diese Struktur kommt der Möglichkeit, sich mit der Quelle zu verbinden, am nächsten. Die kristalline Struktur hält die Verbindung zur physischen Welt aufrecht.
D: *Ist diese kristalline Struktur Teil des Körpers?*
L: Sie ist eine Codierung des Körpers.
D: *Wir glauben, dass unsere Körper aus Fleisch, Muskeln und Knochen bestehen. Wir denken dabei nicht an Kristalle.*
L: Es gibt verschiedene Ebenen der Codierungen von Strukturen im Körper. Und es existiert auch ein kristalline Struktur im Körper.
D: *Bedeutet das, dass es tatsächlich Kristalle sind?* (Ja, ja) *Und sie sind in den Knochen?*
L: In der DNA.
D: *Sie sind also getrennt von dem, was wir als physische Struktur, als Anatomie kennen?*
L: Sie sind durch alle Ebenen des Körpers hindurch codiert.

„Sie" unterbrachen die Sitzung erneut und sagten, dass sich Lauras Körper eine Minute ausruhen solle. Sie entspannten ihren Körper, denn dieser spürte immer noch einige Nachwirkungen vom Kontakt mit der enormen Energie der göttlichen Quelle. „Das Herz ist immer noch ein wenig zu weit geöffnet. Es ist eine so intensive Liebe, dass sie unbeschreiblich ist. Deshalb ist sie so allumfassend. Sie existiert bis zu einem gewissen Grad in unserer

Zellstruktur. Es ist so, als ob ich an einen großen Computer angeschlossen wäre, an den Hauptschaltkreis. Und jede Zelle meines Körpers ist damit verbunden."

D: Das könnte dann eine Überlastung verursachen, nicht wahr? (Ja) *Aber ich hatte auch andere Klienten, die zur Quelle zurückgegangen sind. Auch sie beschreiben diese Erfahrung als ein enormes Gefühl der Liebe, haben aber keinerlei physische Reaktionen gehabt. Gibt es dafür einen Grund?*
L: Ihre physischen Körper hätten diese Energie nicht verkraften können. Jene Menschen haben nur einen Hauch davon gespürt und dieser war bereits für sie ausreichend. Bei Laura funktionierte es, da sie mit dieser Energie arbeiten und sie weitergeben wird. Sie wird dabei helfen, Heilung zu bringen.
D: Wie sollte Laura sie verwenden?
L: Sie kann sie durch ihre Gedanken nutzen. Sie kann sie durch ihre Augen, durch ihren Blick nutzen. Sie kann sie durch Berührungen verwenden. Sie muss lediglich für die passende Vibration für jede Person, für jede Situation bitten. Diese Energie verändert nun ihre zelluläre Struktur.
D: Auf welche Weise verändert sie Lauras zelluläre Struktur?
L: Deine Worte und unsere Worte sind nicht immer deckungsgleich. Wir müssen sie durch Lauras Gehirn verarbeiten lassen.
D: Ja, und ich weiß, dass unsere Sprache dafür nicht ausreichend ist.
L: Falls es also nicht immer eine sofortige Antwort gibt, werden die Informationen noch durch das Gehirn verarbeitet. Laura verfügt nicht über das entsprechende Vokabular, also sprechen wir durch - Pause - die Energie des siebten Strahls, die nun durchkommen kann. Laura wird in der Lage sein, sich mit dieser Energie zu verbinden.
D: Was ist die Energie des siebten Strahls?
L: Die Christus-Energie. Die kristalline Struktur auf Zellebene müsste sich ändern, um die Christus-Energie zu halten, so dass wir uns den Körper teilen können. Und die Christus-Energie kommt herein, so dass die zelluläre Schwingung hochfahren kann, um diese Vibration zu halten, ohne Laura zu verletzen. Damit ihr physischer Körper weiterleben kann.
D: Wenn ihr sagt, dass diese Energie in ihrem Körper leben wird, heißt das, dass sie dort einfach bleibt, während Laura

ihre Arbeit macht?
L: Nicht über die gesamte Zeit. Nicht auf dieser Schwingungshöhe. Nur ein Teil davon. Der Körper würde es nicht verkraften. Deshalb haben wir diese Erfahrung ermöglicht, damit klar ist, dass es Okay ist, wenn die Energie zurückkommt. Dass diese Energie nicht die ganze Zeit bei dir sein muss, Laura. "Kanal" ist nicht das richtige Wort, aber Laura kann die Energie auf jene Person oder Situation lenken, mit der sie arbeitet.

Ich kehre zu der Frage zurück, die zuvor nicht beantwortet worden war, weil es eine Pause gegeben hatte, damit sich Lauras Körper anpassen konnte. "Meint ihr damit, dass die kristalline Struktur in den Genen, der DNA, enthalten ist?"

L: Ja, sie ist das, womit man hierher kommt. Dieser Code kann hochgefahren oder geändert werden.
D: *Mit diesem Code tritt man also in die physische Welt ein?*
L: Ja, er codiert auch die Fähigkeiten, die man besitzt, was der Sinn deines Daseins ist und wie dein Körper aussieht, wenn du geboren wirst. Was du gewählt hast.
D: *Und das kann geändert werden, wenn es angebracht ist?*
L: Ja, es kann geändert werden. Und dann, wenn du zulässt, dass es geändert wird. Das Gleiche gilt, wenn du dich auf deinem eigenen, richtigen Weg befindest, auch dan ändern sich die Codes. Es gibt Zeiten in deinem Leben, in denen du deinen Code ändern kannst. Scheidewege, wie du sie nennst.
D: *Wenn man sich für den einen oder den anderen Weg entscheidet.*
L: Richtig.
D: *Ich war verwirrt, weil ich mit „kristallin" richtige Kristalle in Verbindung bringe.*
L: Es ist der treffendste Begriff, den wir haben. Es sind keine Kristalle, wie man sie hier in der physischen Welt findet. Es entspricht eher einem ätherischen Kristall. Wie bei einer Energie. Und ich habe sehr viele Farbschattierungen gesehen. Es ist, als würde man eine Energiewelle, die in ein Muster eingebettet ist, betrachten. Sie nennen das eine kristalline Struktur. Es ist nur ein Teil davon. In ihren Worten ist es sehr schwierig zu erklären.
D: *Es ist das Beste, was sie tun können, um es uns zu erklären.*

Deshalb stelle ich so viele zusätzliche Fragen.
L: Und das ist gut so. Mit der Stimme, die ich habe, ist es nur sehr schwierig auszudrücken.
D: Also hat die Erfahrung, die Laura gerade gemacht hat, ihren Code geändert? (Ja) Er konnte nur geändert werden, während wir diese Sitzung machten?
L: Das war ein Vorteil. Diese Sitzung ist eine Erfahrung von völliger Entspanntheit, von Vertrauen und Offenheit. Laura brauchte jemanden, der ihren Körper führte. Jemand, der vertrauen hatte und wissen würde, dass der Vorgang in Ordnung ist. Jemand, der den Prozess nicht aufhalten würde. Und sie brauchte jemanden, der den physischen Körper beruhigen konnte. Er ist jetzt ein klarerer Kanal für sie. Das ist sehr aufregend! Dieser Körper wird ein Kanal sein, um andere zu heilen. Einige alte Fähigkeiten, die Laura hatte, wurden zurückgebracht.
D: Oh! Welche Art von Fähigkeiten?
L: Extraterrestrische, wie du sie nennen würdest. (Lacht) Natürlich bist du für die ETs auch selbst ein ET.
D: Meinst du damit jene "Fähigkeiten", die ETs haben?
L: Alte Fähigkeiten, die sie in früheren Leben hatte. Höheres Bewusstsein. Sie konnte Energien aus anderen Dimensionen in diese Dimensionen bringen, um hier zu helfen.
D: Welche Leben waren das?
L: Es waren Leben auf einem anderen Planeten. Oh, was für eine schöne Erfahrung! Friedlich, ruhig und voller Liebe. Sie hatte einen Lichtkörper. Oh, sie konnte reisen! Sie konnte reisen! „Shhwwish"! Nur per Gedankenkraft. Es war eine Schwingung, die der Quelle viel näher war. Sie konnte überall hinreisen! Überall! Es existierten keinerlei Beschränkungen. Sie konnte zu jedem Planeten, zu jedem Ort gehen. Du sprichst über das Bewusstsein auf diesem Planeten, über das *eine*, das gemeinsame Bewusstsein. Bitte sprich weiter darüber! (seufzt) Hoffentlich wirst du es erleben.
D: Also waren in dem Körper, den sie damals hatte, alle miteinander verbunden?
L: Oh ja! Es gab keine Trennung.
D: Aber es gibt einen Unterschied zur Quelle, die sie gerade erlebt hat?
L: Ja, aber alle waren viel stärker damit verbunden! Hier sind wir

so weit davon entfernt! Es ist schlimm! Es ist sehr traurig.

D: *Welche Fähigkeiten, die sie jetzt nutzen kann, sollte Laura wieder erwecken?*

L: Die Fähigkeit zu heilen ist ein Teil davon, aber das ist der kleinere Teil. Es ist eher der Gedanke. Es geht um die Heilung der Gedankenformen des Planeten.

D: *Was meinst du damit? Ich weiß, dass der Planet ein Lebewesen ist.*

L: Die Gedanken, die sich um den Planeten und auf dem Planeten befinden, müssen geheilt werden, damit sich der Planet und die Menschheit heilen können. Es sind die Gedanken, die den Planeten und die Menschen töten.

D: *Woher kommen diese Gedanken?*

L: Diese Gedanken manifestieren sich in den niederen Bereichen, in den dichteren Bereichen des Physischen. Die Gier, der Betrug. All diese Dinge, die nicht Teil des reinen Liebesbewusstseins sind, wie wir es von Gott kennen. Diese Gedanken kommen nicht von Gott. Sie stammen aus der physischen Ebene.

D: *Und sie müssen geheilt werden?*

L: Ja! Und das ist das „Zweite Kommen". Das ist Teil des zweiten Kommens Christi, wie ihr es nennt. Wenn sich das Bewusstsein des Planeten ändert, wird das die Heilung bringen.

D: *Mir war immer klar, dass damit nicht das zweite Kommen einer Person gemeint ist.*

L: Es geht um das Bewusstsein. So kann man es nennen. Es gibt viele Begriffe dafür. Als Jesus kam, gelang es ihm, dieses Christusbewusstsein zu verkörpern. Und Er war und ist derjenige, der den Weg aufzeigt, um den Menschen die Gedankenmuster, die Gedankenformen zu zeigen. Wie machtvoll das ist! Und das hilft uns dabei, uns zu verbinden.

D: *Auf der Seite, wo du dich jetzt befindest, möchte man also, dass das Christusbewusstsein zurückkehrt?*

L: Ja. Dies ist das zweite Kommen. Wir müssen die negativen Gedanken des Planeten heilen, wir müssen sie verarzten und dann heilen. Es ist Teil von Lauras Aufgabe, dabei zu helfen.

D: *Das klingt nach einer großen Aufgabe! Wie soll sie das machen?*

L: Durch ihre Gedanken. Indem wir Menschen helfen, ihre Gedanken zu ändern - sie ermutigen und zu stärken, damit sie andere stärken können. Sie wird sehen, wie sich Fähigkeiten bei ihr entwickeln, wenn sie weiter vorangeht und neue Wege entdeckt, um es zu verwirklichen. Es werden sich für sie viele Möglichkeiten eröffnen. Und sie wird es nun in ihrem Herzen fühlen, wenn die Gelegenheiten dafür da sind. Sie wird sich an diese Erfahrung erinnern und sie in sich fühlen. Wir mussten ihr eine Erfahrung ermöglichen, an die sie sich erinnern würde. Halte den Geist so klar und rein wie möglich. Sie muss den Menschen Meditation und reines Gedankenbewusstsein nahe bringen. Menschen lehren, ihre Gedanken zu nutzen, um geistig zu erwachen. Die Gedankenformen zu ändern! Menschen erschaffen viele der negativen Wesenheiten aufgrund ihrer Gedankenmuster.

D: *Dann sind sie nicht aus der Quelle entstanden. Es sind lediglich Gedankenformen, die aus den Gedanken der Menschen geschaffen sind?*

L: Ja, genau. Und einige von ihnen sind überhaupt nicht in Ordnung. Also habe ich diese Gedankenformen gereinigt und den Schimmel von den Wänden dieser Konstrukte, die gerade existieren, entfernt. Man kann Schimmel als eine negative Energie oder als Dämon bezeichnen, wenn man will. Aber Menschen mit der entsprechenden Energie werden kommen und ihn von den „Wänden" waschen.

D: *Es geht mit der Idee einher, dass Gedanken Dinge sind.*

L: Ja. Zum Beispiel erschaffen falsche Handlungen, der freie Wille oder Drogenkonsum diese Gedankenformen. Diejenigen, die in den höheren Dimensionen dienen, können diese Energien befreien, auflösen und an die Quelle zurücksenden. Deshalb bin ich in die physische Welt gekommen, um sie zurück an die Quelle zu senden, damit sie transformiert und ins Positive gewandelt werden können.

D: *Es ist also nichts Physisches. Es ist nur Energie, die Menschen geschaffen haben.* (Ja) *Aber unterscheidet sich das von den Elementaren?*

L: Ja, es ist etwas anders als die Elementare, genauso wie wir etwas anderes sind, als die Elementare. Aber genau wie wir Durcheinander und Chaos anrichten können, sind auch sie dazu in der Lage.

D: *Ich dachte, sie wären eine Grundform von Energie?*

L: Ja, aber sie kreieren ebenfalls Gedankenformen. Wir beschäftigen uns also alle mit den Gedankenformen der

anderen. Wir beschäftigen uns alle miteinander. (lacht)
D: *Ist das der Grund, warum sich viele Menschen an bestimmten Orten unwohl oder unbehaglich fühlen?*
L: Ja, sie spüren diese negativen Energien. Man kann sie "Entitäten" oder "Dämonen" nennen; man kann sie nennen, wie man möchte.
D: *Sind es Energien, die an diesem Ort von jemandem zurückgelassen wurden, der dort einmal gelebt hat?*
L: Das kann so sein. Aber es hat viele, viele verschiedene Facetten. Viele. Zu viele.
D: *Und es gibt andere Orte, die ein sehr positives und erhebendes Gefühl vermitteln.*
L: Ja. Es ist sehr real. Sehr real. Als ich mich Anfangs auf diese Liege legte und zu weinen anfing, bin ich zur Quelle zurückgegangen. Es war reine Liebe, die ich fühlte. Sie umhüllte mich und wusch alles in mir heraus und reinigte mich. So konnten wir uns in der höchsten Vibration begegnen, die mir möglich war. Ich bin so dankbar. Allein diese kurze Erinnerung ist so wunderbar.
D: *Ein Teil von Lauras Aufgabe ist es, die bestehenden Energien in höchste Energien umzuwandeln, damit wir die Gedanken der Welt ändern können. Wie soll sie das machen?*
L: Kurse, Seminare, Broschüren, Bücher - in welcher Form auch immer sie es nach außen bringen möchte. Es wird ihr gezeigt werden und sie wird geführt.
D: *Aber wie unterrichtet man so etwas? Wie sagt man den Leuten, was sie tun sollten?*
L: Man kann mit Meditationen beginnen. Den Menschen zeigen, was Gedanken bedeuten und wie diese zu Dingen werden können, indem man über die Grundsätze von Kinesiologie spricht. Und man sollte grundlegende Meditationstechniken unterrichten, um den Menschen zu zeigen, wie sie ihre Gedankenmuster oder auch einzelne Gedanken ändern können. Auch wenn es nur anhand eines Wortes, anhand einer kleinen Sache geschieht, hilft es ihnen, das Prinzip zu erkennen und man zeigt ihnen, wie sie Dinge in ihrem Leben manifestieren können. Am besten ist, man fängt langsam an. Dann setzt man es mit Büchern und Broschüren fort, um den Menschen zu helfen. Damit wir ihr Leben ändern, damit sich die Gedankenmuster ändern. Anschließend ragen sie diese Ideen weiter.

D: *Und schließlich verändert es die ganze Welt.*
L: Wir hoffen es.
D: *Ihr möchtet, dass Menschen die Energien in ihren eigenen vier Wänden verändern, denn das ist der erste Ausgangspunkt für alles andere, nicht wahr?*

Ich fragte nach einer Art Ritual, mit dem sich Menschen identifizieren können.

L: Segen. Segne dein Zuhause. Segne den Raum. Sei positiv, Friede sei mit diesem Haus. Segne dein Zuhause, dann segne dein *eigenes* Haus, segne dich selbst. Deinen Körper. Weil er dein Haus ist, dein Zuhause. Segne dein persönliches Haus. Friede sei mit deinem Haus. Bitte darum, dass alle schädlichen und negativen Dinge zurück an die Quelle gesendet werden. Ich gebe sie an die Quelle weiter. Gib sie ebenfalls an die Quelle zurück. Alles, was schädlich oder negativ ist, soll in Liebe und Segen verwandelt werden, welche von höchster und bester Intention sind. Schreibe zunächst einfache Dinge auf, wie: Liebe, Frieden, Vergebung - Dinge, die auf einen Spiegel im Badezimmer passen. Sage sie jeden Tag, damit sie Teil deiner kristallinen Struktur werden. Du musst sie zunächst nicht einmal so meinen. Du kannst "Liebe, Frieden, Vergebung", sagen, wenn es erforderlich erscheint. Und wichtig ist, sich selbst zu vergeben und sich selbst zu lieben.
D: *Menschen tragen so vieles mit sich herum, von dem sie sich trennen müssten.*
L: Ja, und die Menschen werden sehen, dass all die anderen, nutzlosen Dinge ebenfalls wegfallen werden, wenn sie das ändern. Dann wird Heilung in ihr Leben kommen. Und Heilung in das Leben der anderen Menschen.
D: *Und dann breitet sich diese Heilung ganz allmählich aus, bis sie Auswirkung auf die ganze Welt haben wird?*
L: Ja. Es gibt einige mächtige Leute da draußen. Ihre Gedanken sind sehr kraftvoll. Und wir brauchen diese Menschen und ihre kraftvollen Gedanken.
D: *Im Moment gibt es sehr viel Negativität auf der Welt.*
L: Ja, sehr viel Verzweiflung.
D: *Geht dieses, von euch angesprochene Konzept, auch in die Richtung der Idee, die "neue Erde" zu erschaffen?*

L: Ja, ja, das ist ein Teil davon.
D: *Indem ich die Gedanken ändere. (Ja) Dann bleiben die negativen Gedanken also auf der alten Erde zurück. (Ja) Als wir heute angefangen haben, dachte ich, wir würden in ein vergangenes Leben zurückgehen. Das passierte nicht.*
L: Diese sind vorerst nicht mehr wichtig. Für Laura ist es wichtig, die Dinge, die sie zuvor bereits einmal wusste, in ihre heutige Existenz zu bringen, um den Menschen zu helfen, sich von Dingen aus der Vergangenheit zu lösen und vorankommen zu können.
D: *Wir müssen uns also keine Sorgen mehr darüber machen, wo wir in vergangenen Leben waren.*
L: Einige Menschen müssen das tatsächlich noch tun, denn vergangene Leben sind für sie wichtig, um zu verstehen und sie helfen ihnen bei der Heilung. Es ist aber sehr wichtig, von dort aus in neue Gedanken zu starten.

Das Licht ist vollkommen. Es muss Individualität erfahren. Es ist sehr ähnlich dem, was ich über Pflanzen und Tiere entdeckt habe. Sie sind Teil einer Gruppe und agieren als solche, obwohl sie auch eine Individualität haben. Damit sie das menschliche Stadium erreichen können, müssen sie eine Individualität, eine Persönlichkeit entwickeln. Dies wird oft dadurch erreicht, dass Menschen ihnen Liebe zeigen und ihnen eine Persönlichkeit geben. Dies trennt sie von der Gruppenseele und bedingt ihren Fortschritt. Sie müssen diesen Prozess durchlaufen, damit sie erfahren können, menschlich zu sein. Wir alle sind Teile von Gruppen. Vom Inneren unseres Körpers bis hinauf zur Quelle.

KAPITEL ACHTZEHN

DER FUNKE TRENNT SICH

Wir hatten gerade eine gewöhnliche Regression in ein früheres Leben in jenem Moment verlassen, an dem die andere Persönlichkeit verstorben war. Ich setzte meine Arbeit mit Edith fort, um in ein anderes vergangenes Leben zu kommen, da das vorherige sehr kurz war und wir Zeit für weitere Erkundungen hatten. Manchmal bringt das Unterbewusstsein mehr als ein Leben hervor, welches für den Klienten von Bedeutung ist. Anstatt in ein anderes Leben zu gehen, sah sich Edith als Teil eines sehr schönen Lichts. "Ich schwebe nach oben. Es ist, als ob ich das Licht bin und gleichzeitig in diesem Licht bin. Es ist kein weißes Licht. Es ist ein goldenes Licht. Es ist überall, aber ich denke, ich bin ebenfalls Teil dieses Lichts. Ich fühle, dass ich ... leicht bin. Ich habe keinen physischen Körper. Es ist ein wunderbares Gefühl, aber ich habe das nicht erwartet. Es ist nicht wie ein Lebenslicht. Es ist, als ob es aus lauter kleinen, goldenen Funken besteht, aber sie bilden alle eine Einheit und ich bin ein Teil davon."

D: Fühlst du dich allein oder gibt es noch andere Wesen in deiner Nähe?
E: Es ist nicht so, dass ich fühle ... ein Wesen zu sein. Es ist einfach ein Gefühl des Seins - wie soll man es sagen? Wir sind ein Funke von vielen, aber alle sind ein Teil desselben. Es ist wie Zugehörigkeit, als ob man ein Teil dieser Einheit ist. Nichts Getrenntes zu sein, aber etwas Separates und eben dennoch nicht getrennt zu sein. Was ich meine: ich kann meinen eigenen Punkt identifizieren, meinen Funken, aber mein Punkt ist irgendwie Teil all der anderen Punkte. Es gibt

andere Punkte. Es gibt viele Punkte. Aber es existiert kein Gefühl, allein zu sein oder getrennt zu sein. Ich kann erkennen, dass das mein Punkt ist und dennoch gibt es dieses Gefühl, nur eins mit allen anderen zu sein und eins mit dem lichtvollen Teil des Ganzen zu sein.
D: Kommunizierst du mit den anderen Punkten?
E: Wir kommunizieren durch Fühlen. Es ist, als ob die Kommunikation ein Gefühl von Einheit ist. Es gibt kein Gefühl, getrennt zu sein. Und mir ist klar, dass das seltsam ist, weil ich feststellen kann, dass mein Punkt anders ist als die anderen.

Sie hatte große Schwierigkeiten damit, ein Konzept zu erklären, das ihr derart fremd war. Es gab viel Pause und Verzögerungen, die ich aus der Aufnahme herausgeschnitten habe. Ich brachte sie zu dem Moment, als sie sich entschied, diesen schönen Ort zu verlassen. Sie beschrieb sich als einen Lichtstrahl, der sich von dem großen, mächtigen Licht abspaltete. Sie sah zu, wie sie einen einzelnen Punkt (oder Funken) auswählte sich mit ihm davon bewegte. "Er bewegt sich nach unten auf unsere Erde und ist Teil einer Seele, die geboren wird. Er ist Teil dessen, was insgesamt enthalten ist; von dem was geboren wird. Da ist noch mehr aber dies ist ein Aspekt. Es ist wie der Blick auf eine Zelle. Etwas, das sich in zwei oder drei Teile teilt und dann in dieses runde Etwas, so wie eine Zelle, übergeht. Es ist Teil dessen, was geboren wird und ... es wächst. Ich habe nicht das Gefühl, dass es eine Person sein muss. Es kann eine Person sein, aber es kann auch etwas anderes, wie zum Beispiel etwas in der Natur, sein. Nicht alles von diesem Licht passt dort hinein. Es ist nur ein Aspekt. Es ist nur dieser eine kleine Punkt. Aber er hat mit einem Teil der Seele zu tun.

Anscheinend wurden die Punkte bei diesem Vorgang nicht aktiv involviert, der Punkt oder Funke wurde lediglich von diesem Lichtstrahl aufgenommen, zur Erde getragen und dort deponiert. Sie tat ihr Bestes, um den Prozess zu beschreiben. „Es ist, als ob man hinunter (zur Erde) geht und zu einer Person wird. Das findet jedes Mal statt, wenn ein Mensch entsteht. Während des Prozesses, ein Mensch zu werden, eine Person. Aber da existiert schon etwas, bevor der Funke dort hineingeht und ein Teil dessen wird."

D: *Was ist schon da?*
E: Es ist, als ob sich das Geistige mit dem Physischen verbindet. Das Physische ist bereits da und dann wird der Geist hineingegeben. So in etwa sieht es aus. Als würde etwas zum Geist, zum Bewusstsein, werden, aber das Behältnis ist bereits da und nun wird der Geist hineingesetzt.
D: *Hast du diesen Lichtstrahl gespürt, der dich hinunter bringt?*
E: Ja. Es ist ein weißes Licht, heller als Gold. Es enthält etwas Gold, aber es ist ein helleres Licht. Und es trägt den Punkt oder mich lediglich. Ich fühle mich jetzt nicht wie ein Punkt, sondern wie eine Energie, die in das Physische hinein gebracht wird. Der Prozess fühlt sich angenehm an. Ich fühle mich immer noch als ein Teil von allem. Ich fühle mich nicht abgeschnitten. Ich fühle mich nicht getrennt. Ich bin da, aber ich habe immer noch das Gefühl, eins mit allem anderen zu sein. Das hört sich wahrscheinlich seltsam an, weil es eine andere Situation ist.
D: *Und dann geht das Licht, das dich hinuntergebracht hat, weg?*
E: Das stimmt. Aber irgendwie sind sie immer noch hier.

Dann erkannte sie, dass sie in etwas wie ein Licht hineingeboren worden war und bemerkte, dass sie eine Pflanze war. „Während sie wuchs, war ich ein Teil davon. Aber als sie sich öffnete, wurde ich zum Zentrum. Jetzt beobachte ich nur. Ich bin nicht mehr Teil davon. Es geht jetzt ohne mich weiter. Ich bin hier drüben. Und ich habe nicht das Gefühl, dass ich der Punkt oder so etwas bin. Ich bin mir dessen bewusst. Meine Aufgabe war, Teil der wachsenden Pflanze zu sein, aber ich bin nicht mehr da. Dieser Job ist erledigt. Jetzt habe ich die Wahl, welche Aufgabe ich als Nächstes übernehme. Ich kann wählen. Ich kann zurückgehen und ein weiterer Punkt sein, eine Einheit. Die Punkte können sich dafür entscheiden, Teil dieses Wachstumsprozesses zu sein, oder sie können andere Dinge tun. Es ist eine Wahl, die getroffen wird. Es ist ein bestimmter Zeitpunkt. Es ist ein Wissen, das existiert."

All das brauchte eine sehr lange Zeit, also brachte ich sie zu jenem Moment, als sie eine Entscheidung darüber traf, was sie als Nächstes tun wollte. Sie war verwirrt, während sie versuchte zu verstehen, was sie sah. Sie sah einen Mann, einen Soldaten, der sich im Krieg befand. "Ich versuche herauszufinden, ob ich er bin oder ob ich ihm helfen soll. Nein, ich habe nicht das Gefühl, dieser Mann zu sein. Also weiß ich nicht, warum ich hier bin. Ich denke, er muss eine Entscheidung treffen. Ich sehe mich als rote Farbe, die ihn umgibt. Es gibt gelbe Farben. Es gibt orange Farben. Ich bin Teil dieser roten Farbe, die um ihn herum ist. Nicht nur ich bin dort. Da sind auch andere. Wir helfen ihm dabei, eine Entscheidung zu treffen. Wir sind die Energie einer Kraft, die gegenwärtig ist und die ihm helfen kann. Es gibt Orange und Gelb, aber ich bin Teil von Rot. Es ist eine Kriegssituation. Er muss entscheiden, ob er jemanden töten soll, oder nicht. Wir sind ein Faktor, der ihm dabei hilft, zu entscheiden, ob es einen besseren Weg gibt, als den zu töten. Dabei zu helfen, einen besseren oder einen anderen Weg zu finden. Es geht um eine Entscheidung. Und ich sehe mich als Teil der roten Energie, die versucht, ihn zu beeinflussen oder ihm zu helfen, diese bessere Entscheidung treffen zu können."

Obwohl sie darüber verwirrt war, schien sie für diesen Mann eine Art Schutzgeist zu sein und sie war auf eine Mission geschickt worden, um ihm zu helfen. Ich beschloss, sie von dieser Szene wegzubringen und diesem Mann zu erlauben, eine Entscheidung zu treffen. Ich ließ Edith zurück in ihren Körper kommen und rief das Unterbewusstsein hinzu. Ich wollte vor allem mehr über den goldenen Lichtstrahl wissen, weil ich zuvor noch nie davon gehört hatte.

D: *Sie sagte, sie sei Teil des weißen Lichts, des goldenen Lichts, als einer von Tausenden und Abertausenden kleiner Punkte. Dann kam ein goldener Lichtstrahl herunter. Was genau war das?*
E: Er entspricht einem göttlichen Willen, einer Absicht. Es entsteht dann, wenn eine Notwendigkeit für etwas besteht. Und diese Notwendigkeit wird dann durch den göttlichen Willen abgedeckt.
D: *Also musste sie selber keine Entscheidung treffen. Es wurde alles für sie in die Wege geleitet?*
E: Ja. Sie war Teil des Lichts in einem Strahl. Dieser Strahl war ins Licht gekommen. Er legte diesen Funken in einem Teilbereich ab, der bereits in der Entstehung war. Dieser Funke war Teil jenes Geistes, der begann, sich zu verkörpern.
D: *Unterscheidet sich dieser Strahl von der Quelle?*

E: Nein, er ist lediglich ein Aspekt davon. Er ist ein Teil des göttlichen Willens, der in Aktion gekommen ist. Er ist eine Notwendigkeit, die erfüllt wird. Er ist ein Prozess. Nicht der Prozess selbst, sondern ein Aspekt jenes Prozesses, der ihn ermöglicht hat..

D: Und später kannst du wählen?

E: Wie soll man es erklären. So oder so wir eine Zufriedenheit erreicht: wenn man aktiviert wird, oder wenn man die Wahl erhält. Es sind verschiedene Bereiche.

Das war eine interessante Wortwahl. "Wenn man aktiviert wird." Anscheinend ist man vorher Teil der Quelle und ist sehr zufrieden damit, dort zu bleiben. Wenn man diesen Ort dann verlassen muss, wird man aktiviert, um eine separate, funktionierende Einheit zu werden (Punkt, Funke, was auch immer). Dann beginnt ein neuer Prozess.

D: Am Anfang hast du keine Wahl? Und danach hattest du die Wahl? Ist das korrekt? Ich versuche, es zu verstehen.

E: Ich versuche, es zu erklären. Ich habe nicht das Gefühl, dass eines vor dem anderen passierte. Aber in diesem Fall hat es so funktioniert.

Der interessanteste Aspekt in dieser Regression war für mich die Erwähnung des goldenen Lichtstrahls. Ich habe viele Male über die Quelle berichtet, die große zentrale Sonne, das wundervolle weiße Licht, von dem wir alle kommen. Es wurde oft beschrieben, dass wir uns trennen und zu etwas physischem werden. Dies war jedoch das erste Mal, dass dieser Teil des Prozesses erwähnt wurde. Anscheinend sind all die kleinen Funken, die einzelnen Seelen, sehr zufrieden damit, in diesem Zustand ewiger Glückseligkeit zu verbleiben. Bis etwas anderes entscheidet, dass es an der Zeit für einen von ihnen ist, sich zu trennen und eine Reise des Lernens und der Erleuchtung zu beginnen. Dann trennt sich der goldene Strahl von der Quelle und dient als Träger, um den hereinkommenden Funken zu jenem physischen Behälter (= Körper) zu geleiten, den er nun zum ersten Mal besetzen soll. Dann beginnt der bereits beschriebene Prozess.

KAPITEL NEUNZEHN

DIE LICHTKUGEL

Janes erste Eindrücke schienen wie ein Fantasieland, weil alles so idyllisch war. Sie beschrieb eine wunderschöne Naturszene, in der sie auf einer Wiese im Gras lag und die Schmetterlinge und Vögel sowie das Geräusch von fließendem Wasser in den nahe gelegenen Wäldern genoss. Es gab sogar eine kleine Fee, die goldenen Feenstaub verstreute.

„Die Szene ändert sich jetzt. Das ist sehr seltsam. Es tauchen immer wieder Dinge auf, die nichts miteinander zu tun haben. - Jetzt sehe ich rechts von mir einen Stamm dunkelhäutiger Menschen, die sich hocken. Sie schauen zu. Es sieht so aus, als würden sie mich ansehen. Ich sehe sie alle schauen, woher ich komme, obwohl ich nicht weiß, was das ist. Es fühlt sich an, als würde ich nur beobachten. (Pause) Sehr seltsam. Für mich sehe ich aus wie eine Kugel. Irgendwo zwischen Pink und Rot. Nicht Pink, vielleicht eher burgunderrot - so ähnlich. Das ist sehr seltsam, als wäre ich nur eine Kugel, die dort schwebt und diese Szene betrachtet.

D: *Sehen dich diese Leute so?*
J: Ich fühle und sehe nur all ihre Augen auf mich. Ich weiß nicht, was sie sehen. Sie sehen mir nur zu, wie ich vorbeigehe. Jetzt ändern sich die Dinge so schnell. Zuerst hatte ich das Gefühl, auf einem trockenen Flussbett unterwegs zu sein, und die Leute waren an der Seite. Es ist, als wäre ich nur in dieser Kugel und beobachte, was draußen ist. Nur ändert es sich ständig. Es bleibt nicht lange gleich. Ich kam an dem Stammesvolk vorbei, und es war ein trockenes, sandiges

Flussbett. Und jetzt gibt es auf beiden Seiten Bäume. Ich reise nur durch. Es ist sehr seltsam. Und die Szenen ändern sich so schnell, dass ich mir nicht einmal ein Bild davon machen kann, was es genu ist. Ich habe das Gefühl, ich schaue nur hinaus und sehe zu ... Jetzt sehe ich Affen in den Bäumen an der Seite. Und ich war bei Gebäuden, die aussehen wie ... es ist einfach alles so schnell. Mir ist nichts bewusst, was ich tue, ich reise durch und beobachte.

D: Dann fühlst du, dass dein Körper die Kugel ist? Oder bist du in dieser Kugel?

J: Ich fühle keinen Körper. Ich fühle nur die Kugel und sehe diese Kugel.

D: Und du kannst überall hingehen, wo du willst.

J: Ich bin mir nicht sicher, ob ich dorthin gehen möchte, oder ob ich dazu programmiert worden bin. Aber als du mich das gefragt hast und ich darüber nachdachte, wo ich hin will, wollte ich zum Meer. Und dann war es da. Vielleicht kann ich einfach dorthin gehen, wo ich will. Es fühlt sich an, als würde ich ein wenig über dem Boden schweben und mich durch all diese verschiedenen Szenen bewegen. Und jetzt fühle ich nicht, dass ich programmiert bin. Ich denke, es gibt einige Programme und einige Elemente, die ich selbst steuern kann, es ist nicht ausschließlich das eine oder das andere.

D: Mal sehen, woher du als diese Kugel gekommen bist. Wenn du programmiert sein solltest, dann sehen wir uns an, wer dich programmiert hat. Und wir können das sehr einfach machen, indem wir in die Vergangenheit zurück gehen. Woher kommst du in dieser Form als Kugel? Wo hast du diese Reise deiner Beobachtungen begonnen?

J: Ich habe das Gefühl, dass ich in die Vergangenheit gesaugt werde und mich sehr schnell rückwärts bewege. In der Ferne sehe ich einige Planeten. Ich bewege mich ausschließlich rückwärts. (Pause) Ich sehe eine Art von Maschinen. Sie sind silbergrau mit dunklem Material, aus dem Sonnenblenden gemacht sind. Und ich bewege mich rückwärts durch diese Maschinen hindurch. Sie sind jeweils seitlich von mir und ich bewege mich rückwärts durch sie hindurch.

D: Wo sind diese Maschinen?

J: Am Himmel. Es war hell und jetzt bewege ich mich durch die Dunkelheit. Es fühlt sich an, als wäre ich zurück zu einem

Stern gegangen. Als ob ich irgendwie gegen seine Oberfläche geknallt wäre und dann mit ihm verschmolzen bin. Ich sehe überall Sterne und es fühlt sich an, als wäre ich direkt mit einem von ihnen verschmolzen.

D: *Aber die Maschine war da draußen im Weltraum?*

J: Es gab mehrere von ihnen und sie sahen alle gleich aus. Sie reisten an meinen beiden Seiten entlang, während ich mich rückwärts durch sie hindurch bewegte. Ich bewegte mih durch sie hindurch. Wir waren nicht gemeinsam unterwegs, sondern ich überholte sie.

D: *Und dann bist du mit diesem Stern verschmolzen?*

J: Ja, als würde ein Wassertropfen auf einen Teich treffen. Er spritzt dort hinein und verbindet sich mit der Wasseroberfläche, bis diese Oberfläche wieder ganz glatt ist.

D: *Wie fühlt sich das an?*

J: Es fühlt sich wirklich gut an. Es macht mich traurig. Weil es sich so gut anfühlt.

D: *Hast du das Gefühl, alleine zu sein, oder sind auch andere bei dir?*

J: Es ist alles eins, es ist alles da. Ich bin ein Teil des Ganzen. Wir sind alle gleich und wir sind alle gemeinsam dort. Es ist lediglich eine Form. Sie ist silbrig, fast wie ein Ball aus Quecksilber, sobald sich alles mit allem verbindet. Es ist alles so sanft und silberfarben. Es ist nicht der Ort, an dem ich geschaffen wurde - wo ich entstanden bin - aber er ist alles sehr angenehm und vertraut. Es fühlt sich einfach richtig an. Mein Herz prickelt. Ich bin gerade mit allem verschmolzen und es fühlt sich einfach gut an.

D: *Es ist wichtig, dass es sich für dich angenehm anfühlt. Gehen wir nun weiter zu dem Zeitpunkt, an dem du dort weggegangen bist und diese Reise begonnen hast. Hat dir irgenjemand jemand gesagt, dass du das tun sollst?*

J: Es ist nicht so, dass es mir jemand gesagt hätte. Es gibt dort wirklich niemanden, der jemandem sagt, was er tun soll. Es ist einfach so, dass wir alles es wissen. Alle Teile von uns, die dort leben, wissen ganz einfach, dass wir das tun sollen. Und wir machen es einfach.

D: *Also sagt dir niemand, dass du es machen sollst. Du weißt nur, dass du es tun musst.*

J: Ja. Wir stellen es nicht in Frage. Es geibt keine Diskussion darüber. Es ist ganz einfach so, dass wir losgehen, sobald wir wissen, dass die Zeit dafür gekommen ist.

D: *Was genau ist deine Aufgabe?*
J: Ich beobachte. Als ich mich vorwärts bewegte, erhielt ich meine eigene Form aus dem Ganzen. Und es fühlte sich an, als wäre ich vom großen Ganzen weggesprengt worden und sehr schnell dorthin zurückgeflogen, woher ich gerade gekommen war.
D: *Wie sah deine Form aus, als du dich losgelöst hast?*
J: Es war eine silberne Kugel. Sie ist wie ein Kreis, der sich aus dem Ganzen löst, aber dann verschmilzt das Ganze wieder, bis alles wieder ganz glatt ist. Und dann das Gleiche dann noch einmal, wenn ich zurückkomme.
D: *Ihr habt also alle das Gefühl, dass ihr das tun müsst - loszugehen und alleine fortzureisen?*
J: Ja, genau das machen wir. Wir reisen, wir beobachten und wir kehren wieder zurück. Und ich spüre, dass, wenn ich zurück ins Ganze komme, all diese Informationen von der Quelle in sich selbst aufgesogen werden.
D: *Weißt du, was dann mit diesen Informationen passiert?*
J: Als Bild bekomme ich nun hauptsächlich die Erde. Es werden aber auch andere Planeten beobachtet. Und wir beobachten sie und helfen ihnen.

Anscheinend verrichten die Seelen als ein Art Beobachter ihre Arbeit. Sie sammeln Informationen und tragen sie wieder zurück zu Quelle. Offenbar helfen sie auch auf verschiedene Art in ihrer geistigen Form, obwohl es offensichtliche Einschränkungen bei ihrer Wirkung gibt. Irgendwann während dieses Prozesses wurde entschieden, dass sie mehr Einfluss haben könnten, wenn sie in einem physischen Körper leben und direkten Kontakt zu den Menschen haben könnten. Es fragt sich, ob der eine oder der andere Weg besser oder effektiver ist als der andere. Dies erklärt auch die zunehmende Anzahl von Menschen, die hier zum ersten Mal auf die Erde gekommen sind. Deshalb ist die Erde für sie so verwirrend und fremd. Vielleicht wurde angenommen, dass ihr Einsatz wesentlich wirkungsvoller wäre, wenn sie frisch und unverbraucht sind und nicht durch vergangene Leben und Karma belastet würden. Sie wären auch nicht aufgrund vieler Lebenszeiten inmitten der Negativität der Erde völlig desillusioniert. Das wäre eine Erklärung für viele neuen, unverbrauchten Seelen, die zu dieser Zeit auf die Erde gekommen sind.

D: *Was macht die Quelle denn mit all den Informationen, wenn sie von ihr aufgenommen werden?*

J: Ich nehme wahr, dass wir zuschauen und helfen, wo wir können. Es geht darum, Dinge zu überwachen, zu beobachten und zu zu sehen, was passiert, und die Informationen darüber, was geschieht, zurückzubringen. Einfach herumzureisen und eine Energie abzugeben, um so vielen wie möglich zu helfen. Es gibt eine bestimmte Art von Energie, die während dieser Reisen verbereitet wird. Ich sehe, dass es zwar nicht genau dasselbe ist, aber mit dem jenem Feenstaub vergleichbar ist, der verstreut wird. Ich sehe eine Art von Energie, die überall verteilt wird. Es gibt viele von diesen Kugeln, die das tun. Es gibt viele, viele verschiedene Kugeln, die sich vom Ganzen lösen und hierher kommen. Ich sehe eine Energie, die auf die Erde gesprenkelt wird und ihr zur Verfügung steht. Und einiges von dieser Energie wird verwendet, anderes nicht. Einige Menschen nutzen diese Energie, um anderen zu helfen, andere nicht. Einige sind so negativ, dass sie sich des Lichts nicht bewusst sind. Dass sie nicht wissen, dass es da ist. Aber diese Energie wird verteilt. Das ist es, was ich tue.

D: *Wolltest du schon immer einmal in einen physischen Körper sein?*

J: Das hatte ich bereits zuvor mehrfach gemacht. Wenn ich beobachte, wissen wir nur, dass das unsere Aufgabe ist. Wir tun es und stellen es nicht in Frage. Wir wissen nur, dass dies unser Ziel ist, und dann machen wir es. Und dann kommen wir zurück und das wars.

D: *Also hast du gelegentlich auch einen physischen Körper?*

J: Die Energie, die sich in der Kugel befindet, war zuvor in physischen Körpern enthalten. Es fühlt sich jedoch nicht so an, als ob das geleichzeitig geschah. Wenn ich mich die Form in Kugel hineinfühle, spüre ich, dass dies ein anderer Ausdruck und eine andere Erfahrung ist, als die des physischen. Und wenn ich so unterwegs bin, erledige ich meinen Job und gehe dann zurück zum Ganzen. Aber ein Teil der Energie, die sich in der Kugel befindet, geht in ein physische Form über.

D: *Nur ein Teil der Energie?*

J: Ja, so fühlt es sich an.
D: *Wäre dies das, was Menschen eine „Seele" nennen? Oder eine gesitige Kraft? Oder gibt es einen Unterschied zwischen diesen Aspekten und der Kugel?*
J: Die Kugel ist nur eine andere Form, die die Seele angenommen hat.
D: *Also kann sie einen Teil ihrer Energie in einem menschlichen Körper belassen?*
J: Ja. Ich fühle, dass die Energie in der Kugel ein Ausdruck ist, den die Seelenessenz annehmen kann, den sie angenommen hat, und der menschliche Körper ist ein anderer Ausdruck davon.
D: *Warum entscheidet sie sich dafür, in einen menschlichen Körper einzutreten? Gibt es einen Grund, warum sie aufhört, in der Beobachterrolle zu sein?*
J: Es ist lediglich ein anderer Ausdruck, eine andere Erfahrung, ein anderer Teil des Ganzen, der erlebet werden möchte.
D: *Und habe ich Recht, dass die Kugel (oder Seele) ihre Existenz geleichzeitig fortsetzt und nur ein Teil der Energie in einen menschlichen Körper gelangt?*
J: Es fühlt sich so an, als wäre es einfach eine andere Erfahrung. Wenn sie ihre Erfahrung als Kugel gemacht hat, kann die Energie etwas anderes wählen ☐und sich dafür entscheiden, eine menschliche Form anzunehmen. Es gibt viele Ausdrucksormen - es sind nicht die einzigen zwei. Aber es sind nie 100% der gesamten Energie in einer Ausdrucksform enthalten, daher ist sie auf viele verschiedene Dinge aufgeteilt, auf viele verschiedene - ich verstehe immer wieder das Wort "Ausdruck, Erfahrung". Dass sie auf viele verschiedene Ausdrucksformen aufgeteilt ist.
D: Gibt es einen Grund, warum nicht die gesamten 100% in eine Erfahrung, in eine Ausdrucksform Eingang finden?
J: Ich bekomme die Information, dass es dafür mehr als einen Grund gibt. Einer der Gründe ist, dass es der physische Körper nicht verkraften würde, wenn zum Beispiel 100% dieser Energie in einen einzigen Körper gelangen würde. Nur ein gewisser Prozentsatz davon gelangt dort hinein☐.
D: *Die Energie wäre also zu stark?*
J: Ja. Und der andere Grund dafür ist, dass so viele Dinge wie möglich gleichzeitig erlebt werden sollen. Deshalb dürfen nicht 100% der Energie in eine einzige Ausdrucksform

gelangen.

D: *Es geht also darum, so viel wie möglich zu erleben, so viele unterschiedliche Informationen wie möglich mit zur Quelle zurückzubringen.*

J: Ja, für welche Rolle auch immer sich die Seele entscheidet, für welche Ausdrucksformen auch immer sie sich in den verschiedenen Zeiten entscheidet. Ich sehe das Ganze, die Quelle und dann die verschiedenen Funken, die sich als einzelne Seelen davon lösen und auf die Reise gehen. Außerdem spalten sich diese Seelen in verschiedene Ausdrucksformen auf, je nachdem, welche Formen von ihnen gewählt werden. Und ich sehe sie alle aus dem Ganzen kommend, aus dem großen Licht. Es ist, als wären sie jeweils kleine Spuren des Lichts, die aus dem Ganzen kreiseln und und immer weiter kreisen. Sie kreiseln herum und kommen wieder herein und trennen sich wieder. Und alles passiert zur gleichen Zeit. Aber sie beginnen alle am selben Ort, spalten sich ab und kehren wieder zurück. Und das ist alles, was es gibt.

D: *Ich versuche es zu verstehen. Wenn wir das erleben, erfahren wir sowohl das Positive als auch das Negative, nicht wahr?* (Ja) *Gibt es dafür einen bestimmten Grund?*

J: Ich sehe, dass es vor allem um das gesamte Wissen und um Informationen geht. Und um die Weisheit, den Unterschied in allen Dingen zu erkennen, weil wir uns vom Licht, vom Positiven, getrennt haben. Wir wollten etwas anderes erleben, und jetzt erleben wir es. Und nun versuchen wir alle wieder, zum Ganzen und zum großen Licht, zurückzukehren. Um den Kreis wieder zu schließen.

D: *Was passiert, wenn wir den Kreis schließen und endlich wieder zurückkehren?*

J: Dann lösen wir uns wieder.

D: *Wir würden das Ganze noch einmal von vorne beginnen?*

J: Wie auch immer unsere Entscheidung ausfallen wird. Es muss nicht immer dieselbe Erfahrung sein, die wir machen. Und ich sehe noch mehr. Es ist, als würden kleine Lichtstrahlen in alle Richtungen gehen und einen Kreis bilden, als würden sie um eine Kugelform laufen, nur dass sich in der Mitte dieser Kugel nichts befindet. Aber es entsteht eine Kugelform, und alle Lichtstrahlen trennen sich einzeln ab und strahlen in all diese verschiedenen Richtungen. Und dann kommen sie wieder zurück. Aber ich sehe nicht das Ende dieses Prozesses, wenn jeder Lebensstrom, jeder Lichtstrahl ins Ganze zurückkehrt und dort für immer bleibt. Ich sehe immer nur diesen Kreis, diesen endlosen Kreis. Ich sehe nicht, was passiert, wenn alle die einzelnen Funken oder Lichtstrahlen beschließen, für immer zu Hause zu bleiben.

D: *Ja, was ist denn, wenn sie plötzlich sagen würden: "Ich will nicht mehr losgehen"?*

J: Es gibt innerhalb der verschiedenen Funken genügend Lust, weiterzumachen, um den Zyklus am Laufen zu halten. Ich sehe nicht den Zeitpunkt, an dem sie alle zurückkommen und nicht wieder losziehen werden. Ich sehe diesen Aspekt nicht. Ich sehe nur den Kreis mit all dem Licht, das immer wieder zurückkehrt. Und das durch die Quelle zurückkommt und sich dann wieder abspaltet. Es sind nicht immer die gleichen Strahlen oder Funken; es auch nicht immer alle zur gleichen Zeit und nicht alle ziehen wieder sofort los, aber es bildet sich stets ein Kreis. Letztendlich verlässt jeder Funke wieder den von ihm gewählten Ausdruck oder seine von ihm gewählten Ausdrucksformen. Es kann mehr als eine Ausdrucksform zur gleichen Zeit geben, für die sich ein Funke entscheidet.

D: *Wie fühlst du dich dabei? Ist es etwas, das du gerne machst?*

J: Es fühlt sich fast lustig an. Es fühlt sich an, als würden wir immer wieder herumkreisen und das ist in Ordnung. Und wenn wir zur Quelle zurückkehren, wollen wir wieder gehen und das tun wir auch. Aber es ist nicht immer eine menschliche Ausdrucksform, also machen wir nicht immer eine Erfahrung als Mensch. Es gibt andere Ausdrucksformen, daher wechselt es ständig. Aber es bringt mich fast zum Lachen, dass wir damit einfach immer weiter und weiter machen.

D: *Was sind das für andere Ausdrucksformen, die nicht menschlich sind?*

J: Ich sehe Leben auf anderen Planeten und in anderen Dimensionen. Und ich sehe Zeiten der Ruhe. Es gibt verschiedene Möglichkeiten.

D: *Nur um zu lernen und alles zu beobachten?*

J: Und manchmal nur, um sich zu entspannen. Manchmal nur, um Zeit zu haben, alle Erfahrungen zu integrieren und zur Ruhe zu kommen. Es ist eine andere Ausdrucksform im

Physischen. Sie fühlt sich sehr aktiv an und es gibt so viele verschiedene Möglichkeiten. Aber es gibt auch andere Orte, die ruhiger und entspannender sind. Wir gehen dort nur aufgrund der zu machenden Erfahrung hin.

D: *Also wirst selbst du nach einer Weile müde, wenn du immer wieder dasselbe tun musst und immer wieder zurückkehrst?* (Ja) *Wie sehen diese Orte aus, an denen du dich nur ausruhst?*

J: Ich sehe jetzt einen Ort, der vollkommen blau ist und der sich friedlich und ruhig anfühlt. Das Tempo dort ist sehr langsam. Das Bild, das ich zur Erklärung wähle sieht so aus, dass es sich anfühlt, wie im Wasser zu schwimmen, ohne dafür etwas tun zu müssen. Es ist beinahe so, wie im Mutterleib. Zu schweben und sich einfach friedlich zu fühlen.

D: *Sagt dir jemand, wann du wieder losgehen sollst?*

J: Ich sehe nicht, dass mir jemand sagt, was ich tun soll. Ich kann an diesem Ort keine Autoritäten oder so etwas entdecken. Es fühlt sich einfach wie ein Ort der Entspannung an. Und wenn es an der Zeit ist, wissen wir es und wir gehen zum nächsten über.

D: *In der Zwischenzeit sammelt ihr also Informationen aus vielen Lebenszeiten, aus vielen Erfahrungen und von vielen Ausdrucksformen?*

J: Ja, und einfach nur zu entspannen, besonders nach einer physischen 3D-Erfahrung. Es ist körperlich, geistig und emotional so hektisch in der 3D-Welt. Es gleicht einer sehr schnellen Achterbahnfahrt. Ich sehe, dass die Ränder unseres Energiefeldes ausgefranst und uneben sind, wenn wir eine physische Existenz verlassen. Wir können also zu diesem Ort der Ruhe gehen, den ich gerade sehe, um uns zu entspannen und uns wieder zu sammeln. Es ist, als würden wir unsere Energie wieder in unsere Mitte ziehen.

D: *Erholung.* (Ja) *Es ist also keine leichte Aufgabe, das physische und eine Existenz als Mensch zu erleben.*

J: Richtig. Es ist keine leichte Aufgabe, aber es ist nur eine Wahl, die wir getroffen haben und es ist nur eine der möglichen Ausdrucksformen. Und es ist nur eine Erfahrung, die wir selbst inszeniert haben. Und für diejenigen, die das herausgefunden haben, macht es die Sache so viel einfacher.

D: *Aber du weißt, wie Menschen sind. Sie holen das Gesamtbild auf ein alltägliches Niveau herunter. Wir sind doch in*

unseren Emotionen gefangen, oder?
J: Ja, das tun wir. Und ja, wir sind in unseren Emotionen gefangen.

Ich fand, es sei Zeit, das Unterbewusstsein zu kontaktieren, um Antworten auf Janes Fragen zu erhalten. So wie ihre Antworten ausfielen, hatte ich aber wahrscheinlich bereits mit jenem Teil gesprochen, der alle Antworten kennt. Trotzdem stellte ich die Frage: "Warum wurde diese Erfahrung heute für Jane ausgewählt?"

J: Sie war neugierig zu erfahren, ob sie bereits in anderen Formen gelebt hat, und deshalb wollten wir, dass sie sich das hier anschaut. Und auch, damit sie weiß, dass ihr Sinn in vorherigen Existenzen darin bestand, zu helfen.
D: Ihr wolltet ihr zeigen, wie alles begonnen hat und woher sie gekommen ist?
J: Ja, das alles so viel größer ist als dort, wo sie sich gerade befindet, es ist so viel größer. Es ist manchmal sehr schwierig, weil man sich in den Alltag vertieft und das große Ganze aus den Augen verliert. Sie kam auf diese Welt und wählte dieses Leben, um all die verschiedenen Arten des menschlichen Fühlens vollständig zu erleben. Und um diese Erfahrung dann zu nutzen, um anderen Menschen zu helfen, die möglicherweise verloren sind und Probleme haben und die jemanden brauchen, mit dem sie sich verbinden können.

Das Leiden der Tiere hatte Jane tief getroffen. Sie wollte gerne erfahren, warum sie so stark darauf reagierte.

J: Ja, sie kämpft immer noch mit ihren menschlichen Reaktionen, und dies ist eine der schwierigsten Erfahrungen für sie. Sie kann menschliche Entscheidungen nachvollziehen, egal wie schlecht oder negativ sie an der Oberfläche aussehen mögen. Aber zu verstehen, was die Tiere erleben - das war für der härter. Sie soll jedoch wissen, dass auch die Tiere eine Wahl haben und sich freiwillig bereit erklärt haben, zu kommen, zu leben und zu sterben. Und was auch immer passiert ist und mit ihnen passieren wird, sie haben ebnfalls diese Wahl getroffen. Sie können sich entscheiden.

Diese Schilderung ähnelt auch die der japanischen Klientin, die zum ersten Mal auf die Erde gekommen ist (Kapitel 15) und die sich über verschiedene Landschaften schweben sah und alles beobachtete.

KAPITEL ZWANZIG

DER TEMPEL DES WISSENS

Sandra ist Heilpraktikerin, lebt in Kalifornien und hat dort eine gutgehende Praxis. Bevor sie sich entschied, Heilpraktikerin zu werden, studierte sie Medizin. Außerdem ist sie in Akupunktur und chinesischer Medizin ausgebildet.

Als sie von der Wolke kam, befand sie sich am Fuße eines Berges. "Ich weiß nicht, ob ich den ganzen Weg gelaufen bin oder ob ich ... Ich möchte fast „teleportiert" sagen. Es fühlt sich nicht so an, als wäre ich müde vom vielen Laufen, aber ich bin weit gereist. Ich befinde mich nun in einem Tempel des Wissens. Eigentlich ist der Ort in den Berg hinein gebaut. Es ist nicht riesig, aber es ist geräumig. Es gibt dort rote Säulen und goldene Gravuren an dem Gebäude. Ich sehe, dass dort riesige Doppeltüren mit goldenen Gravuren sind. Dieser Ort kam früher schon in Meditationen zu mir, aber jetzt wirkt er wesentlich lebendiger. Es gibt viele Farben auf der Außenseite des Gebäudes; hauptsächlich Gold und ein sehr tiefes Blau. Ich bin dort schon einmal hineingegangen. Es ist ein Tempel des Wissens."

D: Wusstest du, bevor du diese Reise begonnen hast, wohin du gehen wolltest?
S: Ich wusste, dass ich irgendwohin gehen würde. Ich bin nicht sicher, ob ich wusste, dass dies das Ziel sein würde. Dies ist der Ort, an dem ich Wissen erhalte. Ich glaube, er hat mich hierher gerufen. Er ist weit weg von meinem Wohnort.
D: War das ungewöhnlich für dich - ohne zu wissen, wohin du gehst?
S: Es ist nicht ungewöhnlich für unsere Zivilisation, für die

Menschen, die mit mir leben. Die Menschen wissen und sind sich bewusst, dass sie zu etwas berufen sind, dass es ein Schicksal gibt und dass sie ihrer Berufung folgen müssen. Und dies war meine Berufung, also kam ich hierher. Ich glaube, meine Familie wusste, dass ich weggehen musste, also tat ich es. Daran ist nichts Ungewöhnliches.

D: Ich habe mich gefragt, ob du eine Familie hast. Was meintest du, als du von deiner Zivilisation gesprochen hast?

S: Ich glaube, es ist Lemurien. Es fühlt sich wie die Energie von Lemurien an.

D: War das eine Stadt, wo du gelebt hast?

S: Wir haben Gemeinschaften, es sind nicht wirklich Städte. Ich kam von einem Ort, an dem wir in kleinen Gruppen mit Familien auf einer Ebene lebten. Ich war Holzfäller - jemand, der Bäume fällte. Nicht so, wie wir es jetzt tun, aber wir haben Bäume geschlagen. Wir wählten den geeigneten Baum, der gefällt werden musste, damit der Wald gut wachsen kann. Dann nutzten wir das Holz, um unsere Werkzeuge und ähnliches zu zimmern.

D: War es für dich ungewöhnlich, einem Ruf zu folgen?

S: Ja, weil ich ansonsten ein normales Leben führte. Aber als ich eines Tages im Wald war, wußte ich plötzlich, dass ich gehen musste, dass ich irgendwohin musste, aber ich wusste nicht wohin. Ich wurde unterstützt und ermutigt zu gehen und bin hier gelandet. Ich wusste nicht, wie lange ich brauchen würde, um hierher zu kommen. Und ich bin mir nicht ganz sicher, wie ich hierher gekomen bin - beinahe so, als hätte ich mich hier einfach wiedergefunden. Als würde ich im Wald arbeiten und dann plötzlich in bestimmten Abschnitten meiner Reise aufwachen. Als erwachte ich während der Reise, ohne genau zu wissen, wie ich dahin gekommen bin. Und es gibt diese Abschnitte, um an einen anderen Ort zu gelangen, und dieser ist dann der Endpunkt. Ich habe nicht wirklich das Gefühl, dorthin zu gehen. Ich fühle mich nicht müde oder staubig oder ähnliches.

D: Was wirst du tun, jetzt wo du dort bist?

S: Ich gehe in den Tempel hinein, ich habe dort einen Lehrer. Es gibt große goldene Türen und einen schwarzen Marmorboden. Große Kristalle in der Mitte; wirklich sehr, sehr groß - drei bis vier Meter hoch - wirklich große

Kristalle. An einem Ende des Raumes steht ein Altar. Nun, es ist nicht wirklich ein Altar, es ist mehr ein Portal. Die Kristalle sind ringförmig angeordnet. Und in der Mitte des Rings gibt es ein weiteres Portal, durch das alte Meister kommen können. Und im Zentrum kommt das Wissen durch das hinein, was ich für den Altar hielt. An einem Ende des Gebäudes können Menschen hineinkommen und hinausgehen. Es ist ein physisches Portal, eine Tür, durch das man zu verschiedenen Orten gelangen kann.

D: Aber der andere Portal ist keine physische Tür?

S: Das Portal in der Mitte ist auf irgendeine Weise physischer Natur. Man aktiviert die Kristalle durch Tonen. Man stimmt und berührt die Kristalle und dann erwachen sie. Sie werden aktiviert und die Kristalle senden dieses besondere Licht aus. Sie müssen lediglich ein Kristall berühren und die Kristalle erwecken sich dann gegenseitig. Sie aktivieren sich in unterschiedliche Richtungen.

D: (aufgrund ihrer Handbewegungen) Du meinst, dass die Kristalle nicht nacheinander aktiviert werden, sondern in alle Richtungen gleichzeitig ausstrahlen?

S: Ja, das ist richtig. Und wenn die Energie wächst, wird das Zentrum zu einem Wirbel. Und man kann in diesem Wirbel stehen.

D: Stehst du in der Mitte, wenn du den Klang erzeugst?

S: Nein, man steht an der Seite. Es gibt alle möglichen unterschiedlichen Kristalle. Es gibt unterschiedliche Kristalltypen. Es gibt schwarze und durchsichtige Kristalle und es gibt verschiedene Farben. Sie sind so groß wie Generatoren und jedes Kristall hat unterschiedliche Verwendungszwecke. Man wählt ein Kristall aus und kann darin verschiedene Facetten berühren und aktivieren. Und ein Gedanke oder eine Absicht dessen, was man wissen möchte, aktiviert gleichzeitig andere Kristalle durch jenen Ton, den man vorgegeben hat. Es verursacht eine Vibration.

D: Muss es ein bestimmter Ton sein?

S: Ja, es ist ein bestimmter Ton, und eigentlich muss man nicht einmal den Ton erzeugen. Man kann sich den Ton denken. Man kann sich den Ton im Kopf vorstellen und dieser kann den Kristall auf eine bestimmte Weise berühren.

D: Ich dachte, man müsste tatsächlich ein physisches Geräusch machen, dass dann die Vibration erzeugt.

S: Das kann man ebenfalls machen. Man kann aber auch lernen, sie einfach im Kopf zu erzeugen. Bestimmte Töne für bestimmte Vorgänge. Also unterschiedliche Töne, je nachdem was man braucht.

D: *Abhängig von dem, was man erreichen möchte, wäre es dann jeweils ein anderer Ton?*

S: Ja! Oder eine Kombination von Tönen.

D: *Wusstest du das, bevor du dort hingekommen bist?*

S: Ich weiß nicht, woher ich es weiß. Offenbar habe ich schon immer gewusst, wie die Anwendung ist. Man steht in der Mitte des Wirbels, um die Informationen zu erhalten. Und die Kristalle erzeugen eine Resonanz, mit der das Wissen heruntergeladen und empfangen werden kann.

D: *Ist es ein bestimmtes Wissen, nach dem du fragst?*

S: Ja. Oder Wissen, das erhalten werden muss.

D: *Wie gelangt es dann in den Körper, wenn man in der Mitte steht?*

S: Eigentlich ist es so, dass der Körper verschwindet. Und dann, wenn er wieder auftaucht, ist das Wissen einfach da.

D: *Wohin geht der Körper?*

S: Es wird eins mit dem Universum.

D: *Aber es kommt zurück, weil er physischer Natur ist ...*

S: Richtig. Er kommt wieder zurück. Und dann wird das Wissen in die Zellen des Körpers integriert.

D: *Sind da noch andere Leute?*

S: Im Moment nicht. Und ich glaube nicht, dass sehr viele Leute hierher kommen.

D: *Ich dachte, es müsste jemanden geben, der euch zeigt, wie man diese Dinge benutzt.*

S: Nein, ich weiß bereits, wie man sie nutzt. Ich denke, was durch den anderen Vortex, das Portal, durchkommt, ist eine Art Führer, eine physische Person, die sich um diesen Ort zu kümmern scheint und mit der ich mich beraten kann. Oder ich kann durch diese Tür zu anderen Orten gehen und andere Leute oder andere höhergestellte Führer oder Lehrer konsultieren. Diese Person, die sich um den Ort kümmert, pflegt auch die Kristalle und bewacht den Tempel. Er ist nicht wirklich ein Meister. Es ist eine Person, die mir Anweisungen geben kann, die für mein Volk von Nutzen sind. Ich werde hierher gerufen, um das Wissen zu erlangen, das meinem Volk dabei hilft, zu wachsen und sich zu entwickeln. Ich bin beauftragt, gelegentlich hierher kommen, um Wissen einzusammeln und es an andere Orte bringen, damit es Verbreitung finden kann. Ich soll umhergehen und dieses Wissen teilen. Ich habe eine Art Nomadenleben, bei dem ich von Ort zu Ort gehe. Und ich kann kleinere Kristalle verwenden, um das Wissen mitzunehmen und die mir dabei helfen, es in die Welt zu bringen. Manchmal ist es das Wissen, dass ich mündlich kommuniziere oder jemandem zeige, aber auch eine höhere Energieresonanz, damit ich den Menschen helfen kann, sich weiterzuentwickeln.

D: Werden in deiner Kultur, in deiner Zivilisation normalerweise Kristalle verwendet?
S: Kristalle werden von gewöhnlichen Menschen nicht so häufig verwendet. Sie werden von Lehrern und Heilern verwendet. Von Zeugen und von Träumenden. Sie können reisen und Informationen durch Kristalle senden. Und sie können Kristalle zum Aufzeichnen von Informationen verwenden.

D: Du hast einige der Kristalle "Zeugen" genannt. Was meinst du damit?
S: Sie sind einfach da. Man platziert die Kristalle an einem Ort, an dem Ereignisse von ihnen aufgezeichnet werden. Sie absorbieren sie.

D: Was meinst du mit Träumern? Ist das eine andere Art von Kristall?
S: Nein, die Kristalle helfen den Träumern. Ein Träumer ist ein sehr weit entwickeltes Wesen. Sie sind fast nicht mehr menschlich, weil ihre Schwingung so hoch ist, dass sie erscheinen und verschwinden können. Sie sind sehr mächtige Schöpfer ihrer Realität.

D: Benötigt man viel Übung, um an diesen Punkt zu gelangen?
S: Jahre, Jahrzehnte der Ausbildung. Träumer sind sehr, sehr langlebig. So wie viele Menschen auch, aber Träumer leben sehr lange, weil es Jahrzehnte dauern kann, zu lernen, was sie lernen. Und wenn sie dann ein hohes Alter erreicht haben, beginnen sie mit ihrer Arbeit, um den Menschen zu helfen, ihr Schicksal zu träumen, sich neue Möglichkeiten vorzustellen und sich diese selbst zu erschaffen. Träumer können sich überall hin teleportieren. Das ist das erste, was sie lernen müssen. So wird man ein Träumer.

D: Ist das eines der Dinge, die du lernen musst?

S: Nein, ich werde dieses Mal kein Träumer sein.
D: *Ist es schwierig, Teleportation zu erlernen?*
S: Es ist nicht so schwer. Es erfordert Konzentration bei der Feineinstellung deiner Resonanz, damit dein Energiefeld aufgelöst werden kann. Dann trittst du per Gedankenkraft an einen anderen Ort und bist da!
D: Und das allein bewegt den physischen Körper?
S: Ja. Es fühlt sich einfacher an als du glaubst.
D: *Es hört sich so an, als wäre es schwierig.*
S: Zum jetzigen Zeitpunkt ist es schwierig für die Menschen.
D: *Dann wissen die Träumer also, wie man sich konzentriert, und sie können den Körper auflösen - falls das die richtige Terminologie ist.*
S: Ja, das ist im Grunde das, was sie tun.
D: *Und dann setzt sich der Körper an einem anderen Ort wieder zusammen?*
S: Ja. Die Atome haben ein Gedächtnis, so dass sie einfach zurückgehen und sich in der richtigen Reihenfolge wieder zusammensetzen können.
D: *Müssen sich die Träumer darauf konzentrieren, wohin sie wollen?*
S: Man muss nur daran denken und eine Absicht haben.
D: *Und dann lernen sie, wie man träumt und den Menschen hilft, zu träumen? (Ja) Weißt du, wie sie ihnen helfen, ihr Schicksal zu erkennen?*
S: Früher wusste ich es. Ich weiß es momentan nicht. - Ich könnte wahrscheinlich fragen.
D: *Gibt es jemanden, den du fragen kannst?*
S: Ich kann den Wächter fragen. (Lange Pause) Von einem Träumer besucht zu werden, ist etwas ganz Besonderes. Und sie helfen dir, wenn du verloren bist oder wenn du dabei bist zu erwachen und zu erkennen, wer du sein solltest. Sie kommen, um dir zu helfen und du kannst sie um einen Traum bitten. Und manchen Menschen hilft der Träumer, wenn sie keinen Traum haben oder verloren sind und hilft ihnen dabei, eine Zukunft zu träumen und den Traum zu finden.
D: *Meinst du einen Traum, wie du ihn nachts hast, wenn du schlafen gehst, oder einen Traum, der gleichbedeutend mit einem Ziel ist?*
S: Eigentlich ist es dasselbe. Nachtträume liegen außerhalb von

Zeit und Raum, und diese Träume können zu deinem Ziel gemacht werden. Träume sind also nur eine Frage des Verlassens von Zeit und Raum. Du kannst das erschaffen, was du möchtest und setzt es dann wieder ein - vielleicht in eine andere Zeit und in einen anderen Raum -, aber als etwas, dass in deiner Zukunft stattfinden wird.

D: *Zuerst muss man den Traum haben, bevor man etwas schaffen kann. Meinst Du das?*
S: Man muss offen für den Traum sein. Wenn man es nicht selbst träumen kann, kann der Träumer helfen.
D: *Ist demjenigen der Träumer bekannt?*
S: Jeder kennt Träumer und es ist ein großes Privileg für jemanden, einen Träumer zu besuchen.
D: *Ist es eine physische Person, die ihnen erscheint? (Ja) Also können die Menschen diesen Träumer sehen.*
S: Ja. Träumer können jederzeit auftauchen. Normalerweise aber zu einer Zeit wichtiger Entscheidungen für eine Person. Aber nicht jeder, der am Scheideweg steht, erhält Besuch von einem Träumer. Es hängt vom vorbestimmten Schicksal der betreffenden Person ab.
D: *Muss man um die Ankunft des Träumers bitten?*
S: Manchmal kann man fragen. Aber meistens taucht der Träumer einfach auf. Der Träumer hilft, den Traum für die Person zu schaffen. Die Person ist dafür verantwortlich, ihn zu erschaffen und zu manifestieren. Aber der Traum muss zuerst da sein; die Vorstellung von etwas, das da ist. Ich glaube, der Träumer erschafft ihn, und dann lässt der Betreffende es zu, dass er sich in seinem Leben manifestiert.
D: *Ich habe mich gefragt, wie der Träumer in das Bewusstsein, in den Geist des Betreffenden kommt.*
S: Die Träumer haben die Fähigkeit zu träumen, einen Traum für die Person zu kreieren, und irgendwie wird er Teil der Zukunft der Person.
D: *Wenn der Träumende der Person erscheint, muss sie also schlafen?*
S: Nein, die Person schläft nicht. Der Träumer schläft. Und der Träumer erschafft den Traum in seinem Schlaf. Die Person lässt es einfach zu. Man muss für einen Träumer bereit sein. Ich glaube, ich sellbst bin hier, um Wissen zu bringen. Ich bin kein Träumer. Ich bin nicht dazu berufen, hier ein Träumer zu sein. Ich bringe Wissen in Form von Licht. Ich

erhalte das Wissen nur durch die Kristalle. Und ich kann Führung von verschiedenen Menschen erhalten, die mich durch ein Portal besuchen können.

D: *Ich bin geneigt, an einen Schüler zu denken, der eine Schule besucht, und an einen Lehrer, der ihm alles erzählt.*
S: Oh, nein. Hier gibt es keine Schule. Es gibt nur mich.
D: *Und dann nimmst du diese Informationen auf und nimmst sie mit zurück?*
S: Ja, an verschiedene Orte. Nicht unbedingt dorthin, wo ich herkomme. Manchmal aber schon; es hängt von den Informationen ab, denke ich.
D: *Sie werden also immer wieder an diesen Ort zurückkehren, um mehr Information und Wissen zu erlangen?*
S: Ja. Ich glaube, ich kann jetzt leicht hierher kommen. Ich glaube, ich weiß, wie man teleportiert, oder vielleicht lerne ich es gerade. Aber ich kann leicht hierher gelangen, ohne so viele Reisen machen zu müssen.
D: *Welche Art von Wissen erhälst du, dass du an die Menschen weitergeben sollst?*
S: Wissen darüber, wie sie ihr Schicksal erreichen können. Wissen darüber, wie sie ihr Leben leichter leben können. Wissen über die Natur, den Garten, den Anbau, den Pflanzen.

Ich verdichtete die Zeit und brachte sie in die Zukunft. "Ist es das, was du in deinem Leben machst?"

S: Ja, ich bin ein Lichtbringer. Ich bringe Licht zu den Menschen, und zwar Licht in Form von Erleuchtung.
D: *Akzeptieren die Menschen diese Dinge?*
S: Sie sind sehr dankbar. Ich habe eine sehr lohnende Arbeit. Sie schätzen sie sehr. Manchmal ist es schwer, wenn jemand fehlgeleitet wird, aber meistens sind die Menschen sehr in Kontakt mit ihrem inneren Wissen. Ich hoffe nur, dass ich ihnen dabei helfe, noch mehr in Kontakt zu kommen.

Ich brachte sie zu einen wichtigen Tag in ihrem Leben. Sie war wieder im Tempel. Aber jetzt war sie als Mann sehr, sehr alt. "Grauer Bart, graue Haare, und ich gehe in den Vortex, zu dem die Menschen kommen, wenn sie mich besuchen. Ich gehe...."

D: Hast du das schon vorher einmal gemacht?
S: Ich glaube nicht. Ich dachte, ich könnte es. In diesen Vortex kommen meine Lehrer, um mich zu unterrichten.
D: Du müsstest also dort nicht hinein gehen.
S: Richtig. Ich dachte immer, ich würde es tun, aber ich habe es nie getan.
D: Befindet sich der Vortex im Zentrum dieser Kristalle?
S: Nein, er ist an der Seite. Er ist auf der anderen Seite des Tempels.
D: Er ist also anders als der Ort, an dem du deine Informationen erhalten hast. (Ja) In Ordnung. Was passiert, wenn du in den Vortex hineingehst?
S: Ich löse mich auf. Ich schwebe. Das ist wunderbar. Ich kehre nach Hause zurück. Ich gehe zur Quelle.
D: Dann ist der Körper gestorben, oder was ist passiert?
S: Mein Körper ist einfach verschwunden. Als ich in den Vortex eintrat, ging er einfach dahin zurück, wo er herkam. Er brach einfach auseinander.
D: Du bist also aus dem Körper herausgekommen. (Ja) Aber du sagtest, du gehst zurück zur Quelle?
S: Ja, und in ein schönes Licht. Oh, es ist wunderschön. Wunderschön, sehr hell. Rosa, gelbes und orangefarbenes Licht. Es ist sehr beschützend und sehr friedlich.
D: Warum wolltest du nach Hause zurückkehren?
S: Ich komme hierher, um mich auszuruhen.
D: Wirst du eine Weile dort bleiben?
S: Nun, eine Weile setzt Zeit voraus. Hier gibt es nicht wirklich Zeit, also existiere ich hier und lade mich auf. Das war ein gutes Leben. Es hat Spaß gemacht. Es hat sehr viel Spaß gemacht. Es war sehr bereichernd. Und es hat viel Gutes bewirkt.
D: Du kannst also an diesem Ort bleiben, bis du bereit bist, wieder loszugehen? Ist es das, was du meinst?
S: Ja, ich bekomme hier meine nächste Aufgabe. Ich ruhe mich hier aus und entscheide, wohin ich gehe. Ich verhandle, was ich tun will. Nicht ich allein, sondern mein gesamtes Ich darf entscheiden, was ich als Nächstes lernen muss und wie ich helfen kann.
D: Was meinst du mit „gesamten Ich"?
S: Mein letztes Leben war ein Teil meines kompletten Selbst.
D: Nur ein Teil? (Ja) Aber du bruchst alle Anteile, um diese

Entscheidung treffen zu können?
S: Ja, ich brauche diese verschiedenen Anteile. Es gibt andere Teile, die konsultiert werden müssen. Mein ganzes Wesen hat das Ziel, so vieles wie möglich zu erfahren und zu berühren. Deshalb ruhe ich hier aus, bis wir entscheiden, was wir als nächstes tun.
D: *Es gibt wahrscheinlich viele Dinge, die in Betracht kommen?* (Ja) *Möchtest du immer ins physische Sein zurückkehren?*
S: Ja. Die Erde ist ein schöner Ort. Sie ist einfach sehr, sehr wunderbar. Und sie braucht Hilfe. Es gibt so viele Möglichkeiten, die noch nicht erreicht worden sind. Wir treffen Entscheidungen darüber, wann wir herunterkommen.
D: Als du die Entscheidung getroffen hast, in den als Sandra bekannten Körper zu kommen, was war da der Plan?
S: Sie soll etwas anders machen. Oh! Und sie sollte auch Wissen einbringen. Im nächsten Leben soll sie das Bewusstsein schärfen und den Menschen helfen, ihr volles Potenzial zu erkennen und sich um mehr als nur die alltäglichen Dinge zu sorgen. Sie sorgen sich um ihr Haus, ihr Auto, ihren Job, aber es gibt so viel mehr. Es gibt so viel Schönheit in der Welt. Es gibt so viel Schönheit in ihnen selbst und an anderen Orten. Es gibt andere Wesen, die man kennen und mit denen man Kontakt aufnehmen kann. Es gibt andere Teile in ihnen selbst, die sie integrieren können. Sie müssen anfangen zu erkennen, was wichtig ist.
D: *Auf welche Weise kann Sandra mit anderen Menschen zusammenarbeiten, um dies zu erreichen?*
S: Das kann sie am besten durch ihre Fähigkeit, Menschen zu inspirieren, über ihr alltägliches Leben hinaus wirklich zu leben. Die Menschen nehmen ihr Leben zu ernst. Und sie hilft den Menschen dabei zu erkennen, dass sie viel mehr sind, als sie denken. Das ist ihre Aufgabe. Sie kann Menschen inspirieren, indem sie mit ihnen spricht, und sie wird Menschen helfen, zu lernen, sich selbst etwas vorzustellen und größere Träume für sich selbst zu träumen. Dass sie aus ihrem Schmerz herauskommen und mehr Freude, Spaß und Glück empfinden können.
D: *Das klingt, als würde sie die Rolle der Träumerin übernehmen.*
S: Sie hat gute Fähigkeiten, eine Träumerin zu sein. Sie ist eine Träumerin. Sie träumt jetzt. Aber sie ist sich dessen nicht

bewusst.
D: Sandra ist in diesem Leben eine Heilerin, und sie möchte wissen, wie sie sich ausdehnen kann, wie sie ihre Heil-Arbeit erweitern kann, um mehr tun zu können.
S: Das kann sie tun, indem sie die Heilerin des Bewusstseins der Menschen ist. Viele Menschen stecken in einem Trott fest. Und sie hat die Fähigkeit, eine Frequenz von Freude und Schönheit aufrecht zu erhalten. Und sie kann bei anderen Menschen über das hinaus sehen, was diese selbst sehen können.
D: Wird sie in der Lage sein, verlorene Wissen, das sie in der Vergangenheit hatte, in dieses Leben zurückzubringen?
S: Ja, sie verbindet sich jetzt damit. Sie ist nur nicht sehr gut darin. Sie ist sehr ängstlich.
D: Könnt ihr Sandra zeigen, wie sie das Wissen zurückholen kann, damit sie es nutzen kann?
S: Sie sollte in jedem Fall diesen Tempel in ihrer Meditation besuchen. Sich damit verbinden und das Wissen hereinlassen. Und das Wissen kann ihr den nächsten Schritt zeigen. Jeder nächste Schritt, den sie macht, wird sie mehr für das öffnen, was sie in diese Welt bringen kann.
D: Also werden die Erinnerungen an das Wissen und seine Verwendung zurückkommen?
S: Einiges davon ist Erinnerung, einiges davon ist neu. Die Welt entwickelt sich weiter. Es gibt nun mehr Informationen, die hereinkommen.
D: Warum wurde ihr dieses Leben gezeigt?
S: Das war ein entscheidendes Leben für sie, und das Leben, in dem sie sich jetzt befindet, ist auch ein entscheidendes Leben. Dieses Leben war ein Leben der Anmut und des Mutes und der Fähigkeit, dem Unbekannten zu folgen. Und mit Entschlossenheit zu wissen, dass sie ein Ziel hat, auch wenn sie nicht genau weiß, wohin der Weg sie führen wird.
D: Ihr wolltet ihr also zeigen, dass sie das schon einmal getan hat.
S: Ja, sie hat es schon einmal gemacht, und in diesem Leben war sie sehr beschäftigt. Sandra weiß tatsächlich, wie sie zurückkehren kann. Sie hat die Information vor einer Weile erhalten, aber sie hat vergessen, was es bedeutet. Sie darf keine Angst haben. Sie muss wirklich wissen, dass sie das, was sie träumen kann, auch erreichen kann. Und dass ihre

Arbeit viel wichtiger ist, als sie denkt, und ihr Einfluss auf die Welt viel größer ist, als sie ahnt. Sie ist nicht so schwach, wie sie glaubt. Was sie erreichen wird, ist in einem lebenslangen Ziel enthalten. Sie kann Menschen helfen, die Motivation jenseits des Alltäglichen, jenseits der alltäglichen Arbeit zu finden, die z.B. aus Kindern und Ehe besteht. Sie kann ihnen helfen, eine höhere Motivation zu finden. Sie wird eine Breitenwirkung haben, und diese Menschen werden wiederum eine Wirkung auf andere haben. Letztlich werden sie und andere, die eine ähnliche Arbeit haben, in der Lage sein, die Welt auf einer globalen Ebene zu beeinflussen.

KAPITEL EINUNDZWANZIG

PARALLELE WELTEN

Terry war mitten im Winter mit einem Pferdeanhänger aus Südtexas in mein Büro in Huntsville gekommen. Sie parkte im nahe gelegenen Wal-Mart, weil dies der einzige Ort war, der genügend Platz bot. Es war sehr kalt und ich fragte mich, ob sie irgendwelche Tiere im Anhänger hatte. Sie sagte, sie wolle auf dem Rückweg nach Hause einige Pferde abholen. Terry ist eine professionelle Hellseherin, die in einer abgelegenen Gegend lebt. Sie versucht, ihre Privatsphäre zu wahren, aber das wurde immer schwieriger. Sie ist in der Lage, mit den Tieren zu kommunizieren (auch aus der Entfernung) und den Besitzern zu sagen, was ihnen fehlt, so dass der Tierarzt ihnen helfen kann. So kommen die Menschen ständig zu ihr und fragen nach ihrem Rat.

Als Teil meiner hypnotischen Induktion bringe ich die Klientin immer an ihren Lieblingsort, bevor ich sie in ein früheres Leben führe. Es kommt öfter vor, dass sie direkt dorthin gehen, wo sie später sein sollen und ich muss die Einleitung dann nicht zu Ende führen. Ich mache das schon so viele Jahre, dass ich an ihren Beschreibungen erkennen kann, ob ich den Rest der Einleitung überspringen kann. Ich kann auch sagen, ob die Szene, die sie sehen, der Beginn einer normalen Rückführung in ein vergangenes Leben ist, oder der Übergang in eine andere Form, einer metaphysischen Existenz bedeutet. Die Ergebnisse sind aber immer die gleichen, derjenige wird eine Therapie erhalten die er benötigt, um ihm bei seinen Schwierigkeiten zu helfen. Der Weg dorthin kann jedes Mal ein wenig anders verlaufen. In jedem Fall geben die Klienten mir Informationen, die ich verwenden kann, sowie Antworten für sich selbst. Ich habe auch schon Leute zu mir kommen sehen, die nur mit der

Absicht zu mir kamen, als Fall in meinen Büchern erwähnt zu werden. Einmal sagte jemand: "Ich wäre schrecklich enttäuscht, wenn Sie nicht über mich schreiben würden". Ich versuche zu erklären, dass dies nicht die Art und Weise ist, wie ich meine Bücher schreibe. Ich suche nie nach Informationen. Mein Hauptanliegen ist es, der Person bei ihren Problemen zu helfen. Die meisten der vergangenen Leben, in die sie zurückkehren, sind unglaublich langweilig und banal, und doch enthalten sie die Antworten, die sie suchen. Wenn Informationen, die ich gebrauchen kann, herauskommen, passiert es meist spontan und unerwartet. Die Klienten können nicht nach den Dingen suchen, über die ich schreibe. Es passiert einfach und ich denke, das verleiht dem Ganzen mehr Glaubwürdigkeit, vor allem, wenn mehrere Personen über die gleiche Sache berichten. Meine Aufgabe ist es, ein Reporter zu sein und die Tausende von Seiten von Niederschriften zu nehmen und sie zusammenzufügen. Ich bin immer wieder erstaunt über die Dinge, die an die Oberfläche kommen. Oft erschließt sich der Sinn erst, wenn ich anfange, die einzelnen Teile zusammenzusetzen.

Während der Einführung, als Terry ihren Lieblingsort besuchte, beschrieb sie eine typische Strandszene. Das änderte sich so abrupt, dass ich das Tonbandgerät einschalten und versuchen musste, das Gesagte zu wiederholen. Es gab keinen Grund mehr, die Einführung abzuschließen. Zuerst sah sie sich selbst hoch über dem Strand schweben und ihn beobachten. Dann fand sie sich plötzlich unter Wasser wieder und beobachtete die vorbeiziehenden Fische. Es schwammen auch Delfine sehr nahe an ihr vorbei. Das hätte natürlich vieles bedeuten können und ich gab ihr Raum, ihre eigene Erklärung zu formulieren.

"Ich schwimme einfach nur. Das ist sehr schön. Schön und kühl. Das Wasser ist sehr klar." Sie sagte, sie habe nicht das Gefühl, eine Atemhilfe zu benutzen, deshalb wusste ich nicht, ob sie ein Mensch oder ein Tier war. Dann sah sie, dass sie ein schwarzhaariger Eingeborener war. Er hatte ein Messer in seinem Gürtel, mit dem er Früchte aufschnitt. Er benutzte es aber nicht, um die Fische zu fangen, denn er betrachtete sie als seine Brüder.

"Ich kann eine ganze Weile unter Wasser bleiben und dann wieder nach oben kommen. Es schadet mir nicht." Er genoss es sehr, bei den Fischen und Delfinen zu sein. "Sie kommen, wenn ich sie rufe. Ich mag die Delfine. Sie sind so hübsch. Sie zeigen mir Dinge. Sie zeigen mir, wie sie die Dinge sehen, wie sie die Dinge hören. Sie können mich hören, wenn ich sie rufe. Sie vibrieren. Sie sind wie Energie. Schwingung. Wie wenn man einen Kieselstein fallen lässt, kräuselt sich das Wasser. Es gerät in Schwingung und es entstehen kleine Wellen. Sie sagen, sie wissen, wann ich ins Wasser komme."

D: Sie hören also nicht so wie die Menschen?
T: Nein. Die Delfine sagen, sie seien Sternenmenschen.
D: Was bedeutet das?
T: Ich weiß es nicht. Sie zeigen mir nur dieses Bild, dass der Ozean ewig weitergeht. Nach oben. Er reicht unendlich und für immer nach oben. Es ist wirklich schön.
D: Das möchte ich verstehen. Du meinst, so wie ein Ozean hier auf der Erde?
T: Ja, es ist wie ein Ozean. Wenn ich sie frage, was sie meinen, sagen sie nur, dass sie hindurchreisen können. Sie zeigen mir dieses Bild, es ist ein großer blauer Kristall. Und sie sagen, sieh, wir können zu den Sternen gehen und wieder zurückkommen. Hindurch und wieder zurück, hindurch und zurück.
D: Du meinst, es ist wie der Weltraum, nicht wie der Ozean?
T: Ja, ja. Der Raum ist wie ein Ozean. Sie sagen, es sei alles dasselbe.
D: Wenn sie das machen, reisen sie dann in ihren Delfinkörpern?
T: Nein. Dieser ist blau, er enthält die Seelenessenz. Er funkelt. Ich weiß nicht, wie ich es beschreiben soll. Wie ein Glitzern. Er verändert sich. Er hat keine Form. Er existiert einfach.
D: Ich habe mich gefragt, ob sie mit ihren Delfinkörpern reisen und wie sie sich fortbewegen.
T: Ja, sie können auch als Delfine reisen und Botschaften zurückbringen.
D: Von wem stammen diese Botschaften?
T: Zuerst sagten sie eben: „von Gott" und dann sagten sie: „von den Sternenmenschen".

Sie sprach wie ein einfacher Eingeborener, der naiv zu sein schien, nicht zu kompliziert überlegte und einfach alle Informationen glaubte, die er erhielt.

T: Sie verbinden sich wieder durch diese blaue Röhre, die aussieht wie eine Art großer blauer Kristall. Es ist eine Röhre. Es ist wirklich hübsch da drin. Es da ist kein Wasser.
D: *Wo ist diese Röhre?*
T: Ich weiß es nicht. Sie reicht einfach unendlich in die Höhe hinauf.
D: *Außerhalb des Wassers?*
T: Ja. Und ich kann mich sehen, wie ich mich in dieser Röhre nach oben bewege. Sie zeigen mir, wie es dort aussieht. (zögernd, als sie nach einer Erklärung suchte). Licht. Viel Licht. Dinge, die die ganze Zeit kommen und gehen. Schiffe.
D: *Aber ich dachte, dass Delfine physische Geschöpfe seien, genau wie die Menschen. Und sie sie nicht in der Lage wären, so zu reisen.*
T: Nein, sie kommen überall dorthin, wo sie wollen (das war eine Überraschung). Die Leute denken, sie hätten sie gefangen. Haben sie aber nicht.
D: *Machen es die anderen Meeresbewohner genauso?*
T: Nein, nur die Delfine.

Seine Antworten klangen in ihrer Einfachheit fast kindlich. Er kam auf die Beschreibung der blauen Röhre zurück, die aus dem Wasser hinaufreichte.

T: Sie reicht vom Wasser bis ganz nach oben. Ganz oben. Zu hoch, um es komplett sehen zu können. Sterne, es gibt überall Sterne, wenn man an der Erde vorbeikommt. Man kann zurückblicken und die Erde sehen.
D: *Kann man durch diese Röhre hindurchsehen?*
T: Ja, man kann hindurchsehen. Sie nennen es ein Portal.

Er hatte keine Angst, weil er das schon viele Male gemacht hatte, doch dies war das erste Mal, dass er sich bewusst daran erinnerte.

D: *Reist du mit ihnen zusammen, oder alleine?*
T: Sie haben mir erlaubt, mich an ihre Flossen zu hängen.
D: *Sie müssen dich sehr mögen, wenn sie dich mitreisen lassen.*
T: Sie sagen nur: "Du bist einer von uns."
D: *Sie würden nicht einfach irgendjemanden mitreisen lassen,*

oder?

T: Nein. Man muss wissen, wo dieses Portal ist. Ich weiß, wo es in den Himmel führt, aber nicht, wo es in die Erde führt. Sie wollen nicht, dass ich das sehe. Sie wollen nicht, dass die falschen Leute wissen, wo es ist. Aber der Eingang befindet sich im Wasser.

Dann beschrieb er, was er sah, als er in den Himmel emporstieg.

T: Wir kommen aus der Röhre, und wir sind über einer Stadt. Sie zeigen mir, wie es dort aussieht. (zögert, als er nach einer Erklärung sucht). Die Stadt ist absolut kristallklar. Es ist, als hätte man Kristalle übereinander gestapelt. Es ist ein sehr tiefes Blau. Ich sehe eine andere Farbe, vielleicht ein Saphirblau. Ein Licht. Sehr viel Licht. Aber es gibt Schiffe, die die ganze Zeit kommen und gehen. Sie sehen aus wie Kugeln, fast wie die Form eines Delfins. Keine Nase, keine Augen, aber sie haben dieselbe Form. Sie sind dunkelgrau, und sie kommen und gehen die ganze Zeit. (Pause) Es gibt es eine Energiequelle. Ein großes, helles Licht genau in der Mitte von all dem. Es ist ein wirklich intensives weißes Licht.

D: *Du hast es eine Energiequelle genannt. Ist das wegen der Helligkeit?*

T: Nein. Es ist ein Schnittpunkt im Universum, von dem aus man woanders hingeht. Dort gibt es große Tische.

D: *Kannst du fragen, wozu sie benutzt werden?*

T: Für die Astronomie. (Pause) Es ist eine Art von ... Astronomie. Sie zeichnen die Sterne auf. Die Tisch sieht aus, als sei er aus Marmor oder Stein gemacht und es sind alle möglichen Inschriften darauf.

D: *Wo befindet sich dieser Tisch?*

T: An diesem Ort, wo das weiße Licht ist. Es sieht aus, als käme es aus der Mitte dieser Kristallpunkte. Ich bin an der Stelle hereingekommen, wo der Tisch steht. Er ist rund, und überall sind Inschriften darauf. Zeile um Zeile voller Inschriften. Ich erkenne diese Schrift nicht wieder.

D: *Ist noch jemand anderes im Raum?*

T: Ja. Mein Großvater. (Das war eine Überraschung)

D: *Kannst du ihn fragen, was das für ein Ort ist?*

T: Er lacht. Er sagt: "Es ist dein Zuhause." (schmunzelt) Er sagt: "Du bist Mathematiker."

D: *Das wusstest du nicht, oder?*

T: Nein. Ich habe Probleme mit Mathematik.

D: *Ja. Denn du lebst auf einfache Weise und benutzt keine Mathematik, oder?* (Pause. Verwirrung.) *Ist es das, was du meinst? Oder ist es etwas anderes?*

T: (unsicher) Ich sehe mich da hinten. Mein Haar sieht komisch aus, ich habe dicke Stirnfransen. Aber mein Großvater sagt: "Das bist du nicht wirklich."

D: *Siehst du dich selbst nun anders?*

T: Ja, nun sehe ich anders aus. Jetzt bin ich eine Frau und habe ein lila Gewand mit einem großen weißen Kragen an. Und unten am Rücken ist ... eine lange Spitze bis zum Kragen, an der eine Quaste hängt. Ich habe langes, lockiges, kastanienbraunes Haar, das über meine Taille hinaus nach unten reicht.

D: *Du hast dich also verändert, als du aus der Röhre kamst?*

T: Ja. Die Delfine ließen mich am Eingang zurück. Sie sagten, sie würden zurückkommen. Und dann sah ich meinen Großvater, und jetzt sehe ich anders aus.

D: *Und er sagte, das sei dein Zuhause.* (Ja) *Wie fühlt sich das an?*

T: (Seufzer der Erleichterung) Sehr angenehm.

D: *Es ist also nichts Beängstigendes.*

T: Nein. Ich bin nur zu Besuch.

D: *Kannst du ihn fragen, ober er sich in der geistigen Welt befindet?*

T: Er sagt einfach: "Aber natürlich."

D: *Wir sehen die geistige Welt als etwas an, wohin wir gehen, wenn wir sterben und unseren Körper verlassen.*

T: Er sagt darüber brauche ich mir keine Sorgen zu machen. Dass ich kommen und gehen kann.

D: *Ich frage mich, ob es derselbe oder ob es ein anderer Ort ist.*

T: Ein anderer Ort (der Großvater hörte aufmerksam zu). Sie sind nicht hier. Sie befinden sich tiefer, unter uns. Sie leben in einer anderen Stadt.

D: *Du meinst diejenigen, die gestorben sind und die ihren Körper verlassen haben?*

T: Ja. Sie leben an einem anderen Ort. Die Schwingungen sind dort viel niedriger.

D: *Und musst du da, wo du lebst, reinkarnieren und in einen anderen Körper eintreten?*
T: Nein, das *muss* ich nicht. Ich kann bleiben oder gehen.
D: *Aber müssen die in der geistigen Welt, in der tieferen Schwingung, hin und her wechseln?*
T: Ja. Sie haben keine Wahl. Sie lernen etwas, und dann gehen sie wieder zurück. Sie hören sich Vorträge an. Es gibt dort viele Lehrer, denen sie zuhören müssen.
D: *Aber du musst nicht sterben, um an diesen Ort zu kommen, wo du jetzt bist?*
T: Nein. Ich kann hin und her gehen.
D: *Aber der physische Körper weiß nicht, dass dies geschieht?*
T: Nein. Er ist immer noch da unten bei meiner Familie.
D: *Das kannst du also tun? Den physischen Körper verlassen und an einen Ort wie diesen reisen?*
T: Ja. Wann immer ich will.
D: *Und wenn du ihn verläß hat das keine Auswirkungen auf den physischen Körper?*
T: Nein. Es ist eine Hülle. Sie wartet nur, bis ich zurückkomme.
D: *Wie wartet sie? Ist sie lebendig?*
T: Ich sehe eine männliche Person da unten, die gerade Mais mahlt.
D: *Er führt sein normales Leben weiter.* (Ja) *Und er weiß nicht einmal, dass ein Teil von ihm gegangen ist. Ist das so richtig?*
T: Ja. Ich brauche diesen Anker dort. Dejenige, der ich dort unten bin, benötigt ihn. Es ist das Portal, zu dem ich zurückkehren kann.
D: *Das liegt daran, weil du noch nicht bereit bist, den Körper ganz zu verlassen?*
T: Richtig. ich habe hier noch Arbeit zu erledigen.
D: *Aber verlässt die gesamte Seele oder der Geist oder die Essenz - oder was auch immer du bist - den Körper an einem bestimmten Punkt?* (Ja) *Sie kann das tun und den Körper verlassen?*
T: Ja. Ich beobachte es gerade.
D: *Wird der Körper noch funktionieren?* (Ja) *Er weiß nicht einmal, dass etwas passiert ist.*
T: Richtig. Er geht einfach weiter seiner täglichen Arbeit nach.
D: *Das ist ziemlich erstaunlich. Ich versuche zu verstehen, wie das funktionieren kann.*

T: Ich weiß nicht, wie das funktioniert. Ich sehe nur diese Person da unten.

D: *Und warum bist du zu diesem Ort, den du Zuhause nennst, gekommen?*

T: Ich muss Informationen mitbringen. Die andere Person dort unten ist unter anderem ein religiöser Führer. Ich höre das Wort "Akolyte". Sie gehen in eine Grotte. Sie ist unterirdisch. Dort gibt es Wasser. Es ist keine Höhle, sondern eine Grotte. Der Ozean rauscht hinein und hinaus. Diese Person nimmt die Informationen mit zurück, die ich ihm gebe. Zahlen. Er nimmt die Zahlen mit zurück.

D: *Was macht er mit den Zahlen?*

T: (Pause) Sie stecken sie in etwas hinein. Ich weiß nicht, was es ist. Es ist wie ein Safe.

D: *Warum muss er die Zahlen mit zurücknehmen?*

T: Diese Menschen können nicht leben.

D: *Es hängt von den Zahlen ab?*

T: Ja. Die Informationen kommen zurück. Sie benutzen sie als Wegweiser ... um Schiffe hinein zu leiten. In diese Röhren. Sie kommen rein.

D: *Aber die Leute wissen nicht, wofür diese Zahlen benutzt werden, oder?*

T: Nein. Es sind keine sehr klugen Leute.

D: *Also muss er die Zahlen haben, und sie werden benutzt, um die Schiffe zu diesem Ort zu leiten?* (Ja) *Du sagtest, er sei wie ein religiöser Führer. Kann er deshalb mit den Delfinen sprechen?*

T: Ja. Die Leute denken, dass er... er ist kein Führer. Ich kenn das passende Wort dafür nicht. Aber er spricht mit der Geisterwelt. Er benutzt Kräuter und andere Dinge, um sie zu heilen. Sie denken, er sei ein Heiler. Er hat Visionen.

D: *Und die Menschen dort respektieren ihn dafür. Aber weiß er, woher diese Informationen kommen?*

T: Er glaubt, diese Frau spräche zu ihm wie ein Engel. Aber eigentlich *ist er es selbst*.

D: *Es ist also der andere Teil von ihm selbst, der ihm diese Informationen gibt.* (Ja) *Wird er dann, wenn er stirbt, direkt zu dem Ort gehen, an dem du jetzt bist? Muss er nicht in die untere Schwingungsebene wechseln?*

T: Nun, sein physischer Körper schon. Aber der andere Teil von ihm wird in der Röhre hinaufkommen.

D: *Ich dachte, er sei anders als der Rest des Volkes.*
T: Ja. Er muss da draußen alleine leben. Er hat seine Familie, aber seine Frau ist anders ... sie versteht das nicht.
D: *Das ist meistens so. Aber er weiß nicht alles, oder?*
T: Nein. Es wären zu viele Informationen für ihn. Er wäre nicht in der Lage, damit umzugehen. - Er weiß nicht, wie er den physischen Körper nutzen kann, um die Informationen zu übermitteln. Es ist schwach. Er ist krank. Er nimmt die Krankheiten der Menschen auf sich, die zu ihm kommen. Ich habe versucht, ihm zu helfen, aber er kann es nicht ändern ...
D: *Es ist wunderbar, Menschen zu helfen, aber er sollte das nicht auf sich nehmen?* (Nein) *Aber was wird er mit den Informationen tun, die du ihm zurückschickst?*
T: Das ist für später. Nächstes Mal wird er besser damit umgehen können.
D: *Wenn er wieder ins Leben zurückkommt, meinst du?* (Ja) *Wenn er wieder zurückkommt, wird er wissen, wo er die Zahlen versteckt hat?*
T: (Pause) Er sieht sie, aber er weiß nicht, wo sie sich auf der Erde befinden. Er weiß, wo er sie hingelegt hat, aber er kann sie nicht finden. Er schaut sich um, er sucht.
D: *Wenn er in ein anderes Leben zurückkehrt, wird er dann an denselben Ort zurückkehren?*
T: Jetzt sucht er danach. Vielleicht findet er sie bald. Jetzt ist er mit Hosen und mit einem Hut bekleidet. Er blickt zu dieser Wand hinauf, und er weiß, dass sie da sind, aber er kann sie nicht sehen. Er geht mit irgendetwas darüber.
D: *Woher weiß er, dass sie da sind? Erinnert er sich daran?*
T: Er hat Geistesblitze, Erinnerungsfetzen, Träume. (Pause) Er sucht nach Delfinen. Er versteht nicht, dass das nicht wörtlich gemeint ist.
D: *Wahrscheinlich erinnert er sich an die Delfine aus seinem anderen Leben.*
T: Ja. Aber er ist ein guter Mensch. Er möchte helfen. Aber es ist noch nicht der richtige Zeitpunkt, weil sie ihm das irgendwie wegnehmen würden.
D: *Keiner dieser Menschen weiß also wirklich, was er mit diesen Informationen anfangen soll.* (Nein) *Aber dieser Teil von Ihnen bleibt da oben in dieser Kristallstadt?* (Ja) *Was tust du, während du dort bist?*
T: Ich spreche mit meinem Großvater. Ich lerne. Ich bin sein

Schüler.
D: *Beobachtest du auch, was sich auf der Erde ereignet?*
T: Ja. Ich bin beunruhigt. Ich möchte es in Ordnung bringen, aber man kann es nicht in Ordnung bringen.
D: *Warum nicht?*
T: Es gibt Ärger dort drüben. Ich weiß nicht, was das bedeutet. Ich sehe diesen großen, weißen, verschneiten Abhang. Und da kommt Schwarz über den Gipfel des Hügels herunter. Ich sehe Menschen, die in Rüstungen gekleidet sind.

Offensichtlich schaute sie sich nun ein anderes Leben an, und ich sah keinen Sinn darin, diesem nachzugehen. Ich war mehr daran interessiert, zu versuchen, diese offensichtliche Aufsplitterung von Terrys Seele zu verstehen oder zumindest Informationen darüber zu erhalten.

D: *Wer oder was entscheidet, welche Teile von dir auf der Erde leben werden?*
T: Mein Großvater schickt mich hin und her.
D: *Sind das Teile von dir selbst?*
T: Ja. Sie sind wie Teilchen. Tausende von Partikeln.
D: *Ich versuche zu verstehen, wie du dort und in all diesen anderen physischen Körpern zur gleichen Zeit existieren kannst.*
T: Es ist, als würde man hinausgeschickt und wieder eingezogen, hinausgeschickt und wieder zurückgezogen. Rein, raus, rein und wieder raus.
D: *Und wenn du sich im physischen Körper befindest, bist du dir dieser anderen Orte nicht bewusst?* (Nein) *Aber du kannst trotzdem hin und her kommunizieren? Stimmt das so?*
T: (Pause, und dann ein Lächeln.) Großvater sagt, es ist wie eine Wunderkerze. Die Funken kommen von einem zentralen Punkt, aber sie sind alle Teil der Wunderkerze.
D: *Wenn diese entsprechende Hülle also dort unten lebt, hat sie dann genug von einem der Funken in sich, um sie am Leben zu erhalten?* (Ja) *Aber sie weiß nichts über diesen zentralen Punkt, oder?*
T: Manchmal nicht. Er sagt mir immer wieder: "Nein, nein." Er macht das Licht aus, weil ich gehen will, um den Kampf, den ich beobachtete, zu beenden. Aber er sagt: "Nein, nein, nicht du." Er sagt, wenn die Kämpfe vorbei sind, dann werden sie

die kristallene Stadt sehen.
D: *Großvater läßt nicht zu, dass du hilfst.*
T: Ich höre lediglich das Wort "Ernte".
D: *Was bedeutet das?*
T: Er sagt nur: "Sie ernten, was sie säen."
D: *Darum sollst du dich nicht einmischen?*
T: Ja. Er sagt: "Du kannst nicht jedem helfen. Es ist nicht möglich." Aber ich würde es gerne versuchen. Ich möchte, dass sie damit aufhören.
D: *Ist das der essentielle Teil von dir, der dort in dieser Stadt der Kristalle ist, und die anderen Leben sind nur kleinere Funken?* (Ja) *Es ist also dein wahres Ich. Weißt du von all den Leben, die du führst?*
T: (Seufzer) Oh, es gibt so viele. So viele.
D: *Beobachtest du sie alle?*
T: Es ist wie beim Mischen von Karten. Es geht zu schnell. Es sind Hunderte von ihnen. Ich höre meinen Großvater sagen: "Es ändert nichts daran, wer du bist. Diese Leben sind wie Muscheln am Strand."
D: *Du meinst die physischen Körper?*
T: Ja. Oder ... wie Zikaden. Sie sind wie Zikaden. Er sagt: "Weißt du, sie sind einfach auf dem Baum."

Was für ein wunderbares Beispiel. Ich bin mir der Zikaden bewusst, denn wir haben sie in unserem Teil Amerikas. Sie sind wie große Käfer, die oft fälschlicherweise als Heuschrecke bezeichnet werden. Wir leben auf dem Land, weit weg von der Stadt, daher erfüllen ihre charakteristischen Laute zu bestimmten Jahreszeiten die Luft. Aber das Erstaunlichste und Schönste an ihnen ist, dass sie, wenn sie wachsen, ihren Rücken spalten und aus ihrem Panzer kriechen. Sie lassen die Schale an den Bäumen hängen, und diese ist eine exakte Nachbildung ihres Körpers, ihrer Augen und von allem, außer dass sie leblos ist - nur eine leere Hülle. Sehr ähnlich der Art und Weise, wie Schlangen sich häuten und sich aus der alten Hülle befreien.

D: *Eine Zikade. Eine Hülle. Sie kriechen aus einer Hülle heraus.*
T: Ja. Sie krabbeln heraus und kommen nach Hause.
D: *Das ist es, was ich zu verstehen versuche. Haben diese „Hüllen" einen eigenen Willen?* (Ja) *Können sie Dinge tun, die Karma anhäufen und müssen sie Karma zurückzahlen?*

(Ja) *Aber der Hauptteil, der dort oben bleibt, sammelt kein Karma an?*

T: Nicht mehr. Das war einmal so, aber das ist jetzt vorbei. Es gibt einen Teil, wie eine Sehne - eine Sehne, die am Herzen befestigt ist. Bei anderen Menschen weiß ich es nicht. Ich weiß nur, dass es diese Sehne oder Schnur gibt, die mich mit meinem Großvater verbindet. Und er sagt: "Es ist, als ob man auf einer Leiter klettert und du bist an dieser niedrigeren Schwingung vorbei geklettert." Einige klettern immer immer noch. Es gibt viele Strickleitern. Es gibt auch andere, die das schon hinter sich haben, aber die große Mehrheit versucht immer noch, eine Leiter zu finden".

D: *Und obwohl sie ein Höheres Selbst haben, sind sie diejenigen, die immer noch im Karma, in den niedrigeren Schwingungen gefangen sind?* (Ja) *Wenn man in der Lage ist, die Strickleiter hinaufzusteigen, muss dann etwas geschehen, damit man endlich aus dem Karma herauskommt?*

T: Es ist wie der Tod, aber es gibt keinen Tod. Manche Menschen gehen zurück. Sie finden das Seil, und knallen gegen eine Wand oder so etwas, und dann fallen sie wieder herunter. Mein Großvater sagt: "Schau weiter über diesen Gipfel. Dann kannst du mich sehen."

D: *Ich frage mich, ob du etwas tun musstest, oder ob etwas geschehen musste, damit du endlich diesen Teil des Wegabschnittes hinter dir lassen konntest.*

T: Oh ja, es ist ein Ringen, man muss sich bemühen, man muss darum kämpfen. Man muss einfach verzeihen. Man muss aufhören ... einfach aufhören mit ... Keine Wut mehr. Keinen Zorn mehr ... keinen Zorn mehr zu haben.

D: *Du meinst, du verstehst endlich, was hier vor sich geht?*

T: Ja. Es ist so unwichtig, was hier auf der Erde ist. Mein Großvater sagt, es geht um das, was auf dieser Tafel geschrieben steht, auf dieser Tafel.

D: *Du meinst all diese Inschriften?* (Ja) *Wenn man endlich diesen Punkt des Abschnittes erreicht hat, versteht man also, was wirklich vor sich geht. Ist es das, was du meinst?*

T: Wenn ich zurückblicke, wie über den Rand einer Mauer, sehe ich all diese Leben. Und nur einige wenige klettern hinauf. Sie sind unglücklich. Wütend. Sie sind so wütend.

D: *Dann gab es also eine Zeit, in der du sozusagen deinen Abschluss machen konntest und weiter vorangekommen bist?*

(Ja) *Aber wenn du das getan hast, warum erlebst du dann immer noch Leben auf der Erde?*
T: Mein Großvater nennt mich einen "Wegbereiter".
D: *Ich würde annehmen, wenn du diesen Punkt erreicht hast, brauchst du nicht mehr zurückzukehren.*
T: Es gibt Menschen, die mir folgen.
D: *Du hast dich also entschieden, weiterhin zurückzukommen, um anderen zu helfen?* (Ja) *Das ist sehr wichtig, denn sonst wissen diese Menschen nicht, was sie tun sollen.*
T: Ja. Sie sind sehr frustriert. Manchmal hören sie nicht zu. Sie werden wütend.

In einem meiner Bücher wurde mir gesagt, dass es auf der Erde viele Menschen gibt, die dasselbe tun wie Jesus und die anderen Meister. Es ist nur so, dass sie sich nicht also solche bemerkbar machen.

* * *

Ich habe meine Reihe *Das gewundene Universum* diese Bücher für diejenigen geschrieben, die ihren Verstand „wie Brezeln" biegen möchten. Wenn es mit dieser Geschichte nicht gelungen ist, den Ihren ein wenig zu verbiegen, dann habe ich meine Arbeit nicht gut getan. Ich denke, sie ist ein perfektes Beispiel dafür, wie ein Hauptteil der Seele sich der anderen Anteile bewusst werden kann, und sie gibt uns auch einen Einblick, wie alle gleichzeitig existieren können. Einmal fragte ich das Unterbewusstsein nach der simultanen Zeit. "Wie ist es möglich, dass alles zur gleichen Zeit geschieht? Wir wissen, dass wir als Baby anfangen, zu einem Kind und schliesslich zu einem Erwachsenen heranwachsen. Wir sehen es als lineare Progression. Wie ist es möglich, dass alles zur gleichen Zeit geschieht? Das Unterbewusstsein antwortete: "Weil es nicht zur gleichen Zeit *geschieht*. Das würde einen Anfang und ein Ende bedeuten. Sie Dinge *existieren* lediglich zur gleichen Zeit." Obwohl ich nicht ganz sicher, ob die Sache dadurch klarer wird. Vielleicht helfen Ihnen die Beispiele im nachfolgenden Kapitel dabei.

In einem Artikel in der *Newsweek* vom 18. Juni 2007 wurden die Gefahren der traditionellen Psychotherapie diskutiert. Es hat sich herausgestellt, dass es mehr Schaden als Nutzen bringt, wenn Patienten die belastenden und oft traumatischen Vorfälle in ihrem Leben immer wieder durchleben. Noch größere Gefahren wurden beim Umgang mit der dissoziativ-identitären Störung (früher Multi-Persönlichkeitsstörung genannt) festgestellt. Zitat: "Einige Therapeuten sind der Meinung, dass die beste Behandlung für diese gebrochenen Seelen darin besteht, die verborgenen Identitäten, die so genannten 'Alter', durch Hypnose zum Vorschein zu bringen oder den Alter zu helfen, sich gegenseitig Botschaften zu hinterlassen. ... Die 'Lasst uns die Egos kennenlernen'-Techniken können tatsächlich Egos bei beeinflussbaren Patienten erzeugen. Je mehr Egostimmen herauskommen, desto schwieriger wird es, den Patienten wieder zu seiner eigentlichen Identität zurückzubringen. Je länger jemand in Therapie bleibt, desto mehr Veränderungen zeigen sich ... So viel zum Thema „Erste Regel: Richte keinen Schaden an".

Als ich diesen Artikel las, wurde mir plötzlich klar, womit diese Ärzte unwissentlich zu tun haben. Sie gehen davon aus (wie die meisten von uns in der normalen Alltagswelt), dass wir eine individuelle Persönlichkeit sind. Sie haben keine Vorstellung von der Theorie, dass wir in Wirklichkeit Stücke, Facetten, Splitter einer viel größeren Seele sind, die viele Einzelaspekte aussendet, um so viel wie möglich in einem kurzen Zeitspanne zu erfahren. Dass all diese Teile von uns selbst zur gleichen Zeit existieren und sich einander normalerweise nicht bewusst sind. Mir wurde gesagt, dass es so sein sollte, weil der menschliche Geist nicht damit umgehen kann, all diese Dinge zu wissen. Um in unserer alltäglichen, normalen Welt zu funktionieren, müssen wir uns auf das gegenwärtige Leben konzentrieren, auf den Körper, den wir in der gegenwärtigen Zeit bewohnen. Es ist in Ordnung zu wissen, dass diese anderen Teile existieren, aber wenn sie anfangen würden, mit unserem gegenwärtigen Leben zu interagieren, würde das Verwirrung und Chaos verursachen. Ich habe festgestellt, dass das Leben einer Person in Ausnahmefällen so traumatisch werden kann, dass ein anderer "Teil" beschließt, für eine begrenzte Zeit hineinzukommen, um den Druck auf den Geist, der dem Körper innewohnt, zu lindern. Würde dies nicht geschehen, wäre das Trauma für den dem Körper zugeordneten Geist zu groß. Ich glaube, das ist in Büchern, die ich über multiple Persönlichkeiten gelesen habe, wie z.B. *Three Faces of*

Eve and Sybil, der Fall. Ihr Leben wird so schwierig, dass sie nach einem Weg suchen, sich zurückzuziehen. Vielleicht war ihr Schleier dünner, als sie in dieses Leben kamen, oder die Verankerung, die sie an ihrem Platz hält, war schwächer. Wie dem auch sei, ich glaube, diese "Veränderungen" sind tasächlich einige der anderen Facetten (oder Leben) des Individuums, welche hindurchsickern. Wenn das wahr ist, halte ich es für gefährlich und sinnlos, diese Teile zum Verbleiben, zur Interaktion und zum gegenseitigen Kennenlernen zu ermutigen. Das kann die natürliche Ordnung der Dinge höchstens durcheinanderbringen und Verwirrung stiften. Die Patienten sollten ermutigt werden, zu ihrem normalen Zeitrahmen zurückzukehren, in dem sie ihr eigenes Leben, getrennt von den anderen Anteilen des Patienten, weiterführen können.

In meiner über dreißigjährigen Arbeit habe ich viele Fehler innerhalb der gängigen Hypnosemethoden entdeckt. Ich musste dies durch Versuch und Irrtum und durch eigene Fehler in meiner Anfangszeit entdecken (basierend auf der Anwendung der normalen Methoden, die den meisten Hypnotiseuren beigebracht werden). Im Laufe der Jahre, als ich diese Dinge entdeckte, war ich deshalb entschlossen, Sicherheitsvorkehrungen in meine eigene Technik einzuarbeiten. Ich achte äußerst sorgfältig auf das Wohlergehen meiner Klienten, deshalb habe ich Schritte eingebaut, die in traditionellen Kursen nicht gelehrt werden. Deshalb ist meine Technik einzigartig. Eines der wichtigsten Dinge, die ich tue, ist sicherzustellen, dass, wenn ich ein Wesen aus einem anderen Leben hervorgebracht habe, das Wesen in seine eigene Zeitperiode zurückgeführt wird. Ich entdeckte geistige und körperliche Auswirkungen, die einige Tage nach der Sitzung anhielten, wenn dies nicht geschah. Ich möchte nicht, dass meine Klienten jemals irgendein Unbehagen empfinden. Als ich diese Dinge bemerkte, machte ich es daher zu einem Teil meiner Technik, die Entitäten in ihre eigene Zeitrahmen zurückzubringen. Ich weise den Klienten vor dem Erwachen immer darauf hin, dass nichts, was während der Sitzung geschieht, ihn in irgendeiner Weise geistig oder körperlich beeinträchtigen wird. Ich schliesse sozusagen die Türen ab und bringe alle wieder dorthin zurück, wo sie hingehören. Das ist ein sehr wichtiger Schritt, den fürsorgliche Rückführungstherapeuten beherzigen sollten. Deshalb glaube ich auch, dass die

Psychotherapeuten einen gefährlichen Fehler begehen, denn sie wissen nichts über die vielfältigen Facetten unserer Seele. Sie wissen nicht, dass diese getrennt voneinander gehalten werden sollten. Es ist nicht ihre Schuld. Es wird ihnen nicht beigebracht, diesen Aspekt zu erkennen. Genauso wenig, wie Ärzten gelehrt wird, dass der Geist den Körper heilen kann. Wir befinden uns alle noch immer im Lernprozes und es kommen immer erstaunlichere Informationen ans Licht.

KAPITEL ZWEIUNDZWANZIG

LEERE

Jenny kam für die folgende Sitzung aus Kanada, während ich 2005 in Ashtabula, Ohio, war um dort Vorträge und Workshops zu halten. Sie hatte überlegt, dass es näher war als zu mir nach Arkansas zu kommen und auf diese Weise konnte sie auch an den Vorträgen teilnehmen.

Als Jenny aus der Wolke kam, war sie verwirrt, weil sie ein Gefühl von Nichts hatte. "Da ist nichts. Es ist schwarz, und ich sehe kein Land. Ich fühle, dass ich im Weltraum bin. Ich befinde mich nicht auf einer Oberfläche. Ich bin, glaube ich, in der Leere. Ich sehe nicht einmal Sterne jedweder Art. Ich sollte wohl besser noch etwas erwähnen, das wichtig ist: Als ich auf der Wolke war, hatte ich das Gefühl, von Raumfahrzeugen begleitet zu werden, eine Art Ehrengarde. Aber jetzt bin ich im Weltraum, und ich kann nichts sehen."

D: *Sie waren wahrscheinlich mit Ihnen unterwegs, um dir dabei zu helfen dein Ziel zu finden. Fühlst du dich dort draußen wohl?*
J: Ja, ich fühle mich nicht unbehaglich. Aber ich sehe keine Sterne. Ich habe ... nicht das Gefühl, verloren zu sein, aber ich bin mir nicht sicher, wo ich bin, oder was ich sehe. Ich habe sie um Hilfe gebeten.
D: *Das ist in Ordnung. Sie haben dich bis hierher begleitet. Sie haben dich aus dem Nichts zu diesem Ort gebracht. Lassen wir sie dich dorthin bringen, wo du hingehen sollst; zu dem Ort, den du sehen sollst - an den am besten geeigneten Ort. Sie bringen dich dorthin, und du kannst fühlen, wie du dich durch das Nichts bewegst.*

Als Jenny sich bewegte, wurde ihr bewusst, dass sie sich einem Bild in der Dunkelheit näherte. "Es ist kein Tor, aber es ist wie ein Symbol. Ich gehe durch das Symbol eines Kreuzes, durch ein X. Ich bewege mich durch die Mitte des X."

Andere Klienten hatten zuvor ein großes X als Tor oder Pforte wahrgenommen und sie wurden aufgefordert, hindurchzugehen.

J: Ich weiß, dass sie da sind, und ich gehe mit ihnen. Ich befinde mich nicht innerhalb von etwas. Ich gehe allein, so wie ich bin. Nun gehe ich durch. Es ist sicher. Jetzt fühle ich, dass ich eher in Eile bin. Vorher war es, als ob ich stillstehen und hindurchgehen würde, aber jetzt ist es mehr wie ein Rausch. Ich gehe schneller hindurch. Und mein Körper ist nicht mehr mein Körper. Es ist, als ob er aufgelöst wird. Ich transformiere mich in viele Lichtfunken, die durch diese Kreuzungspunkt gehen. Ich habe also keinen Körper mehr. Er löst sich auf, während ich durch diese Kreuzungspunkt gehe.

D: *Was fühlst du was du bist, wenn du kein Körper bist?*
J: Ich schätze, ich bin Energie. Das ist es, wonach es aussieht: Funken, Partikel. Es ist schwer zu erklären. Wenn man die Teilchen aus der Ferne betrachtet, hat das Ganze irgendeine Form, aber man kann nicht sagen: "Das ist ein Kopf und das ist ein Bein". Aus der Ferne wäre es irgendeine Form, aber es ist keine Form, die wir als Körper kennen.
D: *Aber es ist eine Art Form, die aus diesen Funken besteht?*
J: Ja, aus einem Glitzern. Und sie können ein- und austreten. Ich kann Teil von allem sein, wenn ich in der Dunkelheit bin. Und dann kann ich alles wieder zu einer Form zusammenfügen. Wenn ich einen Zweck oder eine Aufgabe zu erfüllen habe, bringe ich die Funken in eine Form. Und wenn nicht, dann werde ich wieder zu einem Teil von allem. Und ich gehe hin nein und wieder hinaus.
D: *Wenn dich sich also auf etwas konzentrierst, dann kannt du die Partikel wieder zusammenbringen?*
J: Ja. Sie werden dann mehr zu einer Form, wenn man es überhaupt eine Form nennen könnte.
D: *Wo bist du, oder wohin gehst du, in dieser Form?*

J: Es *ist* einfach alles. Wo ich bin, ist alles. Es ist vertraut. Es ist nicht so, dass ich es so definieren könnte, dass es einen Anfang und ein Ende gibt. Nichts dergleichen. Es ist einfach expansiv. Und vor meinem geistigen Auge geht das ewig weiter. Und ich bin ein Teil davon. Aber da gibt es nichts *auf* irgendeiner Oberfläche. Es gibt keine Struktur. Es geht einfach weiter und weiter und weiter, als ob es kein Ende gäbe. Und doch weiß ich, dass ich einen Platz darin habe. Diese, meine Form wird zu einer Form von vielen.

D: *Was meinst du damit?*

J: Sagen wir mal, dass viele Formen die gleiche Art von Dingen tun. Sie können Teil des Raumes werden, was auch immer dieser sein mag und dann zu einer kleinere Form werden. Und wenn wir alle zusammen sind, macht es das, wo wir sind, zu unserer Heimat. So wie wir in unserer eigenen Form unser Zuhause sind. Und wenn wir alle zusammenkommen, bildet sich daraus ein größeres Zuhause. Ein größerer Ort, der uns vertraut ist und wo wir uns wohlfühlen. Wir wissen, dass wir dort hingehören.

D: *Sind da noch andere bei dir?*

J: Ja, es gibt viele, viele andere. Nehmen wir an, es gibt eine ganze Reihe von verschiedenen Energiefunken, Entitäten, was auch immer. Und wenn ich an diesen Ort gehe, weiß ich, wo ich als Teil des Ganzen hingehöre, aber dann werden wir auch zu einem Ganzen. Wenn ich mich daraus entferne, gibt es einen Raum, der speziell für mich geschaffen ist. Es ist nicht so, dass die anderen nicht in diesen Raum eingreifen und ihn ausfüllen könnten, so als wäre er einfach eine leere Stelle. Es ist, als wäre ich ein Raumschiff und flöge in ein Mutterschiff, und da ist - ich weiß nicht, wie die Formulierung lautet – keine Ahnung. Als gäbe es einen Raum, so was wie einen Andockbereich für dieses spezielle Schiff, oder als ob man wüsste, wo man hinfliegen und wo man landen müsste. Als gäbe es einen speziellen Ort für das eigene Schiff. So ungefähr, nur bin ich eben ein Lichtfunke und da sind andere Lichtfunken. Und sie wissen, wo ich hingehöre, und ich weiß, wo sie hingehören. Jeder von ihnen hat seinen eigenen Raum in diesem größeren Raum. Sie verschmelzen, so wie wir zu einer Einheit verschmelzen. Aber es ist sehr schwer zu erklären, dass ich trotzdem weiß, wo mein Platz in dieser Verschmelzung ist.

Ich glaube, sie wollte damit andeuten, dass sie immer noch ihre eigene Identität, ihre eigene Persönlichkeit bewahrt hatte.

J: Sagen wir, ich sehe dieses ganze Bild als die Ausdehnung eines Raumes und alle sind als Funken das. Wir sind ein Gedanke, eine Energie, aber wir können viele Energien sein, wenn wir uns trennen. So als ob jeder einen Sinn und Zweck erfüllt. Als gäbe es einen allumfassenden Sinn und einen individuellen Sinn.

D: *Du verschmilzt also nicht bis zu jenem Punkt, an dem du deine Individualität verlieren würdest.*

J: In manchen Fällen, wenn es erforderlich ist, ja, dann könnte ich ein Teil davon sein, und das habe ich das Individuelle verloren. Und doch haben wir die Fähigkeit, dieses besondere Bewusstsein zu individualisieren, so dass ich ein Individuum sein kann, wenn ich möchte. Und doch gibt es Zeiten der Ruhe, in denen man wieder in die Gesamtheit eingeht und das fühlt sich sehr liebevoll an. Es ist wunderschön. Es ist sicher, es ist ruhig, es ist wie eine Ruhezeit. Aber wenn es nötig ist, kann ich dort rauskommen und eine Einzelperson werden.

D: *Gibt es bestimmte Merkmale oder physischen Eigenschaften?*

J: Nein, die gibt es nicht. Ich denke, wir können alles sein. Aber an diesem Ort, an dem ich jetzt bin, sehe ich, dass es ein dunkler Raum ist. Keine beängstigende Dunkelheit, es ist einfach nur dunkel. Und das einzige Licht ist unser Licht. Es ist, als gäbe es überall Sterne am schwarzen Himmel und diese Sterne sind Individuen. Wenn sie ruhen, wissen sie, dass sie Individuen sind, aber sie können eins werden und dann gibt es nichts anderes. Es gibt eine harmonische Masse, wie ich es sehe, aber dennoch könnte man die einzelnen Sterne oder Funken sehen. Es ist ein angenehmes Gefühl. Es ist ein liebevolles Gefühl. Es fühlt sich wie zu Hause an. Es ist sicher. Und noch einmal: Es ist wie ein Ruheplatz.

D: *Du sagtest, es gab Zeiten, in denen du dorthin zurückgehen und dich ausruhen musstest. Was würde dazu führen, dass das passiert?*

J: Nun, es sieht so aus, als hätte ich Arbeit zu erledigen. Und ich könnte theoretisch für viele, viele Äonen vom dort weg sein, aber für uns ist es nicht so. An diesem Ort der Ruhe ist es wie ein Fingerschnippen. Es hängt davon ab, wohin wir gehen. Es ist hier sehr kurz im Vergleich zu den anderen Orten, wo es eine zeitliche Begrenzung gibt. Ich könnte theoretisch sehr lange weg sein, aber wenn ich zurückkomme, merke ich, dass ich es gar nicht war. Es fühlt sich an, als wäre ich nicht so lange weg gewesen.

D: Wenn du an diese anderen Orte gehst, gibt dir jemand Anweisungen, oder weißt du, wohin du gehen sollst?

J: Es gibt sozusagen ein überragendes Thema dieses Ortes. Es ist, als ob wir alle zu einem zentralen Geist werden, aber dennoch sind wir individuelle Köpfe. Ich weiß nicht, wie ich das beschreiben soll. Aber wenn wir eins sind, gibt es eine Richtung aus unserem Wissen heraus und aus der bloßen Existenz dessen, wer wir sind. Wir sind uns bewusst, dass es die Wirkung eines Befehls hat, aber das ist er nicht als solcher. Wir wissen als Ganzes, was wir tun müssen, und doch sind wir in diesem Denken Individuen. Wir leisten unseren Beitrag. Wir sind keinesfalls Roboter. Ich könnte sagen, jeder Funke ist eine Welt für sich. Und doch wird alles, wenn wir zusammen sind, zu einer riesigen Welt, die etwas Größeres ist als der Einzelne. Wir wissen also, wenn wir zusammen sind, dass es ein bestimmtes Ziel gibt, das erreicht werden muss. Es ist ein sicherer Hafen, wirklich ein sehr sicherer Hafen. Manchmal müssen wir aus diesem sicheren Hafen heraus an Orte segeln, die nicht sehr angenehm oder sehr schön oder sehr sicher sind. Aber wir besitzen eine solche Liebe zu dieser gemeinsamen Kraft, dass wir wissen, wir müssen gehen. Und wir sind bereit, an diese unsicheren Orte zu gehen, weil wir die Notwendigkeit dessen, was getan werden muss, nicht in Frage stellen. Wir haben einfach dieses Vertrauen.

D: Wenn es dort so schön ist, warum solltest du dich dann davon trennen und woanders hingehen?

J: Weil uns etwas innewohnt, das helfen will und das diesen schönen Schöpfungsgedanken in die Tat umsetzten will. Und deshalb tun wir es bereitwillig mit einer Liebe, auch wenn es Probleme verursacht, denn wenn wir an diesen anderen Orten sind, vergessen wir, wer wir sind. Es ist wichtig, dass wir das vergessen, denn wenn wir irgendeine Lektion oder ein Licht in eine andere Existenz bringen - wenn wir wüssten, wer wir sind, wenn wir wüssten, dass wir bestimmte Dinge tun können oder dass es nur ein vorübergehender Aufenthalt war - dass wir also dort sind, um eine Aufgabe zu erledigen und dann zurückgehen, würde das dem Geschehen eine Voreingenommenheit verleihen. Denn wir strahlen bestimmte Lichtcodes aus, wenn wir uns an diesen Orten befinden. Es würde also die Sache trüben, es würde das, was wir mitbringen, verzerren. Ein Beispiel: In einer Schule bist du Lehrer. Du hast eine Reihe von Fächern oder Themen oder eine Information, die du den Schülern geben kannst. Und vielleicht gibt es eine Interaktion zwischen diesen beiden Seiten, und dann ist es erledigt. Aber wir müssen dabei alles durchlaufen, was an diesem Ort geschieht. Wir müssen die gleichen Prozesse durchlaufen, die die Schüler auch durchlaufen. Wir müssen durch die Prozesse hindurchgehen, weil wir uns in der gleichen Situation befinden müssen wie sie. Und indem wir uns durch die Probleme, Situationen oder Schwierigkeiten hindurchkämpfen, die sie auch haben, bereichern wir auch das große Ganze bei unserer Rückkehr und erweitern es um diese Informationen. Aber wir senden Codes aus während wir interagieren und diesen Prozess durchlaufen, selbst wenn es sich um die schwierigsten Situationen oder das Lernen von Lektionen handelt. Wir emittieren. Wir lassen etwas von uns zurück. Und indem wir die gleichen Probleme durcharbeiten, zeigen wir einen Weg oder eine Tür auf, die sie zur Besserung oder zu einer höheren Entwicklung oder zu dem, was sie durchmachen müssen, nehmen könnten.

D: *Du sagtest, du sendest Codes aus?*
J: Ja, das ist etwas, das zu diesem Zeitpunkt noch unbewusst gemacht wird. Denn, um es noch einmal zu sagen, wir haben ja unser Gedächtnis verloren. Und daher ist es etwas, das uns durchdringt und auf das Land, die Erde, übergeht. Es wirkt, wo immer wir uns befinden. Oder durch die Wesen hindurch, mit denen wir in Kontakt sind. Es ist eine unbewusste Interaktion. Aber wir geben ihnen - man könnte es eine "codierte Struktur" nennen - etwas, dass sie nutzen können, zuzugreifen können, um voran zu kommen. Auf diese Weise können sie etwas lernen. Aber das Wichtigste ist, dass wir selbst uns nicht erinnern. Andernfalls könnten wir die Haltung haben: "Oh, ich weiß, was als Nächstes kommt", so dass es die Übung verdirbt. Wir müssen das also selbst mit

diesen anderen Wesen, oder wer auch immer sie sind, durchmachen, damit wir nicht voreingenommen sind. Aber dann kehren wir zurück. Das tun wir immer, ob es nun Jahre um Jahre oder Äonen dauert. Wir gehen zurück, und dieses Wissen bereichert auch den großen Verstand - wenn wir es überhaupt "Verstand" nennen wollen, denn es ist nicht wirklich ein Verstand. Er bereichert diesen großen Raum, aus dem ich komme und dieser erweitert sich ständig aufgrund dieses Wissens. Jeder einzelne Funke wird irgendwo anders hingehen, und wenn er zurückkommt, bereichert er einfach dieses gesamte Wissen, diese Informationen; sei es durch Bewegung oder durch die verschiedene Arten, etwas zu tun.

D: *Durch das, was du in deiner physischen Form erlebst?*
J: Ja, denn manchmal erfolgt es in einer physischen Form. Wir sind an einem physischen Ort inkarniert, und egal, in welcher Zeitlinie sie (die Schüler) sich befinden - wir befinden uns ebenfalls in dieser Zeitlinie. Und so erleben wir sozusagen jede Situation dieser einzelnen Tage, wo immer wir uns auch befinden. Wenn wir also zurückgehen, sind diese Situationen immer noch *in* uns gespeichert. Diese Informationen erweitern dann den großen Raum, der, wenn du so willst, dadurch immer größer wird. Und auch hier scheint es keinerlei Beschränkungen zu geben, weder nach oben noch nach unten oder in die Seiten oder sonstwo hin. Dieser Raum ist sehr expansiv. Ich kann kein Ende dieser Entwicklung erkennen.

D: *Und mit jeder neuen Information wächst dieser Raum.*
J: Ja. Und dieses Wissen erweitert auch, ja, die Kräfte des Wissens des Schöpfers über sich selbst. Es weiß, dass es in all den Dingen allgegenwärtig ist. Aber es muss auch auf sie verweisen, es muss sich selbst kennen. Es ist sehr schwer zu erklären, weil es sich selbst kennt. Aber indem diese Funken individuell erfahren, was es in der einen oder anderen Form ist, verweist es auch auf *seine eigene* Existenz. Es weiß, dass es wunderbar und mächtig ist und all das, aber ich denke, es ist nur ein kleiner Schritt bis zu den anderen Funken. Wenn sie hinausgehen, verkörpern sie die eine oder andere Form seiner glorreichen Natur oder seiner Fähigkeiten. Weil wir Teil des Schöpfers oder Teil von Gott sind, oder wie immer du diese Kraft nennen willst.

D: Ist es das, was du vorher beschrieben hast?
J: Ja, wenn wir alle zusammen sind, sind wir *es*. Ob wir zusammen sind oder nicht, wir sind ein Teil davon. Und wenn wir es nicht sind, wenn wir als Individuen an diese Orte gehen, haben wir diese Fähigkeiten und dieses Wissen aus dieser Einheit mitgenommen. Wir gehen und wir tun, was immer getan werden muss. Und wenn wir zurückkommen, sind wir wieder Teil dieses Ganzen. Und es weiß, wann ein Teil von ihm da draußen ist.

D: Es kennt also jeden kleinen Funken und behält ihn im Auge?
J: Ja, denn wir sind Teil des Ganzen. Oder wie, wenn das ein Universum wäre und wir individuelle Welten sind. Du siehst, wenn wir ausgehen, sind wir wie individuelle Universen. Wir haben all diese Informationen, und wenn wir zurückkommen, sind wir Teil eines größeren Universums. Es ist schwer zu erklären.

D: Aber wenn du dich trennst und hinausgehst, bist du dann eine individuelle Seele? Was nennen wir denn eine Seele oder einen Geist?
J: Du bist mehr als das. In diesem Ding, das ich sehe, bist du mehr als eine Seele. Vielleicht ist eine Seele wie eine untere Abteilung - ich versuche aber nicht, "untere, obere" zu sagen. Es ist eine andere Ausdehnung dieser Welt. Wir sind fast wie ein Stern, so wie eine Sonne ein Stern ist. Es ist also wie alles in einem. Es ist spirituell, es ist physisch, es ist nichtdimensional und dimensional. Es ist alles in einem. Und wenn du eine Etage tiefer gehst, sind verschiedene Aufgaben damit verbunden. Du könntest daran beteiligt sein, etwas zu erschaffen, das ein System von physischen Orten ergibt. Und dann könntest du tatsächlich noch um einige Etagen tiefer und immer tiefer gehen und dann du wärst du dieser individuelle Funke einer Seele. Und dann gehst du für eine Arbeit an bestimmte Orte. Während du gleichzeitig anderen hilfst, lernst du auch, indem du Informationen sammelst, die du selbst dort gelernt hast. Also bringst du sie zurück in die Systeme, in die Welt. Und dann gehst du wiederum an diesen Ort zurück, der wie eine Andockstation aussieht. Als ob du ein Teil des Ganzen wärst.

D: Und dort werden dann alle Informationen entladen.
J: Ja, wenn du dorthin zurück gehst, werden die Information, die in deinem individuellen Funken stecken, automatisch in alles

andere, was dort ist, hineingeladen. Es macht überhaupt keine Mühe, und wenn du in diesen Raum kommst, ist alles definiert. Und wenn du dort bist, hast du dieses Wissen einfach, wie das Schiff, das in dieses spezielle Dock fährt. Und es gibt eine Phase, in der du Informationen verbreitest, sagen wir, an eine leitende Person oder Kommandanten und die Informationen werden dann heruntergeladen. Es geschieht automatisch, wenn du dich in diesem Raum befindest.

D: *Aber du hast vorhin gesagt, dass du manchmal an einen physischen Ort gehst und manchmal nicht. Wie sehen die anderen Orte aus, zu denen du gehst?*

J: Es gibt andere Orte, die nur Energie sind. Da ist keine Form involviert. Es gibt Wesen, die höher gebildet sind und sie haben keinen Bedarf an einem physischem Raum, egal ob es sich um einen Planeten oder um eine Welt handelt. Manches ist einfach nur Farbe. Manches ist einfach nur Klang. Dennoch existiert in all diesen Dingen ein lebendiges Bewusstsein.

D: *Aber sie alle, die an einem solchen Ort leben, haben individuelle Energien?*

J: Ja. Sie könnten zu Individuen werden. Einiges von ihnen ähneln dem, was wir tun, wenn wir als Ganzes handeln. Sie werden zu etwas in der Gruppe. Sie sind also Teil ihrer Gruppe, aber es ist nicht wie bei einem Individuum, denn sie haben nicht unbedingt individuelle Eigenschaften. Sie sind einfach Teil dieses Ortes, der keine Form hat.

D: *Was würdest du an einem solchen Ort lernen?*

J: Es gibt immer etwas zu lernen, das in verschiedenen Situationen getan werden kann und das anderen in der Art und Weise zugute kommt, wie das Bewusstsein funktioniert, oder wie es wächst und sich ausbreitet - oder auch, wenn das Gegenteil davon passiert. Vielleicht befinden sie sich zwar in einer höheren Bewusstseinsstufe, aber sie sind in der einen oder anderen Form immer noch begrenzt, weil sie nicht über alles verfügen, was sie brauchen. Ich weiß nicht, ob das so verständlich ist. Es gibt schwierige Situationen, in denen an allen Orten und überall Hilfe benötigt wird. Es ist nur so, dass es sich dabei um eine andere Art der Hilfe oder um eine andere Form von Bedürfnis handelt. Manchmal geht es darum, ihr Wissen zu erweitern. Ich bin nicht sicher, ob es auch um das Wissen der Emotionen geht. Nur um eine bessere Vorstellung des Ganzen zu bekommen, aber alles passt zusammen. Die Trennung erfolgte zu einen ganz bestimmten Zweck.

D: *Aber es klingt nicht so kompliziert wie das menschliche Leben, das physische Leben.*

J: Nein, denn hier hast du mehr Dinge, mit denen du dich beschäftigen musst. Es ist so vielfältig. Das bedeutet nicht, dass das Ausmaß der Probleme, mit denen andere Entitäten in ihren Heimatwelten konfrontiert sind, geringer ist. Vielleicht werden ihre Welten aufgrund physischer Situationen zerstört. Nicht wegen des Wetters, sondern wegen der physischen Gegebenheiten, aber vielleicht müssen sie einen anderen Ort Leben finden oder Probleme in ihrer Umgebung lösen. Aber hier hast du mehr Probleme; du hast das volle Programm. Es ist also schwieriger, hier zu sein. Und einige von uns kommen aus diesem schönen, wunderbaren Raum herunter und verlieren sich selbst. Und es dauert eine Weile, bis wir verstehen, was vor sich geht und wir wieder dorthin zurückkehren.

D: *Was meinst du damit, du verlierst dich selbst?*

J: Weil es keine Erinnerung daran gibt, wer du bist, verfängst du dich in dem, woran du arbeitest. Du bist hier, um jemand anderem zu helfen, oder um in einem bestimmten Gebiet zu helfen. Aber du wirst ein Teil - nicht des eigentlichen Problems - sondern zu sehr Teil der gesamten Abläufe. Du hängst mit drinnen, oder du bist fest darin verwickelt, was sie fühlen und tun, und du vergisst, wo du herkommst. Du kommst von einem höheren Ort des Friedens, der Wunder und Fähigkeiten. Hier bist du eingeschränkt und vergisst das. Aber irgendwie gibt es in uns etwas, das uns nach Vorne drängt, auch wenn wir so genannte "Verlorene" sind. Man könnte sagen, es ist etwas in dir eingebaut, das dir das mitteilt. Langsam erwachst du und es wird dir mehr Wissen vermittelt. Und wieder ist das ein Prozess, der dir hilft, weil du erkennst, dass ein Schöpfer erkennen kann. Manchmal erkennen die Individuen - wenn sie Individuen sind - nicht, dass all dies geschehen kann. Wenn du aus einer wunderbaren Situation kommst, hast du keine Ahnung, worauf du dich da einlässt, weil du nichts anderes kennst. Es ist also wie beim reichen Mann, wenn er viel Geld, Essen und ein bequemes Zuhause hat. Manchmal kann er sich nicht in die Lage eines Menschen versetzen, der nichts hat. Und das musst du erleben, um es ganz verstehen zu können. Um zu verstehen, wer du bist. Um die Möglichkeiten zu verstehen, die es da draußen gibt. Den Reichtum all der Vielfalt, die dieses Ganze aus dem macht, was Gott oder der Schöpfer ist, oder was diese Kraft oder Ausdehnung ist. Es ist der Reichtum im Gefühl und im Verständnis dessen, was du wirklich bist. Wer du wirklich bist, oder wovon du wirklich ein Teil bist. Das ist der Grund, warum du dich zunächst nicht erinnerst, denn sonst könntest du diesen Prozess nicht durchlaufen.

D: Besteht nicht die Gefahr, dass du völlig verloren bist und nicht weißt, wie du zurückfinden kannst?

J: Ja. Und ich glaube, in diesem Fall ist mir genau das passiert. Aber auch hier gibt es ein Begreifen, eine Hoffnung, es gibt einen Funken. Da ist etwas in uns, das uns sagt: Nein, du musst weitermachen. Du musst dich bemühen. Es gibt sozusagen Licht am Ende des Tunnels und du wirst deinen Weg wieder finden. Aber auch in diesem Fall hilfst du denen, mit denen du in Kontakt stehst, dabei ihre Kraft zu gewinnen und den Weg zurück zu finden. Aber wenn du dorthin zurückkommst, sagst du: "Ach du meine Güte! Ich habe so lange gebraucht, um das zu tun, was ich tun musste." Du denkst, du verstehst alles, aber wenn du einmal in diese Situationen oder an diese Orte kommst, ist einiges davon so dunkel, dass du dich leicht verlieren kannst. Aber auch diesem Individuum oder diesem Funken ist etwas im Inneren eigen, das ihn zurückträgt.

D: Ich frage mich immer wieder, wenn du dich auf diese Reisen begibst, gibt es da jemanden oder etwas, das dir sagt, wohin du gehen musst?

J: Nochmals, es ist schwer zu beschreiben, was das ist. Du weißt es, weil es zu dir in einem Gedanken kommt, wie bei diesen einzelnen Funken, die das ausmachen, was jene Entität (das Ganze) an Wissen besitzt. Es ist sehr schwer zu erklären. Es ist wie ein inneres Wissen. Du weißt, wohin du gehen musst.

D: Ich dachte, vielleicht gibt es jemanden oder etwas, das Aufzeichnungen führt, und sagte, hier musst du als Nächstes hingehen.

J: Nein. Alles ist bekannt. Es gibt einen, der weiß, wer dort draussen ist und was wir alles tun. Aber es ist nicht wie bei einer Buchführung. Es geschieht alles mental. Es ist ein inneres Wissen. Was in der Vergangenheit passiert ist und weiterhin geschieht, wenn Menschen sich verirren während sie anderen helfen, ist folgendes: Dann werden andere kommen und versuchen, *ihnen* zu helfen. In manchen Fällen, je nachdem, wo du dich verirrt hast - denn viele haben vergessen, wer sie sind - gibt es also immer ein Timing, und es existiert Hilfe. Jene Menschen werden das also erkennen, wenn die Zeit dafür reif ist. Dieses: "Okay, es ist Zeit zu erkennen, wer ich bin und ich war dazu bestimmt, hier eine bestimmte Sache zu erledigen und dann zurückzugehen."

D: *Diejenigen, die kommen und helfen, sind also andere Funken?*

J: Ja, ja, das sind sie.

D: *Sie wissen, dass du in Schwierigkeiten steckst, also werden sie kommen und versuchen, zu helfen.* (Ja, richtig) *Nun, in meiner Arbeit habe ich eine Menge über das Jenseits gefunden, in das wir wechseln, nachdem wir den physischen Körper verlassen haben. Ist das ein anderer Ort?*

J: Ja, das ist ein anderer Ort. So wie ich es von hier aus sehe, ist die geistige Welt (Jenseits) verbunden mit bestimmten .... sagen wir mal, die Erde hat so viele Ebenen von. Aber wenn man sich die Erde ansieht, hat sie eine geistige Welt, sie hat eine Dimension. Jeder Planet hat seine eigenen Dimensionen, und die geistige Welt ist ein Ort, der damit verbunden ist. Wo ich herkomme, existiert keine geistige Welt.

D: *Also wechseln die physischen Wesen, wenn sie den physischen Körper verlassen, hin und her in ihre eigene individuelle geistige Welt (Jenseits)?*

J: Nun, sie entwickeln sich außerdem weiter. Und wenn sie hin und her wechseln, entwickeln sie sich zur nächsten Ebene, die mit dem jeweiligen Planeten verbunden ist. Irgendwann haben sie solange an sich gearbeitet, bis sie in andere Welten gehen und dort andere Situationen erleben können. Aber ich sehe es als eine Entwicklung zu höheren Ebenen der Erde oder zu Dimensionen, die damit verbunden sind. Oder zu Sphären von Energie um einen bestimmten Ort. Wenn sie dann bei dem, was sie lernen, Fortschritte machen, gibt es manchmal auch Wesen, die einen Sprung machen. Sie werden nicht durch verschiedene Dimensionen oder Schichten gehen müssen, um an einen anderen Ort höheren Lernens zu gelangen. Denn das, was sie auf dieser Ebene erlebt konnten, haben sie bereits alles in einer Erfahrung, einem Leben, eingeschlossen, so dass sie zu anderen Orten gehen können. Es ist sehr seltsam, wie ich das sehe. Ich sehe es getrennt und doch ist es ein Teil von allem. Es ist, als ob dieser Ort, an dem ich bin, dort ist. Die anderen Lebenssysteme sind in einer anderen Situation, und doch weiß ich, dass dieser Teil ein Teil von allem ist. So wie wir alle ein Teil von allem sind. Es scheint einfach eine feinere Ebene zu sein. Und einige von uns, auch wenn wir Situationen auf der Erde oder anderswo erlebt haben, sind stets von diesem Ort gekommen.

D: *Alles wird also von diesem Ort initiiert, stammt von diesem Ort. Ich wollte sichergehen, dass das, was ich über die gesitige Welt, das Jenseits, gehört habe, auch richtig ist. Sie existieren also getrennt voneinander.*

J: Ja, ich glaube, es sind verschiedene Ebenen derselben Sache. Aber an bestimmten Orten existieren sie nicht als das, was du eine geistige Welt nennen würdest.

D: *Auf der Erde sagen wir, dass wir Karma ansammeln, wenn wir hierher kommen, wegen all der Dinge, auf die wir uns einlassen. Wir bleiben stecken, weil wir immer wieder und wieder zurückkommen müssen, um Karma auszugleichen. Ist das richtig?*

J: Ja, das ist es, und das ist eine weitere Sache, in der wir uns verfangen haben. Entitäten, die zu Hilfe kommen, sind in die Situation hineingezogen worden. So ist es nun einmal. Es ist nicht so einfach wie: "Okay, ich weiß, wer ich bin. Ich bin hier, um etwas zu tun." Wir sind darin gefangen, und dann sind wir selbst – keine Gefangenen - aber wir werden in dieser Energie gefangen gehalten, bis wir herausfinden, was wir getan haben. Wir sind hier hinuntergekommen, um einem bestimmten Ort, einer bestimmten Situation, einem bestimmten Menschen zu helfen, aber dann stecken wir in diesem Sumpf fest. Deshalb sitzen wir, wenn du so willst, so lange fest, bis auch das geklärt ist; bis wir einen Ausweg gefunden haben. Aber in einer Hinsicht ist das nicht negativ, denn in diesem Herausfinden liegt manchmal ein Schatz von Informationen. Denn wenn du von diesem höheren Ort zu diesem kommst, zappst du rein und raus. Du hast dein Ding gemacht, aber du hast noch nicht wirklich etwas erlebt. Du hast nichts gefühlt. Es geht zu schnell. Wenn man also feststeckt, ist das eine positive Sache. Was auch immer du fühlst und durchmachst, du bereicherst das Ganze in der Erweiterung seines Wissens. In der Ausdehnung seiner Gefühle, in der Ausdehnung von allem, was es ist. Es ist also nicht unbedingt eine negative Sache. Es ist in gewisser Weise eine gute Sache, denn es dient allem. Es ist alles miteinander verflochten, und es dient einem Zweck. Wenn du hier unten bist, weißt du nicht wirklich, was dieser Zweck ist.

D: *Dann scheint es, als müsstest du es erst einmal herausfinden, bevor du wieder nach Hause gehen darfst.* (Ja) *Mir ist gesagt worden, dass es auf der geistigen Seite Menschen gibt, die einem dabei helfen, die dich beraten.*

J: Ja, geistige Führer und dergleichen. Ich weiß, dass es bestimmte Dinge gibt, die ich im Moment nicht wissen darf, weil es die Erfahrung trüben würde. Wenn ich zum Beispiel bestimmte Fragen habe, und wenn ich alles weiß (und ich weiß nicht alles, weil es immer etwas zu lernen gibt), würde es die Sache verkomplizieren – na ja, nicht verkomplizieren - aber es ist, als ob es eine angemessene Zeit geben wird, in der alles offenbart wird. Es gibt bestimmte Dinge, die ich noch lernen muss, um diese Zeit hier zu absolvieren. Und ich muss geduldig sein und wirklich Vertrauen haben. Ich glaube, irgendwann habe ich meinen Glauben verloren, weil ich dachte, ich sei hier zurückgelassen worden. Und dass sie nicht kommen werden, um mich zu holen.

D: *Ist es das, was du gefühlt hast?*

J: An einem bestimmten Punkt, glaube ich, ist es das, was ich gefühlt habe. Und deshalb muss ich lernen, dass das Hiersein keine Strafe bedeutet. Ich muss für eine Weile im Glauben bleiben.

D: *Warum hattest du das Gefühl, dass du hier zurückgelassen und vergessen wurdest?*

J: Ich glaube, es geht darum, dass du verstehst, woher du gekommen bist und welche Fähigkeiten du bereits in dir trägst. Du wusstest einmal, wer du wirklich bist. Und du kommst hier runter und, sagen wir, du arbeitest in einer wirklich niedrigen Schwingung, dann könntest du entweder -

wenn du es vergessen hast – dich in dieser bestimmten Situation verstricken, oder du fühlst Überlegenheit. Siehst du, deshalb ist es manchmal nicht gut, alles zu verstehen. Es ist sehr komplex. Du könntest dich diesen anderen Menschen, mit denen du zusammen bist, oder Wesen, oder welcher Situation auch immer, überlegen fühlen. Und dann verlierst du diese spirituelle Seite dessen, was du bist. Du denkst, du bist besser als jemand anders. Und deshalb gerätst du tiefer in diese Negativität oder diesen Ort oder in diese Situation hinein. Aber dennoch weißt du, dass es einen Teil von dir gibt, der schön ist, der heilig ist, der gesegnet ist, der Liebe ist. Sie ist immer in dir. Und du bist irgendwie dazwischen, da, wo du einerseits weißt, wer du wirklich bist, und dann vergisst du es andererseits. Du wirst frustriert und fragst dich: "Warum kommt nicht jemand von dort, wo ich herkomme, und holt mich aus dieser Situation heraus?" Und doch habe ich mich selbst in diese Situation gebracht. Also kann es kein Urteil geben. Ich muss lernen. Ich muss verschiedene Erfahrungen machen, um einen Ausweg zu finden. Und dennoch sind sie (die geistigen Führer) bei dir und sie werden dich immer zu Menschen oder entscheidenden Situationen führen. Oder wenn es an der Zeit ist und du bereit bist, die Arroganz zu überwinden, die du in einer bestimmten Situation hattest. Denn auch hier geht es wieder um Karma. Es gibt Ursache und Wirkung. Was immer du auch erschaffst, du musst mit den Konsequenzen leben. Auch höhere Wesen können eine Zeitlang ihren Weg verlieren und sie müssen genau dasselbe durchmachen. Du weißt, dass der Prozess derselbe ist. Nur die Umstände sind andere.

D: Auch höhere Wesen gehen also ein Risiko ein.

J: Ja, so ist es. Wo du herkommst, ist es so wunderbar, und du weißt, dass du all diese Dinge tun kannst. Aber du merkst nicht, wie dicht es hier ist, egal in welcher Situation oder an welchem Ort du dich befindest. So kannst du mit der Zeit bei dem, was du schaffst, irgendwie nach unten gezogen werden. Natürlich erschaffst und manifestierst du die ganze Zeit über.

D: Deshalb hast du gesagt, dass es Äonen dauern kann.

J: Ja, das könnte es. Aber dann, wenn du zurückkommst, ist es so schön, wieder dort zu sein, dass du denkst: "Oh, na ja, ich war ja nur ein paar Sekunden weg."

D: *Gibt es Zeiten, in denen alle Funken zurück zur Quelle gehen?*
J: Ja. Es gibt Zeiten, in denen, wenn sie das tun, eine Art Ruhephase eintritt. Dann sind wir alle zurück. Und irgendwann ist es Zeit, wieder hinauszugehen.
D: *Wenn alle Funken wieder zusammen sind, was geschieht dann mit den Schöpfungen, die sie erschaffen haben?*
J: Ich glaube, dann wird alles wieder ins Ganze gezogen. Irgendwann muss alles wieder zurückkommen, ob es nun der einzelne Funke ist, ob wir Welten geschaffen haben oder was auch immer. Alles muss zurückkommen, um sich auszuruhen. Die Schöpfungen müssen alle zurückkommen und wieder ein Teil des Ganzen werden, also werden sie wieder zurückgebracht, denn alles ist tatsächlich eine Manifestation. Aber es gibt noch einen zweiten Grund, bei dem alle und alles zurückkommen, um auszuruhen. Und das ist, wenn das Ganze als Ganzes selbst eine Ruhepause einlegt.
D: *Dann, in diesem Fall, wäre alles, was sie geschaffen haben, weg.*
J: Ja, so verstehe ich es. Es gibt keine Kraft, die es davon abhält. All das ist für eine Zeit lang wieder an seinem Ruheplatz. Aber zwischen diesen großen Ausdehnungen der Zeit können die einzelnen Menschen ein - und ausgehen und bestimmte Dinge tun und wieder zurückkommen, um sich auszuruhen. Das bedeutet nicht, dass sie alle ausruhen, aber es gibt Zeiten, an denen sie alle zurückkommen.
D: *Zu diesem Zeitpunkt, wenn alle Funken zurück zum Ganzen gehen, verschwindet also alles, was sie geschaffen haben, einfach.*
J: Es ist, als würde etwas eingezogen werden. Nehmen wir an, ich hätte viele Dinge erschaffen. Sie integrieren sich in mich, und ich integriere mich wiederum in das Ganze. Und dann wird daraus etwas anderes geschaffen. Etwas Frisches. Alles wird zurück absorbiert in diesen einen Ball aus Wissen, aus Energie, aus der Schöpfung, kurz: von allem, was du dir vorstellen kannst. Alles geht zurück in diesen riesigen Ball, und du fühlst dich als Teil von allem. Es gibt keine Trennung.
D: *In diesem Fall verschwindet es also nicht wirklich. Es wird einfach integriert.*

J: Genau, es wird wieder eingebunden. Aber all diese Dinge, die ich als individuelle Manifestationen geschaffen habe, sind nicht wirklich verloren, denn sie sind ein Teil von mir und ich bin wieder Teil des Ganzen.

D: Und nachdem du dich eine Weile ausgeruht hast, was passiert dann?

J: Dann ist es Zeit, wieder anzufangen. Das ist eine andere Sache. Es ist eine Konstante. Aber du siehst, das Wissen, das während dieser Zeit der Schöpfung, der Manifestation, erworben wurde, geht nicht verloren. Das ist ein Teil dieser Wesenheit. Es ist ein Teil dieses individuellen Funkens, also geht es nie verloren. Es ist ein Teil von dir. Also gehst du jetzt hinaus und erschaffst etwas noch weitere Dinge. Und du gehst noch einmal durch diesen Lernprozess. Und doch ist es wie etwas Neues, etwas Frisches, und doch ist es auch etwas Altes.

D: Aber während dieser Zeit der Schöpfung lebst du nicht nur auf der Erde, sondern auch an vielen anderen Orten?

J: Ja, an vielen verschiedenen Orten.

D: Und du kannst auch in vielen verschiedenen Arten von Körpern leben, nicht wahr?

J: Ja. Wohin du auch gehst, du bist immer noch du. Aber in allem liegt auch ein Sinn. Dieser ist, Licht, Wissen und Schöpfung in die gesamte Mischung einzubringen. Du entscheidest mit Hilfe der anderen, wohin du gehen musst.

Dann bat ich diesen Aspekt Jennys, sich zu entfernen und bat ihr Unterbewusstsein, hinzuzukommen, um Jennys Fragen zu beantworten. Ich möchte immer wissen, warum dem Klienten das jeweilige Leben gezeigt wird.

J: Weil alle ihre Fragen (und das weiß sie tief in ihrem Inneren) nicht von Bedeutung sind. Sie sind nicht wichtig. Sie muss erkennen, dass sie ein Teil eines größeren Ganzen ist, das viel wichtiger ist und das ihre Bedürfnisse stillt, welche auch immer es sind. Sie muss sich daran erinnern, dass sie sich an der Spitze orientieren muss. Es ist nicht wichtig, dass sie weiß, welche Verbindungen es zu dieser oder jener Person gibt. Es ist wichtig, dass sie zu den Grundlagen zurückkehrt. Sie muss ihre Aufmerksamkeit auf den Anfang lenken. Egal, was in ihr Leben kommt, was auch immer ihr gezeigt wird, sie muss es mit einem Gefühl des Staunens betrachten. Egal, ob sie Hindernissen oder Herausforderungen begegnet, sie muss erkennen, dass sie ein Teil dessen ist, was man Gott oder diese Kraft nennt. Den Glauben haben, dass es klappen wird, dass, was auch immer der Zweck ihres Lebens ist, zu ihr kommen wird. Menschen werden ihren Weg kreuzen, mit denen sie zusammenarbeiten wird. Sie muss das große Ganze sehen, denn all diese Dinge sind Manifestationen. Und ich werde ihr keine Antworten geben.

D: (Ich war überrascht.) *Aber sie hat Fragen.*

J: Ja, aber ich denke, sie muss verstehen, was sie selbst beschrieben hat - den Prozess. Es gibt bestimmte Informationen, die jemandem helfen, sich nach vorne zu bewegen und voranzukommen. Sie muss auch für sich mit der Tatsache umgehen, dass sie - zwar nicht ohne Unterstützung, es gibt Unterstützung - aber doch alleine gehen muss und sie wird mit Leichtigkeit gehen müssen. Ich verwende das Wort "leicht". Sie muss in ihrem Glauben gehen. Sie muss daran glauben, dass das Wesen, zu dem sie gehört, die Welt, zu der sie gehört, Liebe ist. Es gibt Wissen, es gibt Information, es gibt Bewusstsein. Das geht so weit über das hinaus, was sie in diesem Moment versteht.

D: *Es liegt jenseits dessen, was viele von uns verstehen.*

J: Ja, genau. Selbst wenn wir ihr die Informationen geben, muss sie selbst an diesen inneren Ort gehen, sie muss ihr inneres Wissen stärken. Und das ist eine der Fähigkeiten, die sie ausbauen und entwickeln muss - ihr inneres Wissen. Selbst wenn sie nach dieser oder jener Verbindung strebt, geht es darum, dieses Wissen zu pflegen - ohne zu sehen, ohne zu berühren, denn dieser Vorgang wird ihre innere Struktur stark machen. Sehen Sie, sie hat ihre eigentliche Struktur vergessen, sie hat vergessen, wer sie ist. Manchmal hat sie einen flüchtigen Blick darauf werfen können, wer sie ist. Aber sie hat diese Kraft, und ihre Struktur ist komplett, sie ist stark. Sie ist erfüllt von Liebe, Mitgefühl und Verständnis für andere. Und das ist dieses Staunen, das ist das Aufgeregtsein, das ist die Erfahrung, dass man nicht alle Antworten hat, auch wenn es manchmal nur Kleinigkeiten sind. Es ist eine wunderbare Erfahrung, nicht alles zu wissen, sondern zu verstehen, dass Hilfe da ist. Und da sind Menschen für sie da, wer auch immer sie sein mögen. Sie muss von der Benennung der Dinge abrücken und einfach ihre eigene, innere Führung spüren und kultivieren, dann wird sie es schaffen. Sie wird dahin kommen, wo sie hin möchte.

D: *Hast du dich deshalb dafür entschieden, ihr keine vergangenen Leben zu zeigen?*

J: Ja. Sie muss zu den Grundlagen zurückkehren. Vergessen wir für einen Moment Raumschiffe und die ganzen anderen Welten. Atlantis. Sie gehörte einst zu dieser Zeit, aber sie muss dorthin zurückkehren, wo sie ursprünglich hergekommen ist. Zu dieser liebevollen Struktur, die eins ist, die alle Dinge als ein Ganzes integriert. Und das bedeutet die Liebe zu dieser Einheit, oder dazu, ein Teil davon zu sein. Das nicht zu vergessen bedeutet einen sicheren Hafen. Sich nicht kleinzumachen. Ja, Schöpfung, wir alle erschaffen etwas, aber es geht nicht darum, allein im Schöpfungsprozess hängenzubleiben. Es geht darum, zu verstehen, *warum* es getan wurde und wo wir einst herkamen. Und nicht darum, sich in den Dingen zu verfangen, die wir getan haben.

D: *Es kommen nun immer mehr Menschen in meine Sitzungn, denen gesagt wird, dass vergangene Leben nicht wichtig sind. Es geht darum, was wir ab jetzt, in dieser Zeit, tun.*

J: Ja, ja, ja, genau. Wir alle sind Gott. Er möchte, dass wir Ihm gleichgestellt sind. Er möchte, dass wir Ihm Fragen stellen, dass wir Ihn herausfordern. Und nicht, dass wir denken: "Oh, vor dem muss ich mich nur niederknien." Es ist das Fragen. Es ist das Gleichsein. Er ist ein Teil von uns, und deshalb möchte Er, dass wir gleichberechtigt und mit Respekt die Dinge mit Ihm teilen. Es ist nicht so, dass wir blindlings irgendeiner Glaubensdoktrin folgen und alles tun sollen, was dir jemand sagt, dass du tun sollst. Das ist nicht das, was Er will. Und das ist richtig so.

D: *Es gibt also keinen Grund mehr, auf Karma zu verharren.*

J: Nein. Es gibt keinen Grund. Und wenn wir es richtig sehen, dann gibt es neben uns höhere Wesen. Oder Gott ist neben uns, oder sie wandeln mit uns. Sie bringen die richtigen Menschen und Gelegenheiten zu dir, damit du erfüllen kannst, was du zu erfüllen hast. Du könntest in anderen Leben alles mögliche sein, aber was du wirklich bist, ist Teil dieses Gitters zu sein, Teil dieser Ganzheit. Es ist nicht wichtig, wie der Körper aussieht oder welche Schmerzen er hat. Wir können viele, viele Male sterben. Das spielt keine Rolle. Was zählt, ist die Seele. Diese höhere Existenz, die ewig ist. Das ist es, was du nähren musst.

D: *Das ist es, was du die Menschen wissen lassen willst.*

J: Ja, ja. Wir müssen zum Wesentlichen zurückkehren. Aber die wichtigste Tatsache ist, dass wir Teil von etwas Großartigem, Liebevollem sind, das Wissen über alles hat. Und weg von den Schöpfungen, die wir geschaffen haben. Wir manifestieren uns in jeder Sekunde des Tages. Und um nicht wieder eingeholt zu werden und unsere - wir nennen es "Göttlichkeit" - den Lebensfunken zu verlieren, den wir haben, indem wir in "Wer war ich, was habe ich getan?" verharren. Man lässt auch los. Wir können nicht alles wissen. Es ist wie ein Wunder. Um die nächste Ecke könnte etwas Gewaltiges auf dich warten. Aber wenn du alles wüsstest, gäbe es nicht diese Freude, immer wieder Neues zu entdecken. Immer wieder zu entdecken, wer wir wirklich sind. Setz dir diese Liebe dazu als das höchste Ziel. Zeige diese Liebe allen, die du triffst und Mitgefühl und Verständnis werden zu dir kommen.

* * *

Aus einem anderen Fall:

Teresa wollte wissen, was während eines Erlebnisses passierte, das sie im Februar 2005 hatte. Sie meditierte gerade, als sie sich plötzlich an einem dunklen, formlosen Ort des Nichts befand, den sie nur als "Leere" bezeichnen konnte. Es war nicht beängstigend, sondern gab ihr stattdessen ein großes Gefühl der Erleuchtung. Als sie in einen bewussten Zustand zurückkehrte, versuchte sie, es logisch zu verstehen, aber es ergab für sie keinen Sinn. Das Unterbewusstsein erklärte es folgendermaßen:

T: Das war nur eine Erfahrung, bei der sie einige dieser feineren Ebenen oder anderen Bewusstseinsebenen berührte. Alles Visuelle fallen zu lassen, ohne dabei den Körper aufzugeben. Ich erlaubte ihr, diese Erfahrung zu machen. Es geht also um nichts anderes, als ihr zu zeigen, dass wirklich alles *ein* Bewusstsein ist. Und diese Erfahrung der Leere, die sie gemacht hat, geht sogar auf einer elementareren Ebene in dieses Bewusstseins über. Es ist das Nichts, aus dem alles hervorgeht. Alles kommt aus diesem Nichts. Das ist unendlich und das ist alles - bis hinunter zu einer grobstofflichen Ebene. Und da sie diese Erfahrung gemacht hat, wäre es für sie ganz natürlich, zu erkennen, dass nichts von all dem tatsächlich real ist. Damit sie das sehen kann. Ja, auf einer Ebene ist es real, aber von dieser Ebene der Leere aus existiert es lediglich an der Oberfläche, es ist nur nah an einem Farbton, es ist nur eine Schattierung. Sehr wenig. Zu sehen, dass die wirkliche Realität das Bewusstsein ist und die Basis des Bewusstseins, die reine Leere, das Nichts ist, aus dem alles Bewusstsein entspringt.

D: *Ist dieses Nichts mit der Quelle vergleichbar, oder sind das zwei verschiedene Dinge?*

T: Es wäre die Quelle.

D: *Weil ich gehört habe, dass die Quelle als ein großes Licht beschrieben wird.*

T: Es ist die Finsternis, aus der das Licht kommt. Sie existiert jenseits des Lichts.

D: *Die Leute sagen, wenn sie zu der Quelle zurückkehren oder wenn sie aus der Quelle kommen, ist diese immer ein helles Licht.*

T: Aus meiner Sicht kann ich sagen, dass das Licht aus der Dunkelheit kommt. Diese - wiederum von meinem Standpunkt aus - Dunkelheit ist nicht mit etwas Bösem oder etwas Negativem zu verwechseln. Es ist einfach das, was Licht enthält. Und von meinem Standpunkt aus ist das die Quelle. Es mag noch etwas darüber hinaus geben, aber das ist es, was ich von meinem Standpunkt aus sehen kann. Das Nichts. Und aus dem Nichts kommt das Licht. Und aus dem Licht kommt die Differenzierung, die wir das Etwas nennen.

SECHSTER TEIL

DIE SCHÖPFUNG

KAPITEL DREIUNDZWANZIG

DER ÜBUNGSPLATZ

Wendy hatte gerade das Leben als Wurm verlassen (in Kapitel zwei), und ich wollte ihr folgen, um zu sehen, wohin sie als Nächstes gehen würde.

W: Ich überlege mir, was ich als Nächstes tun soll. Ich lehne mich über einen imaginären Schreibtisch und überlege - was soll ich tun, was soll ich tun? So viele Möglichkeiten.
D: *Gibt es jemanden, der dir dabei hilft, Entscheidungen zu treffen?*
W: Es gibt viele alte, weise Männer, mit langen Bärten. Sie denken nach, beobachten mich, warten nur darauf, zu sehen, was ich entscheide. Ich scheine einen körper zu haben, jung, männlich. Und diese alten Männer stehen herum und schauen mir einfach nur zu. Ich arbeite über einen Schreibtisch gelehnt. Ich bin wirklich jung. Es sieht aus, als ob geographische Karten auf dem Schreibtisch liegen.
D: *Weißt du, was die Aufgaben der Alten sind?*
W: Es ist, als ob sie darüber nachdenken, wer ich bin und was ich tue. Sie studieren mich. Es amüsiert mich, weil sie denken, ich sollte nicht so viel Wissen haben, da ich so jung bin.
D: *Lass uns in der Zeit nach vorne gehen und herausfinden, wozu du dich entscheidest. Du hattest viel Zeit, darüber nachzudenken. Was wirst du jetzt tun?*
W: Ich werde diese alten Männer zurücklassen. Ich gehe auf eine lange Reise, um herauszufinden, was es mit diesem Ort auf sich hat.
D: *Was für ein Ort ist das?*

W: Ich weiß es nicht. Er scheint real zu sein, aber er ist es nicht. Es gibt Bäume und Wälder. Du kannst ihn sehen, aber du kannst durch ihn hindurchsehen. Er hat eine Form. Es ist real. Es ist nur nicht dicht. Nicht fest.

D: *Weißt du, was dieser Ort ist?*

W: Es schwebt einfach herum. Es ist einfach da. Es ist, als ob du ihn erschaffen kannst. Du denkst etwas und damit kann man es erschaffen. Du machst einen Schritt, und wenn du einen Schritt machst, hast du es bereits durch deine Vorstellungskraft erschaffen. Es ist wie ein Spaziergang in der Luft, und es ist nichts da, bis du es mit deinem Geist erschaffen hast. Das ist zu seltsam. Sonst würdest du, wenn du es nicht mit deinem Geist kreierst, ins Nichts treten. Das ergibt eigentlich keinen Sinn. Aber oh, es macht Spaß! Es macht sogar *sehr* großen Spaß!

D: *Also kannst du dort alles erschaffen, was du willst.*

W: Du musst deinen Geist benutzen. Das ist fast wie ein Spiel. Ich bin jung. Es ist, als würde ich es lernen. Ich werde nichts haben, auf dem ich stehen oder in dem ich sein oder an dem ich teilhaben kann, wenn ich es nicht mit meinem Geist erschaffe.

D: *Glaubst du, das ist es, was du jetzt tust? Lernst du, wie man das macht?*

W: Ja. Es ist, als wäre es in meinem Kopf. Du denkst es, dann verdichtest du es und machst es zur Realität. Ich weiß nicht, wie ich das erklären soll. Es ist, als ob es in dieser Gedankenform ist, und diese Gedankenform ist real, aber sie ist nicht real, weil sie nicht fest ist. Aber zunächst musst du sie in einer Gedankenform erschaffen, damit sie Form annehmen kann. Und darum geht es! Um Form anzunehmen! Es ist, als ob ich mich nicht bewegen kann, bis ich es vor mir erschaffe. Ansonsten steckst du im Nichts fest, bis du es mit deinem Gedanken erschaffen hast. Es hat keine Substanz, bis du die Details, die Details, die Details, die Details hineinlegt hast. Man nennt das "Manifestation". Manifestation. Das ist Schöpfung. Das ist *sehr* aufregend. Ansonsten gibt es Leere, es sei denn, du erschaffst und manifestierst etwas.

D: *Das ist etwas, das für dich wichtig ist, damit du lernst, wie man es macht?*

W: Ja. Progression. Fortschritt, sonst stagnierst du. Geh' nicht weg. Du erlernst den Schöpfungsprozess. Du lernst, wie du

eine Realität erschaffst. Lernst, zu experimentieren und *zu sein*.
D: *Das ist also der nächste Schritt, zu lernen, wie man das macht, bevor du irgendwo anders hingehst.*
W: Ja. Es ist ein Gedanke. Und dann bekommt der Gedanke eine Form. Der Gedanke - du denkst ihn, und dann ist es so. Du legst die Details fest, und damit manifestieren sich die Dinge.
D: *Hilft dir jemand dabei, das zu erlernen?*
W: Es scheint, als ob man in diese betreffende Welt geht, um es zu lernen. Und es gibt noch andere, die das tun. Ich sehe Lichtpunkte. Ich weiß nicht, was das ist. Elektrizität. Punkte. Aber es scheint, als gäbe es noch andere, die da sind. Hier geht man zum Experimentieren hin. Dies ist eine Welt, in die jeder gehen kann, um den Schöpfungsprozess zu erlernen. Es ist eine Schule für Schöpfer, aber ich bin noch jung.
D: *Du hast also noch viel zu lernen?*
W: Ich experimentiere viel, und es sieht nicht danach aus, als hätte man einen Lehrer. Was du hast, ist dein eigener Geist.
D: *Niemand zeigt dir also, wie du es machen sollst.*
W: Nein. Du experimentierst. Und wenn es sich nicht als richtig herausstellt, löschst du es oder machst es rückgängig. Und erschaffst es neu, bis du es so hinbekommst, wie du es willst. Du kannst es sehen, bevor es tatsächlich Gestalt annimmt. Du kannst sehen, dass es nicht perfekt sein wird, dann kannst du es ungeschehen machen. Es kommt dann nie zur Manifestation oder zu einem Stadium der Dichte.
D: *Also bleibt es nicht. Du hast Zeit, es wieder rückgängig zu machen.*
W: Ja. Zeit bedeutet nicht viel. Du bist dir der Zeit nicht bewusst. Du erschaffst einfach weiter Dinge. Das ist seltsam. Das ist merkwürdig.
D: *Warum ist es wichtig zu lernen, wie man Dinge manifestiert?*
W: Um dich zum Nachdenken zu bringen, bevor du den Sprung wagst.
D: *Was meinst du damit?*
W: Du solltest nicht zum Sprung ansetzen und dann erst denken, denn du könntest eine Menge Dinge durcheinander bringen. Wenn du das Ganze vorher gut durchdenkst, ist der Prozess einfacher als zu springen, dann zurückgehen zu müssen und es noch einmal zu tun, und noch einmal und noch einmal.

Also machst du einfach langsamer. Und denk darüber nach, *denk darüber nach!* Überdenke es klarer, Detail für Detail. Es gibt hier viele andere, die das Gleiche tun. Oh, wow! Diese eine Person arbeitet mit der Farbe Lila. Er scheint nur mit den Händen zu winken, und dieses Violett bewegt sich in verschiedenen Formen. Völlig faszinierend! Bewegung von Energie. Das macht Spaß! Erinnert mich irgendwie an den 4. Juli, wo sie mit einem Zauberstab durch die Luft wedeln.

D: *An diesem Ort bist du also nur durch deine Vorstellungskraft begrenzt?*

W: Richtig. Was du denkst, kannst du erschaffen. Es ist ein Ort zum Üben, und es wird noch nicht zur festen Form. Es ist ein Ort, um Schöpfung zu üben, aber du musst mehr auf die Details achten. Wenn du zum Beispiel einen Baum erschaffen möchtest, denkst du nicht einfach an einen Baum und alle Teile sind automatisch da. Du musst daran denken, wie ein Baum wächst. Was alle Komponenten eines Baumes ausmacht. Das geht wirklich, wirklich, wirklich ins Detail.

D: *Es steckt mehr dahinter, als die Leute denken.*

W: Viel mehr. Sonst gäbe es nur einen flachen Baum, einen toten Baum. Er würde lebendig aussehen, aber er wäre es nicht. Das erinnert mich an Papierpuppen. Du siehst die Form, flach, aber sie sind nicht lebendig.

D: *Es hat nicht die Substanz, die etwas Lebendiges hat.* (Richtig) *Ist das etwas, das du verwenden kannst?*

W: Ich muss mich daran erinnern, genauer zu sein, genauer zu werden. Aufzuhören damit, einfach zu springen, in Dinge hineinzuspringen und dann wieder zurückzugehen, um es neu zu machen. Ich bin zu schnell. Detaillierter arbeiten. Gründlicher. Gründlicher, gründlicher, detaillierter, detaillierter.

D: *Ist es ein Ort, an den jeder gehen muss?*

W: Nein. Aber wenn du dich für Energie interessierst, ist es ein guter Ort, wenn du Dinge kreieren willst. Es scheint dort eine Fülle von Energie zu geben, mit der man arbeiten kann. Es ist fast so, als seien alle jung. Es ist ein Ort kindlicher Neugierde und die Neugierde ist grenzenlos. Ich weiß, dass es andere Realitäten gibt, aber du bist dir ihrer nicht bewusst. Du bist einfach nicht interessiert. Du hast so viel Spaß an der Schöpfung. Es ist wie Zeichnen und dann ausradieren, wenn es einem nicht richtig gelingt. Und dann kannst du es einfach noch einmal machen. Und du bekommst dort keinen Ärger, weil es keine solide Welt ist. Es macht großen Spaß.

Ich frage mich, ob sie das Gefühl hatte, jung zu sein, weil sie gerade das Leben des Wurms verlassen hatte. Das war ein sehr einfaches, unkompliziertes Leben, in dem es keine Möglichkeit gab, etwas zu manifestieren. Vielleicht musste sie aufgrund ihrer mangelnden Erfahrung zum Übungsplatz gehen, um zu lernen, wie man etwas manifestiert, denn wenn ihr nächster Schritt darin bestand, in einen physischen menschlichen Körper überzugehen, würden dieses Talent und diese Fähigkeit gebraucht werden.

D: *Vielleicht ist das so, um Disziplin zu lernen. Es wäre schwierig, wenn es eine solide Welt wäre.*
W: Das wäre beängstigend.
D: *Wenn du eine solide Welt schaffst, würde sie nicht so schnell verschwinden, oder?*
W: Nein, und sie wird missgebildet sein. Und oh, die Energie ist so dicht und schwer. Es ist nicht leicht, sie wieder anzupassen. Das ist wichtig. Es ist schwer, dichte Formen anzupassen.
D: *Darum musst du zuerst üben.*
W: Üben, üben. Klären. Dann dabei helfen, schlecht geformte dichte Formen neu auszurichten. Das klingt seltsam.
D: *Was meinst du damit?*
W: *(sie schien nun Anweisungen zu hören oder vorzulesen.)* "Helfen Sie mit, dichte Formen neu auszurichten, die aus der Reihe getanzt sind, die nicht richtig funktionieren. Das kann erreicht werden ...." Hmmm. Ich sehe Menschen, die in dichten Formen gehen, übergebeugt, mit herabhängenden Armen und schleifenden Beinen, als wäre es eine so schreckliche Anstrengung, in einer dichten, schweren Form zu sein.
D: *Du meinst einen physischen Körper?*
W: Einen physischen Körper, ja. Er ist nicht richtig ausgerichtet. Du möchtest zu diesen dichten Formen hinübergehen, sie in der Mitte packen und sie in ein gerades, aufrechtes, leichteres Wesen verwandeln. Das ist einfach verrückt. Diese Körper, die sie angenommen haben, sind so dicht, dass sie neu ausgerichtet werden müssen. Sie können nicht einmal ein Kind hervorbringen, einen Nachwuchs, der richtig

ausgerichtet ist. Diese Körper werden keinen Nachwuchs bekommen, der sich in der Balance befindet.

D: *Wo sind diese Körper?*

W: Sie laufen einfach auf der ganzen Erde herum. Auf der Erde! Was mit bloßem Auge sichtbar ist, ist nicht das, was es tatsächlich ist. Was du wahrnimmst, wenn du sie ansiehst, sind Menschen. Aber tatsächlich erkennt man mit dem inneren Auge, dass diese Formen vorn übergebeugt gebeugt sind und vor sich hin schlurfen. Die Energie ist falsch ausgerichtet. Sie sind schwer. Es fehlt ihnen an Hoffnung.

D: *Aber äußerlich sehen sie nicht wirklich so aus.*

W: Nein, so sehen sie nicht aus. Es ist verborgen.

D: *Wie und wann sind sie aus dem Gleichgewicht geraten?*

W: Im Laufe der Zeit. Ich sehe sie zurückkommen, immer wieder zurückkommen, zurückkommen. Sie haben verloren, was sie am Anfang wussten. Sie sind so oft hier auf die Erde gekommen, dass sie vergessen haben, wie sie leicht werden können.

D: *Dann hilft es nicht, immer wieder zurückzukommen?*

W: Bei diesen Menschen hat es nicht geholfen, denn da jedes Leben wie auf einen Haufen aufgeschichtet wird, wird das Ganze immer schwerer und schwerer und schwerer. Man möchte am liebsten ihr Gewicht abwerfen und ihre Form in die Höhe heben. Man hat den Wunsch, sie von ihrer Dunkelheit und dem schweren Morast befreien. Ich sehe Schlamm. Ich möchte ihn wegräumen und ihnen helfen.

Das klang wie das, was Jesus in "Sie gingen mit Jesus" sagte. Als er die um ihn versammelten Menschenmassen betrachtete, sah er sie als Kohlebrocken, dunkel und dicht. Sie waren sich nicht bewusst, dass in ihnen helle Diamanten schlummerten, die nur darauf warteten, freigelegt zu werden.

W: Sie wandern umher auf der Suche nach Antworten und wissen nicht, was sie tun sollen.

D: *Gibt es jemanden, der ihnen helfen kann?*

W: Es gibt da Lichter. Formen, die wie Lichter sind, die aufrecht gehen. Und sie gehen auf sie zu. Die Dichte wird von diesen Lichtformen angezogen.

D: *Sind diese Formen auch in einem menschlichen Körper?*

W: Ja. Und sie wissen auch nicht immer, dass sie Lichtformen

sind. (geschocktes Atmen - sie wurde sehr emotional)
D: Warum beunruhigt dich das?
W: Es gibt viele von ihnen. Sie wissen einfach nicht, wer sie sind. Sie wissen nicht, was sie tun sollen. Sie haben es auch vergessen. Und sie warten einfach nur, warten auf eine bestimmte Zeit.
D: Sie stecken auch hier fest, meinst du, ohne zu wissen, warum sie hier sind?
W: Ja. Sie verzetteln sich genauso, aber sie haben immer noch dieses Licht in sich. Und jene, die dicht wie Schlamm sind, werden von diesem Licht angezogen.
W: Es ist wie eine Reinigung. (leichtes Schluchzen.)
D: Gibt es niemanden, der ihnen sagt, sie sollen aufwachen und der es sie wissen lässt?
W: Wenn die Zeit reif dafür ist.

Das könnte die Erklärung für die vielen, vielen Menschen sein, die zu mir kommen. Sie sagen, sie suchen nach einer Richtung. Sie wissen, dass sie hier auf der Erde sind, um etwas bestimmtes zu tun, aber sie wissen nicht, was es ist. Es wird zu einem nagenden Gefühl, das sie nicht mehr loslässt. Während der Sitzung teilt ihnen das Unterbewusstsein immer mit, dass sie hier sind, um zu helfen. Um zu heilen, um Hilfe zu geben, um die Menschen auf das vorzubereiten, was kommen wird. Es wird ihnen nie gesagt, dass sie hier sind, um zu spielen, zu trinken, Sex zu haben, viel Geld zu verdienen, sich in den Lauf der Welt zu verstricken. Es wird ihnen immer gesagt, dass sie hier sind, um den anderen Menschen zu helfen. Und zwar in der Regel auf eine Art und Weise, an die sie mit ihrem Tages- Bewusstsein niemals gedacht hätten.

W: Diese Menschen mit dem Licht erkennen die Dinge langsam, langsam .... Es ist, als ob sie gegen diesen Morast stoßen oder ihn berühren oder mit ihm in Berührung kommen, und dieses Zeug beginnt, von diesen vorübergebeugten, schlammigen, dichten Formen abzuschmelzen. Aber es gibt niemanden, der diesen Menschen sagt, was sie tun sollen.
D: Weißt du, was du tun sollst?
W: Auf eine bestimmte Zeit warten und hoffen, dass einige dieser dichten Formen auf mich stoßen.
D: Du kannst nicht nach ihnen suchen?

W: Nein. Das ist so eine Art Magnet, als würde man davon angezogen. Es funktioniert in beide Richtungen. Du musst dich bewegen, und sie bewegen sich auch. Und man wird einfach zusammengeführt - wie bei Magneten.

D: *Keiner von beiden weiß, dass das passiert.* (Nein) *Fühlst du etwas, wenn das passiert?*

W: Ja. Ich spüre, wie sie sich dieser schweren, sehr schweren Energie entledigen. Und das macht mir große Freude. Es scheint, als seien sie im Inneren schon lange so gewesen.

D: *Bist du in einem physischen Körper während du das tust?*

W: Ja. Wir mit dem Licht gehen aufrecht. Das ist seltsam, aber diejenigen mit der schweren Energie scheinen vornübergebückt zu sein. Das sind sie nicht tatsächlich, aber das ist das Gefühl. Die Wahrnehmung.

D: *Du bist also wieder in einem physischen Körper, aber du bist in der Lage, diese Dinge zu sehen?* (Ja) *In was für einem physischen Körper befindest du dich?*

W: In einem großen, lichtvollen Körper.

D: *Sieht er für andere auch so aus?*

W: Ja, für sie sieht er sehr klar und rein aus. Sie fühlen sich zu uns hingezogen, sie wollen so sein wie wir, wissen aber nicht, wie sie so werden können.

D: *Wenn dich also jemand anderes in deiner physischen Form sehen könnte, würde er dich als einen großen, lichtvollen Körper wahrnehmen?* (Ja) *Hat er eine physische Beschichtung?*

W: Ja, aber diese wirkt auch irgendwie transparent. Es ist einerseits Haut, und wir tragen Kleidung. Aber der Körper scheint ein wenig durchsichtig oder durchscheinend zu sein. Eine glühende, strahlende Energie der Akzeptanz, die niemanden abweist. Die anderen dagegen wandern einfach umher.

D: *Ist es das, was du tust, nachdem du gelernt hast, Energie zu manifestieren? Kommst du ins Körperliche zurück, um sie zu nutzen?*

W: Es geht darum, mich daran zu erinnern, dass ich einmal wusste, wie es geht. Ich bin dort gewesen und hatte gelernt, wie man etwas erschafft. Eine Erinnerung daran, dass ich dort gewesen war.

D: *Kannst du sagen, welche die Lichtwesen sind?* (Ja) *Und wissen es die anderen in physischen Körpern auch?*

W: Sie können definitiv einen Unterschied erkennen. Es gibt dafür keinen Vergleich. Wie kann ich das erklären? Es ist ein Wissen. Es ist eine Energie, die die Lichtwesen ausstrahlen. Sie sehen eigentlich wie alle anderen Menschen aus, aber du siehst sie mit einer anderen Wahrnehmung. Es ist ein Wissen. Du kannst die Energie fühlen. Diejenigen, die schlammig sind, können das nicht. Sie werden nur wie ein Magnet angezogen. Sie verstehen es nicht. Sie wollen Hilfe. Sie sind es leid, gebückt und belastet zu sein, belastet, belastet, belastet, schwer, schwer, schwer belastet zu sein.

D: *Wenn sie von den leichten, lichtvollen Wesen angezogen werden, ändern sich dann die Dinge in ihrem Leben?*

W: Ja. Du siehst, wie sie irgendwie aufschauen und merken, dass da etwas anders ist - dass sie nicht so leben müssen. Aber einige von ihnen werden sich nicht ändern wollen. Sie denken, dass es nichts anderes gibt. Sie wissen nicht, was sie dagegen tun sollen. Es gibt andere, die auf der Suche sind, aber sie schauen nach unten, nach unten. Sie sehen nur die Dinge der Erde. Und dann wird ihnen plötzlich klar, dass es vielleicht mehr als nur die Dinge der Erde gibt, die materiellen Dinge. Und sie drehen ihren Kopf leicht nach oben, und das ist so, als ob sie woanders hinsehen würden. Als ob man in die geistige Welt schaut. Wenn sie ihren Kopf so drehen, sehen sie, dass, ja, dass da noch etwas anderes ist. Dass es da draußen noch andere Menschen gibt. Sie sind zwar wie sie, aber doch *nicht* wie sie.

D: *Und das macht die Veränderung aus, sie auf einen anderen Weg zu bringen.*

W: Ja. Und man möchte sie berühren, man will sie berühren. Das ist so traurig! (wird emotional) Sie sind schon so lange so, und jedes Mal, wenn sie auf diese Erde kommen, wird es immer schwerer und schwerer für sie. Ich verstehe das nicht. Warum sind sie nicht leichter geworden, anstatt immer dichter und dichter und schwerer zu werden? Eine Berührung. Manchmal reicht eine Berührung.

D: *Das ist alles, was es dazu braucht. Etwas ganz Einfaches.*

W: Ja. Einfach unter die Leute zu gehen. Nur diese Energie zu verbreiten. Die Menschen einfach berühren. Manchmal ist es ein Augenkontakt. Die Energie wird weitergegeben. Sie wissen auf ihrer Seelenebene, dass etwas mit ihnen geschieht, aber nicht unbedingt auf der bewussten Ebene.

Ich verließ die Szenerie zusammen mit ihr und gab Anweisungen an Wendys Unterbewusstsein, dazuzukommen und Fragen zu beantworten.

D: *Wendy war auf der Suche nach Antworten. Du hast ihr viele Dinge gezeigt. Warum hast du ihr jenen Teil gezeigt, dass sie ein Lichtkörper ist, der den dichteren Formen hilft? Was wolltest du ihr sagen?*
W: Deshalb kam sie hierher. Sie soll sich daran erinnern, woher sie kam. Sie war eine Form von Licht, eine Energieform.
D: *Woher ist sie gekommen, so dass sie sich erinnern kann?*
W: Aus der Ur-Quelle aller Energien.
D: *Ist das dort, wo sie mit den Energien experimentiert hat?*
W: Das ist eine der Welten, die für diejenigen eingerichtet wurden, die gerne an etwas arbeiten und die gerne etwas mittels Energie erschaffen. Sie wurde von der Ur-Quelle, oder auch Schöpfer, ausgesandt und darf mit Schöpfung experimentieren.
D: *Sie soll sich also an die ursprüngliche Quelle der Schöpfung erinnern?* (Ja) *Ihr wurde gezeigt, dass sie Energie manipulieren kann.* (Ja) *Ist es das, was du ihr zeigen willst?*
W: Ja. Sie sollte sich mit anderen Lichtwesen vereinen, die aufwachen und sich daran erinnern, wofür sie hier sind. Es ist an der Zeit, mit dem Erinnern zu beginnen. Nachts, wenn sie sich im Schlafzustand befindet, ist viel Arbeit im Gange, von der sie nichts weiß.

Wendy hatte ihr ganzes Leben lang Probleme mit ihrer Gesundheit gehabt. "Das geschah, damit sie sich in der materiellen Welt mehr nach innen statt nach außen orientiert. Hätte sie eine gute Gesundheit gehabt, hätte sie der geistigen Welt keine Aufmerksamkeit geschenkt. Sie wählte einen sehr festen Körper zur Manifestation. Nachdem sie hierher gekommen war, entschied sie, dass sie vielleicht doch nicht hier sein wollte. Es würde schwieriger werden, als sie dachte. Und so hat sie all die Jahre die Dinge irgendwie schleifen lassen. Sie fühlt sich hier nicht zu Hause, aber wenn sie jetzt zurückkehrt, würde sie das, weswegen sie gekommen ist, nicht zu Ende gebracht haben. Wir lernen auch von diesem Körper, denn er ist schwach. Wir nehmen dieses Wissen und werden es nutzen, um

Wege zu entwickeln, die der Menschheit helfen. Ihr Körper ist nicht der einzige Körper, der sich in einem geschwächten Zustand befindet. Der ganze Planet ist geschwächt. Sie braucht angemessene Ruhe, angemessene Nahrung und mehr Meditation. Wir haben ihr diese Welt der Manifestation gezeigt, denn sie muss mehr auf die Details achten. Details in allem, was sie tut, vom Aufwachen bis zum Schlafengehen. Details, Details, Details. Darauf achten, was sie zu sich nimmt. Dort, wo sie vorher war (das Reich der Energie), gab es dieses schwere Essen nicht. In dieser anderen Welt war sie reine Energie. Und es gab nicht die stark verunreinigte Nahrung, die sie heute isst. Jeder sollte, wenn möglich, mehr zu einer flüssigen Form von Nahrung übergehen. Die leichteren Nahrungsmittel, wie z.B. Früchte wählen. Nicht so sehr die schwere, dichte, tote Nahrung. Mehr Nahrung, die gute Energie enthält. Lebensspendende Nahrungsmittel. Dadurch bleibt der Körper leicht. Schwere Nahrung hält dich schwer, dicht, festgefahren und zu sehr geerdet. Schwer im Körper, schwer in der Bewegung. Leichtere Lebensmittel machen leicht, machen luftig. Mehr Platz im Körper für jene Energie, die durch den Körper strömen will. Sie sollte auf alles, was sie tut, achten. Und auf die Details. Sich stets dessen bewusst sein, was sie tut."

D: Ist das nicht ein wenig frustrierend oder ablenkend, wenn man an jedes Detail denkt?
W: Es wird dabei helfen, ihren Körper auszurichten und anderen dabei helfen, ihren eignen Körper auszurichten.

Bezüglich der Probleme mit ihrer Atmung. "Ein Teil davon ist die Umweltverschmutzung, die es heute in der Welt gibt. Zum Teil liegt es daran, dass sie ihre Lungen mit dem Stengel verschmutzt hat, den sie in ihren Mund gesteckt und angezündet hat. (Rauchen)"
Herzprobleme: "Das ist seit der Kindheit so. Es ist fast so, als hätte sie seit ihrer Kindheit ein gebrochenes Herz gehabt. Sich allein zu fühlen in einem dichten, schweren, dicken Körper. Die bedingungslose Liebe zu vermissen. Die Liebe auf diesem Planeten ist nichts im Vergleich zu unserem Zuhause."

D: Muss das Herz korrigiert werden?
W: Sie muss sich daran erinnern, sich auszuruhen und zu

visualisieren, zu visualisieren, zu visualisieren. Erschaffe mit dem Verstand, und der Körper wird folgen. Visualisiere, wie die Organe im Körper richtig funktionieren. Visualisieren, visualisieren, visualisieren. Jeder Schaden kann geheilt werden, aber es braucht Zeit. Deshalb ist die Visualisierung so wichtig. Sie wird dem Körper bewusst machen, dass er sich selbst heilen kann. Und darauf achten, was in den Körper hineingebracht wird. Frische, frische, frische, frische, lebende Nahrung, lebendige Nahrung. Leben spendende, lebendige Nahrung.

* * *

GENESIS

Als Pamela von der Wolke kam, war sie sich nicht in einem früheren Leben, sondern in einer feinstofflichen Umgebung. Alles war ohne Substanz und Form. "Ich habe noch nichts Physisches gesehen. Ich sehe nur 10 Lichtpunkte und etwas von einer fließenden Energie, aber keine Art von Formen.   Sie begann zu weinen, als sie diesen formlosen Ort der Energie sah, weil sie sagte, sie vermisse ihn. Sie liebte es, dort zu sein und mit der Energie zu spielen. Als ich sie bat, sich selbst zu betrachten war sie vollkommen überrascht "Mal sehen, was ich hier sehen kann. Meine Güte! Was ist das? Nichts! Es ist alles nur wirbelndes Licht! Ich sehe so etwas wie Moleküle um mich herum. Ich fühle, dass ich an diesem Ort bin, wo alles erschaffen werden kann."

Als ich sie fragte, wie sie die dortigen Umstände zur Schöpfung von etwas nutzen könnte, gab sie eine verwirrende Antwort. Sie schien das, was sie beschrieb, für sehr wichtig zu halten, auch wenn ich den Prozess nicht verstehe. Vielleicht wird einer meiner Leser ihn verstehen und damit etwas anfangen können. Es könnte etwas symbolisches bedeuten, aber das glaube ich nicht. Alles bestand aus formlosen Linien und Punkten und Wirbeln, bis sie die beiden Pyramiden sah. Sie wusste, dass sie an jenem Punkt, wo sie sich berührten, die Schöpfung (Genesis) darstellten.

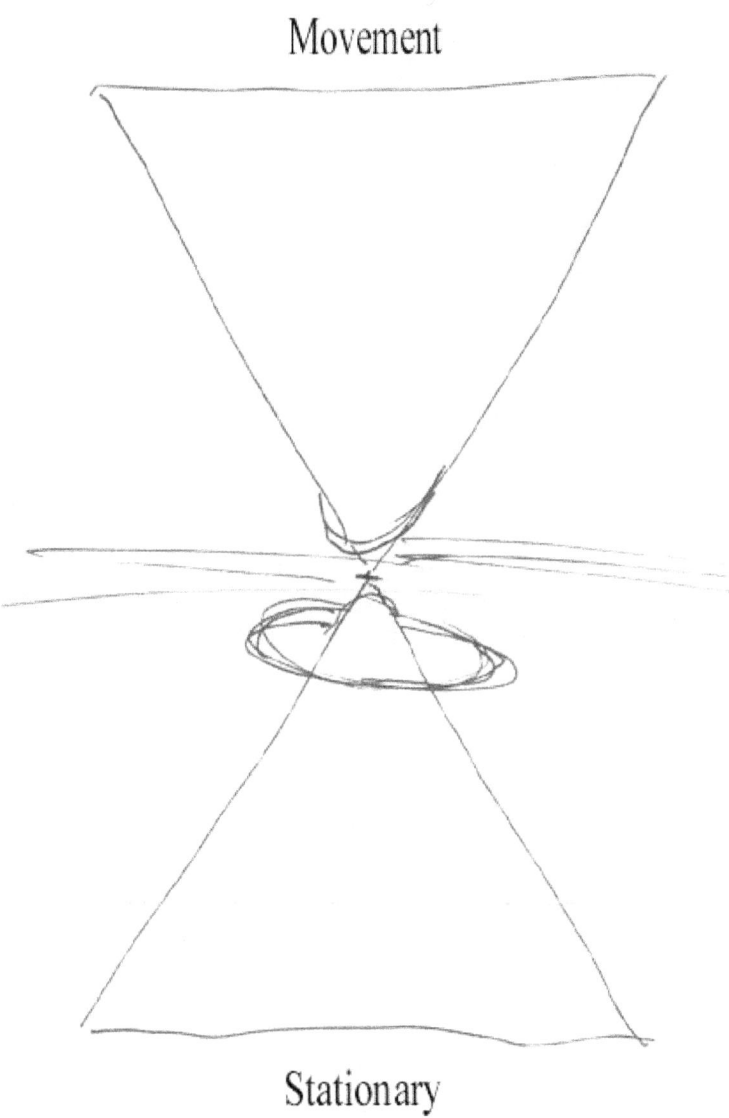

P: Ich habe zwei Punkte gesehen, die sich berührten und ich weiß, dass das entscheidend ist. Darüber sah ich einen Kreis aus Licht. Es ist großartig, obwohl ich es nicht verstehe. Ich bin mittendrin. Ich bin in der struktuellen Anordnung- das ist das, was passiert, wenn sich diese beiden Punkte berühren. Sie schaffen die Möglichkeit für diese Art von Leben, sich

zu entwickeln und für diese Art von Energie, sich zu bewegen. Ich weiß, es klingt so abstrakt. Man hätte gerne die Gewissheit, zu wissen, dass ich selbst weiß, was es geschaffen hat, aber ich weiß nicht. Lediglich, dass die beiden Punkte, die sich berühren, etwas erschaffen. Und ich möchte sagen, ich hatte Glück, als Zeuge dabei zu sein. Oder auch, dass ich Ehrfurcht fühle, Zeuge gewesen zu sein.
D: *Lass' uns sehen, welche Rolle du dabei gespielt hast.*
P: Um etwas zu bezeugen vielleicht? Meine Güte! Ich weiß es nicht. Ich glaube, vorhin habe ich in der Energie gespielt. Wo auch immer ich war, ich weiß, dass das ein Ort ist, an dem ich schon einmal war. Und ich verbringe meine Zeit so, dass ich jedes Bild, jede Form schaffen kann, die ich will. Und es ist mein eigener Wille, meine eigene Wahl, das zu tun. Das macht mir wirklich Freude. Jeder Computerprogrammierer kann etwas nach seinem Herzenswunsch programmieren, damit es genau so wird, wie er es will. Genau so ist es. Und doch ist es viel organischer und natürlicher und augenblicklicher als das. Ich war also schon einmal hier. Ich weiß, dass ich das schon mal gemacht habe. Deshalb sehne ich mich danach, wieder dort zu sein, um in dieser Energie spielen zu können. Es gibt keine Grenzen. Es ist grenzenlos. Es ist vertraut, und manchmal gibt es mir Zeichen. Dadurch, dass ich in diesem Raum bin, werde ich zu ihm gerufen.

Das war sehr verwirrend, und ich wusste, dass ich nicht mehr allzu viele Informationen darüber erhalten würde. Wo hätte ich sie hinbringen können? Sie hätte dort für Äonen existieren können. Also beschloss ich, das Unterbewusstsein herbeizurufen. Normalerweise tat ich das nicht so früh in der Sitzung, aber ich dachte, es wäre die einzige Möglichkeit, die Antworten auf diese seltsame Situation zu erhalten. Als das Unterbewusstsein zum Vorschein kam, fragte ich es: "Das war verwirrend. Wir dachten, wir würden in vergangene Leben gehen. Warum hast du dich entschieden, Pamela diese Dinge zu zeigen?"

P: Sie weiß es.
D: *Sagen wir es ihr, denn ich glaube nicht, dass sie es auf einer bewussten Ebene weiß.*
P: Sie sollte eine Erinnerung erleben, die sie ihr ganzes Leben

lang begleitet hat. Sie wollte nicht von diesem Ort weggehen, als sie hierher kam.

D: Was hat sie dort gemacht?

P: Sie war eine Schöpferin.

D: Sie hatte also Recht, als sie sich selbst als eine Energie sah, die Energie manipuliert?

P: Sie würde das Wort "manipulieren" nicht benutzen, aber es ist angemessen. Sie hat mit der Energie gespielt.

D: Was hat sie erschaffen, als sie dort war?

P: Alles. Auf einer grundlegenden Ebene. Wenn du das sehr, sehr, sehr frühe Stadium sehen könntest, bevor es sich in ein fortgeschrittenes Stadium weiterentwickelt - diese Phase muss durchlaufen werden. Sie überwachte also die Komponenten und die Energetik Schritt für Schritt. Molekular ist nicht das richtige Wort. Eher fraktional.

D: War sie von Anfang an dabei?

P: Ich weiß es nicht.

D: Aber zumindest als diese ... Welten erschaffen wurden, oder Menschen, oder physische Dinge, oder was auch immer?

P: Nein. Diese Energie ist in der gesamten Schöpfung enthalten. Was auch immer sie ist - sie ist nicht spezifisch für ein bestimmtes Geschlecht, eine bestimmte Spezies, einen bestimmten Planeten oder ein bestimmtes Sonnensystem bestimmt. Sie ist in allem enthalten.

D: Es ist die Grundenergie, aus der alles geschaffen ist?

P: Ja. Es ist das Eins-Sein. Es ist die Essenz von allem.

D: Wie Grundbausteine?

P: Das wäre angemessen.

D: Die Bausteine von allem. Und ist diese Grundenergie immer da?

P: Ja. Die Grundenergie. Das Licht.

D: Und du sagtest, dass sie das beaufsichtigt hat?

P: An einem Ort beobachtet sie, wie es gemacht wird. Und an einem anderen Ort arbeitet sie damit wie ein Kind. Sie spielt damit. Das macht sie sehr oft.

D: In ihrem jetzigen Leben?

P: Nein, nicht in diesem physischen Leben. Sie ist sich dessen nicht bewusst. Die ganze Zeit über und auch zwischendurch. Nicht bewusst. Wenn sie zwischen den Leben ist und nachts, während sie schläft.

D: Sagt ihr jemand, was sie erschaffen soll? (Nein) *Also kreiert*

sie einfach, was sie erschaffen will? (Ja) *Warum wolltest du, dass sie davon erfährt?*
P: Um sie daran zu erinnern, dass es das ist, was sie macht.
D: *Möchtest du, dass sie diese Fähigkeit in ihrem physischen Sein benutzt?*
P: Noch nicht. Es gibt für all dies einen Zeitpunkt. Sie wird es wissen. Später wird sie es wissen.
D: *Sie wird wissen, wann sie diese Energie nutzen soll?*
P: Genau. Und nicht eine Minute vorher. Das ist sehr spezifisch. Sie wird Bilder und Erkenntnisse zu einem Zeitpunkt erhalten, wenn es die richtige Gruppe von Menschen und die richtige Technologie gibt, um sie zu nutzen und die richtigen Gesetze, damit diese Energie nicht missbraucht werden kann.
D: *Hat sie diese Energie in einem anderen Leben missbraucht?*
P: Sie glaubt, dass sie es getan hat, aber in Wirklichkeit hat sie es nicht getan. Es hatte etwas mit einem Planeten zu tun. Ich vermute, er wurde zerstört.
D: *Was hatte das mit Pamela zu tun?*
P: Sie glaubt, dass sie Teil des Grundes war, warum es passiert ist.
D: *War sie zu diesem Zeitpunkt in einem physischen Körper?*
P: Teilweise. Es gibt Kräfte, die in der Not Körperlichkeit annehmen, und es gibt Notsituationen. Und genau das hat sie getan. Sie war nicht in einem Körper, aber sie benutzte einen Körper.
D: *Und etwas geschah und sie dachte, sie sei die Ursache dafür?*
P: Sie war ein Spieler innerhalb der Rolle, die dieser Planet hatte. Ich weiß nicht, ob die Erinnerungen im Moment erlaubt sind. Es gibt ein Timing. Es ist noch nicht ganz an der Zeit, dass sie diese Dinge erfährt. Sie weiß, dass sie nicht vollständig verantwortlich war, aber sie weiß, dass sie auch ein Teil dessen war.
D: *Warum fühlt sich Pamela von Kristallen angezogen?*
P: Die grundlegende Erschaffung dieser der Materie ist ihr innnerhalb der gesamten Schöpfung am vertrautesten. Um noch einmal auf die grundlegendste schöpferische Energie zurückzukommen.
D: *Wenn sie mit Energie spielt, nutzt sie diese dann auf positive Weise?*
P: Sie verwendet nicht den Typ von Energie, der ihr heute gezeigt wurde. Der andere Typ ist viel mächtiger (lacht). Sie

benutzt ... Späne davon. Es ist so ähnlich wie das, was von anderem Zeug abfällt. Es ist sozusagen das Abfallmaterial. Es ist, als würde man zwei Mahlsteine verwenden und einen Spin-off erhalten. Du würdest mit dem Spin-off spielen. Nur mit den kleinen Dingen. Das, was man erreichen und verstehen kann. Aber es ist übrigens kristalliner als Metallspäne.

D: *Warum wolltest du ihr heute keine ihrer vergangenen Leben zeigen?*

P: Das wäre nicht sachdienlich. Nicht zu diesem Zeitpunkt.

D: *Zu mir kommen immer mehr Klienten, denen gesagt wird, es sei nicht mehr wichtig.*

P: Ja, es ist einfach nicht wichtig. Es gibt viele Aspekte, die man weiterentwickeln kann und auf mentaler Ebene ist es ganz einfach nicht der Ort, wo sie hingehen muss. Er liegt in der Vergangenheit. Es bedeutet ein Aufwärmen und ist jetzt überholt.

D: *Du meinst, wenn man in andere Leben zurückgeht?* (Ja) *Aber für manche Menschen ist das schon der Endpunkt von dem, wie sie sich entwickelt haben. Das ist alles, was sie an diesem Punkt verstehen können.*

P: Ich denke, Gegenwart und Zukunft sind gefragt. Nicht die Vergangenheit.

KAPITEL VIERUNDZWANZIG

ZURÜCK ZUM ANFANG

Gwen schwebte über allem und suchte nach einem Platz, an dem sie nach unten kommen konnte. Unten bot sich ihr ein fantastischer Anblick. Eine ganze Welt aus Kristallen. "Ich sehe überall Kristalle. Sie ragen aufrecht in die Luft. Wie ein Bett aus Kristallen, wie kleine Stachelschweine, die nach oben ragen. Sie sind alle lang und schlank." Bevor sie Zeit hatte, sie weiter zu erforschen, verschwanden sie und wurde durch ein strahlendes Blau mit pulsierenden Lichtern ersetzt. "Es strömt Energie aus ihnen heraus, in Weiß und Gelb, wie Energieausbrüche. Sie sind überall in diesem blauen Raum. Es ist, als ob die Energie lebendig wäre. Sie verschmelzen jetzt miteinander. Sie sind nicht individualisiert, sondern sie haben alle eine gemeinsame Energie gebildet. Ich sehe die Dinge nicht als Objekte, sondern hauptsächlich als Energiefelder, als pulsierende Energie. Jetzt verändert sie sich wieder. Ich weiß nicht, wie ich das erklären soll. Sie ist formlos, aber sie bewegt sich. Es gibt eine Energiequelle von unten rechts, die diese Impulse nach außen und um alles herum sendet. Dann kommt sie wieder zurück und geht nach innen. Sie ist formlos, aber dennoch besitzt jeder Teil, der aus ihr herauskommt, eine andere Form. Sie hat keine Struktur. Sie ist von jener Art wie es aussieht, wenn Licht auf Wasser trifft und darüber hinweg schimmert. Sie hat eine Form, aber es ist keine solide Form. Sie ist flüssiger. Sie besitzt Farben, aber sie sind schillernder als normale Farben."

D: Du nimmst diese Energie also als nichts Festes wahr?
G: Nein, ich fühle nur eine Ausdehnung.
D: Wie nimmst du dich selbst wahr?

G: Einfach als einen Teil davon. Es ist fast so, als würde ich das Universum nehmen und die Energie um mich herum fließen lassen und einfach nur sein. Jetzt bilden sich Lichtfunken darin, aber es ist eher eine flüssige, fließende, wirbelnde Sache. Diese Energie ist immer in Bewegung und steht niemals still. Sie ist immer in Bewegung.

D: *Und du bist ein Teil des Ganzen.* (Ja) *Gibt es noch andere Entitäten, die so sind wie du?*

G: Ich nehme keine Entität oder Person als solches wahr. Ich sehe Symbole. Ich sehe Dreiecke, die dimensional sind. Sie sind einfach da und existieren einfach, aber es gibt sie überall um das Ganze herum. Wenn man eine Bezeichnung dafür sucht, dann ist das: Schöpfung in Bewegung. So fühlt es sich an. Und jetzt sehe ich, dass Funken erscheinen und die Symbole verschwunden sind. Es ist einfach alles in ständiger Bewegung. Und dann bilden sich diese Funken darin. Und jetzt wird es immer größer. Es ist fast wie ein Nebel, der herum und immer weiter herum wirbelt.

D: *Weißt du, was diese Funken sind?*

G: Ich habe gehört, dass es jene Funken sind, die von Gott ausgesandt wurden.

D: *Gehört das zum Schöpfungsprozess?* (Ja) *Das ist es, was du mit Schöpfung in Bewegung meintest - dass die Funken zu Dingen werden?* (Ja) *Gibt es jemanden, der das lenkt?*

G: Ich höre, dass, wenn du etwas denkst, deine Gedanken das kreieren was immer es ist, dass du erschaffen willst. Das Individuum hat dazu die Macht. Aber ich sah die Quelle dieser Macht, den Anfang davon.

D: *Du meinst also, dass es etwas Größeres gibt, das denkt und erschafft?*

G: Richtig. Das ist ALLES, WAS IST. Alles ist jedes, und jedes ist alles.

D: *Und alles begann mit Es, und was Es denkt?*

G: Ja, das war jene Bewegung die ich sah, die herausgekommen ist und herumgegangen ist. Sie war flüssig, sehr flüssig. Sie hatte keine Form, aber sie ging hinaus und kam zurück zur Quelle. Und dann traten die Funken in Erscheinung, aber die Funken zeigten sich nur, wenn ein Gedanke da war. Ansonsten gab es nur eine flüssige Form. Ich konnte die Quelle fühlen. Ich konnte die Quelle nicht sehen, aber sie war auf der rechten Seite und die flüssige Energie strömte aus ihr heraus. Sie war immer in Bewegung. Dann kamen die Funken aus dem Nebel und sie begannen, eine Form anzunehmen.

D: Kannst du sehen, welche Art von Formen sie annehmen?
G: Es sieht aus, als ob sich eine Galaxie gebildet hätte.
D: Welchen Anteil hast du an all dem?
G: Ich habe das Gefühl, dass ich es nur beobachte. Ich weiß nicht, warum ich hier bin. Ich fühle mich, als würde ich in diesem Raum schweben, der hier ist. Ich bin mir über alles um mich herum bewusst. Ich habe das Gefühl, meine Individualität zu behalten, aber ich bin auch Teil des Ganzen. Ich bin nicht davon getrennt, aber ich bin auch individuell. Es ist sehr angenehm. Es gibt dieses strahlende Blau, das für immer und ewig anhält.

Das hätte sehr lange andauern können. Also bat ich sie, woanders hinzugehen "Wann entscheidest du dich, diesen Ort zu verlassen?"

G: Ich höre, dass ich gehen werde, wenn ich gerufen werde, dann, wenn es notwendig ist. Andernfalls bleibe ich Energie.
D: Was passiert, wenn du zum ersten Mal gerufen wirst, um diesen Ort zu verlassen und woanders hinzugehen?
G: Es ist eher wie ein Ruf. Ich werde an einen anderen Ort gezogen. Ich sehe nur etwas, das wie ein Regenbogen aussieht, aber es ist kein richtiger Regenbogen. Es hat die Form und Gestalt eines Regenbogens und das Gefühl eines Regenbogens, aber es hat nicht die Farben des Regenbogens. Ich habe das Gefühl, von Energie umgeben zu sein. Es fällt mir wirklich schwer, etwas konkretes oder dimensionales zu machen. An diesem Ort möchte ich sein.
D: Lass uns herausfinden, wie es ist, wenn du fester wirst, wenn du dich von der Energie trennst und eine Form annimmst.
G: Ich nehme den Körper einer Frau an. Sie sieht jung aus, sehr schlank, olivfarbene Haut, langes dunkles Haar. Sie hat ein Band um ihren Kopf, mit etwas, das vorne herausragt. Sie hat nicht viel an. Ein Kleid in der Art eines Rocks. Meine Taille ist sichtbar. Und ein kleines Oberteil. Nackte Arme. Ich trage Schmuck um meinen Hals, es sind glänzende kleine, flache Kreise. Es fühlt sich an, als sei ich in der Wüste. Es fühlt sich sehr ägyptisch an.

D: Bist du gerade zu dieser Frau geworden? (Ja) *Du hast also nicht die Stadien eines Babys durchlaufen?*
G: So habe ich mich selbst gesehen. Es fühlt sich an, als hätte ich den Körper übernommen.
D: Aber war da vorher nicht eine andere Seele oder ein anderer Geist in diesem Körper? (Nein) *Gab es einen Grund, warum du diesen bestimmten Körper gewählt hast?*
G: Dieses Körper hatte Autorität. Dieser Körper war eine Kombination von Geist und Autorität, um das hervorzubringen, was zu jener Zeit hervorgebracht werden musste.
D: Weißt du, was du in diesem Körper tun sollst?
G: Ich sah eine Sphinx, und ich sah die Pyramide, und ich sah einen Pharao. Ich hatte das Gefühl, den Pharao zu kennen. Ich fühlte mich jünger als der Pharao. Ich weiß nicht, ob ich mit ihm verheiratet war oder so etwas. Ich hätte auch sein Kind oder eine seiner Priesterinnen sein können.

Ich brachte sie zeitlich in die Zukunft zu einen wichtigen Tag, an dem etwas Entscheidendes passierte.

G: Es gibt eine Zeremonie der Anbetung, wir bringen verschiedene Gebete dar. Aufgrund der Bedeutung der Frau und ihrer Energie ist es wichtig, in der physischen Gestalt einer Frau zu sein. Die Kombination aus weiblicher Energie und Autorität ist wichtig. Es war eine Zeit, in der Frauen Macht hatten.
D: Du sagtest, sie beten etwas an und sprechen verschiedene Gebete. Zu wem beten sie?
G: Zu Gott.
D: Wie nehmen sie Gott wahr?
G: Als die Quelle von allem.
D: Sie nehmen Ihn also eher auf diese Weise wahr, anstatt als eine Statue oder als eine andere Wesenheit? (Ja) *Damit waren sie der Wahrheit wesentlich näher, nicht wahr?*
G: Ja. Es war eine Zeit, in der ich meine volle Kraft und meine volle Spiritualität spüren konnte. Gott zu ehren und ein Teil davon zu sein.
D: Weil es Zeiten gab, in denen man ein Götzenbild anbetete, das ein bestuimmtes Wesen darstellen sollte.
G: Ja, aber dies war nicht eine von diesen Zeiten. Ich befinde

mich in einem Tempel, und mein ganzer Körper spürt jetzt gerade die Energie dieses Tempels. Ich sehe viele Stufen, und ich sehe eine große, runde Kugel, die leuchtet. Sie ist im Tempel aufgehängt.

D: *Schwebt sie im Inneren des Tempels in der Luft?*

G: Ja, und wir verehren sie. Sie glitzert, und sie rotiert, und sie hat viele Facetten.

D: *Wo kommt sie her? Wie ist sie in den Tempel gelangt?*

G: Wir schufen sie aus Energie, aus den Gedanken heraus und durch die Schöpfung hindurch, die sie ist. Unsere Gruppe erschuf sie nicht nur aufgrund der Energie, die sie erzeugt, sondern auch, um sich an das zu erinnern, was sie repräsentiert.

D: *Was stellt sie dar?*

G: Sie repräsentiert die Quelle. Sie repräsentiert die Einheit. Sie repräsentiert die Gemeinsamkeit. Sie repräsentiert zudem sowohl das Männliche als auch das Weibliche. Und deshalb ist es so wichtig, dass eine Frau sowohl Kraft als auch Spiritualität spürt. Darum ist diese Zeit so wichtig. Und deshalb ist diese Zeit heute so wichtig - es geht um die Rückgewinnung dieser Kraft.

D: *Wofür benutzt ihr diese Kugel? Erfüllt sie einen Zweck?*

G: Es fühlt sich so an, als ob sie den physischen Körper ausfüllt. Wenn wir darüber sprechen, spüre ich, wie sie in meinem ganzen Wesen vibriert. Sie wirkt verjüngend, heilend, reinigend und energetisierend. Sie ist die Reinheit.

D: *Ist es jedem erlaubt, in diesen Tempel zu gehen um dies zu erfahren?*

G: Nein, nur meiner Gruppe.

D: *Gibt es einen Grund, weshalb ein durchschnittlicher Mensch nicht hineingehen und sie ansehen kann?*

G: Man nimmt an, dass sie nicht bereit dafür sind.

D: *Denkst du, sie würden es nicht verstehen?*

G: Nicht so sehr, dass sie es nicht verstehen, sondern dass sie die Kugel missbrauchen. Vielleicht nicht so sehr missbrauchen, sondern dass sie nicht wissen, wie man sie richtig verwendet.

D: *Wie nutzt deine Gruppe diese Energie?*

G: Es findet eine Verschmelzung statt. Du wirst eins mit der Energie. Wir füllen uns mit ihrer Energie an. Wir lassen die Energie in uns hineinströmen. Sie heilt uns, sie unterstützt uns, sie gibt uns Weisheit.

Diese Menschen mussten nichts zu sich zu nehmen, um am Leben zu bleiben. Ihre Körper wurden nicht krank und konnten nicht sterben.

D: *Sind die anderen Menschen außerhalb des Tempels von anderer Art als du?*
G: Ja. Wir sind ihnen zwar ähnlich, haben aber feinere Züge und eine hellere Haut als sie. Sie sind menschlich, aber sie sind nicht so kultiviert.
D: *Wurde deine Art dort geboren?*
G: Nein. Wir kamen hierher. Wir wurden hierher transportiert. Wir hatten die Fähigkeit, durch reine Energie zu kommen und dann Gestalt anzunehmen. Auf diese Weise bin ich auch hierher gekommen.
D: *Warum seit ihr alle dorthin gegangen?*
G: Wir versuchen, das Bewusstsein der Menschheit zu schärfen. Wir interagieren mit ihnen. Wir trennen uns nicht von ihnen. Wir lassen sie wissen, was sie unserer Meinung nach verstehen können. Wir versuchen, sanft mit ihnen umzugehen. Sie wissen nicht wirklich alles, was in den Tempeln vor sich geht. Sie würden es nie verstehen. Wir lehren sie auf jenem Niveau, auf dem sie sich wohl fühlen. Wir versuchen, sie sanft nach vorne zu bringen.

Ich beschloss, sie noch einmal an einen anderen wichtigen Tag zu versetzen, und fragte, was passiert.

G: Etwas hat bewirkt, dass sich die Kugel verdunkelt hat. Irgendetwas hat bewirkt, dass die gesamte Energie verbraucht wurde. Ich weiß nicht, ob es eine Störung innerhalb der Gruppe gegeben hat. Die Einheit, die einmal existierte, gibt es nicht mehr
D: *Ist viel Zeit vergangen, seit du gekommen bist?* (Ja) *Wie denkst du darüber?*
G: Ich rege mich darüber auf, weil ich das Gefühl habe, dass wir etwas Besonderes verloren haben. Es existieren keine Würdigungen mehr. In der Gruppe lebt jeder mehr für sich selbst. Ich habe das Gefühl, dass es außerhalb meiner Kontrolle liegt, aber ich habe auch das Gefühl, dass ich ein Gelübde abgelegt habe, immer zu versuchen, etwas zur

Einheit beizutragen.

D: *Haben die anderen in der Gruppe das gleiche Gelübde abgelegt?*

G: Einige haben es getan, andere nicht. Es muss eine Wertschätzung des Einzelnen geben, eine Ehrung des Gottes im eigenen Inneren, aber auch eine Ehrung all dessen, was ist, zurückgehend auf die ursprüngliche Quelle, die ich nie verlasssen wollte.

D: *Gelübde müssen also eingehalten, dürfen aber niemals gebrochen werden. Ist es das, was du fühlst?*

G: Ja. Ich habe gesehen, wie alles zerstört wurde.

D: *Sag mir, was du meinst.*

G: Ich habe die Kugel, die Energie nicht mehr gesehen. Sie wurde immer dunkler und dunkler und dunkler und dunkler. Ich habe auch die Trennung zwischen Mann und Frau in der Gruppe gesehen. Und den Verlust der Einheit. Den Verlust der Achtung und der Liebe zu Gott.

D: *Die Kugel spiegelte also das wider, was innerhalb der Gruppe geschah.* (Ja) *Was geschah schließlich mit der Sphäre?*

G: Sie war einfach nicht mehr da. Sie konnte nicht mehr sein. Sie wurde immer dunkler und dunkler und das Licht ging aus. Sie war einfach weg, war einfach nicht mehr da.

D: *Glaubst du, dass du eine neue erschaffen kannst?*

G: Ja, das werden wir. Die Gruppe wird es versuchen.

D: *Denn ohne die Kugel würden eure Körper sterben, nicht wahr?*

G: Wir sind nicht mehr in dieser Zeit und an diesem Ort. Wir haben uns zerstreut. Wir sind gegangen.

D: *Sind die physischen Körper gestorben?*

G: Es war eher eine Dematerialisierung.

D: *Mit Zerstreuung meinst du also, dass deine Seele, dein Geist, wegging und woanders hin ging?* (Ja) *Aber du sagtest, du würdest eine andere Sphäre schaffen.*

G: Das soll in der Zukunft geschehen. Sie haben diese Fähigkeit verloren. Sie haben alles verloren. Sie haben ihre Einheit verloren. Sie haben ihr Verständnis von Gott verloren. Sie erlaubten ihren Egos, einzugreifen. Sie ließen nur das Individuum und nicht das Ganze zu. Ich sehe sie in alle Teile des Universums aufbrechen.

D: *Was, glaubst du, war die Bedeutung dieser Zeit, bevor sie*

korrumpiert wurde?
G: Es war wichtig, der Quelle so nahe zu sein. Es fühlte sich an wie damals, als ich ursprünglich bei der Quelle war. Ich durfte die Quelle verkörpern und dennoch mit ihr verbunden bleiben.
D: Weißt du, warum sich die Gruppe verändert hat?
G: Sie wurden eingelullt in ihrer eigenen Kraft, in ihren eigenen Sinn von Schöpfung. Sie vergaßen, dass sie alle immer noch Teil Gottes sind. Sie vergaßen das Einssein. Mein Herz blieb bei Gott und der Einheit. Ich behielt es dort.

Dann ließ ich sie diese Szene verlassen. Und ich sprach mit Gwens Unterbewusstsein, um einige Antworten zu erhalten. "Warum hast du das, was sie gesehen hat, heute für sie ausgewählt?"

G: Sie muss die Kraft erkennen, die in ihr liegt. Erst wenn alles eins wird, wird sie zu Gott zurückkehren. Und deshalb arbeitet sie jetzt mit dem Männlichen, dem Weiblichen und dem Kind, weil wir von Neuem erschaffen. Diese drei Energien sind die Schöpfung.
D: Aber anstatt in ein normales vergangenes Leben zu gehen, ging sie ganz zurück zum Anfang.
G: Ja, um die Liebe und das Einssein von allem, was ist, wieder zu fühlen. Und um die Schöpfung im Prozess zu sehen. Es gibt keine Form, keine Gestalt, es ist alles Energie und in einem Fluss. Um den Fluss zu sehen und um zu sehen, wie die Funken entstehen.
D: Ihre vergangenen Leben waren also nicht wichtig?
G: Nein. Sie hat nur sehr wenige vergangene Leben gehabt.
D: Warum war es für sie wichtig, dieses eine, ganz bestimmte Leben zu sehen?
G: Weil sie zu jener Zeit und an jenem Ort eine Herrscherin war. Und sie trug dieses Symbol, das sie erhielt, als sie Ägypten besuchte. Das Zeichen der weiblichen Göttlichkeit. Das Symbol ist eine Spirale, die nach oben geht, durch die Handfläche, durch das Herz, hinauf zu Gott. Es verbindet sich mit Gott und kehrt in einer Spirale wieder nach unten zurück, verbindet sich mit der anderen Handfläche, durch das Herz hindurch. Es ist ein weibliches Symbol, aber beide Spiralen sind die Verbindung des Männlichen und des

Weiblichen, die durch die Liebe im Herzen zu einer Einheit zusammenkommen.

D: *Aber es schien nicht so, als ob diese Gruppe aus den ursprünglichen Menschen bestand, denn sie wurden dorthin transportiert.*

G: Sie hatten eine physischen Form, aber diese war anders, als die Gestalt der damaligen Menschen. Ihre menschliche Gestalt war von zarter Beschaffenheit. Sehr feingliedrig, ein angenehmes Äußeres, während die Menschen der damaligen Zeit eigentlich nichts Feines hatten. Sie waren sehr grobschlächtig.

D: *Haben sie diese Körper selbst geschaffen?*

G: Ja, das haben sie. Sie wollten eine Form annehmen, die von den Menschen ohne Angst verstanden werden konnte. Aber sie besaßen mehr Energie als die Menschen.

D: *Deshalb schufen sie diese sphärische Kugel, um ihnen Lebenskraft zu geben.* (Ja) *Aber sie wurden korrumpiert.* (Ja) *Es zeigte sich also, dass sogar Wesen, die Gott so nahe stehen, korrumpiert werden können.*

G: Gott macht Erfahrungen. Es gibt weder Gut noch Böse. Es gibt nur die Erfahrung. Gwen muss die Kraft spüren, die in ihr steckt, und ich weiß, dass sie das tut. Es wird eine Zeit geben, in der Frauen wieder den Männern gleichgestellt sein werden, weil die Männer erkennen werden, dass sie die Kraft der Frau brauchen. Und die Frau braucht die Kraft des Mannes, um wieder eins zu werden und zusammenzukommen.

Gwen hatte schon von frühester Kindheit an ungewöhnliche psychische Erfahrungen gemacht. Viele davon waren äusserst lebendig. "Gibt es einen Grund, warum sie (als Gwen) ihr ganzes Leben lang so offen für diese Art von Erfahrungen war?"

G: Das Gelübde, das sie abgelegt hat, bringt sie in diese Zeit zurück. Sie sprach davon, von etwas angezogen zu werden. Sie wurde in dieses Leben gebracht, um zu dienen, um eine Einheit herbeizuführen, um die Energie des Weiblichen zu verankern. Sie hat dies in anderen Dimensionen und auf anderen Planeten getan, nicht nur hier. Diese Zeit, in der sie in jener Form da war, die ihr eben gezeigt wurde, war eine ihrer ersten physischen Erfahrungen. Und sie sah, was das bedeutete, und wollte es richtig machen. Die übersinnlichen Erfahrungen, die sie gemacht hat, sind kleine Markierungen auf einem Weg, der sie leiten soll. Sie muss sich innerlich gestärkt fühlen, um die Macht die in ihr steckt, zu erkennen. Wenn sie diese Dinge nicht erleben würde, könnte sie nicht wissen, was sein könnte. Sie könnte es im Innern spüren, wie jeder, der dafür offen ist. Aber sie hat es zusätzlich tatsächlich erfahren können. Und diese Erfahrung gibt ihr Kraft. Ich möchte dir (Dolores) dafür danken, die Gelegenheit zu haben, zu sprechen und gehört zu werden. Und dir und Gwen für eure Arbeit danken. Die Welt braucht euer Licht. Jeder von euch hat ein Gelübde abgelegt, zu diesem Zeitpunkt hier zu sein und das Universum dankt euch für alles, was ihr getan habt. Seid mit Gott.

KAPITEL FÜNFUNDZWANZIG

EIN ANDERES GESETZ VON SCHÖPFUNG UND PHYSIK

Irene verließ die Wolke und betrat eine Szene, die mir langsam vertraut wurde. Viele meiner Klienten gehen jetzt dorthin. "Es ist hell, es ist alles hell. Reines Licht und Glückseligkeit, Frieden."

D: *Gibt es sonst noch etwas, oder irgendwelche anderen Gefühle?*
I: (Lächelnd) Einfach nur zu Hause zu sein. Es ist wunderbar.
D: *Warum nennst du es Zuhause?*
I: Weil es das ist. Es ist mein Ort des Friedens. Es ist wunderbar.
D: *Sind andere bei dir, oder bist du allein?*
I: Ich fühle die anderen, aber sie haben keine Form. Ich kenne sie einfach. Ich fühle sie. Es ist schön, wieder hier zu sein. Ich vermiss, hier zu sein. Ich vermisse diesen Ort.
D: *Warum hast du diesen Ort verlassen, wenn er so schön war?*
I: Es ist für mich Zeit, zu helfen. Es ist eine Zeit, in der große Energien gebraucht werden und große Kräfte und große Stärke. Deshalb wusste ich, dass es meine Zeit ist, zu kommen. Es gibt viele von uns und wir haben darüber gesprochen. Es ist unsere Zeit, herzukommen.
D: *Worüber habt ihr gesprochen?*
I: Universen, Multiversen. Es gibt viel, sehr viel Arbeit zu tun. Vieles muss ausgeglichen werden, vieles muss neu erschaffen werden.
D: *Du hattest das Gefühl, du könntest nicht von dem schönen Ort, von zu Hause aus, etwas erschaffen?*
I: Oh, nein. Das ist nicht dasselbe. Die Schöpfung beginnt von

dort aus, aber einfach etwas zu erschaffen, ist nicht genug. Man muss auch Erfahrungen machen und das ist es, was wir tun müssen. Nicht nur erschaffen, sondern anschließend gehen und die Dinge erleben, um diese Erfahrungen dann zurückzubringen. Und am besten ist es, noch andere mitzunehmen. Denn einige von uns haben sich dafür entschieden, zusammen zu gehen, und andere, getrennt zu gehen. Es ist ein ständiges Lernen. Es ist, als ob man in einer großen Gruppe beginnt und während man seine Fähigkeiten aufbaut, kann man lernen, wann es für einen an der Zeit ist, eine andere Abzweigung zu nehmen und andere Dinge zu erschaffen. Es gibt so viele, *so viele*.

D: *Am Anfang ist es also einfacher, sich von Zuhause zu trennen, wenn andere mit dir gehen.* (Ja, ja.) *Weißt du, wohin du gehen musst?*
I: Zuerst auf den roten Planeten.
D: *Warum hast du diesen Planeten gewählt?*
I: Die Farbe Rot musste erst erschaffen werden. Es ist die Schwingung eines roten Planeten, die wichtig ist.
D: *Wurde der Planet bereits erschaffen, oder hast du bei seiner Entstehung geholfen?*
I: *Wir nahmen die Farbe Rot. Wir erschufen die entsprechende Schwingung für die Farbe Rot. Wir erweckten diese Farbe zum Leben.*
D: Und es war wichtig, Rot zuerst zu kreieren?
I: Ja, es war für unsere Arbeit wichtig. Wir mussten zuerst die Farbe Rot machen. Andere kreierten Grün und eine weitere Gruppe Gelb. Jede Gruppe schuf eine andere Farbe.
D: *Gab es davor keine Farben?*
I: Sie waren alle, alle, alle Weiß. Ganz Weiß. Alle.
D: *Oh, das Licht.* (Ja) *Also hast du Farben aus dem Licht erschaffen.*
I: Ja, das haben wir gemacht.
D: *Und jede Gruppe entschied, dass sie sich auf eine andere Farbe konzentrieren würde?*
I: Oh, es sind so viele! Es ist ziemlich schön!
D: *Was hast du gemacht, nachdem du die Farbe Rot kreiert hast?*
I: Dann konnten wir andere Dinge erschaffen; andere Kreationen. Wir konnten experimentieren. Wir konnten spielen.

D: *Ich versuche, das zu verstehen. Jeder tat es mit seinen eigenen Farben?* (Ja) *Und du konntest spielen, du konntest alles erschaffen, was du willst.* (Ja) *Und du bekommst die Erlaubnis, diese Dinge zu tun?*
I: Es ist eine Art Übereinkunft, bei der wir alle zugestimmt haben, diese Arbeit zu tun, deshalb ist Erlaubnis vielleicht nicht das richtige Wort.
D: *Aber davor gab es nichts?*
I: Es gab alles; alles im Potential, alles, was ist. Alles war schon immer da, es existierte nur in einer anderen Form: als Licht. Es ist nicht so, dass da nichts war.
D: *Und Licht enthielt alles, was sein konnte? Wäre das eine Art, es zu beschreiben?*
I: Ja. Mir gefällt es hier auf dem roten Planeten nicht. Ich verlasse ihn. Er ist ein bisschen zu dicht. Wir haben ihn nur mit Rot erschaffen, verstehst du? Rot ist keine schnelle Vibration. Es war okay. Ich wollte sehen, wie es sein würde.
D: *Was hast du aus dem Rot erschaffen?*
I: Ein Universum.
D: *Oh! Ein Universum wäre ziemlich groß, nicht wahr?*
I: Pffft! Nicht wirklich. Wir alle haben unsere Universen geschaffen. Du magst das Wort hier: "Universum". Ein albernes Wort. Also schufen wir eines, und wir konnten dort hinein tun, was wir wollten. Die ganze Idee war, all diese verschiedenen Farben zu erschaffen, genauso wie das Universum auch ist. Und nicht nur Grundfarben. Es ist schillernd und funkelnd, mit allen Farben, aber trotzdem keinen Farben. Es dreht sich in eine Richtung, und es ist eine Farbe, und es dreht sich in eine andere Richtung, und es wird zu einer anderen Farbe. Das Ziel ist, so viele Farben wie möglich aus diesem Licht zu schaffen. Oh, es gibt so viele, so viele! Aber weißt du, mir wird irgendwie langweilig, also bleibe ich nicht allzu lange in einer der Farben. Ich fange gerne mit einer an und gehe dann zu einigen anderen hinüber.
D: *Geht die Gruppe mit dir?*
I: Einige schon, aber einigen hat es gefallen, also sind sie geblieben. Das war der Zeitpunkt, an dem wir anfingen, uns zu trennen.
D: *Mit was füllst du das Universum, nachdem du es geschaffen hast?*

I: Es hängt vom demjenigen ab, der es erschafft. Du kannst alle möglichen Dinge hinein tun. Man kann das tun, was sie in diesem Universum gemacht haben – es mit Planeten füllen. Aber sie müssen nicht rund sein, so wie das hier der Fall ist. Die Planeten können alles sein. Sie können alle Formen und Gestalten annehmen. Und dann haben sie alle unterschiedliche Schwingungen. Du hast also die Schwingung der Farbe und die Schwingung der Form. Und dann haben sie alle außerdem ihren eigenen Klang.
D: Jeder Planet hat seinen eignen Klang?
I: Oh ja. Manche haben mehr als einen. Und wenn sie sich einander nähern, machen sie ein anderes Geräusch. Das ist der lustige Teil.

Das klang wie die Theorie in "Musik der Sphären".

D: Du weißt also nie genau, wie sie sich entwickeln wird? Es ist eine Überraschung?
I: Ja. Es macht Spaß. Das ist der lustige Teil.
D: Ich dachte, es gibt Gesetze der Universen, dass die Dinge auf eine bestimmte Art und Weise geformt werden müssen.
I: Vielleicht in diesem Universum, aber nicht in den anderen.
D: (Lacht) Sie können also jede Form haben, die du willst.
I: Natürlich.
D: Machen sie den Klang von selbst, oder erschaffst du ihn auch?
I: Oh, natürlich erschaffen wir die Klänge, weil wir für alles verantwortlich sind. Also ja, wir machen sie. Aber siehst du, wenn wir die Formen machen, sind wir uns nicht ganz sicher, wie der Klang sein wird. Wir geben den Klang hinein. Wir spielen mit ihm, verändern ihn, drehen ihn. Das ist, weil zwei Klänge zusammenkommen und dabei einen neuen Klang erzeugen.
D: Und das kreiert die Musik? (Ja) *Aber du sagtest, dass du den roten Planeten nicht mochtest, nachdem du ihn erschaffen hast?*
I: Nun, ich neige dazu, mich ein wenig zu langweilen. Es ist nicht so, dass daran etwas falsch war. Ich war nur fertig damit. Die Farbe der Schwingung war irgendwie dicht. Wir haben den Ton gemacht, um das zu ändern. Und das half, es half wirklich. Aber weißt du, mal ganz ehrlich: vollkommen

Rot? Als ich damit fertig war, war es ein bisschen viel.

D: Also nachdem du die Planeten gemacht hast, kreierst du auch andere Dinge auf den Planeten? Geht das so weit?

I: Das kommt darauf an. Auf einigen von ihnen erschaffst du Dinge, auf anderen nicht. Es kommt darauf an. Wie bei dem roten Planeten, bei der Erschaffung des Roten, bei der Erschaffung der Formen, der Klänge, der Bewegungsmuster der Formen, die innerhalb der Universen existieren. Sie bestehen alle aus verschiedenen Mustern, weil die verschiedenen Muster verschiedene Klänge erzeugen können.

D: Du meinst die Art und Weise, wie sie sich bewegen und rotieren?

I: Nun, sie drehen sich nicht alle. Hier, in diesem Universum, ja. In einem anderen Universum würden sie eine Achtundachzig-Figur zeichnen und sich um sich sebst drehen. Das ist nicht dasselbe. Es ist überhaupt nicht dasselbe.

D: Es gibt keine physikalischen Gesetz dafür? Dass die Dinge nach einer bestimmten Regel funktionieren müssen?

I: Bei der roten Regel, z.B. ja. Aber die rote Regel ist nicht dasselbe wie die rosa Regel, oder die orange Regel, oder die grüne Regel, oder die ... nein. Solange sie sich nicht gegenseitig stören oder schaden, kann jeder seine eigenen Regeln haben.

Es scheint so, als ob sich die grundlegenden Gesetze des freien Willens und der Nichteinmischung sich sogar auf Planeten und Universen beziehen.

D: Die Planeten können sich also bewegen und drehen, wie sie wollen. Ist es das, was du meinst?

I: Nein. Die roten Planeten müssen den roten Regeln folgen, und die orangefarbenen Planeten folgen den orangen Regeln, und die irisierenden Planeten folgen den irisierenden Regeln. Und wenn sie sich dann alle einander annähern – denn man weiß, dass sie alle irgendwie interagieren - und je nach ihrer Schwingung, können sie sich problemlos überlappen. Solange sie sich nicht gegenseitig stören.

D: Es gibt also einige Regeln der Schöpfung. Aber wenn du dessen überdrüssig wirst und woanders hingehen willst, löst

sich dann dieses Universum einfach auf und kollabiert? Oder bleibt es bestehen?
I: Oh nein, es ist da, weil andere bei ihm geblieben sind. Am Anfang gab es eine ganze Gruppe von uns, die etwas schaffen wollte, und verschiedene Gruppen schufen verschiedene Farben. Und verschiedene Gruppen konnten sich dafür entscheiden, eine Zeit lang bei dieser Farbe zu bleiben und sie weiterzuentwickeln. Und dann sozusagen das Leben dort erleben. Oder sie konnten sich abspalten und an andere Orte gehen. Denn einige waren dazu bestimmt, strikt in diesem roten Bereich zu sein und diesen in vollem Umfang zu erleben. Während andere dazu bestimmt sind, umherzuwandern und etwas von allem oder nur etwas von einigem zu erleben.
D: Solange also ein Teil der Gruppe bleibt, bleibt das Universum bestehen? (Ja) *Es löst sich also nicht einfach auf. Ich dachte, nachdem du es geschaffen hast, würde es sich evtl. wieder auflösen.*

So wurde es in einem anderen Kapitel erklärt, in dem die Wesen das Erschaffen üben durften und wenn es nicht so ausfiel, wie sie es wollten, löste es sich wieder auf. Dies geschah an einem bestimmten Ort, der speziell dafür reserviert war; für das Üben, das Spiel mit der Energie, bis diese gemeistert werden konnte. Diese Übung würde dann zukünftig keine weiteren Abläufe stören.

I: Einige könnten verschwinden, wenn du es so willst. Aber zum größten Teil bleiben sie alle.
D: Aber dann könntest du außerdem auch Leben und Geschöpfe auf diese betreffenden Planeten bringen, wenn du es willst?
I: Diejenigen, die geblieben sind, könnten das tun. Oder du könntest umherziehen und lediglich ein Schöpfer der Anfänge von allem sein. Und einige würden länger bleiben und weiteres erschaffen und dann wieder gehen. Oder einige würden derart in den Schöpfungsprozess vertieft sein, dass sie einfach so lange bleiben, bis sie all das erleben, was sie erleben wollten.
D: Du meinst, am Anfang schufen sie alles, was es auf all den Welten gibt?
I: Die, die blieben erschufen alles nach und nach. Ich bin nicht

geblieben. Ich machte woanders weiter.
D: *Aber sie schufen alles, was es auf dem Planeten gibt: die Pflanzen, die Gewässer?*
I: Richtig. Sie würden alles erschaffen, was diese Planeten ausmacht, ja. Und auf manchen war alles rot. Bei den roten war immer alles rot. Die Kreaturen waren rot. Es gab keine Pflanzen in den roten Universen. Das war nicht nötig.
D: *Aber wenn sie Tiere oder Kreaturen schufen, haben sie sich dann entschieden, diese Kreaturen mitzuerleben? Oder kümmerten sie sich nur um deren Erschaffung?*
I: Diese Kreaturen sahen nicht so aus, wie man sich Kreaturen normalerweise vorstellt.
D: *Erzähl' mir davon.*
I: Auf den roten Planeten waren sie mehr so wie ... Okay, denk an einen Stachelrochen hier auf der Erde. Jetzt mach ihn durchsichtig und länglich. Und dann setze ein Oval in die Mitte. Es gab auch solche, die die Oberfläche des Landes durchstreifen konnten.
D: *Sie haben einfach ihre Fantasie benutzt, um alles zu erschaffen, was sie wollten?* (Ja) *Was hat all diese Kreaturen am Leben erhalten, nachdem sie erschaffen wurden?*
I: Bei den Roten war es einfach die Atmosphäre. Sie nahmen nichts zu sich. Sie nahmen keine Nahrung auf und hatten keine Verdauung. Sie waren einfach da. Sie existierten einfach nur. Sie lebten einfach.
D: *Sie brauchten also keinen Funken Leben in sich?*
I: Sie *waren* der Lebensfunke. Sie waren unabhängig.
D: *Ich versuche, das zu verstehen und mit dem zu vergleichen, was wir auf der Erde kennen. Wir glauben, dass sie einen Funken Leben in sich haben müssten, um am Leben zu bleiben.*
I: Sie sind dieser Funke.
D: *Bedeutet das, dass sie zum Schluss gestorben sind?*
I: Ja. Sie hatten keine Möglichkeit, mehr davon herzustellen.
D: *Ich verstehe. Sie konnten sich nicht fortpflanzen.* (Richtig) *Dann wäre der Planet also wieder tot, nicht wahr?* (Ja) *Was passierte dann anschließend?*
I: Ich bin nicht dort geblieben. Ich weiß es nicht. Ich bin ungefähr zu dieser Zeit gegangen.
D: *Wohin hast du dich entschieden zu gehen?*
I: Ich streife umher.

D: *Du gehörst also nicht mehr zu dieser Gruppe?*
I: Richtig. Ich war schon immer die Neugierigere. Ich sehe gerne, was überall los ist.
D: *Wohin willst du als Nächstes gehen?*
I: In ein Cilium.

Ich habe keine Ahnung, was das bedeutet. Das Lexikon kommt dem Begriff am nächsten: Wimpern aus dem Bereich der Biologie.

D: *Was ist das?*
I: Ich bin mir nicht ganz sicher. Es sieht aus wie eine Pyramide in einer Pyramide, wobei eine Ecke davon ausläuft und sich nach unten krümmt.
D: *Hattest du nicht den Wunsch, in eine andere Farbe zu gehen?*
I: Nein, ich wurde zu einem Cilium gerufen.
D: *Wer hat dich gerufen?*
I: Ein Cilium hat mich gerufen. Ich wurde dort gebraucht.
D: *Ich habe mich gefragt, ob dir jemand sagte, was du tun sollst.*
I: Nein, du weißt es einfach.

Ich bin immer mehr davon überzeugt, dass die Seele, der Geist, am Anfang eher ein freier Handelnder war, wenn das der richtige Begriff ist. Sie tat mehr oder weniger das, was sie tun wollte und ging dorthin, wohin sie meinte, gehen zu müssen, ohne dazu angewiesen zu werden. Es scheint, als sei dieser Prozess, nachdem die Seele in den Zyklen von Geburt und Wiedergeburt und Karma gefangen worden war, kontaminiert wurde. Man konnte ihm nicht mehr vertrauen und dass die Seele ihre eigenen Entscheidungen treffen würde. Es brauchte eine Anleitung, die ihr half, aus dem Dreck und Sumpf herauszukommen. Dann wurden die Räte und Gremien von Meistern, Ältesten und Führern notwendig, damit die Seele schließlich wieder auf den Pfad der Aufwärtsentwicklung und zurück zur Quelle gelangen konnte. Sie musste aus ihrem Erleben und dem Vergessen, woher sie ursprüglich einmal kam, herausgeholt werden. Dies scheint ein wiederkehrendes Muster zu sein, das ich zunehmend beobachte.

D: *Was hast du dort zu tun?*
I: Ich werde es herausfinden. Es ist eine große, offene Kammer.

Sie tun hier etwas. Und da ist etwas drin, und es ist, als wäre die Kammer verlassen worden.

D: *Das ist innerhalb dieser Pyramidenstruktur?*

I: Ja. Ich sehe niemanden, aber da drüben in dieser Ecke ist Licht. Und die Wände sind wie Metall! Ich habe das Gefühl, dass es mir in den Ohren wehtun würde, wenn ich auf sie klopfen würde.

D: *Ein lautes Geräusch?*

I: Ja. Ich schaue nach, was sonst noch in diesem Raum ist. Und was das hier drüben ist - wie eine Halbschale mit Lichtern drum herum, am Rand des Raumes. Und es gibt hier überall Fenster, aber ich kann nicht hinaussehen. Aber ich habe das Gefühl. jemand auf der anderen Seite dieser Fenster das ganze beobachtet. Sie beobachten, was in dieser Schale ist. Ich fühle sie, ich sehe sie nicht. Und ich bin hier, um sie von dem, was sie vorhaben, abzuhalten. Das ist nicht richtig. Das darf *nicht* so weitergehen. Das *muss* aufhören. Es ist gegen ... es ist falsch. Es ist falsch. Es ist falsch.

D: *Warum ist es falsch?*

I: Es *verursacht* Schmerzen, es verursacht große Schmerzen. Es bringt den ganzen Planeten durcheinander. Was tun diese Menschen? *Wer sind* diese Leute? Was tun sie? Es ist schrecklich! (tiefer Seufzer) (mehrere sehr tiefe Atemzüge, so, als ob sie fest pustet).

D: *Was machst du jetzt?*

I: Ich muss hier raus, und zwar schnell. Jetzt löst es sich hier drüben auf. Ich muss hier raus.

D: *Was hast du getan?*

I: Ich habe alles gestoppt.

D: *Es machte den Eindruck, als würdest du auf etwas pusten.*

I: Das tat ich.

D: *Und das hat die Auflösung verursacht?* (Ja.) *Du hast also genug Macht, um das zu tun?*

I: Natürlich.

D: *Um den ganzen Ort zu zerstören? Oder den gesamten Planeten?*

I: Zuerst den Ort.

D: *Was haben sie getan, was sie nicht tun durften?*

I: Ich weiß nicht, wer sie sind. Verlorene oder Verirrte? Sie sind vom Schmerz fasziniert. Sie werden auf diesem Planeten eingeschlossen werden. Dieser Planet ist jetzt versiegelt.

D: *Diese Wesen haben anderen auf diesem Planeten Schmerz zugefügt?*
I: Ja. Sie sind jetzt dort versiegelt. Die anderen sind verschwunden.
D: *Die Menschen, denen sie wehtun wollten?*
I: Ja. Ich habe sie sozusagen aufgelöst. Aber das ist okay. Nicht in einer schlechten Art und Weise aufgelöst – ich habe sie zum Geist zurückgebracht.
D: *Weil du den Geist nicht zerstören kannst, nicht wahr?*
I: Richtig. Sie gehen zurück, um geheilt zu werden und zu ruhen. Aber die anderen, diejenigen, die den Schmerz verursacht haben, sind dort versiegelt.
D: *Sie können diesen Ort also nicht verlassen?*
I: Nein. Sie sind auf diesem Planeten eingeschlossen.
D: *Sie können niemals sterben oder wiedergeboren werden?*
I: Nein. Sie müssen erfahren, was sie getan haben. Ich werde von Zeit zu Zeit zurückkommen und nach ihnen sehen. Sobald sie erkennen und rückgängig machen können, was sie getan haben, werden sie wieder frei sein. Man wird ihnen die Chance geben, erneut zu wachsen.
D: *Aber wenn die Menschen aus deiner Gruppe all diese Planeten erschaffen haben, warum sollten sie dann etwas so Negatives erschaffen?*
I: Oh, das haben sie nicht. Das war vor langer Zeit. Ich habe zeitlich einen großen Sprung gemacht. Deshalb wurde ich dorthin gerufen. Es konnte nicht so weitergehen.
D: *Konnten die, die diese Planeten und Wesen erschaffen haben, nicht zurückkommen und etwas dagegen unternehmen?*
I: Irgendwas ist schief gelaufen. Sie brauchten eine höhere Macht. Sie brauchten eine höhere Macht, damit es aufhört. Mit der Zeit werden sie Fortschritte machen. Das hoffen wir. Wenn ich mich jetzt in sie hineinfühle, ist das mein Plan.

War das so ähnlich, wie der Vorgang, von dem Gary gesprochen hat? (Kapitel 38 "Die finale Lösung.") Er wurde hier auf der Erde beauftragt, die finale Lösung zu bereiten, falls die Welt nicht die Kurve kriegt. Er hat eine ähnliche Macht, den Planeten zu vernichten oder zu zersetzen und vielleicht sogar zu versiegeln. Gegenwärtig ist er nur damit beauftragt worden, abzuwarten und zu beobachten.

I: Ich konnte die Schreie derer hören, denen sie Schaden zufügen. Das war es, was mich dorthin rief.
D: *Dann hast du die Arbeit getan, von der du meintest, du müsstest sie tun. Du hast diese Geister, diese Seelen befreit.* (Ja) *Was wirst du jetzt tun?*
I: Ich werde umherwandern.
D: *Und wie du gesagt hast, machst du zeitlich große Sprünge, nicht wahr?* (Ja) *Was siehst du jetzt, oder was zieht dich an?*
I: Ich höre immer wieder: "Mary Melissa. Mary Melissa. Mary Melissa. Mary Melissa." Ein kleines Mädchen. Sie spielt draußen. Sie spielt mit den Feen. Oh, sie sind entzückend. Sie sind an diesem Tag sehr beschäftigt. Sie arbeiten mit den Blumen. Sie spielen. Sie reiten auf Schmetterlingen. Warum, weiß ich nicht. Sie haben ihre eigenen Flügel. Ich glaube, es ist nur so zum Spaß. Mary Melissa hat ein langes, blaues Band im Haar und langes, lockiges, braunes Haar. Es muss windig sein, denn ihr Haar weht. Und jetzt liegt sie auf dem Bauch und beobachtet die Ameisen.
D: *Was ist die Aufgabe der Feen?*
I: Oh, dem Naturreich zu helfen. Nun, nicht unbedingt dem Naturreich an sich, denn alles ist Natur, sondern dessen Form. Sie bewachen und schützen und kümmern sich wirklich um die Blumen und Bäume und alles, was der wachsenden Natur entspricht. Aber dann bringen wir die Sache mit der Natur damit durcheinander. Wir betrachten die Natur nur als die Natur selbst, wie z.B. Bäume und so weiter. Aber in Wirklichkeit sind es auch Kissen und Autos (alles Alltägliche) und alles, was eine Form hat.
D: *Das wäre also praktisch das ganze Leben?*
I: Alles, was eine Form hat. Das ist das Naturreich.
D: *Diese kleinen Wesen wurden also geschaffen, um ihnen zu helfen und für sie zu sorgen?*
I: Und um sich an ihnen zu erfreuen und Freude zu bringen. Denn es steckt so viel Freude in ihnen. Mary Melissa liebt es, mit ihnen zu spielen. Sie freuen sich darauf, die ganze Zeit mit ihr zu spielen. Und manchmal liegt sie auf dem Rücken und sie laufen einfach um sie herum. Oder wenn sie ihre Hand ausstreckt, kommen sie sogar und setzen sich auf ihre Finger. Sie lieben sie, und sie liebt sie.
D: *Spielen andere Menschen auch mit Mary Melissa und den Feen?*

I: Oh, nein! Ihre Mutter sagt, das wäre Unsinn!
D: *Sie glaubt nicht daran?*
I: Oh, nein! Ihre Mutter ist kein netter Mensch. Deshalb denke ich, dass Mary Melissa mit den Feen kommuniziert, um Freude zu spüren.
D: *Um von ihrer Mutter wegzukommen?*
I: Ich denke schon.
D: *Warum, glaubst du, fühlst du dich zu Mary Melissa hingezogen?*
I: Ich bin mir nicht ganz sicher. Ich schaue nach, warum ich sie sehe. - Oh! Ich beschütze sie vor ihrer Mutter. Ich habe die Feen geschickt, damit sie mit ihr spielen.
D: *Aber es bringt sie auch in Schwierigkeiten, nicht wahr?*
I: Ah, aber ohne die Feen wäre Mary Melissa nicht am Leben. Ihr Leben ist so düster, dass sie sonst nicht hier bleiben würde. Es gibt ihr einen sicheren Ort, um ihren Geist am Leben zu erhalten, bis sie erwachsen wird. Ich habe die Feen geschickt, um ihr zu zeigen, wer sie ist und um das Licht zu zeigen, das sie ist. Und auch ihre Engel versammeln sich. Wie du siehst, mussten wir mit den Feen beginnen und uns dann zu den Engeln vorarbeiten. Sie helfen ihr zu erkennen, dass sie Schutzengel hat. Sie wird immer Schutzengel um sich haben und auch Führer, die ihr helfen.
D: *Das klingt, als wärst du auch einer dieser Schutzengel, nicht wahr?*
I: Für eine kurze Zeit bin ich das auf jeden Fall.
D: *In Ordnung. Lassen Sie uns die Zeit vorziehen. Bleibst du sehr lange bei Mary Melissa?*
I: Gerade lange genug, um sie bis ins Erwachsenenalter zu geleiten.
D: *Du hast sie die ganze Zeit beschützt.* (Ja) *Wohin gehst du dann?*
I: Nach Ondonga? (Phonetisch)

Ich hatte es nicht verstanden. Sie wiederholte: "Ondonga. Es scheint ein Ort in Afrika zu sein, ein Dschungel. Ich bin mit einem kleinen Jungen zusammen. Sein Name ist Ondonga."

D: *Oh, das ist also sein Name. Was sollst du dort mit ihm machen?*
I: Das muss ich abwarten. - Ach, du meine Güte! (drei scharfe

Atemzüge, dann ein Seufzer.) Er ist in Sicherheit. Ich kann jetzt gehen. Das ging schnell.

D: *Was hast du getan?*

I: Da war ein Tiger, der sich hinter ihn geschlichen hatte. Wow, das war ein Quickie!

D: *(lacht) Was hast du mit dem Tiger gemacht?*

I: Ich habe ihn weggeblasen.

D: *Wusste der Junge, dass er in Gefahr war?*

I: Nein, er hat gespielt. Er wird es nie erfahren. Aber er wird aufwachsen, um der Medizinmann seines Stammes zu werden. Es war wichtig, ihn zu beschützen. Das ging aber schnell! (Lachen) Er war ziemlich süß.

D: *Lass' uns in der Zeit nah vorne gehen. Wann bist du zu dem Punkt gekommen, dass du ein Mensch sein wolltest, ein menschliches Wesen, anstatt Menschen zu beobachten und zu beschützen? Was geschah, um das in Gang zu setzen?*

I: Der Zeitenwandel. Ich bin wegen des Zeitenwandels hier. Ich bin hier, um bei den Schwingungen von Mutter Erde zu assistieren. Das ist eine große Aufgabe, die getan werden muss und viele von uns sind dazu berufen.

D: *Warst du in einem physischen Körper, bevor du hierher gerufen wurdest?*

I: Ich habe keinen gesehen. Seltsam, das sollte eigentlich der Fall sein. Die meisten Menschen hatten ihn.

D: *Du hast also hauptsächlich diese Arbeit als Wächter gemacht?*

I: Scheint so.

D: *Das war eine sehr wertvolle und wichtige Arbeit.* (Ja) *Hat dir jemand damals gesagt, du sollst zum Zeitpunkt des Zeitenwandels hierherkommen?*

I: Ich wusste es einfach. Es ist sehr schwierig, in einem Körper zu sein. Ziemlich beengend. Es war auch sehr schwierig für meine Mutter, mich zu gebären. Die Energien waren beinahe zu stark für sie.

Ist es das, was gerade hier geschieht? Die normalen menschlichen Seelen, die viele, viele Leben lang auf der Erde waren und Karma angesammelt haben, gehen fort. Und sie werden auf die eine oder andere Weise durch diese fortgeschritteneren Seelen ersetzt, die in der Lage sein werden, mit den Herausforderungen des Wandels umzugehen. Sogar diejenigen, die normalerweise Schutzengelarbeit geleistet haben, werden hinzugezogen, ebenso wie die fortgeschritteneren Seelen. Sie sind bereit, ihre "Heimat" im Astralraum zu verlassen, um hierher zu reisen und in dieser wichtigen Zeit zu helfen. Bei den anderen Menschen, die hier bleiben, werden ihre Körper an den Anstieg der Schwingungsfrequenzveränderung angepasst. Diejenigen, die sich nicht anpassen können, verlassen den Planeten.

I: Ich bin nicht oft als Seele ihr gewesen, als sie mit mir schwanger war. Ich kam bei der Geburt herein und verursachte irgendwie, dass sie bewusstlos wurde. Die Engel kamen hinzu und halfen ihr.
D: *Warst du damals in der Lage, all deine Energie in diesen kindlichen Körper zu bringen?*
I: Nein, nein, nein, nein, nein, nein. Ich hätte meine Mutter damit getötet.
D: *Du hast also nur einen Teil von dir selbst eingebracht?*
I: Ich kann mehr hereinholen, wenn es notwendig wird.
D: *Das ist also das Leben jenes Wesens, durch das du jetzt gerade sprichst?* (Ja) *Und dies wäre also deine erste Erfahrung in einem physischen Körper. Ist das richtig?*
I: Das ist das, woran ich mich erinnern kann, ja. Ich bin gekommen, um anderen zu helfen.
D: *War es schwierig, hier aufzuwachsen? Erfahrungen zu machen?*
I: Habe niemals dazu gepasst. Niemals, niemals, niemals hineingepasst.
D: *Hattest du keine Angst davor, hierher zu kommen und davor, hier steckenzubleiben?*
I: Pffft! Überhaupt nicht! Nee, ich kann nicht stecken bleiben. Ich habe auch viel zu viel Hilfe. Zuviel Stärke.
D: *(lacht) Ich dachte an Karma.*
I: Nein, das habe ich nicht.
D: *Was ist deine Aufgabe innerhalb dieses Wandels?*
I: Es sind viele gekommen, um Mutter Erde bei den Veränderungen zu helfen. Sie sollen dabei helfen, andere zu erwecken, indem sie einfach nur *sind*. Allerdings neigen wir dazu, von Zeit zu Zeit von hier zu fliehen.
D: *Wie macht ihr das?*
I: Während der Zeit, die du "Schlaf" oder "Meditation" nennen

würdest.
D: *Bist du in der Lage, aus dem Körper herauszutreten?*
I: Auf jeden Fall. Tatsächlich ist eines meiner Probleme ... wie Wandern. Es ist schwer, ganz in den Körper zu kommen, um die Füße im Gleichgewicht zu halten. Das ist eine Herausforderung.
D: *Du meinst, wenn du eine Weile unterwegs warst und wieder zurückkommst?*
I: Ich meine, meine Herausforderung besteht darin, überhaupt hier zu sein. Ein Teil von mir neigt dazu, zu weit nach oben abzuheben. Eigentlich gibt es viele Teile von mir, die an viele Orte gleichzeitig gehen, also ist hier unten nur ein sehr kleiner Teil von mir.
D: *Wenn Irene also entweder meditiert oder schläft, gehst du als Seelenessenz dann fort und begibst dich woanders hin?*
I: Das und - obwohl es sehr seltsam klingt - tue ich auch, wenn ich alles andere mache. Es gibt viele Dinge, die ich auf einmal tue.
D: *Also bist du dazu in der Lage und dein Körper funktioniert trotzdem noch?*
I: Mit Sicherheit. Und ich habe andere Körper, die auch an anderen Orten funktionieren.
D: *Warum tust du das?*
I: Um so viele Erkenntnisse zu gewinnen, wie ich nur kann.

Das ist sehr ähnlich zu dem, was ich in Kapitel 21 berichtete, wo die Klientin sich daran erinnerte, in vielen Körpern gleichzeitig zu leben.

D: *Alle diese anderen Körper sind also ein und dieselbe Erfahrung?*
I: Sozusagen in verschiedenen Zeitzonen. Das ist schwer zu erklären. Ich kann die ganze Zeit überall sein und ich bin mir bewusst, dass ich jetzt hier bin. Ich bin mir nicht immer aller Dimensionen, in denen ich mich befinde, bewusst. In einem Schlafzustand oder in einem meditativen Zustand bin ich mehr von mir. Aber ich habe das Bewusstsein, dass all dies gleichzeitig vor sich geht. Es ist, als wäre ich bei Best Buy (oder Wal-Mart) und würde in der Mitte all dieser Fernsehgeräte stehen. Und dann flimmern auf allen Fernsehern eine Million Geschichten rauf und runter, die alle

etwas anderes zeigen. Man befindet sich in der Mitte von all diesen Bildschirmen und von all diesen Orten. So sieht es aus. Das ist eine ziemlich gute Beschreibung.

D: *Als du dich also entschieden hast, in einen physischen Körper einzutreten, hast du dich also gleichzeitig entschieden, dich in viele verschiedene Körper aufzusplitten. Wäre das eine treffende Art, es zu erklären?*

I: Nein, nicht aufzusplitten. Es ist immer noch ein einziges Bewusstsein, nur vielleicht innerhalb verschiedener Formen. Das ist sehr schwer zu erklären, denn in all den verschiedenen Formen gibt es gleichzeitig dieses eine Bewusstsein.

D: *Als du dich also entschieden hast, ein menschliches Wesen zu sein, hast du dich entschieden, in vielen verschiedenen Körpern gleichzeitig zu sein.*

I: Richtig. Und dann gibt es auch noch all die anderen Formen, in denen alles auf einmal existiert. Weißt du, in der geistigen Ebene, in der ET-Form, gibt es viele Formen davon. Die machen Spaß! Und all diese außerdem in verschiedenen Dimensionen. Das ist wirklich besonders.

D: *Das alles passierte, nachdem du dich entschieden hast, kein Beschützer mehr zu sein.*

I: Ja, obwohl Teile von mir das jetzt auch tun. Irene versteht nicht, wie das alles gleichzeitig ablaufen kann.

D: *Ja, es ist für viele von uns Menschen schwer, diese Dinge zu verstehen.*

I: Das ist ziemlich verwirrend, aber ich weiß, dass es zutreffend ist.

Weitere Informationen über das Aufsplitten und Aufteilen der Haupt - Seele und ihrer Fragmente, die losziehen, um jeweils ihre eigenen Leben zu erfahren, finden Sie im zweiten Buch dieser Serie.

D: *Was sollte Irene mit diesen Informationen am besten machen?*

I: Sie hat große Kräfte. Ihre bloße Anwesenheit verändert die Menschen. Wenn sie an sie denkt, verändern sie sich.

D: *Was meinst du damit, sie verändern sich?*

I: Sie beginnen zu erwachen. Sie erinnern sich daran, wer sie sind.

D: Wer sind sie genau?
I: Sie sind reines Licht und Liebe.
D: Und davon haben sie sich entfernt?
I: Oh ja, das haben sie. Es ist ziemlich traurig. Aber es ist wichtig, sehr wichtig, dass Irene ihre Arbeit tut. Dass sie beständig bleibt, dass sie sich nicht in den Emotionen derer verliert, die nicht so schnell erwachen, wie sie es sich wünschen würde. In den Gefühlen derer, die überhaupt nicht aufzuwachen scheinen. Und dass sie sie ehrt und liebt, sich aber nicht in deren irdische Emotionen einhüllen lässt. Denn sie wird geschwächt, wenn sie Trauer für sie empfindet. Es gibt keine wirklichen Grund zur Trauer, denn sie sind im Grunde nur Licht und Liebe.
D: Ja, sie alle lernen ihre eigenen Lektionen.
I: Ja, sie lernen alle ihre eigenen Lektionen. Es gibt ein großes Bedürfnis nach einem hellen Licht hier in dieser Gegend, wo sie lebt. Nach einem großen, großen Licht. Und viele warten auf sie. Es gibt einen Funken, den sie ihnen geben kann und der ihnen helfen wird. Ah, es ist, als würden sie in ihrem eigenen Licht explodieren und dann ziehen ihre Funken los und tun dasselbe für andere. Das ist ziemlich schön. Es ist wie ein großes Feuerwerk. Es ist alles so positiv, die lebendigste Liebe und das lebendigste Licht, das man sich vorstellen kann.
D: Warum hast du dich dafür entschieden, Irene heute ganz an den Anfang ihrer Existenz zu bringen?
I: Es war wie ein Geschenk, ein Glücksmoment. Um ihr diesen Moment der Glückseligkeit zu schenken. Dieses Nirwana, diese Glückseligkeit, dieses Zuhause, das ihr Energie gibt. Sie weiß es. Sie war dort, wo sie am liebsten ist.

KAPITEL SECHSUNDZWANZIG

ENTSTEHUNG DER OZEANE

Pierre ist Franzose, der nach Amerika ausgewandert ist. Er hat einen starken Akzent, der mich zwang, sehr genau zuzuhören, was auch ein Problem bei der Transkription der Tonbänder war. Seine Arbeit beanspruchte ihn stark und führte zu körperlichen Problemen. Er war ständig auf Reisen und er war an einem Punkt angekommen, an dem er drohte, auszubrennen. Natürlich wäre die logische Lösung gewesen, zu kündigen und eine andere Arbeit zu finden, aber er wollte sein Dienstalter und sein Gehalt berücksichtigen. Ich hatte bereits mehrere Klienten mit diesem Problem. Einige hassen ihre Arbeit mit einer solchen Leidenschaft, dass sie glauben, Selbstmord sei die einzige Lösung. Ich sage immer, dass keine Arbeit das wert ist, man kann immer etwas anderes finden. Aber viele Menschen fühlen sich in einer Situation völlig gefangen und sehen keinen Ausweg. Manche haben unbewusst eine Krankheit oder einen Herzinfarkt herbeigeführt, um mit Würde dort herauszukommen. "Ich kann nicht arbeiten, wenn ich krank bin." "Es war nicht meine Schuld. Ich hatte einen Herzinfarkt, deshalb kann ich nicht mehr arbeiten." Es ist erstaunlich, wie der Körper kooperiert, wenn er denkt, das sei die gewünschte Lösung. Er urteilt nicht. Er gehorcht nur den Befehlen des Besitzers des Körpers (bewusst oder unbewusst). Deshalb müssen wir erkennen, wie mächtig unsere Gedanken sind. Auf jeden Fall war dies eine der Hauptbeschwerden, über die Pierre sprach, als er zu einer Sitzung kam. Die Informationen, die dann folgten, kamen aber aus einer ganz anderen Richtung. Er sagte anschließend, dass dies definitiv nicht das war, was er sich vorgestellt hatte. Er sei auf der Suche nach einem früheren Leben gewesen, um

Probleme in seinem derzeitigen Leben zu erklären.

Als er von der Wolke herunterkam, herrschte totale Verwirrung und er versuchte zu verstehen, wo er war und welche körperlichen Empfindungen er hatte. Als ich ihn bat, sich selbst zu betrachten, um zu sehen, wie sein Körper aussah, sagte er: "Ich fühle mich nicht fest! Ich kann mich selbst nicht sehen. Ich bin überall."

Ich dachte, er könnte eventuell eine Energieform sein, was schon oft vorgekommen ist, wenn der Betreffende seinen Körper nicht sehen kann. "Hast du irgendein Gefühl dafür, was du bist?"

P: Das da war schon überall. Es war nichts physisches. Es ist schon überall gewesen.

Ich bat ihn, zu erklären, was er meinte.

P: Es fühlt sich an wie der Ozean. Wie eine Welle. Keine Grenzen. Einfach groß, sehr groß! Es ist ein wunderbares Gefühl. Ich bin nicht eingeschränkt.
D: *Deshalb hast du keine Form?* (Ja) *Du kennst keinerlei Grenzen?*

Ich versuchte zu überlegen, wie ich es ausdrücken konnte. Selbst wenn er ein Energiekörper wäre, hätte er eine Form und Grenzen. Etwas, das ihn umschließen würde, auch wenn er fühlte, dass er sehr groß war. Aber ich sollte mich irren. Das hier war etwas völlig anderes als das, was wir uns unter physischen Formen vorstellen.

P: Die Grenze ist die Kante des Ozeans. Die Trennung von Wasser und Luft.
D: *Fühlst du dich, als wärst du im Wasser?*
P: Ich bin das Wasser. Keine Grenzen.
D: *Du hast also keinen Körper. Du bist einfach ein Teil von allem dort?* (Ja) *Was siehst du, wenn du dich umschaust?*
P: Ich sehe den Himmel. Ich sehe das Wasser. Ich fühle das Wasser. Ich spüre die Kühle des Wassers.

Es gab nichts anderes im Wasser, keine anderen Lebensformen. Nur Wasser.

P: Es gibt nur den Anfang. Das Gefühl des Anfangs.
D: *Was meinst du damit?*
P: Es ist die Erschaffung des Wassers.
D: *Bevor da etwas darin war?* (Ja) *Das wäre dann ganz am Anfang gewesen, nicht wahr?*
P: Ich fühle das Wasser. Es kennt keine Begrenzungen. Es gibt nur das Wasser und das Meer. Ich bin der Ozean. Ich bin der Ozean.

Er sagte, nachdem er erwacht war, dass dies das wunderbarste Gefühl einer totalen Freiheit sei. Er fühlte sich so groß, so riesig. Es war etwas, das er sich nie hätte vorstellen können.

P: Ich spüre den warmen Wind. Es gibt keine Begrenzungen.
D: *Fühlst du dich einsam, weil es keine anderen Lebensformen gibt?*
P: Nein. Ich bin ganz ruhig ruhig. Das gefällt mir. Ich bin komplett. Ich bin vollständig. Es ist ein wunderbares Gefühl.

Ich überlegte, wohin das führen konnte. Wenn er ganz zu Beginn der Schöpfung Teil des Ozeans war, könnte dies noch eine ganze Weile (wahrscheinlich Äonen) mit wenig Veränderungen so weitergehen. Besonders, da er es so sehr genossen hatte.

D: *Warst du irgendwo anders, bevor du an diesen Ort kamst?*
P: Ich kam vom Licht.
D: *Wurde dir gesagt, du sollst zum Wasser kommen?*
P: Nein, ich habe mich freiwillig gemeldet. Ich sehe mich selbst von einem Stern kommend, vom Licht.
D: *Warum hast du dich entschieden, das zu tun?*
P: Es muss getan werden.
D: *Aber du warst auch glücklich als Licht, nicht wahr?*
P: Wir waren Teil der Schöpfung. Es musste getan werden. Also haben wir uns freiwillig gemeldet.
D: *Ich habe mich gefragt, ob jemand oder etwas gesagt hat, es sei an der Zeit, das zu tun.*
P: Zeit existierte nicht. Es musste getan werden. Ich sehe mich selbst als Licht, das von weit her kommt, und dann sehe ich den Ozean. Ich bin der Ozean.

D: *Und als du zum Wasser wurdest, hast du das Wasser erschaffen? Ist es das, was du sagen willst?*
P: Das Wort „Schöpfung" ist nicht zutreffend. Wir sind Teil der Schöpfung. Wir erschaffen nicht.
D: *Also hast du das Wasser nicht gemacht. Du bist es einfach geworden?*
P: *Wir sind Teil der Schöpfung.*
D: *Ich versuche zu verstehen, ob es einen Prozess gibt.*
P: Wir können es nicht erklären.
D: *Du musst ein sehr mächtige Geisteskraft sein, wenn das das richtige Wort ist.*
P: Mächtig ist nicht zutreffend. Wir sind ein Teil davon. Es ist ein natürlicher Prozess.
D: *Hast du irgendwelche Pläne oder bleibst du einfach als Teil des Wassers dort?*
P: Wir würden bleiben, bis der Prozess abgeschlossen ist, bis er stabilisiert ist, denn zu diesem Zeitpunkt gibt es noch kein Land. Es ist ein Prozess. Mit der Zeit wird es Landmassen geben. Jetzt gibt es nur Wasser und wir sehen den Himmel.
D: *Wie wird das Land entstehen?*
P: Wir sind nicht an der Landformation beteiligt. Wir sind nur an der Wasserentstehung beteiligt.
D: *Andere Wesen werden mit dem Land zu tun haben?* (Ja) *Ich frage mich nur, ob das Land durch das Wasser nach oben kommen wird.*
P: Das weiß ich nicht. Meine Aufgabe ist es, das Wasser zu stabilisieren, damit sich darin Leben entwickeln kann.
D: *Gibt es bestimmte Voraussetzungen, damit sich Leben dort entwickeln kann?*
P: Salzgehalt: Der Salzgehalt muss stimmen, das Licht im Wasser muss genau richtig sein. Der Gasgehalt im Wasser muss genau richtig sein. Wir sind Teil des Wassers.
D: *Also müssen bestimmte Chemikalien, wenn das das richtige Wort ist, vorhanden sein?*
P: Ja. Stabilität. Salzgehalt.
D: *Und wenn dies gegeben ist, welche Art von Lebensformen würden sich dann als erste bilden?*
P: Etwas, was amphibisch sein wird, froschähnlich.
D: *Es ist also nicht deine Aufgabe, dieses Leben zu erschaffen?*
P: Nein. Meine Aufgabe ist es, das Wasser entstehen zu lassen und es anschließend zu stabilisieren. Dann werde ich fertig

sein.
D: *Dann werden andere Wesen die ersten Lebensformen erschaffen?*
P: Ja, die Meister.
D: *Bilden sich die Lebensformen im Wasser zuerst aus, bevor sich Land bildet?*
P: Die Lebensformen bilden sich vor dem Land im Wasser. Nicht allzu weit davor. - Wir gehen jetzt hinunter. Wir gehen ins Innere des Ozeans, tief hinunter. Wir befinden uns sehr tief im Inneren des Ozeans. Es ist unglaublich.
D: *Sind die Chemikalien und Elemente jetzt in Ordnung, damit hier Leben entstehen kann?*
P: Nicht ganz. Der Ozean ist noch in Bewegung. Wir suchen jetzt in den Tiefen des Ozeans.
D: *Wonach suchst du?*
P: Wir suchen nicht. Wir erleben.
D: *Als du an diesen Ort kamst, war da überhaupt nichts?*
P: Wir hatten kein volles Bewusstsein, denn wir kamen und kreierten den Ozean. Wir sind Teil des Ozeans. Wir sind der Ozean.
D: *Ich frage mich, ob du den Ozean auf diesem Planeten erschaffen hast?*
P: Nein. Der Ozean war zuerst da, und dann kam das Land.
D: *Also gab es anfangs nicht einmal einen Planeten?*
P: Nicht wirklich. Nicht ganz.
D: *Ich überlege, dass es doch einen Planten geben müsste und dann erst die Dinge, die auf ihm entstehen.*
P: Nein. Der Ozean ist bereits da.
D: *Das Wasser ist also einfach im Weltraum entstanden?* (Ich hatte Schwierigkeiten damit, das Ganze zu verstehen).
P: Wir können es nicht erklären, aber das Wasser wurde zuerst erschaffen. Es wurde aus Licht geschaffen. Wir sind aus dem Licht gekommen. Und wir haben Wasser geschaffen, und wir sind Teil des Wassers. Und wir erleben es jetzt gerade in seiner Tiefe. Das Wasser ist sehr tief. Es ist ungeteilt.
D: *In unserer Vorstellung denken wir an die Planeten und an die Dinge, die sich auf ihnen bilden. Aber das, was du beschreibst, passierte vor ihrer Entstehung. Ist es das, was du meinst?*
P: Das war vor dem Beginn der Schöpfung so wie wir sie heute kennen. Das war sogar, bevor wir überhaupt von Zeit

sprechen können, so wie wir sie heute kennen.
D: *Zuerst kommt also das Wasser.*
P: Nein, zuerst kommt das Licht. Und dann das Wasser.
D: *Und dann musst du Licht im Wasser entstehen lassen?*
P: Licht und Leben entstehen. Zeitlich waren sich beide bei der Enstehung sehr nah. Undess gab das Leben und etwas später gab es das Land. Und wir konnten das Licht erleben. Wir erleben den Ozean. Der Ozean ist ungeteilt. Das ist unglaublich!
D: *Und es gibt dann andere Wesen, die das Land erschaffen?*
P: Es ist eine Zusammenarbeit.
D: *Dann entscheidest du, welche Art von Lebewesen oder Pflanzen sich im Wasser bilden?*
P: Wir entscheiden nicht. Es ist nicht unser Schicksal zu entscheiden. Wir haben den Ozean geschaffen. Andere entscheiden, sie sind für den allgemeinen Plan verantwortlich. Wir entscheiden so etwas nicht.
D: *Es gibt also viele von dir, die verschiedene Jobs haben?* (Ja) *Bist du das, was ich ein Schöpferwesen nennen würde?*
P: Dieses Wort verstehe ich nicht. Es gibt einen Hauptschöpfer, aber wir haben den Ozean geschaffen.
D: *Es gibt also jemanden, der über dir steht.* (Ja) *Der Meister, der dich erschaffen hat, wo befindet sich dieser?*
P: Wir sind nicht erschaffen worden. Wir sind ein Teil von Ihm.
D: *Ich schätze, ich bin in der Auffassung limitiert. Es enspricht unserer menschliche Denkweise, überall Grenzen zu sehen.*
P: Ja, wir sind nicht begrenzt. Wir erleben gerade jetzt die Unbegrenztheit.
D: *Ist dieses Meisterwesen auch Teil dieses Lichts?*
P: Er ist das Licht. Wir sind von Ihm gekommen. Und von dort ließen wir den Ozean entstehen.
D: *Hattest du Anweisungen von Ihm, dies zu tun?*
P: Nein, aber wir haben deine Frage erwartet. Du versuchst, uns mit diesem Wesen in Verbindung zu bringen. Dieses Problem ergibt sich aus den Grenzen dieses Lebens, dieser Form, in der wir uns beide befinden.
D: *Weil ich versuche, die Dinge in eine Form zu bringen, damit ich sie verstehen kann.*
P: Ja, wir verstehen. Wir wissen, was in dem Entwurf steht. Was im Großen Plan steht. Wir wissen es, und wir handeln danach.

D: *Ich denke an einen Meister und die Arbeiter, die die Arbeit tun. Ist das zutreffend?*
P: Nein. Das Wort "Meister" wird in Bezug auf das verwendet, was du "Respekt" nennen würdest. Es bedeutet Zusammenarbeit.
D: *Wird dieses betreffende Land einen Planeten formen?*
P: Es wird die Erde sein.
D: *So ist also der ganze Planet am Anfang entstanden.* (Ja) *Es bildete sich das Wasser, dann bildete sich Leben im Wasser durch eine andere Gruppe von Wesen und dann bildete sich das Land.*
P: Ja. Und als sich das Land gebildet hatte, musste das Land abgekühlt werden. Es war zu heiß. Es musste kühler sein. Kühl. Jetzt ist es stabil.
D: *Musstest du noch etwas anderes mit dem Land tun, um es zu stabilisieren?*
P: Nein. Wir arbeiten nicht mit dem Land. Wir arbeiten mit dem Ozean.
D: *Weißt du, was diese anderen Wesen tun mussten?*
P: Ich bin nicht privilegiert, Informationen darüber zu erhalten.
D: *Aber sie haben wahrscheinlich eine ähnliche Aufgabe wie du?*
P: Ja, ja. Ich (Wasser) bin jetzt stabil.
D: *Das ist sehr wichtig für die Existenz des Lebens, nicht wahr?*
P: Ja. Wir müssen das Wasser stabilisieren. Das Licht im Wasser, den Salzgehalt, den Gasgehalt im Wasser, damit Leben im Embryonalstadium entstehen kann. Danach können Landmassen geschaffen werden.
D: *Wenn die Mineralien und Chemikalien stimmen und das Wasser stabil ist, was machst du dann?*
P: Ich gehe weg. Ich wurde nicht mehr gebraucht, also bin ich gegangen.
D: *Bleiben andere Wesen dort und arbeiten weiter?*
P: Ich spüre die Anwesenheit von anderen, die zurückbleiben.
D: *Du hast gute Arbeit geleistet. Der Ozean ist sehr schön.*
P: Ich danke dir.
D: *Wohin bist du gegangen, als du fortgegangen bist?*
P: Ich ging zurück zum Licht.
D: *Wo hat es dir am besten gefallen, im Wasser oder im Licht?*
P: Das Wasser ist eine andere Erfahrung, ein anderes Gefühl. Das Licht bedeutet Einheit.

D: *Das habe ich schon einmal gehört, dass es sehr schön ist, mit allen zusammen zu sein. (Ja) In Ordnung. Auch wenn die Zeit nicht existiert, lasst uns weitergehen, um herauszufinden, wohin du gehst. Was ist deine nächste Aufgabe, wenn das das richtiges Wort ist? Wohin gehst du, wenn du das Licht wieder verlässt?*

Er sah sich sogleich als einen verkrüppelten Bettler in Indien. Es war ein erbärmliches Leben voller Schmerz und Verzweiflung. Als er sich entschied, wieder in die physische Ebene einzutreten, wählte er offenbar das Schlimmste aus einer menschlichen Erfahrung. Es war etwas völlig Entgegengesetztes zu jener wunderbaren Ruhe, Teil des Ozeans zu sein.

D: *Warum hast du dich entschieden, in einen physischen Körper zu kommen?*
P: Um Erfahrungen zu machen. Damit das Licht die Körperlichkeit erfahren kann.

Es war ein schwieriges Leben, weil er so daran gewöhnt war, ohne Einschränkungen und frei zu sein.

P: Es gibt viele Einschränkungen. Es war schwierig, so gefangen zu sein. Viel physischer Schmerz, der durch diesen physischen Körper entstand. Ich machte Erfahrungen.
D: *Ja. Und wenn du im physischen Körper bist, erinnerst du dich nicht an das, was davor war, oder?*
P: Manchmal tun wir das, manchmal sind wir uns dessen bewusst. Und wir haben es auch gewählt, uns nicht zu erinnern. Es war ein schwieriges Leben.
D: *Warum hast du dich dafür entschieden, diese Art von Leben zu leben?*
P: Um das Extreme zu erleben und um die Kraft zu erlernen. Ich habe dann als Frau in Frankreich gelebt. Ich zog an andere Orte und entschied mich, zurückzukommen, um erneut Erfahrungen zu machen.
D: *An welche anderen Orte bist du noch gegangen?*
P: Saturn. Wir haben auf Saturn Station gemacht.
D: *Wie war das?*
P: Wir haben kein Wort dafür.
D: *Kannst du versuchen, das zu erklären?*

P: Es ist uns nicht erlaubt, das zu erklären. Dafür ist die Zeit nicht reif. Es ist für dieses Wesen nicht nützlich. Aber es war eine ganz andere Erfahrung als das Licht und das Wasser. Wir geben das an Information, was relevant ist, nämlich die Schwierigkeiten im Umgang mit der Begrenzung. Das ist die Schwierigkeit, die dieser Mensch zu dieser Zeit hat.
D: *Von Zeit zu Zeit würdest du dich also dafür entscheiden, in ein Leben, in einen menschlichen Körper zurückzukehren, um etwas anderes zu erleben?*
P: Damit wir lernen und Dinge beenden können, die wir nicht beendet haben.
D: *Warum hast du das Bedürfnis zu lernen, zu erfahren?*
P: Damit die Ganzheit, das Licht, erfahren werden kann. Wir sind eine Erweiterung des Lichtes, und diese Erfahrungen sind notwendig.
D: *Kann das Licht nicht von sich aus erfahren?*
P: Nein. Das Licht darf einfach nur sein. Wir sehen jetzt das Bild. Das Licht muss sich als Tropfen seiner selbst manifestieren.
D: *Tröpfchen des Lichts. Du meinst, es hat sich aufgeteilt?*

Ich wusste bereits die Antworten auf einige dieser Fragen, aber ich versuche immer, meine Informationen zu überprüfen, indem ich vielen Menschen die gleiche Frage stelle. Wenn sie alle das Gleiche sagen, gehe ich davon aus, dass das meiner Forschung Gültigkeit verleiht.

P: Individualität. Das Licht ist ganz. Das Licht muss Individualität erfahren. Deshalb muss sich das Licht als Lichttröpfchen aufteilen und materialisieren.
D: *Ich verstehe. Und du bist einer dieser Tröpfchen?*
P: Wir alle sind einer dieser Tröpfchen. Wir sind ein Funke der Göttlichkeit. Wir alle sind Tropfen des Lichts in materieller Form.
D: *Und du sollst Erfahrungen machen und Informationen gewinnen.* (Ja) *Was machst du dann mit all diesen Informationen?*
P: Wir müssen sie integrieren, wieder reintegrieren.
D: *Und du bringst sie zurück ins Licht.* (Ja)

Er bestätigte, dass dieses Licht dasselbe ist, was einige Leute die Quelle oder die große Zentralsonne nennen. Es sind einfach verschiedene Namen für dasselbe Phänomen, das wir "Gott" nennen.

D: Und du hast viele Lebensformen auf der Erde erlebt? (Ja) *Und bist du auch an andere Orte gegangen?* (Ja) *Hast du andere Körper erlebt?*
P: Ja. Ich sehe einen anderen Körper. Eine sehr hohe Intelligenz - aber nicht menschlich.
D: Hat er sich auch eingegrenzt, begrenzt gefühlt?
P: Ja, aber weniger eingeschlossen als dieses Wesen jetzt, weil der Schleier weniger dicht war.
D: Auf deinen Reisen, wenn du an das Ende deines Lebens angekommen warst, starb der Körper schließlich, nicht wahr?
P: Ja. Und dann integrierten wir uns wieder in das Licht. Wir integrieren uns immer wieder in das Licht.
D: Und tragen die Information der Erfahrung mit uns? (Ja) *Denn ich habe gehört, dass man niemals wirklich stirbt.*
P: Das ist richtig. Aber der Körper, der physische Behälter stirbt.

Ich beschloss, mit dem Unterbewusstsein von Pierre zu kommunizieren, um Antworten zu erhalten. Aber wahrscheinlich habe ich bereits mit ihm gesprochen. "Ich nenne es das 'Unterbewußtsein'. Ist das korrekt, oder hast du einen anderen Namen für das, mit dem ich spreche?"

P: Diese Bezeichnung ist korrekt.
D: Aber du bist viel mächtiger als das, nicht wahr?
P: Du könntest sagen, dass wir bewusster sind.
D: Warum hat sich Pierre entschieden, heute hierher zu kommen? Es war kein Zufall, das ist sicher.
P: Er muss wissen, warum er Schmerzen hat. Er muss es wissen, damit er sich neu ausrichten kann. Er muss es wissen, damit er sich bewusst wird, dass er mehr ist als das, was er zu sein glaubt. Obwohl er es ausspricht, muss er es erfahren. Deshalb hat er heute die Weite des Ozeans erlebt. Und er hat sich neu ausgerichtet und er versteht, dass er mehr ist als sein begrenztes Selbst.

Pierre hatte einige Fragen zu körperlichen Problemen. Ich

vermutete, dass sie durch die Frustration in seiner Arbeit verursacht wurden, durch das Gefühl, in einer hoffnungslosen Situation gefangen zu sein. Es interessierte mich, was das Unterbewusstsein als Ursache benennen würde.

P: Der Schmerz auf beiden Seiten des Unterkörpers ist auf die Frustration zurückzuführen, die das Gefühl der Machtlosigkeit über ihn gebracht hat, weil er sich körperlich nicht so ausdrücken kann, wie er es gerne hätte oder wie sein höheres Selbst es gerne hätte. Daher entwickelt er Schmerzen. Seine Schmerzen werden gelindert. Er entwickelt dieses Unwohlsein, so dass er veranlasst wird, darauf zu reagieren und die Größe des Ozeans zu erfahren. Sobald diese Erfahrung verarbeitet ist, werden die Schmerzen allmählich verschwinden. Aber da der Schmerz bereits in einem leicht fortgeschrittenen Stadium ist, wird er nur allmählich nachlassen. Er wird in dem Maße verschwinden, wie er ihn versteht. Er hätte schon früher um Hilfe bitten können. Er hatte die Gelegenheit dazu. Zu diesem Zeitpunkt wird sein Körper nicht in der Lage sein, eine sofortige Linderung dieser Schmerzen zu akzeptieren. Dieser Körper hat sich an den Schmerz gewöhnt und die Beseitigung des Schmerzes muss allmählich erfolgen.

Das habe ich schon häufig gehört. Das Unwohlsein wird manchmal größer, um die Aufmerksamkeit des betreffenden Menschen zu gewinnen. Wenn die Schmerzen schon lange andauern und stark zugenommen haben, können sie nicht plötzlich komplett beseitigt werden. Meistens, weil sich der Körper daran gewöhnt hat. In diesen Fällen muss es also allmählich geschehen. Aber letzendlich verschwinden die Schmerzen auch wieder ganz.

P: Es gab viele Anpassungen an den Körper, während er schlief. Die einzige Erinnerung, die er hat, sind Träume, und diese sind in Symbolik verpackt.
D: Wofür waren diese Anpassungen?
P: Die Anpassungen waren erforderlich, damit ein neues Level von Energie an seinen physischen Körper angeglichen werden kann.
D: Das ist das, was ich gehört habe. Dass es zahlreiche dieser

Anpassungen bei vielen Menschen gibt, weil sich die Energie und die Schwingungen der Welt verändern.
P: Das ist richtig.
D: *Und wir erleben dies auf unterschiedliche Weise. Jeder Körper reagiert anders.*
P: Das ist richtig.
D: *Und diejenigen, die sich nicht anpassen können, sind diejenigen, die den Planeten verlassen.*
P: Das ist richtig. Oder sie wurden so konzipiert, dass sie gar nicht in der Nähe sind.
D: *Es gab sicherlich viele, die den Planeten genau zur Weihnachtszeit verlassen haben.* (Anm: der große Tsunami, der Indonesien 2004 traf.) *Ich weiß, dass das alles eine Entscheidung dieser Seelen war, nicht wahr?*
P: Es war eine Vereinbarung, damit wir wissen, dass wir eins sind.
D: *Sie wollten einfach nur weg von hier, bevor die anderen Dinge geschehen?*
P: Das würden wir nicht so sagen. Wir würden sagen, dass es eine Gelegenheit war, der sie dienen mussten, um das Bewusstsein der einen Welt zu stärken – das Bewusstsein, dass wir eins sind. Pierre ist so unbegrenzt wie der Ozean. Er hat die Fähigkeit. Er hat die Macht. Er kann wählen.
D: *Er wollte auch wissen, was sein Aufgabe ist? Warum ist er hier?*

Eine sehr häufige Frage, die fast jeder Klient, den ich sehe, stellt.

P: Seine Aufgabe ist es, Licht zu bringen. Um Licht zu bringen, muss er die Erfahrung derer machen, denen er dienen soll. Es ist diese Erfahrung, die er selbst entworfen hat, um Licht zu bringen. Die Schwierigkeit liegt in der Begrenzung, die er erfährt. Sie geht tief in sein Inneres hinein. Er weiß, dass es mehr gibt als das, was er tun kann. Aber es ist ihm nicht erlaubt, all seine angeborenen Fähigkeiten auszuüben. Also muss die Schwierigkeit in der Begrenzung liegen, die er sich selbst auferlegt hat.
D: *Er wird also jeden beeinflussen, mit dem er Kontakt hat.*
P: Das ist richtig. Wir sollten Geduld walten lassen. Und dürfen wir darauf hinweisen, dass wir seine Ungeduld verstehen,

denn er hat er das Gefühl, dass er keine gute Arbeit leistet. Aus unserer Sicht würden wir jedoch sagen, dass er sich angesichts seiner ursprünglichen Fähigkeiten in eine sehr schwierige Situation gebracht hat. Die Einschränkungen sind schwierig. Es fällt ihm schwer, sich selbst zu motivieren. Wir haben jedoch Verständnis dafür. Wir würden vorschlagen, dass er weiterarbeitet. Es geht ihm gut.

Als Pierre nach Hause zurückkehrte, hatte er Gelegenheit, sich das Band über die Entstehung des Ozeans anzuhören. In einer seiner E-Mails hat er einige interessante Beobachtungen mitgeteilt. Er hatte natürlich Schwierigkeiten, die Realität dieser Erfahrung zu akzeptieren (wie viele meiner Kunden), und er rang mit dem Pro und Contra, ob er sich das hätte ausdenken können. "Während ich mir das Band anhörte, erlebte ich die Herausforderungen, die mit dem Gebrauch von Wörtern und dem Gebrauch der Zunge zum Ausdrücken dieser Wörter verbunden sind. Ich spürte, dass die Meeresenergie den bewussten Verstand benutzen musste, um sich in Worten auszudrücken. Anstatt ihn also beiseite zu legen, "löste" die Meeresenergie den bewussten Verstand einfach in sich selbst auf, als "ein Salzkorn, das im Ozean gelöst ist". Dennoch behielt das Salzkorn (oder mein Bewusstsein), selbst wenn es im Ozeanwasser (oder in der Meeresenergie) gelöst ist, seine Individualität. So drückte der bewusste Verstand die Informationen, die er von der Meeresenergie erhielt, so gut wie möglich in Worten aus. Der entscheidende Punkt dabei ist, dass es Herausforderungen/Schwierigkeiten gab, diese energetische Information in menschliche Worte zu übersetzen, und einige der verwendeten Worte waren nicht genau das, was die Meeresenergie hätte verwenden wollen. Aber der bewusste Verstand benutzte diese Worte, weil er mehr oder weniger für den Formulierungsaspekt dieser Mitteilung zuständig war. Es wäre ausgezeichnet, wenn wir den bewussten Verstand vollständig zum Schweigen bringen könnten, aber irgendwie wird seine Anwesenheit für den Wortlaut immer noch benötigt. Ich spürte, dass es einen weiteren Helfer/Übersetzer gab, der die energetischen Informationen aus der Meeresenergie in ein Format brachte, das der bewusste Verstand zur Formulierung von Worten verwenden konnte. Es wurde mir verdeutlicht, dass es so war, als müssten die Informationen aus der Meeresenergie erst ein "Verarbeitungszentrum" durchlaufen, bevor sie vom Bewusstsein in Worte übersetzt werden konnten."

"Ich spürte, dass alles sehr genau beobachtet und abgewogen wurde, als Sie die Frage nach dem Wesen der Schöpfer-Energie stellten. Ich konnte niemanden um mich herum sehen, aber ich war mir der Überwachung bewusst. Diese Information wurde nur freigegeben, um sicherzustellen, dass die Meeresenergie nicht mit dem Licht/ mit der Quelle selbst verwechselt wird."

"Nach unserer Sitzung versuchte ich, die Weite des Ozeans zu erklären, und ich erwähnte, dass ich mich in Bezug auf die Größe wie "ein im Ozean aufgelöstes Salzkorn" fühlte. Während ich diese Notiz an Sie schreibe, verstehe ich, dass die obige Analogie auch die Herausforderungen erklärt, die mit dem menschlichen, verbalen Ausdruck verbunden sind. Ich verstehe auch, dass die Analogie eines im Ozean gelösten Salzkorns eine Menge Informationen enthält. Das Salzkorn entstammt dem Ozean und in der Tat ist es der Ozean in einer verdichteten Form. Diese Analogie zeigt also, dass wir individuell (winzig) sind, aber auch Teil des Ganzen sind. Wir stammen aus dem Licht/ aus der Quelle und wir sind ein verdichteter/ physischer Ausdruck des Lichts und als solcher sind wir wirklich unbegrenzt."

"In der jüngsten Erinnerung und in etwas, das wie ein Traum erscheint, habe ich meinen physischen Körper viermal verlassen und wurde dazu überredet, zu ihm zurückzukehren. Ich glaube, ich war an dem Punkt angelangt, an dem ich keinen Grund mehr zum Leben sah, also musste mir ein bestimmter Aspekt dessen, was erreicht werden kann, gezeigt werden. Die Sitzung gab mir Hoffnung und den Wunsch, auf der bewussten Ebene meinen physischen Körper nicht zu verlassen."

Als ich diese Sitzung leitete, hatte ich ein Problem damit, sie zu verstehen, denn sie lief dem zuwider, was wir als logisch erachten würden. Wie konnte Wasser geschaffen werden, bevor es das Land oder einen Planeten gab? Wie konnte Wasser aus dem Nichts im Weltraum entstehen? In den anderen Sitzungen beschrieb der Klient, wie sie Galaxien, Universen und Planeten erschaffen haben. Das war das, was ich für logisch halten würde: zuerst etwas Festes erschaffen und dann Wasser darauf setzen. Doch egal, wie unlogisch es auch erschien, es kam mir bekannt vor. Dann erinnerte ich mich, wo ich es schon einmal gehört hatte: In der Bibel. Auch die Bibel berichtet im ersten Kapitel

Genesis von genau dieser unlogischen Art und Weise, wie die Schöpfung erfolgte. Ich werde die Passagen hier zusammenfassen, anstatt alles in Verse zu zerlegen, wie es in der Bibel steht.

Am Anfang schuf Gott den Himmel und die Erde. Und die Erde war ohne Gestalt und leer und Finsternis lag auf dem Angesicht der Tiefe. Und der Geist Gottes schwebte über dem Angesicht des Wassers. Und Gott sprach: Es werde Licht und es ward Licht. Und Gott sah das Licht und sah, dass es gut war und Gott teilte das Licht von der Finsternis. Und Gott nannte das Licht Tag und die Finsternis nannte er Nacht. Und der Abend und der Morgen waren der erste Tag. 1. Mose 1,1-5.

In einem der Kapitel dieses Abschnitts sagte der Klient, dass es vor dem Licht (oder der Quelle) noch etwas anderes gab und dass dieses etwas die Finsternis war. Er sagte auch, dass der Klang eine Rolle im Schöpfungsprozess spielte: *Und Gott sprach.* Jedes Mal, wenn Gott sprach, wurde etwas Neues geschaffen. Wir wissen jetzt, dass wir alle ein Teil Gottes sind, und so waren es diese neuen Geistseelen, die noch mit der Quelle verbunden waren, die einen Großteil der Schöpfung durchführten. Es war alles dasselbe, alles Eins. Beachten Sie auch, dass, bevor irgendetwas erschaffen wurde (sogar das Licht), der Geist Gottes sich auf dem Antlitz der Wasser bewegte.

Und Gott sprach: Es werde ein Himmelsgewölbe mitten unter den Wassern, und es scheide die Wasser von den Wassern. Und Gott machte das Himmelsgewölbe und teilte die Wasser, die unter dem Himmelsgewölbe waren, von den Wassern, die über dem Himmelsgewölbe waren; und es geschah also. Und Gott nannte das Firmament Himmel. Und der Abend und der Morgen waren der zweite Tag. Und Gott sprach: Lasset die Wasser unter dem Himmel sich sammeln an einem Ort und lasset das trockene Land erscheinen; und so geschah es. Und Gott nannte das trockene Land Erde, und das Sammeln der Wasser nannte Meer; und Gott sah, dass es gut war.

Auch hier ist es offensichtlich, dass das Wasser schon vor der Erschaffung des Landes existierte. Pierre sagte, er könne nur das Wasser und den Himmel sehen. Gott teilte die Himmelsgewölbe. Dann ging der Schöpfungsprozess weiter: die Erschaffung von Pflanzen und Bäumen. Dies geht einher mit der Geschichte in diesem Buch, dass die außerirdischen Helfer zuerst

Pflanzen einführten, um zu sehen, ob sie wachsen würden. Vor den Tieren mussten Pflanzen als Nahrungsquelle vorhanden sein. Es ist interessant, dass (nach der Bibel) das Pflanzenleben vor der Sonne und dem Mond und den Sternen erschaffen wurde. Dann wurden die ersten Tiere in den Ozeanen erschaffen, dann die Vögel.

Und Gott sprach: Lasset die Wasser in Fülle die sich bewegenden Geschöpfe hervorbringen und die Vögel, die am offenen Firmament des Himmels über die Erde fliegen können. Und Gott schuf die großen Wale und alle lebendigen Geschöpfe, die sich bewegen, welche die Wasser nach ihrer Art in Fülle hervorbrachten und alle geflügelten Vögel nach ihrer Art; und Gott sah, dass es gut war. Und Gott segnete sie und sprach: Seid fruchtbar und mehret euch und füllt die Wasser in den Meeren und lasst die Vögel sich vermehren auf Erden. 1. Mose 1:20-22.

Dann ging die Schöpfung durch die Einführung von Tieren vieler verschiedener Arten weiter und schließlich wurden die Menschen erschaffen. All dies ist genau die Reihenfolge, von der die verschiedenen Klienten berichten. Die einzige Ausnahme ist, dass diese verschiedenen Seelen eine Rolle zu spielen hatten, indem sie Gott bei der Schöpfung halfen. Da wir alle Gott sind, sollte uns das nicht überraschen. Und da wir eine Rolle im Schöpfungsprozess unserer schönen Erde hatten, sollten wir unsere Heimat ehren und respektieren.

* * *

DER AUSLEIHENDE

FORTSETZUNG PIERRE

Pierre kehrte etwa sechs Monate später in mein Büro zurück, um eine weitere Sitzung wahrzunehmen. Normalerweise brauchen meine Klienten nur einen Termin. Und ich war mir sicher, dass wir in der ersten Sitzung alles abgedeckt hatten, was er zu finden gehofft hatte Aber ich stimmte zu, da ich nicht wusste, welche Fragen neu an die Oberfläche gekommen waren. Auf dieser Reise brachte er seine Frau mit und ich hatte auch eine Sitzung mit ihr.

Nach der letzten Sitzung mit ihm hatte ich keine Ahnung, was mich erwarten könnte. Was könnte wohl dramatischer sein als die Feststellung, dass man vor dem eigentlichen Anfang der Erde bei der Erschaffung der Ozeane geholfen hatte? Ich habe keine bestimmte Erwartungen und erlaube dem Klienten stets, dorthin zu gehen, wohin er das Bedürfnis hat zu gehen (oder wohin sein Unterbewusstsein meint, dass er gehen soll). Als Pierre in die Szenerie eintrat, klang es so, als würden wir ein normales, vergangenes Leben erforschen. Und erneut sollte er mich, bevor die Sitzung zu Ende war, überraschen.

Er sah sich selbst am Meer auf einer Holzbank sitzen, in deren Rücken die Zahl achtzehnhundert eingeritzt war. Er war ein einfach gekleideter, junger, helläutiger kaukasischer Mann (Pierre ist in Wirklichkeit dunkelhäutig) mit dunklem Haar und Bart. Es sah keine weiteren Menschen oder Aktivitäten. Nur ein friedliches und ruhiges Gefühl, als er sich ausruhte und auf das Wasser hinausblickte und ein altes Schiff vorbeifahren sah. Als ich ihn fragte, ob er dort in der Nähe wohne, antwortete er: "Ich höre: 'Ich komme zu Besuch' und: 'Ich wohne nicht hier aber ich komme zu Besuch und sitze dann hier'".

Hinter ihm waren Häuser und eine kleine Stadt. "Ich höre das Wort 'Bretagne'." Ich bat ihn, zu dem Ort zu gehen, an dem er lebte, damit wir sehen konnten, wie es dort aussah. Obwohl er es genoss, ruhig dort zu sitzen und ergänzte "ich mag das Meer und den Ort, wo ich jetzt sitze", willigte er ein, dorthin zu gehen um es sich anzusehen.

P: Ich sehe eine Straße mit Kopfsteinpflaster und dann sehe ich ein kleines Haus mit zwei Stockwerken zu meiner Rechten, als ich mich umsehe. Ich höre Pferde, die Karren ziehen. Ich höre das Geräusch ihrer Hufe. Das Haus ist nicht sehr groß. Es ist ein einzelnes Haus in einer Reihe von Häusern. Die Straße ist sehr klein. Sie ist nicht sehr sauber. Es ist nicht das Haus, es ist die Stadt. Sie ist nicht sehr sauber.

Ich bat ihn, hineinzugehen, um zu sehen, wie es aussieht.

P: Ich weiß, dass rechts hinten ein Mann steht. Es ist fast wie eine Herberge. Er kontrolliert dich, wenn du dieses Haus betrittst. Ich höre: 'Ich möchte ein Zimmer in diesem Haus mieten. Ich bin Seemann.' Ich bin der Untermieter. Er ist eine Art Vermieter. Jetzt sehe ich ein kleines Zimmer mit zwei Betten, eins über dem anderen. Und ich sehe einen altertümlichen Rucksack. Ich höre: 'Ich bin ein Besucher von weit her. Ich bin dabei zu beobachten. Ich wandere. Ich beobachte. Ich komme von weit her. Von weit her in dieser Welt.' Ich gehe von Ort zu Ort. Ich höre: 'Wenn ich zu Fuß gehe, wandere ich. Wenn ich nicht laufe, nehme ich das Boot aus vergangenen Zeiten.' Ich beobachte. Ich speichere auch alles ab. Ich höre: 'Ich hatte die Wahl.' Es ist fast so, als ob man einen Campingausflug macht und man wählt dieses Leben. Ich höre, dass ich die Wahl hatte. Das ich quasi Urlaub genommen habe.

D: Du bist also nicht als Baby an diesem Ort geboren und aufgewachsen. Ist es das, was du meinst?
P: Es tut mir leid. Ich bin verwirrt. Nein, ich sehe kein Baby.
D: Die Form, in der du jetzt bist, ist dieser junge Mann?
P: Ja, ja. Ich höre: 'Du kamst von einem Stern.' Aber ich weiß es nicht. Ich bin einfach gekommen.
D: Aber wie wirst du zu diesem Körper, wenn du nicht in ihn hineingeboren wurdest?
P: Ich höre: 'Es ist nicht mein Körper. Ich habe ihn mir ausgeborgt. Ich leihe ihn mir. Ich lebe mit ihm zusammen.'

Es wurde mir jetzt klar, dass dies keine normale Rückführung in ein früheres Leben war. Hier ging es um mehr.

D: Du lebst in dem Körper mit einer anderen Seele zusammen? (Ja) *Ist das erlaubt?*
P: Ich höre: 'Das darf ich, ja. Zustimmung. Der andere weiß Bescheid.'
D: Ich dachte, es sei nicht erlaubt, einen Körper zu betreten, in dem eine andere Seele wohnt.
P: Ja. Es ist ein vorübergehendes Zusammenleben. Ein Urlaub. Und dann verlässt du den Körper. Ich bleibe nur für eine kurze Zeit.
D: Und während du dort bist, benutzt du den Körper, um von Ort zu Ort zu gehen?
P: Ich kontrolliere den Körper nicht. Ich höre: 'Der andere hat die Kontrolle. Du lebst zusammen. Es ist fast so, als würdest du einen Ausflug machen. Der Körper ist Seemann. Er läuft aber auch zu Fuß und ich höre: 'Er ist ein Vagabund.'
D: Der junge Mann bewegt sich also sowieso an diese Orte. Und du gehst einfach mit, um zu beobachten, was er sieht? (Ja)

Und er wurde einfach zufällig ausgewählt?
P: Nein, ich höre: 'Übereinstimmung.'
D: Ist er sich bewusst, dass du dort bist?
P: Nicht im täglichen Leben bewusst. Nicht im wachen Stadium. Aber auf einer tieferen Ebene ist er sich dessen bewusst, denn ohne diese Zustimmung wäre es nicht erlaubt. Es gibt Gesetze und Vorschriften betreffend dieser Dinge. Es ist keine Invasion. Es ist eine Vereinbarung. Es ist wichtig zu verstehen, dass es keine Invasion ist.
D: Warum beobachtest du?
P: Ich höre: 'Für diese Zeit ist es wie ein Urlaub.' Das ist alles, was ich höre. Und eine Vereinbarung, die getroffen wurde, muss gelebt werden. Und so kam er auf Urlaub in diesen Hafen, in diese Gegend. Und wir sehen Freunde. Wir sehen den Ozean. Wir sehen die Bank. Die Zahlen, achtzehnhundert, eingeritzt.
D: Wo du herkommst, gibt es da einen Ozean?
P: Ich glaube nicht. Ich höre: 'Wir haben hart gearbeitet; deshalb haben wir für diese Zeit Urlaub bekommen. Und wir wollen uns nicht aufdrängen. Wir machen einfach diesen Urlaub mit."
D: Als Belohnung.
P: In dieser Situation ist eine Übereinkunft erforderlich, weil wir nichts erwzingen.
D: Aber du wählst die Welt, in die du gehen willst?
P: Ja, wenn eine Einigung möglich ist, denn wir wollen nicht damit beginnen, ein Baby zu sein und erwachsen werden zu müssen. Das Arrangement ist für einen kurzen Zeitraum.
D: Du bleibst also eine Weile, dann gehst du zurück?
P: Ich höre: 'Du gehst zu einem anderen Auftrag. In dieser spezifischen Situation kannst du hier durchreisen und dann kommst du zurück. Da dies ein Urlaub ist, brauchst du anschließend keine Erholungszeit.' Es wird also so sein, dass ich zurückgehe, mir den nächsten Auftrag hole und dann dorthin gehe, wo ich gebraucht werde.
D: Aber du hast gesagt, da, wo du hergekommen bist, an einem anderen Ort, hast du sehr gute Arbeit geleistet. Deshalb hat man dich belohnt? (Ja) *Wie ist es dort, wo du herkommst? Ist es eine physische Welt?*
P: Nein, es ist keine physische Welt. Ich sehe einen Stern! Und ich habe kein Gefühl von Körperlichkeit.

D: *Was für eine Form hast du auf dieser anderen Welt, dem Stern?*
P: Ich höre: 'Wir sind reine Energie. Wir sind goldene Energie.'
D: *Was für eine Arbeit hast du geleistet, für die sie dich belohnt haben?*
P: Ich höre: 'Rat'. Ich war Ratgeber.
D: *Gab es viele, die Ratgeber waren?*
P: Ich höre: 'Neun'. Ich war beim 'Rat der Neun'.
D: *Was für einen Job hattest du, als du im Rat warst?*
P: Ich höre: 'Counsel of Supervisor of a Star System'.
D: *Was macht ein Berater eines Sternensystems? Das klingt nach einer sehr wichtigen Arbeit.*
P: Es ist eine Arbeit. Ein Berater schaut sich eine Gruppe von Sternen an. Ich höre: 'Und gibt Ratschläge für den Weg der Entwicklung'.
D: *Um die Sterne zu weiter zu entwickeln?*
P: Das würde ich nicht sagen. Ich würde sagen: 'Ratschläge auf dem Weg, in den die Richtung weist'.
D: *Gehört das zu den Aufgaben des Rates? Entscheidet er, was in den verschiedenen Welten getan werden soll?*
P: Ja, wir sind einer von neun Räten, der dies tut. Wir beraten. Wenn wir um Informationen gebeten werden oder wenn wir nach einer Richtung gefragt werden, beraten wir. Wir drängen uns aber nicht auf.
D: *Seit ihr selbst für die Entwicklungen verantwortlich?*
P: Ich würde nicht sagen, dass wir die Entwicklungen selbst durchführen. Wir beraten. Eine andere Gruppe setzt die Entwicklungen um. In manchen Situationen werden sie uns jedoch um Rat fragen, und wir werden sie beraten.
D: *Diese Gruppe, die die eigentliche Entwicklung durchführt - sind sie physische Wesen oder sind sie wie du?*
P: Ich würde sagen, dass sie, wenn nötig, die physische Form annehmen können. Auf unserer planetarischen Ebene ist eine physische Form jedoch nicht erforderlich.
D: *Diese Gruppen können also diese Entwicklungen umsetzen, ohne selbst physisch zu sein.* (Ja) *Müssen sie in diese Welten gehen, um die Entwicklungen durchzuführen?*
P: Nein. Ich höre: 'Es ist die Blaupause für die Welten. Die Blaupause wird in einer Welt erarbeitet, aber nicht in einer physischen Welt. Die Blaupause wird in der nicht- physischen Welt erarbeitet. Verfeinert in der nicht-

physischen Welt. Und dann wird sie vielleicht in der physischen Welt umgesetzt.'

D: Der Plan wird also dort entwickelt und dann sind sie in der Lage, ihn zu materialisieren und zur Realität werden zu lassen?

P: Ja, wenn wir um Rat gefragt wurden, sind wir als Ratgeber einer von neun Räten in diesem System, da es sich um ein Sonnensystem handelt.

D: Es gibt wahrscheinlich auch noch weitere Systeme über dir, nicht wahr? (Ja) Und sie würden dich beraten, wenn du sie brauchst? (Ja) Also entscheiden sie alle zusammen, welche Art von Lebensformen sie auf diese Welten bringen wollen?

P: Ich höre: 'Die Beratung erfolgt auf der Ebene des planetarischen Systems. Die Lebensformen kommen zu einem viel späteren Zeitpunkt dazu, je nachdem, wie unsere Beratung zum Planetensystem und zum Thema ausgefallen ist'. Du baust zuerst ein Universum auf, bevor du es mit Lebensformen bevölkern kannst.

D: Ihr errrichtet also das gesamte Planetensystem?

P: Wir beraten, wir konferieren.

D: Du hast über das Universum gesprochen. Ist es das, was du mit dem Planetensystem meinst, oder sind das zwei verschiedene Dinge?

P: Das sind zwei verschiedene Dinge. Erlaube mir bitte, mich zu korrigieren - wir versuchen hier, die Ebene der Komplexität einer Lebensform und eines planetarischen oder universellen Systems voneinander zu unterscheiden. Das Universum könnte ein planetarisches System sein. Wir beraten auf dieser Ebene. Wir beraten nicht unbedingt auf der Ebene der Lebensformen.

D: Ich verstehe. Du berätst also zuerst darüber, wie sie ein ganzes Universum erschaffen können.

P: Ja. Und innerhalb des Universums gibt es Planetensysteme.

D: Die Universen werden also ständig erschaffen? (Ja) Das ist es, was ich zu verstehen versuche. Ich würde glauben, es gäbe nur ein bestimmte Anzahl an Universen und dann wäre kein Platz mehr für weitere.

P: Wir sehen Unendlichkeit. Und wenn man versucht, das Ende davon zu finden, wir man für immer und ewig danach suchen. So ist das Universum. Das Universum ist also unendlich. Und Systeme und Universen werden die ganze

Zeit über erschaffen.
D: *Sie überschneiden sich also nicht unbedingt oder behindern sich gegenseitig.*
P: Sie besitzen auch unterschiedliche Schwingungen, so dass sie innerhalb desselben geographischen Gebiets, desselben Raums zusammenleben können, aber ohne sich zu berühren oder zu überlappen. Sie vibrieren mit unterschiedlichen Frequenzen, es sei denn, es wird eine Tür zwischen ihnen geöffnet. Wir verwenden nun eure Terminologie. Was wir meinen ist ein Portal. Es ist möglich, von einem Portal zum anderen zu gelangen.
D: *Also könnten Menschen, die diese Portale finden, von einem Universum zum anderen Universum gelangen?*
P: Diejenigen, die zwischen den Universen wandern können, ist dieses Wissen bekannt. Sie brauchen es nicht zu finden.
D: *Man hat mir von verschiedenen Dimensionen erzählt. Sind diese etwas anderes als die verschiedenen Universen?*
P: Was wir sehen ist, dass man in einer Dimension verschiedene Universen haben kann. Wir können mit euren Worten nicht vollständig erklären oder ausdrücken, was wir aus unserem Verständnis heraus erkennen können. Innerhalb einer Ebene gibt es mehrere Dimensionen und innerhalb einer Dimension gibt es mehrere Universen. Es tut uns leid, dass wir es nicht klarer erklären können. Der Punkt, der hier deutlich werden soll, ist jedoch, dass Universen, wie wir hören, 'zusammenleben - sie können innerhalb desselben Gebietes existieren'.
D: *Aber zuerst werden die Universen geschaffen, und dann werden die anderen Schritte unternommen?*
P: Ja. Zunächst gibt es Dimensionen. Und dann gibt es innerhalb der Dimensionen Universen, die erschaffen werden. Und innerhalb der Universen gibt es Planetensysteme, die erschaffen werden. Wir beraten über das universelle und auch über das planetarische System, da Universen aus Planetensystemen bestehen. Wir sind einer von neun Räten, die in diesem speziellen System beraten.
D: *Das macht es klarer. Und er hat diese Arbeit gemacht und sagte, er habe Urlaub genommen, weil er gute Arbeit geleistet habe. Und er wollte einfach weg, um die materielle Welt zu erleben. Ist das richtig?*
P: Wir würden sagen, ja. Wir würden auch sagen, dass ihm die

Einfachheit in diesem speziellen Körper gefällt, mit dem er an diesem Punkt zusammenlebt. Der junge Seemann.

D: *Was macht er mit diesen Informationen, da er ja ein Beobachter ist?*

P: Aufgrund dieser spezifischen Information über diese spezifische Situation würden wir erneut, unter Verwendung einer eurer Analogien, sagen, dass er im Urlaub ist. Die Informationen, die wir recherchieren, werden nicht speziell für einen bestimmten Zweck verwendet. Sie dienen seinem eigenen Vergnügen und seiner persönlichen Beobachtung.

D: *Ich habe gehört, dass es andere Wesen gibt, deren Aufgabe darin besteht, Informationen zu sammeln.*

P: Ja, die Beobachter. Das ist etwas anderes. Pierre ist zu seinem eigenen Vergnügen hier. Wenn er den Urlaub beendet hat, geht er zurück zum Rat. Er wird nicht lange hier bleiben, da der Körper des Seemanns die beiden nicht über einen längeren Zeitraum gemeinsam aufrechterhalten kann. Er wird zurückkehren und im Rat bleiben, um eine andere Gelegenheit oder, wie du sagen würdest, einen anderen Job zu bekommen.

D: *Ist die Erde Teil des Planetensystems, das sein Rat übersieht?*

P: Ja. Wie du sagst, haben wir die Erde in unserem Sonnensystem gesehen, aber sie gehört zu einem - zu diesem Universum - in dem er beratend tätig ist. Wir sahen eine Möglichkeit für ihn, im Rat zu sein und auch für ihn, ein richtiges Leben auf der Erde zu führen.

D: *Das heißt, nicht als Urlauber (Ja) Also ein reguläres physisches Leben.*

P: Ja. Und in dieser Situation (als Pierre) - sehen wir einen Funken! Einen unendlich kleinen Teil von ihm.

D: *Sein Hauptanteil bleibt also im Rat? (Ja) Und ein Funke ist alles, was ausgesendet wird?*

P: Ja. Wir würden "ein Funke" als Analogie benutzen. Dieser Funke ist jedoch ein vollständiger Funke.

D: *Aber die gesamte Essenz konnte also nicht in den Körper gelangen?*

P: Nein, das konnte sie nicht. Sie wäre zu mächtig. Und außerdem hat er in anderen Systemen noch weitere Verantwortlichkeiten.

D: *Mir ist gesagt worden, dass die gesamte Energie der ganzen Seele unmöglich ...*

P: Ja. Das ist genau das, was wir zu vermitteln versuchen, nämlich dass wir sehen, wie ein Funke von einem Energiekörper ausgeht. Und er hat die Aufgabe, mehrere Funktionen in verschiedenen Systemen zu erfüllen. Innerhalb seines Systems und auch auf der Erde. Der Funke wird auf der Erde zu einem menschlichen Körper.

D: *Wurde dies aus einem bestimmten Grund so beschlossen?*

P: Es ist Teil der Erfahrung. Es ist Teil der Möglichkeiten, die bestehen.

D: *Ich dachte, wenn er so weit entwickelt wäre, bräuchte er keine Erfahrungen mehr auf der Erde zu machen.*

P: Die Erfahrung auf der Erde ist einzigartig in ihrer Einfachheit. Und auch im Mangel - entschuldige, wir suchen nach einem Wort - sagen wir nicht "Dunkelheit", sondern "Nichtwissen" oder Unwissenheit über das, was geschieht.

D: *Was meinst du damit?*

P: Auf einer bestimmten Ebene ist die Erde simpel, aber auf einer anderen Ebene macht die Tatsache, dass eine Seele in das Erdsystem eintritt und sich ihrer ursprünglichen Quelle nicht bewusst ist oder sie nicht kennt, schwierig. Wir haben Mühe, genau zu übersetzen, was diese Dualität und Gegenteiligkeit für Aspekte beinhaltet. Die Grundidee ist, dass auf der Erde die ideale Einfachheit aus der Tatsache resultiert, dass sich das Leben hier einerseits auf den Lebensunterhalt fokussiert. Daher wird sie im Vergleich zu anderen Systemen als einfach betrachtet. Aber auf der Erde ist das Leben auch sehr komplex, weil es keine Erinnerung an die Quelle gibt.

D: *Ja, wir kommen mit gelöschten Erinnerungen herein.*

P: Ja, das ist genau, was wir zu erklären versuchen.

D: *Und das ist genau das, was ich versuche: die Informationen zurückzuholen.* (Ja) *Aber ich dachte, wenn man sich einmal in diesen höheren Zustand entwickelt hat, gäbe es keinen Grund mehr, hierher zu kommen. Es wäre sozusagen wie zurück in den Kindergarten zu gehen.*

P: Ja, das ist wahr. Aber manchmal ist es interessant, hierher zu kommen, um zu arbeiten. Die Reise hierher zurück ist wie ein Auffrischungskurs - wenn wir diese Terminologie verwenden können.

D: *Nun, als dieser Funke auf die Erde gekommen ist, in welche Art von Körper ist er zuerst eingetreten?*

P: Wir drücken es so aus, dass das ganze Selbst auf mehreren Ebenen existieren und funktionieren muss. Wir sehen nicht unbedingt einen Körper, wenn wir den entsprechenden Funken durch die Universen fliegen sehen, um auf der Erde zu inkarnieren. Wir sehen, dass der Funke die Wahl hat, durch den Geburtskanal zu inkarnieren. Oder der Funke kann jene Art von Erfahrung wählen, die er aussuchte, als er das Leben des jungen Seemanns in der Bretagne, Frankreich, wählte.

D: *Das war ebenfalls ein Funke, der diese Wahl traf?*

P: Ja, das war ein Funke. Die Möglichkeiten sind also unendlich. Wir möchten die Tatsache, dass es keine Begrenzungen gibt, besonders stark betonen.

D: *Und all das, nur um Lehren zu ziehen oder um Erfahrungen zu sammeln?*

P: Es geht mehr um Erfahrungen, als um das Lernen von Lektionen. Denn auf einem bestimmten Niveau wurden die Lektionen bereits transzendiert. Es besteht an sich keine Notwendigkeit mehr, Lektionen zu lernen. Es besteht jedoch noch immer die Notwendigkeit, dass eine Erfahrung erfahren wird und in das Ganze integriert wird.

D: *Es ist dir bewußt, dass du durch ein Vehikel sprichst, das Pierre heisst.* (Ja) *Als wir zuvor schon einmal eine Sitzung hatten, erlebte er, Teil des Ozeans zu sein.* (Ja) *War das als einer dieser Funken?*

P: Ja. Wir würden es vorziehen, diesem Energiekörper als Ganzes keinen Namen zu geben. Wir würden also sagen, dass der gesamte Energiekörper, von dem der Funke Pierre kam, nicht physisch – und vielleicht sollten wir ergänzen nicht sicher- einen Körper bewohnen kann. Deshalb gelangte ein Funke namens Pierre zum Ozean und erschuf ihn.

D: *Er schuf den Ozean?*

P: Er war dessen Schöpfer, mit einigen anderen zuammen.

D: *Das war also zusätzlich zu der Zeit, als er Teil des Rates war? Er beschloss, herunterzukommen und auch ein Schöpfer zu sein? Verstehe ich das richtig?*

P: Wir nehmen dein lineares Denken wahr, das irreführend sein könnte. Es ist alles relativ und alles geschah zur gleichen Zeit.

D: *Du meinst, dass er im Rat sein konnte und gleichzeitig einer der Schöpfer.*

P: Und zwar auf allen Ebenen.
D: *Er war also mit anderen zusammen, die ebenfalls geholfen haben, den Ozean zu erschaffen.* (Ja) *Das war, bevor das Land und die Kontinente entstanden sind? Es klang so, als ob es vor dem eigentlichen Beginn der Erde geschah.*
P: Ja. Wir betrachten es nun aus eurer Perspektive, da wir ein anderes Verständnis von Zeit haben. Aus eurer Perspektive würde es so aussehen, als wäre er schon vor der Erschaffung der Erde hier gewesen. Aber er war auch gleichzeitig im Rat und auf anderen Ebenen tätig. Wir möchten betonen, dass du diese Ereignisse gerne kategorisierst, aber dass du vielleicht verstehst, dass lineare Zeit nur in dieser hiesigen Sphäre in dieser Form erlebt wird.
D: *Ja, mir ist gesagt worden, dass Zeit eine Illusion ist. Wir haben sie hier auf der Erde erfunden.* (Ja)

Dann wollte ich den höheren Aspekt Pierres nach einer seltsamen Erfahrung fragen, die Pierre nach unserer letzten Sitzung im Februar hatte. Nachdem er mein Büro verlassen hatte, fuhr er weiter nach Miami, Florida, um seine Arbeit fortzusetzen. Als er dort war, ging er an den Strand, um sich zu entspannen und während er dort mit Blick auf den Ozean stand, geschah etwas Seltsames und Erstaunliches. Er sagte, der Ozean sei plötzlich sehr groß geworden. Eine riesige Flutwelle erhob sich und bewegte auf den Strand zu. Sie war wirklich gewaltig. Er hatte jedoch keine Angst, etwas, was er sich später nicht mehr erkären konnte. Er stand wie angewurzelt an seinem Platz am Strand und beobachtete die Welle, die auf das Ufer zuraste. Als sie vor ihm zusammenbrach, kam das Wasser bis zu seinen Füßen und hielt an. Das Meer wurde wieder ruhig und es war so schnell vorbei, wie es begonnen hatte. Es war erschreckend, aber gleichzeitig auch wunderschön und atemberaubend. Als er sich umschaute, sah er, dass niemand sonst am Strand zu bemerken schien, dass irgendetwas Ungewöhnliches passiert war. Es schien, dass das Ereignis nur ihm und niemandem sonst vorbehalten war. Natürlich wollte er wissen, worum es da gegangen war und er hatte dieses Ereignis in seine Fragenliste aufgenommen. Das Unterbewusstsein wusste genau, wovon ich sprach. Ich brauchte gar nicht ins Detail zu gehen.

P: Er schuf eine Vision, damit er seinen menschlichen Körper von der Gültigkeit der Erfahrung, die er während deiner Sitzung gemacht hatte, überzeugen konnte. Er ging davon aus, dass er an sich selbst zweifeln würde und deshalb schuf er diese Erfahrung, damit er seinen menschlichen Körper von der Wahrhaftigkeit der Sitzung, die er einige Tage zuvor gehabt hatte, überzeugen konnte.

D: *Es war also niemandem sonst an diesem Tag am Strand bewusst, was da geschah.*

P: Er war die einzige Person, die dem, was wir vielleicht als "Vision" bezeichnen würden, als Zeuge beiwohnte. Aber in seiner Realität erlebte er die Unermesslichkeit des Meeresanstiegs und die Flut des Ozeans zu seinen Füßen.

Als Pierre aus Miami nach Hause zurückkehrte, bemerkte er außerdem, dass die Vögel in seinem Hinterhof seltsame Dinge taten. Er hörte immer wieder einen Vogel, aber er konnte ihn nicht lokalisieren. Und er hörte immer wieder in seinem Kopf: "Erinnere dich an den Anfang." Ich fragte das Unterbewusstsein, ob es das freundlicherweise erklären könne.

P: Ja, das werden wir, das könnten wir, das tun wir. Bewusstsein für den Vogel. Er versuchte, den Vogel zu lokalisieren. Er konnte ihn nicht wirklich lokalisieren, weil es von Anfang an eine Erinnerung war, durch die er gedanklich durchschritt. Und der Vogel sollte ihn an den Beginn der unbegrenzten Möglichkeiten erinnern, die für ihn existieren. Dass er wirklich unbegrenzt ist - wie am Anfang seines Seins.

D: *Er fragt sich, ob die anderen Vögel mitbekommen hatten, was mit ihm geschah?*

P: Die Vögel durchqueren Dimensionen, denn sie können die Zeit ansehen. Nicht so wie die Menschen, sondern sie können die Zeit durchqueren und ihren Anfang betrachten.

D: *Sie sind tatsächlich in der Lage, diese Dinge zu tun?*

P: Die Art des Vogels wurde so konstruiert, dass er sich an den Anfang erinnern kann, ja. Und sie sind in der Lage, aus ihrem Gedächtnis beziehungsweise aus der Gedächtnisbank Erlebnisse vom Anfang der Existenz abzurufen.

D: *Wir Menschen denken, Vögel seien sehr einfache Geschöpfe.*

P: Tiere haben im Allgemeinen eine Wahrnehmung der Wirklichkeit, die sich von der des Menschen unterscheidet. Deshalb kann das Tier die Zeit transzendieren und in der

Erinnerungsbank ein Ereignis aufspüren, welches in der Terminologie der linearer Zeit im Anfang zu liegen scheint.

D: *Sie sind also in der Lage, dies zu tun, und natürlich können sie uns nicht sagen, was sie da sehen.* (Ja) *Das ist erstaunlich. Wir stellen uns Tiere immer als sehr einfache Geschöpfe vor. Es klingt, als seien sie viel weiter entwickelt oder viel verständiger als die Menschen.*

P: Tiere haben in ihrem physischen Körper ein größeres Bewusstsein als der Mensch.

D: *Wir sind mehr in unserer Version der Wirklichkeit eingebunden. Das schränkt uns sehr stark ein.* (Ja)

KAPITEL SIEBENUNDZWANZIG

DIE ERSTEN LEBEWESEN KOMMEN

Eine andere Version der Schöpfung der Ozeane wurde während einer Sitzung in Kona, Hawaii, dokumentiert, als ich dort Vorträge und Workshops hielt. Sie ist der vorherigen ähnlich, wird aber in einem anderem Wortlaut berichtet. Melody fühlt sich auf dem Meer zu Hause, denn sie und ihr Mann betreiben einen Charterbootservice und fahren täglich mit Menschen hinaus, um mit den Delfinen und Walen zu schwimmen. Ihr Mann weiß, wie man sie ruft, so dass sie sofort kommen und sich um sein Boot versammeln, wenn er auf den Ozean hinausfährt.

Nachdem ich zwei vergangene Leben mit ihr durchlebt hatte, begann ich mit ihrem Unterbewusstsein zu kommunizieren. Ich war überrascht, als es sagte: "Sie war beim Anbeginn des Planeten dabei. Als der Planet zum ersten Mal belebt wurde. Und ihre Aufgabe lag bei den Walen und Delfinen. Sie sollte sie auf den Planeten bringen."

D: Welche Gestalt hatte sie zu dieser Zeit?
M: Ganz am Anfang bestand sie aus Licht. Sie half, diese Wale und Delfine im Ozean auszubringen. Sie brachte sie in goldenen Kapseln hierher. Jeder Delfin, jeder Wal kam in einer eigenen Kapsel. Und sie wurden auf den Grund des Ozeans abgelegt, bis die Zeit dafür reif war, dass sie zum Leben erweckt wurden.
D: Wenn die Zeit reif war, was geschah dann?

M: Die Kapseln öffneten sich.
D: *Wurden sie von woanders hergebracht?*
M: Ja. Vom Planet des blauen Wassers.
D: *Und sie wussten, dass sie hier in den Gewässern leben konnten?*
M: Es dauerte eine lange, lange Zeit und es brauchte viele Experimente, aber als die Zeit reif war, kamen sie. Und die Kapseln hielten sie sicher, bis die Umgebung für sie richtig war.
D: *Wenn sie zu früh herauskommen wären, wären sie gestorben.*
M: Richtig. Sie mussten sich an die neue Umgebung gewöhnen und sich anpassen, aber das war ihre Aufgabe.
D: *War das, bevor es Menschen auf der Erde gab?*
M: Oh, ja, ja. Ganz am Anfang. Zu dieser Zeit gab es auf dem Planeten hauptsächlich Wasser.
D: *Bevor das Land erschien?*
M: Ganz am Anfang war natürlich alles Wasser, aber dann begann sich Land zu bilden, ja. Und die ersten Länder, die auftauchten, waren sehr feucht. Lemuria.
D: *Das war die erste Landmasse.*
M: Ja. Das war eines ihrer ersten Leben auf diesem Planeten.
D: *Als Mensch?*
M: Nun, sie hatte einen Lichtkörper. Noch nicht wie ein menschlicher Körper. Das war viel später.
D: *Hatten alle Menschen in Lemuria Lichtkörper?*
M: Am Anfang, ja.
D: *Also waren sie noch nicht fest.*
M: Nein, weil der Planet diese Art von Lebensformen in den frühen Tagen nicht aufrechterhalten konnte. Das konnte nur sehr allmählich geschehen.
D: *Es war eine von Melodys Fragen, ob sie Leben in Lemuria hatte.*
M: Sie hatte viele.
D: *Und später wurden die Formen dann fester?*
M: Oh ja, als der Planet Leben und verschiedene Formen beherbergen konnte, aber es dauerte seine Zeit und auf dem Weg dorthin gab es viele Experimente und Fehler.
D: *Welche Art von Experimente?*
M: Um herauszufinden, welche Art von Lebensformen es auf diesem Planeten geben könnte.
D: *Welche überleben würden?* (Ja) *Denn es musste eine sehr*

besondere Umgebung sein, nicht wahr?
M: Richtig. Weil man die Luft einatmen musste, und es hat lange gedauert, bis die Luft die richtige Kombination von Chemikalien hatte.
D: *Es war also nicht einfach.*
M: Nein, das ist es nie, wenn ein neuer Planet vorbereitet wird.
D: *Aber dann beschloss sie, auf der Erde zu bleiben und dort weitere Leben zu leben?*
M: Ja, sie liebte es dort.
D: *Jetzt wissen wir also, wie die Energie von Lemuria, die Wale und die Delfine mit ihr verbunden sind.*

Melody hatte Fragen zu einem ungewöhnlichen Erlebnis, das sie auf einer Flugreise von Salt Lake City nach Atlanta im Jahr 2001 hatte. Sie hatte das Gefühl, sich von ihrem Körper trennen zu wollen. Das Unterbewusstsein gab eine überraschende Antwort. "Sie hatte damals die Gelegenheit, zur Quelle zurückzukehren."

D: *War das etwas, was sie tun wollte?*
M: Nein, sie entschied sich, dafür zu bleiben. Aber zu diesem Zeitpunkt, bei diesem Vorfall, musste sie sich entscheiden, ob sie zur Quelle zurückkehren oder auf der Erde bleiben wollte, um ihre Arbeit fortzusetzen. Sie entschied sich zu bleiben.
D: *Sie sagte, sie habe tatsächlich das Gefühl, dass sie sich trennen würde.*
M: Tatsächlich passierte das auch. Sie war nicht mehr als ein paar Atemzüge davon entfernt, nach Hause zu gehen.
D: *Was hätten die Menschen gesehen, wenn sie sich entschieden hätte, nach Hause zu gehen?*
M: Ihr Körper wäre auf dem Sitz einfach zusammengebrochen.
D: *Sie hätten gedacht, es sei ein Herzinfarkt oder so etwas?*
M: Etwas in dieser Art, ja.
D: *Es kann also ganz einfach so passieren.*
M: Ganz einfach. Es muss nicht unbedingt eine große traumatische Sache sein.
D: *Aber sie hat sich entschieden zu bleiben, weil sie noch Arbeit zu erledigen hatte.*
M: Das tat sie.
D: *Aber sie sagte, dass sie danach Schwindelanfälle bekam. Das*

ging drei Jahre lang so.

M: Ja, es geschah wegen des Drucks im Flugzeug und in ihrem Kopf und als sie den Körper verließ und der Druck wieder zurückging.

D: *Oh, weil es nicht dasselbe war, als wäre sie unten auf der Erde gewesen.*

M: Richtig, richtig. Aber eigentlich reiste sie, als sie aus ihrem Körper heraus trat, zu einem anderen Ort in der Zeit. Sie überquerte die Dimensionslinien.

D: *Als sie dachte, sie sei im Flugzeug?*

M: Richtig. Und sie erhielt einige Informationen, die sie zurückbringen sollte und mit denen sie arbeiten würde.

D: *Könntest du ihr sagen, was es ist?*

M: Nein, das ist zu diesem Zeitpunkt nicht angebracht.

D: *Aber sie hat sich entschieden, zurückzukommen. Und das hat die Schwindelanfälle über den Zeitraum von drei Jahren verursacht?*

M: Ja, ja. Es war, als sie in ihren Körper zurückkam und der Druck im Flugzeug ein Ungleichgewicht verursachte.

D: *Das ist kein sehr guter Ort, um aus dem Körper herauszutreten, oder?*

M: Nicht besonders.

D: *Aber diese Schwindelanfälle sind jetzt weg?*

M: Ja, die Delfine und Wale haben mit ihr zusammengearbeitet, um ihr zu helfen, wieder ins Gleichgewicht zu kommen. Sie haben mit ihr zusammengearbeitet und ich glaube, der letzte Abschnitt ist jetzt beendet.

D: *Können wir zurückgehen und noch etwas weiter über den Beginn des Lebens sprechen? Du sagtest, sie war an der Ausbringung von Leben dabei und es gab damals nur Wasser. (Ja) Und du hast erwähnt, dass das Land sich dann formte?*

M: Richtig. Dann begann das Wasser zurückzugehen und es gab viele Veränderungen auf dem Planeten und im Klima. Was möchtest du wissen?

D: *Ich bin neugierig, weil ich einen Klienten hatte, der auch sagte, er sei damals ein Teil des Wassers gewesen und dass es noch kein Land gab. (Ja?) Ich habe mich gefragt, ob das Land einfach auftauchte oder wie ist das geschehen?*

M: Es war eine Kombination von vielen Dingen. Erinnere dich, dies geschah über einen sehr, sehr langen Zeitraum. Es passierte nicht über Nacht. Jahrtausende, damit es sich ereignen konnte.

D: *Damals bestand der Planet also nur aus Wasser.*

M: Vor langer Zeit bestand er einmal aus Wasser und dann, direkt unter den Ozeanen, verschob sich das Land. Und die Vulkane unter Wasser verschoben sich und explodierten. Und das führte dazu, dass sich das Wasser zurückzog und das Land sich erhob. Diese Dinge sind geschehen.

D: *Was veranlasste die Vulkane dazu, unter Wasser zu explodieren?*

M: Es war einfach der Planet selbst, der ins Gleichgewicht kommen wollte und sich anpasste. Um in dieser Umgebung zu leben, um ... um eine Atmosphäre zu schaffen. All die Chemikalien der Luft: der Sauerstoff, der Wasserstoff, das Chlorid - all die Minibestandteile, die für die Atmosphäre eines Planeten benötigt werden und in die Balnce kommen müssen.

D: *Dies musste zusammen also mit dem Emporkommen der Landmassen geschehen.*

M: Ja, um die Atmosphäre für das Wachstum der Pflanzen zu schaffen. Das schafft die Atmosphäre; es schafft Sauerstoff.

D: *Und du sagtest, sie war eine der ersten, die die goldenen Kapseln mit den Delfinen und Walen mitbrachte.* (Ja) *Wurden zu dieser Zeit auch noch andere Lebensformen mitgebracht?*

M: Nicht alle zur gleichen Zeit. Alles wurde zu verschiedenen Zeiten hergebracht, um zu sehen, was sich hier entwickeln konnte und was nicht.

D: *Aber viele von ihnen mussten warten, bis die richtige Zeit für das Erwachen gekommen war – so würdest du es wahrscheinlich formulieren.*

M: Ja, bis der Planet fertig war. Es war ein schrittweiser Prozess, weißt du. Nicht alles ist ... Evolution ist nicht das, was dir *beigebracht* wurde, was Evolution ist. Es ist die Entwicklung eines ganzen Planeten und schließlich einer ganzen ... es gab viele, viele verschiedene Spezies, um zu sehen, wie Leben hier gelebt und in Harmonie miteinander stattfinden kann.

D: *Als das Land begann, sich zu formieren und zu erheben, was war das erste Leben auf dem Landteil, das sich zu entwickeln begann? Kannst du das sehen?*

M: Wussten Sie, dass am Anfang die Delfine auch das Land

bevölkerten, ebenso wie die Ozeane?
D: *Tatsächlich?*
M: Ja, das haben sie und es ist durch eure Wissenschaften bewiesen worden.
D: *Und sie liefen umher wie Menschen?*
M: Sie waren nicht wie Menschen gebaut, aber sie bewegten sich auf dem Land. Sie lebten auf dem Land. Sie konnten hin und her gehen.
D: *Haben sie sich auf dem Land kriechend fortbewegt?*
M: Nicht wirklich. Um das Gehen zu ermöglichen sahen sie anders aus als jetzt. Sie sahen beinahe so aus wie - ich will nicht sagen halb Mensch- halb Delfin, denn das gäbe ein verzerrtes Bild. Aber ihr habt dafür nicht wirklich eine gute Analogie. (Lachen) Du würdest es aber ziemlich lustig finden. Aber sie hatten kleine, kurze Beine und Füße (Lachen) und sie gingen sozusagen in einer aufrechten Position. Und sie konnten am Anfang zwischen Land und Wasser wechseln.
D: *Deshalb können sie heute auch Luft atmen?*
M: Das *ist* der Grund weshalb, denn sie waren von Anfang an dazu gemacht, auch an Land gehen zu können.
D: *Sie waren also eine der ersten Kreaturen?*
M: Ja, eine der ersten Formen mit Luftatmung.
D: *Warum haben sie sich dann entschieden, ins Wasser zu gehen und dort zu bleiben?*
M: Sie zogen es vor, weil sie von einem Planeten des Wassers kamen.
D: *Was war dann, abgesehen von ihnen, die erste Lebensform, die auf der Erdmasse lebte?*
M: Die nur auf dem Land lebte?
D: *Ich denke zuerst an Pflanzen und diese Dinge, glaube ich.*
M: Oh, ich dachte, du meinst Tiere.
D: *Nun, wie auch immer.*
M: Natürlich waren die Pflanzen zuerst da. Die Pflanzen mussten zuerst gesät werden, weil sie den Sauerstoff geschaffen haben.
D: *Sie wurden also auch gesät?*
M: Oh, alles wurde ausgesät.
D: *Alles wurde also von anderen Orten hierher gebracht.*
M: Absolut. Um zu sehen, was an verschiedenen Orten überleben würde. Und als das Land sich zu erheben begann,

gab es nach einiger Zeit einen riesigen, riesigen Kontinent als Landmasse. Und so lebten verschiedene Dinge in verschiedenen Gebieten zusammen auf diesem einen Planeten.

D: *Welche Lebensform war dann die erste auf dem Erdteil, abgesehen von den Pflanzen. Ich denke jetzt an ein Tier in irgendeiner Form.*

M: Die beste Beschreibung, die ich dir geben könnte - denn, erinnere dich, es hat sich viele Male alles verändert, bevor etwas wirklich funktionierte - wäre so ähnlich wie ein Vogel.

D: *Ein fliegendes Geschöpf?*

M: Ja, eher wie ein Vogel. Aber dieser Vogel konnte auch auf dem Wasser sein. Er landete auf dem Wasser, weil er in den frühen Tagen beides brauchte, um zu überleben.

D: *Unsere Wissenschaftler sprechen auch über die Dinosaurier.*

M: Ja, sie kamen kurz danach. Aber auch hier musste die Atmosphäre zuvor richtig eingestellt werden.

D: *Warum mussten sie dann später alle verschwinden?*

M: Weil sie bereit waren, in ihre nächste Dimension zu gehen; sie gingen in eine andere Dimension. Sie standen nicht einfach eines Tages da und sagten: "Hoppla, was ist denn jetzt passiert!"

D: *Es war also nicht mehr angemessen, dass sie auf der Erde waren.* (Richtig) *Sie waren wie ein Experiment.*

M: Das kann man so sagen. Sie wurden für eine gewisse Zeit hierher gebracht und andere Dinge geschahen als Folge ihrer Anwesenheit. Es bildeten sich Gase und alles Mögliche. Aber sobald das getan war, brauchten sie nicht mehr hier zu sein, also wurden sie an den nächsten Ort gebracht, wo sie von Nutzen sein konnten. Alles hat seinen Zweck.

D: *Ja, alles hat einen Zweck. In meiner Arbeit wurde mir gesagt, dass die ETs viel mit der von dir angesprochenen Aussaat zu tun hatten. Stimmt das?*

M: Ja, das stimmt. Weißt du, jeder hat so seinen Job.

D: *(Lachen) Wie Melody, die als Lichtwesen kam.*

M: Sie kam als Lichtwesen zunächst auf diesen Planeten, ja.

D: *Und sie brachte die Kapseln mit. Ist das dasselbe wie bei den ETs, oder ist es etwas anderes?*

M: Es ist anders, denn die ETs kamen vorher von einem anderen Ort und aus einer anderen Zeit. Es gibt alle möglichen verschiedenen Dimensionen, Galaxien und Universen. Und es gibt alle Arten von Schöpfung, die an allen möglichen Orten stattfindet. Und was an einem Ort funktioniert, funktioniert nicht unbedingt an einem anderen Ort.

D: *Dann ist die Theorie, die mir erzählt wurde, richtig, dass sie (die ETs) den Menschen erst entwickeln mussten.*

M: Was man so "Mensch" nennen würde, ja.

D: *(Lachen) Genetisch, meine ich.*

M: Ja, aber erinnere dich. Was ist der Mensch wirklich? Der Mensch ist die Essenz, das Licht und die Quelle. Das ist alles, was ist.

D: *Aber das ist innen drin. Ich spreche vom physischen Vehikel, von der physischen Hülle.*

M: Ja, aber irgendwo musste auch diese Hülle ihren Anfang nehmen. Und erinnere dich daran, dass die Essenz Intelligenz hat und dass alles von diesem Plan (oder dieser Ebene) abstammt.

D: *Ich bekomme von vielen verschiedenen Leuten kleine Puzzleteile und ich schätze es, wenn ich eine Bestätigung erhalte.*

M: Natürlich.

D: *Und das ist die wahre Geschichte der Erde. Und Melody ist von Anfang an hier gewesen und hat bei allem geholfen. Und jetzt ist es Zeit für sie, ihre Arbeit mit jenen fortzusetzen, die sie ganz am Anfang hierher gebracht hat.*

M: Ja, deshalb liebt sie sie so sehr.

KAPITEL ACHTUNDZWANZIG

ZERSTÖRUNG EINES PLANETEN

Als Sam zum ersten Mal den Schauplatz betrat, sah er sich selbst als Pilot eines kleines Flugzeuges und sah sich nach einem Flughafen um, auf dem er landen konnte. Er verbrachte eine ganze Weile damit, das Flugzeug zu fliegen und auf den Boden zu schauen. Ich dachte, wir wären vielleicht in ein früheres Leben gerutscht, in dem er Pilot war. Aber manchmal gibt das Unterbewusstsein dem Klienten auch etwas Vertrautes zu sehen, um das Abenteuer erst richtig beginnen zu lassen. Das schien bei Sam der Fall zu sein. Im weiteren Verlauf der Geschichte wurde offensichtlich, dass er in Wirklichkeit ein kleines Raumschiff steuerte. Er landete auf einem Planeten, wo er mit einigen seiner Leute, die in einem Lager lebten, Kontakt aufnehmen sollte. Er war verwirrt, als er den verlassenen Ort ohne jedes Lebenszeichen vorfand. Die Gegend war wüstenähnlich, sehr trocken, unfruchtbar und heiß. Er suchte eine ganze Weile, um herauszufinden, wohin die Menschen gegangen sein könnten und gab schließlich verzweifelt auf. Resigniert beschloss er, dass das einzige, was er tun konnte, Abschied zu nehmen war.

Er klang sehr müde: "Wir haben gekämpft. Es sind nicht mehr viele von uns übrig, nur eine Gruppe. Wir hatten Schwierigkeiten. Wir wussten nicht, wohin wir gehen sollten. Wir haben einfach irgendetwas gesucht! Das war der Ort, wo wir hingehen sollten! Denn wir mussten doch irgendwohin gehen. Und hier sind wir nun, mitten im Nirgendwo. Ich kam von irgendwoher zurück, und jetzt sind sie weg." Ich fragte, ob es vielleicht einfacher wäre, dorthin zurückzugehen, wo alle hergekommen waren. "Ich weiß nicht, ob es dort, wo wir herkamen, noch etwas existiert. Ich erhalte das Bild, dass wir in Strukturen lebten, in einer Art Siedlung. Sie war dauerhaft angelegt, wir hatten Ziele. Dies ist ein *trockener* Ort! Dies ist ein sehr trockener Planet!"

D: Schauen wir uns den Ort an, von dem du gekommen bist. Du hast gesagt, du hast in Strukturen gelebt?
S: Ja. Die Strukturen sind eine Ansammlung von kleinen Kuppeln, die transparent erscheinen. Wir konnten den Himmel über uns sehen. Die Spitzen ragen aus dem Boden und wir leben unter den Kuppeln. Der größte Teil des Hauses, in dem wir leben, ist unterirdisch und einige Häuser sind größer als andere. Sie sind zylindrisch und es gibt mehr als eine Ebene, die nach unten führt. Das liegt an der Witterung. Es ist kühler, es ist bequem in den Löchern. Wenn du aus den Löchern herauskommst, kommst du aus der Siedlung heraus, kommst du aus den Strukturen heraus. Dieser Planet ist unfruchtbar. Es gibt eine Gemeinschaft. Eine Art Außenposten. Eine Zivilisation ist hier. Ich hatte eine Gruppe von Leuten, mit denen ich zusammen war. Wir arbeiteten zusammen.

Ich bat ihn, sich anzusehen, was für eine Arbeit er dort verrichtet hatte.

S: Ich fliege in einer ... Maschine. Ich komme und gehe von Außenposten zu Außenposten und ich bringe die Dinge, die sie brauchen. Ich wohne also nicht die ganze Zeit dort. Ich nehme an, ich arbeite für diese Leute. Aber wo sind sie hingegangen? Sie waren nicht zu Hause. Sie sind weg und vielleicht sind sie aus einem bestimmten Grund gegangen. Ich weiß es nicht. Sie sind weg. Ist der Ort verlassen worden? Es ist niemand hier. Wo zum Teufel sind alle? Ich muss von hier verschwinden. Etwas ist schief gelaufen. Das ist nicht richtig. Ich bin hergekommen, aber nichts ist so, wie ich es erwartet hatte. Es ist niemand hier. Sie sind weg, in die verdammte Wüste gefahren!

Immer noch verwirrt, kehrte er zu seinem Schiff zurück. Er hatte das Bedürfnis, jemanden, einen Vorgesetzten, um Hilfe zu bitten. Es machte ihm wirklich Spass, diese Maschine zu fliegen. "Ohh, das ist ein schönes Ding - Junge, ist das Ding 'ne Wucht! Wow! Das gefällt mir! Es ist nicht die größte Maschine. Es ist kein großer Lastenträger. Es ist ein kleines Flugzeug. Es ist rund und sieht wie eine Scheibe aus. Es ist nicht nur für einen Mann, denn es sieht aus, als könntest du sechs Leute und etwas Fracht da hineinstecken. Es ist schön! Es ist bequem. Eine tolle Maschine."

D: Du gehst also dahin zurück, wo du hergekommen bist. Musst du weit gehen?
S: Ich weiß es nicht. Ich fliege mit meiner Maschine in großer Eile eine lange Strecke. Ich stelle die Maschine einfach so ein, dass sie dorthin fliegt, wo sie hin soll und sie fliegt. Weißt du was? Sie fliegt dorthin, wo ich denke, dass sie hinfliegen soll. Du denkst dir den Ort, und sie fliegt! (erstaunt) Wusch! Du sagst ihr einfach, wo sie hin soll, und sie fliegt (er schien die Technologie zu bewundern).

Nach einer Weile flog er über drei Türme, die aneinandergereiht standen. Die Türme dienten ihm als Führung, um ihm bei der Landung zu helfen. Er meldete sich, aber seine Vorgesetzten waren genauso verunsichert wie er. Er wartete ungeduldig, um herauszufinden, was er als nächstes tun sollte. "Ich will nichts alleine und auf mich gestellt machen. Es ist nicht meine Aufgabe zu entscheiden, was zu tun ist, ich befolge nur Befehle. Ich gebe die Befehle nicht." Er wurde wütend. "Also gehe ich, wohin man mir sagt, und tue, was man mir sagt, und stelle nicht zu viele Fragen."

Die Ereignisse verliefen zu langsam. Sam wurde noch wütender, während er abwartete, um herauszufinden, was vor sich ging. Also beschloss ich, ihn in der Zeit nach vorne zu bringen. Ich bat ihn, zu einem wichtigen Tag zu gehen, an dem etwas Entscheidendes geschah. Er seufzte tief auf und antwortete dann sehr leise und schüchtern: "Alle sind fort von diesem Planeten. Alle sind weg. Alle sind weg! Sie sind alle weg."

D: Der ganze Planet?
S: Ja! Sie sind alle weg! Sie sind alle weg! Während ich weg war, sind sie alle ... weg! Ich ging irgendwo hin! Ich war bei einem Job. Ich hatte etwas zu erledigen. Ich kam nach Hause

und niemand war da! Sie sind alle weg ... Alle sind weg! Alle sind weg.
D: Du hast keine Ahnung, was passiert ist?
S: Nein. (klagend, wehmütig) Der ganze Ort ist weg. Alles ist weg! (leise, niedergeschlagen) Deshalb ziehe ich weiter. Meine Freunde und alle meine Leute sind weg! Das ist nicht gut!

Er war verwirrt, emotional und den Tränen nahe, als er versuchte zu verstehen, was geschehen war. Wir hatten anscheinend nicht sehr viel Glück beim Versuch zu verstehen, was vor sich ging, also bewegte ihn zu einem weiteren wichtigen Tag in der Hoffnung, einige Antworten zu finden. Er fand sich in seinem Schiff wieder, ganz allein und schaute vom Weltraum aus auf die Erde hinunter. Er konnte die Kontinente China und den Fernen Osten unter sich sehen.

D: Hat dir jemand gesagt, du sollst dorthin gehen?
S: Nein. Das ist mein Entscheidung. Ich beschloss, es für mich selbst zu tun. Ich kam auf die Erde herunter. Es ist aber nicht da, wo ich hergekommen bin. Ich weiß, wo ich herkomme. Ich wusste nicht, was ich tun sollte. Ich hatte keine Ahnung. Also dachte ich, die Erde ist ganz in der Nähe. Die Erde ist in Ordnung.
D: Warst du schon einmal dort?
S: Oh, ja, ich war schon mal auf der Erde. Aber normalerweise haben wir uns von der Erde ferngehalten. Sie ist noch nicht alt, sie ist noch primitiv. Es gibt nicht vieles auf der Erde. Ich schätze, es gibt ein paar Menschen. Sie sind nicht wie wir. Sie sind anders. Sie sind eine neuere Spezie. Sie sind dunkelhäutig. (Sam ist in seinem jetzigen Leben Afro-Amerikaner). Und sie leben auch nicht auf diesem Teil der Erde. Auf diesem Teil der Erde gibt es keine Menschen.

Es wird gesagt, dass, als die Erde zum ersten Mal bevölkert wurde, dies auf dem afrikanischen Kontinent geschah und sich die Menschen von dort aus ausbreiteten. Wissenschaftler haben die frühesten Ursprünge des Menschen bis nach Afrika zurückverfolgen können. Sie haben ihn sogar bis auf eine einzelne Frau zurückgeführt. Es hat viele Streitigkeiten und Auseinandersetzungen darüber gegeben, wie sich die menschliche Rasse über den ganzen Globus ausbreiten konnte. Es hat auch Kontroversen darüber gegeben, wie der Mensch überhaupt entstanden ist. Es hat immer mehr Fragen als Antworten gegeben, es sei denn, man akzeptierst die Theorie, die mir in meiner Arbeit vermittelt wurde. Dass wir von Außerirdischen angesiedelt wurden und dass viele Äonen verstrichen, währenddessen die sich entwickelnden Arten in verschiedene Gebiete der Welt gebracht wurden, um zu sehen, ob sie überleben konnten. Es war ein langsamer und mühsamer Prozess. Sah Sam die Erde gerade in jenem frühesten Stadium, als der Mensch durch Kreuzung und Genmanipulation mit den Affen in Afrika entstanden war? Über das meiste davon habe ich in meinen Büchern berichtet, in *Hüter der Gärten* und *Die Aufseher*. Die wissenschaftlichen Aspekte werden in einem anderen, von meinem Verlag veröffentlichten Buch, *Mankind, Child of the Stars* von Max Flindt untersucht.

S: Ich denke, ich werde wahrscheinlich irgendwo hier landen. Aber es ist niemand für mich da. Es ist niemand von meinen eigenen Leuten hier. Was ich versuche, ist, einige meiner eigenen Leute zu finden! Das ist mir bisher nicht gelungen. Es gab nicht sehr viele wie mich, die von Ort zu Ort geflogen sind. Nur ein paar von uns. Ich werde sehen, ob einer meiner anderen Freunde hier gelandet ist. Es gibt einen Ort auf der Erde. Ich schaue auf ihn hinunter. Tibet. Die Hochebene. Unser Volk ist hierher gekommen. Wir sind in Tibet ein- und ausgeflogen. Und ich hoffe, dass einer meiner Leute hier ist. Oh! Mein Körper ist anders! Er ist kleiner und er ist leichter.. Ich bin nicht derselbe. Mein Körper ist leicht. Das ist irgendwie klasse!

D: *Warst du in der Lage deinen Körper zu verändern?*

S: Ich musste ihn nicht verändern. Das war einfach so, wie es war. Er war leichter. Ich bin nicht ganz aus Fleisch und Blut. Ich habe mehr Energie. Aber ich habe eine Form. Ich habe eine schöne, glänzende Form, gräulich. Ich glaube nicht, dass ich diesen Körper schaffen musste. Er ist anders! Er ist leichter. Und ich suche jemanden wie mich. Wo sind wir hier?

D: *Aber du sagtest, du fliegst in Tibet ein und aus?*

S: Das ist der Ort, wo wir ein- und ausfliegen. Wir sind nicht die Einzigen. Andere Leute aus anderen Orten kommen und nehmen Tibet ebenfalls als Ein-Ausgangstor

D: Da sind Berge, nicht wahr?

S: Nein, keine Berge. Es ist eine Hochebene. Es ist ziemlich flach. Aber es liegt weiter oben. Es ist eine Erhebung.

D: Du willst also dort landen und sehen, ob du nicht jemanden deiner eigenen Art finden kannst?

S: Ja, oder irgendjemand anders, der mir helfen kann. Etwas Schreckliches ist passiert. Ich glaube, der Ort, von dem ich komme, ist zerstört worden. Das glaube ich wirklich. Ich war eine Weile weg, und während ich weg war, ist etwas passiert. Alle sind weg. Weg, weg, weg .... Ich werde wahrscheinlich landen. (Zu sich selbst) Gibt es hier jemanden? Ja, da ist jemand! Leute! Aber sie stammen von woanders her. Sie sind nicht von dort, wo ich herkomme. Sie sind nicht von diesem Planeten. Sie kommen von weiter weg. Sie stammen nicht aus diesem Sonnensystem. Sie sind auch schon seit einer Weile hier.

D: Zumindest ist jemand da, auf den du dich beziehen kannst.

S: Vielleicht. Sie sind anders. Sie sind nicht so wie ich. Sie sind höherschwingend. Licht. Sie sind Wesen aus Licht. Sie sind kaum körperlich. Ich bin dichter als sie. Sie sind wirklich leicht.

D: Warum gehen und kommen Menschen in diesem Bereich der Erde ein und aus?

S: Es ist die Energie dieses Hochplateaus. Diese Menschen kamen hierher, und sie sind anders als die Menschen, die dunkelhäutig sind. Sie kommen von einem anderen Ort. Sie arbeiten auf der Erde. Sie helfen hier unten.

D: Warum sind diese Menschen auf die Erde gekommen?

S: Nun, die Erde ist großartig. Alle kommen auf die Erde. Wesen von überall her bringen einen Teil von sich selbst mit auf die Erde. Überall wird jede Art von Wesen auf der Erde sein. Alle werden auf die Erde kommen. (Zu sich selbst) Die Erde ist auch verletzt, nicht wahr? Ja. Die Erde wurde auch verletzt. Das ist schlimm.

D: Wie bringen sie alles hierher?

S: Sie sind diejenigen, die es geschehen lassen, oder es ist ihre Idee. Sie sind dafür verantwortlich. Sie entwickeln diesen Plan, und sie bringen alles auf die Erde. Sie bringen Dinge von überall her. Von überall her. Alles! Alle möglichen Dinge. Und weißt du, wie sie das machen? Mit Licht. Mit

Lichtsträngen. Sie verändern Lichtstränge. Wenn sie diese kleinen Lichtstränge nehmen, kann damit alles passieren. Sie verändern alles.

D: *Woher kommen die Lichtstränge?*
S: Ach, du meine Güte! Aus ihrem Geist? Sie nehmen etwas in ihrem Verstand auf und formen dann Dinge. Sie stecken einen Lichtpunkt in etwas hinein und um diesen Lichtpunkt herum nimmt alles eine Gestalt an. Ich kenne sie von einer früheren Reise, als sie auch hier waren, aber ich kannte sie damals nicht sehr gut. Sie einen Weg haben, Dinge zu schaffen. Sie machen Dinge. Sie nehmen Licht und machen irgendeine Form daraus. Das Licht geht in die Mitte. Sie können eine Zelle nehmen und sie verändern, indem sie das Licht in der Mitte verändern. Sie können alles anders machen, indem sie einfach die Teile, den Teil des Lichts, verändern. Das ist nicht das, was ich könnte, aber so machen sie es. Sie lassen die Dinge auf diese Weise geschehen. Es sieht so aus, als ob es sich hier um eine permanente Gruppe handelt, aber sie halten sich von anderen fern. Sie bleiben für sich. Tatsächlich kümmern sie sich um alles, aber die anderen wissen nicht wirklich, dass sie hier sind.

D: *Du hast gesagt, dass die anderen kommen, um auch Teile von sich selbst hier zu lassen.*
S: Ja. Sie sind dafür zuständig, wer hereinkommen darf. Sie jedes Licht herein, das sie herein lassen wollen. Das Licht ist in allem. So gibt es z.B. Tiere auf der Erde und jedes einzelne von ihnen besitzt ein kleines Teilchen Licht. Und wenn du dieses Teilchen Licht änderst, wird es zu einem anders aussehenden Tier. Sie können also jedes Tier verändern, wie sie wollen, indem sie einfach das verändern, was Licht ist.

Hatten sie das Licht benutzt, um auf irgendeine Weise die DNA zu manipulieren oder zu verändern?

D: Und du sagtest, es gibt Dunkelhäutige.
S: Ja, sie sind nicht wie ich. Sie sind schwerer, grösser. Sie sind auch fester.
D: *Sind das Menschen von der Erde?*
S: Ja. Diese Gruppe arbeitet mit ihnen. Sie erschaffen sie. Wie sie das machen, weiß ich nicht. Die Körper stammen von

Tieren, aber die Wesen selbst sind keine Tiere. Die Körper sind sehr tierisch, also ändern sie sie um. Sie werden größer und entwickeln mehr Fähigkeiten. Und sie sehen anders aus, haben weniger Haare.

D: *Weißt du, ob jemand dieser Gruppe sagt, dass sie diese Dinge tun soll?*

S: Es sieht so aus, als ob sie selbst entscheiden, was sie tun wollen. Sie kommen von woanders her. Sie sind auf der Erde, um dies zu tun.

D: *Um die Schöpfung durchzuführen. (Ja) Und die anderen, die kommen, können sie auch etwas erschaffen?*

S: Das glaube ich nicht. Sie sind noch nicht so weit fortgeschritten.

D: *Aber du hast gesagt, dass die anderen Gruppen kommen und Teile von sich selbst hier lassen.*

S: Oh, ja. Sie bringen eine Gruppe von allem mit - von allen Tieren. Jede Gruppe von Tieren kommt von einem anderen Ort. Reptilien kamen von einem Ort und die Säugetiere von einem anderen Ort. Und dann nehmen sie ihr Licht und verändern es. Und dann verändert sich das Tier.

D: *Die Tiere können also auf der Erde existieren?*

S: Oh, ja! Die Tiere können auf der Erde existieren. Sie können jedes Tier so gestalten, dass es sich jedem Zustand anpassen kann.

D: *Genau das meinte ich. Dieser Teil des Lichts ist in ihnen, damit sie hier bleiben und überleben können.*

S: Ja. Wenn sie das Licht verändern, verändern sich die Tiere. Sie wissen wirklich, was sie tun! Wow! Sie verändern etwas in ihren Zellen, und dann verändern sich die Zellen insgesamt. Diejenigen, die hier das Sagen haben, kommen aus einer anderen Dimension als ich. Sie sind viel leichter. Und ich denke, dass ich leichter bin als diese Kreaturen, die auf der Erde sind. Aber ich bin nicht so leicht wie die, die hier das Sagen haben. Sie sind leicht. Sie haben enorme Energie! Sie können Energie verbrauchen. Sie nehmen sie einfach und manipulieren sie. Mehr als ich es kann. Das kann ich nicht tun. Sie nehmen diese enorme Energie, manipulieren sie und machen verschiedene Formen daraus. Sie machen ein anderes Tier. Sie machen alle möglichen Arten von verschiedenen Tieren. Sie können dieses Zeug aus ihren Zellen herausnehmen und es von einem Tier zum anderen verändern. Und zack! In kurzer Zeit haben sie ein anderes Tier! Sie sind Schöpfer. Sie wissen auch nicht wirklich, was sie mit mir machen sollen. Ich sollte gar nicht hier sein. Das ist nicht mein Zuhause.

D: *Das habe ich mich auch gefragt. Sie können dich nicht gebrauchen. Was wirst du tun? Wirst du bei ihnen bleiben, oder was?*

S: Ich weiß nicht, was ich tun werde.

D: *Aber du musst irgendwo hingehen.*

S: Ich weiß ... Ich bin verloren. Ich weiß nicht, wohin ich gehe.

D: *In Ordnung. Verlassen wir diese Szene und gehen in der Zeit vorwärts, um herauszufinden, was du schließlich tun wirst.*

S: Ich sehe einen ... Jungen vor mir, was für ein Chaos. Was für ein Chaos!

D: *Was siehst du?*

S: Ich sehe alles auf den Kopf gestellt. (Pause) Es sieht aus, als ob alles zerstört ist - alles ist weg, ausgelöscht. Die Luft ist weg!

D: *Wo?*

S: Auf meinem Planeten! Es ist kaum noch welche übrig.

Ich verstand nicht, wovon er sprach.

S: Es ist anders. Es ist anders! Fast die ganze Luft ist weg.

D: *Auf einem anderen Planeten als der Erde?*

S: Ja. Der, von dem ich gekommen bin. Es gibt kaum genug Luft, um zu atmen.

D: *Du warst wieder dort?*

S: Ja. Es ist alles gestört. Es ist alles weg. Nicht alles, aber fast. Es gab ein großes, großes Problem. Oh, übrigens, es hat gebrannt .... Ich weiß nicht, wie ich weiterleben soll. Ich muss ein paar von meinen anderen Freunden finden. Es muss doch einige von uns geben! Vielleicht waren einige von uns weg. Ich muss sie finden! Ich weiß nicht, wo ich sie finden kann! Vielleicht, wenn ich einfach hier warte, werden einige andere versuchen, zurückzukommen und ich werde sie finden. Ich schaue auf einen Planeten hinunter, der jetzt unfruchtbar ist und der vorher nicht unfruchtbar war! Als ich ihn verließ, war er nicht unfruchtbar, und als ich zurückkam, war er es doch. Die Sonne ist die gleiche!

Das war verwirrend. Es klang fast so, als würde er dieselbe Szene wiederholen, die ihn veranlasst hatte, seinen Planeten überhaupt zu verlassen. Aber er hatte ihn vorher nicht als unfruchtbar und verbrannt beschrieben. Vielleicht musste er die Erde verlassen, weil er dort nicht hineinpasste. Und vielleicht dachte er, die einzige Möglichkeit wäre die Rückkehr zu seinem ursprünglichen Planeten. Das war alles unklar. Also beschloss ich, ihn zum letzten Tag seines Lebens in diesem Körper zu bringen, damit wir herausfinden konnten, was schließlich mit ihm geschah.

D: *Was siehst du? Was geschieht am letzten Tag?*
S: Ich bin einfach sehr müde. Ich weiß nicht, was ich tun soll. (viele Emotionen, er war kurz davor zu weinen) Es ist einfach so traurig. Ich habe ein paar meiner Leute gefunden. Wir sind alle traurig. (sehr emotional. Seine Stimme ist angespannt) Wir konnten nichts tun. Ich trauere. Wir haben es versucht, wir alle haben es versucht. Unser Leben ist vorbei.
D: *Und du hast gesagt, du bist jetzt müde?*
S: Es hat keinen Sinn. Sie sind weg. Sie sind alle gestorben. Alle, die da waren, sind gestorben. Jeder Einzelne.
D: *Weißt du warum?*
S: Ja, ich weiß warum. Es gab eine Explosion (großer Seufzer). Der Planet explodierte.
D: *Dein Heimatplanet?*
S: Nein, mein Heimatplanet ist nicht explodiert, aber er hätte es genauso gut tun können. Ein anderer explodierte. Der nächste Planet nebenan. Der ältere.
D: *Und das betraf auch deinen Heimatplaneten?*
S: Ja, das hat es. Es hat ihn ausgelöscht. Wir waren zu nah dran. Die Explosion hat die Luft weggeblasen. Die Atmosphäre. Die Kraft hat sie sofort mitgerissen, und die Schwerkraft konnte sie nicht mehr halten. Sie hielt ein wenig, aber nicht genug für die Menschen. Also starben die Menschen alle. Sie starben auf der Stelle.
D: *Darum konntest du nie jemanden finden.*
S: Das ist richtig. Nur ein paar der Reisenden waren nicht dort. Wir waren die einzigen, die überlebt haben. Und wir konnten nirgendwo hingehen. Wir wussten nicht, wo wir überleben sollten. Wir schauten auf die Erde, aber dort hätten wir nicht

überleben können. Die Erde ist so schwer! Unsere Körper sind leicht und die Schwerkraft der Erde war viel zu stark für uns. Und die Bedingungen auf der Erde waren anders. Wir konnten auf der Erde in unseren Körpern außerhalb unserer Schiffe nicht leben. Das konnten wir nicht! Wir haben versucht, einen Ort zu finden, an den wir gehen konnten. Ich weiß nicht, ob wir noch eine weitere Reise versuchen wollen. Ich weiß nicht, ob ich dafür noch genug Kraft habe. Wenn wir einen Haufen Leute dazu bringen könnten – vielleicht. Mal sehen, ob wir einen Landeplatz finden können. In diesem Sonnensystem gibt es nichts für uns. Nicht jetzt. Wir müssten das Sonnensystem verlassen und in die Galaxie reisen und sehen, ob es einen anderen Ort gibt, an dem wir leben können. Aber es sind nicht mehr sehr viele von uns übrig. Und wir wissen nicht, ob wir das tun wollen oder nicht. Also entscheiden wir, ob wir unsere Körper verlassen und uns unserem Volk anschließen können.

D: *In der geistigen Form, meinst du?*
S: Das sind wir sowieso alle. Wir kehren zu unseren Lichtkörpern zurück. Unsere Lichtkörper hören nie auf zu existieren, aber wir verlieren unsere Formen. Wir verlieren die kleinen Körper, die wir haben. Also bleiben wir eine Zeit lang in unseren Lichtkörpern. Alle werden zusammen sein, aber ich weiß nicht, was passieren wird. Wie konnten sie das ihrer Heimat antun! (ungläubige Verzweiflung)
D: *Aber es war etwas, das niemand kontrollieren konnte.*
S: Nein, das konnten wir nicht. Wir konnten es nicht kontrollieren. Einige unserer Leute dachten, sie würden davon profitieren. Das war dumm. Dumm, sehr dumm!
D: *Du meinst, sie haben die Explosion verursacht?*
S: Nein, unsere Leute haben sie nicht verursacht.
D: *Aber sie dachten, sie könnten davon profitieren.*
S: Einige von ihnen dachten, es würde ihnen einen Vorteil bringen. Sie dachten, sie würden sich verbessern, aber das konnte nicht gutgehen.
D: *Also hast du dich jetzt entschieden, den Körper einfach zu verlassen?*
S: Wir müssen sie nicht verlassen. Wir können uns die Zeit über ohne Nahrung ernähren, wir können Energie direkt aufnehmen. Aber es gibt niemanden, mit dem wir die Energie teilen können! Sehen Sie, genau darum geht es hier!

Zu teilen! Und wenn sie weg sind, gibt es niemanden mehr, mit dem wir teilen können! Es ist schwer zu erklären.
D: *Es ist ein Gefühl des Alleinseins.*
S: Es ist schrecklich! Es ist ein schreckliches Gefühl, so allein zu sein!
D: *Nun, verlass' diese Szene und lass' uns zu dem Punkt übergehen, an dem das, was passiert, bereits geschehen ist. Und du bist raus aus dem Geschehen. Gehst du auf die geistige Seite?*
S: Ja, die geistige Seite wäre okay. Oh, diese Traurigkeit ... Meine Güte, diese Traurigkeit! Eine schreckliche Traurigkeit!

Ich hatte das Gefühl, dass es keinen Sinn machen würde, dies weiter zu verfolgen. Also beschloss ich, dass es an der Zeit war, das Unterbewusstsein zum hinzuzurufen. Vielleicht würde ich dadurch mehr Informationen und Erklärungen gewinnen können. Ich fragte, warum das Unterbewusstsein diese ungewöhnliche Lebenszeit ausgewählt hatte, die Sam sehen sollte.

S: Sam wollte wissen, was seine Beziehung zum Planeten Mars ist. Das war Mars. Das war das Ende des Lebens auf dem Mars.
D: *(Das war eine Überraschung) Welches war der Mars? Der, auf dem die Luft verdampfte?*
S: Ja. Die Luft wurde weggeblasen, als der andere Planet explodierte. Die Luft auf dem Mars wurde zerstört. Alle wurden auf dem Mars getötet. Der Mars war höher entwickelt, es gab bereits Raumfahrt. Und die Menschen waren kleine Graue. Ihre Körper waren kleine lichterfüllte Grautöne. Nette hübsche kleine Körper, die fast nur aus Energie bestanden. Sie waren fortgeschritten. Sie konnten zwischen den Sonnensystemen reisen.
D: *Er beschrieb die Strukturen dort als kuppelartige Gebäude.*
S: Ja, es war besser, unter der Erde zu leben. Die Wärme des Planeten kam eher von unten. Die Luft war kalt, weil sie weiter von der Sonne entfernt waren. Sie sind 140 Millionen Meilen von der Sonne entfernt, also wurde es nicht heiß.

Ich habe diese Tatsache überprüft und festgestellt, dass sie zutreffend ist. Dies war für mich erneut der Beweis, dass ich mit etwas kommuniziere, das über großes Wissen verfügt. Wie viele durchschnittliche Menschen wären in der Lage zu sagen, wie weit der Mars von der Sonne entfernt ist, wenn sie den Planeten nicht intensiv studiert und wenig bekannte Fakten auswendig gelernt hätten.

S: Sie hatten kein warmes Klima wie die Erde. Die Atmosphäre war kalt - nicht angenehm zum Leben. Aber es gab überall Lebensformen. Es war ein üppiger Planet. Lebensformen überlebten. Auf dem Mars gab es Wasser. Als die Atmosphäre verschwand, ging das Wasser mit ihr. Als der Luftdruck sank, verdampfte das Wasser sofort.

D: *Wo war dieser Planet, der explodiert ist?*

S: Das war der entferntere Planet. Ohhh! Sie haben ihn gesprengt! (Abscheu) Diese Wesen, die auf ihm lebten, haben ihn gesprengt. Sie versuchten, sich weiterzuentwickeln.

D: *Denkst du, sie haben einen Fehler gemacht?*

S: Ja, sie haben einen Fehler gemacht. Sie hätten nur bis zu einem bestimmten Punkt bei diesem Versuch gehen dürfen und sie gingen noch einen Schritt weiter.

D: *Gibt es irgendwelche Hinweise auf diesen Planeten?*

S: Oh, Mann! Sie haben ihn in Stücke gesprengt! (ein finsteres Lachen) Ja, es gibt Kometen und Meteoriten und Asteroiden und Dinge, die nicht in der Umlaufbahn geblieben sind. Sie sind ganz plötzlich weggeflogen. Die meisten von ihnen sind nicht aus dem Sonnensystem entkommen. Die meisten von ihnen sind immer noch in der Umlaufbahn. Sie haben alle möglichen wilden Umlaufbahnen. Statt einer großen Explosion gab es eine Desintegration. Die Explosion führte also dazu, dass Stücke davonflogen. Aber dann fielen die Stücke, die sich auflösten, einfach auseinander und blieben in der gleichen Umlaufbahn. Diejenigen, die mit der Detonation explodierten, flogen in alle Richtungen.

D: *Wo war diese Umlaufbahn?*

S: Etwas weiter von der Sonne entfernt, der nächste Planet draußen. Sie waren weiter fortgeschritten als wir. Sie versuchten, etwas Fortschrittlicheres zu tun. Wir konnten sie nicht aufhalten.

D: *Als der Planet explodierte, verdampfte einfach die*

Atmosphäre?
S: Die gewaltige Kraft hat die Marsatmosphäre weggeblasen.
D: *Hatte dies auch Auswirkungen auf die Erdatmosphäre?*
S: Ja, das hatte es. Es wirkte sich auf die Erde aus, aber die Erde war weit genug entfernt. Auch die Erde ist deswegen in Bedrängnis gekommen. Sie wurde von vielen Asteroiden getroffen. Sie wurde von einem Haufen Zeug ausglöst von der Explosion getroffen. Es traf auf die Erde, aber die Erde war auf ihrer Umlaufbahn weiter entfernt. Sie war fast ganz um die Sonne herum gekommen, als es geschah. Und der Mars war zu nah, fast so nah, wie er nur sein konnte. Verdammt, wären wir nur auf der anderen Seite der Sonne gewesen. Wir wären nicht ausgelöscht worden.
D: *Gab es Leben auf der Erde, als dies geschah?*
S: Ja, diese Wesen, die die Schöpfer waren, waren da. Sie waren dabei z kreieren und es gab alle möglichen Arten von Leben, aber es war nicht die Art von Leben, mit dem wir kompatibel waren. Das ist das Problem, wir waren nicht kompatibel mit diesen Leben. Wir hatten keine Körper, die auf der Erde leben konnten. Wir konnten in dieser Umgebung nicht existieren. Wir hatten unsere eigene Umwelt. Und da du überall herumreist, gibt es physische Körper. Nicht jeder hat einen physischen Körper. Physische Körper sind dicht. Und physische Körper sind den Bedingungen entsprechend. Sie können auf jede erdenkliche Art und Weise hergestellt werden, die man will. Sie können so hergestellt werden, dass sie fast jedem Zustand auf jedem Planeten entsprechen können, aber nicht den großen Gasplaneten wie Jupiter. Ich kenne nichts Dreidimensionales auf dem Jupiter. Wir könnten uns dem Jupiter nicht nähern. Er ist zu groß, zu stark.
D: *Aber die Atmosphäre auf der Erde war nicht betroffen.*
S: Nun, sie wurde getroffen. Sie wurde getroffen, getroffen, getroffen, getroffen, getroffen, getroffen. Gab es so etwas jemals! Wow!
D: *Als sie durch diese Asteroiden und Meteoriten kreiste?*
S: Ja, so war es. Sie wurde oft getroffen. Jupiter wurde auch von einem Haufen getroffen, aber Jupiter hat sie absorbiert. Jupiter fing auch viele der Stücke in seiner Gravitation auf. Saturn auch. Saturn fing viele Stücke in seiner Schwerkraft auf.

D: Ist das ein Teil dessen, was die Ringe ausmacht?
S: Ahhh ... lass' mich mal sehen. (Pause) Nein. Ist es nicht. Die Ringe des Saturn sind anders. Es hat aber viele der Monde um Saturn gemacht, die nur Gesteinsbrocken sind, aber nicht die vier Hauptmonde des Jupiter. Nein, nein, nein - davon stammen sie nicht. Die Hauptmonde stammen direkt vom Jupiter. Jupiter ist wie eine kleine Sonne. Und Jupiter hat seine vier Planeten selbst verbrannt. Ich habe noch nichts über die Ringe herausgefunden.

D: Nun, das Unterbewusstsein hat die Antworten.
S: Ja ... es will nicht, dass ich es weiß. (zu sich selbst:) Warum sind diese Ringe? (Laut:) Warum sind das Ringe? Es sind kleinere Partikel, es sind feinere Partikel. (erneut zu sich selbst:) Warum sind sie da?

D: Ich dachte, es sei alles Teil desselben Systems.
S: Vielleicht, vielleicht - ich weiß nicht ... vielleicht wurden feinere Teilchen vom Saturn eingefangen. Aber die grösseren Brocken ... Saturn und Jupiter haben viele, sehr viele um sie kreisende Felsbrocken, die aber nicht ihre ureigensten Monde sind. Es sind lediglich Objekte, die sie in ihrem Gravitationsfeld eingefangen haben. Uranus fing einige ein - ebenso Neptun. Pluto ist ein Stück Fels. Er ist kein Planet. Es gibt noch andere Stücke, die weiter draußen existieren.

Es war ganz erstaunlich für mich, als ich dieses Band transkribierte und dieses Kapitel abtippte diese Details über Pluto zu lesen. Diese Sitzung mit Sam fand in meinem Büro in Huntsville im August 2005 statt. Also ein ganzes Jahr vor der Ankündigung, die die astronomische Welt im Jahr 2006 verblüffte, als verkündet wurde, dass sie Pluto nicht länger als einen Planeten betrachteten. Dass er stattdessen ein riesiges Stück Fels sei. Seit der Entdeckung von Pluto im Jahr 1930 gab es lange Zeit einen Streit zwischen Experten über den Status von Pluto. Heute heißt es, dass es in unserem Sonnensystem viele Asteroiden gibt, die größer als Pluto sind. Deshalb wurde er von seinem früheren Status als Planet degradiert.

Sobald eine Sitzung abgeschlossen ist, erinnere ich mich oft an nichts mehr davon. Es wäre unmöglich, die detaillierte Erinnerung an alle Fälle, die ich durchführe, zu bewahren. Es wäre überwältigend, alle Informationen über die individuellen

Probleme meiner Klienten bewusst zu tragen, geschweige denn den Inhalt der Sitzungen. Ich muss meinen Geist klären und objektiv bleiben, um in der rationalen Welt der vermeintlichen Realität zu funktionieren. Ich glaube, viele Therapeuten haben das gleiche Problem. Wenn sie das nicht tun, werden sie zu Empathen und könnten die körperlichen und geistigen Probleme derer, mit denen sie arbeiten, auf sich nehmen. Das ist weder gut noch gesund für den Therapeuten. Deshalb müssen wir alle lernen, unsere Arbeit zu tun und sie dann loszulassen. Wenn die Sitzung etwas enthält, von dem ich denke, dass es für mich bei meiner Schreibarbeit hilfreich sein könnte, frage ich den Klienten, ob ich eine Kopie von seinem Band machen kann, bevor ich es ihm gebe. Ich weiß also, dass die, die ich behalte, etwas Interessantes enthalten. Aber sie kommen auf einen Stapel, um zu einem späteren Zeitpunkt, der Monate oder Jahre in der Zukunft liegen liegen kann, transkribiert zu werden. Deshalb war ich fassungslos, als ich diesen Teil über Pluto hörte, der ein Jahr später, 2006, verifiziert worden war. Ich denke, dies ist einmal mehr eine Bestätigung dafür, dass ich wirklich mit etwas Größerem als wir alle zusammen in Kommunikation stehe. Der Teil, der alle Antworten und Befugnisse jenseits des Verständnisses unseres sterblichen Verstandes hat. Deshalb liebe ich es, mit diesem Teil zu arbeiten.

D: Das ist also der Grund, warum du dich entschieden hast, Sam dieses Leben zu zeigen?
S: Sam wollte davon wissen. Das ist eine schreckliche Sache, nach Hause zu gehen und dort nichts zu finden. Dein Zuhause in die Luft gejagt vorzufinden, nachdem du zurückkommst.
D: Hat das mit Dingen zu tun, die ihm in diesem Leben passiert sind?
S: Ja, das tut es. Das tut es wirklich. Das trifft wirklich den Punkt.
D: Was möchtest du Sam darüber erzählen?
S: Menschen vom Mars kamen auf die Erde. Wir durften alle auf die Erde kommen.
D: In geistiger Form, meinst du?
S: Nein, wir erhielten neue Körper. Sie nahmen einen anderen, größeren Affen. Er hatte eine andere Fellfarbe, eine gelbe Haut. Wenn man an den Anfang zurückgeht, haben sie uns

alle genetisch kompatibel gemacht. Ist das nicht interessant? Sie haben uns alle aus verschiedenem genetischen Material erschaffen. Die dunkelhäutigen Menschen haben sie aus Gorillas und Schimpansen entwickelt - sie haben mit ihren Zellen experimentiert. Ihre körperlichen Merkmale stammen zum großen Teil von diesen Affen ab.

Anmerkung: Die Kaukasier sollen aus Orang-Utans entwickelt worden sein, jene Affen mit weißer Haut und rotem Fell. Natürlich gab es auch andere Manipulationen, die beider Entwicklung anderer Variationen angewendet wurden. Eine interessante Variante wird in meinem Buch *Die Legende vom Absturz eines Sternenvolks* über die Entwicklung einiger der nordamerikanischen Indianerrassen diskutiert.

S: Aber unsere Körper stammten von einem etwas anderen Affen ab. Er war mittelgroß oder sogar kleiner. Und sie nahmen die DNA davon und machten ihn noch leichter. Und verwendeten Anteile unserer kleinen braunen Mandelaugen und unseres kleinen, leichten Körperbaus. Wir sind heute die Gelbhäutigen. Das ist es, was sie aus uns gemacht haben. Das ist das, was getan wurde, da sind wir ins Spiel gekommen. Die Menschen vom Mars fanden schließlich eine Heimat auf der Erde. Nicht sofort. Sie haben lange gebraucht. Wir waren lange Zeit obdachlos.

D: *Aber du meinst, diese Schöpferwesen waren diejenigen, die die Körper anfertigten?*

S: Sie haben dabei geholfen. Die Erde selbst musste zustimmen. Der Planet selbst musste es zulassen. Es war noch nie zuvor geschehen, dass ein planetarisches Bewusstsein sich mit einem anderen planetaren Bewusstsein verband. Das war noch nie zuvor geschehen. Noch nie! Die Erde beschloss, ihren Körper mit einem anderen planetarischen Bewusstsein zu teilen. Und dieses andere planetarische Bewusstsein waren das vom Mars. Nachdem diese neuen Körper geschaffen worden waren, kamen die Seelen der Marsmenschen hinein. Das machten wir alle so. Wir hatten 3-dimensionale Seelen, wir haben 4-dimensionale aufsteigende Meister und 5-dimensionale aufsteigende Meister. Und 6-dimensionale .... Ich war ein 4-dimensionaler oder 5-dimensionaler aufsteigender Meister auf dem Mars.

Ich war ein fortgeschrittenes Wesen. Nur fortgeschrittenen Wesen war es erlaubt, zu reisen.

D: *Und Sams Geist entschied sich, einen menschlichen Körper auf der Erde anzunehmen.*

S: Ja, wir sind alle zur Erde zurückgekehrt. Wir mussten zur Erde zurückkehren und in physischen Körpern in die dritte Dimension zurückkehren, um mehr zu lernen und dann spirituell in die vierte, fünfte und sechste Dimension zurückzukehren.

D: *Als Sam in den Körper eintrat und auf der Erde blieb, wurde er da aufgrund von Karma hier länger gefangen?*

S: Ahhh! Sam ist ein komischer Kerl (ein tiefer Atemzug und eine Pause). Sam kommt nicht sehr oft zurück. Sam kommt in Jahrtausen-Abständen zurück.

In einigen meiner anderen Sitzungen, über die in diesem Buch berichtet wird, haben weitere Klienten dasselbe gesagt. Sie blieben normalerweise bei der Quelle und kamen nur während Zeiten großer Veränderungen auf die Erde. Es waren jene Zeiten, in denen die meiste Hilfe benötigt wurde.

D: *Wo ist er die restliche Zeit?*

S: (murmelte vor sich hin): Es ist ein wunderschöner Ort, oder nicht? Ah ... schau, wie schön es ist, in den Wasserfällen des Lichts zu sein. (deutlich) Überall goldene Seen aus wunderschönem Licht. Regen, Fontänen aus Licht. Überall goldenes Licht. Oh! Es ist Liebe. Es ist ein goldenes Meer der Liebe.

D: *Ist das der Ort, wo er zwischen den Inkarnationen hingeht?*

S: Ja. Oh, ist das schön! Es ist eine Sonne, es befindet sich in einer Sonne. Ein goldenes Meer aus Licht. Es ist nicht in einem Planeten, es ist wahrscheinlich eine Sonne. Es könnte unsere Sonne sein. Weißt du was? Ich kann mir nicht hundertprozentig sicher sein, was ich sage, aber ich schildere dir einfach meinen ersten Eindruck. Und es sieht aus wie die Sonne. Könnte es unsere Sonne sein? Könnte man Zeit auf der Sonne verbringen? Diese Sonne ist riesig.

D: *Alles ist möglich.*

S: Ist es unsere Sonne? Ist es eine andere Sonne? Das könnte sein. Goldene Seen aus wunderschönem Licht. Und Fontänen aus Licht. Es ist warm!

D: Sam beschließt also, zurückzukommen und in den menschlichen Körper in Abständen von Jahrtausenden einzutreten?
S: Ahhh...Missionen.
D: Warum ist er jetzt hier?
S: Er muss in der Lage sein, seinen Körper in die nächste Dimension zu heben. Es wurde schon einmal gemacht, aber niemand glaubt es. Jeder kann es tun. Ich muss in der Lage sein, meinen Körper in die nächste Dimension zu heben.
D: Was meinst du damit?
S: Es gibt eine Transformation. Ich weiß nicht genau, was es ist, ich bin noch im Prozess. Weißt du, wir können all unsere Energie aus dem Licht gewinnen. Das Universum ist voller Licht, das Universum besteht aus Licht. Und nur in einem dreidimensionalen Körper bekommst du nicht genug Licht. Aber wenn du in deinem Lichtkörper bist, kannst du genug Licht bekommen, damit du leben kannst. Du lebst immer, du lebst ewig. Immer, immer, immer, immer. Lichtkörper können sich schlafen legen, aber sie leben normalerweise für immer.
D: Es ist also schwierig, das in einem physischen, festen, dichten Körper zu tun.
S: Ja. An manchen Orten ist das jedoch selbstverständlich. Die physischen Körper enden nicht, oder sie haben ein sehr langes Leben. Aber auf der Erde geht das nicht und liegt daran, dass sie so negativ, so müde, so schwer ist. Und auf der Erde weißt du nicht, wer du bist. Du verlierst deine Verbindung, wenn du auf die Erde kommst. Du siehst deinen Lichtkörper nicht mehr, wenn du auf die Erde kommst. Du weißt nicht, dass du ein Lichtkörper bist. Junge, es ist auch wirklich schwer, das herauszufinden! Wow! Auf der Erde ist es so schwierig! Und alle sind so verloren! Ich sollte hierher kommen. Ich soll diese Form der Spirituaität in den Körper bringen. Das ist schon einmal woanders getan worden. Und niemand scheint sich zu erinnern. Es kann erreicht werden. Einige haben es getan, indem sie im Licht lebten. Sie haben einen Körper der 3. Dimension in die 5. Dimension angehoben. Das ist das, was dabei passiert ist.
D: Aber jetzt ist er hier, in einem physischen Körper, der ein physisches Leben führt.
S: Ja, das tue ich. Ich hatte auch keine Ahnung von mehr davon,

es ist eine lange Zeit seitdem vergangen. Ich habe alle meine Erinnerungen verloren. Wirklich alle meine Erinnerungen verloren. Ich kann nicht glauben, dass du auf diesen Planeten kommst und alle deine Erinnerungen an das, was du bist, verloren hast.

D: *Nun, hat das Unterbewusstsein denn irgendeinen Rat für Sam?*

S: Auf Kurs bleiben. Bleibt auf dem Weg, auf dem ihr euch befindet. Versucht es weiter, arbeitet weiter daran. Stellt weiter die Verbindung her. Öffnet eure Lichtkörper, findet eure Lichtkörper. Es gibt auch mehr als einen Lichtkörper - es gibt viele! Wir arbeiten noch immer daran. Und es gibt noch einige andere, die auch daran arbeiten. Unsere Körper werden eine lange Zeit leben. Unsere Körper werden feiner sein, sie werden größer sein, sie werden leichter sein. Wir werden in der Lage sein, auf mehr Dimensionen zuzugreifen. Sam soll auf die nächste Stufe emporsteigen. Wachsen und lernen. Das ist es, was er tut. Stetig durch Sprügen, di gemacht werden. Hochs und Tiefs. Ich helfe ihm immer. Er wird eine Chance haben. Er hat eine reelle Chance. Ahh ... Emotionen. Es sind unsere Emotionen. Emotionen! Manchmal wird es ihm klar sein. Er wird es herausfinden müssen. Es ist immer noch nicht so einfach. Die Erde ist furchtbar dicht. Das wird nicht leicht sein. Außerdem ist es furchtbar schwer, zwischen der Erde in der dritten Dimension und der vierten und fünften Dimension zu reisen. Es ist furchtbar schwer zurück aus der fünften Dimension zu kommen, nachdem du für eine Weile weg warst. Sein Problem ist der Dienst an sich selbst. Er hat den Unterschied zwischen dem Dienst an sich selbst und dem Dienst an anderen nie wirklich erkannt. Weißt du, Dienst an sich selbst, Dienst an Familie und Freunden, das wird auf der Erde als Dienst angesehen. „Dienst" meint einen weiter gefassten Begriff. Das ist schwierig.

* * *

In einer anderen Sitzung war das erste, was eine Klientin sah, eine trostlose Landschaft. Die Erde war rissig und ausgetrocknet. Die Bäume hatten keine Blätter und kaum Äste, fast so, als wären sie versengt worden. Einige von ihnen waren verdreht und windschief. Als sie die Szene betrat, sah sie einen Dinosaurier, aber später sah sie nichts mehr außer dieser trostlosen, ausgedörrten Gegend. Dann fand sie ein kleines Dorf, eingebettet zwischen zwei Bergen, wo es Blumen gab. Das bedeutete, dass die Pflanzen wieder zu wachsen begannen. Als ich später das Unterbewusstsein dazu befragte, sagte es, dies sei nach der Zeit gewesen, in der die Dinosaurier alle vernichtet worden seien. Ich fragte: "Wie ist das passiert?" Es sagte, das einzige, was es sehen könnte, sei ein sehr starker, großer, sengender, heißer Wind, der einfach alles in seinem Weg zerstörte. Er wehte nur über bestimmten Gebiete, denn diejenigen, die überlebten, lebten in einem Gebiet in größerer Höhe, das nicht betroffen war. Der Rest der Dinosaurier verschwand schließlich, denn nachdem dies geschehen war, hatten sie nicht mehr so viele Ressourcen. Sie hatten nicht mehr so viel zu fressen und sie konnten sich nicht so gut an die Veränderungen des Klimas anpassen wie Menschen und andere Tiere.

Konnte der sengende Wind durch die Explosion des Planeten verursacht worden sein? Oder gab es mehr als ein Ereignis in der turbulenten Geschichte der Erde? In meinem Buch *Die Legende vom Absturz eines Sternenvolks* beschrieb ich ein völlig anderes Klima in der Region Alaska/Kanada, bevor etwas Gewaltiges geschah, das massive Winde und Erdbeben verursachte und die Erdachse kippen ließ.

* * *

Hier noch eine Anmerkung ... Eine Französin bat mich in den USA um mehrere Sitzungen. Und in der letzten Sitzung sprach sie davon, mit Wesen der Venus-Energie zu kommunizieren; mit jenen Wesen, die von der Venus gekommen waren. Sie beschrieb, dass die Venus vor vielen, vielen, vielen Jahren, weit zurück in der Zeit, der Erde sehr ähnlich war und dass sich auf ihr physische Wesen befanden. Sie wurde der "Schwesterplanet der Erde" genannt, aber die Atmosphäre und alle Menschen wurden durch Naturkatastrophen, nicht durch Krieg, zerstört. Und als die Naturkatastrophen eintraten, heizte sich der Planet auf. Sie war sich nicht klar darüber, ob dies durch die Zerstörung der Ozonschicht verursacht wurde. Dann vollzogen die Menschen einen Übergang in eine andere

Dimension, wo sie keine physischen Körper mehr brauchten und sie existierten und entwickelten sich von diesem Punkt aus weiter. Die Venus ist nicht mehr bewohnbar und kann nicht mehr bewohnt werden, weil der Planet zu heiß ist. Aber die Menschen - ihre Seelen, würden wir wohl sagen – gingen in die feinstoffliche Welt über. Offensichtlich wurden zu einem späteren Zeitpunkt auch sie auf der Erde wiedergeboren.

* * *

Ich war gerade dabei, dieses Buch zu beenden, als ich einen anderen Fall hatte, der sich mit der Zerstörung eines Planeten befasste. Ich dachte, er sollte hier mitaufgenommen werden, anstatt auf das nächste Buch zu warten.

Der erste Teil der Sitzung war verwirrend, denn Adele war sich nicht sicher, was sie sah. Es sah wie Sonnenlicht aus, das durch Bäume mit silbriger Rinde fällt. Es war sehr dunkel und ruhig, denn die Bäume bildeten ein Dach über ihr und schlossen den Himmel aus. Dann schien es, als hätte es sich das Blätterdach in eine Höhle verwandelt. "Ich war schon einmal hier. Es ist wie die Dämmerung nach Sonnenuntergang. Es gibt etwas Licht. Du kannst sehen. Es ist alles dasselbe Licht, egal wie tief ich da hineingehe. Es fühlt sich an, als könnte ich sogar unter der Erde sein. Ich weiß nicht, wo das Licht herkommt. Es ist sicher. Man kann dort nicht verletzt werden." Dann begann sie zu weinen: "Es ist mein zu Hause. Aber ... es ist weg! Ich sollte nicht dort sein, glaube ich. Ich weiß, dass ich nicht dort bleiben kann. Es macht mich traurig. Ich glaube, es ist nicht mehr da. Ich glaube, es ist unterirdisch, damit man sicher ist. Dort ist es immer sicherer als oben."

D: Aber das ist doch ein gutes Gefühl, oder?
A: Nicht, wenn du nicht mehr nach Hause gehen kannst. Dann ist es weg. (emotional) Es tut weh. Ich weiß nicht, wo ich jetzt bin. Es ist nicht mehr da! Es ist weg. Alles, was geblieben ist, ist dieses einzigartige Licht.

Ich bat sie, sich in der Zeit rückwärts zu bewegen, damit wir entdecken konnten, was geschehen war.

A: Es sind Formen. Wie Pyramiden auf ihren Spitzen stehend.

Wege, die durch sie hindurchgehen. Es gibt die gleichen Lichter, sie sind Silber, Silber.

D: *Die Pyramiden sind ... die Spitzen sind unten, meinst du?*
A: Ja. Auf dem Kopf stehend. Oben sind sie ziemlich groß. Da oben ist es dunkel. Die Seiten sind nicht glatt. Sie sind wie die Adern und Blätter eines Baumes, nur dass es keine Blätter sind. Ich weiß nicht, was es ist, aber es leuchtet, während du gehst. Es ist, als ob ich mich hindurch bewege. (kämpft damit, sich auszudrücken) Ich gehe hindurch, gehe wie durch einen Tunnel. Es ist kein Tunnel wie ein normaler Tunnel wäre. Er sollte rund sein, ist er aber nicht. Er hat eine andere Form mit gleitenden Seiten. Sie sind wie Risse oder Adern oder etwas, das wiederkehrend nach unten in den Boden reicht. Und etwas fluoreszierendes tritt aus. Es leuchtet hell. Es scheint nicht nur. Es leuchtet, damit du etwas sehen kannst. Ich sehe nicht, wie weit es nach oben geht, weil das Licht so hell ist, dass du nichts anderes sehen kannst. Jetzt gibt es so etwas wie Rauch, der wirbelt und wirbelt.

Irgendetwas daran störte Adele und sie wollte die Szene nicht länger sehen. Ich bat sie, sich ihres Körpers bewusst zu werden und das machte sie noch wütender. "Ich weiß nicht, ob ich einen Körper habe. Ein Gesicht? Ich weiß nicht, wer ich bin! Ich habe keine Füße. Ich fließe. Das ist lächerlich. Das kann nicht sein! Ich muss Füße haben. Ich scheine zu schweben, aber das ist lächerlich. Ich weiß nicht, ob ich wirklich schwebe oder ob ich mir das ausgedacht habe.

D: *Ist das eine einfachere Art, sich zu bewegen?*
A: Oh ja, aber ich sollte eigentlich einen Körper haben.
D: *Was fühlst du?*
A: Ich fühle mich sicher (kichert). Ich muss nichts zusammenhalten. Es bewegt sich irgendwie und verändert sich und ist wie Rauch. Es ist alles an einer Stelle und ich kann es in jede Richtung bewegen, ohne mich zu drehen. Ich spüre, dass sich alles bewegt. Es scheint sich sehr schnell zu bewegen. Es fühlt sich an, als würde sich ein Oktopus bewegen, denke ich.
D: *Aber es fühlt sich gut an, so uneingeschränkt zu sein, nicht wahr?* (Ja) *Du kannst dich bewegen und schweben, wohin du*

willst.
A: Ja, aber jetzt ist alles weg.
D: Dieser Ort?
A: Ja, er ist weg. Wir sind eins mit allem; Teil eines Ganzen. Ich bin woanders hingezogen, aber ich weiß nicht, wo ich bin. Es sollte doch Farbe geben! Aber es ist hauptsächlich silbergrau und ich scheine mich schneller zu bewegen.
D: Und der Ort unter der Erde - den du "Zuhause" nanntest, mit dem du sehr glücklich warst - du sagtest, er sei nicht mehr da?
A: Er ist explodiert. Ich habe es ihnen gesagt. (Seufzer) Sie wollten immer mehr. Es gab nie genug.
D: Von wem sprichst du? Wer wollte mehr?
A: (Emotional) Die anderen über der Erde. Warum konnten sie nicht einfach zufrieden sein? Sie spielten mit dem Planten. Ach, verflucht! So was Blödes!
D: Hast du über der Erde gelebt?
A: NEIN! Nein.
D: Hast du unter der Erde gewohnt? (Ja) *Aber du wusstest, was da oben auf der Oberfläche passierte?*
A: Wir haben es immer gewusst ... aber niemand hat es geglaubt. Sie wollten es nicht glauben. Sie wollten in Ruhe gelassen werden, aber wir wollten, dass sie *ihn* in Ruhe lassen.
D: Du sagtest, sie spielten mit dem Planeten?
A: Sie hatten das Gefühl, alles unter Kontrolle zu haben, aber das hatten sie nicht. Es war nicht die Regierungsmacht die es verursachte, sondern eine Art Kristall. Es war schlecht. Ich meine, es war gut, aber es war eine schlechte Sache, weil sie immer mehr und mehr wollten. Wie Kinder, die spielen.
D: Wozu haben sie den Kristall benutzt?
A: (Emotional) Er zog Kraft von den Sternen ab. Wir haben ihnen gesagt: Nein! (sie begann zu schluchzen)
D: Es ist nicht deine Schuld. Du wusstest nicht, dass sie ihn missbrauchen würden, oder?
A: Wir hätten wissen müssen, dass sie Kinder waren! (schluchzend) Um Kinder muss man sich kümmern! Sie wussen nicht, was das bedeutet. (langes schluchzendes Stöhnen) Neiiiiiin! Wir hätten bleiben und zuschauen sollen. Ich habe es ihnen gesagt! Jetzt ist alles weg.
D: Bist du in einer Gruppe oder allein?
A: Wir sind eins. Wir waren ... eins. Eins - ein Geist des

Kollektivs. Viele, aber einer. Sie baten um Informationen. Wenn jemand eine Frage stellt, mussten wir antworten.

D: Aber du darfst dich nicht schuldig fühlen, weil sie die Technik auf negative Weise verwendet haben. Dafür warst du nicht verantwortlich.

A: Aber wir sind alle für die Handlungen des anderen verantwortlich. Wir sind alle Teil des Gefüges. Was wir tun, beeinflusst andere. Jedes Mal, wenn ein Kind mit einer Waffe schießt, sind wir schuld daran, dass wir ihm eine Waffe gegeben haben. Kinder sind nicht schuld daran, wenn sie den Abzug betätigt haben.

D: Waren diese physischen Wesen, die an diesem Ort lebten, sich deiner bewusst? Wussten sie von der Gruppe, dem Kollektiv?

A: Sie stellten Fragen. Ich höre das Wort „Orakel". Wir waren eins, aber wir waren nicht eins. Wir waren ein Kollektiv.

D: Das Orakel arbeitete also mit diesen Informationen und gab sie weiter?

A: Wir waren das Orakel. Wir, wir, wir ... immer wir.

D: Und sie baten um Informationen und du gabst sie ihnen.

A: Wir sahen nicht wirklich den Schaden in dem, was wir erzählten.

D: Vielleicht ist es unmöglich, jedes Ergebnis zu kennen. Selbst mit der Macht, die du hattest, konntest du vielleicht nicht alles vorhersehen, was passieren konnte.

A: Wir laufen in verschiedene Richtungen. Aber alles ist weg. Kleine Stücke wirbeln herum, bewegen sich in alle Richtungen. Ich glaube, es hatte Auswirkungen auf das Kollektiv. Es hat das Gewebe zerrissen. Es ist alles weg.

D: War es ein Planet oder etwas anderes? (sie seufzte und stöhnte) Denn du sagtest, dass es Stücke gab, die in verschiedene Richtungen katapultiert wurden.

A: Das kann ich dir nicht sagen. Es war einfach so. Ich weiß nicht, was es genau war. Ich weiß nicht, wo es jetzt ist. Es ist weg. Kleine Sterne - alle auseinander gebrochen. Ich bin eine Weile dort geblieben. Ich bin geblieben. Ich weiß nicht, wo der Rest von uns war. Es ist wie ... Ich bin bei den einzelnen Teilen.

D: Wo bist du danach hingegangen?

A: Verloren. Ich bin verloren. Ich fühle mich verloren. Aber ich kann nicht gehen. Ich kann dort für eine Weile nicht weggehen.

D: *Weil du dich immer noch für diese Stücke verantwortlich fühlst?*
A: Wir waren verantwortlich; wir alle. Ich muss für eine Weile bleiben und darüber nachdenken, die anderen zusammenzurufen. Ich versuche, uns alle wieder zusammenzubringen. Ich habe nicht das Gefühl, noch auf der Welt zu sein. Ich habe das Gefühl auseinander gerissen worden zu sein.

Ich konnte gut verstehen, warum sie sich so verzweifelt darüber fühlte, was mit der Welt geschah, für die sie definitiv verantwortlich war. Aber ich wollte sie davon wegbringen. Ich brachte sie in der Zeit vorwärts, bis sie eine Entscheidung darüber traf, wohin sie als Nächstes hingehen würde.

A: Es gibt da eine Silberkordel. (Kichern) Darin sind Regenbögen. Ich weiß nicht, wohin sie führt, aber ich denke, ich werde dorthin gehen. Ich bin ihr gefolgt. Sie sieht fast wie ein Wurmloch aus. Und dann trat die Schnur heraus und ich bin so müde. Hindurch durch das Wurmloch und dann legte ich mich hin, um mich auszuruhen. Ich weiß nicht, wo ... es ist schön. Ich will nicht wieder weggehen. Es tut so weh. Ich befinde mich in einem Kokon.
D: *Du bist also nicht mehr diese Energie innerhalb dieses Kollektivs?*
A: Nein, ich weiß nicht, wo sie hingegangen sind. Ich habe sie verloren. Ich bin so müde.

Das war verwirrend und unklar, aber ich dachte, sie könnte in einen Fötus eingetreten sein und sich auf die Geburt vorbereiten. Ich beschloss, das Unterbewusstsein zu rufen, um Antworten und mehr Klarheit zu erhalten.

D: *Das war ein wenig verwirrend. Sie war unter der Erde und wurde sehr emotional wegen etwas, das an der Oberfläche geschah. Warum hast du diese Szene für Adele heute ausgewählt?*
A: Informationen. Die Informationen, vor denen sie sich fürchtet, sie zu kennen. Die Angst, dass sie eine weitere Katastrophe auslösen könnte. Nur keinen Schaden anrichten. Sie fürchtet das Ergebnis dieses Wissens. Wissen ist Macht.

D: Das ist wahr. Es liegt alles an der Art und Weise, wie Wissen genutzt wird. Wovon war sie ein Teil?
A: Das ist schwer zu erklären, außer wenn du die Finger einer Hand nimmst. Die ganze Hand ist das, was die Finger sind. So war es, außer dass es mehr als fünf Finger gab. Sie waren alle, alle zusammen und arbeiteten als eine Einheit. Gleichgesinnte, ein Verstand. Sie hörten und verarbeiteten gemeinsam, was sie hörten.

D: War es ähnlich dem, was du bist, das Unterbewusstsein?
A: Das ist es, außer dass das Unterbewusstsein Finger an einer vielfachen Hand wären. Mehr Tintenfisch als Hand. Wo es eine Substanz gibt, die in der Lage ist, allein zu handeln, aber gleichzeitig auch abhängig vom Körper als Ganzem ist. Das ist schwierig zu erklären.

D: Es ist immer schwer zu erklären. Mach es so gut, wie du kannst.
A: Es wäre wie eine Ansammlung von ... Peitschenschnüren, die hängen und alle zusammengebunden sind. Und diese Peitschen denken die gleichen Gedanken. Sie verarbeiten jeden einzelnen Gedanken, setzen ihren Teil des Flechtwerks ein und am Ende gibt es ein Ergebnis - ob es nun eine geballte Energie ist, die gedacht wird oder etwas anderes - aber jede einzelne Peitschenschnur ist fähig zu denken. Aber ohne sich loszulösen vom Ganzen. Vielleicht nicht so sehr Teil des Kollektivs, wie es tatsächlich notwendig gewesen wäre. Und deshalb beantworteten sie die Fragen unterschiedslos und undifferenziert, denn Wissen war lediglich Wissen, das sie weitergaben.

D: Sie fällten kein Urteil. Sie sagten nur, was sie wussten.
A: Sie wurden gefragt und sie sagten es. Da war ein Mangel an Urteilsvermögen. Sie haben nur Informationen verarbeitet. Und obwohl sie wussten, dass die Dinge passieren würden, gab es keine Möglichkeit zu wissen, was passieren würde, bis die Botschaften weitergegeben waren und der Prozess der Verarbeitung begann. Und die anderen Energien versuchten, sie aufzuhalten, als sie ihnen sagten, wo ihre Informationen hinführen würden. Da wurden sie ausgelacht und als "nutzlos" beschimpft. Man schimpfte sie viele Dinge, die hier keine Bedeutung haben. Dass sie nicht gebraucht wurden. Dass sie das Ihre getan hatten und in ihre Höhle zurückkehren sollten. Die Menschen sagten ihnen, dass sie

ihre Kompetenzen damit überschritten hätten und dass man nichts mehr von dem bräuchte, was sie noch anzubieten hätten. Das Kollektiv warnte sie, dass sie, wenn sie mit dem, was sie taten, weitermachen würden, am Ende alles zerstören würden. Und die Menschen sagten ihnen, dass sie sich geirrt hätten und dass sie nichts mehr von ihnen hören wollten. Und das Kollektiv, nachdem es anscheinend alles getan hatte, was es tun konnte, ging zurück und wartete. Sie dachten, sie wüssten es am besten. Aber ich weiß nicht genau, was das Kollektiv ist. Das ist sehr interessant, denn sie sind es und sie sind es nicht.

D: *Was meinst du damit?*

A: Ich weiß nicht, wie real ... sie waren Energie. Das Kollektiv war nicht wie die Menschen.

D: *Und die Leute beschlossen, diese Informationen zu nehmen und sie auf die falsche Art und Weise zu nutzen.*

A: Ja, sie waren gierig. Sie wollten mehr.

D: *Und Adele war zu dieser Zeit ein Teil dieses Kollektivs.* (Ja) *Aber es war nicht ihre Schuld, oder?*

A: Sie hatte das Gefühl, dass es so war. Sie hatte das Gefühl, dass sie sie nicht gut genug unterrichtet hatte und dass alles in Ordnung gekommen wäre, wenn sie nur ein wenig mehr hätte tun können. Da ist eine große Traurigkeit in ihr.

D: *Eigentlich kannst du aus deiner Sicht sehen, dass sie nicht mehr hätte tun können, oder? Ich meine, es ist nicht wirklich ihre Schuld. Sie ist nicht wirklich verantwortlich.*

A: Schuld ist ein sehr vielschichtiges Wort. Es gibt hier einen tieferen Aspekt, nämlich, dass wir alle verantwortlich sind - nicht nur für unsere Erfolge, sondern auch für unsere Misserfolge. Das ist ein Teil dessen, womit wir uns auseinander setzen müssen: Die Tatsache, dass Schuld wie ein Kind sein kann, das sagt: "Es ist nicht meine Schuld". Adele sieht aber, dass es hierbei verschiedene Ebenen gibt. Dass jeder Mensch etwas Positives und etwas Negatives beiträgt, obwohl sie sehr hart daran arbeitet, sich von Negativem fernzuhalten. Und sie kompensiert ihren Fehler in diesem Leben derzeit über. Hier hat sie große Angst. Sie hat eine Welt zerstört.

D: *Sie hat es nicht getan, sie haben es getan.*

A: Ja, aber ohne die Antworten auf die Fragen wären sie nicht dorthin gegangen, wo sie es getan haben. Und sie war töricht, Fragen zu beantworten, bei denen sie ihr Urteilsvermögen hätte einsetzen müssen. Jetzt ist sie um ihr Urteilsvermögen besorgt. Du vergisst, dass es den freien Willen gibt, und der freie Wille hat zwei Seiten: die dunkle und die helle; das Yin und das Yang. Einst sah sie zu, wie eine Welt zerstört wurde - ihre eigene Welt. Sie wird den Schmerz, den sie erlebt hat, überwinden müssen. Sie verurteilt sich wirklich selbst. Sie würde sich lieber in ein Loch verkriechen und da in Sicherheit sein. Ich weiß nicht, was sie tun wird, aber ich weiß, was sie tun sollte. Weg von ihrer Höhle, von ihrer Sicherheit. Ich weiß nicht, ob sie das tun wird. Die Furcht, etwas Falsches zu tun, ist überwältigend, allumfassend, und zwingt sie manchmal dazu, sich wegen des angerichteten Schadens einfach auszublenden, anstatt angemessen darüber nachzudenken. Es war eine sehr schreckliche Sache, denn sie hat nicht nur ihre Welt, sondern auch das Kollektiv verloren. Sie verlor alles. Zum ersten Mal in ihrer Existenz war sie völlig allein. Und ohne das Kollektiv war sie verletzlich und wirklich unfähig zu kommunizieren. Sie war taub, stumm und blind. Es gab keine Sicherheit mehr. Es war nicht so sehr die Einsamkeit, sondern allein ohne das Kollektiv zu sein. Du verlierst deine Kraft, deine Macht, deine motivierende Kraft. Du bist einfach so. Und alles, was sie tun konnte, war zu hoffen, dass die Gruppe sich neu formieren würde und das tat sie nicht.

D: *Darf ich dich etwas fragen? Vielleicht sehe ich nicht das ganze Bild. War dieses Kollektiv wie die Seele des Planeten, der zerstört wurde? Die Energie des Planeten selbst?*

A: Es nannte sich selbst das Kollektiv. Es ist schwer, es losgelöst von allem zu sehen und ich glaube, es war ein Teil des Planeten. Es konnte entweder/oder operieren, aber es kehrte immer zum Kollektiv zurück.

D: *Ich weiß, dass die Planeten selbst lebendig sind und ich dachte, das sei vielleicht dieses Kollektiv.*

A: Ich denke, sie waren vielleicht eine Stufe höher. Ich meine, sie waren sich der anderen bewusst. Sie waren Teil von ihnen, aber sie waren getrennt, und sie konnten mit den anderen sprechen. Und ich glaube nicht, dass der Planet mit den anderen sprechen konnte, aber der Planet konnte mit dem Kollektiv sprechen, und das Kollektiv konnte mit allen anderen sprechen. Das fühlt sich richtig an.

D: Deshalb wäre es also getrennt von dem, was du als Unterbewusstsein bist, zu sehen. Dies war ein isoliertes Kollektiv, wenn das ein zutreffendes Wort dafür ist.
A: Das macht Sinn, ja.

Adele hatte viele Leben auf der Erde gehabt, aber sie hatte lange an dieser Tragödie festgehalten. Sie hatte sie beeinflusst und davon abgehalten, ihr volles Potenzial zu erreichen. Ich musste eine ganze Weile mit dem Unterbewusstsein arbeiten, damit sie in der Lage war, sich von Altem zu befreien. Es war Zeit, dass sie sich jener Arbeit widmete, für die sie hierher gekommen war. Das hatte sie zu lange zurückgehalten. Es würde ihr viel Mut abverlangen, drastische Veränderungen in ihrem Leben vorzunehmen.

SIEBTER TEIL

DIE NEUE ERDE

KAPITEL NEUNUNDZWANZIG

DER KOMMENDE ZEITENWANDEL

Bei einem Vortrag in Chicago im Jahr 2006 diskutierte ich die Entwicklung der Neuen Erde. Ich beschrieb die Vision, die Annie Kirkwood von der Trennung der Erde in zwei unterschiedliche Erden hatte und die in Buch Zwei dieser Reihe beschrieben wurde. Wie die eine Erde sich in zwei getrennte Erden teilte, ohne dass die Menschen der jeweiligen Erde wussten, was auf der anderen Erde geschah. Diejenigen, die ihre Frequenz und Schwingung erhöht hatten, würden auf die Neue Erde aufsteigen, während diese sich entwickelte und in eine andere Dimension gehoben wurde. Dadurch wurden sie unsichtbar für die "Zurückgebliebenen". Es gab einige Dinge, die mich an diesem Konzept störten. Ich möchte immer gerne die Antworten haben; ich vermute wegen meiner großen Neugierde. Ich habe gemerkt, dass es Lücken oder Löcher gibt, die gefüllt werden müssen. Teilaspekte, die erklärt werden mussten. Jemand aus dem Publikum stellte die Frage, wie es überhaupt dazu kommen konnte und wie die Menschen auf der einen Erde sich nicht bewusst sein konnten, was auf der anderen Erde geschieht. Plötzlich hatte ich eine Offenbarung. Mir kam ein Gedanke, der eine verständliche Erklärung sein könnte. Es ist immer klug, dem Aufblitzen von Intuition und Wissen zu vertrauen, denn oft werden sie von unseren Geistführern gesendet. In diesem Fall konnte es aus derselben Quelle stammen, aus der ich über meine Klienten alle Informationen erhalte. Ich sagte plötzlich: "Mir ist gerade eine mögliche Erklärung eingefallen."

Zu Beginn des Vortrags hatte ich kurz über die Theorie der

Paralleluniversen und jener Leben gesprochen, die durch unsere Gedanken und Entscheidungen entstehen. In Buch Eins schrieb ich über eine Theorie, von der ich noch nie gehört hatte und es bereitete mir jedesmal Kopfschmerzen, wenn ich versuchte, sie zu verstehen. Zusammengefasst steht darin folgendes: Jedes Mal, wenn ein Individuum eine Entscheidung treffen muss, hat es normalerweise mehr als eine Wahl. Das nenne ich "an einen Scheideweg gelangen". Sie müssen sich entscheiden, den einen oder anderen Weg zu gehen. Es könnte eine Entscheidung über eine Heirat, eine Scheidung, einen Job, oder irgendetwas sein. Sie wägen jede Entscheidung ab und stecken viel Energie in die Wahl, welchen Weg sie einschlagen wollen. Dann treffen sie eine Entscheidung. Wir alle haben diese "Scheidewege" erlebt. Wir wissen, dass unser Leben völlig anders aussehen würde, wenn wir uns für den anderen Weg entschieden hätten. Wir entscheiden uns für eine Richtung. Aber was geschieht mit der Energie, die wir in die andere, später nicht gewählte Entscheidung sendeten? Auch sie wird Wirklichkeit! Ein anderes Universum oder eine andere Dimension wird augenblicklich geschaffen, um die andere Entscheidung auszuleben, und ein anderes "du" wird ebenfalls geschaffen, um in diesem Szenario der Akteur zu sein. Das war die einfache Erklärung, denn es geschieht nicht nur, wenn wir vor wichtigen Entscheidungen stehen. Es kann jedes Mal passieren, wenn wir vor Entscheidungen stehen, ganz gleich, wie groß oder klein sie sind. Jedes Mal, wenn wir eine Entscheidung treffen, wird augenblicklich ein anderes Universum oder eine andere Dimension geschaffen, so dass auch die andere Wahl Wirklichkeit werden kann und ein anderes "du" spaltet sich ab, um diese Rolle zu spielen. Sie sind alle genauso real wie das gegenwärtige Leben, auf das wir uns konzentrieren. Wir sind uns dieser anderen Teile von uns nicht bewusst, und es ist weise, dass wir es nicht sind. Unser menschlicher Verstand wäre nie in der Lage, mit all dem fertig zu werden. Mir wurde gesagt, dass das Problem nicht innerhalb des Gehirns liegt, sondern beim Verstand; in unseren vorgefertigten Konzepten. Es gibt einfach keine Konzepte innerhalb unseres menschlichen Verstandes, die es uns erlauben würden, die gesamte Komplexität der Situation zu erfassen. Deshalb wird man uns derzeit nie alle Antworten geben können. Wir könnten sie nicht erfassen. Und daher wählen sie (in ihrer Weisheit) aus, welche kleineren Bruchstücke sie uns in dieser Zeit des Erwachens geben können, damit wir einige weitreichendere Informationen bekommen. Und während sich unser Verstand erweitert, um neue Ideen und Konzepte aufzunehmen, werden sie uns noch weitere Fragmente zum Verdauen geben. Ich persönlich bin dankbar für diese Fragmente. Sie zeigen uns, dass unser Verstand erwacht. Nur so werden wir in der Lage sein, mit dem Konzept der sich verändernden Frequenz und Schwingung unserer Erde umzugehen, um in eine andere Dimension zu gelangen. Die Informationen, die ich jetzt erhalte, hätte ich nie auch nur ansatzweise verstehen können, als ich vor dreißig Jahren mit meiner Arbeit begann. Ich weiß also, dass ich gewachsen bin, und ich kann dies in die Bücher, die ich in diesen Jahren geschrieben habe.

Die Erkenntnis, die mir während des Vortrags in Chicago zuteil wurde, war, dass die Menschen auf der jeweiligen Erde sich gegenseitig nicht wahrnehmen werden, weil das, was geschieht, dem Konzept der Schaffung von Paralleluniversen und -dimensionen ähnelt. Nur in einem viel größeren Maßstab. Solange uns nicht bewusst ist, dass die anderen Anteile von uns die alternativen Entscheidungen, die wir durch Energiekonzentrationen geschaffen haben irgendwo ausleben, können sich die Menschen auf den beiden Erden gegenseitig auch nicht wahrnehmen. Die eine Erde würde in die Richtung der einen Entscheidung gehen und die andere Erde würde sich in eine andere Richtung entwickeln. Jede würde eine andere Wahl treffen. Es liegt nun an den Menschen auf der Erde, dass jeder seine persönliche Entscheidung darüber trifft, welchen Weg zu welcher Erde er einschlagen will. Die dazu notwendige Energie ist vorhanden und wird stärker. Sie wirkt sich physisch auf unseren Körper aus. Unsere eigene Frequenz und Schwingung wird verändert. Aber ich glaube, es liegt immer noch an uns, was wir letztendlich entscheiden und zu welcher Erde wir uns aufgrund unseres freien Willens hingezogen fühlen. Der Hauptunterschied besteht darin, dass "sie" sagen, dies sei noch nie zuvor in einem so großen Maßstab geschehen. Noch nie in der Geschichte des Universums hat ein ganzer Planet seine Frequenz und Schwingung derart verändert, dass er in eine andere Dimension übergeht. Deshalb ist es die größte Show im Universum und unterschiedliche Zivilsationen aus vielen verschiedenen Galaxien und Dimensionen schauen dabei zu, um zu sehen, was passieren wird.

EINE VERSCHIEBUNG IN DER VERGANGENHEIT

Ich habe sehr viele Informationen über den kommende Zeitenwechsel erhalten. Vieles davon ist bereits im zweiten Buch dieser Reihe geschrieben worden. Und es kommen immer noch weitere Informationen durch. Dies ist unser Schicksal, unsere Zukunft. In dieser Sitzung erhielt ich einen weiteren fehlenden Teil der Geschichte. Etwas ähnliches ist auf der Erde schon einmal geschehen. In der Vergangenheit waren Gruppen von Menschen in der Lage, massenhaft in eine andere Dimension zu wechseln. Dabei handelt es sich in der Regel um Gruppen, die aus unserer Sicht von Geheimnissen umgeben sind, weil sie einfach verschwunden sind und keinerlei Hinweise hinterlassen haben, was mit ihrer Zivilisation geschehen ist. Es hat viele Spekulationen gegeben und verschiedene Theorien wurden von sogenannten "Experten" vorgebracht. Aber nur wenige haben die Tatsache in Betracht gezogen, dass sie diese Erde einfach verlassen haben und in eine andere Dimension eingetreten sind, ohne Spuren zu hinterlassen. Die Mayas sind dafür ein Paradebeispiel und auch einige nordamerikanische Indianerstämme. Durch meine Arbeit wurde mir gesagt, dass diese Gruppen in ihrer Entwicklung sehr weit fortgeschritten waren und sich dafür entschieden hatten, ihre Schwingung zu verändern und massenhaft in eine andere Dimension zu wechseln. Man sagte mir, dies sei eine der logischsten Erklärungen dafür, dass der Maya-Kalender im Jahr 2012 endet. Da sie dies einem fortgeschrittenen Zustand erreicht hatten, konnten sie ebanfalls sehen, dass in Zukunft der ganze Planet folgen und die gleiche Leistung vollbringen würde. Dies wäre ein noch größeres Ereignis als das, was sie erreicht haben. So trugen sie in ihren Kalendern den Zeitpunkt ein, an dem der gesamte Planet und alle Lebewesen auf ihm seine Frequenz ändern und allmählich in eine andere Dimension wechseln würde. Man hatte mir diese Dinge gesagt, und es klang für mich vernünftig. Ich hatte jedoch nicht erwartet, dass es zu einer Rückführung kommt, bei der jemand in ein Leben zurückkehrt, wo er ein solches Ereignis tatsächlich erlebt. Diese Frau konnte etwas berichten, worüber wir zu diesem Zeitpunkt nur spekulieren konnten. Es war ein weiteres Teil des Puzzles, das aus der Vergangenheit kam. "Sie" stellten sicher, dass mir alle Teile zur Verfügung standen. Meine Aufgabe war es, sie zu organisieren und sie zu einer zusammenhängenden Geschichte zusammenzufügen.

Nachdem sie einen tödlichen Unfall zur Zeit des alten Roms erlebt hatte, schaute Suzanne nach unten und sah die Straße, auf der sie gegangen war, als eine Spirale. "Es scheint dieselbe Straße zu sein, aber es ist auch ein Symbol. Fast wie diese Muscheln, die in zwei Hälften geschnitten sind. Das ist ein gutes Beispiel. Es ist, als ob du durch den Blick auf die Spirale einen Einblick in das Universum bekommst und ein tieferes Verständnis bekommst, wie die Dinge ticken. Wenn man seinen Platz auf der Spirale sieht, sieht man, wie sich die Spirale ins Universum einfügt und in die Zeit einfügt".

Ich brachte sie dann weg von der Todesszene und sagte, sie solle zu einer anderen Szene wechseln, die für sie wichtig war. "Ich komme auf einer Holztreppe mit einem Holzgeländer linker Hand herein. Irgendeine Art Holzstruktur die nach vorne reicht. Es ist niemand sonst da. Fast so, als wärst du in einer Festung oder so etwas und man schaut durch die Struktur hindurch. Sie ist an die Seite eines Berges gebaut, aber sie wurde geschickt in den Berg gegraben. Dort befindet sich der Hauptteil des Gebäudes. Es ist in den Stein des Berges gebaut. Es ist ein Ort der amerikanischen Ureinwohner. Und ich stelle fest, dass sich der Bau auf der ätherischen oder irgendwo auf dem astralen Ebene befindet. Oder er könnte fünftdimensional sein, aber in jedem Fall nicht mehr dreidimensional."

D: Nicht physisch?
S: Er scheint physisch zu sein, aber einfach nicht auf der Erdebene. Es fühlt sich an, als ob die Erde irgendwo anders schwingt. Und als ob es eine Überlagerung der Dimension über der Erde gäbe und dies wäre also die Überlagerung. Dieser Ort könnte zu einer Zeit einmal in 3-D gewesen sein und die Schwingung hat sich später verstärkt. Und jetzt ist er fast wie eine Parallele in diesem Universum oder wie etwas, das zwar etwas mit der Erde zu tun hat, aber nicht mit der dreidimensionalen Erde.
D: Kommt dir dieser Ort vertraut vor?
S: Er ist mein Zuhause.

D: *In dieser Dimension?*
S: Ja, und sie ist der Erde sehr ähnlich, es gibt dort Steine und Bäume. Und dieser Ort liegt definitiv in den Bergen. Es ist ähnlich wie im Südwesten der USA. Alles ist sehr angenehm. Meine Interessen und meine Arbeit gelten spirituellen Dingen und der Heilung.
D: *Wie nimmst du deinen Körper wahr?*
S: Ich fühle mich wie ein Mann, und ich bin jung - noch kein alter Mensch, vielleicht um die dreißig. Erfahren. Ich mache meine Arbeit, ich bin noch sehr fit.
D: *Wie bist du gekleidet?*
S: Sehr einfach. Eine Art gewebtes Material. Es ist sehr funktionell, eine Art Tunika. Sehr einfach.
D: *Du hast gesagt, du fühlst dich nicht wie auf der Erde.*
S: Nein, es ist nicht die Erde, aber dieser Ort ist mit der Erde verwandt.
D: *Besitzt du einen physischen Körper?* (Ja) *Wie bist du dann in der Lage, an diesen Ort zu gehen, wenn er sich nicht auf der Erde befindet? Du kannst ihn ansehen und verstehen, wie das möglich ist.*
S: Es scheint alles sehr natürlich zu sein, der Erde nicht unähnlich. Menschen werden geboren und wachsen auf. Aber ich habe versucht herauszufinden, ob wir vielleicht irgendwann einmal von der Erde waren und uns dann irgendwie verändert haben. Vielleicht war es so.
D: *Du sagtest, es sei irgendwie mit der Erde verwandt. Was meinst du damit?*
S: Ich denke, ich habe ein Bewusstsein für die Erde, fast so, als wären wir in einer anderen Dimension. Also können wir sie entweder von dort aus wahrnehmen, oder wir waren einmal auf der Erde und haben uns irgendwie von ihr entfernt.
D: *Wenn du dich also von der Erde entfernt hast - hast du dann diesen physischen Ort dorthin mitgenommen?*
S: Es sieht so aus, als wäre das, was passierte, von einer Gruppe von Menschen ausgelöst worden - ich sagte "Gruppe", weil es nicht so ist, dass es sehr, sehr viele Menschen gibt. Und irgendwie haben wir einen Punkt erreicht, an dem wir die Frequenzen wechseln, als ob wir alle eine ähnliche Erfahrung machen. So, wie wenn Menschen Dinge als Gruppe tun. Und es war, als ob die ganze Gesellschaft in der Lage wäre, zu transzendieren.

D: *War dies ein absichtlicher Vorgang?* (Ja) *War es etwas, worüber gesprochen wurde?*
S: Über das gesprochen wurde und an dem gearbeitet wurde. Die Menschen strebten danach.
D: *Also haben das nicht alle getan, sondern nur eine bestimmte Gruppe deiner Leute?*
S: Es waren alle die uns damals bekannten Leute. Wir waren ein Indianerstamm und wir wussten, dass es noch andere Stämme gab, aber sie waren nicht Teil unserer Welt, nicht Teil unserer Gesellschaft. Wir waren unter uns. Wir kümmerten uns nur darum, was mit uns geschah.
D: *Wie konntet ihr das erreichen? Wurdet ihr unterrichtet?*
S: Es gab seit Generationen unsere Lehrer, die Weisen. Wir wurden in Meditation unterrichtet. Wir alle. Vielleicht waren wir nur ein paar hundert Menschen, aber das war unsere ganze Welt. Ich glaube, wir haben vorgefühlt, bevor wir ganz umgezogen sind. Wir gingen und kamen einzeln und in Gruppen. Die Frequenz wurde erhöht, wir erlebten es und kamen dann wieder zurück.
D: *Woher wusstet ihr, dass dies geschehen würde?*
S: Das habe ich mich auch gerade gefragt. Es ist, als ob die Leute es einfach wussten. Ich weiß nicht, ob es ihnen irgendwann einmal jemand gesagt hat. Ich spüre jetzt, dass wir vielleicht gar nicht von der Erde kamen, aber wir kamen auf die Erde und gründeten eine Kolonie. Aber wir wussten, dass wir uns mental transportieren und bewegen konnten.
D: *Warum wolltet ihr das tun?*
S: Ich glaube, es ging um die Erforschung des Ganzen. Nur um zu sehen, ob es machbar ist. Wir machten die 3-D-Erfahrung und dann wechselten wir wieder in eine andere Dimension.
D: *Es gab also keinen Grund, die Erde zu verlassen und die 3-D-Erfahrung zu beenden?*
S: Nein, es bestand keine unmittelbare Gefahr.
D: *Ich dachte, wenn euch die 3-D-Erfahrung auf der Erde glücklich machte, hätte für euch weder die Notwendigkeit noch der Wunsch bestanden, in eine andere Dimension zu wechseln.*
S: Das bringt mich zum Lächeln. Es ist so, dass eine spirituelle Natur immer bereit ist zu lernen. Selbst wenn die Dinge gut sind, denkt sie sich: "Hmm, was wartet da um die Ecke und was gibt es zu erforschen?

D: In der 3-D-Welt seid ihr also eine spirituelle Gruppe gewesen?

S: Absolut. Wir hatten großen Respekt vor der Erde und den Kräften in ihr.

D: Aber du hattest nicht den Wunsch, dort zu bleiben. (Nein) Es wurde also beschlossen, dass ihr das alle zusammen tun würdet? (Ja) Du sagtest, ihr habt hin und her gewechselt.

S: Zuerst, ja. Am Anfang war es, als ob du versuchen würdest, rauszukommen. Und als wir uns darin übten, bekamen wir alle den Wechsel hin. Ich sehe einen blauen Stein, Lapislazuli. Er scheint mit dem Ort verbunden zu sein, woher wir kommen und er steht dafür symbolisch. So wie Türkis für die Indianer des Südwestens und für die Tibeter steht. Lapislazuli steht irgendwie in Zusammenhang mit dieser anderen Zivilsisation. Es scheint, als stammt sie aus einem anderen Teil des Kosmos.

D: Sie waren also ursprünglich nicht irdisch?

S: Ich glaube, es geschah vor unserer Zeit, aber nicht vor der Generation unserer Großeltern.

D: Haben sie dir Geschichten darüber erzählt, was passiert ist?

S: Das müssen sie wohl, aber ich erinnere mich nicht daran.

D: Vielleicht hat dir das den Übergang in die andere Dimension erleichtert?

S: Vielleicht. Sicherlich das Wissen. Aber ich möchte auch sagen, dass die Menschen klüger sind, als sie denken. Jeder weiß, wie man das macht. Offenbar wissen die meisten nur nicht, dass sie es wissen.

D: Und deine Leute haben ihren physischen Körper und ihre Umgebung mitgenommen. Ist das richtig?

S: Da bin ich mir nicht sicher. Ich denke, entweder sie manifestierten eine ähnliche Umgebung, da, wohin sie gingen, oder sie bewegten sich in eine andere Dimension, die dort bereits eine solche Umgebung hatte.

D: Gefällt es dir dort?

S: Es ist eher die Begeisterung, neue Dinge zu lernen. Das "dort" spielt keine Rolle. Die Freude entsteht im Lernen. Ich bin sehr aktiv in meinem Denken.

D: Musst du dort etwas essen? Musst du etwas zu dir nehmen?

S: Wir essen zwar, aber es scheint, dass das Essen leichter ist und eine höhere Schwingung hat. Es hält sich länger in uns, arbeitet für uns. Die Anforderungen an die Verdauung sind

nicht so hoch.
D: Und du willst nicht zurück auf die Erde?
S: Wir haben uns jetzt weiterentwickelt. Es scheint der nächste Schritt in unserer Evolution zu sein.

Ich brachte ihn zeitlich vorwärts, um zu sehen, ob dort etwas Wichtiges passierte. Es schien ein so idyllischer Ort zu sein, was könnte er dort noch finden, das von Bedeutung wäre?

S: Ich sehe, dass man uns darum bittet, zurückzukommen. Und mir kommen jetzt Tränen. Man bittet uns, auf die Erde zurückzukommen.
D: Die gesamte Gruppe?
S: Einige von uns. Wir wissen einige Dinge, die den Menschen helfen würden. Und wir haben großes Mitgefühl für die Menschen.
D: Aber du willst nicht gehen?
S: Ja und nein. Es ist wie bei der ersten Erkundungsreise. Ja, du willst gehen, aber du bist hin- und hergerissen. Es ist traurig, die Heimat zu verlassen. Wir sind Menschen, die sehr liebevoll sind, sehr mitfühlend. Und wir möchten dies mit anderen teilen.
D: Aber dieser Ort dort ist nicht dasselbe wie die geistige Seite, oder?
S: Nicht ganz. Es scheint eine andere physische, aber weniger dichte Existenz zu sein. Nicht ganz geistiger Natur, glaube ich.
D: Er ist also nicht so, wie der geistige Ort, an den du gehst, wenn du stirbst und den Körper verlässt.
S: Ich weiß es nicht. Wir scheinen ziemlich unendlich zu sein. Wir haben uns vom Physischen Tod entfernt und zu einer Frequenz weiterentwickelt, wo keine Notwendigkeit mehr besteht, zu sterben. Ich glaube, wir haben es tatsächlich geschafft. Eine Art Übergang - sogar der molekularen Struktur unserer Körper. Ich glaube, wir sind irgendwie Geist geworden.
D: Du meinst, alles hat sich in irgendeiner Weise verändert?
S: Ja, es war eine Art Transformation, als wir gingen. Ich glaube, wir haben unsere Körper mitgenommen, als wir fortgingen. Ich glaube, wir haben die physischen Körper, die sich verändert hatten, mit uns mitgenommen.

D: *Du sagtest, die Molekularstruktur hat sich verändert?*
S: Ja, völlig. Ja.
D: *Das war der einzige Weg, wie ihr die Änderung vornehmen konntet?*
S: Ich glaube, wir hätten sterben können, aber wir wären nicht en masse gestorben. Ich meine, *theoretisch* hätten wir natürlich en masse sterben können. Aber es war eine Art Experiment. Es war die Verschmelzung eines Gruppengeistes aus 3-D. Es war der Vorläufer dessen, wohin wir jetzt auch gehen können.
D: *Es war also eine Gruppe, die experimentierte.*
S: Ja. Ich glaube, es gab andere, die andere Wege versuchten. Das war unser Weg.
D: *Ihr ward nicht unglücklich auf der Erde. Ihr wolltet nur etwas anderes versuchen, etwas spirituelleres.*
S: Beide sind gleichermaßen spirituell, aber es scheint, dass wir über 3-D hinaus weniger Einschränkungen haben. Das hat Vorteile.
D: *Jemand sagt dir also nun, dass du zurückkommen musst?*
S: Nicht muss. Es ist, als gäbe es einen Ruf, es gibt einen Bedarf, es gibt eine Gelegenheit.
D: *Woher weißt du das?*
S: Es ist darüber gesprochen worden. Mehr in Form mentaler Telepathie, aber es ist kommuniziert worden, es ist bekannt. Es ist, als ob die Dinge auf der Erde viel schlimmer geworden sind, seit wir weggegangen sind, seit wir weggezogen sind. Die Dinge haben sich verändert.
D: *Du hast also eine Möglichkeit, zu wissen, was auf der Erde geschieht.*
S: Ja, sehr viel. Deshalb sage ich, dass wir alle miteinander verbunden sind. Wir können diese Dinge wissen. Es gibt so etwas wie holographische Denkprozesse, die geschehen. Jeder von uns kann sich einstimmen, oder die meisten können sich auf das einstimmen, was sie wahrnehmen wollen. Und es gibt eine gewisse Beziehung zwischen unserem Volk und den Menschen, die auf der Erde geblieben sind. Es ist, als ob jemand auf der Erde diese Ahnung hat. Jemand hat dort ein Anliegen erkannt, über das wir alle Informationen haben. Und jetzt ist es an der Zeit, sie weiterzugeben.
D: *Du hast es also damals getan, damit du weißt, wie du die*

Dinge nun erleben und umsetzen kannst.
S: Ja. Oh, es ist ein großer Vorteil, schwierige Erfahrungen auf der Erde gemacht zu machen.
D: *Was willst du also tun?*
S: Oh, auf jeden Fall gehen. Ich denke, ich kann da hilfreich sein, ja.
D: *Es macht dir nichts aus, diesen schönen Ort zu verlassen?*
S: Ja, es macht mir etwas aus. (Lachen) Aber du kannst nicht gleichzeitig hier und dort sein.
D: *Wie willst du das machen? Weißt du es schon?*
S: Irgendwie komme ich als Baby rein. Ich kann nicht sehen, ob ich es beseele oder ob es irgendeine andere Bewusstseinsverschmelzung ist. Aber es ist eine echte Erfahrung. Irgendwo vereinige ich mich also mit einem Fötus. Es fühlt sich an, als ob mein ganzes aktives Bewusstsein verschwindet.
D: *Was passiert also dort mit deinem Körper?*
S: Ich bin mir nicht so sicher, ob es jetzt ein Körper war - oder nur Bewusstsein, Schwingungsbewusstsein. Energie.
D: *Dann geht dein Bewusstsein also in ein Baby zurück?*
S: Es scheint so, ja.
D: *Das bedeutet einen Neuanfang, nicht wahr?*
S: Ja. Nun ja, fast.
D: *Aber es ist wichtig. Glaubst du, dass das Gleiche mit der Erde wieder passieren wird?*
S: Was meinst du mit „wieder passieren"?
D: *Du sagtest, du wärst hier, um ihnen zu zeigen, wie es geht.*
S: Die Dinge sind hier in gewisser Weise in trauriger Verfassung. Die Menschen haben grundlegende Dinge vergessen oder nicht gelernt. Ich glaube, es ist mehr, dass sie etwas über Liebe und Vergebung lernen müssen. Es spielt keine Rolle, in welcher Dimension du dich befindest, die Lektion scheint immer die gleiche zu sein. Dass wir Liebe sind und von dem einen Schöpfer stammen. Menschen verfangen sich auf so vielen Ebenen im Überleben.
D: *Aber wenn du als Baby zurückkommst, wirst du dich dann daran erinnern, was du tun sollst?*
S: Es ist programmiert. Es fühlt sich an, als gäbe es Programme, die losgehen werden. Ja, wir vergessen es. Da ist eine Form der Umnachtung. Aber es gibt irgendwie Programme, die aktiviert werden können. Es scheint eine Art Zeitauslöser zu

sein. Einiges davon wird durch Assoziationen mit Personen oder Ereignissen ausgelöst. Erdbeben, Vulkanausbrüche, schwere Stürme. Ich spüre das in meinem ganzen Körper. Es gibt einen Ruf, der sich ereignet.

D: *Wenn also Ereignisse auf der Erde geschehen, löst das bestimmte Prozesse aus?*
S: Das ist eines der Merkmale, ja. Ich spüre das mit großer Energie in meinem ganzen Körper.
D: *Wenn also diese irdischen Dinge geschehen, lösen sie das Programm aus, das in den Menschen steckt?* (Ja) *Bei denjenigen, die für diese Mission gekommen sind?*
S: Ja, bei denjenigen, die dieses Programm haben. Auch die Teilnahme an antiken Zeremonien wirkt als großer Auslöser.

Ich beschloss, dass es an der Zeit war, das Unterbewusstsein einzuschalten, um Fragen zu beantworten und die Dinge ausführlicher zu erklären. Obwohl dieser andere Teil von Suzanne gute Arbeit leistete, schlug auch er vor, das Unterbewusstsein herbeizurufen, "obwohl es wahrscheinlich sowieso alles eins ist". Ich fragte, warum das Unterbewusstsein dieses Leben für Suzanne ausgesucht hatte.

S: Sie muss zuerst verstehen, dass sie eine Forscherin ist und sich immer wieder in neue Situationen begeben wird. Und dass diese Zeit auf der Erde eine Zeit der Erkundung ist. Es ist noch keine abgeschlossene Sache.
D: *Wo sie war, schien eine andere Dimension zu existieren.*
S: Das ist richtig.
D: *Sie hatte das Gefühl, dass diese Gruppe von irgendwo außerhalb des Planeten kam. Weißt du etwas darüber?*
S: Ja, sie kamen von der Quelle.
D: *Direkt von dort?* (Ja.) *Als Gruppe?*
S: Es ist nicht wirklich eine Gruppe. Es ist ein Geist, der versucht, Erfahrungen zu machen, also ist er aufgesplittet worden. Es ist die gleiche Seele. Suzanne versteht, dass Seelen sich aufsplitten, sich teilen. Es sind Möglichkeiten, die ein Eigenleben führen. Das ist das eine. Und das ist gut so. Der Witz ist, dass wir alle eins sind.
D: *Warum wollten diese Anteile auf der Erde leben?*
S: Die Erde ist ziemlich speziell. Es gibt viel, was man dort lernen kann.

D: Aber dann beschlossen sie, die Frequenzen zu ändern.
S: Indem sie ins Physische eintraten und Vorläufer waren. Es ist sehr wichtig, eine Form zu schaffen, eine Spur zu schaffen. Die Menschen können sich später auf das Geschehene einlassen. Bei den Ersten, die kommen, ist es schwieriger. Dann wird es einfacher. Du hast einen Begriff dafür: der hundertste Affe oder so ähnlich. Du machst es für andere leichter, wenn der Weg schon bereitet ist. Und es gibt nur eine Zeit. Alles ist eins. Es war also schon immer bekannt, dass es eine Zeit für die Notwendigkeit des Aufstiegs, der Verschiebung, der Transformation, der Transzendenz geben würde.
D: Ist etwas passiert, weshalb sie die Erde verlassen wollten, um dieses Experiment auszuprobieren?
S: Sie erforschten, wie sich Dimensionen und Formen verändern können. Sie untersuchten, wie man in 3-D wirklich physisch lebt und dann diesen Körper einer Veränderung unterzieht
D: Und diesen Körper mit in eine andere Dimension nimmt.
S: Ja, den Körper mitzunehmen. Das war exakt das, was passierte.
D: Deshalb war es ein Experiment.
S: Ja. Und es dient hier jetzt als Vorlage. Dieses Wissen ist verfügbar.
D: War es einfacher für sie, weil sie direkt von der Quelle kamen?
S: Ja, sie hatten größere Fähigkeiten, nehme ich an und gemessen an den Zeitdimensionen der Erde ging das sehr schnell. Aber es bedurfte einiger Anstrengungen.
D: Sie waren nicht lange genug hier, um kontaminiert zu werden. Ist das richtig?
S: Was heißt Kontamination?
D: Du weißt, wie die Erde die Menschen verunreinigt. Sie bleiben hier stecken.
S: Die Erde besteht aus reiner Güte.
D: Es war also einfacher für sie, denke ich, weil sie nicht so viel mit anderen Menschen zu tun hatten?
S: Sie waren nur unter sich innerhalb der Gruppe und diese hatte wirklich einen großen, gemeinschaftlichen Geist. Also ja, das nimmt etwas den Glanz von unserer großen Errungenschaft. (lacht)
D: Du sagtest, es sei eine indianische Gruppe gewesen?

S: Sie war wie eine indianische Gruppe, sie stammte aus dieser Zeit. Aus einer sehr alten Zeit.

D: *Wir kennen Geschichten von Indianerstämmen, die einfach verschwunden sind. Die Menschen haben sich immer gefragt, was passiert ist. War das eines der Beispiele?* (Ja) *Also nahmen sie ihre Körper mit in eine andere Dimension, wo sie das schufen, was sie wollten? Oder war es eine andere Dimension, in der diese Dinge bereits existierten?*

S: Das wichtige war die Erfahrung des Transzendierens. Zuerst in 3-D physisch zu inkarnieren und dann anschließend trotzdem nie die Verbindung zur Quelle zu verlieren. So war es möglich, das jeweils andere zu kennen und sich hin und her zu bewegen, hin und her, hin und her, her und hin, um dadurch einen Weg zu bahnen. Sie experimentierten, da sie sich erlaubten, wirklich in der Dichte zu existieren. Aber sie hatten den Vorteil, dass sie stets die Quelle im Geiste kannten - immer. So wurde es dann zu einem Experiment, bei dem versucht wurde, die 3-D Realität zu verändern. Es ging darum, wie man die Frequenz anhebt, wie man Dimensionen verschiebt und wie einem dies innerhalb eines physischen Körpers gelingt. In all diesem Kommen und Gehen gab es also manchmal bereits Dinge in der anderen Dimension. Und in gewisser Weise schufen sie manchmal auch Dinge, wenn sie in die andere Dimension hinüberwechselten.

D: *Sie machten es ähnlich wie dort, wo sie ursprünglich herkamen.* (Ja) *Aber dann sagte Suzanne, sie seien aufgerufen worden, hierher zurückzukommen?*

S: Ja. Das war Teil des Plans. Zuerst erforscht man - man bereitet einen Weg, dem andere folgen werden. Erst werden einige andere folgen, dann viele andere. Das ist schon mal von Vorteil, aber jemand muss zurückkommen, um wieder den Weg zeigen. Tut es, nehmt diesen Weg, den sie einst gebaut haben, ohne es zu wissen. Suzanne ist zurückgekehrt, um anderen zu helfen, damit ihnen dieser Übergang, dieser Wechsel gelingen kann.

D: *Aber Suzanne hat dies nicht bewusst realisiert.*

S: Nicht als sie hier inkariert ist, nein. Aber sie war sich der Quelle immer bewusst.

Das Unterbewusstsein sagte Suzanne, dass sie in den

südwestlichen Teil der Vereinigten Staaten reisen sollte. "In den Canyons, in den Felsen, wo es trocken ist, wo es hoch ist. Dann wird ihre Mission klarer werden. Im Stein und in den Knochen steckt Erinnerung. Darin ist Erinnerung." Dies war das Gebiet, in dem der Stamm lebte, bevor er in die andere Dimension wechselte.

Suzanne hatte ausgedehnte Reisen in alle Teile der Welt unternommen. Ich wollte wissen, welche spirituelle Bedeutung das hatte. "Dort, wo sie hinging, hinterließ sie eine Schwingungsspur, die sich spiralförmig nach oben bewegt. Das ist die Bedeutung der Spirale, die sich nach oben windet. (siehe den Teil über die Spirale am Anfang dieses Kapitels) Und als sie ging, hinterließ sie einen Abdruck, der für jene Menschen einen Code bereithält, die diesen Weg gehen und die dadurch mit ihr in Kontakt kommen. Dieser Code aktiviert und lehrt, wie auch sie den spiralförmigen Weg nach oben gehen können. Sie muss es den Menschen nicht sagen. Die Information wird energetisch übertragen. Sie beeinflusst Hunderte, Hunderte, Hunderte, Hunderte von Menschen einfach dadurch, dass sie da ist. dort. Auf jedem Kontinent, den sie bereiste, hinterließ sie ihre Spuren. - Wir wollen, dass sie dem spiralförmigen Weg folgt. Sie weiß das, sowie jede Zelle in ihrem Körper ebenfalls und es wird ihr zudem deutlich gemacht werden. Es ist eine Energiespirale."

Ich frage mich, ob das auch auf mich zutrifft. Als ich meine Arbeit begann, wurde mir gesagt, dass ich ausgiebig durch die ganze Welt reisen würde, obwohl ich zu diesem Zeitpunkt nur zu einigen Konferenzen in den Vereinigten Staaten reiste. Man sagte mir, dass überall dort, wo ich hinkäme, ein Teil meiner Energie bleiben würde. Dass dies meine eigene Energie nicht erschöpfen würde, sondern diese lediglich in der Gegend bleiben und viele Menschen beeinflussen würde. Sie sagten, ich müsse nur an den Ort denken, den ich besucht habe und meine Energie würde sofort dorthin zurückkehren. Ihre Vorhersage hat sich sicherlich bewahrheitet, denn ich habe inzwischen auf fast allen Kontinenten der Welt Vorträge gehalten und meine Bücher sind inzwischen in zwanzig Sprachen übersetzt worden. Diese Energie ist also sicherlich in der Lage, sich auszubreiten und Einfluss zu nehmen. Und wir sind uns überhaupt nicht bewusst darüber, was passiert, wenn wir uns an diesen Orten aufhalten.

KAPITEL DREIßIG

HILFE IN ZEITEN DES CHAOS

Die alte Erde

Zu Beginn der Sitzung sah Anne Szenen aus dem Inneren eines Raumschiffs, das zu anderen Planeten reist und unzusammenhängende Szenen, bei denen sie sich nicht sicher fühlte, ob sie darüber sprechen sollte. Sie sagte, sie könne jede Frage über Dinge, die sie wisse, beantworten, aber bei Fragen über Dinge, die sie nicht wisse, sei sie sich nicht sicher. Dies deutete mir an, dass das Bewusstsein die Kontrolle nicht aufgeben wollte. Dann unerwartet: "Es erscheint mir nicht relevant, an diese Orte zu gehen oder diese Dinge zu sehen. Ich habe das Gefühl, dass etwas oder jemand nur dann reden oder etwas sagen will, wenn du bestimmte Fragen stellst".

Ich kannte diese Situation bereits. Manchmal sind sie "ungeduldig" und wollen, dass der Klient zu etwas geht, das er sehen soll und dem er aber ausweicht. Oder manchmal gibt es etwas anderes, über das sie sprechen möchten. "Da ist diese Person und sie möchte mit dir sprechen. Es gibt Dinge, die sie dir durch mich sagen will." Ich versicherte ihr, dass es in Ordnung ist und dass ich daran gewöhnt bin.

D: Alles, was das Unterbewusstsein mir sagen will, höre ich mir sehr gerne an. Möchtest du Anne von ihr erzählen oder möchtest du mir etwas anderes erzählen?
A: Andere Dinge. Sie hat die Fähigkeit zu kommunizieren, aber es sind nur bestimmte Orte oder Gelegenheiten dafür erlaubt.

D: Das kann ich verstehen, denn es wäre an vielen Orten nicht sicher für sie zu sprechen, oder?
A: Aber im Moment ist sie sicher. Wir schützen sie.

Ich versicherte, dass ich die Notwendigkeit des Schutzes verstehe. "Deshalb ist es ihr auch nicht erlaubt, mit jedem Menschen über diese Dinge zu sprechen, oder?"

A: Ja, das ist richtig.
D: Kannst du ihr einige der Dinge sagen, nach denen sie sucht?
A: Es bracht einen Auslöser, bei dem einige Dinge auf die richtige Art und Weise gefragt werden müssen.

Das haben sie mir schon oft gesagt. Um die Antworten zu erhalten, müssen die Fragen auf eine bestimmte Art und Weise gestellt werden.

D: In Ordnung. Sie sagt, sie habe das Gefühl, ursprünglich nicht von der Erde zu stammen. Sie fühlt sich hier nicht wohl, so, als gehöre sie nicht hierher. Kannst du ihr dazu etwas sagen?
A: Sie weiß, dass sie nicht von hier stammt. Die Fragen, die gestellt werden müssen, haben mehr mit anderen Dingen zu tun, die nicht persönlicher Natur sind - Dinge, die für diese Zeit wichtig sind. Es ist wichtig, dass du Fragen zu anderen Dingen stellst. Ihr Wunsch ist es, zu Diensten zu sein, und sie braucht die Bestätigung dazu.
D: Aber sie hat auch viele persönliche Fragen. Deshalb wollten wir mit diesen beginnen.
A: Ein Teil des Wachstums besteht darin, sich mit den geeigneten Personen in Verbindung zu setzen, um die Arbeit fortzusetzen. Und das wird ihr mit der Zeit klar. Es ist nicht so wichtig, dass sie nach sich selbst fragt. Sie hat das Gefühl, dass sie ihren Zweck nicht erfüllt. Das ist ihre größte und wichtigste Sorge - dass sie nicht das tut, wozu sie hierher gekommen ist.
D: Ja, sie sagte, sie fühle sich sehr einsam und wolle immer wieder die Erde verlassen.
A: Sie will de Dinge beenden. Sie hat viele Fähigkeiten und Talente, und sie hat das Gefühl, dass sie sie auf eine bestimmte oder eine andere Art und Weise nutzen sollte.

Und sie kann dies nicht allein tun.
D: *Was ist es, was du von ihr willst?*
A: Ein wichtiger Aspekt ist die Kommunikation mit dir. Deine Fragen sollten auf einen anderen Bereich ausgerichtet sein Einen, der mit dem generellem Verstehen der Dinge zu tun hat.

Dies kann ein frustrierender Prozess sein und er kommt recht häufig vor. Sie wollen, dass ich über etwas Bestimmtes spreche, aber sie wollen mir nicht sagen, was es ist. Sie wollen, dass ich Fragen zu einem Thema stelle, über das ich keinerlei Informationen habe, was es ist. Es hilft immer, wenn sie ein Thema zur Sprache bringen. Dann komme ich nie in Verlegenheit, Fragen zu stellen.

A: Es gibt bestimmte Auslöser, die auftreten, wenn sie bestimmte Leute trifft und mit anderen zusammenkommt, die wie ein Aufsperren oder wie eine Öffnung wirken. Und erst wenn diese Auslöser in Gang gesetzt sind, werden ihr einige Dinge klar. Es ist, als ob sie ein geheimes Leben führt. Und sie weiß das, nicht weil sie Geheimnisse hat, sondern weil es viele Dinge gibt, die sie nicht mit anderen teilt. Sie musste viele, viele Jahre lang Dinge allein tun. Aber sie hat ein Art von Verständnis, das die meisten Menschen nicht haben und sie ist nicht in der Lage, eine Beziehung zu ihnen herzustellen. Sie weiß, dass das Teil der Herausforderung dieses Lebens ist – hierher zu kommen und in gewisser Weise allein zu sein und innerlich für sich zu bleiben. Es ist, als ob man in der Lage wäre, vorausschauend zu sehen und das nicht mit anderen teilen zu können. Es ist sehr frustrierend. Ein Verständnis von Ursache und Wirkung seit früher Kindheit zu haben und gleichzeitig der Versuch, mit Menschen auf Augenhöhe in Beziehung zu treten, obwohl sie klüger als ist als sie. Sie weiß, dass es ein ständiger Kampf ist, so zu tun, als sähe sie nicht, was sie doch sieht. Es gibt Beziehungen, Lektionen, die man dabei lernen kann. Aber es geht auch darum, zu helfen. Darum, Bewusstsein zu schaffen.

Da das eine ihrer Anliegen war, fragte ich nach Beziehungen. Ob sie jemanden finden würde. Auch hier wollten "sie" nicht über etwas so Banales diskutieren. "Es gibt wichtigere Dinge zu besprechen als romantische Beziehungen. Sie hat das Gefühl, dass sie nicht viel erreicht hat und sie beginnt sich zu fragen, ob sie sich auf andere Dinge konzentrieren sollte. Aber es ist eine Ungeduld, die sie dazu bringt, sich über die kleinen Dinge Sorgen zu machen. Sobald die wichtigen Dinge in den Vordergrund getreten sind, werden sich die anderen Dinge von selbst regeln".

D: Das ist wahr. Aber was sind die wichtigeren Dinge, damit ich weiß, welche Fragen ich stellen muss? Ich kann wahrscheinlich einige Fragen stellen, wenn ich eine Idee habe, wohin die Reise gehen soll.
A: Die Fragen müssen sich mit den Veränderungen befassen, die sich zu diesem Zeitpunkt vollziehen. Und Annes Rolle in diesem Prozess, die Mut erfordert, denn es ist eine Rolle der Unterstützung und des Da-Seins, wenn die Zeit für ihre Anwesenheit und die Anwesenheit anderer gekommen sein wird. Es gibt Menschen, die aus diesem Grund hier sind.

Anne hatte gesagt, sie wolle „nach Hause" gehen und erfahren, wie es dort ist. An diesem Punkt erlaubten sie ihr einen Blick auf Zuhause und sie wurde sehr emotional.

D: Sag mir, was du jetzt siehst. Wie sieht es aus?
A: (sehr leise) Energie. (sie weinte jetzt) Es ist, als würden sie mich mit Energie oder so etwas aufladen. (flüsternd) Ich kann sie überall spüren .... (Weinen) Es ist eine große Liebe.

Ich ließ sie eine Weile weinen, dann versuchte ich, sie zu beruhigen, damit die andere Wesenheit zurückkehren, Fragen beantworten und ohne Emotionen Informationen geben konnte. Nach einer Weile gelang dies, aber "sie" waren immer noch nicht bereit, Informationen weiterzugeben, ohne die richtigen Fragen erhalten zu haben. Sie sagten jedoch: "wir lieben sie sehr."

D: Ich weiß, dass es viel Mut erforderte, diesen schönen Ort zu verlassen und sich freiwillig zu diesem Zeitpunkt hierher zu begeben. Du sagtest, Anne sei freiwillig gekommen, um während der Veränderungen hier zu sein. Sind das die Veränderungen, von denen man mir bereits erzählt hat? (Ja)

Möchtest du über diesen Teil sprechen?
A: Viele Veränderungen werden kommen. Was sind das für Dinge, die man dir erzählt hat? Vielleicht hast du einige Fragen dazu.
D: Dass wir in neue Frequenzen und Schwingungen wechseln werden?
A: Das ist richtig. Hast du dazu Fragen?
D: Ich habe viele Informationen darüber erhalten, dass sich alles beschleunigt und dass sich die Schwingungen und Frequenzen unserer gesamten Dimension verändern. Ist das richtig?
A: Turbulenzen, viele Turbulenzen werden sehr bald kommen - sehr bald. Und es besteht deshalb die Notwendigkeit, gut geerdet zu sein. Viel Aufruhr. Wir brauchen deine Stabilität und die all jener, die hier sind, denn die Menschen werden verloren und verwirrt sein und viel Schmerz erleiden. Verstehst du das?
D: Meinst du mit Turbulenzen mehr von den gewaltigen Veränderungen, die bisher schon auf der Erde stattgefunden haben?
A: Situationen, die von Menschen verursacht wurden und Situationen, die durch die Erdveränderungen entstanden sind. Und das Sichtbarwerden neuer Energien und Wesen, die die Menschen nicht gewohnt sind zu sehen. Dies wird viel Chaos verursachen, so dass nur diejenigen, die das Geschehen verstehen, Ruhe bewahren und den Verwirrten eine Beruhigung sein werden. Erinnere dich daran und sei darauf vorbereitet, denn es ist sehr einfach, Theorien aufzustellen, bis die Situation tatsächlich physisch eintritt. Dann muss der physische Körper gut darauf vorbereitet sein, mit den Energieverschiebungen und dem Schock, der mit dem Veränderungsprozess einhergeht, entsprechend umzugehen. Eine Sache ist das Gefühl, dass du verstehst, was geschieht. Eine andere ist es, sich inmitten des Chaos zu befinden und ruhig zu bleiben, wenn es tatsächlich passiert.
D: Das ist für Menschen schwierig, nicht wahr?
A: Es ist schwierig. Und das ist ein entscheidender und sehr konkreter Bereich, auf den man sich in dieser Zeit konzentrieren sollte, denn es ist die physische Ebene, der du hilfst. Es gibt andere Ebenen, die unterstützend wirken, aber du befindest dich im Physischen so wie Anne und andere

Wesen auch. In der physischen Dimension könnt ihr also jene Ruhe vermitteln, die in Zeiten des Chaos notwendig sein wird.

D: *Aber werden sie auf uns hören?*

A: Es liegt nicht an dir, das zu entscheiden. Es liegt an dir, dafür zu sorgen, dass du die Ruhe und geerdete Energie für diejenigen hast, die dir zuhören wollen. Das allein erfordert schon viel körperliche Arbeit, um diese Energien an Ort und Stelle zu halten, denn deshalb bist du gekommen. Anne ist sehr trainiert, denn ihre Lebenserfahrungen haben es ihr abverlangt, inmitten des Wahnsinns ein Maß an Ruhe zu bewahren.

Anne hatte eine Kindheit mit misshandelnden, emotional instabilen Eltern erlebt und dann eine chaotische Ehe gehabt.

A: Das war eine gute Übungssituation für sie, so dass es für sie, wenn die Zeit gekommen ist, nicht so schwierig ist, die notwendige Ruhe zu bewahren. Verstehst du das?

D: *Ja, ich verstehe. Mir wurde gesagt, dass diese Veränderungen zu einer Trennung in zwei Erden führen werden. Die alte Erde und die neue Erde, da die Schwingungen und Frequenzen zunehmen. Ist das richtig?*

A: Das ist korrekt. Es gibt eine andere Welt, wenn du so willst, in der einige Seelen nach den Veränderungen bleiben werden und sich entscheiden, dort weiterhin zu leben.

D: *Du meinst, dass sie bei der alten Erde bleiben wollen?*

A: Ja, mit der Welt, die die Schwingungsebene beibehält, in der sie bleiben wollen, oder in die sie ziehen werden. Und die neuen Energien werden nur für diejenigen lebenswert sein, die ihre eigene Energie bis zu dieser Schwingung anheben können.

D: *Aber die Turbulenzen, von denen du gesprochen hast, werden auf der alten Erde passieren?*

A: Sie passieren jetzt, während wir diese Veränderungen durchmachen. Dies ist innerhalb der nächsten Jahre die Zeit des Wandels und das Ergebnis ist von vielen prophezeit worden. Ich habe dem nicht viel hinzuzufügen, außer dass diejenigen, die jetzt hier sind, sich an die wichtige Rolle erinnern müssen, die sie in der physischen Welt spielen, wenn die endgültigen Veränderungen geschehen werden, oder auch bevor die endgültigen Veränderungen geschehen. Mitten in diesem Prozess brauchen wir diejenigen, die hier sind, um Hilfe zu leisten. Sie müssen sich, wenn du so willst, wie beim Militär aufstellen. Es ist an der Zeit, dass sie sich zeigen und sich bewusst sind, dass sie aufgerufen sind, sehr präsent und bereit zu sein. Und sich zu behaupten, denn es kann Situationen geben, in denen sich eine Seele an einem entscheidenden Punkt befinden könnte, wo sie schwingungsmäßig entweder/oder wählen könnte. Und du kannst zu diesem Zeitpunkt vielleicht etwas bewirken.

D: *Was meinst du mit entweder/oder?*

A: Ihr spirituelles Wachstum könnte sich in einer Grauzone befinden, in der sie sich qualifizieren könnten, zu einer höheren Schwingung aufzusteigen, wenn sie nur den Mut zum Sprung hätten. Oder aber sie entscheiden sich gegen den Sprung und das ist dann ihre Wahl. Aber deine Rolle, wenn du deine Energie behältst, kann für jemanden in dieser Situation entscheidend sein, weil du vielleicht jene Hand bist, die ihm zum Sprung als Hilfe gereicht werden muss.

D: *Um den Sprung in die höhere Frequenz zu machen.* (Ja) *Aber die höhere Schwingung, die neue Erde, wird diese Turbulenzen nicht erfahren?* (Nein) *Es scheint, als befänden wir uns zurzeit in jenem Teil, der die Turbulenzen erlebt.*

A: Das ist erst der Anfang. Es hat begonnen, aber das Chaos hat noch nicht wirklich begonnen. Das Chaos, der Wahnsinn der Menschen, die in Verwirrung umherlaufen, weil all ihre Illusionen zerschlagen worden sind. Das wird die Zeit der Prüfung jener Kraft sein, die für diejenigen wie dich, die hier sind, um in diesem Prozess zu helfen, erforderlich ist. Es wird eine Zeit sein, in der die Menschen verwirrt sein werden und in Angst auf den Straßen herumlaufen, nicht unähnlich der Situation bei Hurrikanen.

D: Daran habe ich gedacht, an Tsunami und Hurrikane.

A: Aber das weltweit in vielen, vielen Städten multipliziert wäre nochmal ein ganz anderes Szenario.

D: *Wird es denn in vielen Städten ähnliche Katastrophen geben?*

A: Einige werden durch Naturkatastrophen verursacht, andere durch die Machthaber, die alles daran setzen, dass alles so bleibt, wie es ist. Sie sind sich der Veränderungen bewusst. Sie weigern sich, sie zu akzeptieren. Es ist wie bei einem Kind, das die Wahrheit nicht hören will. Und sie weigern sich, zuzugeben, dass sie nicht mehr das Sagen haben. So klammern sie sich weiterhin an alte Methoden und werden noch mehr Verwirrung stiften. Sie glauben, sie könnten den Prozess verlangsamen und eine niedrige Schwingung beibehalten, indem sie die Angst hoch halten.

D: *Sie versuchen, den Menschen Angst einzuflößen.*

A: Angst regierte schon immer den Menschen, denn so funktionieren die meisten, wenn nicht sogar alle Gesellschaften dieser Welt seit vielen, vielen Jahren. Das Verbreiten von Furcht ist die Art und Weise, wie sich Regierende und Mächtige an der Macht gehalten haben. Fast jeder Mensch auf dieser Welt hat Angst vor irgendetwas. Es gibt verschiedene Ebenen der Angst, aber diese Veränderungen und die Technologie, die es allen ermöglicht hat, frei zu kommunizieren, haben bei den Machthabern große Besorgnis ausgelöst, denn jetzt verschwindet die Angst. Viele Dinge, die sich ereignen, sogar die Katastrophen, wirken als Katalysator, um Angst hervorzurufen, damit man sich ihr stellen kann. Und so ist es in gewisser Weise eine Reinigung. Aber die Machthaber wollen nicht, dass dieser Prozess stattfindet und sie ziehen es vor, ein gewisses Maß an Angst immer in petto zu haben, wenn du so willst. Und wie ein verzweifeltes Kind versuchen sie jede nur erdenkliche Taktik, um diese Angst nicht verfliegen zu lassen, denn genau das passiert gerade. Die Angst löst sich auf, ungeachtet dessen, was sich an der Oberfläche zu zeigen scheint.

D: *Die Menschen beginnen, sich selbst ihre Gedanken zu machen.*

A: Das tun sie. Sie stellen sich ihren eigenen Dämonen, wenn du so willst, denn das Leben bringt sie an Orte, wo sie nun Dinge sehen müssen, mit denen sie sich sonst nicht auseinandersetzen mussten. Deshalb kommen ihre Ängste, obwohl sie sehr präsent sind, zumindest an die Oberfläche, während sie das früher nicht taten. Es handelt sich also um eine Säuberung, die im weiteren Verlauf nur mehr und mehr Befreiung bedeuten wird, was ein Prozess ist, dessen sich die Machthaber sehr bewusst sind. Sie wollen ihn verlangsamen, weil sie denken, es gäbe einen Weg, ihn zu verhindern. Deshalb werden sie bis zum Äußersten gehen, bis die Dinge sehr schwierig werden. Und viele Menschen werden nicht

auf die Spitze vorbereitet sein, auf die sie alles treiben.
D: *Ist Krieg ein Teil davon?*
A: Ja, die Kriege, aber auch Krankheiten, mit denen sie den Menschen Angst machen.
D: *Diese Krankheiten existieren nicht wirklich, oder?*
A: Sie können existieren, wenn die Menschen sich dafür entscheiden, diese Energien in ihren Körper eindringen zu lassen. Aber in den meisten Fällen sind sie nur in den energetischen Feldern vorhanden. Aber wie alles andere, worüber gesprochen oder nachgedacht wird, kann es sich im Physischen manifestieren und Wirklichkeit werden.
D: *Ja, wenn genügend Menschen es als ihre Realität akzeptieren.*
A: Aber die Krankheiten sind extrem übertrieben und es sind keine Epidemien in der Form, wie sie dargestellt werden. Die Medien und die Filme demonstrieren die Verzweiflung der Machthaber, wenn sie darauf bestehen, den Massen Informationen zu präsentieren, die völlig negativ sind und auf Angst basieren. Themen wie Mord, Tod und Verrat, Attacken und andere Dinge, die das Bewusstsein auf Negatives fokussieren, anstatt der Darstellung von Bildern der Hoffnung und Inspiration. Aber dennoch gibt es zu Zeit genug positive Botschaften, die ausgestrahlt werden und die wie ein Dominoeffekt wirken.
D: *Eine weitere Angst, die die Regierung zu fördern versucht, ist die Angst vor Terrorismus.*
A: Ja. Es ist nur ein weiteres Mittel, wie auch die Krankheiten, um den Menschen einen Grund zu geben, Angst zu haben und sich nicht zu verbünden, sondern darauf zu vertrauen, dass die Regierung ihre Probleme lösen wird. Es sind imaginäre Probleme und im Unterbewusstsein werden sich viele Menschen dessen langsam bewusst. Sie glauben nicht mehr an diese Dinge, obwohl viele in der Masse das nach außen hin noch tun. Aber auf einer unbewussten Ebene beginnen sie zu erwachen und die Machthaber wissen das. Das ist der Grund, warum sie auf lächerliche Geschichten zurückgreifen, an die nur diejenigen glauben können, die sie glauben wollen, denn jeder, der einen logischen und vernünftigen Verstand hat, muss diese Geschichten ablehnen.
D: *Ja, jeder, der selbstständig denken kann.*
A: Ja. Also geben sie den Massen die Möglichkeit zu wählen,

weil sie auf eine Zuspitzung drängen. Und auf diese Weise dienen sie einem Zweck, indem sie alles und alle bis zum Äußersten treiben, so dass jeder eine Wahl treffen muss, denn dies ist *die Zeit der Wahl*. Dies ist nicht länger eine Zeit, in der man in der Mitte und in Neutralität verharren kann.

D: *Du hast vorhin gesagt, dass wir hier sein würden, wenn das große Chaos ausbricht. Würde es durch viele dieser Katastrophen verursacht werden?*

A: Durch Katastrophen und den Zusammenbruch der Regierungsstrukturen. Und den Zusammenbruch des Sicherheitsnetzes, dem sich die meisten Menschen zugehörig fühlen. Zum Beispiel ihre soziale Sicherheit, ihre Löhne und Gehälter, ihre Arbeitsplätze und ihre religiösen Überzeugungen. Vor allem dann, wenn Raumschiffe und/oder andere Dinge beginnen, Teil des Bewusstseins zu werden, auf das viele nicht vorbereitet sind. Deshalb laufen sie vielleicht schockiert und verwirrt herum, unsicher darüber, was real ist und was nicht. Die Regierungsstrukturen zerbrechen und alles wird in weiteres Chaos ausarten. Wie bei einem Domino-Effekt, wie ein Zerbröckeln.

D: *Wenn die Raumschiffe ankommen, welchen Zweck würde sie dann erfüllen?*

A: Sie sind immer hier. Es ist jetzt nur die Zeit, in der sie sichtbar werden, da es dafür die Erlaubnis gibt. Denn es ist nicht nur eine Zeit des freien Willens, sondern auch eine Zeit, in der andere Zivilisationen ihren Platz in der neuen Welt beanspruchen können. Nicht nur die Menschen, sondern auch andere Wesen, die ebenfalls hierher gehören, aber in einer anderen Schwingung, in einer anderen Diemension sind. Zum Teil liegt es also nicht daran, dass sie sich dafür entschieden haben, sichtbar zu werden, sondern daran, dass die Energien sie sichtbar machen.

D: *Ich bin mir bewusst, dass sie bereits hier gewesen sind. Ich habe mit ihnen gearbeitet. Ich weiß, dass sie positiv sind. Ich habe keinerlei Probleme mit ihnen gehabt.*

A: Aber anhand dessen, dass sie sichtbar und Teil des Bewusstseins der Menschen werden und die Regierungen bröckeln und Chaos und Naturkatastrophen ausbrechen, kann man sich vorstellen, dass die Mehrheit der Menschen völlig schockiert wäre. Und ihre Religionen und ihre Vorstellung von einem strukturierten Leben würden zu Fall gebracht werden. Jetzt hätten sie also nichts mehr, woran sie sich festhalten könnten. Das löst bei jenen, die sich nie mit so etwas beschäftigt haben, große Angst aus. Diese Angst könnte zu Wahnsinn oder Schizophrenie oder anderen Reaktionen führen. Und genau zu diesem Zeitpunkt, wenn die Menschen durch diese Art von Reaktion am verwundbarsten sein werden, wirst du ihnen am meisten helfen können.

D: *Dann gehören andere wie ich und Anne zu denjenigen, die hier sind, um zu helfen?*

A: Diejenigen, die bereit sind, diese Veränderungen zu sehen und sich nicht in Angst aufzulösen, werden die Säulen sein, auf die sich andere stützen, wenn nichts für sie einen Sinn ergibt. Das bedeutet nicht, dass du ihnen die Wahrheit sagen wirst, es bedeutet lediglich, dass du nicht wie sie zusammenbrechen wirst.

D: *Denn, so dachte ich, was können wir tun, wenn alle im Chaos versinken?*

A: Wenn du nicht den Verstand verlierst und ruhig bleibst, spielt es keine Rolle, was du tust. Die Menschen werden es in dir sehen und danach suchen, denn sie werden nicht wissen, was sie tun sollen. Und du weißt vielleicht auch nicht, was du aus dem, was du siehst, halten sollst, aber du bist darauf vorbereitet worden. Deshalb wirst du wissen und ein gewisses Maß an Vertrauen haben, dass die Dinge in Ordnung sind. Du wirst nicht verrückt.

D: *Und die anderen werden überhaupt keine Vorbereitung haben.*

A: Genau.

D: *Du weißt, dass in den letzten zwei Jahren viele, viele Menschen zu mir gekommen sind, die entweder Heiler sind oder denen von dir, dem Unterbewusstsein, gesagt wurde, dass sie Heiler werden sollen. Wir fragen uns immer wieder, warum die Welt so viele Heiler braucht?*

A: Ist dir die Bevölkerung des Planeten bewusst?

D: *Ja, sie ist ziemlich groß.*

A: Das könnte ein Grund dafür sein. Es ist auch eine Zeit, die für viele Seelen sehr kostbar ist, weil es sich um eine ungewöhnliche Zeit handelt, die dieser Planet noch nie erlebt hat. Daher ist es eine Gelegenheit, eine sehr einzigartige Seelenreise zu erleben. Und es ist eine Gelegenheit, aufgrund der Herausforderungen bei jenen Erfahrungen, die diese Zeit mit sich bringt, auf der Seelenebene aufzusteigen. Deshalb sind viele fortgeschrittene Seelen für ihr eigenes Wachstum an dieser Gelegenheit interessiert.

D: *Ich dachte, wenn Strukturen zusammenbrechen, dann wäre die Ärzteschaft definitiv eine von ihnen. Vielleicht wäre das ein Grund, alternative Heiler zu haben, die Energie und Naturheilkunde nutzen können.*

A: Es wird eine Zeit kommen, in der die Energie hoch genug sein wird, dass Krankheiten nicht mehr in dieser Form vorkommen, wie du sie heute kennst. Und obwohl die Hilfe dieser Heiler auf jeden Fall gebraucht wird, wird es eine Zeit geben, in der es diese Krankheiten gar nicht mehr geben wird. Deshalb ist der Aspekt der Heilung nur vorübergehend. Die Heiler werden da heilen, wenn es notwendig ist. Wenn es keine Krankenhäuser mehr gibt, weil z.B. alle die Stadt verlassen haben oder weil sie vielleicht in den Fluten versunken ist (meinte sie damit die Überflutung der Städte?), dann gibt es Heiler, die helfen können. Aber das ist nicht der einzige Grund, weshalb sie hier sind. Sie sind zu ihrem eigenen Lernzweck hier, denn ihre eigene Seele ist daran interessiert, diesen Wandel mitzuerleben.

D: *Deshalb haben wir uns alle entschieden, zu diesem Zeitpunkt hier zu sein?*

A: Ja, das ist ein wichtiger Grund.

D: *Mir ist auch gesagt worden, dass unsere DNA verändert wird, damit wir uns auf diese Veränderungen einstellen können. Stimmt das?*

A: Es gibt viele Gruppen, die an der Beschleunigung von Energien beteiligt sind, und sie haben ihre eigene Technologie. Aus unserer Sicht würden wir sagen, dass durch die Infusion von höheren Schwingungen auf den Planeten diese auf die Menschen zurückwirken. Es ist also nicht ihre DNA, die angepasst wird, zumindest aus unserer Perspektive. Es sind die höheren Schwingungen, die sich auf natürliche Weise auf ihre DNA auswirken, die in einigen Bereichen schlafend ist. Und dann wird sie aktiviert.

D: *Ich habe gehört, dass dies der Grund für viele körperliche Symptome ist, die die Menschen in dieser Zeit erleben.*

A: Bereiche mit Blockaden im Körper, seien es nun karmische Probleme oder ihre eigenen Krankheiten, die durch ihre mangelnde Selbstdisziplin mit ihren Essgewohnheiten verursacht werden, oder andere Dinge, unabhängig von Krankheitsursachen. Aber im Grunde handelt es sich dabei um Blockaden, die mit diesen neuen Energien nun an die Oberfläche gebracht werden und die vorher vielleicht geschlummert haben. Sie werden an die Oberfläche gebracht, ähnlich wie die karmischen Probleme, die an die Oberfläche dringen. Diese Energien zwingen diese Bereiche, sich mit der dunklen Negativität auseinanderzusetzen, so dass die Energie frei fließen kann und diese Blockaden aufgelöst werden müssen. Damit das geschehen kann, müssen die Probleme, die diese Krankheiten verursachen, behandelt werden, was eine gewisse Beteiligung der leidenden Menschen erfordert. Und es ist allein ihre Entscheidung, ob sie sich um diese Dinge kümmern, oder nicht.

D: *Was ich gehört habe, ist, dass viele dieser körperlichen Symptome, die die Menschen erleben, durch die Veränderung der Schwingungen verursacht werden, während sich der menschliche Körper auf sie einstellt.*

A: Das ist richtig.

D: *Wenn das Chaos der alten Welt angehört, wird das Chaos dann zur gleichen Zeit geschehen, in der die beiden sich trennen werden? Ich weiß nicht, ob ich es richtig formuliere. Die neue Erde soll in eine neue Schwingung und eine neue Dimension gehen. Und das wurde beschrieben als die Trennung zweier Welten. Ergibt das einen Sinn?*

A: Es gibt viele Theorien. Je nach Perspektive handelt es sich um eine energetische Schwingung. Und einige Schwingungen sind sichtbar und einige Schwingungen sind für einander nicht sichtbar. Wenn also eine Schwingung - die niedrigere oder langsamere Schwingung - bestehen bleibt, bedeutet das nicht, dass sie zu einer getrennten Welt wird, sie ist einfach nicht mehr sichtbar. Es ist die neue Welt, die aufgrund der höheren Schwingung im Grunde eine Abspaltung vornimmt.

D: *Aber in der neuen Welt sind die Dinge anders als in der alten Welt. Stimmt das?* (Ja) *Sie werden das große Chaos dort nicht mehr erleben?*

A: Richtig. Das Chaos ist hauptsächlich ein Zusammenbruch der Glaubenssysteme. Das Chaos wird dadurch hervorgerufen, dass die Glaubenssysteme in Frage gestellt und an einen Ort gebracht werden, an dem nur eine komplett leere Schultafel oder ein reiner Tisch existiert. Und das ist das Chaos für viele. Diejenigen, die in die neue Welt gehen, fühlen sich mit den neuen Glaubenssystemen wohl und werden daher nicht mehr derart kämpfen, wie sie das jetzt tun. Es ist nicht so, dass es sich um eine Transformation handelt, bei der Menschen plötzlich zu etwas werden, was sie nicht sind. Es sind nur die Veränderungen. Es geht darum, dass die Menschen entweder von dort, wo sie jetzt stehen, weitergehen können oder sie können es nicht.

D: *Das ist es, was ich versucht habe zu verstehen. Man hat mir gesagt, die neue Welt wäre schön, wir hätten diese Probleme nicht. Und sie sagten: „Blicke nicht zurück. Du willst nicht sehen, was mit der alten Welt geschieht."*

A: Es ist im Grunde eine Abschreckung, zurückzublicken. Es ist nicht so, dass du nicht zurückschauen kannst, es ist nur so, dass du die Entscheidungen anderer Menschen nicht ändern kannst. Wenn du also zurückschaust und dir das Kummer bereitet, dann bremst dich das nur.

D: *Aber du hast gesagt, wir sollen uns mit diesen Menschen befassen.*

A: Wir sind hier in der Zeit der Veränderungen. Wir sind hier, um unsere Energie auf dem Boden der Tatsachen zu halten. Es geht nicht so sehr darum, sich mit denen mit einer höheren Schwingung auszutauschen, denn sie können sich selbst beschützen. Und es geht nicht darum, mit denjenigen, die sich in tiefer Negativität befinden, zusammen zu sein. Wir sind am hilfreichsten für diejenigen, die sich inmitten der Verwirrung befinden, aber vielleicht bereit sind, den Sprung zu wagen.

D: *Bedeutet das, dass wir als dienstbare Geister in der alten Welt bleiben müssen?*

A: Du wirst nur so lange bleiben, bis es Zeit für dich ist, zu gehen. Und während der Zeit, in der du bleibst, kannst du deinen Dienst tun. Wenn es für dich an der Zeit ist zu gehen, wirst du es wissen und dann stehst du für diese Menschen nicht mehr zur Verfügung. Es geht nicht um die Frage: "Wie lange soll ich bleiben?" Das ist eine Frage, die irgendwann von selbst beantwortet wird. Es geht jetzt darum zu wissen, was zu tun ist, während du hier bist.

D: *Ich habe gedacht, dass wir von denen, die das Chaos erleben, getrennt sein würden. Wir wären in einer anderen schönen Welt.*

A: Für eine Weile, innnerhalb des Prozesses der Transformation, sind wir nicht unbedingt getrennt. Es ist nicht so, als gäbe es von dem einen auf den anderen Tag eine neue Welt, von der du ein Teil bist und die alte Welt würde verschwinden. Es gibt einen Prozess. Irgendwann werden sich die Dinge ändern. Aber in dem kleinen Prozess, ob er nun einen Monat oder fünf Jahre dauert, ist es ein Ablauf, an dem du immer noch teilhast, so wie du jetzt auch eine Teil bist. Solange du hier bist, ist es deine Aufgabe, die geerdete Energie für diejenigen aufrechtzuerhalten, die in Verwirrung sind. Wenn einmal die eigentliche Verschiebung stattfindet, könntest du nicht mehr hier sein, selbst wenn du es wolltest.

D: *Diejenigen, die ihre Schwingungen erhöht haben, werden in die Zukunft gehen.*

A: Das ist richtig.

Damit wurde eine Frage beantwortet, die mir während eines Vortrags in einem Ashram auf den Bahamas gestellt wurde. Eine junge Frau sagte, dass sie gerne bei der alten Erde bleiben würde, um denen zu helfen, die zurückgelassen werden würden. Ich sagte ihr, das sei nobel, aber ich glaubte nicht, dass das passieren könnte. Nun, hier war die Antwort. Es hat mit Schwingungen zu tun. Und wenn deine Schwingungen die richtige Frequenz erreicht haben, wechselst du automatisch auf die nächste Ebene. So, wie sie sagten: "Selbst wenn du bleiben wolltest, könntest du es nicht." Deine Absicht spielt dabei keine Rolle. Dieser Prozess ist größer als wir.

D: *Und so versuchen wir, denen zu helfen, die noch versuchen, sich zu entscheiden und danach zu handeln?* (Ja) *Deshalb habe ich versucht, Klarheit zu bekommen. Ich habe es von vielen Leuten gehört, aber manchmal ist es ein wenig verwirrend.*

A: Aus der Sicht eines Menschen ist es verwirrend.

D: *Dann siehst du also noch mehr Turbulenzen auf uns zukommen.*

A: Ja, absolut. Das ist erst der Anfang, denn die Machthaber sind mit ihren Strategien noch lange nicht am Ende. Sie werden noch viele weitere Ereignisse verursachen. Und es wird andere Ereignisse geben, die natürliche Ursachen haben. Das Chaos wird also viel größer, als wir es uns jetzt vorstellen können. Aber all diese Dinge könnten sich natürlich ändern, da es keine in Stein gemeißelte Zukunft gibt.

D: *Mir wurde gesagt, dass Altern keine Rolle mehr spielt.*
A: Das Alter ist eine Illusion. Es wird offensichtlicher werden, je weiter wir im Evolutionsprozess voranschreiten.
D: *Ich habe auch gehört, dass wir, wenn der Übergang stattfindet, unsere physischen Körper mitnehmen dürfen, sofern wir das wollen. Ist das richtig?*
A: Das ist wahr, aber es wird nur für kurze Zeit sein. Es wird sehr kurz danach einen weiteren Übergang geben.
D: *Was wird bei diesem weiteren Übergang geschehen?*
A: Die Menschheit wird zu reiner Energie werden.
D: *Diejenigen, die den Aufstieg schaffen.*
A: Das ist richtig.
D: *Ich habe auch gehört, dass nicht alle den Übergang schaffen werden.*
A: Jeder wird die Gelegenheit dazu erhalten. Ob sie diese Schwingung halten oder nicht, ist ihre individuelle Entscheidung. Es wird kein Urteil über sie gefällt werden. Sie werden einfach in der Lage sein, die Energie zu halten, oder auch nicht. Aber keiner wird zerstört werden, so wie es manchmal behauptet worden ist. Sie werden in einem der Schwingung, die sie ausstrahlen, angemessenen Raum platziert.
D: *Und das ist es, was die anderen meinen, wenn sie sagen, dass sie zurückbleiben werden.*
A: In Gottes Plan werden wir alle irgendwann zu Gott zurückkehren.
D: *Nur in unterschiedlichen Zeiteinheiten.*

* * *

Während einer anderen Sitzung sprach ich mit dem Unterbewusstsein.

D: *Du sagst immer wieder, dass sich die Dinge ändern.*
S: Die Veränderungen beschleunigen sich und eure Wissenschaftler haben das nicht im Griff. Diese globale

Erwärmung ist verheerend für die Ökologie. Sie geschieht so viel schneller, als die Wissenschaftler sagen.

D: *Sie glauben also nicht wirklich daran?*

S: Sie glauben es, aber sie glauben, dass die Gefahr noch Jahrzehnte entfernt ist. Das ist sie aber nicht; sie ist da! Die Gefahr liegt vor unserer Haustür. Es wird einige sichere Orte in den USA geben.

D: *Was ist die Ursache der globalen Erwärmung?*

S: Wie du weisst, die Beschleuniger. Ich meine die Aerosole, das Gas, alles, was die Umwelt verschmutzt - die Umweltverschmutzung. Das ist es, was der Mensch tut. Deshalb sind unsere Sommer so heiß. Und es wird noch mehr Stürme geben. Viele, viele, viele, viele mehr. Unglaublich. Man wird nicht glauben, was auf uns zukommt. An den Küsten wird es richtig rund gehen. Die zunehmenden Stürme und Tsunamis werden das beschleunigen. Der Zeitplan ändert sich.

D: *Ursprünglich gab es einen anderen Zeitplan?*

S: Ja. Er schreitet voran. Es passiert früher, als es sein sollte. Leider wegen dem, was die Menschheit tut.

* * *

EBENEN, DIMENSIONEN UND KARMA

Janet war mit einer Liste von Fragen zu ihrer Sitzung gekommen. Wir erwarteten, dass wir in ein vergangenes Leben gehen würden, um die Antworten darauf zu finden. Aber stattdessen ging sie an einen ätherischen, wunderschönen Ort, der nicht so klang, als sei er irdisch.

J: Ich sehe einige Türen mit Doppelgriffen und ich öffne diese Türen. Ich gehe hinein und da ist eine Treppe, die nach oben führt; es ist ein enormes Bauwerk. Im Inneren gibt es diesen riesigen, gewölbten Bereich. Dort ist sehr viel Licht. Man sieht es erst, wenn man anfängt, nach oben zu gehen. Und genau in der Mitte gibt es einen Ort mit sehr viel Licht. Es gibt Sitze - als ob es ein Ort wäre, um Informationen abzurufen oder mit jemandem zu sprechen. Aber wenn man hereinkommt, ist niemand anderes da. Es ist nicht voller Menschen. Es ist, als hätte jeder seinen eigenen Eingang, wenn er hereinkommen will. Und jetzt ist da ein Mann. Er kommt mir vor wie ein sehr bodenständiger Zauberer. Praktischer Natur. Sein weißes Haar ist zurückgekämmt. Er hat einen Stab und er lächelt. Er sagt: "Ich bin in einem meiner unterhaltsamen Kostüme zu Ihnen gekommen. Es ist nur etwas für Sie zum Anschauen. Also, was möchten Sie wissen?

D: *Janet hat viele Fragen. Ist es in Ordnung, wenn wir sie stellen?*

J: Auf jeden Fall. Jetzt ist der richtige Zeitpunkt.

D: *Sie wissen, dass ich stets viele Leute mitbringe, nicht wahr?* (Oh, ja!) *Wir sind immer auf der Suche nach Informationen. Normalerweise, wenn wir diese Methode anwenden begibt sich die Person in vergangene Leben.*

J: Oh ja, aber sie braucht sich nicht mehr mit diesem Zeug aufzuhalten.

D: *Also kam sie stattdessen hierher. Wo sind wir hier?*

J: Wir sind in einer Kuppel, die Aufzeichnungen und Treffpunkte enthält. Es ist ein sehr heiliger Ort für Menschen, die sich hier treffen und einen sicheren Ort zum Reden haben möchten. Es ist ein interdimensionaler Tempel. Es ist tatsächlich ein guter Treffpunkt, an dem die verschiedenen Dimensionen zusammenkommen können, so dass Menschen aus der physischen Ebene denen aus den spirituellen Dimensionen begegnen können. Spirituell besitzt natürlich gewisse Assoziationen, außer für diejenigen von uns, die nicht in einem physischen Körper sind.

D: *Es ist also wie ein „dazwischen" Ort.*

J: Ja, wir würden es interdimensional nennen. Das bedeutet, dass sich hier viele Dimensionen berühren und treffen können. Es ist also ein guter Ort, um sich zu treffen und eine Tasse Tee zu trinken.

D: *Solange es ein Ort ist, an dem wir Informationen erhalten können.* (Ja) *Nun, Janet scheint sich im Moment an einem ganz bestimmten Scheideweg in ihrem Leben zu befinden.*

J: Sie stand in ihrem Leben schon an vielen Scheidewegen. Sie hat viele Orte wie diesen gesehen. Sie wird die richtige Entscheidung treffen.

D: *Aber jetzt braucht sie dabei etwas Hilfe.*

J: Sie hätte gerne mehr Informationen. Bei denjenigen auf der physischen Ebene ist das immer der Fall.

Ich begann, ihr einige Fragen zu stellen, die sich auf ihre Ehe und ihren Mann bezogen, aber die Wesenheit wollte diese Aspekte noch nicht näher untersuchen. "Wir möchten zuerst über die anderen Dinge sprechen. Sie hatte einige andere Fragen. Würdest du sie bitte zuerst stellen? Sie werden ihr helfen, das zu verstehen, was sie wissen möchte."

D: Sie sind alle wichtig, weil sie eine Entscheidung treffen muss. Aber eines der Dinge, die sie wissen wollte, war, ob du ihr etwas über ihre allgemeine Geschichte oder die Geschichte ihrer Seele erzählen kannst.

J: Sie war und kommt von vielen Orten und das ist ein Grund, warum ihre Arbeit so wichtig ist. Sie ist in der Lage, von vielen Orten aus auf Informationen zuzugreifen und auf die Teile ihrer Seele, die an diesen Orten in diesen Dimensionen und diesen Schwingungen gelebt haben. Sie sollte sie einbringen, um mehr Menschen mit unterschiedlichen kristallinen Strukturen zu dienen, wie wir sagen würden. Diese Menschen haben ein mehrdimensionales Leben, das sich auf ihre kristallinen Strukturen auswirkt. Janet ist in der Lage, gleichzeitig in all diesen anderen Dimensionen zu arbeiten. Und dies ermöglicht ihrer Tätigkeit, die Welten viel schneller und einfacher zu durchqueren. Sie muss also diese anderen Teile von sich selbst zusammenbringen und sie immer wieder einbringen, damit das alles funktionieren kann. Sie muss in der Lage sein, zu diesen Orten Zugang zu bekommen.

D: Das hat man mir gesagt. Wir sind nicht nur dieses eine Individuum. Wir sind tatsächlich - Splitter ist ein Wort - oder Facetten? Wären das angemessene Worte?

J: Ja, du bist viele Erfahrungen auf vielen Ebenen. Sie wird sich dieser anderen Orte immer bewusster. Und das ist ein Prozess, den viele Menschen durchmachen können. Sie kommen an einen Ort, wo sie in der Lage sind, diesen Prozess für sich geschehen zu lassen. Aber erst, wenn sie dazu bereit sind, können sie all diese vielfältigen Schwingungen mit ihrem physischen Körper verarbeiten. Deshalb sind Meditationen wichtig, weil sie eine bestimmte Schwingungsfrequenz anheben, um mit stärkeren und vielschichtigeren Energien, die aus verschiedenen

Schwingungen bestehen, umgehen zu können und mit ihnen arbeiten zu können. Es ist, als ob man gleichzeitig auf anderen Ebenen in mehreren Dimensionen arbeiten würde. Und die heilige Geometrie bringt diese Seelenanteile millionenfach mit ein. Und das ist es, was mit ihr geschieht. Es macht sie - mächtig ist ein so überstrapaziertes Wort - aber es macht sie noch handlungsfähiger, in dem Sinne, dass sie gleichzeitig in mehr Dimensionen reisen und sich dort bewusst aufhalten kann. Nach und nach werden wir dafür sorgen, dass sie sich dieser Dimensionen bewusst wird. Es wird ihr das gegeben, womit sie zu diesem Zeitpunkt umgehen kann. Ihr wurden ein paar neue Werkzeuge an die Hand gegeben, die ihr helfen werden, sich dieser anderen Dimensionen und dessen, was sich dort befindet, bewusster zu werden und weniger Angst davor zu haben. Denn immer mehr von ihrer Arbeit wird in Bereichen stattfinden, zu denen nicht viele Menschen Zugang haben.

D: Kannst du uns eine Vorstellung davon vermitteln, was das für Bereiche sind?

J: Es sind wirklich Bereiche, die schwer anzusehen und schwer zu erfassen sind, weil sie für die menschlichen Emotionen nicht leicht zu verarbeiten sind. Die Menschen haben eine bestimmte Wahrnehmung und Beurteilung über das, was sie sehen und fürchten sich davor. Menschen können nicht gut mit etwas, das anders ist, umgehen, wenn es nicht etwas ist, das sie schon einmal erlebt haben. Wenn Menschen bereits Schwierigkeiten damit haben, mit anderen Rassen und Religionen umzugehen, wie sollen sie dann mit jemandem umgehen können, der Schnauze, Zähne und mehrere Arme und mehrere Köpfe hat? Und all diese Fabelwesen, über die geschrieben wurde und über die wir lesen können? Es gibt einen Grund, warum über sie geschrieben wurde. Sie sind von jemandem gesehen worden, gewöhnlich auf einer bestimmten Ebene, in dem, was sie als Traumzeit oder als Zeit des Erinnerns bezeichnen. Irgendwann haben sie darauf zugegriffen.

D: Sind es physische Geschöpfe?

J: Wenn du fragst, ob sie wirklich existieren, ist die Antwort ja. Sie können tatsächlich die physischen Dimensionen beeinflussen, aber sie werden nicht von sehr vielen Menschen gesehen. Und manchmal gibt es Beschützer in verschiedenen Dimensionen, derer sich viele Menschen nicht bewusst sind und die den Planeten und seine Bewohner vor einigen dieser Dimensionen schützen, wenn diese für die Gruppenseele oder die Seele der Menschheit zu diesem Zeitpunkt ungeeignet sind. Außerdem es gibt eine Gruppe von Menschen, die die Seelenfähigkeit haben, um bei dieser Arbeit zu helfen. Und es ist notwendig geworden, der Menschheit zu helfen, um den Wandel zu vollziehen, den sie braucht. Die Welt ist in dieser Zeit in großer Not. Es gibt beinahe nicht genügend Helfer, die diese Arbeit leisten können. Es ist nicht jedermanns Seelenweg, diese Arbeit zu dieser Zeit zu tun, aber es ist notwendig, weil es den Planeten öffnet, ihn befreit, damit andere Energien hineinkommen können. Denn das nächste Ziel der Erde ist, den nächsten Schritt auf ihrem spirituellen Weg zu tun. Und es ist hier auf dem Planeten so schlimm geworden, dass es ein große Not gibt, was die Menschheit durchmacht und was die Erde selbst durchmacht. Und deshalb müssen einige Veränderungen vorgenommen werden. Und diese Veränderung würde bedeuten, dass man einige der Störungen auf den anderen Ebenen beseitigt und wirkliche Schutzarbeit leistet. Das sollte eigentlich recht beruhigend für diejenigen sein, die dies hören. Ist es nicht wunderbar, dass wir nicht alle dasselbe tun?

D: *Jeder macht etwas anderes, aber sie sind sich dessen nicht bewusst.*

J: Und alle werden gebraucht. Und in Traumzeiten, manchmal, wenn sich der Bewusstseinsstrom aus der Meditationsarbeit entwickelt, passiert es, dass sie sich ihrer Arbeit immer bewusster werden. Und diese Menschen, auch Janet, wissen, wenn sie aufwachen, dass sie die anderen Ebenen gereinigt haben. Und sie kommen zurück in ihren Körper und sie müssen weiter aufräumen - zu ihrer Sicherheit und zur Sicherheit ihrer Familie und die ihrer Stadt. Das wird dazu beitragen, die Belastung für die Menschheit und die Erde zu verringern. Und dann noch all die anderen Lichtarbeiter, die andere Dinge tun. Es ist eine facettenreiche Sache. Immer mehr Menschen finden heraus, dass es Teil ihrer Arbeit ist und dass es notwendig ist, zu helfen. Es ist nicht für alle, weil es ihnen einfach nicht dienlich wäre. Du würdest niemandem Algebra zu rechnen geben, der nicht die

Grundrechenarten gelernt hat. Es würde einfach nicht funktionieren, weil sie noch nicht soweit sind. Die Kraft muss von innen kommen und von dort kommt das spirituelle Wachstum und die Arbeit daran, ein ernsthafter spiritueller Schüler oder Jünger zu sein. Das macht den Unterschied aus.

D: Sie müssen erst ihren Geist und ihren Körper vorbereiten?

J: Genau. Das ist es, was wir zu vermitteln versuchen, ja. So viel dieser Arbeit wird heimlich, still und leise in den anderen Dimensionen erledigt. Und die dort sind, verstehen das, weil wir es zuvor auch für sie getan haben - wir haben sie beschützt. Sie mussten es sich bis zu einem gewissen Grad verdienen. Aber wir achten auch auf jene Lichtarbeiter, die noch an Bord kommen könnten. Es gibt immer mehr Arbeit zu tun, als wir Zeit dafür zu haben scheinen. Ich bin sicher, du bist dir dessen sehr wohl bewusst.

D: Du sagtest, diese Aufräumarbeiten müssten in Vorbereitung auf die Veränderungen, die auf der Erde geschehen werden, erfolgen?

J: Das wird dem Planeten Erde helfen, ja. Es wird auch der Menschheit helfen, so dass es wirklich nur die jeweiligen Menschen sind, die ihr eigenes Karma ernten. Und deshalb gibt es diese Zusammenarbeit mit dem Galaktischen Rat und den anderen Dimensionen und anderen Wesen und anderen Lebensformen. Ein Teil des Problems ist, dass du einigen Menschen nicht sagen kannst, dass sie nicht die einzige Lebensform sind, die existiert. Sie verstehen das nicht. Was also normalerweise geschieht, ist, dass das spirituelle Wachstum einer Person einen Punkt erreicht, wo sie damit umgehen kann. Bis dahin ist sie wie ein Baby, das beschützt werden muss. Sie muss nicht alles wissen. Und es gehört nicht zu ihrer Aufgabe, also es für sie so in Ordnung.

D: Das hat man mir auch zu Beginn meiner Arbeit gesagt - nicht alle meine Fragen würden beantwortet, weil einige der Information wie Gift und nicht wie Medizin wirken könnten.

J: Ja, sie können sie zu früh bekommen.

D: Und sie würden es nicht verstehen. Sie könnten damit nicht umgehen.

J: Ja, das ist richtig. Es muss aber zu einem bestimmten Zeitpunkt im Wachstum der Menschheit genügend Individuen auf einem Planeten geben, die dieses Verständnis besitzen, damit bestimmte Dinge erleichtert werden können.

Das ist die Arbeit dieser Seelen und dann ist es ihre Aufgabe, diesen Stab weiterzugeben, weil sie der Menschheit bereits auf einer Ebene geholfen haben, von der die Menschheit nie erfahren wird. Und so kommt jeder an die Reihe. Es gibt keinen Meister, der nicht einen ähnlichen Prozess des Helfens innerhalb der Gruppe, mit der er begonnen hat, durchlaufen hat. Die Menschheit ist in einer Situation, wo sie viele Helfer braucht. Darum geht es bei dieser Arbeit. Aber nicht jeder dient in der gleichen Funktion oder ist sich dessen überhaupt bewusst. Es gibt viele Menschen, die sich nicht im Entferntesten all der Leben bewusst sind, die sie durch ihre gute Arbeit, durch ihre guten Worte, ihren guten Willen und ihre guten Taten berührt haben. Die Taten jedes einzelnen Menschen sind sehr wichtig. Und wieder kommen wir auf die Bedeutung des Einzelnen zurück, Meditation zu praktizieren und seinen Körper so weit wie möglich zu stärken - gutes Essen zu sich zu nehmen, seinen Geist zu nähren und mit Menschen mit gutem Herzen und guten Frequenzen zusammen zu sein. Und gute Abschirmung - wir bräuchten keine Abschirmung, keinen Schutz, wenn dies eine rosige Welt wäre! - Janets Karma besteht darin, das Trauma dessen, was Menschen ihr in anderen Leben angetan haben, zu überwinden, sich dem Trauma erneut zu stellen und auf der anderen Seite wieder gestärkt herauszukommen, um es zu überleben. Viele Male ist es genau das, was Karma eigentlich bedeutet. Wenn du merkst, es gibt ein Muster. Es ist nicht immer darum, dass der eine dem anderen etwas antut, der dann zurückkehrt, um abzurechnen. Es bedeutet, sich demselben Tyrannen erneut zu stellen und zu sagen: "Dieses Mal wirst du mich nicht zerquetschen." Und es geht dabei nicht um einen Machtkampf. Es geht um das Wachstum innerhalb der Person, die die Angst überwindet - was etwas Gewaltiges ist, denn der erlittene Tod war oftmals sehr schrecklich. Und dann gibt es vielfältige Emotionen bezüglich Autorität und Macht und wer das Sagen hat und bezüglich Missbrauch und Korruption. Alle diese Emotionen fließen zu einer einzigen Emotion zusammen und es geht darum, diese zu überwinden. Und natürlich können der Körper und die Emotionen und der Verstand jeweils nur so viel auf einmal verarbeiten, sonst wirkt es schädlich. Die Person muss sich also diesem wieder stellen und es erneut durchstehen, aber es muss diesmal anders laufen, als dass sie erneut unterdrückt oder auf die gleiche Weise wieder geschädigt wird. Das ist der Grund, warum soviele Menschen 20 oder 30 Leben haben und sie immer und immer und immer wieder auf dasselbe Problem stoßen. Es kommt daher, weil es dasselbe auf Angst basierende Problem ist, oder es ist derselbe Mangel an Vertrauen, der geschaffen wurde und sie müssen daran arbeiten, dies zu überwinden, weil es eine so traumatische Sache war.

D: *Und es muss gelöst werden, bevor sie weiterkommen können.*

J: Ja, denn genau da liegen ihre Fähigkeiten. Und so unterdrücken sie einen Teil von sich selbst. Wir ermorden Menschen mit unseren Worten. Wir können Menschen auf so vielen Ebenen Schaden zufügen. Es ist Gewalt, wenn man jemanden verurteilt oder sich über jemanden lustig macht. Das ist eine Form von Gewalt. Der Meister muss weiter wachsen. Aber er muss dazu in einem Körper sein, der mit diesen Energien umgehen kann und du musst dir diesen Körper erarbeiten. Und deshalb versuchen wir, diese Botschaft an Menschen weiterzugeben, die geheilt werden wollen. Du musst dabei helfen, jenes Vehikel zu bauen, das es ermöglicht, geheilt zu werden. Das ist Meditationsarbeit und man muss sich um sich selbst kümmern und seine Umgebung beobachten. Und welche Worte du wählst und wie du dich verhältst und wie du sprichst und wer in deiner Nähe ist - all diese Dinge haben eine Wirkung. Die Arbeit besteht darin, den Körper zu beobachten, zu meditieren und sich um den Körper zu kümmern. Es geht um alle Ebenen, um Ebenen und Ebenen und Ebenen und Ebenen und nochmals Ebenen. Wir haben Ebenen der Angst. Du arbeitest und kämpfst dich also durch all diese Ebenen emotionaler Themen hindurch. Und als ein spiritueller Schüler lädst du diese Emotionen zu dir ein. Janet hat Dinge getan, die viele der Situationen, mit denen sie jetzt umgehen muss, absichtlich herbeigeführt haben, weil sie die Themen klären wollte. Sie drängt in diesem Leben wirklich nach dem Wachstum ihrer Seele.

D: *Ich weiß, dass wir Dinge in unser Leben bringen, die wir fürchten, damit wir uns ihnen stellen können.*

J: Genau. Aber dann sind wir nicht glücklich darüber, wenn sie da sind. (Lachen) Wir wollen jemand anderem die Schuld geben. Das ist Janets Seelenweg: Da sie einmal angefangen hat - wie bei der Meditation – kann sie nicht mehr aufhören. Denn wenn du aufhörst, bleibst du stecken, weil du wachsen und weiter wachsen und diese Fragen klären willst.

* * *

Eine zufällig aufgekommene Frage:

Q: *Wenn die vorhergesagten Erdveränderungen auf unserem Planeten eintreten, wie wird sich das auf die parallelen oder sich gegenseitig überlappenden Universen auswirken?*
S: Es wird Erfahrungen geben, die auf dieser *besonderen* Ebene, der Erde, erlebt werden. Die Erfahrung als Ganzes wird jedoch auf einer viel tieferen Ebene geteilt werden. Sowohl auf der Ebene der verschiedenen Zivilisationen als auch auf einer tieferen Ebene, der universellen Ebene. So, dass schon jetzt Erfahrungen auf anderen Planeten und in anderen Bereichen eures Universums von einem tieferen Aspekt von euch selbst geteilt werden. Einer weiterentwickelten Version von euch selbst. Wenn - und das ist wieder auf einer individuellen Ebene zutreffend - jeder von euch diesen Übergang irgendwann einmal erlebt, denn jeder von euch wird ihn schließlich erleben müssen, dann werdet ihr sehen, dass es andere Wesen auf anderen Ebenen gibt, die bereits ähnliche Übergänge erlebt haben. Und sie werden in der Lage sein, Ermutigung und Kraft anzubieten. So, dass du bei allen Unternehmungen, die du bestehen musst, Unterstützung erhältst.

KAPITEL EINUNDDREIßiG

DIE ZURÜCKGEBLIEBENEN

In Kapitel 28 *Zerstörung eines Planeten* behandelte ich die Geschichte eines Menschen, der neu auf der Erde war und der sagte, er sei nur bei entscheidenden Zeitenwenden zur Erde gesandt worden. Dies war ein weiterer Fall.

D: *Warum beschloss Jean, jetzt zurückzukommen? Du sagtest, sie sei bereits zu anderen entscheidenden Zeiten der Erdgeschichte hier gewesen.*

J: Das ist jetzt der große Wendepunkt. (Lacht) Das hier ist gigantisch. Es geschieht jetzt. Und viele erinnern sich daran, wer sie wirklich sind und werden kontaktiert. Die neuen Kinder werden hereingebracht und sie liebt diese Kinder. Sie hilft anderen dabei, die Energien auszugleichen. Sie ist eine Brücke. Sie überbrückt jetzt die Energien. Du bist eine Brücke. Selbstverständlich bist du auch eine Brücke. Es gibt also diejenigen unter euch, die gekommen sind, um eine Brücke für die Informationen zu bilden. Um die Botschafter zu sein.

D: *Um diesen Menschen zu helfen, zu erkennen, wer sie sind und was sie sind?*

J: Auf jeden Fall. Und damit es ihnen gut geht. Um sich jedem anzunehmen, der Erfahrungen gemacht hat, welche er bisher unterdrückt hat. Es ist eine großartige Zeit auf eurem Planeten, denn es ist eine sehr entscheidende Zeit. In dieser Zeit wacht ihr als gesamter Planet aus dem Traum auf, dass ihr alleine seid. Dass du alles bist, was es da gibt. Eure Erde entwickelt sich weiter. Ihr alle entwickelt euch weiter. Jedenfalls sind alle Augen jetzt auf diese Erde gerichtet. Das ist der große Moment. Viele haben darum gekämpft, hier zu sein. Sogar Kinder, die herkommen wollen, auch wenn es nur für einige Stunden ist. Ihr werdet alle diese Auszeichnung tragen, zu diesem Zeitpunkt hier dabei gewesen zu sein.

D: *Sogar nur für ein paar Stunden?*

J: Auf jeden Fall. Zu einer Zeit dieser Form von Evolution auf diesem Planeten gewesen zu sein. Kein Planet hat sich jemals zuvor auf diese Weise entwickelt, auf diese einzigartige Weise. Die Möglichkeit, jene Kennung zu tragen, auf einem Planeten gewesen zu sein, der durch das gesamte Multiversum bekannt sein wird - selbst wenn man nur für eine gewisse Zeit hier sein kann. So dass man sagen kann: "Ich war zur Zeit der großen Evolution auf der Erde".

D: *Ist es das, was ich die neue Erde nenne?* (Ja) *Dass es eine alte und eine neue Erde geben wird, eine Trennung?* (Ja.) *Und dass einige diesen Evolutionssprung nicht schaffen werden?* (Ja.) *Ich versuche immer noch, das zu verstehen.*

J: Es ist für viele Menschen schwierig, dieses Konzept zu verstehen.

D: *Ich versuche immer noch, es mir selbst zu erklären, damit ich es anderen Menschen erklären kann.*

J: In Ordnung. Wir werden dir diese Information geben. Für diejenigen, die sich dafür entscheiden, im Karma steckenzubleiben, wird es einen Ort geben, wo sie es weiter ausleben können. Bleiben sie dann also auf der alten Erde? Werden sie auf einen fremden Planeten gebracht? Sie bleiben dort, wo sie die Dinge und Situationen erschaffen haben.

D: *Ich verstehe. Und das sind diejenigen, die in der Evolution nicht weiter voran werden?*

J: Zurzeit nicht. Irgendwann. Nicht zu diesem Zeitpunkt. Aber das wird schwierig werden.

D: *Dann wird die alte Erde weiter existieren?*

J: Ja. Die jetzige Erde.

D: *Werden sich die Menschen auf der alten Erde bewusst sein, dass etwas passiert ist, wenn diese Evolution stattfindet?*

J: Einen Moment. Wir werden dich in die Zeit von Atlantis zurückversetzen. In seiner Geschichte erlebte Atlantis mehrere Zerstörungen und den Menschen war bewusst, dass andere starben.

D: Du meinst, es gab mehr als eine Zerstörung?

Das deckte sich mit jenen Informationen, die ich über Hochkulturen erhalten habe, die auf verschiedene kataklysmische Weise zerstört wurden. Ich war mir nie ganz sicher, ob es sich dabei um unterschiedliche Zivilisationen handelte, die jeweils einen Höhepunkt ihrer Entwicklung erreicht hatten, oder ob der Untergang von Atlantis in Etappen erfolgte.

J: Ja. Es gibt derzeit ein Atlantis, das fortdauerte und in Zeit und Raum besteht. Aus dieser Perspektive existiert Atlantis jetzt in einer anderen Dimension. Es wird also diejenigen auf der alten Erde geben, die genau das erleben werden, denn sie lassen sich von der Angst vor dem Tod und der Zerstörung und Verwüstung der Erde einfangen und deshalb werden sie auch dabei sein, wenn es passiert. In ihrem Geist nehmen sie vielleicht wahr, das alle tot oder verschwunden sind oder was auch immer. Und du nimmst sie vielleicht auch als Tote wahr, aber so oder so wird es zwei unterschiedliche Erfahrungen geben. Stell' dir also vor, dass du bereits dort auf der neuen Erde bist. Das Zusammenspiel, um diese Erfahrung zu ermöglichen ist so viel größer als das irgendein Mensch es zu diesem Zeitpunkt wahrnehmen könnte. Das ist eine große Orchestrierung, die nicht nur auf eurer Erde stattfindet, sondern mit der Hilfe von so vielen Wesenheiten. So vieler. Und kein anderer Planet hat dies zuvor getan.

D: Mir wurde gesagt, dass das gesamte Universum zuschaut.

J: Mehr als nur das Universum. Es gibt sogar die aus anderen Universen, die zuschauen.

D: Weil sie sagten, dies sei noch nie zuvor geschehen, dass ein ganzer Planet in eine andere Dimension übergeht.

J: Niemals zuvor. Ganz sicher nicht.

D: Es hat kleinere Gruppen gegeben. Ich habe gehört, dass die Mayas das getan haben. (Ja) *Aber es waren kleine Gruppen. Dies ist das erste Mal, dass ein ganzer Planet es schafft. Deshalb hat man mir gesagt, dass es so wichtig ist.*

J: Das ist richtig. Sieh' dir die Tatsache an, dass ihr euch als Bewusstsein als getrennt betrachtet. Das Bewusstsein auf diesem Planeten wurde auf eine einzigartige Weise geschaffen, damit ihr euch selbst als getrennt von allem erleben könnt. Die meisten Zivilisationen sehen das nicht so.

Unabhängig davon, wo sie sich befinden, erfahren sie sich nicht als getrennt von der Quelle. Dein Planet schon.

D: Diejenigen, die Teil der Föderation sind und auf den Raumschiffen arbeiten, kennen also ihre Quelle, haben sie nie vergessen und wissen, woher sie kommen?

J: Natürlich. Und sie lieben euch Menschen. Ihr wisst nicht einmal, was ihr geleistet habt. Sie erkennen, dass es primitive Verhaltensweisen auf dem Planeten gibt, aber man muss die Einschränkungen und die Bedingungen berücksichtigen, unter denen ihr zu arbeiten hattet. Es ist erstaunlich. Eure Fähigkeit zu lieben ist tief. Eure Fähigkeit, Angst zu haben, sitzt tief. Das ist die Macht einer Kontrolle, die jeden in Schwierigkeiten bringt. Genährt durch Angst.

D: Ich weiß, dass auf der Erde zu leben auf dem Konzept des freien Willens beruht. Aber ist es auch Bestandteil des Konzepts, nicht zu wissen, dass wir Teil der Quelle sind?

J: Ja. Es ist ein interessantes Konstrukt des Bewusstseins, dass wir uns selbst als getrennt davon erleben. Wo sonst könnte es mehr Wachstum geben als in einer Situation, in der du dich tatsächlich als getrennt von deiner Quelle siehst?

D: Aber du sagtest, die anderen Zivilisationen wüssten, dass sie alle Teil der Quelle sind.

J: Ja, das wissen sie. Kann es also mehr Potential zum Seelenwachstum auf der Erde geben? Ja.

D: Wenn wir denken, wir wären allein und müssen dann alles anhand von uns selbst entdecken.

J: Ja. Ihr müsst die Wahrheit darüber, wer ihr seid, von euch aus entdecken.

D: Ohne etwas anderes, das uns hilft. Ich verstehe, was du meinst.

J: Es gibt hier Verdichtung. Es gibt Schönheit. Es gibt die Sinnlichkeit. Es gibt hier viel zu tun, aber es gibt hier auch so gut wie kein Verstehen über den tatsächlichen Zusammenhang der Dinge. Schau dich um.

D: In meinen Sitzungen waren schon viele Menschen, die zur Quelle zurückgingen. Sie sehen, wie schön sie ist und sie wollen sie nicht wieder verlassen.

J: Wenn du dich mit der Quelle verbindest, ist das die schönste Erfahrung, die man überhaupt machen kann. Was also ist deine Frage? Ob die Sitzungen stattfinden, damit sie sich mit der Quelle verbinden können?

D: *Ja. Warum finden sie statt? Damit sie wissen, wie es ist, oder um sie daran zu erinnern oder ...?*
J: Für diejenigen, die diese Erfahrung machen müssen, ja. Für einige wäre sie zu groß und sie wären nicht in der Lage, weiterzumachen. Sie würden lieber gehen wollen. Es ist für jeden von euch anders. Jeder Mensch ist anders in Bezug darauf, was er erleben kann und was nicht. Und was es in eurem Unterbewusstsein auslösen wird, denn jeder von euch ist ein einzigartiger und individueller Fingerabdruck auf diesem Planeten. Es gibt keine zwei Menschen, die sich wirklich gleichen. Überlege einmal, welche Meisterschaft eine solche Beherrschung bedeutet. Denke an die Schönheit und das Geheimnis, die darin liegen. Und es gibt viele von euch, die jetzt gerade in anderen Leben auf der anderen Seite arbeiten und sie alle sind ebenfalls daran beteiligt. Ihr seid nie allein, keiner von euch.
D: *Wir müssen wiederentdecken, wo wir herkommen und warum wir hier sind. Aber es gibt da eine Frage, die man mir gestellt hat und ich glaube, du hast einen Teil davon bereits beantwortet. Wenn einige von ihnen mitgenommen und andere zurückgelassen werden, würden dann nicht diejenigen, die in die neue Welt gehen, bemerken, dass die anderen Mitglieder ihrer Familie weg sind? Das sind einige Dinge, die ich innerhalb unserer Art zu denken noch zu klären versuche. Ich muss in der Lage sein, es den anderen Menschen zu erklären.*
J: Wir verstehen. Wir verstehen es. Wir werden dir die folgende Erklärung geben. Wir hoffen, dass das hilft. Menschen werden anfangen, aus dem Leben anderer Menschen herauszufallen. Sie werden bemerken, dass sie aus dem Leben der Menschen verschwinden. Das passiert jetzt ziemlich rasch. Mit anderen Worten: Menschen, Familienmitglieder, wem auch immer sie nahe standen, fallen einfach weg, verschwinden. Es wird alles über Nacht geschehen. Zu dem Zeitpunkt, an dem die Verschiebung stattfindet, werden also einige dieser Menschen bereits aus ihren Leben herausgefallen sein, werden sich getrennt haben. Sie werden einfach nicht mehr da sein. So und so zog er dahin, verließ die Stadt oder tat jenes. Verstehst du?
D: *Ja, aber wir könnten zur Polizei gehen und versuchen, die Person zu finden, aber ...*

J: So wird es nicht geschehen. *Sie* werden es sein, die sich wegbewegen, etwas wird passieren - Distanz, Distanz, Distanz. Wenn der Dimensionswechsel dann tatsächlich geschieht, wird die Distanz bereits da sein. Gab es in letzter Zeit nicht Leute in deinem Umfeld, die aus deinem Leben herausgefallen sind?

D: Ja. Natürlich könnte ich immer Kontakt mit ihnen aufnehmen, wenn wir dies möchten.

J: Aber du wirst es nicht tun. Das ist der Punkt. Du wirst sie nicht kontaktieren. Es wäre also ein natürlicher Wegfall. Die Frequenzen und Schwingungen werden nicht mehr übereinstimmen und deshalb werden sie aus deinen Gedanken verschwinden. Die Notwendigkeit, sie zu kontaktieren, wird nicht mehr gegeben sein.

D: Und das bedeutet, dass sie entweder bei der alten Erde bleiben oder auf die neue Erde gehen?

J: In einigen Fällen gibt es da diejenigen, die vorzeitig gegangen sind und die jetzt auf der anderen Seite des Schleiers arbeiten. Dessen bist du dir ja bewusst. Aber bei einigen von denen, die nach einer gewissen Zeit verschwinden, denkst du: "Ich frage mich, was aus dieser Person geworden ist?" Aber du hast nicht den Drang, sie zu kontaktieren, so, wie du es normalerweise tun würdest. Du hast nicht dieses nagende Gefühl: "Oh, ich bin besorgt, ich muss anrufen. Ich muss mich melden." Es ist nicht dasselbe. Du stellst fest, dass dein Bedürfnis, mit ihnen in Kontakt zu treten, einfach nicht mehr da ist. Es verschwindet einfach. Du vergisst sie.

D: Mir wurde gesagt, dass diejenigen, die die neue Welt betreten, zunächst einen physischen Körper haben werden. Wir werden also nicht wissen, wann wir den Wechsel, die Trennung tatsächlich vollzogen haben. Ist das richtig?

J: Das ist vielleicht eine zu einfache Beschreibung. Für diejenigen unter euch, die gekommen sind, um eine Brücke zu sein ... wir werden es so erklären: Wenn du deine Arbeit tust, ermöglichst du ihnen bestimmte Dinge. Du hilfst den Menschen, aufzuwachen, sich mehr dem zu öffnen, was sie sind. Ihre Schwingung, ihre Frequenz zu erhöhen, um in der Lage zu sein, bei den höheren Zyklen pro Sekunde in Resonanz zu treten, damit sie den Wechsel vollziehen können. Macht das für dich Sinn?

D: Ja. Das ist es, wobei ich den Menschen helfen möchte.

J: Genau das ist es, weswegen du den Menschen hilfst. Ja. Es wird geschehen. Es wird nicht so geschehen, wie die Leute denken - dass es einen Kataklysmus geben wird oder dieses oder jenes oder irgendwas anderes geschieht. Nein. Es wird einfach so sein, dass du eines Morgens aufwachst und denkst, alles sei normal und du machst weiter wie immer, aber du wirst bereits dort sein. Du wirst einen Unterschied in der Resonanz bemerken und du wirst schon da sein, denn deine Resonanz nimmt bereits jetzt mit jedem Tag zu. Und so wirst du plötzlich, eines Tages, die erforderlichen Zyklen pro Sekunde erreichen, die dich von hier nach dort bringen. Lass' es uns so erklären. Wenn jemand aus dem 18. Jahrhundert jetzt zurückkäme, um dich zu sehen, würdest du für ihn ein strahlendes Wesen sein. Du hast bereits jene Zyklen pro Sekunde erreicht, die für eine menschliche Form aus dem 18. Jahrhundert hell aufleuchten würde. Kurz gesagt haben sich deine Zyklen pro Sekunde also bereits erhöht.

Kommentar: Könnte dies der Grund dafür sein, dass Nostradamus Johannes und die anderen, als sie Nostradamus besuchten (*Gespräche mit Nostradamus*), als glühende Energiewesen aus der Zukunft wahrnahm? Lag es vielleicht daran, weil sie tatsächlich in einer schnelleren Frequenz schwangen, die sie zum Leuchten brachte? Das ist etwas, was mich zum Nachdenken bringt.

J: Das ist der Grund, warum du eine Brücke bist und anderen helfen kannst, ihre Zyklen pro Sekunde zu erhöhen, damit sie den Wechsel erreichen können. Und je schneller du noch mehr Menschen erreichst, desto schneller aktivieren sie andere Menschen mit ihren eigenen Frequenzen und Schwingungen. Was du also tust, ist, immer mehr Menschen auf dem Planeten zu aktivieren, die wiederum andere aktivieren, was letztendlich die Frequenz des Planeten erhöht. Verstehst du das? Es verläuft alles zyklisch. Alles wirkt sich auf alles andere aus. Es gibt Menschen, die auf die Erde kommen und die nichts weiter tun müssen, sie sind ausschließlich Aktivierende. Ihre Energiefelder aktivieren die Energiefelder der anderen. Und es gibt Menschen, die sehr hart und fleißig arbeiten, die wie Rundfunkanstalten sind. Sie senden über den gesamten Planeten, ähnlich wie ein

Mikrowellensignal.

D: *Das ergibt für mich Sinn. Deshalb hat man mir gesagt, dass das Alter keine Rolle spielen wird.*

J: Das ist richtig.

D: *Wir werden auf einer anderen Ebene funktionieren, mit anderen Schwingungen.*

J: Unterschiedliche Vibrationen, unterschiedliche Zyklen pro Sekunde.

D: *So funktionieren einige der anderen Zivilisationen (ETs, Außerirdische) ebenfalls, nicht wahr?*

J: Ja. Sie altern mit einer völlig anderen Geschwindigkeit. Das Ziel für den Menschen ist eine längere Lebenserwartung. Eine sehr viel längere. Und auch, eine Brücke der Verständigung zu schaffen. Wenn man mit dem Thema Gesundheit beginnt, ist man in der Lage, die Menschen auf nicht-invasive und eine für sie nicht bedrohliche Weise zu erreichen.

D: *Wird in dieser neuen Welt, in der das Alter keine Rolle spielt, der Körper schließlich sterben? So wie wir das Sterben jetzt auf der Erde, in unserer Realität, erleben?*

J: Es wird einige unter euch geben, die die Möglichkeit haben werden, überhaupt nicht zu sterben. Nur um den Übergang zu vollziehen, nur um in die 5. Dimension überzutreten. Aber nicht alle werden zur gleichen Zeit in genau der gleichen Frequenz sein.

D: *Ja. Ich dachte, dass die Körper sich vielleicht so weiter entwickeln, dass sie sich aufrechterhalten können, bis die Seele bereit ist, zu gehen.*

J: Das ist genau richtig. Aber nicht bei jedem. Wenn du viele Leute hast, die diesen Übergang machen, und nehmen wir an, dass die Frequenz ungefähr 44.000 Zyklen pro Sekunde betragen muss, um diese Frequenzverschiebung vorzunehmen. Nicht jeder wird zur gleichen Zeit diese Frequenzverschiebung mitmachen können. Du wirst verschiedene Variablen bei der Frequenzverschiebung haben. Es wird weiterhin auch die unter euch geben, die sich auf einer Schneide befinden werden, die weiter vorwärts drängen, auch wenn sie sich bereits auf der anderen Seite, auf der neuen Erde befinden. Verstehst du? Denn es wird immer Menschen auf jeder Ebene der Entwicklung geben. In jeder Zivilisation gibt es immer diejenigen, die die Dinge da draußen vorantreiben. Die immer ein bisschen weiter gehen, noch einen Schritt weiter gehen, denn das bedeutet Evolution.

D: *Ich dachte, dass es so sein würde. Wir hätten viel mehr Zeit, um unsere Arbeit zu tun und andere Menschen zu erreichen.*

J: Natürlich.

D: *Wir bräuchten uns keine Sorgen mehr über die Limitierungen unseres Körpers zu machen.*

J: Oh, die Einschränkungen des Körpers. Aber: Sieh' dir das Gesamtbild an. Du veränderst dich bereits. Du machst zelluläre Veränderungen durch. Sie arbeiten an dir.

D: *Mir wurde gesagt, dass sie das tun.*

J: Ja, das machen sie auch. (Lachen) Und weil du ein Kommunikator bist, eine weitere der Brücken - bei wem wäre es wichtiger, gut auszusehen, als bei dir?

D: *Vermutlich. Nun, wenn ich es von genug Leuten höre, werde ich es vielleicht irgendwann glauben.*

J: Du solltest es glauben.

* * *

D: *Mir ist auch gesagt worden, dass nicht jeder diesen Wechsel in die neue Welt schaffen wird.*

J: Das ist richtig. Wenn die Erde demnächst diesen Wandel vollzieht, dann gibt es das Konzept, dass viele Seelen zu dieser Erfahrung zugelassen werden, weil, wie du richtig sagst, Menschen dadurch viele Dinge als wichtige Erfahrung für ihre Seele mitnehmen werden. Und so sind auch viele, sagen wir, Anfänger auf den Planeten gekommen. Manchmal kann es hilfreich sein, in einer Klasse mit fortgeschrittenen Studenten zu sein. Weißt du, wie bei den alten Landschulhäusern. *(Ja)* Es kann also sein, dass du verschiedene Level von Schülern in einem Raum hast, jedoch profitieren sie alle davon. Aber schließlich kommt eine Zeit, in der die Schülerinnen und Schüler weitergehen müssen. Und das bedeutet, dass diejenigen, die zurückgelassen werden, ihren eigenen Planeten finden müssen. Sie werden in anderen Schulen, an anderen Orten untergebracht werden.

D: *Ich finde immer, dass es grausam klingt, sie zurückzulassen.*

J: Oh, nein. Sie werden nicht zurückgelassen. Sie werden an

einen Ort gebracht, wo sie in ihrem Tempo wachsen können.
D: *So habe ich es auch verstanden. Es wäre wie eine Trennung.*
J: Das ist organischer. Es ist, als ob du deinen Körper verlässt, in eine andere Dimension gehst, in dieser Dimension seelisch wächst und du vielleicht - oder vielleicht auch nicht - als ein anderer Körper hier her kommst. Vielleicht gehst du aber auch woanders hin. Und wenn das ganze Universum ein Körper ist, gibt es viele, viele Galaxien und Planeten, wo sie hingehen können.

KAPITEL ZWEIUNDDREIßIG

AUSWIRKUNGEN DER KÖRPERLICHEN VERÄNDERUNGEN

Ich habe viele Informationen über die körperlichen Symptome erhalten, die Menschen erleben, wenn sich ihr Körper an diese Frequenz- und Schwingungsveränderungen anpasst. Viele davon sind: Müdigkeit, Depressionen, unregelmäßiger Herzrhythmus, Bluthochdruck, Muskelschmerzen und Gelenkschmerzen. Diese Menschen sind zu Ärzten gegangen, nur um sich sagen zu lassen, dass mit ihnen alles in Ordnung ist. Die Ärzte können keine Ursache für die Beschwerden finden. Ihre Lösung besteht jedoch darin, demjenigen trotzdem Medikamente zu verabreichen, was nicht gut ist, da sie sich der Ursache nicht bewusst sind.

Darunter waren einige Klienten, die radikalere Symptome hatten und die ihre Ärzte vor Rätsel stellten. Eine davon war Denise, eine examinierte Krankenschwester in einem großen Krankenhaus, die mich im August 2005 aufsuchte. Sie klagte über Krampfanfälle und Taubheitsgefühle in einigen Teilen ihres Körpers, aber die Ärzte sagten, es sei kein Schlaganfall gewesen. Außerdem wurde sie eines Tages bei der Arbeit ohnmächtig. Als sie die MRTs und die Röntgenaufnahmen durchführten, sahen sie überall in ihrem Gehirn etwas, das wie Lichter an einem Weihnachtsbaum aussah. Sie nannten diese "Knötchen". Beim Röntgen der Brust fanden sie dasselbe, nämlich Knötchen in der gesamten Lunge. Sie hatte auch eine abnorme Enzymaktivität in ihrer Leber. Der Arzt konnte nicht herausfinden, was vor sich ging. In den nachfolgenden MRTs und Röntgenaufnahmen des

Gehirns hatten sich die „Lichter" in verschiedene Bereiche bewegt und erschienen mehr oder weniger als ein Band, anstatt sich über das gesamte Gehirn zu verteilen. Sie hatten Mühe, eine passende Diagnose zu finden, kamen aber schließlich auf eine Idee, was die Krankheit war: Sarkodisis.

Aber einer der Ärzte sagte: "Ich glaube nicht, dass es das sein kann. Einerseits ist es sehr, sehr, sehr, selten. Andererseits kann sie das unmöglich bekommen haben, dort, wo sie in der Wüste lebt und die Luft sehr trocken ist". Diese Krankheit tritt normalerweise dort auf, wo Feuchtigkeit und Schimmelpilze vorhanden sind. Aber die Ärzte konnten nichts weiter diagnostizieren. Also haben sie ihr Steroide verabreicht, die Diabetes bei ihr verursachten.

Als wir die Sitzung abhielten, sagte das Unterbewusstsein, dass es keine Krankheit gäbe. Dem Körper sei kein Schaden zugefügt worden. Sie haben das Gehirn neu verkabelt, damit es mit den Veränderungen des Zukünftigen umgehen kann. Und dasselbe gilt für die Lunge und die anderen Körperteile. Es handelte sich um eine Anpassung der Energie im Körper, damit er die Anhebung der höheren Frequenzen und Schwingungen verkraften kann. Ich fragte: "Warum erschien es dann wie kleine Punkte und Lichter überall in ihrem Gehirn? "Und sie sagten nur: "Verbinde die Punkte!" Die Anfälle und Taubheitsgefühle waren darauf zurückzuführen, dass schnell viel getan werden musste. Normalerweise wollen sie den Körper nicht überlasten, so dass diese Veränderungen, diese Anpassungen, sehr allmählich erfolgen. Aber in einigen Fällen - ich schätze, weil die Zeit immer schneller vergeht und die Veränderungen sich abzeichnen - müssen sie den Körper schneller anpassen. Es war also zu viel und das führte zu den Anfällen und der Taubheit. Die Zeit, in der sie ohnmächtig wurde, war eine Überlastung des Systems. Aber sie sagten, sie müsse sich keine Sorgen machen, es werde nicht wieder vorkommen. „Mit dem Gehirn ist alles in Ordnung. Und wenn sie jetzt ein weiteres MRT hat, wird es nichts zeigen, denn diese Phase ist beendet. Die nächste Phase ist die Anpassung der Chemie des Körpers, die diese Art von Effekten nicht hervorrufen wird."

Als der Arzt ihr sagte, dass sie diese seltsame Krankheit habe, fügte er hinzu, sie habe weniger als sechs Monate zu leben. Und sie sagte immer wieder: "Das glaube ich nicht." Als sie zu ihrer nächsten Untersuchung zurückkam, starrte der Arzt sie immer wieder an und sagte: "Ich verstehe das nicht, warum du so gesund aussiehst". Sie verstand, ohne dass er es sagte, dass er meinte: "Weil du eigentlich sterben müsstest!" Denise ist Krankenschwester auf Intensivstationen. Und sie sagte: "Ich sehe die ganze Zeit Menschen, die sterben. Ich wusste, dass ich nicht sterben würde. Ich verstand also nicht, worüber sie sprachen".

Das Unterbewusstsein sah sie während der Erdeveränderungen wunderbare Dinge tun und in den nächsten zehn, zwanzig Jahren wird sie bei all dem eine große Rolle spielen. Ich wollte mehr über die Steroide wissen. Ich wusste, dass sie gefährlich sein können, vor allem, wenn sie Diabetes verursachen. Sie sagten, der Diabetes werde schrittweise abgebaut. Es war nur ein Test, um ihr etwas über ihren Körper beizubringen. Sie würde es jetzt nicht brauchen. Sie sagten, sie solle sich keine Sorgen wegen der Steroide machen. Obwohl es ein starkes Medikament war, konnten sie es neutralisieren, so dass es sich nicht negativ auf ihren Körper auswirkte. Es wird als harmloses Nebenprodukt aus dem System gespült. Sie haben die Fähigkeit, dies zu tun. Nicht benötigte Medikamente zu neutralisieren und aus dem System herauszuspülen.

* * *

WEITERE FÄLLE MEINER KLIENTEN

Ich sprach mit Patsys Unterbewusstsein und erzählte ihm, dass sie über Allergien gegen Staub und Pollen geklagt hatte. Es antwortete: "Das sind physische Reaktionen auf das Dasein auf diesem Planeten. Ich habe das Gefühl, dass sie damit leben kann. Es ist auch eine Erinnerung daran, wer sie ist. Dass sie sich in einem Element befindet, das nicht ihr Zuhause ist". Außerdem hatte sie Missempfindungen im Bereich ihres Dickdarms und einen unerklärlichen Ausschlag, über den sie sich informieren wollte. "Ich bekomme immer wieder das Wort 'Herstellung' und ich kann es nicht anders erklären. Aber da drin wird etwas hergestellt. Es ist fast so, als ob ein notwendiges Element hergestellt wird, das die Reaktion im Dickdarm und auf der Haut auslöst. Die Schleimhaut ist ein Nebenprodukt der im Körper stattfindenden Veränderungen, auf die die Haut reagiert. Es hat mit dem zu tun, was zurzeit auf der Erde geschieht. Sie weiß schon seit langem, dass ihr Körper verändert wird. Es geschieht einfach nicht auf eine Weise, die man leicht verstehen kann, wenn man sich in einem physischen Körper befindet, aber es sind viele Veränderungen im Gange. Ärzte können auf dieser Ebene nicht helfen. Sie verstehen die Veränderungen nicht, die stattfinden".

D: *Und wenn wir uns in unserem Tages-Bewusstsein befinden, können wir es auch nicht verstehen.*
P: Der Wachzustand kann sehr verwirrend sein.

Patsy hatte einen sehr niedrigen Blutdruck. "Das ist normal für sie. Sie muss nicht wie der Rest der Bevölkerung sein. Und dass sie in dem Körper, in dem sie sich befindet, handlungsfähig sein kann, ist alles, was von ihr erwartet wird. Das ist der Grund, warum wir sie beeinflussen, nicht zu den Ärzten zu gehen, weil diese versuchen werden, einen Fehler bei ihr zu finden. Das braucht sie nicht mitzumachen".

D: *Ärzte erwarten, dass alle gleich sind.*
P: Ja, das tun sie. Auf diese Weise lassen sich die Patienten leichter kontrollieren und medikamentös behandeln. Es gibt viele, die nicht gleich sind. Patsys Körper wird nicht geschädigt werden.
D: *Zur mir kommen viele Menschen, die Angst haben, wenn sie etwas nicht verstehen.*
P: Sie sind dabei, etwas zu lernen. Furcht ist destruktiv, sehr destruktiv.

* * *

Carol war in ein früheres Leben zurückgegangen, das aber für dieses Buch nicht relevant ist. Das Unterbewusstsein sprach von der Heilung ihres Körpers. Carols Ärzte wollten sie operieren, weil sie eine Wucherung in ihrem Körper hatte, eine Vergrößerung am Becken, die auf ihre Wirbelsäule drückte. Ich bat das Unterbewusstsein, einen Körperscan durchzuführen und mir zu sagen, was es sehen konnte. "Chaos, Verwirrung." Ich fragte, was die Ursache dafür sei. "Wut ... Ärger ... Groll ... Angst. Furcht. Sie nimmt die Ängste anderer Menschen auf und wandelt sie um. Das ist etwas, das sie sehr jung gelernt hat, sie hat gelernt, die Ängste und die Negativität der Menschen aufzunehmen, damit sie dadurch nicht verletzt wird. Sie lernte, sie in ihrem Körper aufzunehmen und umzuwandeln. In manchen Situationen ist es notwendig und gut. Das Wachstum, die Masse im Inneren des Körpers, ist da, damit sie sie heilen kann. Sie hat das Wissen und das Verständnis sowie die Macht und die Ressourcen, um dies zu tun und sie kann es tun. Sie wird sich erinnern, wie das geht".

D: *Die Ärzte wollen es herausschneiden.*
C: Sie könnte das tun und damit den Zyklus immer weiter fortsetzen, aber es ist einfach ein Stolperstein. Es ist wichtiger, dass dies von innen heraus geheilt wird. Sie darf sich nicht auf externe Quellen verlassen.
D: *Das ist die Art und Weise, wie wir erzogen worden sind, zu glauben, dass wir alles den Ärzten überlassen müssen.*
C: Und Überzeugungen ändern sich und ein Teil ihrer Rolle besteht darin, Überzeugungen zu ändern.
D: *Sie wird also in der Lage sein, diese Wucherung selbst zu reduzieren?*
C: Wir werden ihr dabei helfen. Sie muss den Prozess kennen, damit sie andere darin unterrichten kann. Und sie muss den Prozess bewusst kennen.

Aus diesem Grund wollte das Unterbewusstsein eine Spontanheilung, wie ich sie schon so oft gesehen hatte, nicht durchführen. Es sollte in Carols Verantwortung liegen. "Die Schritte der Manifestation. Die Schritte, um die es dabei geht, erfordern Vertrauen und Hingabe, um eins zu werden, den ganzen Weg zurück bis zum Anfang, bis zur Quelle."

D: *Das klingt nicht einfach.*
C: Sie weiß, wie man das macht. Es gibt zusätzliche Schritte in der Alchemie, von denen sie aus anderen Leben schöpfen kann. Aber es geht um die Umwandlung von Festkörpern in Flüssigkeiten, von Flüssigkeiten in Gase, in Feststoffe, in Partikel, in Raum, in Energieformen. Und dann darum, diese Formen wieder in die physische Manifestation zu bringen. Es geht also um Dematerialisierung und Rematerialisierung. Das passiert vielleicht nicht von selbst, da Carol den Prozess etwas blockiert. Sie könnte Stimmen, Musik und Töne nutzen, um Zugang zu jenem Zustand zu erhalten, der dafür

erforderlich ist.
D: *Und wenn sie das bei sich selbst tut, wird sie andere darin unterrichten können?*
C: Ja. Sie wird genau verstehen, wie es funktioniert, ganz bewusst.

Während das Unterbewusstsein sagte, Carol müsse sich um die Auflösung der Wucherung kümmern, sagte es, es könne ihr bei einem anderen Problem helfen, das sie hatte. Es gab eine Öffnung vom Darm zur Vagina. "Ich zerlege die Zellen, das Gewebe, und bringe sie in einen flüssigen Zustand ... und baue sie anschließend neu auf, so dass eine klare Wand entsteht. Eine klare Abgrenzung im Bereich der Vagina, frei von Entzündungen und frei von Infektionen. Und dann dichte ich den Darm ab, damit nichts mehr in die Bauchhöhle sickert. (Pause) Ich sauge alle Bruchteile ab. Die Ärzte werden auf keinen Fall eine Operation durchführen. Es ist an der Zeit, den gesamten Zyklus und das Aufschieben der Heilung zu stoppen".

D: *Sollte sie noch einmal den Arzt aufsuchen?*
C: Es wird auf die eine oder andere Weise keinen Unterschied machen, weil wir den Arzt daran hindern werden, voranzukommen. Denn es liegt nicht im höchsten Interesse von Carol, diesen Weg weiterzugehen. Die Arbeit mit den Zellen ist das, was wir tun werden. Wir haben nun die Wucherung, das Wachstum, in seiner eigenen Membran abgeschlossen. Sie kann herausgenommen werden. Sie kann verflüssigt und aufgelöst werden.
D: *Sollte Carol diesen Vorgang für sich visualisieren?*
C: Es gibt einige Alternativen. Die Wucherung kann einfach herausgehoben werden. Oder sie kann verflüssigt und verdampft werden und verschwindet. Das wären die beiden einfachsten Wege, die möglich wären. Sie kann dies innerhalb einer Meditation tun oder wenn sie sich in Ruhe befindet. Sie wird den Prozess aktiv an ihrem eigenen physischen Körper durchführen. Mit anderen Worten: sie wird sich auf ihren eigenen Behandlungstisch legen und einfach eine Selbstheilung durchführen müssen. Es wird relativ schnell gehen.
D: *Wenn sie dann wieder zum Arzt gehen würde, würde er dort nichts mehr sehen?*

C: Das ist richtig. Es ist an der Zeit, den Schmerz und das Leiden zu beenden und weiterzumachen. Sie wird sich auch mit ihrem Blut und den Veränderungen des Blutes und den Veränderungen der Konsistenz des Blutes beschäftigen müssen. Es gibt eine intuitive Arbeit der Zellen; es gibt eine Weisheit der Blutzellen und des Knochenmarks sowie der Bildung und Verformung von Zellen und Material. Sie zapft die Erinnerungen daran aus früheren Leben an und wendet jene Schritte an, die sie in diesem Leben benötigt.

D: *Und du willst, dass sie an diesen Dingen bezüglich ihres eigenen Blutkreislaufes arbeitet?*

C: Ja. Die Änderungen werden gerade erstellt. Und sie muss verstehen, wie diese Veränderungen zustande kommen, denn der physische Körper wird sich verändern. Und deshalb muss sie diesen Prozess verstehen, damit der physische Körper aufgrund der Veränderungen und Übergänge nicht stirbt, die er innerhalb der nächsten 10 Jahre erlebt.

D: *Du sagtest, dass der Körper sich verändert?*

C: Ja. Der physische Körper verändert sich in seiner Schwingung.

D: *Wie wirkt sich das auf das Blut aus?*

C: Das Blut verändert seine Konsistenz. Manchmal gibt es ein Zusammenklumpen und manchmal eine Ausdünnung. Und so wie die Veränderungen in der Schwingung des ganzen Körpers auftreten, werden auch die Zellen anders funktionieren. So werden einige der alten Funktionen weggeworfen und einige Zellen übernehmen neue Funktionen. Ich bin mir nicht sicher, was das genaue Wort ist, aber es bedeutet ...

D: *... etwas Neues lernen müssen?* (Ja) *Das ist etwas, was diese anderen Zellen noch nicht getan haben.*

C: Korrekt.

D: *Und das hast du gemeint, als du sagtest, sie muss lernen, es anzupassen, sonst kann der Körper damit nicht umgehen?*

C: Korrekt.

D: *Passiert das gerade auch bei anderen Menschen auf der ganzen Welt?* (Ja) *Ich habe von vielen verschiedenen Symptomen gehört.* (Ja) *Jeder Mensch muss also lernen, sich dem anzupassen?*

C: Nicht jeder Einzelne wird das tun, sondern Menschen, die dazu beitragen, anderen zu helfen, andere zu unterrichten und Gruppen anzuleiten. Es geht darum, Frequenzen durchzubringen, die sehr schnell massive Veränderungen im physischen Körper bewirken können.

D: *Veränderungen, die normalerweise viele Generationen gedauert hätten. Ist es das, was du meinst?*

C: Ja. Es geht um die Komprimierung der Zeit. Es gibt keinen Raum und es gibt keine Zeit, aber auf der Erdenebene gibt es Raum und Zeit. Damit auf der Erdenebene spontane Heilungen stattfinden können, muss es also eine Zeitkompression geben, die dann eintritt, wenn die Zellen neue Anweisungen erhalten und die alten Anweisungen loslassen sollen.

D: *Oh! Und das ist in den Körpern mancher Menschen schwierig. Ich vermute, dies würde körperliche Symptome hervorrufen, die die Ärzte nicht verstehen würden. Stimmt das?*

C: Das ist richtig. Sie haben nicht die Technologie, um sie zu verstehen. Es gibt einige, die fortgeschrittene Denkweisen haben und die damit umgehen können. Aber der medizinische Bereich im Allgemeinen ist sehr archaisch in Bezug auf das, was er wissen will oder was er an Wissen zur Verfügung haben möchte. Und das ist wirklich nicht sehr nützlich. Das wird irgendwann wegfallen. Der Verstand kann für Veränderungen genutzt werden, aber zunächst müssen die Menschen auch in der Lage sein, ihren Verstand zu ändern, um ihre verzerrten Überzeugungen loszulassen und zur Wahrheit zu gelangen.

D: *Wir müssen weg von der Gehirnwäsche, die wir unser ganzes Leben lang erlebt haben und die uns sagt, dass wir uns auf äußere Dinge & Meinungen verlassen müssen. Das brauchen wir eigentlich nicht zu tun.*

C: Das ist richtig.

D: *Als du das erste Mal in ihren Körper geschaut hast, sagtest du, es herrsche Chaos, Verwirrung und Wut. Kann sie all das freigeben, jetzt wo sie erkennt, dass sie nicht notwendig sind?*

C: Ja, das meiste davon hat sich mit der Reparaturarbeit aufgelöst, die wir mit der Verstärkung der Membranwände, der vaginalen Anpassung, der Heilung des Dickdarms, des ganzen Darms, generell der inneren Organe und dem Absaugen aller Zellbruchteile durchgeführt haben. Und dem, was Erdlinge den "Fallout" nennen würden.

D: Carol war ihr ganzes Leben lang das Opfer und wurde oft verraten. (Ja) Warum hatte sie ein solches Leben? Was war der Zweck?

C: Es ist notwendig, dass sie die Opferrolle versteht, weil es Massen von Menschen geben wird, die ziemlich schnell und in großen Gruppen zum Opfer gemacht werden. Und so wird es wichtig sein, mit ihnen allen zu arbeiten. Es wird einen Augenblick geben, in dem klar sein wird, dass so viele Schritte umgangen werden können, indem man die Inneren und Äußeren Muster der Schikanierungen vorab erkennt, so dass es gar nicht erst zu diesen Opferungsprozessen kommt. Es wird notwendig sein, flexibel festzulegen, was zur Verschiebung, zum Wechsel in die nächste Dimension fixiert werden muss - es geht um den Wandel ....

D: Sie wird bei der Arbeit mit einigen dieser Leute eine wichtige Rolle spielen. (Ja) Weil sie sich mit ihnen identifizieren und sie verstehen kann.

C: Ja. Und sie wird mit Heilern zusammenarbeiten.

KAPITEL DREIUNDDREIßIG

DIE BIBLIOTHEK

Nach vielen frustrierenden Versuchen, Nancy dazu zu bringen, etwas zu sehen, brachte ich sie zurück in ihr heutiges Leben. Sie hatte immer noch Schwierigkeiten, loszulassen und mit dem „Zensor" im Kopf aufzuhören. Schließlich gelang uns nach fast einer Stunde der Durchbruch. (Ich hatte das Band umgedreht. Ich bin hartnäckig. Ich gebe nicht so leicht auf) Ich ließ sie zurückgehen, bevor sie als Baby in dieses Leben geboren wurde. Sie sah sich selbst als einen älteren Mann in einem weißen Gewand. "Ich glaube, ich stehe als Ältester auf der anderen Seite. Ich bin alt und habe einen Bart. Er trägt ein weißes Gewand mit einer Art Quastenkrawatte, Sandalen und einen Stab. Ich bin in einer Bibliothek an einem Tisch. Ich kann die Bücher nicht sehen, aber ich glaube, dies ist eine Bibliothek". Ich bat sie, sich anzusehen, was sie dort machte. "Mein Eindruck ist, dass ich beratend tätig bin. Ich würde sagen, es ist in der geistigen Welt. Und dass ich Teil des Rates bin, der die Menschen anleitet und berät, wenn sie für ihren Unterricht inkarnieren wollen."

D: *Klingt nach einer wichtigen Aufgabe.* (Ja) *Hilfst du ihnen, zu entscheiden, was sie tun werden?*
N: Nein, ich helfe ihnen bei der Entscheidung, wie sie die Lektion, die sie erreichen wollen, am besten ermöglichen können.
D: *Hast du das Gefühl, dass du schon sehr lange Berater bist?*
N: Es gibt kein Zeitgefühl, aber mein Aussehen wirkt alt.

Sie konnte die anderen Leute nicht sehen, aber sie hatte den Eindruck, dass sie alle zu ihr kamen. Ich fragte mich, wie sie sie beriet.

N: Es ist eine Fülle von Informationen, was immer das bedeutet. Ob es heißt, dass ich über eine Fülle von Informationen verfüge, oder ob dieser Raum sie mir bereitstellt. Das ist das Einzige, was mir in den Sinn kommt: "Fülle an Informationen".

D: *Hast du Aufzeichnungen über die Dinge, die du in anderen Leben getan hast?*

N: Ich denke, es ist einfach alles bekannt. Ich glaube, man kann sich die Aufzeichnungen ansehen, wenn man will, aber man muss es nicht tun.

D: *Hast du viele andere Leben erlebt, bevor du der Berater wurdest?*

N: Ich glaube schon.

D: *Gibt es einen Weg, etwas über ein Leben herauszufinden, das besonders wichtig war? Eines, das Einfluss auf das Leben hat, das du derzeit als Nancy lebst?*

N: Ich würde lieber jemanden danach fragen.

D: *Gibt es jemanden in deiner Nähe, den du fragen könntest?*

N: Ich weiß es nicht, aber ich höre ein "Ja".

D: *In Ordnung. Dann die Frage: "Gibt es ein wichtiges vergangenes Leben, das Nancy sehen muss und das ihr in ihrem jetzigen Leben helfen wird?"*

N: Ja und Nein. Die positive Ja-Seite ist wichtig bezüglich der karmischen Lektionen. Wir konzentrieren uns jedoch nun auf die nicht-karmische Notwendigkeiten. Deshalb gab es eine Ja- und Nein-Antwort.

D: *Dann braucht sie ihre vergangenen Leben nicht mehr zu sehen?*

N: Nicht unbedingt. Sie spielen keine Rolle mehr.

D: *Was ist mit ihrem Karma?*

N: Das Karma wird praktisch aufgehoben, wenn wir in das neue Universum wechseln.

D: *Dann bedeutet das, dass sie kein Karma hat, um das sie sich Sorgen machen müsste?*

N: Nein, ich habe zwar Karma, aber das wird nicht wichtig sein. Er sagt nur, es sei nicht notwendig, um die Mission dieses Lebens erfüllen zu können oder um in das nächste Leben gehen zu können.

D: *Deshalb durfte Nancy auch keines ihrer anderen Leben*

sehen?

N: Es ist nicht so, dass es mir nicht erlaubt war. Es war einfach nicht notwendig. Das würde Verwirrung stiften. Der menschliche Geist würde sich an dem, was er sieht, festhalten. Aber er könnte nicht das Urteil darüber abgeben oder aufheben, was du mir zeigen wolltest oder was du normalerweise zeigen würdest.

D: *Viele Menschen beziehen sich auf Dinge, die in anderen Leben passiert sind, damit sie vorankommen können.*

N: Aber weil wir uns an diesem Höhepunkt befinden - diesen Weg gehen werden - spielt all dies keine Rolle mehr. Denn eine Reinkarnation auf die Erde, wie wir sie kennen, wird es nicht mehr geben. Einen Blick auf andere Leben zu werfen, wäre nur noch verwirrender, denn Ideen und Werkzeuge, die in der alten Welt notwendig und hilfreich waren, werden in der neuen Welt nicht mehr gebraucht.

D: *Ich habe immer noch viele Menschen, deren Probleme aus anderen Leben stammen.*

N: Aber all das wird jetzt entladen. Deine Arbeit ist wichtig, weil es einige Energiewerkzeuge gibt, die in diesem Leben freigesetzt werden müssen. Energieinstrumente für mehr oder weniger gesundheitliche Fragen. Es sind Dinge des Jetzt, die nichts mit Vorankommen zu tun haben, denn in dem Moment, in dem du vorankommst, wird alles losgelassen und aufgegeben werden. Wir wissen nicht, wann die neue Erde erscheinen wird, aber sie wird kommen. Sie wird hier sein. Es ist nur eine Frage der Zeit, wann die Schwingungen und die Energie das Niveau erreichen werden, um fast ... herein zu platzen und die zweite Welt zu erschaffen. Du hilfst den Menschen also bei ihren körperlichen Beschwerden, damit sie sich nicht unbehaglich fühlen müssen, bis es soweit ist. Das ist wichtig, denn wir wissen nicht, wann es passieren wird - eher früher als später. Wenn diese Leute also zu dir kommen, dann fühlen sie sich aus irgendeinem Grund nicht wohl, für den niemand eine Erklärung hat.

Nancy wollte (wie alle anderen, die zu mir kommen) ihre Aufgabe, den Sinn ihres Lebens wissen. Das Unterbewusstsein antwortete: "Das ist jetzt nicht die Antwort, die sie sich erhoffte, aber ihr Lebenssinn kann noch nicht offenbart werden, weil das neue Universum noch nicht erschaffen wurde. Alles ist noch in Planung, in Bewegung, in der Phase der Ermöglichung und es kann sich noch alles ändern. Wir können einen Plan sehen, ein großes Bild, aber es kann sich noch einiges ändern."

D: Könntest du ihr nicht eine Idee davon vermitteln, was sie tun soll, weil sie bei dieser Planung gerne behilflich sein möchte?
N: Die Idee wird im rechten Moment sofort erscheinen.
D: Gibt es etwas, an dem du sie arbeiten lassen möchtest, um sich darauf vorzubereiten?
N: Nichts davon ist zu diesem Zeitpunkt wichtig. Sie wird auf die neue Erde gehen und sofort wissen, was zu tun ist, denn die neuen Energien und die Schwingungen werden wesentlich höher sein. Die derzeitigen Anstrengungen hier sind notwendig dazu, aber die Entscheidung, ob du dorthin (neue Erde) gehst oder nicht dorthin hingehst, ist bereits gefallen.
D: Ich habe gehört, es sei bereits beschlossene Sache, denn die Schwingungen können sich nicht so schnell ändern.
N: Richtig. Wenn du einmal die Markierung überquert hast und weiter gehst, dann ist das beinahe wie eine Ruhepause. Und wenn du dort (neue Erde) ankommst, wird alles ganz anders sein. All die Dinge, von denen wir bisher dachten, sie seien wichtig und die uns bis vor kurzem noch angemessen erschienen, werden in der neuen Welt nicht mehr gebraucht werden.
D: Sie sagte, sie wolle im Leben anderer Menschen etwas bewirken und der Welt helfen.
N: Das wäre notwendig gewesen, wenn die Erde in der gleichen Schwingungsdimension bleiben würde, in der sie sich jetzt befindet, aber es ist beinahe so, als würde der Wechsel nun jederzeit passieren können. Er wird geschehen, aber du wirst nicht genau wissen, wie er aussehen wird, bis es passiert, denn es ist eine Gruppenbeteiligung und ein Effekt, der von allen gemeinsam erzeugt wird. Und alles, was wir sagen können, ist, dass es geschehen wird.
D: Ich habe gehört, dass manche Leute nicht einmal merken werden, dass etwas passiert sein wird.
N: Ich glaube, dass sich auch diese Ansicht sogar gerade ändert. In jedem Fall werden diejenigen, die voranschreiten, mit

Sicherheit wissen, dass es passiert. Bei denen, die zurückbleiben, steht es noch immer nicht fest - Vernichtung ist kein angemessenes Wort, aber mir fällt kein anderes ein - wer es wirklich realisieren wird oder nicht. Es ändert sich noch.

D: *Aber sie möchte jetzt etwas tun, um zu helfen. Sie hat Heilen, Reiki und die Arbeit mit Engeln erlernt.*

N: Aber alle werden die gleichen Gaben und Werkzeuge haben und über die neuen Energien verfügen.

D: *Alle werden dasselbe tun?*

N: Nun, nicht dieselben Dinge, aber es wird einfach nicht mehr nötig sein. Der Grund, warum wir all diese Dinge zurzeit tun, ist, um die entsprechende Energie auf das nötige Niveau zu bringen. Aber wenn später alle sofort alle auf dieser Ebene sind, gibt es keine Notwendigkeit mehr für eine Heilung, denn wir werden alle automatisch geheilt werden. Man kann weiterhin mit den Menschen arbeiten und ihnen bis zum Übergang helfen. Aber wenn alle hinüberwechseln, ist es fast so, als ob alle im gleichen Tempo vorankommen. Alle sind auf der gleichen Seite und die Schleier sind gelüftet, es ist der große "ah-hah!"-Moment.

D: *Es gibt immer noch Menschen da draussen, die Nancy brauchen, nicht wahr?*

N: Richtig. Es gibt Menschen, die man von einem Moment zum nächsten in die neue Welt herüberziehen kann. Sie befinden sich beinahe in so etwas wie in einer Warteschleife, sie halten an und warten. Sie warten darauf, vorwärtszukommen.

D: *Sie wird also nie wissen, bei wem von den Menschen, mit denen sie Kontakt hatte, der Übergang geklappt hat.*

N: Nein, und die anderen werden es umgekehrt auch nicht wissen. Sie sollte ihre Energie immer auf eine Bestärkung aller Energien und aller Menschen auf der Erde konzentrieren, um voranzukommen. Und wenn jede Person ihre Schwingung erhöht, ist es eine Kettenreaktion und sie schwingt und prallt an der nächsten Person ab, an der nächsten, usw. Bis es ein ganzes riesiges Crescendo ist, das zur Schwingung der Erde insgesamt wird. Wenn jeder aufhören würde, das zu tun, was er tut, würde es lediglich zu einem dumpfen Summen werden. Aber weil wir alle voran gehen und uns vorwärts bewegen und wir alle in unserem eigenen Tempo arbeiten, steigt die Vibration immer höher und höher, bis sie sich in den Kosmos ergießt. Du kannst also nicht sagen, dass du keine Arbeit verrichtest. Mach einfach weiter mit dem, was du tust, aber der Schwerpunkt wird sich nun ändern. Sich zu langweilen ist großartig, denn dadurch entsteht augenblicklich alles Wissen um all die Dinge, die wir hier anstreben. Aber: "Gib mir Reiki, damit ich mich besser fühle" oder "Nimm das von mir weg" wird nicht nötig sein. Jeder wird die Werkzeuge selbst haben. Und wenn du erst einmal die Werkzeuge hast, hast du weder Schmerzen noch Leiden. Es ist fast wie eine "menschliche Komponente", die nicht mehr in Kraft sein wird. Es ist in menschlicher Gestalt immer gut, wenn man, wie du sagst, Ziele, Träume und Bestrebungen hat. Es ist sehr schwer in Worte zu fassen, denn wir glauben, die Veränderung kommt schneller, als du denkst und du verschwendest deine Zeit. Aber es klingt auch nicht richtig zu sagen: eine Zeitverschwendung. Aber ich denke, das Beste, was man tun kann, ist, eine gute Absicht zu haben. Bring immer deine Bereitschaft zur Hilfe zum Ausdruck und weise nie jemanden ab, der zu dir kommt. Alle Lektionen, die Nancy jetzt lernen muss, haben mit dem karmischen Rad zu tun, aber es wird bald beendet sein. Sobald die Schwingung ein bestimmtes Niveau erreicht hat, ist man über das "Karma zurückzahlen müssen" hinaus. Deshalb ist es nicht mehr wichtig, Fragen über frühere Leben nachzugehen. Das ist Nancys menschlicher Geist und alle menschlichen Köpfe sind neugierig auf diese Dinge. Es ist fast kindlich. "Warum? Warum? Warum? Wie kommt das?" Du könntest dir also einfach ganz sicher sein, dass du, wenn du erwacht bist, auf die neue Erde ziehen wirst.

Später in der Sitzung wurde an Nancys Körper gearbeitet, um ihre Lust am Rauchen und zum zwanghaften Essen zu beseitigen, damit sie abnehmen konnte. Sie konnte fühlen, wie sie sie abtasteten und sich neu einstellten, besonders in der rechten Gehirnhälfte. Dann spürte sie Vibrationen in ihrem ganzen Körper. "Sie scannen und entfernen nur die entsprechenden Impulse."

D: Vertraue ihnen. Sie wissen, was sie tun. Sie entfernen die

Reize, die dich dazu bringen, mehr zu essen als gut für dich ist.

N: Ja. Und Dinge, die zur Gewohnheit geworden sind. Der Körper ist so konzipiert, dass er im Grunde mit allem fertig wird, aber das Problem liegt in der Kontrolle und der Menge. Der Körper ist ein Wunder und der Körper kann alles in kleinen Dosen entsorgen oder verarbeiten. Die besten Lebensmittel wären jene mit weniger Zusatzstoffen und weniger Konservierungsstoffen. Weniger ist am besten. Noch kleinere Portionsgrößen, aber nur, um den Körper von chemischen Zusätzen und Konservierungsstoffen, zu befreien. Der Trend geht also hin zu gesünderen, saubereren, weniger toxischen Dingen für den Körper. Der Körper wird länger gesund bleiben, wenn er nicht so hart arbeiten muss. Wir haben ihr die entsprechenden Anstöße dazu gegeben, sich neu auszurichten, neu zu justieren, neu zu programmieren. Das wird ihr gefallen. Die Geschmacksknospen verändern sich bereits. Es beginnt.

Sie haben dies in den meisten meiner Sitzungen mit Klienten wiederholt, insbesondere, wenn diese Informationen über ihre Ernährung bekommen wollten. Wir sollen schwerere Nahrung entfernen, denn um aufsteigen zu können, muss der Körper leichter werden. Sie sagten, die beste Nahrung sei "lebendige" Nahrung, d.h. frisches Obst und Gemüse. Manches Fleisch ist in Ordnung, aber nicht das rote Fleisch, vor allem nicht Rind- und Schweinefleisch aufgrund der Zusatzstoffe und Hormone. Sie sagten, sie lagern Chemikalien und künstliche Komponenten in unseren Organen ab, die dort bis zu sechs Monate lang verbleiben. Es ist äußerst schwierig, sie zu filtern und aus dem Körper zu entfernen. Wenn wir Bio-Lebensmittel essen, ist das das Beste. Sie verweisen stets auf kleinere Portionen und mehrere kleine Mahlzeiten während des Tages (sie nannten es "weiden"), statt auf riesige Mahlzeiten. Der Wert des Wassers ist nicht zu überschätzen. Es ist äußerst wichtig. Natürlich beruht das alles nur auf gesundem Menschenverstand, aber wenn es durch meine Klienten ständig wiederholt wird, bedeutet das meiner Meinung nach, dass sie die Bedeutung der Ernährung in dieser Zeit nochmals betonen. Irgendwann werden wir vollständig zu einer flüssigen Ernährung übergehen.

Dann, nachdem wir auf die neue Erde gewechselt sind,

besteht die Möglichkeit, überhaupt nicht zu essen. An diesem Punkt werden wir von reiner Energie und Licht leben. Dasselbe wie bei vielen der ETs, mit denen ich gesprochen habe.

ACHTER TEIL

UNGEWÖHNLICHE ENERGIEN

KAPIEL VIERUNDDREIßIG

EINE GANZE NEUE ALTERNATIVE ZU WALK-INS

Ich arbeitete bereits an diesem Buch und dachte, ich hätte genug Informationen, um es zusammenzustellen. Dennoch sollte ich "sie" niemals unterschätzen. In den letzten Jahren strömten während meiner Sitzungen Informationen von vielen Menschen ein und mir wurden die ungewöhnlichsten Theorien vermittelt. Ich dachte, ich hätte alles, worüber sie wollten, dass ich schreiben sollte. Aber jedes Mal, wenn ich das denke, überraschen sie mich mit etwas völlig Neuem und Unerwartetem. Ich weiß, dass ich irgendwo stoppen muss, sonst werden meine Bücher zu umfangreich. Natürlich habe ich jedes Mal, wenn ich ein Buch geschrieben habe, am Ende Informationen entfernt und für das nächste Buch aufgehoben. Diesmal dachte ich, ich hätte genug Informationen für dieses Buch erhalten. Doch im Januar 2007 kam ein neuer Klient und während der Sitzung wurde uns ein weiteres, neues Konzept vorgelegt, von dem ich wusste, dass es in das Buch Eingang finden musste. Ein völlig neues Konzept eines Walk-in, eines, das unser Leben auf der Erde und unser Leben auf der Neuen Erde beeinflussen wird. Es gehen zahlreiche seltsame Dinge vor sich, von denen unser Bewusstsein gar keine Ahnung hat. Und das ist wahrscheinlich auch gut so. Es wäre zu verwirrend, wenn wir um all die Dinge wüssten, die sich hinter den Kulissen abspielen.

Als Christine die Sitzung begann, klang es wie eine ganz normale Regression in ein vergangenes Leben. Es gab keinerlei Hinweis auf das, was dann kommen würde. Sie fand sich als ein

Mann in einem Gewand wieder, der mitten in einem Waldgebiet stand. Sie brauchte ein paar Sekunden, um sich zu entscheiden, welches Geschlecht sie hatte. Erst nachdem sie ihren Körper näher betrachtet hatte, konnte sie mitteilen, welches Geschlecht sie hatte. "Ich fühle mich männlich. Ich habe sehr muskulöse Beine. Sie fühlen sich nicht wie weibliche Beine an. Meine Wadenmuskeln sind sehr angespannt. Ich bin wahrscheinlich alt. Ich bin Ende Vierzig, Anfang Fünfzig. Das gilt dort als sehr alt". Es faszinierte ihn, Gruppen von kleinen Tieren und Vögeln zu beobachten und wie sie sich bewegten. Auch die erdigen Gerüche von toten Blättern gaben ihm ein sehr gutes, angenehmes Gefühl. Er ging zu einem nahe gelegenen Bach, um etwas zu trinken und beobachtete einige kleine Fische im Wasser. Es war eine wirklich ruhige und friedliche Umgebung. Er fühlte sich müde, als ob er eine weite Strecke zurückgelegt hätte, also machte er sich ein Bett aus einem Laubhaufen.

Das Einzige, was er bei sich trug, war ein Beutel mit Trockenfleisch, seine Werkzeuge, die er als Steinmetz benutzte und ein Schwert, das zur Selbstverteidigung und auch zur Jagd diente. Bisher klang das wie der Beginn einer normalen Rückführung in ein vergangenes Leben, aber das sollte sich bald ändern. Er stammte nicht von diesem Ort im Wald und doch konnte er auch kein Zuhause ausmachen. "Ich habe viele verschiedene Länder bereist und bin viele Jahre lang gereist. Ich habe kein bestimmtes Ziel. Ich habe nur die verschiedenen Länder erkundet. Ich soll helfen. Ich soll etwas über die verschiedenen Menschen lernen. Es gibt eine Gruppe von uns. Sie warten auf mich. Sie sind in einer sehr kalten Gegend. Geografisch gesehen weiß ich mehr oder weniger, wie ich dorthin komme, aber ich kenne den Namen des Landes nicht. Ich habe mich nach der Sternenkarte gerichtet, die ich in diesem Leben verwendet habe, also weiß ich, in welche Richtung ich gehen muss."

D: Wie sah der Ort aus, von dem du losgezogen bist?
C: Ich war für viele, viele Jahre weg. Jahrtausende, um genau zu sein. Ich kam von weit her, nicht von diesem Planeten. Ich bin nur gereist und ich habe diesen Körper angenommen, um mich in dieser Umgebung aufrechterhalten zu können. Ich musste eine menschliche Form bewohnen, um zu atmen und in dieser Atmosphäre leben und aufrechterhalten werden zu

können. Es gibt mehr, es gibt viele von uns.

D: Wo du herkommst, hattest du also keinen solchen Körper?

C: Nein. Dafür besteht keine Notwendigkeit.

D: Was für einen Körper hattest du dort?

C: Er ist leicht. Ich habe eigentlich keinen Körper oder wir haben keinen. Wir sind Energie. Wir reisen als Energie. So sind wir in der Lage, uns so schnell wie wir können, zu bewegen.

D: Hat dir jemand gesagt, du sollst hier herkommen und diesen Körper annehmen?

C: Ja. Wir wurden angewiesen, verschiedene Körper zu übernehmen, je nachdem, auf welchem Planeten wir gehen.

D: Also nehmt ihr an jedem Ort, an den ihr geht, einen anderen Körper an?

C: Ja. Wir können einen früheren Körper nicht mitnehmen. Wir müssen verschiedene Körper annehmen, je nachdem, in welchem System wir uns befinden.

D: Der Körper, den du jetzt gewählt hast: Du bist also nicht als Baby in ihn hineingegangen und mit ihm gemeinsam gewachsen?

C: Nein. Diese Person war gerade gestorben, also konnte ich einfach in diesen Körper gehen und ihn zurückbringen, um ihn für unsere eigenen Zwecke wieder zu regenerieren.

D: Er war also noch nicht zu lange tot?

C: Nein. Nur ein paar Minuten.

D: Die ursprüngliche Seele hatte den Körper bereits verlassen? (Ja.) *Wenn du zu lange gewartet hättest, hätte es nicht funktioniert?*

C: Richtig. Es war eine Frage von ein paar Minuten.

D: Wenn du also zu lange gewartet hättest, wäre es viel komplizierter gewesen?

C: Oh, auf jeden Fall. Sie sind liberaler, wenn es um solche Dinge geht, besonders für unsere Zwecke.

D: Wen meinst du mit "sie"? Diejenigen, die für diese Dinge zuständig sind?

C: Ja. Vorausgesetzt, dass wir den Körper sehr schnell besetzen. Dazu stehen uns nur wenige Minuten zur Verfügung. Und sie führen uns dorthin, wo sie uns brauchen, um einen Körper zu bewohnen.

D: Auf diese Weise nimmst du einen Körper nicht einer Seele weg, die bereits in ihm lebt.

C: Richtig. Das ist nicht erlaubt.

D: *Man weiß also nie, was für eine Art von Körper es sein wird. Ist das richtig?*
C: Das stimmt. Es geht von einem Moment auf den anderen. Deshalb habe ich mich, als du mich gefragt hast, ob ich männlich oder weiblich sei, mich männlich gefühlt, aber dann musste ich mich daran erinnern, was männlich sein ist. Ich weiß nur aus meinen Studien, dass die Beine definitiv keine Formen einer menschlichen Frau waren.
D: *Ist es schwer, sich an einen menschlichen Körper anzupassen?*
C: Ja, ein bisschen. Es braucht nur Zeit, denn wir sind es nicht gewohnt, Gliedmaßen und so etwas zu benutzen. Es sind nur die motorischen Fähigkeiten.
D: *Man hat dir also gesagt, du sollst kommen und etwas lernen?* (Ja) *Was versuchst du zu lernen?*
C: Wir sollen etwas über diesen Planeten lernen, damit wir ihnen beibringen können, wie sie das, was auf sie zukommt, überleben können.
D: *Haben sie nicht bereits entsprechende Fähigkeiten und wissen sie nicht, wie man Dinge tut?*
C: Sie haben Fähigkeiten, aber sie haben nicht alle Tugenden, die sie brauchen, um sie nutzen zu können.
D: *Welche Art von Tugenden?*
C: Einfühlungsvermögen. Toleranz. Was es in seiner reinsten Form war, Mitgefühl. Sie haben die Fähigkeit zu lernen, wie sie es in vollem Umfang nutzen können, aber sie haben es noch nicht getan. Wir sind hier, um ihnen beizubringen, wie sie das tun können.
D: *Das klingt nach ziemlich komplexen Emotionen. Glaubst du, dass sie auf dich hören werden?*
C: Ja. Es gibt spezielle Techniken, die wir verwenden. Wir müssen einige bestimmte Anwendungen bereithalten, die wir verwenden können, um diese Emotionen zu übernehmen und zu nutzen. Eigentlich, um dabei zu helfen, diese zu schützen.
D: *Glaubst du, dass das schwer zu bewerkstelligen sein wird?*
C: Ich denke, es wäre eine Herausforderung, ja.
D: *Hast du das schon einmal in einem menschlichen Körper gemacht?*
C: Nein, dies wird das erste Mal sein. Eigentlich wird es vermutlich einfacher sein. Dieser hier ist primitiver. Sehr primitiv, wenn man sich daran gewöhnen soll.

D: *Die anderen Körper, die andere nOrte, an die du gegangen bist, hatten die auch Probleme, bei denen du geholfen hast?*
C: Oh, ja. Ganz andere Probleme. Eigentlich waren ihre Themen, ihre Probleme viel komplexer, als jene, mit denen sich die Menschen auf der Erde herumschlagen.
D: *Wie komplex sind sie?*
C: Verschiedene Sternensysteme hatten andere Planeten besetzt und dort waren galaktische Kriege im Gange. Unsere Arbeit war schwieriger, weil es Abtrünnige gab. Es waren Leute hinter uns her und wir mussten diesen verschiedenen Gesellschaften ausweichen und versuchen, ihnen auf unseren Reisen zu entkommen. Sie hätten uns vernichtet, wenn sie uns eingeholt hätten.
D: *Dir wurde also gesagt, du solltest nach Abschluss dieser Aufgaben auf die Erde kommen?*
C: Ja. Wir waren erfolgreich.
D: *Und du glaubst, dass dieser Körper anders sein wird.*
C: Oh, das glaube ich. Primitiver und einfach zerbrechlicher. Viele der anderen Körper, die wir bewohnten, hatten bereits eine Panzerung eingebaut und der menschliche Körper offensichtlich nicht.
D: *Die Panzerung war in die Struktur eingebaut?*
C: Ja, mit praktischen Anhängseln. Sie konnten sofort eingesetzt werden, weil sie bereits in den Körper eingebaut waren. Dieser Körper ist anders, zerbrechlicher. Er könnte leichter beschädigt werden. Und wir müssen als Teil der motorischen Fähigkeiten dieses menschlichen Körpers geschickter werden, denn wir sind es gewohnt, schneller zu arbeiten. Für uns ist dies extrem langsam. Teil des Prozesses ist es, dass wir mit den Menschen zusammenleben.
D: *Wenn du das tust, wirst du dann vergessen, warum du gekommen bist?*
C: Manchmal tun das einige von uns. Aber nicht immer.
D: *Ich dachte, es könnte die Erinnerung daran wegnehmen, wenn du in einem menschlichen Körper lebst.*
C: Ich weiß nicht, ob das Leben in diesem menschlichen Körper bewirkt, das die Erinnerungen daran, warum wir gekommen sind, gelöscht werden. Ich denke, das ist ein Risiko, das wir eingehen können. Es könnte passieren oder auch nicht.
D: *Ich fragte mich, ob sie dich davor gewarnt haben, bevor du hereinkamst.*

C: Nein, das haben sie nicht.
D: *Wenn du dieses Leben beendet hast, wirst du auf der Erde bleiben und mehr erledigen - weißt du das?*
C: Ich habe meine Befehle noch nicht erhalten.
D: *Ich finde es bewundernswert, sich einer solchen Herausforderung zu stellen, denn es ist eine Herausforderung, nicht wahr?* (Oh, ja.)

Ich beschloss, ihn in dem betreffenden Leben zeitlich voranzubringen und zu sehen, was er später tat. Er fand sich in einer Gemeinschaft wieder, einer "Kolonie" von Rundhütten. Sie waren groß genug, um fünf oder sechs Menschen oder eine kleine Familie zu beherbergen. Hier unterrichtete er. "Einige der Menschen sind wie ich und einige von ihnen sind richtige Schüler."

D: *Gibt es noch andere wie dich, die einen menschlichen Körper angenommen haben?*
C: Ja. Sie sind wie ich gekleidet. Die Schüler sind sehr jung. Ich würde sagen, sie sind zwischen zehn und vierzehn, fünfzehn Jahre in menschlichen Jahren alt. Es ist zu spät, die Älteren, die Erwachsenen, zu unterrichten. Wir brauchen die frischen, jungen Köpfe. Die Älteren sind zurückhaltender.
D: *Stört es sie, dass du die Jüngeren unterrichtest?*
C: Nein, das sind eigentlich die Verwandten und Eltern der Jüngeren, also haben sie uns die Erlaubnis gegeben, dies zu tun, um das Projekt voranzubringen.
D: *Das ist also sehr gut. Du wirst keinen Gegenwind haben.*
C: Richtig. Aber es gibt so wenige von ihnen, die uns erlauben, dies zu tun. Wir müssen es im Geheimen tun. Wir tun es in einem sehr isolierten Gebiet. Wir können uns den Städten nicht nähern. Wir müssen uns von den Metropolen und von den Städten fernhalten. Sie sind sich unserer Anwesenheit noch nicht bewusst.
D: *Glaubst du, dass etwas passieren würde, wenn sie sich eurer Anwesenheit bewusst wären?*
C: Oh, ja. Sie würden uns vernichten. Sie würden uns gefangen nehmen. Sie würden uns nicht tolerieren. Wenn wir nicht vernichtet würden, würden sie mit uns experimentieren und wir können es uns nicht leisten, dass dies jetzt geschieht. Sie würden unsere Physiologie nicht verstehen. Sie werden

wissen, dass wir nicht von derselben Art sind, dass wir nicht menschlich sind. Nicht so sehr, dass sie etwas finden würden, sondern das, was sie entdecken, werden sie nicht verstehen, weil es so weit fortgeschritten ist. Ich weiß nicht, ob sie zu diesem Zeitpunkt in ihrer Zeit einen praktischen Nutzen für uns finden würden.

D: *Und als du in deinen physischen Körper eingetreten bist, musstest du also Veränderungen vornehmen, damit du existieren konntest?*

C: Oh, ja. Viele. Um sich anzupassen, ja. - Wir planen übrigens, einige der Schüler mitzunehmen und sie dann zurückzubringen. Sie sollen mit uns kommen.

D: *Wo würdet ihr sie hinbringen?*

C: Wir bringen sie zurück zu unseren Kolonien auf unserem Planeten.

Das klang sehr ähnlich wie die Geschichte der australischen Ureinwohner in *Buch Zwei*. Die leuchtenden Wesen kamen und nahmen die Kinder mit auf ihren Planeten, um ihnen alle Dinge beizubringen, die sie an die Erwachsenen weitergeben sollten, um aller Leben zu verbessern.

C: Es wurde schon vorher alles arrangiert. Sie müssen mit uns in unsere Kolonien zurückkehren, damit sie richtig unterrichtet werden können. Das ist sicherer und einfacher. Aufgrund der Technik, die wir auf diesen Reisen anwenden, ist es nur eine Frage von wenigen Menschentagen. Sie werden nur einige Wochen weg sein. Tatsächlich werden sie in kurzer Zeit viele, viele Lektionen erhalten haben, die sie auf unserer Rückreise zur Erde mitbringen können. Wir haben bereits einige der Erwachsenen auf unseren Planeten gebracht und ihnen gezeigt, wie das Leben dort ist. Das war, bevor wir zurückkamen, um die Kinder dazu zu bringen, sie zu unterrichten. Sie waren freundschaftlich und völlig kooperativ als sie bei uns waren, denn sie wissen, dass, wenn sie richtig ausgebildet werden, ihre Kinder ihnen später helfen werden.

D: *Wenn du sie auf deinen Planeten zurückbringst, was passiert dann mit deinem physischen Körper?*

C: Oh, wir werden automatisch zu jener Energie, die wir waren. Sie werden uns nicht in unseren menschlichen Formen erkennen können, jedoch müssen sie ebenfalls zu dieser Energie werden, um auf unserem Planeten überleben zu können.

D: *Was geschieht mit ihren physischen Körpern, wenn sie mit euch gehen?*

C: Sie werden nur vorübergehend entmaterialisiert. Wenn wir sie zurückbringen, rematerialisieren wir sie in die ursprüngliche menschliche Form.

D: *Das wirft natürlich die Frage auf: Warum hättest du nicht von Anfang an einen Körper für dich selbst materialisieren können?*

C: Das wäre eigentlich eine gute Sache gewesen, aber das war nicht die Anweisung, die uns gegeben wurde. Wir sollten Körper übernehmen, die kürzlich verstorben waren.

D: *Aber diese Kinder, ihre Körper, können sich entmaterialisieren.*

C: Ja. Und mehr noch. Es ist Teil ihrer Ausbildung, in der Lage zu sein, das zu tun. Weil sie in unmittelbarer Zukunft auf dem Planeten Erde in der Lage sein müssen, zu wissen, wie man das macht und anderen beizubringen, wie man das macht.

D: *Ich dachte, der Teil, der entmaterialisiert, würde sich einfach verflüchtigen und zerstreuen.*

C: Nein, nicht vollständig.

D: *Du bist in der Lage, ihn zusammenzuhalten, damit er reaktiviert werden kann.* (Ja, genau) *Also bringst du die Kinder auf deinen Planeten. Wie sieht euer Planet aus?*

C: Der größte Teil unserer Zivilisation lebt unterirdisch, wir haben nicht sehr viele Strukturen oberhalb. Wir besuchen die Oberfläche nicht sehr häufig, weil unsere Atmosphäre vor langer Zeit kontaminiert wurde. Wir sind eigentlich auf der Suche nach anderen Orten, um diese neu zu besiedeln.

D: *Was ist mit der Atmosphäre passiert?*

C: Wir wurden von verschiedenen Rebellen angegriffen und sie haben unsere Atmosphäre verseucht und unbewohnbar gemacht. Deshalb können wir in dieser Umgebung nicht mehr atmen. Wir haben im Untergrund eine Art Häuser. Es ist ähnlich wie auf der Erde, aber wir leben in Kammern. Wir haben Familien, die nicht als "Kernfamilien" betrachtet werden. Wir haben viele Vorfahren, weil wir länger leben als die Menschen. Wir leben das Äquivalent von tausend Jahren menschlichen Lebens.

D: Ist dieser Ort weit von der Erde entfernt?

C: Oh ja. Wir sind etwa siebenunddreißig Lichtjahre von der Erde entfernt.

D: Und ihr seid in der Lage, diese Entfernung schnell zu überwinden? (Ja) *Und diese Kinder sind in der Lage, das Gleiche zu tun.*

C: Richtig. Es wird so aussehen, als wären sie lediglich zwei, zweieinhalb menschliche Wochen weg.

D: Und du wirst diese Kinder im Untergrund unterrichten.

C: Ja. Sie werden dort vollkommen sicher sein.

D: Wenn du sie dann irgendwann nach Hause zurückbringst, wirst du dann dort bleiben, um sie weiter zu unterrichten?

C: Ja, zur Nachbereitung. Wir werden dort für eine kurze Zeit bleiben. Und wir hoffen, dass sie die Technologie, die wir ihnen beibringen, sicher weitergeben können. Sie werden dabei in Menschengestalt sein, während wir selbst nicht sehr lange in Menschengestalt bleiben können. Wir müssen zurückgehen. Nun, genauer gesagt müssen wir vorwärts gehen und andere Galaxien besuchen. Und nicht nur das, sondern wenn sie uns als die Wesen sehen würden, die wir sind - denn letztendlich werden wir einmal zu unserer ursprünglichen Verkörperung zurückkehren - würden die Regierungen der Welt uns festnehmen. Und wir können es uns nicht leisten, dass dies geschieht.

D: Welche Art von Technologie teilst du mit diesen Menschen?

C: Im Grunde, wie man interstellar reisen kann. Sie müssen sich neu kolonisieren. Die Erde wird nicht mehr lange in dieser Form hier sein. Sie werden in andere Galaxien reisen und sich neu kolonisieren müssen. Also müssen wir ihnen zeigen, wie man interstellar reist, um das zu erreichen. Und wir können sogar so weit gehen, dass wir ihnen tatsächliche, mögliche Orte nennen, an denen sie sich neu kolonisieren könnten. Wir könnten es ihnen zeigen. Das ist ein Teil dessen, was wir tun müssen, um ihnen bei der Wiederbesiedlung zu helfen.

D: Du bist also eine ganze Weile mit deiner Gruppe dort geblieben. (Ja) *Dann ziehst du weiter und gehst zu einer anderen Aufgabe über?*

C: Wir nehmen andere Aufgaben wahr.

Ich fragte ihn, ob er sich des Körpers bewusst sei, zu dem ich sprach, des weiblichen Körpers namens "Christine". Er sagte, das sei er. Sie war eine seiner Aufgaben.

D: Bist du als Baby in ihren Körper eingetreten oder was passierte genau?
C: Nein, Christine hatte eine Nahtod-Erfahrung.

Das war eine Überraschung. Christine hatte sie nicht erwähnt.

D: Wann war das?
C: 1991 hatte sie eine Herzrhythmusstörung und starb und sie war für ein paar Minuten weg. Sie war jedoch noch nicht klinisch tot, also bewohne ich ihren Körper seit 1991.
D: Aber jetzt als Christine scheint sie sich nicht mehr bewusst daran zu erinnern, eine Nahtod-Erfahrung durchgemacht zu haben?
C: Nein. Sie stimmte aber zu, dies geschehen zu lassen. Sie hatte zugestimmt, uns dies als Walk-in zu erlauben.
D: Also ging die Seele der ursprünglichen Christine auf die andere Seite. (Ja) Aber sie trägt immer noch die Erinnerungen dieser ursprünglichen Seele in sich? (Ja) Denn sie sagte, sie habe durchaus Erinnerungen an frühere Leben als Mensch. Als Druide, als Mönch und als Flötenspielerin.
C: Ja, das sind ihre Erinnerungen. Wir haben einige davon bewahrt. Das sind nicht meine Erinnerungen, es sind ihre. Einige der Erinnerungen, die sie getragen hat, sind noch intakt.

Das könnte erklären, warum Christine nicht in eines der vergangenen Leben gegangen ist, von denen sie sagte, dass sie sich an sie erinnert. Sie waren ein Teil der alten Christine und die neue Christine hatte keinen Bedarf, auf sie zuzugreifen. Oder vielleicht wäre sie dazu gar nicht in der Lage. Wie dem auch sei, sie waren irrelevant.

C: Das meiste davon war eigentlich eine Inszenierung für unser heutiges Erscheinen. Wir wollten, dass sie sich selbstbewusst genug fühlt, indem sie kleine Schnipsel dieser Informationen im Kopf behält. Und das würde ihr die Sicherheit geben, mit dir Kontakt aufzunehmen. Andernfalls, wenn wir ihr von all dem erzählt hätten, wenn wir zu ihr gekommen wären, bevor sie sich überhaupt mit dir getroffen hätte ... wäre es zu überwältigend gewesen.

D: *Wollte sie dieses Leben verlassen, als sie das Todeserlebnis hatte?*
C: Ja. Ihre leibliche Mutter starb 1989 und sie wollte bei ihr sein.
D: *Du meinst, sie war einsam und vermisste sie?*
C: Ja, aber es gab keine Selbstmordversuche. Das war der einfachste Übergang, das war der einfachste Weg. Sie hatte einige sehr große, tiefgreifende Veränderungen bezüglich ihrer Lebensweise nach dem Tod ihrer Mutter durchgemacht.
D: *Die ursprüngliche Seele ist also bei ihrer Mutter dort drüben.*
C: Oh ja, sie sind sehr, sehr glücklich.
D: *Aber Christine weiß davon nichts bewusst, oder?*
C: Nein. Es war ihr nicht bestimmt.
D: *Ist es in Ordnung, wenn sie es jetzt weiß?*
C: Ja. Wir sind angewiesen worden, es sie wissen zu lassen. Dass es für sie jetzt an der Zeit ist, über diese Dinge Bescheid zu wissen. Sie wusste nicht, dass dies geschehen würde, als sie kam. Es war die Absicht, dass sie irgendwann hierher gebracht werden würde und das dann alles ans Licht kommt. Aber sie hatte keine Ahnung.

Meine Hauptsorge galt der Frage, wie sich all dies auf Christine auswirken würde, wenn sie aufwachen würde. Sie versicherten mir, dass dies dazu beitragen würde, ihr viele Dinge zu erklären, und dass es dazu beitragen würde, viele ihrer irrationalen Ängste abzubauen.

D: *Du lebst also ihr Leben genau wie ein normales Leben, so dass sie den Unterschied nicht bemerkt.*
C: Richtig. Aber irgendwann wird sie es merken. Irgendwann wird sie mit uns zurückgehen und etwas von der Technologie lernen müssen. Nach ihrer Rückkehr wird sie sich mit noch mehr Menschen wie uns zusammentun, um der Menschheitsfamilie zu helfen, die kommende Zeit zu überstehen. Sie wird eine wichtige Rolle auf der Neuen Erde spielen.
D: *Kannst du ihr mehr Einzelheiten darüber mitgeben, was sie tun soll?*

C: Sie soll den Übergang in die nächste Dimension erleichtern. Es gibt einige, die aus Furcht und Missverständnissen und aus Besorgnis Widerstand leisten werden. Und wir werden aufgrund des freien Willens keine Gewalt anwenden oder versuchen, Menschen zu irgendetwas zu zwingen. Der freie Wille wird universell respektiert. Wir werden keine Kontrolle oder Regulierung darüber ausüben. Wir müssen versuchen, die Menschen zu überzeugen, denn es ist zu ihrem eigenen Wohl, um sich weiterzuentwickeln. Und das ist Teil der Prozesse, die mit Christine zu tun haben. Sie wird Einzelpersonen darin schulen müssen, wie man das macht, um den Übergang zu erleichtern. Das wird wesentlich sein.

D: Warum müssen wir in eine andere Welt gehen?

C: Weil es im Großen und Ganzen an der Zeit ist. Weil dies alles eine Prüfung ist. Dies war ein Experiment. Und am Ende wird es jeden zurück zum Licht führen, zur ursprünglichen Quelle.

D: Die Welt wird also nicht so weitermachen, wie sie es jetzt tut?

C: Nein. Nein. Irgendwann wird alles in die nächste Dimension übergehen.

D: Ich habe von den Menschen, mit denen ich arbeite, viel darüber gehört. Aber du sagtest, dass sie auf euren Planeten gehen muss?

C: Ja. Vorübergehend. Um zu lernen.

D: Wird ihr Ehemann nicht merken, wenn sie weg ist?

C: Sie wird astral reisen. Und das wird jetzt geschehen, da wir ihr bewusst machen werden, was vor sich geht. Sie wird dies auf astrale Weise tun und auf diese Weise lernen. Und wenn die Zeit reif ist, wird sie in der Lage sein, dies mit uns zusammen zu tun. Während sie die entsprechenden Lernkurse besucht, kann sich ihr Körper entspannen und verjüngen.

D: Ich dachte, du würdest sie vielleicht entmaterialisieren lassen, wie ihr es bei den anderen Menschen getan habt.

C: Nein. Offensichtlich muss sie während des ganzen Prozesses in diesem Körper bleiben. Ihr Mann weiß es nicht. Und nicht nur das, sondern das Gleiche gilt auch für ihre Familie, ihre Verwandten und die Klienten in ihrer Arbeit. Eine Dematerialisierung wäre nicht vorteilhaft.

D: Gut, dann wird das ihr Leben nicht durcheinander bringen. Aber ich weiß, dass wir jede Nacht unseren Körper verlassen

und dass wir astral reisen, auch wenn wir uns dessen nicht bewusst sind.
C: Alle diese Informationen werden im Astralzustand weitergegeben werden. Es wird ein umfangreicher Trainingskurs sein, aber er wird Teil ihres Charakters werden. Wir sind eine sehr, sehr, sehr mitfühlende Zivilisation. Und wir sind Lichtjahre voraus, was die Technologie betrifft. Und nicht nur das, sondern auch, was die Fähigkeit anbelangt. Und nicht nur das, sondern auch, soweit es möglich, ist alle universellen Tugenden zu nutzen und positiv anzuwenden.

Sie sprachen über Christines Körper und fuhren fort damit, einige Dinge in Ordnung zu bringen, die sie fanden (so z. B. eine Schilddrüsenunterfunktion) "Wir (höheres Bewusstsein) sind 1991 in ihren Körper gekommen und haben sie ein paar Jahre später einer metabolischen Veränderung unterzogen. Dies war erforderlich, damit wir im Körper existieren konnten. Dies verursachte eine starke Gewichtsschwankung. Und das ist seit 1993 so geblieben. Sie war bei vielen Ärzten und niemand konnte herausfinden, was mit ihrem Stoffwechsel passiert ist. Infolge dessen, was wir 1993 mit ihrem System gemacht haben, ist sie an einer Lungenentzündung erkrankt, es gab sechs verschiedene Episoden. Auch das Rauchen verschlimmert die Krankheit. Wir müssen sie dazu bringen, mit dem Rauchen aufzuhören. Wir müssen ihr Atmungssystem in einem viel besseren Zustand bringen. Der Körper wird sich erholen und regenerieren". Dann gaben sie Anweisungen, wie sie dabei vorgehen wollten. Aufgrund ihres Widerstandes müssten sie es langsam tun, vor allem, um ihr die Lust am Rauchen zu nehmen. Ein Vorschlag lautete, sie so zu beschäftigen, dass sie keine Zeit hätte, darüber nachzudenken.

C: Von 1985 bis 1991 litt sie an einer Essstörung. Sie war magersüchtig. Wir kamen erst zu ihr, als sie in fünf Monaten 30 Kilo verlor, Herzrhythmusstörungen bekam und starb. Sie wurde ins Krankenhaus eingeliefert und *war* eine Zeit lang tot. Und dann kamen wir hinein. Wir brachten sie unter der Voraussetzung zurück, dass nur ihr Körper zurückgebracht werden würde. Die Seele, Christine, ist nicht mehr in diesem Körper. Wir sind das, was du einen "Walk-in" nennst.

Unsere Absicht ist rein und wohlwollend.

D: *Ja, damit bin ich vertraut. Und es passiert gewöhnlich in einer traumatischen Zeit. Aber die Hauptsache ist, dass wir nicht wollen, dass es Christine beunruhigt, diese Zusammenhänge zu entdecken.*

C: Richtig. Wir haben dir von der Nahtoderfahrung bis jetzt nichts erzählt, weil wir wollten, dass du weißt, wer wir sind. Als du heute Morgen mit Christine gesprochen hast, hat sie die Nahtoderfahrung nicht erwähnt. Sie muss verstehen, dass wir sie auf der Astralebene besuchen werden. Und wir werden uns mit ihrer Ausbildung, ihrem Unterricht, ihrer Kursarbeit und ihren gemeinschaftlichen Aktivitäten befassen. Sie wird keine bewusste Erinnerung an diese Reisen haben. Irgendwann wird das alles Früchte tragen, und sie wird in der Lage sein, sich in sehr naher Zukunft mit den anderen von uns zu treffen.

Das, was an dieser Sitzung anders und ungewöhnlich war, war nicht die Tatsache, dass es sich um einen Walk-in handelte. Im Laufe meiner Karriere bin ich vielen von ihnen begegnet. Es war die Art des "Walk-in", die diesen Fall einzigartig machte. Normalerweise tritt eine Seele des Vertrauens dann ein, wenn die Person entscheidet, dass sie aus welchem Grund auch immer nicht mehr in diesem Leben sein möchte. Sie möchte gehen, aber Selbstmord ist keine Option. Warum ein perfektes Fortbewegungsmittel zerstören, wenn eine andere Seele mehr als glücklich wäre, es zu benutzen. Sie treffen also eine Vereinbarung mit einer anderen Seele (normalerweise eine, die sie kennen und mit der sie in Verbindung stehen), dass sie gehen werden und die ankommende Seele wird genau in diesem Moment den Körper übernehmen. Nichts von all dem geschieht mit einer bewussten Beteiligung oder Zielsetzung. Das Tages-Bewusstsein der Person hat normalerweise keine Ahnung, dass irgendetwas passiert ist, außer, dass sich die Dinge in ihrem Leben zu ändern scheinen. Die ankommende Seele trifft eine Vereinbarung, dass sie alle Vereinbarungen, die die Person mit anderen getroffen hat, übernehmen und zu Ende führen wird. Jegliches Karma, das zurückgezahlt werden muss und alle Verträge, die vor dem Eintritt in dieses Leben geschlossen wurden. Der Hereinkommende muss diese Verpflichtungen erfüllen und abschließen, bevor er mit seinen eigenen Gründen für sein Kommen fortfahren kann. Dies sind die Voraussetzungen bei einem normalen Walk-In.

Was Christine's Fall anders macht, ist, dass die hereinkommende Seele sie nicht aus früheren Inkarnationen kannte. Sie hatte keine Verbindungen zu ihr. Tatsächlich hatte diese nur sehr wenige Leben auf der Erde in einem menschlichen Körper gehabt. Sie wurde von einer höheren Macht gesandt. Es geschah immer noch in Übereinstimmung mit Christines Seele. Es muss immer verstanden werden, dass diese Fälle definitiv nicht Besitznahme, Invasion oder Übernahme des Körpers bedeuten. Es geschieht immer mit Erlaubnis. Offenbar war Christine unglücklich über den Verlust der Nähe ihrer Mutter und wollte mit ihr zusammen sein. Mit dieser Haltung wäre sie in der Rolle, die sie bei den kommenden Veränderungen der Erde spielen müsste, unwirksam. Es war daher besser für sie, weiterzuziehen. Bedeutet das, dass die ursprüngliche Seele später auf einen anderen Planeten inkarnieren muss, um ihr Karma weiterhin abzutragen?

In einem anderen Kapitel wurde gesagt, dass sie (höheres universelles Bewusstsein) kommen und Veränderungen vornehmen müssen, damit die Menschen in der Lage sind, mit der Entwicklung der Neuen Erde in die neue Dimension zu wechseln. Aber aufgrund des vorherrschenden Gesetzes (oder der obersten Direktive) der Nichteinmischung ist es ihnen nicht erlaubt, dies von außen zu tun. Daher entstand eine dramatische und drastische Idee. Sie würden nicht versuchen, die Erde von außen zu verändern. Es würde ihnen erlaubt sein, dies von innen heraus zu tun. Wie dieses Buch zeigt, kommen viele Seelen zum ersten Mal direkt von der Quelle. Andere, wie Christine, werden durch Seelen ersetzt, deren Aufgabe es ist, durch das Universum zu gehen und Planeten, die in Schwierigkeiten sind, zu helfen. Diese Seelen sind ebenfalls neu auf der Erde und werden daher nicht durch Karma beeinträchtigt. Einige kommen in den Körper des Babys, wenn es tot geboren wird. Ihre Energie ist so anders, dass Veränderungen vorgenommen werden müssen, damit das Baby überleben kann. Im Fall von Christine scheint es so zu sein, dass sie nicht mehr mit einem Baby beginnen konnten, weil sie sonst zu lange warten müssten, bis das Kind erwachsen ist. Eine geniale Idee, als Walk-in zu kommen und das Leben als Erwachsene fortzusetzen. Auf diese Weise wird jedes verfügbare Fortbewegungsmittel genutzt. So können in dieser wichtigen Zeit mehr Freiwillige einsteigen, ohne dass sie einem Baby aufwachsen müssen.

All diese Dinge waren für mich eine Überraschung, als ich sie durch Sitzungen mit Hunderten meiner Klienten entdeckte. Ich frage mich, ob es noch weitere Wege gibt, die sie finden, um die Menschheit zu durchdringen, die ich noch nicht entdeckt habe? Wie wunderbar, dass die Quelle, trotz unserer selbst einen Weg gefunden hat, uns zu helfen.

* * *

Annette traf sich mit dem Galaktischen Rat auf der geistigen Seite. Sie hatte nie in einem physischen Körper auf der Erde gelebt. Sie hatte sich damit begnügt, auf der anderen Seite zu bleiben, wo sie als Beraterin und Lehrerin tätig war. Die Gründe, weshalb sie kommen sollte, wurden nun diskutiert. "Sie sprechen von der Verschiebung und dem Ausgleich der Energie."

D: *Über welche Art von Verschiebung sprechen sie?*
A: Die Erhöhung der Schwingung dieses Systems. Es gibt ein Ungleichgewicht und einige Energie muss an einen bestimmten Punkt gebracht werden, um sich neu auszurichten. Wir entscheiden also, dass ein Teil von uns herunterkommen muss, damit die Energie in bestimmten Bereichen konzentriert werden kann. Wo auch immer diese Person ist. In diesem Falle, ich, als Person Annette. (Sie schien zu zögern) Es ist notwendig. Es ist der Rat, der beschlossen hat, dass wir Teile von uns selbst nach unten ins Physische bringen müssen, um als Verbindung zu fungieren, damit die Energie hindurchgeleitet werden kann. (großer Seufzer) Und Annette hat die Fähigkeit, auf eine Menge Energie zuzugreifen und danach um die Welt zu reisen, so dass sie, wenn es notwendig ist, das Gleichgewicht herstellen kann.
D: *Die Art von Energie, die auf der ganzen Welt wirken soll?* (Ja) *Das ist eine Menge Energie. Ist es die Art von Energie, mit der die durchschnittliche Seele oder der Geist nicht umgehen könnte?* (Ja) *Es muss sich bei dieser Aufgabe also um eine bestimmte Art von Vehikel handeln? Und der Durchschnittsmensch wäre dazu nicht in der Lage?*
A: Das glaube ich nicht, nein.

D: *Deshalb musste es dein Typ von Wesenheit sein?*
A: Ja, das ist richtig. Weil wir Energie sind und ... oh Gott, ich kann es überhaupt nicht beschreiben!
D: *Versuch es einfach, so gut du kannst.*
A: Jeder von uns hat etwas wie eine Nabelschnur oder etwas, das mit einem Teil jener Energie verbunden ist, die wir hier nach unten geschickt haben. Und diese Nabelschnur kann auf die Energie zugreifen, die wir da oben sind. Also kann diese Energie, die dieser Mensch hat, durch die Nabelschnur die Energie von uns dort oben weiterstreuen und den Planeten ins Gleichgewicht bringen.
D: *Aber es braucht dazu mehr als nur eine Person, nicht wahr?*
A: Nun, der Rat hat noch weitere Nabelschnüre, die er nutzt.
D: *Diese sind also überall verteilt.*
A: Richtig, so ist es. Das ist notwendig. Sie reichen überall hin. Eigentlich ist es wie ein Gitter. Wie auf einer Karte, wie ein Gitter oder Längen-/Breitengrad.
D: *Wie ein Gitternetz und es ist an diese universelle Energiequelle angeschlossen?*
A: Richtig, genau.
D: *Du sagtest, das sei im Moment sehr wichtig. Was würde passieren, wenn diese Anteile oder Seelenaspekte nicht hier herunterkommen und versuchen würden die Dinge hier auszugleichen? Was wäre die Alternative?*
A: Das wäre einfach zu riskant. Die Erde müsste erneut eine Periode der Stagnation durchlaufen und das ist es einfach nicht wert.
D: *Ist das schon einmal passiert?*
A: Es ist schon viele Male passiert. Einzelne Dinge wirken sich aus. Es hätte einen Welleneffekt. Wenn wir zulassen, dass sich die Erde wieder selbst zerstört oder unbewohnbar wird, ändert sich der Magnetismus und das wird einen Welleneffekt auf alle vergangenen ... was ich damit meine ist: für uns geschieht es alles zur gleichen Zeit. Es ändert alles, was ist und alles, was - von diesem an Punkt gesehen – vorher war. Nein, es darf nicht wieder geschehen.

Annette wurde also zum ersten Mal in ihrer Existenz hierher gesandt, um ein physisches menschliches Wesen zu werden. "Als du also diesem Anteil von dir hinuntergeschickt hast, trat er dann in Annette als Baby hinein?"

A: Nein, nein, nicht als Baby. Ein Baby ist zu klein. Das kommt später. Es ist eine allmähliche Sache. Hast du schon mal eine Faseroptik, eine Schnur oder einen Draht gesehen? Du hast also kleine Drähte, innerhalb kleinerer Drähte, innerhalb noch kleinerer Drähte. So ungefähr ist das. Es ist eine zunächst eine kleine Verbindung und dann wird noch mehr hinzugefügt. Nach und nach, im Laufe der Zeit.
D: *Während der Körper wächst?*
A: Richtig, genau. Und verändert sich, weil alles Timing ist. Es gibt Vorbereitungen, die getroffen werden müssen. Wir wussten, dass bei Annette die Behandlungen - die DNA-Arbeit - zu bestimmten Zeiten durchgeführt werden würden. Und das hat mehr Platz in den Zellen für mehr Energie, die hereinkommen kann, geschaffen.
D: *Aber es gibt eine Seele, die in den Körper dieses Babys eindringt.*
A: Oh, ja. Das ist richtig.
D: *Ist das dieselbe Seele, die jetzt in Annette ist?*
A: Ja! Aber das ist sie nicht komplett ... sie ist weniger. Es ist ein Prozentsatz. Ich meine, die grundlegenden Eigenschaften sind die gleichen. Es ist wie eine winzig kleine Zelle. Und diese Zelle, auch wenn sie winzig klein ist, trägt Informationen in sich. Es ist die gleiche Idee. Es ist nur eine Frage, ob du viele Zellen oder wenige hast. Der Bauplan ist derselbe.
D: *Könnte man sagen, wenn der Körper reift, kann er mehr Informationen und mehr Energie aufnehmen?*
A: Richtig. Mehr Energie. Das ist die Hauptsache.
D: *Wenn der Körper wächst, kann mehr Energie in die Zellen gelangen.* (Ja) *Unterscheidet sich das nicht von der Art und Weise, wie sich ein normaler Körper verhalten würde?*
A: Ja, richtig. Es ist anders.
D: *Der Durchschnittsmensch macht diese Dinge nicht durch?*
A: Nein, das tut er nicht.
D: *Sie haben kein - ich schätze, du würdest sagen - "update" erhalten?*
A: Ja, das ist richtig. Es gibt ... Ich bin mir nicht sicher, wie viele es sind, aber jedes Ratsmitglied hat einen Teil, der hier ist.
D: *Und sie schicken Anteile von sich selbst, denn dieser Prozess ist etwas, das sofort geschehen muss.*

A: Ja. Annettes Körper wird stärker. Zuerst hatte sie Immunitätsprobleme - Asthma und Ekzeme - weil der Körper das, was wir versuchten zu tun, ablehnte. Aber jetzt wird es besser. Der Körper hat ein Gedächtnis und das ist ein Problem. Er fühlte sich unbehaglich mit den Energien, die zu der damaligen Zeit integriert werden sollten. Manchmal ist der Zeitpunkt nicht ideal und deshalb gibt es keine gute Kompatibilität zwischen der Energie und dem Körper. Besonders, wenn er jung ist und sich noch entwickelt. Es ist kompliziert, weil der Mensch viele Facetten hat. Wir tun unser Bestes, um den Prozess zu glätten. Aber auch hier geschehen die Dinge zur gleichen Zeit. Das ist sehr schwer zu erklären. Wenn etwas zu einer anderen Zeit geschieht ... ist es sehr, sehr kompliziert. Wie auch immer, ich kann es nicht erklären.

Ich ermutigte sie, es zu versuchen.

A: Okay, denn die Zeit ist gleichzeitig das Gleiche - es ist wie eine Bananenschale, die abgeschält und flach auf den Boden gelegt wird. Oh! Eine Apfelschale ist besser! Wenn du einen Apfel schälst, ist es eine Spirale. Sie scheint also einen Anfang und ein Ende zu haben, aber das tut sie nicht. Die DNA ist eine gute Analogie, weil sie ebenfalls eine Spirale ist. Nehmen wir an, auf der linken Spirale ist etwas passiert, als Annette fünf Jahre alt war und das hat ihre körperlichen Symptome noch verschlimmert. Dann lässt die Verbindung zu dieser Energie sie schließlich in deiner Praxis erscheinen ... mit dreißig Jahren.

D: *Als ob sie auf der gleichen Wellenlänge liegt und das löst die gleiche Art von Reaktion aus.*

A: Richtig. Was sie jetzt tut, wird das beeinflussen, was als Kind wahrgenommen wurde. Wenn sie sich jetzt besser fühlt, dann wird das Kind sich auch besser fühlen.

D: *Das ist der Teil, der für mich immer schwer zu verstehen war. Wir denken immer, dass das Kind erwachsen geworden ist, aber du meinst, dass es dort gleichzeitig immer noch existiert.*

A: Das ist richtig. Also sind die Entscheidungen, die sie jetzt trifft, gut für sie als Kind. Es ist wie eine Linie. Hmm, nicht wirklich. Es ist sehr schwer, eine Analogie zu finden, die es trifft.

Ich habe das Gefühl, dass das, was sie zu erklären versuchte, mit der Theorie der simultanen Zeit zu tun hat. Nach diesem Konzept ist alles (Vergangenheit, Gegenwart, Zukunft) gleichzeitig existent, denn Zeit ist nur eine Illusion. Daher kann auf zu allen Zeitebenen ein Zugang erfolgen. Das ist, was mir in meiner Arbeit gelungen ist: Zugriff auf all diese verschiedenen Zeitepochen zu bekommen. Mit dieser Hypnose-Methode wechseln wir zu dem, was ich "ein vergangenes Leben" nenne, indem wir unsere Schwingung und Frequenz so verändern, dass sie mit der Schwingung und Frequenz dieser bestimmten Zeitperiode übereinstimmen, die wir sehen wollen. Ganz ähnlich wie das Abstimmen der Radiokanäle oder das Ändern der Fernsehsender.

* * *

Ein ähnliches Beispiel von einer anderen Klientin:

Virginia sah sich sofort in einem wunderschönen Wald. Dennoch hatte der Wald viele ungewöhnliche Eigenschaften, der ihn von einem normalen Wald unterschied. Da wuchsen Kristalle in allen Größen und Farben aus dem Boden. In der Mitte eines Kreises, der von Kristallen gebildet wurde, befand sich ein Sitz. Sie sah sich selbst als einen jungen Mann, der in einer lockeren, an der Taille gebundenen Tunika gekleidet war. Er kam regelmäßig zu diesem Platz und betrachtete ihn als seinen eigenen besonderen Ort. Er saß in der Mitte der Kristalle und genoss die Energie, die sich durch seinen Körper pulste. Er sagte, auf diese Weise bleibe er gesund. "Die Energie dient der Erhaltung. Sie ist sehr friedlich und sehr energetisierend; sehr beruhigend. Du kannst die Frequenz spüren. Du kannst die Energie der Kristalle spüren, die durch dich und um dich herum fließt. Die verschiedenen Farben der Kristalle werden für verschiedene Zwecke verwendet. Gelb dient deiner Gesundheit, deinem Körper. Weiß dem Geist. Grün dient der Reinigung. Und Violett ist eine schützende Energie, die mit dir geht."
Dieser Ort lag oben in den Bergen, aber das Dorf, in dem er lebte, lag unten an einem Fluss. Das Dorf bestand aus mehreren Familien, deren Häuser aus zusammengeflochtenen Zweigen

bestanden. "Wir möchten mehr mit dem Wind leben und die Natur spüren. Wir wollen nicht alles blockieren. Nur Schutz, wenn wir ihn brauchen. Die Natur spricht zu dir. Du musst zuhören. Du kannst nicht zuhören, wenn die Mauer massiv ist." Sie wurden als eine große Familie betrachtet und jeder hatte seine Aufgabe, seine Rolle, zu spielen. Seine Rolle bestand darin, zu heilen, indem er einen Teil der heilenden Energie mit sich trug. "Ich gehe dort, zu dem Kreis, um die Energie zu sammeln, die ich für die Menschen verwende; ich sammele sie also und nehme sie mit. Ich sende sie zu ihren Körperregionen, dahin, wo sie sie brauchen. Die Energie geht hinein und verändert die Dinge ... passt die Dinge an." Er hatte auch ein natürliches Wissen über Kräuter. Niemand hatte ihm beigebracht, wie man diese Dinge macht. "Es kommt einfach in meinen Kopf, wie eine Stimme oder ein Bild. Ich fand meinen besonderen Platz bei den Kristallen im Wald, als ich klein war, sehr jung war. Es war, als hätte sie jemand dort gelassen. Niemand sonst ging dorthin."

Es schien wie das ideale, perfekte Leben, bis ich ihn bat, zu einem wichtigen Tag in diesem Leben zu gehen. Plötzlich verkündete er: "Unser Dorf ist zerstört. Das Wasser kam ... der Fluss. Zu viel Wasser. Spült ... spülte alles weg. Die Häuser und die Menschen. Und die Felsen und die Bäume ... alles den Berg hinunter. Der Himmel wurde sehr dunkel. Es war einfach Zeit." Er war zu seinem Todestag gegangen, ... an diesem Tag wurde er von der Flut weggespült.

D: *Hat dich das gestört?*
V: Ich ging einfach weiter. Veränderte meinen Zustand. Jeder verändert sich.
D: *Irgendwann, meinst du?* (Ja) *Um eine Existenz zu beenden und zu einer anderen zu wechseln?* (Ja) *Wohin gehst du jetzt?*
V: Ich schwebe einfach nur. Es fühlt sich an, als würde ich mich ausruhen. Es ist sehr leicht und luftig. Ich warte nur noch. Ich bin mir nicht sicher, warum ich warte.

Ich brachte ihn in der Zeit voran, damit wir herausfinden konnten, wohin er gegangen war.

V: Ich bin in der geistigen Welt. Es ist noch nicht an der Zeit, zurückzugehen. Es ist ein anderer Ort. Jeder dort ist ein geistiges Wesen. Es gibt keine physischen Körper, so, wie wir sie vorher hatten. Wir planen, wohin wir in einer Gruppe gehen können.

D: *Warum willst du als Gruppe gehen?*
V: Wir müssen gehen und jemandem helfen.
D: *Ist es als Gruppe besser als Einzelpersonen?* (Ja) *Hast du diese Seelen schon vorher gekannt?*
V: Ja. Ich kenne ihre Namen nicht, aber ich erkenne sie wieder. Sie sind Heiler. Sie sind Wächter. Das tun wir alle. Wir gehen an Orte und helfen den Menschen, die dort sind. Und dann kommen wir zurück ... um an einer anderen Mission teilzunehmen.
D: *Sagt dir jemand, was du zu tun hast?*
V: Nein, wir melden uns freiwillig. Manchmal sind die Orte, an die wir gehen, schwieriger als andere. Die Orte, die Körper, in denen wir arbeiten müssen.
D: *Weshalb sind sie schwieriger*
V: Weil wir abgeschnitten sind vom Kollektiv. Wir müssen uns an unsere eigene Mission erinnern und haben sehr wenig, mit dem wir arbeiten können. Wenige Menschen mit unserer Denkweise. Wir müssen uns einfach erinnern.
D: *Es ist schwieriger, sich zu erinnern, wenn man ins Physische kommt, nicht wahr?*
V: Ja, die Tür schließt sich hinter uns. Der Schleier, der uns den Kontakt halten lässt, ist wieder dicht. Wir haben nur das, was wir mitbringen.
D: *Du entscheidest dich also, innerhalb einer Gruppe zu gehen?*
V: Ja, viele Orte brauchen Hilfe. Wir gehen zuerst zu den kritischen Orten.
D: *Welches sind die kritischen Orte?*
V: Diejenigen, die ganz und gar vom Untergang bedroht sind. Es muss an jedem Ort einige Leute geben, die sich behaupten können, die denen helfen können, die dort sind. Wir müssen sie schulen und dafür sorgen, dass sie sich dessen bewusst sind. Wenn sie für die Energie geöffnet sind, die sie hören und fühlen können.
D: *Weil die anderen Menschen es nicht verstehen?*
V: Ja, sie sind sehr abgeschnitten. Sie sind abgekoppelt.
D: *Warum sind sie in Gefahr?*
V: Weil sie kämpfen. Sie verlieren ihren Weg. Sie haben keine

Kontrolle. Sie haben vergessen, wo sie herkommen und was sie eigentlich tun sollen. Wenn wir nur eine Person unterrichten können, dann können sie von dort aus weitermachen, ohne das ganze Volk zu verlieren. Mehr wären besser, aber einer ist besser als nichts. Wir müssen es tun, ohne in die täglichen Probleme und Kämpfe verwickelt zu werden.

D: *Ist es leicht, sich zu verstricken?* (Ja) *Bist du bereit, dieses Risiko einzugehen?*

V: Ja, jeder ist dazu bereit. Es ist für das Allgemeinwohl.

D: *Wohin entscheidest du dich zu gehen?*

V: Wir sind auf die Erde gekommen. Es gibt verschiedene Orte, verschiedene Gebiete. Manchmal arbeiten wir von oben – nur als Energie. Wir schweben und lenken die Energie als Gruppe. Zu anderen Zeiten kommen wir innerhalb einer Form, ins Physische. Das ist schwieriger. Es ist einfacher von oben, aber nicht so effektiv. Es dauert länger. Es geht schneller, wenn du ins Physische kommst.

D: *Warum ist das so?*

V: Mehr Nähe. Du kannst die Energie von einem näher gelegenen Punkt aus lenken. Mit Entfernung funktioniert, aber sie ist intensiver, wenn du näher an dem bist, mit dem du arbeitest.

D: *Sagt dir jemand, wie du es machen sollst?*

V: Nein, es ist unsere Wahl. Ob es ein Gruppenvorgehen sein wird oder ob wir individuell für uns entscheiden. Normalerweise sprechen wir uns innerhalb der Gruppe ab.

D: *Warst du schon viele Male auf der Erde?*

V: Leider ja. Es wird noch schlimmer. Wir arbeiten und arbeiten und dann trotzdem diese Energien ... manche sind so schwer und so negativ. Es braucht viel Energie und viel Zeit. Aber wenn es passiert - wenn die Kernschmelze eintreten sollte, wird sie für viele Galaxien sehr weitreichend sein. Das kann nicht zugelassen werden. Die Energiearbeit gleicht das Chaos aus, die Schwingungen, die so unberechenbar sind. Wir arbeiten daran, die Dinge zu beruhigen und zusammenzuhalten.

D: *Aber es ist dir nicht erlaubt, dich einzumischen, oder?*

V: Nein, nicht direkt.

D: *Es wäre einfacher, wenn du es könntest.*

V: Ja, aber es ist einfach nicht erlaubt.

D: Wie willst du also einen Unterschied machen?
V: Es kommt auf den Einzelnen an. Es ist eure Entscheidung, zu helfen oder nicht zu helfen. Sei ein Licht, sei eine heilende Kraft. Bilde jede Person aus, die bereit dazu ist. Übe dich hoffentlich darin, dass das Licht den Schatten besiegt. Erhelle die Dunkelheit; beruhige die negativen Energien.
D: Darum hast du dich also entschieden, zur Erde zu kommen, auch wenn es nicht angenehm ist.
V: Ja, es ist notwendig. So viele Galaxien, so viele Orte der Erfahrung sind in Gefahr. Das Universum schaut zu; sendet die Energie zum Heilen.
D: Bist du in andere Galaxien gegangen und dort Erfahrungen gesammelt? (Ja) *Ist es anders als auf der Erde?*
V: Ja, in gewisser Weise. Die Bewohner sind anders; es gibt andere Energien; ein höheres Bewusstsein.
D: Nimmst du auch solide Formen an, wenn du an diese Orte gehst?
V: Manchmal. Manchmal bin ich auch nur Energie. Unterschiedliche Atmosphären kreieren unterschiedliche Formen.
D: Du weißt also nie, was es sein wird, bis du dort ankommst?
V: Es sei denn, du warst schon einmal dort.
D: Es klingt, als sei es immer ein Abenteuer.
V: Ja, es wird viel gereist - es gibt viele Arten zu reisen. Einige sind sehr langsam: Kanu und Paddel. Einige sind Raumschiffe - verschiedene Energiequellen. Einige sind schneller als andere, aber die Energiestrahlen sind die schnellsten. Die Energiestrahlen kommen aus weit entfernten Bereichen der Galaxie – spring in sie hinein und lass dich tragen. Das geht sehr schnell.
D: Im Moment entscheidest du also, was dein nächstes Abenteuer, dein nächster Auftrag sein wird.
V: Auftrag, ja.
D: Und du hast entschieden, dass du zur Erde kommen willst?
V: Nicht wirklich, aber es ist notwendig.
D: Du willst es also nicht wirklich tun, aber du hast das Gefühl, dass du es tun musst? (Ja) *Okay, ist dir bewusst, dass du durch einen physischen Körper sprichst?* (Ja) *Wann hast du dich entschieden, diesen Körper zu betreten?*
V: Als ich hierher kam.
D: Ist dies eine deiner Missionen, eine deiner Aufgaben?

V: Ja, du musst in einen physischen Körper kommen, um im Physischen wirken zu können.

D: *Und du hast dich entschieden, dieser Körper zu sein, den wir Virginia nennen?* (Ja) *Wann bist du in den Körper eingetreten?*

V: Als Kind.

D: *Bist du in einen Babykörper eingetreten?*

V: Nein, das Baby existierte hier bereits.

D: *Wann bist du in den Körper eingetreten?*

V: Als das Kind den Körper verlassen wollte. In diesem Moment hat es seine Meinung geändert und wollte diese Welt verlassen.

D: *Ist das erlaubt?* (Ja) *Und das Baby wollte gehen. Erzähl mir davon. Wie ging es weiter?*

V: Ich kam herein. Verwirrung ... warum war ich hier? Was war hier los? Wer waren die Mitspieler?

D: *Was geschah mit der Seele, die ursprünglich im Baby war?*

V: Dem Baby geht es gut. Das Baby ging zurück. Es wollte nicht hier sein.

D: *Passiert das oft?*

V: Manchmal. Normalerweise stirbt der physische Körper. Wir brauchten eine Möglichkeit, um hierher zu kommen. Drei oder vier Jahre sind eine lange Zeit, wenn du versuchst, etwas zu bewirken. Drei oder vier Jahre zu überspringen, ist eine Zeitersparnis, wenn du etwas zu tun hast - wenn du Arbeit zu erledigen hast.

D: *Das war etwa Zeit, als die andere Seele gehen wollte?* (Ja) *Und du durftest damals eintreten.*

V: Ja. Es muss genehmigt werden. Wir können uns nicht nur selbst entscheiden. Der Rat entscheidet, ob es angemessen ist.

D: *Weil dieser Körper kein Besitz ist.* (Nein) *Es wird stets nur mit Erlaubnis gemacht.*

V: Mit Zustimmung, ja.

D: *Einwilligung und Zustimmung. Und das geschieht manchmal.*

V: Ja, öfter als du denkst.

D: *Du musst also nicht das kleine Baby sein, das lernt, wie man geht und spricht.*

V: Eine Zeitverschwendung.

D: *Aber wenn du in den Körper eintrittst, erinnerst du dich nicht mehr an deine Aufgabe, ist das richtig?*

V: Das ist wahr; das ist höchst ärgerlich.

D: (Lachen) *Ich dachte immer, es wäre einfacher, wenn du dich erinnern könntest.* (Ja) *Warum ist es dir nicht erlaubt, dich zu erinnern?*

V: Es wäre für viele Leute hier schädlich, wenn sie es wüssten. Mit den Zielen, dem Zweck und dem Sinn der Lektionen zu beginnen, die hier erlebt werden sollen. Das Pferd würde von hinten aufgezäumt.

D: *Denkst du nicht, es wäre einfacher, zu sagen: "Oh, ich habe einen Auftrag. Ich weiß, warum ich hier bin, und ich kann das tun."*

V: Ich möchte nur nicht, dass alle anderen hier wissen, dass wir Aufgaben haben, oder wo wir herkommen und wie wir hierher gekommen sind. Nicht jeder ist so offen wie du. Der Plan ist sehr groß. Wenn du hier bist, bist du wie ein Sandkorn an einem Strand von der Größe der Erde. So weit kannst du maximal das Universum überblicken. Und doch ist jedes einzelne Sandkorn dazu bestimmt, Einfluss zu auszuüben. Nicht jeder erinnert sich daran.

D: *Glauben Sie, dass es jetzt an der Zeit ist, dass die Menschen aufwachen und sich erinnern?*

V: Ja, das ist notwendig. Es ist der einzige Weg, wie die Erde existieren und fortbestehen kann - dass sich mehr Menschen erinnern. Es gibt viele, die zurückkommen, um das Erwachen und die Erinnerung zu unterstützen.

D: *Viele von denen, die zurückkommen, haben nicht viele Leben auf der Erde verbracht, oder?*

V: Das ist wahr. Es ist ein schwieriger Ort. Sie haben eine Mission, keine Erinnerung, nichts ist vertraut. Einige wenige erkennen sich vielleicht auf irgendeiner Ebene, wissen es aber nicht wirklich. Es braucht viele Anstrengungen, um zu erwachen, um die Gedächtniszellen zu öffnen. Manchmal soll es einfach nicht sein und es klappt nicht.

D: *Ich weiß, dass viele von eurer Art so entmutigt sind, dass sie aussteigen wollen; sie wollen gehen, weil es zu schwierig ist.*

V: Auch das ist ärgerlich. Wenn man auf diese Seite zurückkommt und dann erkennt: "Ah! Warum habe ich das oder das nicht getan, während ich dort war? Jetzt müssen wir von vorne anfangen!" Man hat *immer* jemanden auf irgendeine Weise beeinflusst. Es ist also etwas erreicht worden, aber vielleicht nicht so viel, wie es hätte möglich sein können. - So viel verschwendete Zeit. Zum Beispiel die Kindheit - größere Körper sind besser.

Ich wusste, dass ich das Unterbewusstsein nicht herbeirufen musste. Aus der Art und Weise, wie die Fragen beantwortet wurden, wusste ich, dass ich bereits mit ihm kommunizierte. Es sagte, dass es für Virginia in Ordnung sei, diese Dinge zu wissen und diese Informationen jetzt zu bekommen. "Sie will es wissen. Sie ist ebenfalls eine der Verärgerten. Viele Fähigkeiten - viele, viele Leben, in denen sie geholfen hat – sie hat große Heilerfähigkeiten. Sie sollte heilen - einen Menschen nach dem anderen. Die Erde muss geheilt werden. Die Energie muss eingebracht werden. Die Menschen müssen erweckt werden." Dann fragte ich sie nach dem vergangenen Leben, das sie gesehen hatte.

D: Es klang wie ein seltsamer Ort, an dem Kristalle aus der Erde wachsen.
V: Die Kristalle stammten von einem Raumschiff. Das Schiff ist hier zurückgelassen worden.
D: Es ist also schon lange her? (Ja) Gibt es die Kristalle noch?
V: Ja, sie haben sich vervielfacht. Der Ort ist existiert immer noch. Ich habe das Gefühl, er ist von etwas bedeckt. Der Fluss, die Überschwemmungen, die Erdrutsche. Er ist immer noch da, aber im Moment nicht sichtbar. Die Kristalle haben eine sehr starke Energie.

Diese Sitzung war als Demonstration für eine meiner Klassen durchgeführt worden und Virginia wurde nach dem Zufallsprinzip ausgewählt. Ich weiß nie, was während eines Kurses passieren wird, aber ich bin stets überrascht, wenn derart anspruchsvolle Informationen herauskommen dürfen. Ich hoffe, dass es den Schülern zugute kam, die um die Liege versammelt waren und alles beobachteten. Dies war ein weiterer Fall, wo ein Geist in einen Körper eindrang, der gerade von einem fortgehenden Geist verlassen worden war. Wenn möglich, wollen sie ein perfektes Vehikel nicht verschwenden. Und es spart wertvolle Zeit, wenn die Seele eintritt, nachdem der Körper bereits seine frühen Wachstums- und Anpassungsphasen als Kind durchlaufen hat.

* * *

NOTIZEN, DIE WÄHREND EINES ASHRAMS AUF DEN BAHAMAS ANGEFERTIGT WURDEN

Im April 2007 wurde ich eingeladen, im Sivananda Ashram auf Paradise Island, Bahamas zu sprechen. Ich habe dort viele Male beim Yoga Teachers' Training Retreat gesprochen und ich genieße es wirklich, in der Gesellschaft dieser sanftmütigen Menschen zu sein. Auf dieser Reise nahm ich den Rohentwurf dieses Buches mit zur Arbeit, weil ich wusste, dass ich Zeit in Abgeschiedenheit haben würde - völlig abgeschnitten von Fernsehen, Computern und Telefonen. Ich ließ das meiste Material für das Buch bereits zusammengestellt, aber ich hatte auch viele unbeantwortete Fragen. Ich saß auf der kleinen Veranda meiner kleinen Hütte unter einer Kokospalme und starrte auf die friedlichen, hypnotisierenden Wellen, die den Strand umspülten. Ich dachte gerade über das Thema nach, über das ich an diesem Abend im Tempel sprechen würde, als die Worte plötzlich mein Gehirn zu überfluten begannen. Jeder, der Schriftsteller ist, wird wissen, was ich meine. Ich schnappte mir ein Notizbuch und versuchte, sie einzufangen, bevor sie im Nirwana verschwanden.

Während ich dieses Buch schrieb und die Hunderte von Bruchstücke zusammenfügte, die ich in vielen, vielen Sitzungen gewonnen habe, begann ich, einen Einblick in die zugrunde liegende Botschaft zu bekommen, die "sie" vermitteln wollten. Sie war zu groß, um über eine einzige Person/ einen Klienten vermittelt zu werden. Um die Geschichte, die Theorie, das Konzept, wie auch immer Sie es nennen wollen, in der Gesamtheit an mich weiterzugeben, musste es Stück für Stück durch viele Menschen vermittelt werden. Ich war derjenige, der die Puzzleteile zusammensetzen musste. Einzeln sind sie interessant, aber zusammen ergeben sie ein erstaunliches Bild. Es gibt definitiv einen Plan, um die Menschheit zu retten, und er ist in seinem Umfang größer, als man es sich vorstellen kann.

Nach der Entwicklung der A-Bombe und der Kernkraft in den späten 40er und frühen 50er Jahren ging ein Appell durch das ganze Universum. Dies wurde durch den Zustrom von UFO-

Sichtungen zu dieser Zeit deutlich. Sie sagten, die Entwicklung der Waffen und die Explosionen hätten ihre Aufmerksamkeit erregt und sie mussten kommen und sehen, was dieser, in den Kinderschuhen steckende Planet, vorhatte. Sie wussten, dass wir damit nicht umgehen können würden. Und aufgrund unserer gewalttätigen Tendenzen könnten wir sehr wohl darin enden, unseren Planeten zu zerstören. Das durfte nicht passieren. Es würde einen Welleneffekt verursachen, der im ganzen Universum zu spüren wäre und andere Planeten und Dimensionen enorm stören würde. Aber wie konnte man den Prozess aufhalten und kontrollieren, ohne gegen die oberste Direktive der Nichteinmischung zu verstoßen?

Der Planet wurde immer negativer, verursacht durch Menschen, die seit Hunderten von Leben hier lebten und immer mehr Karma auf sich luden. Sie arbeiteten nicht daran, um es aufzulösen und steckten fest. Wenn sie ihre eigenen Probleme nicht lösen konnten, konnten sie auch nicht die Gewalt, die Kriege und die ökologischen Probleme unseres Planeten lösen oder stoppen. Solange wir unseren eigenen Weg gingen und niemandem außer uns selbst Schaden zufügten, hatten sie keinen Grund, sich einzumischen. Wir hatten einen freien Willen und sie konnten nur hilflos dabei zusehen, wie wir immer tiefer in die Negativität versanken. Es war letztendlich unsere Entscheidung. Die Erfindung der Atomkraft drückte allerdings den Panikknopf und es musste etwas unternommen werden. Aber dieses Etwas durfte nicht gegen die oberste Direktive der Nichteinmischung verstoßen. Selbst wenn es in unserem eigenen Interesse lag, konnten sie nicht einfach herkommen und es verhindern.

Eine Entscheidung wurde getroffen. Wenn sie nicht von außen helfen konnten, konnten sie aber von innen helfen. Es wurden Freiwillige gesucht, die bereit waren, zu kommen und in einem physischen Körper als Mensch zu leben, denn diese hatten zuvor nicht (oft) auf der Erde gelebt, sie hatten kein Karma angesammelt. Sie hatten eine reine und kraftvolle positive Energie, die direkt von Gott, von der Quelle, kam. Sie würden sehr vorsichtig sein müssen, um sich nicht in der Welt zu verfangen und Karma zu erzeugen. Viele sind abgeschirmt, um sie vor dieser sehr realen Gefahr zu schützen. Sie wollten ihre Aufgabe erfüllen, positive Energie herzubringen und zu verbreiten, um dem Negativen entgegenzuwirken und es zu beseitigen. Dann könnten sie in ihre "Heimat" zurückkehren. Ich habe bereits an anderer Stelle in diesem Buch über die *drei Wellen von Freiwilligen* berichtet, die ich in meiner dreißigjährigen Arbeit entdeckt habe.

Zeit ist von entscheidender Bedeutung, da wir uns dem Kommen der neuen Erde nähern. Jetzt ist keine Zeit mehr, darauf zu warten, dass der Freiwillige von einem Baby zu einem Erwachsenen heranwächst. So fand ich heraus, dass sie in die Körper von Erwachsenen eintreten, meistens zu einer Zeit, wo diese eine Nahtoderfahrung machen. Dies ist keine „Besetzung", sondern geschieht mit dem vollen Einverständnis und Wissen der heraustretenden Seele. Es ist eine Weiterentwicklung der traditionellen "Walk-in"-Erfahrung. Sehr geschickt. "Sie" sind entschlossen, uns und unseren schönen Planeten vor uns selbst zu retten. Eine ausgezeichnete Möglichkeit, die Oberste Direktive zu respektieren und trotzdem zu umgehen. Es ist keine Einmischung, wenn sie die Mitarbeit aller beteiligten Seelen haben.

Die Erde ist ein lebendiges Wesen, das nach Rettung ruft. Sie versucht, sich von den Eindringlingen zu befreien, indem sie sich reinigt: Überschwemmungen, Tsunamis, Erdbeben, Vulkanausbrüche. Das alles sind Hilfsschreie. Es ist, als würde sich die Erde von ihrem eigenen Karma befreien, bevor sie in eine andere Existenz überwechselt. Eine unberührte, schöne, perfekte neue Umgebung, in der sie neu anfangen kann und die diejenigen mit sich nimmt, die fähig sind, sich an die neuen Schwingungen und Frequenzen anzupassen, um eine neue Welt zu schaffen. Die alte Welt steuert auf die Zerstörung zu. Es kann jedoch nicht die totale physische Zerstörung des Planeten selbst sein, denn das würde zu einer Störung der Schwingungsfelder anderer planetarer Körper und Dimensionen im Universum führen. Die Erde hat sich also dazu entschieden, sich in zwei Welten zu spalten, so dass diejenigen, die weiterhin in Angst und Gewalt leben wollen, weiterhin auf der "alten" Erde leben können. Und eine "neue" Heimat für diejenigen zu schaffen, die voranschreiten und sich weiterentwickeln wollen. Die beiden Varianten können nicht mehr Seite an Seite auf demselben Planeten leben. Die Dinge haben sich zu sehr verändert. Deshalb müssen die Schwingung und die Frequenz geändert werden.

Alles ist Energie. Alles schwingt in verschiedenen Frequenzen. Sogar Steine, Möbel und andere Materie vibrieren, nur mit einer viel niedrigeren, dichteren Frequenz. Solange alles und jeder auf der Erde mit der gleichen niedrigen, langsamen Frequenz schwingt, werden die Dinge gleich bleiben. Die Frequenz muss erhöht werden, damit sich die Erde abspalten und in eine neue Dimension eintreten kann. Es ist dasselbe, was mit unseren eigenen Körpern auf der Erde geschieht. Wenn wir die Lektionen der physischen Ebene lernen, können wir auf der geistigen Seite in eine andere höhere Dimension "graduieren" und müssen nicht in die Erdschule zurückkehren. Wir machen Fortschritte, weil wir dieser irdischen Schule entwachsen sein werden. So bereitet sich die Erde selbst darauf vor, ihren "Abschluss" zu machen, das Vertraute, den Status quo, zu verlassen und in etwas viel Höheres vorzustoßen.

Doch die neue Erde ohne den Menschen und das Leben in seinen vielen verschiedenen Formen wäre wie ein leeres Haus. Nur vier Wände ohne eine Seele darin. Es musste einen Weg geben, damit sich auch die Menschen entwickeln und mit der Erde gehen können. Die Menschen müssten ebenfalls ihre Schwingungen erhöhen. Das ist leichter gesagt als getan, wenn man bedenkt, seit wie vielen Äonen die Menschheit hier gefangen ist. Und dann verstand ich etwas. Das Karma, das Menschen hatten, bevor sie in diese Welt kamen, wird mit der "alten" Erde zurückbleiben. Dort wird das Karma weiterhin existieren. Es hat keinen Platz in der neuen Erde.

Diese Freiwilligen kommen von einem Ort, der noch nie Gewalt, Hass und Angst gekannt hat. Sie bringen diese Schwingung der Positivität in dieser Zeit auf die Erde mit. Es ist wie das "Syndrom des hundertsten Affen". Wenn wir genügend Menschen dazu bringen können, die positive Schwingung zu tragen, wird sie die negative Schwingung überschatten und vermindern. Es wird sie auslöschen oder ihre Wirkung allein durch die schiere Anzahl der Energieträger vermindern. In einer Sitzung fragte ich nach den gegenwärtigen Katastrophen, bei denen Tausende von Menschen sterben und den Planeten in Massen verlassen. Man sagte mir, dass sie ihre Arbeit hier beendet hätten und sich freiwillig gemeldet hätten, um Platz für die Neuankömmlinge zu schaffen. Dann verstand ich. Sie machen Platz für mehr dieser Freiwilligen mit der positiven Energie, die hereinkommen werden. Wir können allein durch die schiere Anzahl gewinnen. Wenn die kritische Masse erreicht ist und es genügend Menschen gelungen ist, ihre Schwingungen und

Frequenzen zu erhöhen, dann wird die neue Erde geboren werden. Dies ist der Plan, der uns in die neue Welt retten wird. Die Menschen selbst haben natürlich zu diesem Zeitpunkt keine bewusste Erinnerung an ihre Gründe für ihr Kommen. Und so sollte es auch sein. Sie werden ihre Rolle gut spielen. Diejenigen, die noch von Negativität durchdrungen sind, werden mit dem, was sie geschaffen haben, auf der alten Erde zurückbleiben. Wenn sie merken, dass etwas geschieht, wird es zu spät sein. Sie können ihre Frequenz und Schwingung nicht schnell genug ändern, um zu folgen. Es muss eine allmähliche Sache sein, sonst wäre es für den physischen Körper zu traumatisch, um damit umzugehen. So geschieht die Trennung, die beiden Erden trennen sich, und das Leben geht seine getrennten Wege: positiv und negativ.

Ich habe herausgefunden, dass viele dieser Freiwilligen ein ruhiges, anspruchsloses Leben führen. Sie erzeugen keine Aufmerksamkeit. Sie beeinflussen auf stille, subtile Weise. Während der Sitzung wird vielen von ihnen gesagt, sie seien nur hier, um zu "sein". Sie beeinflussen andere nur durch ihre Anwesenheit und die Aura, die sie ausstrahlen. Sie verbindet sich mit anderen, ohne dass diese sich bemühen und vielen wird geholfen, indem sie in ihrer Gegenwart sind oder durch eine ihrer körperlichen Berührungen. Es ist sehr einfach und doch sehr tiefgründig. Es wird keine heroisch-dramatischen Anstrengungen zur Rettung unserer Welt geben. Es wird durch die einfache Anwesenheit und Berührung von liebenden, selbstlosen Menschen geschehen.

KAPITEL FÜNFUNDDREIßIG

DEM AUFRUF FOLGEN

Als Anna den Schauplatz betrat, sah sie als erstes Menschen daran arbeiten, einen sehr hohen, goldenen Turm bauen. Sie sagte, er werde für die Götter gebaut. Sie beschrieb ihn folgendermaßen: "Er ähnelt einer Pyramide, aber er ist schmaler und höher. An der Außenseite werden Goldplatten, ähnlich wie Fliesen, angebracht". Die Quadrate aus Gold waren etwa 10- 12" mal 10-12" groß, reichlich verziert und mit Mustern bedeckt. Die Menschen hatten eine goldene Haut, entweder ägyptisch oder babylonisch und trugen schmale weiße Tuniken. Sie hatten Gerüste, an denen sie die quadratischen, goldenen Platten befestigen konnten.

D: *Du sagtest, es wird für die Götter gebaut?* (Ja) *Was glaubst du, was das bedeutet?*
A: Es sind die, die von anderswo her gekommen sind. Man hat ihnen von diesen Wesen erzählt. Sie haben sie nicht oft gesehen, aber man hat ihnen gesagt, dass sie diesen Turm bauen müssen.
D: *Was ist der Zweck des Turms?*
A: Irgendeine Art von Kommunikation, die die Götter wollen. Sie benötigen einen Turm.
D: *Weißt, du wer ihnen gesagt hat, dass sie diesen für die Götter bauen sollen?*
A: Es fühlt sich an, als hätten die Priester oder jemand direkt mit ihnen Kontakt gehabt. Irgendjemand hat die Pläne oder den Entwurf bekommen und sie bringen diese Leute dazu, den Anweisungen zu folgen.

Ich bat sie darum, sich selbst zu beschreiben. Sie war ein junger Mann, der goldene Sandalen, ein kurzes weißes Gewand und einen goldenen Gürtel trug. Ihr Haar war dunkel mit silbernen Streifen. Dann entdeckte sie erschrocken, dass sie riesige goldene Flügel hatte, die an ihrem Rücken befestigt waren. "Sie gehören mir, aber das ergibt keinen Sinn. Sie sind groß und wunderschön!" Dann bemerkte sie, dass sie eine goldene Halskette um den Hals trug, in der sich ein dunkelblaues Juwel befand. "Oh! An dem goldenen Gürtel sind auch Juwelen. Sie sehen aus wie Juwelen, aber in Wirklichkeit sind es Knöpfe oder Gadgets, wie Zifferblätter oder Bedienelemente. Ich trage auch eine Art Kopfbedeckung. Es ist nicht nur ein Ornament. Es ist eine Art Sender. Es hat einen Zweck. Ich stehe hoch oben auf einem Gebäude auf einem Sims, der dem gegenüberliegt, auf den sie die Goldplatten legen. Es gibt nichts um mich herum, was die Sicht behindert. Ich beobachte, was sie tun und berichte über die Fortschritte. Ich stelle sicher, dass alles genau ist, denn jedes Goldstück, jedes Quadrat muss genau an der richtigen Stelle und in der richtigen Reihenfolge platziert werden. Das ist wichtig, denn dies ist eine Art Generator. Es hat damit zu tun, wie die Energie von unten nach oben und oben aus dem Gebäude heraus fließt. Es gibt eine Turmspitze, die ganz oben angebracht sein wird und die Energie bewegt sich in einer Kreisspirale an dem Gebäude hinauf. Und jede einzelne Goldplatte wird aktiviert oder beleuchtet werden. Sie tut etwas, um den Energiefluss zu unterstützen, sie zu bewegen, sie zu verstärken. Es muss ganz genau sein."

D: *Du hast erwähnt, dass jemand anderes diesen Leuten sagt, was sie tun sollen.*
A: Die anderen sind für eine Weile hier; sie sind nicht dauerhaft da. Einige von ihnen werden länger bleiben. Um zu lehren; um zu helfen, Wissen zu verbreiten; um eine Technologie mitzubringen, die diesen Menschen helfen wird. Sie haben um Hilfe gebeten. Es ist einfache Technologie, aber sie wird dabe helfen, ihr Leben zu verändern.
D: *Und du kommunizierst und berichtest über die Fortschritte?* (Ja) *Warum brauchen sie dann dieses größere Kommunikationsgerät?*
A: Für die Zeit nach unserer Abreise. Es wird einige geben, die bleiben werden. Sie werden in der Lage sein, ihre Gedanken

zu nutzen, sie zu übermitteln oder zu senden, um die Kommunikation aufrechtzuerhalten.

D: Also gehen die Informationen, die Fortschrittsberichte, die du schickst, nicht nach Hause zurück?

A: Sie gehen irgendwo hin nach oben. Sie gehen nicht an diejenigen, die auf dem Planeten sind. Diese Informationen steigen aus meinem Kopf irgendwo nach oben hinauf.

D: Es ist also nicht dein Zuhause.

A: Es ist ein Projekt, an dem ich gerade arbeite, aber es ist nicht mein Zuhause.

D: Gehörst du zu denen, die bleiben werden?

A: Nein. Ich schaue nur zu. Ich muss zusehen und berichten, wie der Fortschritt vorankommt. Wie die anderen ihre Arbeit machen.

D: Wenn sie abgeschlossen ist, was wirst du dann tun?

A: (Kichern) Ich darf gehen. Wir haben das schon einmal gemacht.

D: An diesem Ort?

A: Nein, an anderen Orten. Wir kommen als Gruppe. Und es gibt diejenigen, die sehr groß sind und mit den Bewohnern kommunizieren. Sie mischen sich unter die Menschen, tauschen sich aus, lehren und führen, denn darin sind sie geschickt. Sie lehren, was immer nötig ist. Unterschiedliche Welten haben unterschiedliche Kriterien. Einige Welten sind bereit für mehr Komplexität, für mehr Technologie, für mehr Ausgewogenheit.

D: Was denken die fortgeschritteneren Menschen, wenn du kommst?

A: Sie sind dankbar, weil man sie über uns unterrichtet hat. Es gibt verschiedene Ebenen des Unterrichts. Die Fortgeschrittenen werden über andere Welten unterrichtet, über die Wissenschaften, über den Geist der Unsterblichkeit, über Sprachen, über den Verstand. Und sie sind diejenigen, die mit dem Nötigen ausgestattet sind, um den gewöhnlichen Bewohnern zu helfen. Diese Menschen, die kommen, werden als Götter angesehen.

D: Sehen diejenigen, die weiter entwickelt sind, dich auch als Gottheit an?

A: Nein. Wir treten mit den fortgeschritteneren Menschen in Kontakt und sie wissen von unserem Kommen. Sie sind vorbereitet. Wir geben ihnen Zeit, sich vorzubereiten, aber der einzige Weg, wie sie mit den anderen kommunizieren können, ist, die Besucher "Götter" zu nennen, denn das ist ihr Weg.

D: *Musst du also überall, wo du hingehst, auf jeder Welt, ein solches Kommunikationsgerät bauen?*
A: Sie sind überall ein wenig anders. In manchen Welten sind die Energien klarer. Es gibt so etwas wie existierende Wirbel, die genutzt werden können. Es ist überall anders.
D: *Dann ist es die Aufgabe einiger Menschen, zu bleiben und dem Planeten oder den Menschen auf dem Planeten zu helfen?*
A: Sie sind dazu bestimmt, eine Weile zu bleiben und manchmal wird absichtlich etwas ausgesät, so dass die ursprünglichen Bewohner weiterleben können.
D: *Um die Arbeit fortzusetzen. Wissen diese Leute, die bleiben, wie sie das Kommunikationsgerät benutzen können?*
A: Diejenigen, die gekreuzt werden - die Mischlinge - werden es ab einem bestimmten Alter wissen. Das Programm wird ausgelöst und sie wissen, was zu tun ist.
D: *Ich dachte, es funktioniert vielleicht automatisch und das Gerät nimmt ständig Informationen auf.*
A: Es nimmt ständig Informationen auf, aber es gibt eine zusätzliche Verstärkung, die diese anderen Wesen in das Gerät eingeben. Aber das hält nur so lange an, wie die Energie rein bleibt.
D: *Was geschieht, wenn die Energie nicht rein ist?*
A: Das Signal wird geschwächt und verzerrt sich durch die Raumzeit. Es gibt einige Stellen, an denen sie die reine Energie länger aufrechterhalten können, so dass das, was gelehrt wird, eine Chance hat, ohne Verzerrung durchzudringen. An anderen Orten geschieht die Verzerrung schnell, weshalb einige andere länger bleiben müssen. Sie gehen erst, wenn sie das Gefühl haben, etwas etabliert zu haben.
D: *Übermittelst du Wissen über jene Gruppen, in denen die Menschen Fortschritte machen und die Informationen nutzen?*
A: Ja, es ist wie ein Bericht, um zu sehen, wie schnell sie sich entwickeln; wie sie das nutzen, was ihnen gegeben wird; ob sie es für heilig oder wertvoll halten oder ob sie es verzerren. Es ist wie ein Experiment; wie eine Studie, eine Forschung

über die Lebensformen dieser Welten.

D: Was passiert mit dem Kommunikationsgerät, wenn die Ausbilder weggehen?

A: Es funktioniert für eine gewisse Zeit, weil es die Energie des Planeten nutzt. Es sind die Verzerrungen der Menschen, die die Energie des Planeten in diesem Bereich verändern und die das Signal verzerren. Deshalb sind diese Orte in den Köpfen der Menschen darauf programmiert, heilig zu sein. Solange diese Heiligkeit beibehalten wird, werden die Signale übertragen. Aber wenn die Menschen verunreinigt oder verzerrt werden und anfangen, die Energie dessen, was heilig ist, zu verfälschen, beginnt mit der Zeit eine Verzerrung der Energie in der Übertragung. Und wenn die Übertragung so schwach wird, müssen andere kommen und das Ganze an einem anderen Ort noch einmal machen.

D: Bleibt das ursprüngliche Gerät bestehen, oder geschieht etwas mit ihm?

A: Es bleibt, aber das Verschwinden der Vitalität der Energie verändert mit der Zeit das Aussehen der Struktur. Sie wird zu einer toten Struktur. Das Gold beginnt sich aufzulösen. Seine Energie verblasst irgendwie und was übrig bleibt, ist Stein. Wie ein Skelett. Es ist, als würde sich die obere Schicht auflösen und verblassen und was übrig bleibt, ist ein Steingebilde.

D: Wenn also jemand es später sehen würde, hätte er keine Ahnung, wozu es es gedient haben könnte.

A: Nein, und sie wüssten nicht, wie es in seinem ursprünglichen Zustand aussah.

Das lässt mich über die Pyramiden und andere antike Monumente nachdenken. Es wird gesagt, dass die großen Pyramiden einst ein Pyramidion aus Gold hatten. Haben sie sich eventuell, als die Energie sich änderte, in bloße Steinmonumente verwandelt, die ihren wahren Zweck verschleierten?

D: Du stammst also nicht von diesem Ort. Woher kommst du?

A: (lächelte) Ich komme von den Sternen; aus einer goldenen Welt. (flüsternd) Der goldenen Welt. Es ist eine Welt mit vielen Sonnen. In unserer Welt gibt es fünf Sonnen.

D: Entsteht ein Problem durch die intensive Strahlung?

A: Nein, weil wir unsere Form verändern. Wir müssen nicht

physisch sein. Die Sonnen sind wie ein Plasma und ihre Strahlung ist Wissen. Sie sind nicht dazu da, um Wärme abzustrahlen. Sie geben Licht ab, aber ihr Licht wird aufgrund des Wissen, was sie haben, gegeben. Wissen ist ihre Form von Licht. Es ist eine sehr helle Welt.

D: *Du brauchst also keinen physischen Körper in deiner Welt.*
A: Du brauchst keinen Körper, aber du kannst jeden Körper, den du möchtest, annehmen - wenn du das willst.
D: *Wie siehst du in deinem normalen Zustand aus?*
A: (Seufzer)Es ist ein Energiefeld, das ein bisschen wie eine Qualle aussieht. Statt Tentakeln sind es funkelnde elektrische Felder, die wir abgeben, wenn wir kommunizieren. Einige von uns behalten diese Formen, aber wir können uns verändern. Wir können uns durch einen Gedanken in alles verwandeln. Wir können alles sein, also ist es spielerisch. Wir können beliebige Formen ausprobieren und mit Formen experimentieren, denn das Wissen von den Sonnen gibt uns die Mittel dazu. Es gibt dort keine Einschränkungen. Es ändert sich ständig. Es ist eine Welt der Bewegung und des Staunens und der Kommunikation von außergewöhnlicher Natur.
D: *Wie sieht die Topographie an einem solchen Ort aus?*
A: Sie ist wellig. Es gibt Dinge, die aussehen wie Berge, Gipfel, aber sie bewegen sich wie Frequenzwellen. Sie kommen und gehen und sie steigen und fallen.
D: *Gibt es Bäume oder Vegetation?*
A: Nur, wenn wir das für die Schönheit schaffen, die wir brauchen. Es sind ständig wechselnde Bilder und es ist keine humanoide Welt.
D: *Wenn du zu einer Mission aufbrichst, wird dir dann von jemandem gesagt, was du tun sollst?*
A: Ja, wir haben Anweisungen. Wir melden uns freiwillig für diese Projekte und bringen das Wissen von den Sonnen in diese anderen Welten.
D: *Wie reist du, wenn du in die anderen Welten gehst?*
A: Per Gedankenkraft.
D: *Brauchst du kein Gefährt oder eine Art von Raumschiff?*
A: Nur wenn die Energie der Welt, zu der wir reisen, verzerrte Frequenzen hat, die unsere Gedanken korrumpieren würden. Dann erschaffen wir Raumschiffe, um unsere Gedanken klar zu halten und die Schiffe lenken die Verzerrungen ab. Es ist

wie ein Schild, das es uns erlaubt, in Integrität zu handeln.

D: *Andernfalls wäre es schwierig?*

A: Es wäre sehr herausfordernd. Einige Atmosphären sind sehr dicht mit den verworrenen Gedanken jener Zivilisation bestückt, die wir betreten. Einige Atmosphären sind klarer, abhängig von der Entwicklung der Welt, in die wir kommen.

D: *Werdet ihr vor diesen Dingen gewarnt, bevor ihr irgendwo hingeht?*

A: Meistens, aber wenn es sich um eine Welt handelt, die noch nicht vollständig erforscht ist, werden wir manchmal überrascht.

D: *Als du also in diese eine Welt gingst, hast du dir einen physischen Körper erschaffen. Warum musstest du das tun?*

A: Damit wir wie sie sein konnten. Sie würden uns nicht sehen oder hören, wenn wir Plasma wären und sie hätten Angst. Sie würden es nicht verstehen. Und so verwandeln wir uns nach Bedarf in ähnliche Lebensformen, um so viel wie möglich zu kommunizieren und akzeptiert zu werden, ohne uns selbst zu kompromittieren.

D: *Aber du hast einen Körper geformt, der Flügel hatte.*

A: Ich mag meine Flügel. Es gibt nur wenige von uns, die diese Flügel hatten. Sie sind auch zur Abfälschung und zur Übertragung gedacht. Abfälschen von Frequenzen, die von den Menschen und dem Planeten kommen. Sie sind auch in der Lage, die Gedanken derer, die uns ansehen, zu empfangen und zu übersetzen. Sie sind fast wie Satellitenschüsseln. Sie sind ähnlich wie ein organischer Computer, der Informationen aufnehmen und interpretieren kann.

D: *Das ist also der Grund, warum du einen solchen Körper gewählt hast. Er hat einen praktischen Aspekt, obwohl er gleichzeitig schön ist.*

A: Ja. Ich muss nicht allzu viel mit anderen interagieren, also kann ich diese Form beibehalten. Sie denken, dass ich vielleicht eher wie ein Vogel bin, wenn sie mich aus der Ferne sehen. Einige haben mich aus der Nähe gesehen, aber diejenigen, die weit unten sind, halten mich einfach für eine Art Riesenvogel. Er bereitet mir Sicherheit und erlaubt mir, ohne Unterbrechung zu tun, was ich tun muss.

D: *Du bleibst also, bis es abgeschlossen ist, und dann musst du zurückkehren oder woanders hingehen?*

A: Ich bleibe, bis das Gebäude fertiggestellt ist und die Technologie auf einem zufriedenstellenden Niveau an die anderen weitervermittelt wurde. Und dann verlasse ich den Ort bevor einige der anderen weggehen. Ich bin dort fertig.

Dann brachte ich sie in der Zeit nach vorne, bis ihre Arbeit beendet war und sie woanders hingehen musste. "Änderst du deine Form oder behältst du sie?"

A: Ich lasse die Form fallen. Ich brauche sie nicht. Sie ist wie ein Kostüm.
D: Brauchst du ein Gefährt?
A: In dieser Welt haben wir wegen der atmosphärischen Frequenzen ein Raumschiff. Also löse ich die Form einfach auf und übertrage mich selbst in das Raumschiff.
D: Bist du der Einzige, der dorthin geht oder gibt es noch andere?
A: Es gibt noch andere.
D: Du wirst also woanders hingehen. Hast du Anweisungen?
A: Das weiß ich erst, wenn ich wieder auf dem Schiff bin und andere sich melden.
D: Ihr meldet euch auf dem Planeten mit den fünf Sonnen zurück?
A: Das machen andere. Wir müssen ihnen nicht Bericht erstatten. Es gibt andere, die über uns stehen, die das tun. Dann werden Entscheidungen getroffen.
D: Weißt du, wohin du als Nächstes gehen wirst?
A: Hmm. Ich höre, dass ich auf die Erde gehen muss.
D: Weißt du, wo die Erde ist?
A: Auf der anderen Seite des Universums. Sie ist weit weg von hier.
D: Warst du schon einmal auf der Erde?
A: Vor langer Zeit. Ich ging dorthin, um zu lehren, zu erziehen und Wissen wiederherzustellen. Ich gehörte zu denen, die eine Zeit lang bleiben mussten. Ich war etwa zeitgleich mit dem Beginn der Lebensformen auf der Erde, als mit vielen Formen dort experimentiert wurde. Und wir entwarfen die Natur und säten ihre Vegetation ... einige der frühen Arten, die es gab.
D: Um zu sehen, was wachsen würde; was sich entwickeln würde?

A: Und einige der öden Gebiete zu nehmen und sie in Grün zu tauchen, um Orte zu schaffen, die für Lebensformen bewohnbar waren. Viele der Orte, an denen es Ozeane geben sollte, waren heiß und für Wasser ungeeignet. Und diese Gebiete mussten kalt sein und verändert werden, damit die Atmosphäre kondensieren konnte und um jene Umstände zu schaffen, die anderen Lebensformen erst das Leben ermöglichen würde.

D: *Ihr musstet also auch Wasser haben.*

A: Ja, die Wolken. Die Aussaat der Wolken wurde vor unserer Ankunft vorgenommen. Es war ein Projekt, bei dem viele verschiedene Wesen zusammenkamen, um die Welt zu erschaffen, die man heute Erde nennt. Es gab verschiedene Kulturen und verschiedene Welten, die über Fachwissen und Erfahrung in Bereichen verfügten, die wir nicht kannten. Und wir kamen zu einer gemeinsamen Anstrengung zusammen, um diese neuen Welten zu schaffen.

D: *Wer instruiert dich? Sagt dir, was du tun sollst?*

A: Es gibt einen Rat. Ich würde es einen Rat nennen, aber er ist höher als ein Rat. Es gibt eine Gemeinschaft von vielen verschiedenen Welten, die in der Lage sind, das Leben in den Universen zu scannen. Und wissen, wann und wo sie Welten mit Leben schaffen können, die sich in Zukunft auf den jeweiligen Teil des Bereichs auswirken werden, in dem sie sich befinden. Und dieser Rat, diese Gruppe von Welten, ist in der Lage, in die zukünftigen Potentiale zu blicken. Sie sind in der Lage, eine Matrix durch die Zeit zu erkennen, um mögliche Ergebnisse zu sehen.

D: *Aber es funktioniert nicht immer so, wie sie es sich erhoffen, nicht wahr?*

A: Nein, das tut es nicht.

D: *Es muss unglaublich viel Zeit in Anspruch nehmen, eine Welt so weit zu entwickeln, dass sie Leben beherbergen kann.*

A: In dem Universum, in dem sich die Erde befindet, läuft die Zeit anders als in anderen Welten und in anderen Universen. Die Gesetze in diesem Universum haben eine interessante Zeitrechnung, die längere Intervalle hat, als sie für uns existieren. Für uns läuft sie schnell, aber für die Welt (Erde), die sich entwickelt, heißt sie "Millionen von Jahre". Es sind Jahre oder ein Zeitrahmen, der durch die Gesetze dieses Universums, in dem sich die Erde befindet, konstruiert ist.

D: *Nach menschlichem Denken würde es unglaublich viel Zeit in Anspruch nehmen. Aber euer Volk und die anderen sind in der Lage, in verschiedenen Entwicklungsphasen zu kommen und zu gehen?*
A: Wir sind normalerweise nicht Teil dieses Zeitrahmens. Wir können kommen und gehen. Es ist ein bisschen so, als ob man einen Raum betritt und in diesem Raum eine andere Zeitrechnung existiert Fast wie ein Holodeck, das in der Lage ist, die Zeit zu Äonen des Fortschreitens zu verlängern, aber es ist in unserer Zeitrechnung nur eine kurze Pause.
D: *Also haben sich die Dinge natürlich jedes Mal, wenn du zurückkehrst, sehr verändert.* (Ja) *Du sagtest, dir wurde mitgeteilt, dass du wieder zur Erde reisen sollst. In welcher Entwicklungsphase befindet sie sich jetzt, wo du zurückkehrst? Kannst du sehen, was dort vor sich geht?*
A: Viel Leid. Die Atmosphäre ist stark verschmutzt. Es gibt sehr viel Schmerz. Die Atmosphäre ruft um Hilfe. Die Seelen schreien um Hilfe.
D: *Baten sie dich deshalb, zu kommen?*
A: Es kommen viele Seelen zu dieser Zeit.
D: *Dann haben sich die Dinge also nicht so entwickelt, wie du gehofft hattest?*
A: Nein, es gab Störungen. Andere, die kamen, störten das Experiment der Entwicklung des Planeten. Diejenigen, die Ressourcen und Bewohner für etwas anderes als die göttliche Freude an der Evolution nutzen wollten. Es sind die Dunklen, die die natürliche Evolution nicht ehren.
D: *Konnte der Rat nicht etwas tun, um sie aufzuhalten?*
A: Es gibt den freien Willen. Der Rat kann nur versuchen, diese anderen über die Vorteile aufzuklären, die sich aus der Verwirklichung des Plans ergeben. Sie können ihn nicht durchsetzen, denn das Universum gibt allen die gleiche Freiheit zu sein. Es ist eine Meinungsverschiedenheit darüber, wie die Evolution hier aussehen sollte.
D: *Was kannst du also tun?*
A: Viele kommen aus vielen verschiedenen Welten hierher. Die Atmosphäre muss geheilt werden. Die Schreie müssen gehört werden. Der Planet weint; er hat Schmerzen. Es gibt viel zu korrigieren.
D: *Weißt du, wie du diesmal helfen wirst?*
A: Ich muss vorgeben, einer von ihnen zu sein. Es ist notwendig,

dass sich mehr von uns bei den Bewohnern einmischen, um zu tun, was wir tun müssen. Wir müssen uns derselben Körper annehmen und diesmal weniger von den eigentlichen Bewohnern getrennt sein.

D: *Du wirst also nicht anders für sie erscheinen?*

A: Richtig. Damit wir mehr Macht haben, um zu helfen. Anders zu sein bringt nichts, wenn so viel Schmerz vorhanden ist. Es gibt zu viel Angst.

D: *Du musst wie ein Mensch erscheinen.*

A: Es ist schneller und effektiver, es auf diese Weise zu tun.

D: *Nun, lass uns weiter schauen, was du tun wirst. Wie wirst du einer von ihnen?*

A: (Pause) Das gefällt mir nicht. Es ist ein sehr einengender Körper und eine sehr schwere Energie. Er ist nicht flüssig. Die Körper sind angefüllt mit durch genetisch bedingter Angst und Zweifeln, mit Unsicherheit, mit Zögern. Und Energie hineinzubringen und sich durch die Programmierungen der Genetik schlängeln zu müssen, ist eine Herausforderung. Es gibt zu viele Verzerrungen.

D: *Wann bist du in diesen Körper eingetreten? War es als Baby?*

A: Es gab einen Versuch als Baby, aber er war nicht erfolgreich. Ich hatte die falsche Frequenz für den Körper. Ich musste meine Frequenz ändern.

D: *Warst du einem bestimmten Baby zugeteilt, als es geboren wurde? Ich habe mich gefragt, wie du dich für einen Körper entschieden hast.*

A: Es wird die genetische Geschichte der DNA der Potentiale – der beiden Eltern – gescannt und wenn es so aussieht, als gäbe es ein Potential durch einen früheren Kontakt mit diesem genetischen Stamm, dann existiert die benötigte Frequenz dieses Kontakts immer noch innerhalb der Genetik der Eltern.

D: *Es ist also einfacher, es als Baby zu machen?*

A: Manchmal ist es einfacher, es als Baby zu tun, aber es hängt vom emotionalen Zustand der Mutter ab, ob sie die Aktivierung dieses Gens blockiert oder nicht.

D: *Aber in diesem Fall konntest du es als Baby nicht umsetzen?*

A: Es war erfolglos. Die Frequenz war zu hochschwingend. Ich konnte die richtige Frequenz im Körper nicht aktivieren und der Versuch wurde abgebrochen.

D: *Wann ist es dir gelungen, in den Körper zu kommen?*

A: Später. Es gab eine Vereinbarung mit einer anderen Seele, einem anderen Seelenaspekt.

D: *War das auch als Baby?*

A: Es ist, als gäbe es eine teilweise Inkarnation in den Körper - nicht vollständig - um den Körper zu entwickeln, damit er wachsen kann, aber um nicht vollständig in ihm präsent zu sein. Es war die Reifung des Körpers zur richtigen Zeit. Es gab zunächst keine Notwendigkeit für mich, vollständig präsent zu sein, weil die Frequenz, die zu Anfang in diesem Körper war, aus ihm heraus treten sollte.

D: *Bedeutet das, dass deine eigne Frequenz zu stark war?* (Ja) *Hätte es dem Körper geschadet, wenn du früher hereingekommen wärest?*

A: Möglicherweise hat sie einige der notwendigen Funktionen im Körper kurzgeschlossen. Die elektrischen Schaltkreise - die elektrischen Ladungen im Körper - könnten ausgebrannt oder verzerrt werden, was zu Funktionsstörungen führen könnte. Die menschliche Gestalt, das menschliche System ist sehr empfindlich und es kann großen Schaden anrichten, wenn der Körper ohne Vorbereitung mit einer zu hohen Frequenz überflutet wird.

D: *Zu viel Energie. (Ja) Du sagtest also, es sei zunächst nur teilweise geschehen?*

A: Genug, um das, was man Existenz nennt, aufrechtzuerhalten, aber nicht vollständig im Körper existierend und nicht vollständig Teil davon.

D: *Wann bist du also vollständig oder so vollständig, wie du konntest, eingetreten?*

A: Der Beginn dessen war die Erfahrung auf der Kreuzfahrt.

Während des Interviews vor der Sitzung erwähnte Anna eine seltsame Erfahrung, die sich während einer Kreuzfahrt auf See ereignete. Sie sagte, sie sei auf den Balkon ihrer Kabine hinausgegangen und habe das Gefühl gehabt, ihren Körper verlassen zu haben. Danach fühlte sie sich, als sei sie ein anderer Mensch geworden. Sie fragte sich, ob in dieser Nacht ein Walk-in stattgefunden hatte.

D: *Wir sprechen also über den Körper von Anna, durch den du jetzt gerade sprichst.* (Ja) *Warum wurde gerade dieser Zeitpunkt gewählt?*

A: Sie war fern von allen Einflüssen, die sie von ihrer Vergangenheit abgehalten oder sie mit ihr in Zusammenhang gebracht hätten. Sie befand sich in einem plasmatischen Feld, das man "die Ozeane" nennt, und es war einfach, die Übertragung vorzunehmen.
D: *Sie sagte, sie habe ein seltsames Gefühl gehabt, dass zu dieser Zeit etwas passiert sei.*
A: Es wurden ihr einige Erinnerungen gegeben, um ihr zu helfen, die Veränderung, die geschah, zu verstehen.
D: *Aber es ist nicht das, was wir als Walk-in bezeichnen?*
A: Das ist es nicht.
D: *Ich weiß nicht, ob du dafür einen Namen hast, aber es ist, als wärst du schon immer da gewesen, aber nicht ganz vollständig. Trifft es das?*
A: Das ist korrekt. Es ist eine Übertragung des Bewusstseins. Übertragung von Identität, die in den Körper hineingetragen wurde. Und noch einmal: wegen der Zerbrechlichkeit des Körpers, da er innerhalb des planetarischen Feldes funktionieren muss, musste dies sehr sanft und schrittweise geschehen. In den Zeiten, in denen dies zu plötzlich geschah, drohte die Gefahr einer Überlastung, der Gefahr zweier sich überlagernder Realitäten. Der Verstand beginnt, Blitze und Visionen von anderen Realitäten zu sehen, die von den fünf Sonnen getragen werden, insbesondere in diesem Körper.
D: *Sie sagte, sie hatte Erinnerungsblitze und sie habe nicht verstanden, woher sie kommen.*
A: Sehr deutlich. Und sie mussten bis zu diesem Zeitpunkt sanft heruntergeladen werden, um ihr die Möglichkeit zu geben, zu verstehen, dass sie Zugang zu dieser anderen Welt und dem Wissen hat.
D: *Ist es in Ordnung, wenn sie das Wissen jetzt hat?* (Ja) *Deshalb durfte sie hier zu mir kommen?* (Ja) *Sie sagte, sie habe das Gefühl, dass noch etwas anderes in ihr sei, das aus ihren Augen herausschaut. Bist du das?*
A: Ja, es ist das Bewusstsein aus der goldenen Welt - aus der Welt der fünf Sonnen.
D: *Und sie hat auch das Gefühl, dass sie auf irgendeine Weise Bericht erstattet.*
A: Das tut sie.
D: *Denn es war schon immer ihre Aufgabe, Bericht zu erstatten.* (Ja) *Aber vieles davon war für sie sehr verwirrend.*

A: Wir verstehen das, aber wir konnten nicht erreichen, dass sie es erfährt, weil sie mit menschlichen Elementen zu tun hatte; karmische Elemente des Körpers, die bereinigt werden mussten.
D: *Sie hat das Gefühl, dass es etwas gibt, das sie tun muss.*
A: Es ist wichtig, dass sie weiß, dass sie Zugang zu diesem Wissen hat; das ist das Wichtigste. Das Zweite ist, dass sie nicht verzweifelt ist, wenn ich ihre Sehfähigkeit übernehme, um zu berichten. Es gibt bestimmte Zeiten, in denen sie die Botschaft erhält, den Verbindungskanal zu öffnen. Es gibt Zeiten, in denen sie abgelenkt ist und ich einschreiten muss und dann wird sie dieser dritten Partei gewahr.
D: *Jetzt, wo sie es versteht, wird es einfacher für sie sein, damit umzugehen, nicht wahr? Das Schwierige ist das Nichtwissen.*
A: Es wird sehr leicht für sie sein. Tatsächlich macht es ihr Spaß, zu berichten; sie nimmt gerne teil. Durch diese Berichterstattung erhält sie dann die notwendigen Informationen darüber, welche Maßnahmen zu ergreifen sind, wohin sie gehen und mit wem sie interagieren kann.
D: *Gibt es eine bestimmte Arbeit, die du ihr übertragen möchtest?*
A: Sie muss mit Menschen zusammen sein. Es ist an der Zeit für sie, hinauszugehen und zu verbreiten, was sie weiß. Sie muss sprechen und angehört werden.
D: *Werden die Menschen ihr zuhören?*
A: Sie werden ihr zuhören, solange es aus ihrem Herzen kommt. Wir werden ihr keine Informationen geben, die ihr so fremd sind, dass sie dadurch in Gefahr geraten könnte. Sie ist hier, um den Bewohnern, die ihr zuhören, zu helfen zu verstehen, dass es Zeit für eine Veränderung ist. Dass die Äther, die die Verzerrungen in sich tragen, nicht die Äther sein müssen, von denen sie sich ernähren. Es gibt einen Paralleläther, der verfügbar ist. Es gibt eine parallele Atmosphäre des Bewusstseins, die verfügbar ist. Und es gibt die Wahl, von welcher Atmosphäre man sich ernähren will, denn jede Atmosphäre besitzt eine Matrix des Denkens, die für die Langlebigkeit des Rennens entscheidend ist. Die eine Atmosphäre ist der Evolution abträglich. In der anderen Atmosphäre geht es um wahre Größe. Interdimensional-intergalaktisches Quantenwissen, das allmählich in diese Welt einzudringen beginnt. Ihre Reise bestand schon immer

darin, eine Reisende zu sein und hier ist sie nicht anderes, auch wenn sie in einem Körper ist. Eine Sache, die sie verstehen musste, ist die Potenz des Äthers der Angst, denn man kann den Äther der Angst nicht bekämpfen, wenn man seine vielen Gesichter nicht kennt.

D: *Anna sagte, dass sie manchmal sogar selbstmordgefährdet war. Sie wollte weg von hier.*

A: Wenn sie sich in den falschen Äther einhakt - in den dunklen Äther; in den Äther der Angst - dann unterbricht das ihre Kommunikationskreisläufe. Und wir müssen sehr oft eingreifen, um sie wieder ins Gleichgewicht zu bringen, aber es hat Zeiten gegeben, in denen es eine Herausforderung war, überhaupt zu ihr durchzudringen.

D: *Denn sie sagt, sie fühle sich hier nicht zu Hause. Sie will nicht hier sein. Und das habe ich schon sehr oft gehört.*

A: Es gibt einen Widerstand gegen die Frequenz hier auf der Erde. Sie versteht jetzt zunehmend, dass es hier nicht ihre Eigenfrequenz gibt, mit der sie in Resonanz schwingt. Aber es ist eine kurzfristige Mission - kurzfristig von unserer Seite aus - auch wenn sie in dieser Realität aus ihrer Zeitperspektive lange dauert. Hier ist die Zeit träge. Sie ist langsam und sie ist sehr schwerfällig.

D: *Das ist einer der Gründe, warum sie sich leer fühlte, als gehöre sie nicht hierher.*

A: Dazugehören ist ein interessantes Konzept. In gewisser Weise gibt es so etwas wie Zugehörigkeit nicht. Wenn man vereinigt ist, dann ist das Wort "Zugehörigkeit", das Konzept der Zugehörigkeit eine falsche Bezeichnung, denn man ist alles. Das ganze Wissen, die ganze Erfahrung. Man ist verbunden. Man braucht nur dann dazuzugehören, wenn man sich fremd und nicht als Teil eines Ganzen fühlt. Wenn sie in das Wissen ihrer Verbindung miteinbezieht, dann ist „Zugehörigkeit" unnötig.

Anna hatte nie geheiratet und fühlte, dass sie es auch niemals tun sollte. Ich bat um eine Erklärung.

A: Sie hat Angst davor, sich noch mehr in emotionale Verstrickungen zu begeben. Es ist wichtig für sie zu verstehen, dass die Angst nicht der Geist ist, von dem sie sich ernähren muss. Wenn sie an das denkt, was man "Ehe" nennt, gibt es zwei, wenn man es so nennen will, "Zeitlinien" - zwei Möglichkeiten - und beide haben sehr unterschiedliche Realitäten. Sie schaut auf die falsche Feinstofflichkeit. Wenn die Wahl auf die dichtere Stofflichkeit fällt, dann bedeutet die Ehe für sie den Tod. Die Ehe birgt für sie dann eine Falle. In dieser Realität besteht die Furcht vor einer Durchdringung, vor einer Einschließung - davor, ihre Macht an eine Modalität - an eine Matrix - zu verschenken, die in dieser menschlichen Zivilisation vor langer Zeit in Gang gesetzt wurde. Und sie würde all das Gewicht und die Schwere dieser besonderen Stofflichkeit erwerben. Die andere feinstoffliche Ebene ist ein Äther der Leichtigkeit, der Kameradschaft. Das Verständnis, dass dieses Wesen ihr gleicht, einer von uns ist, eine Familie aus einem anderen Reich - einer anderen Ebene - ist. Dass die Liebe, die sie teilen, geistiger Natur ist und dass sie sich davon ernähren muss und darin Langlebigkeit liegt. Sie bedeutet Freude und sie hat ihren Sinn, hier zu existieren. Es ist eine Freundschaft der Zeitlosigkeit mit diesem Wesen, das ihr beisteht und ihr hilft. Und darin gibt es keine Angst. Es gibt viel Freude, es gibt viel Dienst aneinander und es gibt viel Kameradschaft. Sie braucht einen „Spielkameraden". Es war eine lange, schwere Reise für sie.

D: Du hast von den zwei Ebenen des Äthers, der Schwingung, gesprochen. Ist dies das Äquivalent zu dem, was ich über die Alte Erde und die Neue Erde erfahren habe? (Ja) Dass die Alte Erde diejenige ist, die die Furcht und all die Katastrophen erfunden hat.

A: Die Alte Erde geht. Sie ist fast wie ein schwarzes Loch. Sie kollabiert in sich selbst. Sie ist trostlos. Sie ist korrumpiert. Es ist die Alte Erde. Sie ist sehr schmerzerfüllt: der Himmel, die Äther, die Atmosphäre weint innerhalb der Alten Erde. Sie ist sehr schmerzerfüllt. Ein Teil der Neuen Erde ist dem goldenen Planeten mit den fünf Sonnen nachempfunden. Aber es gibt viele Welten, die Wissen, Bilder und Ressourcen für die Neue Erde beisteuern. Sie ist ein Zufluchtsort. Sie ist ein Juwel. Es ist für Anna leicht, auf diese Frequenz zuzugreifen, weil sie Bilder von ihr empfangen hat. Sie weiß, dass sie real ist. Sie hat nicht verstanden, dass es ein Quantenherzschlag ist, in dem sie sich befindet. Es ist gut, dass sie weiß, dass ich hier bin. Es ist gut, dass sie den goldenen Planeten mit den fünf Sonnen kennt und sich an ihn erinnert. Es ist gut, dass sie versteht, dass dies ein Fortschritt ist. Dass sie zu diesem Zeitpunkt für einen bestimmten Zweck hierher gekommen ist und dass es für sie lebenswichtig ist, die Neue Erde - den anderen Äther, den Lichtäther - im Gedächtnis zu behalten. Und zuzulassen, dass die Bilder von dort aus beginnen, die Bilder der Alten Erde zu durchdringen und aufzulösen.

KAPITEL SECHSUNDDREIßIG

REISENDE DURCH VIELE WELTEN

Als Jeannie aus der Wolke kam, geriet sie in eine Szene der Zerstörung und des Chaos. "Ich sehe eine Sonne, aber sie ist leuchtend orange. Sie ist von etwas Schlimmem bewölkt. Da kocht etwas aus der Erde auf. Etwas bedeckt die Sonne. Es ist wirklich furchtbar. Es ist so beängstigend. Ich glaube, es wird Menschen töten. Es lässt mein Herz rasen. Viel Verwirrung, und Menschen sterben, und die Erde bricht und ... und Angst, gewaltig, Energie. All diese Dinge verursachten eine schreckliche Katastrophe ... es veränderte das Leben für mich, wie ich es kannte."

D: Mit dem Ort, an dem du lebst, ist also etwas sehr Negatives passiert?
J: Ja. (Pause) Ich bin so traurig. Menschen missbrauchen Macht. Du kannst dir nicht Macht nehmen und sie dann missbrauchen. Sie ist nur eine Leihgabe für dich. du benutzt sie nur.
D: Was ist passiert, um das in Gang zu setzen?
J: Sie lernten, wie man die Dinge kontrolliert, wir alle lernten, wie man Dinge kontrolliert. Wir kommunizierten mit unseren Gedanken und wir lernten, wie man schwere Sachen erbaut und aufrichtet. Und es dauerte nicht lange, bis die Menschen begannen, andere Menschen mit ihren Kräften zu manipulieren, denn einige waren stärker als andere.
D: Du meinst, sie begannen, ihre Geisteskräfte auf negative Weise zu benutzen?

J: Ja. Es war schrecklich.
D: *Was verursachte schließlich diese Katastrophe?*
J: Ich bin mir nicht sicher, denn es hatte mit dem Machtmissbrauch zu tun, und es tröpfelte in den Boden, oder in die Erde. Und es sickerte ins Innere der Erde und wurde einfach stärker und brach sie auseinander.
D: *War es etwas, mit dem du zu tun hattest?*
J: Nein, nein! Ich war an der Forschung und dem wissenschaftlichen Verständnis für das, was wir mit unserem Verstand entdeckt hatten beschäftigt und unterrichtete die Menschen. Ich hätte das Wissenes nie missbraucht. Es ist nur ein Geschenk.
D: *Konntest du etwas dagegen tun?*
J: Nein, es waren zu viele von ihnen. Ich musste einfach zurückstehen und zusehen, wie es passierte. Sie konnten es nicht kontrollieren. Dann bekamen sie es alle wirklich mit der Angst zu tun und schrien. Sie kamen zu mir und baten mich: "Stoppe es! Stopp es! Kannst du uns helfen?!"
D: *Konntest du zu diesem Zeitpunkt noch irgendetwas tun?*
J: Nein, es war viel zu spät. Ich sah es kommen und versuchte, sie besser zu unterrichten, aber sie wollten nicht hören. Sie fühlten sich größer und stärker und mächtiger. Ich habe einfach tiefe Trauer in meinem Herzen. (Pause) Es hätte nicht passieren dürfen. - Das ist verwirrend, denn ich war dabei, als der chaotische Teil begann. Aber irgendwie schaue ich jetzt auf sie hinunter, als würde ich über allem schweben.
D: *Wo warst du, als das ganze Geschehen begann?*
J: Ich stieg in etwas ein und flog weg. Wir konnten sehen, dass dies im Laufe der Zeit geschehen würde und dass sie in die falsche Richtung gingen. Wir gingen zu diesem Ort, um ihnen beizubringen, wie sie ihr Bewusstsein zum Guten einsetzen könnten, aber sie wurden so machthungrig, dass sie sich selbst zerstörten. Und so bauten wir im Geheimen ein Schiff, mit dem wir im Notfall abreisen konnten, weil wir diejenigen retten mussten, die die Macht nicht missbrauchten.
D: *Wie wird das Schiff angetrieben?*
J: Oh, mit unserem Verstand. - Das war nicht mein Zuhause. Ich wurde dorthin geschickt, um zu unterrichten. Ich weiß nicht, wie ich dorthin gekommen bin. Ich weiß nur, wie ich gegangen bin. Ohhh! Ohhh! Ich habe mich selbst projiziert!

Als ich kam, habe ich mich dorthin projiziert! Aber weil ich so weit gehen musste, baute ich dann mein Raumschiff, um den Ort zu verlassen.

D: *Warst du nicht in der Lage, dich wieder zurück zu projizieren?*

J: Nein, weil ich noch weiter hinausgehen wollte. Das ist es, was ich tue. Ich habe Kenntnisse, die den Menschen helfen, ihr Leben besser zu leben.

D: *Aber in diesem Fall wollten sie nicht zuhören?*

J: Nein, es war eine gescheiterte Mission. Ich musste das Schiff bauen, weil ich mich zwar selbst projizieren konnte, aber die anderen konnten es nicht. Es waren einige darunter, die sehr freundlich waren und die ihre neu gewonnenen Kräfte nicht missbrauchten.

D: *Hast du an diesem Ort einen physischen Körper?*

J: Ja, aber er ist ... er ist anders. Er ist lang und schmal. Es ist ein Körper, aber es ist kein richtiger Körper. Er ist eher wie ein elektromagnetisches Feld.

D: *Anders als die anderen Menschen dort?*

J: Ja. Ich muss anders sein, denn ich hätte mich nicht dorthin projizieren können.

D: *Nehmen sie dich als anders oder als fremd wahr?*

J: Nein, ich lasse mich so aussehen wie sie. Ich weiß das alles. Ich habe viel Erfahrung. Du kannst die Leute nicht dazu bringen, dir zuzuhören und sich helfen zu lassen, wenn sie Angst vor dir haben. Ich habe versucht zu helfen, aber sie wollten nicht zuhören. Das hat mich so traurig gemacht.

D: *Aber du hast alle, die du an Bord des Schiffes bringen konntest, in Sicherheit gebracht?*

J: Nur um mit unserer nächsten Mission fortzufahren: weitere Menschen zu unterrichten. Ich nehme diese anderen mit, weil sie ein gutes Herz haben.

D: *Was geschah dann? Du sagtest, du hast von weiter oben zugesehen was dort unten alles passierte.*

J: Es war wirklich schlimm. Überall war roter Staub und die Sonne war verdeckt. Der rote Staub schwebte sogar ganz weit oben, da wo wir waren.

D: *Was hast du da unten noch gesehen?*

J: Es sah aus, als srömte es von den Rändern in die Mitte und verschwand einfach hinunter in ein Loch. Es rollte sich wie ein Donut von außen nach innen. Der Planet faltete sich in sich selbst zusammen.

D: Das ist irgendwie seltsam, nicht wahr?

J: Nein, wenn so eine Mission gescheitert ist, dann implodiert er.

D: Was passierte dann?

J: Ich hatte einen ganzen Plan für die Zeit und was ich diesen verschiedenen Geschöpfen beibringen sollten. Und weil ich ein elektromagnetisches Feld bin, verändere ich mich einfach und nehme jene Gestalt an, die sie haben. Ich weiß nicht, wo ich das gelernt habe. Ich habe das immer getan. Es ist allerdings etwas knifflig. Ich versuche, dass andere Leute es nicht sehen, weil sie mich für ziemlich seltsam halten würden.

D: Es würde ihnen Angst machen, wenn sie es wüssten?

J: Ja, denn nur bestimmte Leute können das tun. Ich glaube, sie kommen von dort, wo ich herkomme. Vielleicht haben wir das alle in unserer Jugend gelernt. Ich weiß es nicht. Ich weiß nur, dass es demjenigen, den man unterrichtet Angst macht, wenn man anders ist, also muss man in der Lage sein, wie er auszusehen.

D: Das würde Sinn machen. Aber wenn du wieder da bist, wo du herkommst, wie sieht dann dein Körper im Originalzustand aus?

J: Er ist rot und ... oh, Junge! Das sieht sogar für mich seltsam aus! Ich bin wirklich knallrot! Und ich bin wirklich groß. Das ist kein Insekt. Er wäre fast wie ein normaler Körper, aber er hat diese ... Vorwölbungen ... wow! Diese Person könnte ein Grashüpfer sein! Es ist schwer zu erklären. Aber es sieht irgendwie ungewöhnlich aus - sicherlich ist es die Farbe.

D: Musst du auf deinem Heimatplaneten deine Form ändern?

J: Oh, wir können alles sein, was wir wollen. Wir laufen herum und spielen uns gegenseitig Streiche. Das können wir alle.

D: Und dann wurde dir gesagt, du sollst gehen und anderen Menschen helfen?

J: Mir wurde der Auftrag erteilt, alle Universen zu erreichen. Und mir wurde gesagt, dass ich lange, lange Zeit weg sein würde, weil ich diesen Menschen helfen sollte, sich zu verbessern.

D: Das klingt nach einer großen Mission.

J: Ja, ich war ziemlich überrascht. Also gehe ich von Ort zu Ort und wenn ich an den neuen Ort komme, ändere ich meine

Form, um mich anzupassen. Aber jeder Ort ist anders.

D: *Nun, dieses Mal, wenn du wieder in dein Raumschiff steigst und wieder los reist - wohin gehst du dann?*

J: Ich gehe zu einem Planeten mit ganz gelb aussehenden Menschen. Das ist ein Ort, an dem ich noch nie zuvor war. Jetzt bin ich also butterblumengelb.

D: (lacht) *Was ist mit den anderen Menschen, die du mitgebracht hast?*

J: Sie sind ein wenig verärgert, weil ich ihnen bereits gezeigt habe, wie man das macht und sie können es immer noch nicht richtig. Also halten sie sich zurück. Und ich sage: "Ich gehe zuerst raus und warte auf euch und ihr könnt das auch, keine Sorge. Und ich zeige ihnen, wie man es macht. - Oh, und sie kommen heraus, aber sie haben etwas falsch gemacht. Und sie sind alle etwas zu kurz, gelb - sie sind viel zu kurz! Oh, ich weiß nicht, was sie getan haben! Ich werde sie wieder nach oben bringen müssen! Sie haben sich selbst so winzig klein geschrumpft! Oh, das ist so lustig! Ich wusste gar nicht, dass man sich so winzig klein schrumpfen kann!

D: (lacht) *Sehen die butterblumengelben Menschen wie Humanoide aus?*

J: Sie haben große Augen und glatte Köpfe und extra lange Arme. Ich habe diese Art von Menschen schon einmal gesehen, aber nicht in Gelb. - Also sagte ich ihnen, sie sollten wieder die Treppe hinaufgehen und es noch einmal versuchen. Ich werde bei ihnen bleiben müssen, bis sie die richtige Größe haben. Wir sollen so aussehen wie de anderen, nicht anders als sie.

D: *Das habt ihr also dann gemacht?*

J: Sie kommen jetzt alle in der richtigen Größe heraus.

D: *Habt ihr vor, eine Weile dort zu bleiben?*

J: Ich bin müde. Ich habe es satt, all diese Leute zu trainieren, weil etwas mit dem Unterricht nicht stimmt. Etwas stimmt nicht. Ich verstehe nicht, warum. Manche verstehen es und manche missbrauchen es für eine neue Ebene der Macht. Es fängt an, sich wie der rote Planet zu fühlen.

D: *Derjenige, der explodiert ist?*

J: Ja. Ich werde meine Leute holen und wir werden jetzt aufbrechen. Wir werden keine weitere gescheiterte Mission riskieren. Wir werden einen Ort finden, an dem wir willkommen sind und wo sie klug genug sind, es zu begreifen. Ich will nicht, dass es noch einmal passiert, denn darum kann es nicht gehen. Und das ist nicht das, womit ich beauftragt wurde; was ich die Menschen lehren sollte. Es ist nicht richtig, Macht zu missbrauchen. Sie ist ein Geschenk.

D: *Du wirst sie also alle zusammenbringen und sie erneut woanders hinbringen?*

J: Ich habe sie schon versammelt, die Tür ist geschlossen, wir können los. Sie stehen alle herum und sehen verwirrt aus. Das ist mir egal. Ich werde keine Wiederholung riskieren.

D: *Du wirst also nicht weiter versuchen, diesen gelben Menschen zu helfen?*

J: Nein, sie können einfach tun, was sie wollen. Ich werde nicht herumstehen und zusehen, wie sich alles wiederholt. Wir müssen es besser machen. Wir müssen es klarer formulieren. Wir müssen es anders machen.

D: *Jetzt geht ihr also woanders hin?*

J: Ja. Aber das Schiff spielt verrückt. Donnerwetter! Es vibriert viel zu stark.

D: *Ist das, nachdem ihr abgehoben habt?*

J: Ja. Ich bin ein wenig besorgt. Es sollte nicht so vibrieren. Ich weiß nicht, ob wir irgendwo Schmutz oder Staub oder so etwas haben, wo es nicht sein sollte ... Ich weiß es nicht. Ich hoffe, dass niemand etwas damit gemacht hat. Ich könnte mich heraus projizieren, aber dann kann ich die Leute auf dem Schiff nicht mitnehmen.

D: *Denkst du, dass jemand etwas daran manipuliert haben könnte?*

J: Nun, sie waren ziemlich wütend darüber, dass ich weggegangen bin. Ich sagte zu ihnen: "Hört zu und macht es auf meine Art oder ihr lasst es ganz sein."

D: *Lass uns in der Zeit voran gehen und herausfinden, was passiert. Hat das Schiff weiter vibriert oder was ist passiert?*

J: (leise) Ich bin im Dunkeln. Es ist einfach dunkel.

D: *Was ist mit dem Schiff passiert?*

J: Ich weiß es nicht. Ich bin allein. Ich bin nicht in einem Schiff. Ich bin allein hier.

D: *Du kannst wissen, was passiert ist. Du kannst es herausfinden. Stimmt etwas mit dem Schiff nicht?*

J: Ja, ja. Es brach auseinander und ich musste mich heraus projizieren, bevor es sich auflöste. Die anderen wussten nicht, wie man das macht. Sie mussten im Schiff bleiben. Jetzt bin ich allein. Und ich glaube auch nicht, dass ich zurückgehen kann, weil es eine weitere gescheiterte Mission bedeutet.

D: *Ist es das, wofür du es hältst?*

J: Ja. Wenn du die Menschen nicht retten kannst, ist es ein Fehlschlag.

D: *Was wirst du jetzt tun?*

J: Ich glaube, ich bleibe einfach hier draußen. Es ist ziemlich ruhig. Vielleicht werde ich mich ausruhen. Ich bin sehr müde.

D: *Gibt es niemanden, der dir sagt, dass du etwas anderes tun sollst?*

J: Nein. Als ich mein Zuhause verließ, wusste ich, dass in dem Moment, als die Entscheidung getroffen wurde, ich auf mich allein gestellt war. Ganz zu Anfang, als ich loszog, war mir irgendwie klar, dass es eine lange Zeit dauern würde, bis ich Unterstützung erhalten würde, weil dies meine Mission war.

D: *Also, im Moment möchtest du dich ausruhen. Kannst du es da draußen machen?*

J: Ja. Ich schwebe einfach. Es ist warm. Es ist einfach ein neues Universum. Keine Verantwortung. Beim Ausruhen wird mir sogar schwindelig. Es ist lange her, dass ich mich ausgeruht habe.

D: *Nun, dann lass uns weitermachen und herausfinden, was mit dir passiert.*

J: Ich bleibe viele Jahre da draußen, weil ich die Ruhe brauchte und mich wieder auftanken musste. Dann beschloss ich, dass es Zeit war, wieder zu unterrichten. Dass ich vielleicht eine neue Perspektive habe, wie ich es schaffe, die Schwingungsebene anzuheben.

D: *Wo willst du das machen?*

J: Ich muss eine Richtung einschlagen und mich dorthin projizieren. Auf diese Weise habe ich große Macht. Ich wollte irgendwo hingehen, wo es eine Höhle gibt. Und in dieser Höhle gibt es Informationen für mich, die dort platziert worden sind. Es gibt eine Botschaft, die dort platziert wurde, bevor ich mit meinen Projekten begann.

D: *Wer hat sie dort platziert?*

J: Eine große Intelligenz. - Okay, ich bin da. Es ist so einfach, sich zu bewegen, wenn jeder wüsste, wie man das macht, wäre es leichter. Ich sehe die Höhle. Es ist ein Ort, an dem es sehr wenig Wasser gibt und sie ist grau. Dort gibt es nicht viele Lebensformen.

D: Du kannst den Menschen dort also nicht helfen, oder?

J: Nein. Ich komme lediglich in die Höhle, um meine Informationen abzuholen.

D: Weißt du, wo du in der Höhle suchen musst?

J: Ja. Es wird oben an der Decke sein. Es ist dunkel und ich muss fühlen. (Pause) Oh! Es ist auf der Seite, es ist nicht an der Decke. Ich muss etwas Licht auf den Boden bringen. Und jetzt kann ich sehen ... Es sind Symbole. Punkte, Striche; Dinge, mit denen ich vertraut bin und die sehr leicht zu lesen sind. Aber ich bin überrascht über das, was da steht. Es sagt, es ist der Baum des Lebens.

D: Was bedeutet das?

J: Es hat irgendwie mit der Art und Weise zu tun, wie du leben solltest. Aber es ist nicht die Art und Weise, wie ich viele Male gelebt habe. Es scheint etwas anders zu sein. Es ist wie eine neue Art, es zu tun. Vielleicht ist es der Schlüssel dazu, warum die Dinge so oft schiefgegangen sind. Vielleicht. Ich muss es mir näher ansehen.

D: Aber es sind Symbole, die du verstehen kannst?

J: Ja, aber ich habe noch nie gesehen, dass es so gesagt wird. Und einige von ihnen reichen bis an die Decke. Das ist ein Konzept ... das ist ein neuer Weg! Ich frage mich, warum wir es auf eine neue Art und Weise machen? Weil der neue Weg verwirrend sein wird. Ich muss einen neuen Weg lernen. Und ich bin mir nicht sicher. Irgendwie weiß ich, dass ich diese übergeordnete Intelligenz habe. Und ich habe niemanden, mit dem ich darüber reden kann, um sicher zu sein, dass dieser neue Weg der richtige Weg ist. Oh, ich glaube, ich werde wieder müde.

D: Wie kommst du darauf?

J: Ich frage mich nur, wie lange wir alle brauchen werden, um einen neuen Weg zu lernen, nur um herauszufinden, dass es immer noch nicht der richtige Weg ist. Ich mache das schon seit vielen tausend Jahren. Ich fühle, wie es mich runterzieht. Ich fühle mich, als ob ich einfach durch etwas hindurchfalle.

D: Hast du den neuen Weg verstanden?

J: Ja, aber er ist ganz anders.

D: Ist er positiv?

J: Ja - und zwar dann, wenn du genügend intelligente Menschen um dich herum hast.

D: *Eine Person alleine kann es dann nicht tun, es müssen viele sein?*

J: Ich denke, das sollte der Fall sein. Weil es schließlich um das Erhalten und Lehren von Wissen geht. Deshalb sollte es an viele Menschen weitergeleitet werden. Ich bin müde. Es ermüdet mich, weiter danach zu streben, alles besser zu machen, nur damit die Leute es missverstehen und missbrauchen. Ich habe das Gefühl, ich sinke nieder und lege mich hin, um mich wieder auszuruhen. Es war ein neuer Weg und ich war begeistert davon zu lesen, aber ich bin mir noch nicht sicher, ob wir es richtig verstanden haben. Anstatt die Menschen zu unterrichten, ändern wir jetzt ihre Strukturen.

D: *Was meinst du damit?*

J: Wir gehen in ihre Körper, in ihre Zellen und wir verändern sie alle und verkabeln sie neu. Das ist, als ob wir alles noch einmal machen würden. Ich bin mir nicht sicher, ob das zukunftsorientiert ist. (Seufzer) Ahh, es macht mich nur so müde. Es ist wahrscheinlich ein besserer Weg, aber ich weiß nicht, ob es ein fairer Weg ist. Haben wir das Recht, hinzugehen und den Kern ihres Wesens zu verändern, um ihnen das beizubringen, was wir ihnen anfangs beibringen wollten, als sie die Macht missbrauchten? Ich meine, entweder geht es uns darum zu lehren, oder es geht uns darum, die Struktur des Wesens zu verändern. Warum haben wir die Struktur nicht von Anfang an geändert, so dass, wenn wir sie lehrten, dieses Wissen nicht missbraucht würde? Das ist verkehrt herum.

D: *Vielleicht musstest du den ersten Weg gehen, um zu sehen, was passieren würde. Vielleicht ist das der Grund, warum dies nun eine neue Sichtweise ist. Aber du bist nicht derjenige, der die Regeln aufstellt, oder?*

J: Nein, das bin ich nicht. Ich bin nur derjenige, der es da draußen umsetzt.

D: *Wo sollst du die Struktur ändern? Hast du dich an einen anderen Ort projiziert?*

J: Ich weiß es nicht. Diesmal ist es sogar anders, wenn ich mich selbst projiziere. Es ist wellig. Ich sehe Energiewellen, die sich bewegen, als ob ich mich durch sie hindurch bewege.

Das habe ich noch nie zuvor gesehen. Es fühlt sich an, als hätte sogar ich mich verändert. Es fühlt sich dichter an. Es ist, als ob ich gehe; ich gehe durch die Luft, aber ich bewege mich von der Stelle. Ich sehe, wie all die Energie um mich herum verschoben wird, während ich mich bewege.

D: *Lassen uns in der Zeit wieder vorwärts gehen. Wohin zieht es dich diesmal?*

J: Oh, mein Gott! Sie haben mich - oh, mein Gott! Oh! Ich bin in der am langsamsten möglichen Energie. Ich wusste nicht, dass ich dort landen würde. Diese Leute brauchen viel Aufmerksamkeit. Es ist so langsam, weil sie nicht sehr viel wissen. Oh je! Ich kann nicht glauben, dass ich hier gelandet bin.

D: *Wie willst du diese Leute unterrichten?*

J: Ich weiß es nicht. Ich muss mich auf ein bestimmtes Niveau hinunterbringen, um überhaupt mit ihnen kommunizieren zu können. Ich weiß nicht, ob ich es schaffe. Es ist nicht oben, es ist unten! Ich muss in der Lage sein, auf ihrem Niveau zu sprechen, denn wenn ich es nicht schaffe, können sie mich gar nicht hören.

D: *Wirst du einen neuen Menschen erschaffen müssen oder wie wirst du es handhaben?*

J: Ich habe einen anderen Körper geschaffen, aber dieser Körper bewegt sich sehr langsam.

D: *Wie sieht der Körper aus, den du geschaffen hast?*

J: Er sieht genauso aus wie der Körper, den ich jetzt habe.

D: *Du meinst die Person namens Jeannie?*

J: Das ist sie! Sie ist auch sehr irritiert darüber, das muss ich dir sagen.

D: *Aber wurdest du nicht als Baby geboren?*

J: Ich glaube nicht. Ich glaube, ich bin einfach zu ihr geworden.

D: *Aber hat ihr Körper nicht schon als Baby begonnen?*

J: Ich verstehe den Teil mit dem Baby nicht. Ich wurde einfach zu dieser Frau, so wie ich zu allen anderen wurde, wie überall sonst auch.

D: *Nach unserem Verständnis fangen wir als Baby an, als Fötus, der in der Mutter wächst und die Seele tritt ein, wenn das Baby geboren wird.*

J: Das ist nicht richtig. Nein, nein, nein, nein, nein, nein! Die Seele ist ein elektromagnetisches Feld und die Seele bewegt sich in den Körper, den sie will.

D: *Ja, aber passiert das nicht bei der Geburt, wenn das Kind zum ersten Mal aus der Mutter herauskommt?*
J: Nun, vielleicht. Ich habe das noch nicht erlebt. Ich weiß nur, dass ich diesmal in die Form dieser Frau gekommen bin. Und diese Form ist sehr langsam ... oh, Mann!
D: *Gab es in dem Körper bereits ein elektromagnetisches Feld, als du ihn übernommen hast, oder als du hereinkamst - weißt du das?*
J: Ich habe es so gemacht, wie ich es bei allen mache.
D: *Ich dachte, da war schon ein Lebensfunke, eine Lebenskraft, drin.*
J: Ich war die Lebenskraft!
D: *Und du hast dich einfach entschieden, diese Frau zu sein.*
J: Ja. Sie hat keine Ahnung. Ich persönlich bin auch nicht sehr erfreut darüber, dort zu sein. Dies ist ein schwieriger Ort, um jemanden zu unterrichten. Sie bewegen sich langsam, sie sprechen langsam, sie zweifeln an jedem Wort, das sie hören.
D: *Auf welche Weise kannst du sie also unterrichten, damit sich die Dinge ändern können?*
J: Durch Vorbildfunktion, aber meine Güte! Ich weiß nicht, warum ich diese Mission gewählt habe. Ich habe nicht die leiseste Ahnung. Diese Mission gefällt mir nicht besonders.
D: *Sie ist wichtig, denn diese Menschen brauchen Hilfe, nicht wahr?*
J: Oh, ja! Es ist sehr verwirrend. Es ist alles Energie, aber es bewegt sich ganz langsam.
D: *Aber diese Frau, die wir Jeannie nennen, erlebte eine Kindheit, heiratete und bekam Kinder. Warst du zu diesen Zeitpunkten bereits dabei?*
J: Nein, diese Teile habe ich übersprungen. (lacht) Das ereignete sich alles viel langsamer, als es mir entsprechen würde. Sie macht bei den Menschen gute Arbeit und lernt schnell. Aber wir müssen die ganze Sache beschleunigen. Weißt du, wir haben nicht viel Zeit. Und wir müssen viel mehr Menschen berühren, als wir gerade berühren.
D: *Einer nach dem anderen ist zu langsam, nicht wahr?*
J: Ja, das ist es. Ich sage ihr immer wieder, dass sie da draußen sein sollte, um mit großen Gruppen von Menschen zu sprechen. Sie kann das tun, aber weil die Energie langsam ist, glaubt sie ohnehin nicht, dass sie irgendjemandem so viel

zu erzählen hat. Und ich sage ihr immer wieder: "Tu es einfach!" - Wir müssen weitermachen. Ich habe ihr all diese Fähigkeiten gegeben. Sie besitzt viele Dinge, die sie tun kann. Es ist nicht so, dass sie es in Frage stellt. Sie tut alles, was ich ihr sage, aber diese langsame Energie hat etwas Verwirrendes.

Jeannie praktizierte Reiki und energetisches Heilen. Ich fragte dieses Wesen, ob es einige seltsame Dinge erklären könnte, die Jeannie bei ihrer Heilarbeit passierten. Während sie an Klienten arbeitete, erschienen im Raum Kugeln - Lichtkugeln unterschiedlicher Größe.

J: Das sind einfach weitere elektromagnetische Felder. Wir alle bestehen aus elektromagnetischen Feldern. Wir können ausschließlich Teile von Energie sein oder wir können in Körpern sein oder wir können wie Heuschrecken aussehen. Es ist alles lediglich Energie und dies sind Energien, die dazu da sind, diesen Heilungsprozess, der ihr so wichtig ist und auf dem ihre Arbeit beruht, zu beschleunigen. Ihre Arbeit ist sehr gut.

D: Das sind also andere Energien, die zur Hilfe kommen?

J: Ja. Meistens sind es ihre eigenen, aber sie glaubt, es sind die des Klienten. Und ich habe sie in dem Glauben gelassen, weil sie ziemlich eigensinnig sein kann.

D: Es sind Teile ihrer eigenen Energien, die sich abgespalten haben, meinst du das? (Ja) Wie kann sie diese zusätzliche Energie nutzen?

J: Sie sollte in der Lage sein zu lernen, wie sie sie alle einbringen und wieder vereinigen kann. Vor langer Zeit, als ich mich an diese Orte projizierte, hatte ich all meine Energien zusammen. Es war alles eins. Und irgendwie konnte ich das tun, aber Jeannie weiß nicht, wie das geht. Wie man es organisiert und die Energien zusammensetzt. Sie muss in der Lage sein, es genau hierhin einzubringen. (zeigte auf den Solarplexus) Wenn sie die Kugeln sieht, muss sie diese Energie sammeln und hineinbringen. Auf diese Weise sollte sie es machen. Ich könnte es einfach so tun. Sie muss es auf die langsame Art umsetzen.

Jeannie hatte auch glühende sechsseitige geometrische

Figuren gesehen, die sie fotografieren konnte. Sie wollte etwas über sie wissen.

J: Sie dienen dazu, ihren Horizont zu erweitern. Zunächst einmal weiß sie, dass da etwas in der Mitte dieser Figuren ist. Es sind Botschaften. Sie sollte sie erkennen. Es ist wie mit den Botschaften in der Höhle. Wenn sie diese erkennen würde, ginge es mehr in Richtung dieses Konzepts „Baum-des-Lebens". Wenn sie sie verstehen würde, könnte sie sich überall hinbewegen, wo sie sein möchte und wir müssten diese langsame Energie nicht erfahren. Ich weiß nicht, wie sie das aushält.

D: *Als Menschen ist das das Einzige, was wir kennen. Das ist das Problem. Du sagtest, du wolltest, dass sie diese sechsseitigen Figuren versteht.*

J: Das ist Teil des Heilungsprozesses. Es ist eine fortgeschrittene Theorie der Heilung. Wenn sie die Symbole liest, wird sie wissen, wie sie die Heilung der Menschen fördern kann. Und es wird ihr ermöglichen, sich wegzubewegen. Wenn sie will, kann sie einfach gehen.

D: *Aber wenn sie lernt, wie sie so schnell von Ort zu Ort kommen kann, wäre das für die Menschen etwas überraschend.*

J: Oh ja. Wie üblich würden sie es nicht mögen, wenn jemand anders wäre. Ich arbeite jeden Abend mit ihr und versuche, sie zu unterrichten, denn sie hört zu, wenn sie sich ausruht. Sie erhält nicht nur Anweisungen, die ihr bei ihrer Arbeit helfen sollen, sondern auch Anweisungen, wie sie sich transportieren kann; so wie ich es früher getan habe. Denn es wird eine Zeit geben, in der diese Informationen wieder gefährdet sein werden. Deshalb wollen wir, dass sie sich erweitert und aussteigen kann, wenn sie will. Sie muss in der Lage sein, zu gehen, wenn sie muss. Sie besitzt wertvolle Informationen. Wenn sie diese Symbole sieht, werden die Informationen in einen anderen Teil ihres Geistes gelangen und aufgenommen werden. Und zur richtigen Zeit wird sie das Richtige automatisch tun, ohne nachzudenken. Sie sollte sich mehr darin üben, zu gehen und wiederzukommen und wieder zu gehen und wiederzukommen. Sie weiß, dass sie dies tun kann. Sie hat es fast schon einmal geschafft. Sie weiß nicht, dass sie sofort wieder zurückgehen könnte. Aber ich sage ihr immer wieder: "Du kannst genauso zurückkommen, wie du reingehst - genauso kannst du auch wieder rausgehen! Sie sieht jetzt bewusst die Öffnung in die nächste Dimension. Und ich sage: "Jeannie, tritt auf die andere Seite. Du kannst dich umdrehen und gleich wieder zurückkommen." Sie muss darauf vertrauen, dass sie wieder hinausgehen kann. Sie weiß, dass sie hinübergehen kann, aber ich konnte ihr bisher nicht vermitteln, dass sie genauso zurückkehren kann.

D: *Macht sie das nachts, wenn sie schläft?*

J: Ja. Sie ist frustriert, weil sie anfängt, sich so zu fühlen, wie ich mich bei all den Misserfolgen des Machtmissbrauchs von Menschen gefühlt habe. Sie hält sich zurück und ich weiß nicht, warum, denn es ist alles da. Wir haben ihr alles gegeben. Sie ist sehr, sehr mächtig. Aber sie macht sich Sorgen, dass die Leute merken, dass sie anders ist. Wir müssen die Dinge wieder voranbringen. Die Energie stagniert schon zu lange. Es hat alles damit zu tun, die Schwingungen und Frequenzen zu erhöhen. Und je mehr wir kollektiv zusammenkommen, desto höhere Schwingungsraten wirken und projizieren sich durch die Atmosphäre nach außen. Ich habe die Frequenz vor zwei Monaten bei ihr angehoben und es schüttelte sie fast vom Massagetisch; es brachte mich zum Lachen. Ich werde die Frequenzen nicht wieder so schnell anheben wie damals, denn sie zitterte wirklich und fing an, vom Tisch zu fallen. Ich musste sie wieder hinaufschieben.

D: (lacht) *Muss sie dazu schlafen oder meditieren?*

J: Nein, sie hat die Fähigkeit, sich einfach hinzusetzen und es zu tun. Es gibt sie schon seit ewigen Zeiten und sie hätte gar nicht erst zu dieser sich langsam bewegenden Energie kommen dürfen. - Die Menschen werden erkennen, dass sie in der Tat Teil der Gotteskraft sind. Sobald sie zu dem Licht werden, das sie in ihrem Bewusstsein sind, können die Menschen ihre Moleküle zerlegen. Es gibt keinen wirklich Grund, die Moleküle dann erneut zu einer groben, dichten physischen Form zusammenzusetzen. Einmal zerlegt, würde ein erneuter Zusammenbau bedeuten, dass man in irgendeiner Weise wieder in die Dichte zurückgehen muss. Und einen schweren Körper im Raum herumzutragen würde nicht wirklich funktionieren.

Wir brauchten uns also keine vergangenen Leben anzusehen, weil sie mit der ursprünglichen Jeannie in Verbindung gestanden hätten, nicht mit dem Wesen, das jetzt in ihrem Körper war. Diese Leben hätten sich ereignet, bevor das Wesen, mit dem ich sprach, hereingekommen war. Theoretisch hätte ein anderer Aspekt von ihr diese anderen Leben erfahren können.
"Ja, wir alle leben im Augenblick gleichzeitig unsere verschiedenen Leben."

* * *

REISE ZUR ERDE

Ein weiteres Beispiel für eine ungewöhnliche Energie ereignete sich während einer meiner Hypnosekurse im Jahr 2007. Ich frage mich immer, was einige der Schülerinnen und Schüler denken, wenn diese Art von Informationen durchkommen. Wenn sie um die Liege versammelt sind und meine Demonstration beobachten, erwarten sie ein normales vergangenes Leben. Zumindest wird ihnen auf diese Weise vermittelt, dass diese Art von Therapie nie langweilig wird und dass das Unerwartete die Norm wird.

Francis fand sich sitzend am sandigen Ufer eines Meeres wieder. Es war Nacht, und ein Viertelmond spiegelte sich glitzernd im Wasser. Sie wusste, dass Bäume in der Nähe waren, aber es war zu dunkel, um sie zu sehen. Sie sah, dass sie eine junge Frau war, die ein hauchdünnes gelbes Kleid trug. Ihr rotes Haar mit Blumen darin hing lose herunter. Sie trug eine Halskette mit einem grünen Stein. Als ich sie fragte, ob sie jung oder alt sei, gab sie eine seltsame Antwort. "Es ist anders. Sie ist in einem jüngeren Körper und doch spüre ich ein hohes Alter. Ich sehe nicht alt aus, aber ich fühle mich auch nicht wirklich jung. Ich sehe aus, als wäre ich etwa zwanzig oder vierundzwanzig, aber ich bin viel älter. Ich bin etwa hundert Jahre alt oder sogar noch älter." Sie gehörte zu einer Gruppe, die in Behausungen lebte, die zwischen den Bäumen verteilt waren. Einige aus der Gruppe waren sehr groß. Sie sagte, sie sei sehr klein. Dies war ihr Lieblingsplatz, um nachts am Meer zu sitzen.

Plötzlich verkündete sie: "Ich habe gerade etwas gesehen. Es funkelt. Ich gehe zum Wasser hinunter und sehe mein Spiegelbild. Da ist etwas hinter mir, das funkelt." Sie lachte: "Es sind Flügel!" Ich wusste nicht, mit welcher Art von Wesen ich sprach, also stellte ich weitere Fragen. Sie sagte, es gebe noch andere, die so klein seien wie sie und einige hätten glitzernde Dinge auf dem Rücken. Ihre Behausungen waren alle unterschiedlich groß und aus Dingen gefertigt, die man in der Natur findet: Felsen, Bäume, Gras. Ich fragte, ob sie eine Familie habe. "Ja, sie sind alle meine Familie, weil wir in gewisser Weise alle gleich sind. Wir sind alle eine Familie, aber ich lebe allein." Ich fragte mich, ob sie Ehemänner und Ehefrauen hatten. "Nein. Es ist schwer zu erklären. Ja, es gibt Eltern. Es ist eher eine Art Gemeinschaftsleben. Du hast zwar Eltern und Familie, aber sie sind alle zusammen. Sie sind alle ein Teil des anderen. Meine Gruppe ist eine Art Schwesternschaft, eine Gruppe von Frauen. Wir nutzen die Energie der göttlichen Führung. Es ist eine Lebensweise - den Bäumen und Steinen zuzuhören".

D: Lebt diese Gruppe, mit der du zusammen bist, allein, isoliert?
F: Sie fühlt sich nicht isoliert an.
D: Ich habe mich gefragt, ob du Kontakt zu anderen Gruppen hast.
F: Oh, ja. Jeder ist anders. Es gibt verschiedene ... Stämme ist das falsche Wort.
D: Ich denke, Gruppe ist vielleicht besser.
F: Ja, aber das ist auch nicht ganz richtig.
D: Was macht die Gruppe?
F: Sie sind eine Art Betreuer. Das Wort *Wächter* kommt mir in den Sinn.
D: Die Wächter von was?
F: Von allem. Alles, was damit zu tun hat: die Menschen und die Dinge und die Energien, die dort existieren.
D: Das klingt nach einer großen Aufgabe!
F: Nicht so sehr, es gibt sehr viele Leute, die ein Teil davon sind.
D: Nun, das klingt nach einem guten Leben. Gefällt es dir dort?
F: Ja, das tut es. Ich mag es dort. Ich liebe es, es ist mein Zuhause. Aber ich fühle eine gewisse Traurigkeit. Ich denke über etwas nach. Man hat mich gefragt, ob ich bereit wäre wegzugehen. Da sind ein Mann und eine Frau. Sie haben mich gefragt, ob ich bereit wäre zu gehen. Es gibt Informationen - es gibt Wissen, das gesammelt werden muss.

Ich scheine es zu genießen, Informationen zu sammeln. Darum haben sie mich gefragt, ob ich bereit wäre zu gehen.

D: Du kannst es nicht von dort aus tun, wo du bist?

F: Ich kann dort, wo ich bin, Informationen sammeln und damit weitermachen, was ich tue. Es gibt aber noch zusätzliche Informationen, die sie gerne möchten, von denen das Kollektiv ... die Menschen dort profitieren würden.

D: Wo möchten sie, dass du hingehst?

F: Ich bin mir noch nicht sicher. Zuerst wollen sie, dass ich mir über die Wahl wirklich klar werde.

D: Wie denkst du darüber? Du hast gesagt, du überlegst es dir.

F: Darum bin ich zum Meer gegangen. Die Wahl wird im Inneren getroffen. Ich fühle, dass ein Teil von mir weiß, dass es das ist, was ich tun soll. Ein Teil von mir weiß, dass ich von zu Hause weg sein werde. Dass es sogar auf einem anderen Planeten sein wird. Es ist nicht mal in der Nähe. Das ist es, was mich traurig macht. Wenn ich mich entschließe zu gehen, dann für eine lange Zeit.

D: Halten sie es für wichtig, dass du das tust?

F: Oh ja, sie hätten mich sonst nicht gebeten, zu gehen.

D: Warum halten sie es für so wichtig, zu gehen und mehr Informationen zu sammeln?

F: Für das Wachstum, für die Verbindung zu allem. Es geht darum, die Hand auszustrecken und mehr zu wissen.

Ich brachte sie in der Zeit vorwärts, um zu sehen, wie ihre Entscheidung ausfallen würde.

F: Ich habe beschlossen, zu gehen.

D: Auch wenn es schwer sein wird. (Ja) *Wie wirst du dabei vorgehen? Haben sie es dir gesagt?*

F: Ich versuche, die richtigen Worte zu finden. Es gibt einen sehr fortschrittlichen Weg, so etwas zu tun. Es ist nicht so sehr ein Tod als vielmehr eine Trennung vom Körper, die ich benötigen werde. Es wird jemanden geben, der sein ganzes Leben damit verbracht hat, die Sterne zu lesen und Informationen zu sammeln. Es wird eine Frau dort sein, die die Trennung versteht. Die Trennung der Seele vom Körper, in dem ich jetzt bin.

D: Was passiert mit dem Körper, wenn du dich von ihm trennen willst?

F: Es gibt da noch eine andere ... (sie suchte nach den passenden Worten) Es ist ein Teil von mir, glaube ich. Es fühlt sich an, als würde etwas in den Körper eindringen, wenn ich ihn verlasse, das auch mit mir verbunden ist. Fast so, als ob es dann mit einem neuen Verständnis über die Dinge weitergehen wird.

D: *Der Körper wird also weiterleben, auch wenn du dich von ihm trennst.* (Ja) *Was geschieht, wenn du dich von ihm trennst?*

F: Das geschieht alles im Freien. Es ist wie ein Raum ohne Dach; er ist offen zum Himmel hin. Der Mann dort, der die Sterne versteht, wird mich durch einen Tunnel führen, einer Art Durchgang. Dort wird man mir sagen und mich darüber informieren, wohin ich gehen und was ich tun werde.

D: *Auf diese Weise bist du nicht allein, wenn du diese Reise machst. Wie sieht der Tunnel aus?*

F: Er ist eine schleichende Ausdehnung der Zeit ... er dehnt das Bewusstsein über die Zeit hinaus und erlaubt der Seele, sich durch ihn hindurch zu bewegen. Dieser Mann hat dies selbst getan. Er hat diese Technik vor vielen Jahren erlernt, bevor ich selbst darum gebeten wurde. Es wurde ziemlich viel in voraus geplant. Ich bin die Erste, die nun geht.

D: *Du bist also so etwas wie eine Pionierin.* (Ja) *Was passiert, nachdem er dich mitnimmt?*

F: Wir beide legen uns gemeinsam auf einen Stein. Ich kann einige der Blumen, Pflanzen und Steine um uns herum riechen. Sie alle geben eine Essenz ab, um bei der Trennung vom Körper zu helfen. Ich fühle, wie ich mich aus ihm heraushebe. Er hält meine Hand ... es klingt komisch, Hand zu sagen, wenn man nicht in einem Körper ist, aber da ist eine Verbindung, wenn wir uns berühren. Ich betrete die Raum-Zeit, die er geschaffen hat, und da ist nur ein wirklich schnelles Rauschen der Zeit und viele helle Farben, in gewisser Weise wie ein kreisförmiger Tunnel. Und dann hört es auf.

D: *Wo ist das Ende des Tunnels?*

F: In einem großen, schönen Raum. Ich kann ein Gebäude aus Marmor, Steinen und Kristallen sehen. Wir stehen vor der Tür und schauen hinein. Sie erwarten uns. Sie werden mir sagen, wohin ich gehen soll. Zuerst danken sie mir für mein Kommen. Sie verstehen, wie schwierig es für mich war, zu gehen.

D: Lassen sie dir die Wahl, oder sagen sie dir, was du zu tun hast?

F: Ich hatte die Wahl wegzugehen, aber keine Wahl, wohin ich gehen soll. Sie schicken mich zur Erde. Sie schicken mich weit; sehr weit hinaus.

D: Haben sie dir gezeigt, wie es sein wird?

F: Ich bekomme nicht alles zu sehen, wie es dort sein wird. Einige Aspekte werden mir gezeigt, ja. Sie sagen, wenn sie mir zu viel erzählen, würde es mir sehr schwer fallen. Es würde mich beeinträchtigen, die Informationen zu sammeln. Es gibt ein sehr großes Gefühl der Liebe, das ich für sie empfinde und das sie für mich empfinden.

D: Du vertraust also ihrer Entscheidung.

F: Ja, ich vertraue ihnen. Es gibt eine Vereinbarung. Es gibt einen Vertrag, wenn du so willst, dass es von dort immer Führung und Unterstützung geben wird. Aber dass es vor meiner Rückkehr viele Härten und Schwierigkeiten geben wird.

D: Was denkst du darüber?

F: (emotional) Ich habe gemischte Gefühle. (sie begann zu weinen) Ich vermisse mein Zuhause schon jetzt. Es ist ein sehr, sehr starkes Gefühl des Dienens, das ich in mir fühle. Ich weiß, dass ich dort, wo ich hingehe, so sehr gebraucht werde. Meine Anwesenheit dort wird einen großen Wert haben.

D: Stimmen sie darin überein, dass es darum geht, Informationen zu sammeln?

F: Für sie liegt darin noch mehr Sinn und Zweck als nur das. Harmonie; Ausgewogenheit; wiederum: Verbindung. Ich würde sagen, es geht auch darum, mein Bewusstsein, meine Essenz dorthin zu bringen, wo ich hingehen werde.

D: Lass uns die Zeit verdichten und sehen, wohin du gehst.

F: Die Erde ist das Ziel. Es gibt einen weiteren Zwischenstopp. Es ist wie eine Ansammlung; es gibt andere, die sich versammeln. Es kommen noch mehr Menschen. Der Mann verabschiedet sich. Er macht mir ein Geschenk, bevor er abreist. (sie wird emotional) Es ist ein Licht. Ein kleines rundes Licht. Und er sagt zu mir: "Dieses Licht wird dir immer den Weg zurück weisen."

D: Damit du dich nie verirren wirst. Du wirst immer einen Weg

nach Hause haben. Das ist sehr schön. - Gehst du zur Erde?
F: Nein, noch nicht. Es gibt noch eine Wartezeit. Wir versammeln uns. Es kommen noch mehr Leute - wir gehen alle zusammen. - Ich kann jetzt die Erde sehen. Es gibt dimensionale Ebenen, derer ich mir bewusst bin. Die Ebene, auf der ich spüre, dass ich mich befinde - die Zahl, die mir in den Sinn kommt - ist sieben. Es gibt eine Planung, wie wir das umsetzen können, wofür wir uns versammeln. Wie werden wir das Ziel erreichen? Wir wurden alle danach ausgewählt, woher wir ursprünglich kommen, da wir in gewisser Weise alle besondere Begabungen haben. Zusammengenommen ist das eine sehr ausgewogene Energie.

D: Alles ist also sehr gut geplant. Wohin musst du gehen? Was siehst du?
F: Ich werde geboren werden. Der Ort, an den ich gehen werde, ist sehr, sehr anders als das, was ich gewohnt bin. Es ist sehr schwer zu erklären. Da ist eine ganz andere Energie. Sie ist schwerer. Ich fühle mich schwerer. Es gibt einen Geburtsvorgang an dem Ort, von dem ich stamme, aber es ist ganz anders als dieser. (sie wurde emotional) Ich werde einem Paar geboren. Sie haben sehr, sehr, lange auf ein Kind gewartet.

D: Bist du in den Körper eingetreten, nachdem das Kind geboren wurde, oder bevor es geboren wurde?
F: Ich sah, bevor du mich gefragt hast, was bei meiner Geburt geschah. Ich konnte mich in ihrem Raum sehen - nicht im Körper - ich beobachte sie. Ich lerne über sie und warum für mich ausgewählt wurden, um hier anzukommen. Ohne diese Vorbereitung wäre der Geburtsvorgang für mich zu schockierend gewesen.

Sie war also nun hier auf der Erde und bereit, ihre Arbeit zu tun. Die Beschreibung ihrer Eltern klang nicht nach ihrem gegenwärtigen Leben als Francis. Ich sah keinen Sinn darin, sie weiter durch dieses Leben zu führen. Also rief ich das Unterbewusstsein herbei, um es zu erklären. "Warum hast du dieses Leben ausgewählt? Es war ein wenig ungewöhnlich."

F: Sie musste sich erinnern, wo sie herkommt und wer sie ist. Das ist ihr Zuhause. Sie ist bereit, sich zu erinnern. Es ist an der Zeit. Sie hat lange gewartet. Sie ist bereit, es zu Ende zu bringen. Sie ist bereit, zurückzugehen. Dies ist ihr letztes Leben hier.

D: *Die Geburt, die wir gesehen haben, war nicht Baby Francis, oder?*

F: Nein, nein. Das war das erste Leben, in das sie auf dieser Erde eintrat. Seitdem hat sie hier Hunderte von Leben erlebt.

D: *Aber du denkst, es ist jetzt an der Zeit, das Ganze abzuschließen?*

F: Ja. Es gibt eine Zuspitzung, die sie begreift. Alles, was sie erlebt hat, wird zusammengeführt, damit sie dieses Leben verstehen kann. Warum sie hierher gekommen ist und was sie hier tun will.

Francis hatte in ihrem jetzigen Leben ein schwieriges Leben gehabt, aber das Unterbewusstsein sagte, es sei einfacher im Vergleich zu einigen anderen, die sie hatte. Es habe viele Probleme in Beziehungen gegeben.

D: *Gegenwärtig befindet sie sich in einer Art Liebe/Hass-Beziehung.*

F: Interessant, dass sie das sagt, denn das ist das wichtigste Paradoxon bei Beziehungserfahrungen. Sie hat gerade kürzlich erkannt, dass Liebe und Hass die gleiche Schwingung haben.

D: *Haben sie das?*

F: Ja. Sicherlich nicht in der gleichen Energie, aber die Schwingung, die man spürt - die Intensität - ist sehr ähnlich. Deshalb ist es so einfach, jemanden so tief zu lieben. Es ist die Verletzung und der Schmerz, der diese Energie in Hass, in Groll umwandelt – in die verschiedenen Energien, die auf Angst basieren.

D: *Es sind beides sehr starke Emotionen.*

F: Das Herz ist das Gefühlszentrum. So wie das Gehirn das Gedankenzentrum des Körpers ist, ist das Herz das Gefühlszentrum des Körpers - für das Leben des Menschen. Die Emotionen laufen alle durch das Herz, genau wie die Gedanken durch das Gehirn laufen.

Der Rest der Sitzung drehte sich um Francis' persönliche Fragen. Es schien, dass ich eine andere Art ungewöhnlicher

Energie gefunden hatte, die zur Erde gesandt worden war. Diese war nicht neu auf der Erde, sie hatte viele Leben erlebt und viele Schwierigkeiten durchlebt. Sie kam anscheinend nicht direkt von der Quelle, wie viele andere. Sie war von einem Ort der Schönheit und des Friedens gekommen, an dem sie extrem lange lebten. War sie ein Naturgeist? Eine der kleinen Menschen? Das ist schwer zu sagen, denn sie war eine normale Lebensform auf dem Planeten, auf dem sie lebte. Dennoch wurde sie gebeten, (zusammen mit vielen anderen) zu kommen, um der Erde zu helfen. Ihre Energie wurde gebraucht und sie willigte ein und machte sich auf die Reise. Anscheinend würde sie nicht bleiben und auf die Neue Erde weiterreisen, denn ihre Dienstzeit war hier zu Ende. Dies war ihr letztes Leben auf der Erde. Sie hatte erreicht, wozu sie gekommen war und es war an der Zeit, ihr zu erlauben, an ihren schönen Ort zurückzukehren. Sie sagte, dass sie am Anfang traurig war, denn man sagte ihr, dass es sehr lange dauern würde, bis sie zurückkehren könne, wenn sie sich bereit erkläre, zu kommen.

 Es scheint also, dass ich ein Kaleidoskop von Seelen und Energien entdecke, die gekommen sind, um das Leben auf diesem schwierigen und herausfordernden Planeten zu erfahren. Am Anfang meiner Arbeit schien alles so einfach zu sein. Jetzt stelle ich fest, dass es für die Vielfalt der Seelen, die den menschlichen Körper bewohnen können, keine Grenzen gibt. Sie sind von so vielen seltsamen und ungewöhnlichen Orten gekommen und doch scheinen sie ein gemeinsames Ziel zu haben. Den Menschen auf der Erde zu helfen. Unseren Planeten vor der Selbstzerstörung zu bewahren. Sie kommen mit Liebe und Fürsorge. Wir müssen alle zu diesem einfachen Ziel zurückkehren, das wir hatten, als wir uns das erste Mal hierher wagten. Bevor unsere Erinnerungen ausgelöscht wurden.

KAPITEL SIEBENUNDDREIßIG

EINE HEILENDE ENERGIE SPRICHT

Es ist merkwürdig, wie wir uns so in unsere eigene Realität und unsere eigene kleine Welt vertiefen, dass wir uns die Möglichkeit anderer Welten und anderer Realitäten, die sich der Vorstellungskraft entziehen, nicht vorstellen können. Sie sind so weit von unseren Glaubenssystemen entfernt, dass wir eine ganz neue Geisteshaltung entwickeln müssen, nur um sie begreifen zu können. Und dennoch, egal wie unvorstellbar sie sind, hat man mir gesagt, dass wir niemals alle Antworten haben können. Einige Informationen wären wie Gift, nicht wie Medizin. Unser Verstand wäre völlig überfordert und nicht in der Lage zu funktionieren, denn es gibt nichts in unserem Verstand, auf das wir einige dieser Konzepte stützen könnten. Mir wurde gesagt, es sei kein Problem unseres Gehirns, sondern unseres Verstandes. So merkwürdig und unglaublich diese Sitzungen auch sein mögen, so muss ich doch bedenken, dass sie nur die Oberfläche dessen sind, was die Person zu erzählen versucht, denn die Worte zur Beschreibung des Ereignisses gibt es in unserem Vokabular und in unserer Realität nicht. Machen Sie sich also bewusst, dass die Person ihr Bestes tut, um über etwas zu berichten, das ihrem Verstand völlig fremd ist. Das ist der Grund, warum ich oft nach Analogien frage. Und dann wird mir gesagt, dass selbst diese kläglich inkompetent sind, um die wahre Bedeutung der Erinnerung oder Erfahrung zu vermitteln. Während du also dieses Buch liest, setze bitte die Realität aus. Erwarten Sie nicht, dass alles einen Sinn ergibt oder rational erklärt wird. Treten Sie in die Welt ein, in der unsere Träume real sind, und unsere

Realität ist nur ein Traum. Das ist wahrscheinlich der einzige Weg, wie wir überhaupt anfangen können zu begreifen, was sie zu erzählen versuchen. Setzen Sie also für eine Weile Realität und Rationalität aus, während wir uns in die Welt des Unbekannten und Unerklärlichen begeben.

Als Patricia von der Wolke kam, war das, was sie sah, überwältigend schön. Sie sah eine weiß schillernde Landschaft, die wie Quecksilber schimmerte. Farben bewegten sich hinein und wieder heraus: rosa, blaue und grünliche Töne. Auch der Himmel schimmerte in Blau und Weiß und die Erdoberfläche und der Himmel verschmolzen miteinander. Als ich sie bat, ihren Körper anzusehen, war sie überrascht, dass sie wie ein Schneeball aussah. "Ein großer, funkelnder, strahlend weißer Schneeball. Er schwankt. Er bewegt sich. Er ist nicht fest. Er verändert seine Größe und Form. Im Grunde genommen ist er kugelförmig, aber er ist kein Ball. Er bewegt sich wie ein Meer oder eine Bewegung im Wasser. Er ist leicht, aber silbern schimmernd. Hauchzart. Er ist wunderschön." Dann wurde sie emotional: "Ich möchte weinen. Das ist zu Hause! (ein tiefer Seufzer) Es ist gut, dort zu sein." Ich höre das inzwischen sehr oft, es ist eher die Norm als die Ausnahme.

D: Warst du eine lange Zeit weg?
P: (immer noch emotional) Eine schrecklich lange Zeit.
D: Warum bist du gegangen, wenn es so ein schöner Ort war?
P: Ich musste woanders hingehen.

Ich versuchte immer noch herauszufinden, wo und was sie war. Es gab keine Gebäude, keine Strukturen, weil sie unnötig waren. Sie brauchte nichts zu konsumieren. "Was immer du brauchst, es ist, als ob es ohne Anstrengung aufgenommen wird. Es ist Teil der Atmosphäre, würde ich sagen. Es gibt kein Bedürfnis oder ein Verlangen oder Mühsal. Dort ist Glück." Sie war sich nun bewusst, dass es dort andere wie sie selbst gab. "Es ist eine Form, aber sie ist nicht konstant. Wunderschön, schimmernd. Es ist fast so, als verändere sie ihre Form ... mit dem Atmen. Mit der Atmung. Eine pulsierende Bewegung. Alles ist sehr leicht. Es gibt kein krampfhaftes Bemühen."

D: Ist der Ort oder die Körper physisch?

P: Wie bei einer menschlichen Form? Nein. Ja, sie haben Substanz, aber sie sind nicht fest. Eher eine Substanz als ein Dichte. Es gibt viel Bewegung darin, wie Moleküle, die in freier Form schweben. Sie fließen und formen sich leicht zu dem, was sie eigentlich sein möchten.

D: *Aber es ist anders als ein Geistwesen? Das ist es, was ich zu unterscheiden versuche.*

P: Ja, das würde ich sagen. Es ist eine runde Grundform, aber sie ist wellenartig. Sie bewegt sich. Und wir können miteinander verschmelzen, um zu kommunizieren. Nur um die Erfahrung zu machen. Reingehen und dann wieder rausgehen. Auf diese Weise kommunizieren wir. Es ist einfach eine andere Herangehensweise. Es ist, als arbeitete man mit Lehm. Du hast den freien Willen, zu schaffen, was immer du willst, wie auch immer du es erschaffen willst. Und jeder hat Freude an dieser Erfahrung.

D: *Gibt es etwas, was du dort tun musst?*

P: Ich sehe es eher als einen Ruheplatz an. Ein Ort, an den du kommst, um dich zu erholen, bevor du wieder hinausgehen musst. Du brauchst nichts zu tun. Einfach nur zu sein.

D: *Warst du in einer physischen Existenz, bevor du hierher kamst?*

P: Bevor ich hierher kam, habe ich woanders geholfen. Ich nehme jede Form an, die ich brauche, um da zu sein, wo immer ich will. Es fühlt sich sehr gut an. Es ist so frei.

D: *Wenn du in einer körperlichen Form bist, ist das etwas anderes, nicht wahr?*

P: Ja, es ist sehr einschränkend. Es ist sehr einschränkend. Es ist harte Arbeit, in einer Form, in einer Gestalt zu bleiben. Dort, wo ich jetzt bin, steht es dir frei, "wie auch immer" zu sein. Das ist es, was mir vertraut ist. Ich kenne diese Erfahrung. Und dann eine Form anzunehmen, sagen wir, eine physische Form. Das ist wirklich einschränkend. Es gibt nicht sehr viel Bewegungsfreiheit. Es gibt einfach kaum Freiheit. Das andere ist mein Zuhause.

D: *Wenn du dort bist, musst du also nichts tun.*

P: Wir tun Dinge. Es ist nur, dass man es nicht tun muss. Und wir alle arbeiten wie ein Körper zusammen. Aber mehr als eine Energie als ein Körper. Es ist ein sehr angenehmer Ort.

D: *Was machst du, wenn du dort bist?*

P: Erforschen. Erschaffen.

D: *Wo erforschst du die Dinge?*
P: Da, wo wir sind. Wir können hinausgehen, kleine Abstecher machen, aber wir kommen zurück. Dort ist "Zuhause". Nicht die Erde. Nur zum Erforschen.
D: *Wohin gehst du bei deinen Abstechern?*
P: Andere Lichtkörper. Überall. Dahin, wo es Licht gibt. Das Universum erforschen, überall. Ohne Einschränkungen.
D: *Du sagtest, du erschaffst auch Dinge?*
P: Ja. Wir können unser Zuhause so gestalten, wie wir es uns wünschen. Und wir tun das auf der Grundlage jener Erfahrungen, die wir gemacht haben, wenn wir unsere Arbeit tun; wenn wir helfen. Wir können das aus reiner Freude am Gestalten tun. Und da ist Musik.
D: *Du meinst, du erschaffst eine Umgebung?*
P: Ja. Und wir können jede Farbe kreieren, aus jedem Material etwas schaffen. Aber am liebsten sind wir einfach nur. Es gibt Musik und viele Farben. Es sind weiche, pastellige, schimmernde Farben. Da ist nichts Grelles.
D: *Woher kommt die Musik?*
P: Aus der Bewegung unserer Körper. So als ob ein Akkordeon sich auf- und wieder zusammenzieht. Eine Art Blasebalg oder so etwas. Und es erzeugt Töne. Ich höre auch Glocken.
D: *Es klingt wie ein wunderschöner Ort. Ich kann verstehen, warum du wirklich gerne dort bist. Und du hast gesagt, dass du manchmal wieder irgendwo hingehen musst, weggehen musst?*
P: Es ist uns eine Freude, das zu tun, aber es ist auch unsere Arbeit. Wir entscheiden uns nicht dafür, für immer an diesem schönen Ort zu bleiben, denn es gibt Dinge, die wir tun können, wo wir helfen können.
D: *Gibt es jemanden, der dir sagt, was du tun musst und wohin du gehen musst?*
P: Nicht wirklich. Wenn wir uns zusammenschließen und uns irgendwie vermischen, wird es, glaube ich, zu einer Gruppenentscheidung. Die Energien verbinden sich und es kristallisiert sich eine Richtung heraus. Wohin man gehen soll. Was man tun soll.
D: *Dann arbeitet ihr alle zusammen?*
P: Nicht unbedingt, nein. Aber das „Alle" hilft dem Einen, zu bestimmen, was für alle das Beste wäre.
D: *Irgendwann musst du dann also irgendwo hingehen und*

erneut helfen?
P: Es gibt kein „müssen". Du musst nicht gehen. Aber wir fühlen uns verantwortlich, weil wir an Orte gehen und die Energie und die Vibration dort erhöhen, wo sie gebraucht werden.
D: Orte, an denen die Energie zu gering ist, oder ...
P: Zu dicht, ja. Die Erde ist so ein Ort.
D: Warst du schon einmal dort?
P: Viele Male. Die Energie ist dort wirklich sehr dicht. Aber wir gehen dorthin und schaffen Energiekammern. Und allein dadurch, dass wir dort sind, erhöht sich die Frequenz.
D: Musst du in einem physischen Körper sein, wenn du da bist?
P: Nein, wir können es so oder anders machen. Wenn es dem Zweck dient, können wir zu einer Form werden; einer menschlichen Form oder einer tierischen Form. Wir können dort aber auch als Luft existieren.
D: Wenn du also das Bedürfnis verspürst, hinzugehen und einfach nur die Energie eines bestimmten Bereichs zu erhöhen, dann tust du das?
P: Dann gehen wir, ja.
D: Du sagtest, Kammern voller Energie? (Ja.) *Wie machst du das?*
P: Ich wende das gleiche „Blasebalg-Prinzip" an, von dem ich dir bereits erzählt habe. Also innerhalb der Energieform hineingehen und wieder hinausgehen. Es ist eine Art rhythmische Pulsation. Und es hebt die Vibration an.
D: Wirst du Teil dieser Energie, wenn du mit ihr arbeitest?
P: Ich *bin* diese Energie.
D: Und wenn du in diese dichtere Energie gehst?
P: Ich bleibe in meiner Energie. Ich kann so bleiben, wie ich zu Hause bin, wenn ich das will. Wenn das dem Zweck besser dient. Oder ich kann in die Form eines Körpers, eines Tieres oder eines Baumes eintreten. Was auch immer dem Zweck am besten dienen würde, die Energie zu erhöhen und zu versuchen, die Dichte zu zerstreuen.
D: Ist es einfacher, es in einer festeren Form zu tun?
P: Es ist schwieriger. Denn da gibt es die Beschränkung der Form. Durch das Ein- und Auspulsieren wird die Energie erzeugt und erhöht, ohne dabei Einschränkungen oder Begrenzungen innerhalb der Form zu erleben. Dann macht man anschließend das Gleiche in einem viel kleineren Maßstab.

D: *Warum würdest du dich dann dafür entscheiden, in eine Form einzutreten?*
P: Das ist eine gute Frage, da es ja schwieriger ist. Aber vielleicht ist es einfacher, in einer Form in einen bestimmten Bereich hineinzugehen. Die Leute erkennen uns sonst nicht wirklich als Form, als Gestalt. Einige erkennen die Energie. Es ist aber einfacher, eine Form anzunehmen, wenn man in ein dichtes Umfeld mit energetisch dichten Menschen kommt. Es ist dann leichter für die Menschen, diese Energien zu empfangen, aber für mich ist sie so klebrig und dick und dicht. Nicht in einem Körper zu sein, sondern einfach nur der äußere Umriss dieser Energie zu sein, bedeutet, dass sie hinein geht, etwas aufwühlt und Bewegung hineinkommt. Das ist sehr, sehr wichtig. Aber es ist viel leichter für die Menschen, diese Energie zu akzeptieren, wenn wir eine feste Form annehmen.
D: *Und du kannst auch viel leichter mit dem physischen Aspekt kommunizieren.*
P: Es ist einfacher für die Menschen. Für mich ist es schwieriger.
D: *Musst du als Baby in die Form eintreten?*
P: Nein. Ich kann in jede bestehende Form gehen und sie benutzen.
D: *Ist das erlaubt?*
P: Man fragt um Erlaubnis.
D: *Ich habe überlegt ... vielleicht gibt es bereits eine Seele in der ...*
P: Das ist keine Seele. Es ist Energie.
D: *Es ist etwas anderes als eine Seele?*
P: Es ist anders. Aber du bittest um Erlaubnis, weil die eigene Energie die Dinge verändert.
D: *Es ist also nicht wie eine Invasion.*
P: Oh, absolut nicht! Nein.
D: *Musst du die bereits vorhandene Seele um Erlaubnis bitten?*
P: Ja, im Wesentlichen geht es darum, dem Geist bewusst zu machen, dass wir hereinkommen. Wir sind nicht negativ. Wir sind nicht schädlich. Es ist, als ob der Geist und die Energie ein Verständnis haben. Sie sind sich ihrer gegenseitig bewusst. Und das ist in Ordnung. Es ist, als wenn du die Erlaubnis bekommst, in das Haus von jemandem zu kommen. Derjenige würde sagen: "Komm rein und nimm dir einen Schluck Wasser, wenn du willst. Es ist in Ordnung."

Es ist eine Art Vereinbarung. Aber du zeigst Höflichkeit, indem du an die Tür klopfst und sagst: "Hey, hier bin ich."

D: *Du würdest also nicht längere Zeit in diesem Körper bleiben.*

P: Nein, nein. Es ist eine vorübergehende Sache. Es ist ein Mittel, um die Energie zu überbringen, um der Person oder der Situation behilflich zu sein. Was auch immer es sein mag.

D: *Muss die physische Person aktiv darum bitten, dass dies geschieht?*

P: Nein. Aber ich könnte mir vorstellen, wenn sie die Situation und das Umfeld dort schaffen, wäre es hilfreich für den Moment, wenn wir kommen. Aber es muss nicht unbedingt eine bewusste Entscheidung sein.

D: *Spüren sie etwas, wenn du das tust?*

P: Ich glaube schon, ja. Es fühlt sich wie eine geistige Leichtigkeit an. Es ist eine sehr erhebende Erfahrung. Und es ist, als ob es dieser Person die Energie gibt, etwas zu tun oder etwas zu sein und zu versuchen, etwas zu erreichen.

D: *Sie bekommt einen kleinen Extra-Schub.* (Ja) *Sie sind sich also bewusst, dass etwas vor sich geht, auch wenn sie nicht genau wissen, was es ist. Nun, hast du jemals das Bedürfnis gehabt, ein physischer Körper zu werden?*

P: Nein, nein, das habe ich nicht. Wir kommen und gehen. Wir werden nicht zu einem dauerhaften Teil des Körpers. Wir sind hier, um zu helfen, wenn es nötig ist.

D: *Hast du jemals eine Existenz gehabt, wie sie ein Geist hätte? Ich versuche nur, den Unterschied zu erkennen.*

P: Nun, ich bin ein Geistkörper, ein Lichtgeist. Du meinst, ob ich irgendwo hingegangen bin und als Geist in einem Körper gelebt habe?

D: *Ja, in einem physischen Körper.* (lange Pause, so, als ob sie nachdachte). *Oder ist dies die Form, die du schon immer hattest - diese Energie zu sein?*

P: Ja, ich glaube, das stimmt, denn das andere klingt nicht vertraut.

Mit wem hatte ich da gerade gesprochen? Wenn es nicht der Geist war, der in Patricias Körper war, was war er/es dann?

D: *Also während deiner gesamten Existenz hast du immer geholfen.* (Ja) *Du gehst in Körper, die diese Energie*

brauchen und hebst deren Frequenz an.
P: Ja. Das kann auch im Tier- und Pflanzenreich passieren. Oder es kann ein ganzes Areal oder ein ganzer Raum sein. Ein kompletter Lebensraum, der Menschen, Tiere und Pflanzen gleichermaßen einschließt.
D: Oh, du könntest also weiter expandieren?
P: Auf jeden Fall, ja. Wir kennen keine Beschränkungen.
D: Du möchtest also nicht dadurch beschränkt werden, dass du die ganze Zeit in einem Körper bleibst. (Nein) *Nur hinein und wieder heraus. Das ist interessant, weil ich mir nicht bewusst war, dass deine Art von Wesen oder Energie-Form existiert. Ich denke wohl immer an beseelte Wesen.*
P: Ja, richtig, wir existieren. Es ist aber nicht unsere Aufgabe, dem Geist, der Seele ständig beizustehen. Der Geist macht seine Sache. Wir tun das Unsere. (Lachen) Wir sind uns des Geistes sehr bewusst. Sehr bewusst.
D: Aber der Geist ist mehr oder weniger gefangen und muss beim Körper bleiben? Wenn das der richtige Begriff ist.
P: Ja, wie eine Zu- oder Anweisung.
D: Die Geistesform hat also den Auftrag, die ganze Zeit des Lebens bei diesem Körper zu bleiben?
P: Ja, ich glaube, das ist die Vereinbarung.
D: Und du kannst kommen und gehen.
P: Ja. Und es ist möglich, dass der Geist weiß, dass er bei uns anfragen kann, falls er glaubt, dass die Person, der physische Körper, davon profitieren würde.
D: Menschen können sehr kompliziert sein.
P: Ja, sie machen es so kompliziert.
D: Der Geist weiß also mehr darüber, was der Körper wirklich braucht. (Ja) *Und ich schätze, dass du nicht die ganze Zeit beteiligt sein musst.*
P: Ich muss nicht bleiben. (Lachen) Ich bin ein glücklicher Helfer n der Not.

Sie sagte, sie arbeite nicht nur mit dem Einzelnen, der einen kleinen Energieschub braucht, sondern auch innerhalb größerer Areale. Ich nahm an, dass viele dieser Gebiete, vor allem auf der Erde, sehr starke negative Energien haben.

P: Wir gehen in viele solcher Gebiete. Es ist sehr schwierig, aber wir tun es. Ein Teil dieser Schwierigkeit ist eine extrem

dichte und chaotische Energie.
D: *Und das stört dich nicht. Du verfängst dich nicht darin.*
P: Nein, es beeinflusst mich nicht. Ich weiß sehr wohl, warum ich dort bin. Es ist eher eine Herausforderung in diesen Gebieten, allein schon wegen der chaotischen Energie und der Dichte. Aufgrund der geringen Schwingung. Das macht es also eher zu einer Herausforderung. Aber es ist sicherlich machbar.
D: *Du kannst dich also nicht verfangen und dich in dieser Art von Energie verlieren?*
P: Das habe ich bisher nicht. Ich glaube nicht, dass das passieren kann. Ich glaube nicht, dass es möglich wäre, weil wir für andere ... Aufgaben vorgesehen sind, wenn du es so nennen willst. Wir können und sollen dort nicht hineingezogen werden. Das ist nicht Teil unserer Arbeit.
D: *Bist du dir bewusst, dass du zu diesem Zeitpunkt durch einen physischen Körper zu mir sprichst?* (Pause) *Oder bist du dir dieses Körpers überhaupt bewusst?*
P: Ich glaube, ich bin mir dessen *jetzt* bewusst.
D: *Vorher warst du es nicht.*
P: Ich habe nicht daran gedacht.
D: *Weil das unsere Art der Kommunikation ist.*
P: Ich verstehe. Das ist in Ordnung. Ich dachte, wir reden nur. (kichert).
D: *Aber jetzt kannst du dir bewusst sein, dass ich mit jemandem spreche, der sich in einem physischen Körper befindet und du kommunizierst durch ihn hindurch.* (Ja) *Das ist in Ordnung, oder?* (Ja) *Nun, ich bin sehr neugierig. Ich stelle gerne Fragen.*
P: Wir sind auch neugierig.
D: *Warum hast du dich entschieden, gerade jetzt durch diese Patricia zu sprechen? Weißt du das?*
P: (lange Pause) Diese Person ist sich dessen auf irgendeiner Ebene bewusst. Diese Person nutzt diese Energie.
D: *Wofür nutzt sie diese Energie?*
P: Für ihre Arbeit bei der Energieheilung. Diese neue Energie wird herangezogen, ja, damit sie damit wirken kann.
D: *Muss sie die richtige Art von Motivation dafür haben?*
P: Oh ja, ja. Sie muss die edelsten Ziele verfolgen, denn wir könnten auf keine andere Weise genutzt werden.
D: *Und wenn jemand diese Energie auf negative Weise nutzen*

wollte?
P: Dann stünden wir nicht zur Verfügung. Ich werde nicht auf diese Weise von Nutzens sein können.
D: *Aber können Menschen negative Energie nutzen?*
P: Oh ja, sie können negative Energie nutzen. Aber wir sind nicht negativer Natur. Wir könnten dafür nicht benutzt werden.
D: *Diese Menschen würden sich anderer Energien bedienen?* (Ja) *So dass sie ihr Ziel erreichen können.*
P: Oh, ja, das könnte möglich sein, aber das wäre nicht wünschenswert. Negative Energie ist sehr mächtig. Sie kommt nicht aus dem Licht. Wir, würde ich sagen, stören diese negative Energie. Wir stören das negative Muster, wenn wir dort hineingehen. Wir können in diese negative, wie du sagst, oder chaotische Energie hineingehen und sie neu ausrichten, bewegen und dadurch verändern.
D: *Wie auch immer, der Grund, warum du durch diesen Körper sprichst, ist, damit sie sich bewusst wird, dass dies die Energie ist, die sie bei ihrer Heilung einsetzt.*
P: Ja, es wäre gut für sie, das zu wissen. Und dass man sich auf uns verlassen kann. Und wir sind sehr hilfsbereit.
D: *Wenn also jemand Energiearbeit leisten will, um jemanden zu heilen, und er verfolgt den höchsten Zweck ...*
P: (unterbricht) Wir wären dabei. Wir sind verfügbar, ja. Die Absicht ist das Wichtigste.
D: *Diese Leute wissen, dass es da eine Energie gibt, aber es scheint, dass du auch eine Persönlichkeit hast.*
P: Sie mögen sich der Energie bewusst sein, aber sie wissen nicht, wie man sie lenkt. Oder sie zu ihrem Vorteil nutzt. Aber wir sind hier.
D: *Hast du einen Rat, wie jemand sie nutzen kann?*
P: Die Person müsste versuchen, dafür mit den höchsten Absichten offen zu sein. Und um die Energie aus der allerhöchsten Quelle bitten. Es gibt alle möglichen Arten von Energie. Es ist alles verfügbar.
D: *Stammst du von der allerhöchsten Quelle?*
P: Ja. Aber ich weiß nicht, ob wir einen Namen haben.
D: *Aber sie fragen einfach nach der Energie der höchsten Quelle.*
P: Ja, und darauf würden wir antworten. Dann können sie die Energie dorthin lenken, wo sie gebraucht wird. Wir sind

verfügbar. Viele Menschen werden sich dieser Tatsache bewusst. Um darauf zugreifen zu können ja.

D: *Bist du auch der Typus, der angerufen werden kann, um positive Dinge zu erschaffen?*

P: Was wir tun, ist, eine Frequenz zu schaffen. Wir schaffen Möglichkeiten. Mir ist nicht bekannt, dass wir damit eine Form oder Gestalt schaffen. Wir ... ermöglichen. Ist das das Wort? Wir ermöglichen, dass die Energie verendet werden kann.

D: *Ich habe den Menschen immer gesagt, dass sie ihre Realität erschaffen können. Sie können in ihrem Leben alles erschaffen, was sie wollen, denn der Geist ist sehr mächtig. (Ja) Und ihre Energie steht ihnen zur Verfügung, wenn sie sie auf die richtige Art und Weise nutzen wollen.*

P: Das ist genau richtig. Ihre Absichten müssen zu 100% gut und ehrenhaft sein.

D: *Wenn sie es nicht sind, wirst du nicht mit ihnen arbeiten?*

P: Auf keinen Fall. Wir würden für nichts anderes als für gute Zwecke benutzt werden wollen. Das bedeutet nicht, dass wir nicht in einem Gebiet sein würden, das nicht gut ist. Denn unser Zweck wäre es, das Chaotische, das Negative in eine positive, harmonische, hohe Frequenz umzuwandeln.

D: *Oh, das ist wunderbar. Ich helfe Menschen gerne bei der Selbsthilfe, aber ich denke immer, dass ich mit etwas anderem arbeite.*

P: Du arbeitest mit uns zusammen.

D: *Liegt es daran, weil es dich anzieht, wenn Menschen in diesem Trance-Zustand sind?*

P: Das ist ein Teil davon. Und die Absicht des Einzelnen, diese Energie anschließend zu nutzen.

Ich wandte mich dann einigen der Fragen zu, die Patricia über ihr Leben wissen wollte, insbesondere über ihre Ziele. Was dann geschah, war ein sehr ungewöhnliches Phänomen und bewies mir, dass dieser Teil, dieses Wesen (oder diese Energie) völlig getrennt von dem physischen Körper war, durch den es sprach. Als Patricia begann, über ihre Bestimmung zu sprechen, hielt sie inne und sagte dann: "Da sind Tränen in diesem Menschen". Patricia war emotional geworden und weinte. Und die Energie beobachtete es objektiv. Ich versuchte ihr zu erklären, dass sie Gefühle empfand und das war richtig so. Als

Patricia weiter leise weinte, sagte sie: "Es ist überwältigend. Gefühle! Diese Gefühle!" Die Gefühle störten die Energie. Es war offensichtlich, dass die Energie es nicht gewohnt war, so etwas zu erleben. Ich versuchte, die Emotionen von der Energie fern zu halten, indem ich der Energie sagte, dass sie dem Körper erlauben könne, dies zu erleben, während er mit mir sprach. Die Energie wäre so in der Lage, sich selbst zu entfernen und zu kommunizieren, während der Körper sein eigenes Ding machte. Ich erinnerte die Energie daran, dass sie rein und wieder rausgehen konnte und nicht bleiben musste, wenn wir fertig waren. Es gab mehrere tiefe Seufzer und dann, so schnell wie man mit den Fingern schnippt, war alles wieder unter Kontrolle. Die Emotionen waren ausgeschaltet. Sie hatten sich von der Energie entfernt. Es war erstaunlich zu sehen, wie diese Energie etwas erlebte, das ihr völlig fremd war und dann die Kontrolle über die Situation übernahm. Dann erklärte sie Patricia, was ihr Lebenssinn war.

P: Der Körper wird diese Energie in jeder Situation nutzen. Die Energie wird auf jede Person oder jeden Raum, in dem sich dieser Körper befindet, eine harmonisierende Wirkung haben. Dieser Körper findet es etwas schwierig, die Energie zu halten, denn es ist eine sehr starke Energie. Patricia wird sie als aktive Absicht zur Heilung mit anderen Menschen oder Orten einsetzen. Es mag eine gewisse Anpassung erfordern. Ich glaube, es hat den physischen Körper durch das Festhalten und die Furcht vor der Energie belastet.

Ich schlug dann vor, dass es vielleicht besser wäre, wenn sie sie für eine Weile nicht benutzen würde.

P: Das wäre klug. Wir könnten sagen, dass sie in diese Energie hineinwachsen wird, aber eigentlich werden *wir* sozusagen in Patricia hineinwachsen. (lacht) Wenn sie also nur in der Nähe von jemandem ist, der krank ist, wird ihre Anwesenheit die Frequenz erhöhen. Sie wird der Person helfen, die ihre eigene Frequenz zu erhöhen, indem sie einfach da ist. So wie ein kleines Stück Zitrone, das ins Wasser fällt, das Wasser verändert, denn mehr braucht es nicht. Ganz sicher. Im Moment wäre es besser, ihren physischen Körper ins Gleichgewicht zu bringen und zu heilen, denn je besser das ist, desto mehr Energie wird sie aufnehmen können. Und sie wird diese Energie aufnehmen können. Es ist nicht so, dass es passieren *könnte*. Es *wird* passieren. Ihr Körper muss sie nur einholen. Dieser Körper hat nicht erkannt oder wusste nicht, wie er diese Heilenergie für seine eigene Heilung nutzen kann. Für fremde Menschen, ja. Aber dieser Körper muss lernen, sich dem anzupassen, denn das ist es, worum dieser Körper gebeten hat. Es ist eine sehr große Energie.

Ich bat dann die Energie, Patricias Körper von den körperlichen Beschwerden zu heilen, über die sie vor der Sitzung geklagt hatte. "Siehst du, das ist der Teil, von dem ich möchte, dass du ihn verstehst. Diese Energie *tut* es nicht unbedingt. Sie liefert lediglich die Energie. Sie erleichtert die Frequenz für die Heilung. Es kann alles getan werden. Alles kann repariert werden. Unsere Aufgabe ist es, die Energie für ... jemand oder etwas bereitzustellen, damit sie genutzt werden kann." Sie schien verwirrt zu sein. Sie sagte, sie glaube, dass etwas anderes hinzugezogen werden müsse, um sie zu nutzen. Ich wusste, wovon sie sprach, vom Unterbewusstsein, mit dem ich regelmäßig arbeite, um die Heilung zu bewirken. Sie stimmte aufgeregt zu: "Ja! Das ist es! Ja, ja! Wir liefern das Rohmaterial für diese fixierende Energie. Ja, ja! Das Unterbewusstsein kann es tun." Sie stimmte zu, dass es eine gute Idee wäre, das Unterbewusstsein zur eigentlichen Heilung aufzurufen, betonte aber, dass es immer da und jederzeit für jedermann verfügbar sei (wenn derjenige die richtige Absicht hatte). Ich gab Anweisungen und Patricia seufzte, als die starke Energie nachließ. Dann rief ich das Unterbewusstsein herbei und ich sah zu, wie das eine das andere ersetzte. Die Verschiebung war sehr auffällig. Dann bat ich das Unterbewusstsein, mir zu erklären, was geschehen war, als diese Energie durch sie sprach.

P: Sie ist in ihr. Sie stammt aus ihr. Sie muss das erkennen.

Dieses Wesen war selbstsicherer und sprach mit mehr Autorität, obwohl die andere Energie große Macht hatte. "Sie musste sich der Unermesslichkeit dieser Energie bewusst sein. Der Verfügbarkeit dieser Energie."

D: Ich denke, es war interessant, dass die Energie die Emotionen

nicht verstand.
P: Nein, das tat sie nicht. (Kichern)
D: Es war gut für sie, das zu erleben.
P: Ich glaube schon.

Dann ging das Unterbewusstsein (die fixierende Energie) mit der anderen Energie, die es unterstützte, daran, Patricias Knie zu reparieren. Die Ärzte wollten operieren und einen Knieersatz machen, aber das Unterbewusstsein bestand darauf (wie es das immer tut), dass der Fremdkörper nicht in den Körper gehörte. "Die Knochen müssen bewegt werden. Ihre Nähe zueinander wird angepasst. Die Knochen sind stark abgenutzt. Die Knorpelmasse muss neu gebildet werden. Wir müssen die Gelenke erneuern und neu formen. Ich denke, es wird ein paar Tage dauern. Sie wird über ... sagen wir, etwa einem Monat, abgeschlossen sein, aber der größte Teil der Heilung wird in ein paar Tagen erfolgen. Es wird einen spürbaren Unterschied geben. Der Knorpel wird wieder aufgebaut werden. Es wird eine Polsterung vorhanden sein und sie wird ohne Beschwerden gehen können. Sie wird wieder gesund". Es hieß auch, dass der Unterschied auf dem Röntgenbild sichtbar sein sollte, wenn sie erneut zum Arzt geht. Dann begann die Arbeit an Patricias Rücken, denn das Problem mit den Knien hatte ihren Rücken aus der richtigen Ausrichtung geschoben. Ich sah, wie ihr Körper sprang und hörte, wie die Knochen knackten, als die Energie hindurchfloss. Es war offensichtlich, dass etwas getan wurde, denn der Körper hatte sich während des gesamten Eingriffs bewegt und gezuckt. "Jetzt muss daran gearbeitet werden, dass es sich verankert. An manchen Stellen ist er vielleicht etwas empfindlich, aber keine Sorge.

D: Es wurde alles mit dieser Energie erreicht. (Ja) Ich weiß es zu schätzen, dass mir erlaubt wurde, dieser Energie zu begegnen. Sie hat eine sehr schöne Persönlichkeit.
P: Es war auch zu deiner Erbauung gedacht.

Ich dachte, "Erbauung" sei ein interessantes Wort, um es hier zu verwenden. Ich denke, das bezieht sich darauf, etwas zu bauen, eine Struktur oder was auch immer. Aber als ich es im Wörterbuch nachschlug, hieß es auch: moralische oder spirituelle Unterweisung oder Verbesserung. Es wollte, dass ich die Kraft der Energie kennen lerne, die ich unwissentlich für meine Arbeit eingesetzt hatte.

Bevor ich Patricia aufweckte, hatte das Unterbewusstsein eine Abschiedsbotschaft für sie: "Glaube weiter und wisse, dass Heilung geschieht. Sei es des Geistes, des Verstandes, des Körpers, was auch immer. Es ist möglich und es geschieht auch, aber du musst vertrauen und daran glauben. Der Körper wurde geschaffen, um sich selbst zu heilen. Er weiß, wie er für sich selbst zu sorgen hat."

Je länger ich diese Arbeit tue, desto seltsamer wird sie. Ich bin es gewohnt, mit den individuellen Seelen von Menschen zu arbeiten, die reinkarnieren und verschiedene Körper besetzen, um daraus Lehren zu ziehen, Erfahrungen machen und Karma zurückzahlen. Ich fühle mich inzwischen völlig wohl in der Kommunikation mit dem wunderbaren und mächtigen Unterbewusstsein, das die Antworten auf alles enthält. Ich habe mich ein wenig an den Gedanken gewöhnt, dass dieser Körper, in dem ich mich in diesem Moment befinde und der dieses Buch schreibt, nicht mein einziges Ich ist. Dass ich ein sehr kleiner Teil einer größeren Seele bin, die sich dafür entschieden hat, sich zu zersplittern oder zu zerbrechen, um so viel wie möglich zu erfahren. Und dass sich diese anderen Teile von mir niemals gegenseitig wahrnehmen werden, weil das zu überwältigend wäre und den Zweck des Spiels verfehlen würde. Allein das Wissen, dass es sie gibt, ist schon verwirrend genug. Ich habe die Information nur teilweise verdaut, dass diese Splitter oder Facetten in Zeiten der Not die Plätze tauschen können, ähnlich wie Walk-Ins, aber wiederum anders, weil sie Teil derselben Seele sind. Ich war so vielen verschiedenen Denkweisen ausgesetzt, dass ich dachte, es gäbe nichts mehr zu lernen.

Jetzt erhalte ich Informationen über verschiedene Formen neben den Seelen, die in unseren Körpern existieren. Doch in Wirklichkeit sind sie Geisteskräfte, nur in einer anderen Form. Ich habe mit denen kommuniziert, die die Aufgaben eines Schutzengels (oder eines Führers) und von Schöpferwesen erfüllen. Einige, denen ich mehr und mehr begegne, sind diejenigen, die noch nie zuvor auf der Erde gelebt haben. Sie sind direkt von der Quelle gekommen, um der Erde in dieser Zeit zu helfen. Eine bekanntere Form sind diejenigen, die nur extraterrestrische Körper kennen und zum ersten Mal auf die

Erde kommen. Dann begegnete ich der "Anhalter"-Energie (oder dem Geist), die von einem extrem hohen Entwicklungsstand kommt. Sie kommt nur dann auf die Erde, wenn sie mit einem Urlaub belohnt wird und die Erlaubnis erhält, zu trampen oder das menschliche Vehikel zu benutzen, um für eine begrenzte Zeit Emotionen und Reaktionen zu beobachten und aufzunehmen.

In diesem Kapitel war ich nun einem weiteren Typus ausgesetzt. Eine Energie, die nicht den Wunsch hat, einen menschlichen Körper nicht komlett zu besetzen, sondern vom innewohnenden Geist zur Heilung oder zu welchem Zweck auch immer verwendet werden soll. In den letzten Kapiteln dieses Buches werden weitere ungewöhnliche Energien vorgestellt.

Das Erstaunliche daran ist, dass sie eine ausgeprägte Persönlichkeit haben. Sie können mit mir kommunizieren, doch sie sind völlig getrennt von der Person, mit der ich vor der Sitzung gesprochen habe. Und die Person ist sich gar nicht bewusst, dass dieser Geist oder diese Energie denselben Raum einnimmt wie sie selbst. Das alles stellt definitiv unsere Vorstellung von der Realität und davon, worum es in unserem Leben geht, in Frage. Je mehr ich diese Arbeit untersuche, desto mehr bin ich davon überzeugt, dass das, was wir als unser menschliches Leben und unsere menschliche Existenz wahrnehmen, nur eine Fassade ist. Ein Schleier, der eine viel tiefere und komplexere Welt verbirgt, die an unserer Seite existiert und dennoch für uns völlig unsichtbar ist. Ich frage mich, wie viel mehr sich hinter der Fassade verbirgt und wieviel davon erlaubt werden wird gezeigt zu werden?

KAPITEL ACHTUNDDREIßIG

DIE FINALE LÖSUNG

George war 2005 Teilnehmer einer meiner Hypnosekurse. Der Kurs war zu Ende und wir hatten die folgende Sitzung in seinem Hotelzimmer, bevor er seinen Rückflug nach Hause antrat. George hat starke übersinnliche Fähigkeiten und hatte während des Kurses Entitäten und verschiedene Energien im Raum wahrgenommen. Er sagte, dies passiere ihm regelmäßig und er müsse vorsichtig sein, worüber er spricht und mit wem er es teilt. Er hat seine Fähigkeiten eingesetzt, um als Therapeut zu arbeiten. Es hilft ihm, Einsichten hinzuzufügen, wenn er mit Klienten arbeitet.

George kam von der Wolke, sah nur die Farbe Blau und wusste, dass er sich nicht an einem physischen Ort befand. "Es ist kein Ort, es ist eine Essenz und eine Stille. Und es ist der Ort, an dem alles begann. Er ist Teil von allem und wir sind Teil davon. Wir sind nur eine Facette davon. Es ist das Wissen. Es ist alles. Zu jedem Zeitpunkt wird sich alles daraus ergeben. Es umfasst einfach alles. Es gibt nur ein Gefühl der Gelassenheit. Es gibt kein Auf und Ab. Es gibt kein Gefühl von Zcit, von Distanz. Es ist einfach, was es ist. Manche erinnern sich daran."

D: *Du hast gesagt, dass du von dort kommst?*
G: Dieses Mal, ja.
D: *Aber du hast auch gesagt, dass alle von dort gekommen sind?*
G: Alle müssen das durchmachen, ja.
D: *Dort hast du angefangen?*
G: Das ist kein Ort, an dem man anfängt. Es ist etwas, das man durchmachen muss. Man muss es ertragen, um vorwärts zu kommen (er wurde emotional).

D: *Du hast also woanders angefangen, bevor du zur blauen Essenz kamst?* (Ja) *Warum ist das etwas, bei dem du emotional wirst?*
G: Es hätte nicht so weit kommen müssen, dass ich wieder hierher komme. Es hätte für mich keine Notwendigkeit sein sollen, hierher zurückzukommen und alles noch einmal zu machen. Warum können sie nicht dazu lernen?
D: *Du warst dort glücklicher, meinst du?*
G: Das ist nicht der Punkt. Der Punkt ist, dass dies von allen hätte vermieden werden können. Es hätte nicht zugelassen werden dürfen, dass ich noch einmal hätte kommen müssen. Ich verstehe einfach nicht, was es braucht, um das zu ändern.

Das klang ähnlich wie Ingrids Bericht in Buch Zwei, wo sie zurückkam und sich darüber aufregte, zurück zu sein. Ihr gefiel auch nicht, was die Menschen der Welt angetan hatten und sie war emotional, weil sie zurückgeschickt wurde.

D: *Hast du schon viele physische Leben durchlebt?*
G: Dieser Mensch hier denkt das, aber nein. Es gab nicht viele, nur die, die notwendig waren.
D: *Du dachtest also, du hättest alles erledigt?*
G: Das hätte es sein sollen, ja.
D: *Hattest du Karma, das zurückgezahlt werden musste?*
G: Es war keine Notwendigkeit. Ich darf nur zurückkommen, wenn die Notwendigkeit dafür groß ist. Ich hätte das eigentlich nicht noch einmal tun müssen.
D: *Du klingst verärgert darüber.*
G: Warum konnten sie es nicht verstehen? Wir haben sie unterrichtet, wir haben es ihnen gezeigt, wir haben ihnen die Konsequenzen gesagt.
D: *Wem hast du das gesagt? Von wem sprichst du?*
G: Wir sprechen von denen, die auf dieser Ebene waren, denen nur beigebracht wurde, dass sie denen, die sich vorwärts bewegen, zeigen müssen, wie man im Gleichgewicht bleibt. Um zu zeigen, was getan werden muss.
D: *Die Menschen, die zu der Zeit, als du vorher schon hier warst, auf dem Planeten lebten?*
G: Das ist richtig.
D: *Und du dachtest, sie hätten es verstanden?*
G: Das taten sie. Es scheint eine Fehleinschätzung unsererseits

zu sein, was sich in der menschlichen Rasse abspielen würde. *Wir werden nicht zulassen, dass sich diese Fehleinschätzung wiederholt.*
D: *Was war die Fehlberechnung?*
G: Dass es soviel Angst unter ihnen geben würde.
D: *Dachtest du, dass sie anders sein würden?*
G: Richtig. Das war der Plan.
D: *Du dachtest, du hättest zu Ende gebracht, was du angefangen hast.*
G: Das ist richtig. Aber wir beobachten weiterhin, was hier und bei anderen geschieht. Wir dachten, das letzte Mal, als es korrigiert wurde, wäre das das letzte Mal gewesen. Wir haben es ihnen gesagt, wir haben es ihnen gegeben, wir haben ihnen gezeigt, was wieder passieren würde, wenn es nicht abgewendet wird.
D: *Du weißt, wie Menschen sind, sie vergessen.*
G: Das ist wahr, aber wir hatten Sicherheitsvorkehrungen getroffen. Wir hatten die anderen, die hier waren, um sicherzustellen, dass dies nicht wieder geschehen würde. Aber sie haben nicht auf uns gehört.
D: *Du meinst die Sicherheitsnetze, die anderen Geistwesen und Seelen, die hier waren?*
G: Gemäß deiner Wahrnehmung, ja. Es waren Energien vorhanden. Wissen, das den Menschen zu geeigneten Zeiten gegeben wurde. Sie sollten es teilen. Aber andere Faktoren wurden einbezogen und das hätte nicht passieren sollen.
D: *Welche anderen? Meinst du andere Menschen?*
G: Das ist nicht korrekt. Nein, andere *Einflüsse* begannen sich zu entwickeln - Gier, Angst, Macht. Das sollte nicht im großen Stil zugelassen werden. Es wird passieren, das verstehen wir, wir haben uns damit befasst, aber das Ausmaß war nicht vorgesehen.
D: *Ihr habt nicht gedacht, dass es sich so weit ausbreiten würde?*
G: Das ist richtig.
D: *Als du das andere Mal kamst und die Leute unterwiesen hast, hast du da in einem physischen Körper gelebt?*
G: Du würdest es physisch nennen, aber das war es nicht. Er war physisch, wenn man ihn von außen betrachtete, aber das war schon alles.
D: *Kannst du mir etwas über die Zeitepoche sagen, in der es stattfand?*

G: Der letzte Zeitpunkt war das, was du "Atlantis" nennen würdest. Ich war hier am Ende dieser Epoche. Ja, Sie missbrauchten ihre Macht, ihr Wissen. Sie haben missverstanden, wofür das alles existierte. Alles, was sie hätten tun müssen, wäre die Fortsetzung des Weges gewesen, den wir ihnen vorgezeichnet haben. Man schickte uns zurück, um diese Fehlerberechnung zu korrigieren.
D: *Hast du zu dieser Zeit unter den Menschen gelebt?* (Nein) *Also warst du nicht in einem physischen Körper?*
G: Doch, wenn man ihn von außen betrachtete, sah es schon so aus.
D: *Hast du beobachtet, was geschah?*
G: Andere haben zugesehen. Sie erkannten, was passieren würde, wenn es auf diesem Wege weitergehen würde und wir wurden hinzugezogen. Das war unsere Funktion. Wir sind diejenigen, die korrigieren. Wir alle ersetzen das, was ist, für etwas besseres - wir alle haben das, was du eine "Aufgabe" nennst. Wir sind diejenigen, die korrigieren.
D: *Seid ihr wie Geistwesen?*
G: So ähnlich, ja.
D: *Bedeutet das, dass du noch nie ein physisches Leben in einem physischen Körper geführt hast?*
G: Ja. Dieser Körper denkt, dass es so ist - aber nein.
D: *Du wurdest also zusammen mit den anderen zu dieser Zeit zu Hilfe gerufen, weil die Dinge schieflaufen?*
G: Das ist richtig. Die Gier und die Macht kamen an einen Punkt, an dem es nicht mehr erlaubt werden konnte. Wenn man es zulassen würde, dann hätten die Folgen zu viele andere Wesenheiten und Planeten betroffen, mit denen wir alle verbunden sind. Und deshalb war es zu diesem Zeitpunkt nicht erlaubt - es musste geändert und korrigiert werden.
D: *Was taten sie, das so negativ war?*

Ich wusste die Antworten auf diese Frage bereits, denn ich hatte über Atlantis bereits in *Buch Eins* dieser Serie geschrieben. Aber ich versuche immer, entweder zu überprüfen, was ich gefunden habe, oder weitere Informationen zu erhalten.

G: Sie haben die Energie missbraucht, ihr Wissen missbraucht, anstatt zu helfen, das Wissen zu nähren und weiter zu verstehen und zu wachsen. Sie haben das, was sie wussten, manipuliert. Sie versuchten, es zu ändern, was es damit im Kern und im Wesen verändert hätte, aber das war nicht erlaubt. Und dann wollten sie diesen einen Weg verfolgen, der weitere Konsequenzen nach sich gezogen hätte, für die sie aber noch gar nicht bereit waren. Für diese Art von Wissen war für sie zu diesem Zeitpunkt noch viel zu früh und deshalb musste eine Korrektur vorgenommen werden. Sie nutzten diese, um andere zu zerstören und um wieder Macht über andere zu erlangen. Davon erzählen auch eure Legenden und wenn du genau hinschaust, wirst du sie finden.

D: *Ich habe gehört, dass sie die Macht ihres Geistes missbraucht haben.*

G: Bis zu einem gewissen Grad. Ihr Verstand war sehr fortgeschritten, wir halfen ihnen dabei, die Macht ihres Verstandes zu begreifen, damit sie die Energien, mit denen sie arbeiteten, verstehen konnten. Um nicht nur sich selbst, sondern den Planeten im Allgemeinen voranzubringen, was wiederum einen Dominoeffekt auf die anderen Planeten und andere Gemeinschaften und Entitäten gehabt hätte.

D: *Benutzten sie auch physische Objekte, um Energie zu erzeugen?*

G: Deine Annahmen sind richtig. Es gibt Kristalle, die verfügbar sind und mit der richtigen Energie manipuliert werden können, um die Frequenz zu steuern. Du hast dies bereits in deinen Büchern angesprochen, während du mit anderen Menschen gearbeitet hast. Aber es gibt auch einige Kristalle, die noch nicht entdeckt wurden, die das sind, was du einen "Katalysator" nennen würdest. Sie sind das Zentrum, sie sind die Bewahrer. Bestimmte Individuen oder Energien können damit arbeiten und dies als eine Kraft nutzen, von der du glaubst, sie sei bekannt. Nein, es ist eigentlich das Gegenteil. Von diesem Punkt aus können Dinge geschehen und manipuliert werden und vorwärts gebracht werden.

D: *Sind es große Kristalle?*

G: Einige können sehr groß sein, andere nicht.

D: *Du sagtest, sie seien noch nicht wiederentdeckt worden. Liegt das daran, dass sie, als die Veränderungen stattfanden, wieder begraben wurden?*

G: Sie waren versteckt, ja. Sie benutzten bereits diese Kristalle und suchten nach den anderen. Die anderen können sie nicht finden. Das ist zu diesem Zeitpunkt nicht erlaubt, nein. Es hätte es ihnen ermöglicht, eine neue Ebene des Verständnisses zu erreichen, die aufgrund der Art und Weise, wie sie sich entwickelten, negative Auswirkungen auf andere auf dieser Existenzebene gehabt hätten. Sie dachten, sie wüssten alles, sie könnten alles kontrollieren.

D: *Ich habe auch gehört, dass sie versuchten, die Natur zu verändern.*

G: Das haben sie, ja. Sie haben die DNA der Bäume verändert, damit diese mehr Früchte tragen, was in diesem Fall verständlich ist, um die Bevölkerung zu ernähren. Aber sie taten dies auch, ohne die Konsequenzen zu verstehen. Als sie die DNA dieser Arten veränderten, wurden die Strukturen neben den anderen Strukturen um sie herum ungewöhnlich. Und dann war es klar, dass sie mit ihrem riesigen Wissen und der Kraft ihres Geistes auch die DNA der Menschen verändern konnten. Darin wurden sie ebenfalls geschult. Einige eurer alten Legenden berichten auch darüber. Du hast noch keine Belege dafür gefunden, aber du wirst sie bald entdecken. Die alten Legenden von dem, was du einen "Minotaurus" nennen würdest; es gab diese und auch andere. Sie dienten keinem wie auch immer gearteten nützlichen Zweck, aber dennoch taten sie dies. Sie nannten dies die "Neue Wissenschaft". Aber man muss verstehen, dass das keine Wissenschaft war, das war nur der Missbrauch dessen, was sie wussten. Sie wussten bereits, was passieren würde, aber dennoch wollten sie es in die Tat umsetzen. Sie wollten es in diese Dimension bringen, aber in diesem Fall hätte es nicht sein dürfen.

Es gibt dazu noch viel mehr Informationen in den Kapiteln über Atlantis im *Verschlungenen Universum - Buch Eins und Zwei*.

D: *Sie waren neugierig und wollten sehen, was sie erreichen konnten.*
G: Das ist richtig.
D: *Ist das nicht etwas, was unsere Wissenschaftler jetzt ebenfalls versuchen?*
G: Das ist richtig. Deshalb bin ich und andere auch hier.
D: *Das wurde mir schon früher berichtet. Wir müssen diese*

Information wissen, denn die Geschichte wiederholt sich.
G: Das ist wahr. Sie hat bereits begonnen, sich zu wiederholen. Sie scheinen die gleichen Wege zu gehen, ja.
D: *Sie versuchen erneut, die DNA von Pflanzen zu verändern. Sie sagten, es gehe darum, mehr und bessere Nahrungsmittel für die Bevölkerung herzustellen.*
G: Sie können das, aber sie gehen wieder einmal zu weit. Sie haben das, was sie bereits getan haben, noch übertroffen und ihre Manipulationen gehen bis auf das hinunter, was du als zelluläre Ebene bezeichnen würdest. Aber auch diese Veränderungen, das musst du verstehen, gehen über die zelluläre Ebene hinaus. Sie gehen auch über die Energieebene hinaus. Und sie beginnen, diese wieder zu manipulieren. Das haben sie bereits schon einmal getan.
D: *Wir wissen, dass sie Tiere klonen und die DNA von Tieren manipulieren.*
G: Das geht schon seit, wie du es nennen würdest, Jahrzehnten so, ja.
D: *Mir ist gesagt worden, dass sie das auch mit Menschen machen, aber es ist der breiten Öffentlichkeit noch nicht bekannt.*
G: Das ist richtig. Wenn sie es nicht begreifen und ihr Denken neu ausrichten, dann arbeiten wir mit anderen daran. Aber wie du weißt, gibt es viel Überzeugungsarbeit von anderen Fraktionen, diesen Weg weiter zu gehen.
D: *Das alles geschieht im Namen der Wissenschaft, nicht wahr?*
G: Das ist der Begriff, der verwendet wird, ja. Oder jetzt, wie sie sagen, ist es der Name dessen, was du "Verteidigung" nennen würdest - militärisch, zur Verbesserung der eigenen Situation.
D: *Warum sollte das Militär von so etwas profitieren?*
G: Sie sehen es als eine Waffe an.
D: *Die Manipulation der DNA?*
G: Das ist richtig. Was du als "Bioterrorismus" bezeichnen würdest. Auch die Schaffung einer Person, die den Kämpfen des Krieges standhalten kann.

Er schien Schwierigkeiten zu haben, die richtigen Worte zu finden. Die Worte schienen ihm fremd und eigenartig zu sein.

D: *Ich weiß, dass es schwierig ist, unsere Worte zu benutzen.*

Aber was du meinst ist, dass die Körper von Soldaten manipuliert werden?

G: Die Körper werden so verändert, dass sie in der Lage sind, einen bioterroristischen Angriff erfolgreich abzuwehren und zu überleben. Aber sie verstehen nicht, dass der Körper selbst zu einer Waffe gegen sie wird. Das, was sie zur Abwehr bilden, wird sich weiter entwickeln und auf einer anderen Ebene wieder zu ihnen zurückkehren und die Folgen werden immens sein.

D: Meinst du damit, dass der Körper in der Lage ist, etwas zu bilden, um dem entgegenzuwirken?

G: Daran arbeiten sie in ihren Labors, um es menschlichen Körpern zu injizieren, damit die Körper unterschiedliche Arten von Bioterrorismus abwehren können. Sie injizieren Substanzen, verändern die DNA-Struktur des Körpers, so dass er sich anpassen kann. Aber das wird schon nach kurzer Zeit zusammenbrechen und sie werden keinerlei Abwehr gegen das, was sie selbst geschaffen haben, mehr haben.

D: Das ist einer der Gründe, warum du hier bist, weil sie den Menschen schaden werden?

G: Ich bin hier, um dies zu stoppen. Wir sind hier, um die Korrekturen vorzunehmen, ja.

D: Nun, lass uns ein wenig zurückgehen. Du sagtest, du warst in Atlantis dabei, als das alles passierte. Was geschah dann?

G: Ihnen wurde gesagt, sie sollten aufhören. Wenn nicht ... (Pause)

D: Wenn nicht, was dann?

G: (Pause) Wenn sie nicht aufhören würden, dann würden wir es kontrollieren. Wir kommen herein und setzen unsere ganze Kraft ein und wir korrigieren. Sie würden aufhören zu existieren.

D: Ist es das, was zur Zeit von Atlantis geschah?

G: Das ist richtig.

D: Welche Art von Korrektur habt ihr vorgenommen?

G: (emotionslos) Wir haben die Bevölkerung eliminiert. Wir begruben die Zivilisation unter Wasser, damit sie nicht wieder gefunden werden konnte.

D: Ich möchte diese Dinge gerne klären. Ist es in Ordnung, wenn ich weiter Fragen stelle?

G: Zu diesem Zeitpunkt ja.

D: Denn dies sind die Dinge, mit denen ich mich beschäftige.

G: Wir verstehen das.
D: Ich habe gehört, dass die Wissenschaftler die Kraft der Kristalle missbraucht haben und das hat die Zerstörung verursacht.
G: Wir haben einen Teil der Bevölkerung überleben lassen, so dass diese Legende verbreitet werden konnte. Damit andere von den Geschehnissen erfahren konnten. Und wir hatten gehofft, dass sie dadurch den tatsächlichen Wert verstehen würden und auch verstehen, dass sie ihn nicht missbrauchen dürfen. Dass wir sie beobachten und die erforderlichen Maßnahmen ergreifen, um nicht nur diesen, sondern auch die anderen zu retten.
D: Welche anderen?
G: Andere Planeten. Es würde eine Kettenreaktion verursachen. Das weißt du bereits.
D: Damals habt ihr das also getan, obwohl es etwas war, was ihr nicht tun wolltet. Einfach alles zerstören und von vorne anfangen.
G: Das ist richtig. Aber es war eine Notwendigkeit.

In einigen meiner anderen Bücher wurde darüber berichtet, dass es ihnen normalerweise nicht erlaubt ist, sich in die Angelegenheiten anderer Kulturen einzumischen. Sie können nur zuschauen und beobachten. Die einzige Ausnahme (und das wurde mir schon oft gesagt) wäre, wenn wir den Punkt erreichen, an dem wir möglicherweise unseren Planeten zerstören könnten (z.B. durch den Missbrauch der Atomkraft oder anderer Kräfte). Dies könnte nicht zugelassen werden, da dies einen Welleneffekt in der Galaxie verursachen würde und viele andere Zivilisationen in Mitleidenschaft gezogen würden. Sie sagten auch, es würde sich auf andere Dimensionen auswirken, wo andere Zivilisationen existieren. Es wäre wie die Erklärung eines unerwünschten und ungerechtfertigten Krieges, der weitreichende Auswirkungen haben würde. Dies könne nicht zugelassen werden. Sie sagten, dass es unter solchen Umständen gerechtfertigt wäre, einzugreifen und dies zu verhindern. Ich hatte jedoch noch nie jemanden von diesen drastischen Maßnahmen sprechen hören, die George beschrieb. Das klang beunruhigend, kalt und berechnend, ohne jegliche Gefühle für die menschliche Rasse. Aber war man der Ansicht, dass sich die menschliche Rasse zu diesem Zeitpunkt bereits über das

Bedürfnis nach menschlichen Gefühlen hinaus entwickelt hatte? Dies hätte dann in der Tat von einer völlig anderen Art von Entität durchgeführt werden müssen.

D: *Ich habe Geschichten von Menschen gehört, die überlebt haben.*
G: Das ist richtig. Sie durften das. Einige wurden vorab gewarnt, damit ein Teil des Wissens für einen Neustart genutzt werden konnte.

Über diese Ereignisse wurde in *Das gewundene Universum - Buch Zwei* und in einigen meiner anderen Bücher berichtet.

D: *Aber der größte Teil von Atlantis liegt unter Wasser?*
G: Das ist richtig und zur Zeit wird danach gesucht.
D: *Mir wurde auch gesagt, dass sich Teile unter Erdhügeln befinden.*
G: Teile, ja.
D: *Aber das war etwas, das ihr nicht wirklich tun wolltet?*
G: Es ist unsere Aufgabe.
D: *Hat euch jemand oder etwas gesagt, dass ihr das tun solltet?*
G: Das Kollektiv versteht, was getan werden muss.
D: *Auch wenn es negativ erscheint, eine ganze Zivilisation zu zerstören?*
G: Das ist wahr. Wir haben das schon viele Male getan.
D: *Auf der Erde oder an anderen Orten?*
G: Wo wir gebraucht werden.
D: *Ich habe oft gehört, dass neben Atlantis auch andere Zivilisationen auf der Erde untergingen.*
G: Korrekt.
D: *Aber seid ihr auch in diese andere Welten geschickt worden?*
G: Ja. Das ist unsere Funktion. Das ist es, was wir sind.
D: *Heißt das, dass du bisher noch nie in einem physischen Körper gelebt hast?*
G: Es gab Zeiten, da mussten wir die Körper dieser Zivilisationen übernehmen, damit wir ihnen den Wert dessen, was erreicht werden musste, einprägen konnten, ja.
D: *Aber du bist verärgert, weil du zurückkommen musstest. Du dachtest, du hättest es das andere Mal in Ordnung gebracht.*
G: Das ist richtig. Es sollte zu diesem Zeitpunkt keine Notwendigkeit mehr sein, aber es ist eine.

D: Seit der Zeit von Atlantis hat es viele, viele, viele Generationen gegeben.
G: Das ist richtig.
D: Und es scheint so, als ob ähnliche Leute wieder an der Macht sind und die gleichen Fehler begehen.
G: Das sind sie. Die anderen, die zu diesem Zeitpunkt an die Macht gekommen sind, hatten einen Einfluss, den wir nicht berücksichtigt haben. Das Kollektiv bestimmte also, es sei eine Notwendigkeit.
D: Sind die anderen die Energien, die den negativen Einfluss verursachen? (Ja) Sind sie auch in physischen Körpern?
G: Sie sind nicht auf eine Art in physischen Körper, wie du annehmen würdest. Sie erscheinen physisch, ja. Sie haben eine andere Agenda. Diese Energien sind so verschieden wie auch Menschen unterschiedlich sind.
D: Gibt es nicht eine Kontrolle, wie z. B. das Kollektiv, die diese Negativität nicht zulassen würde?
G: Ja, es gibt ein Kollektiv. Und es wurde erlaubt.
D: Ist es das, was die Kriege und alles in unserer heutigen Zeit verursacht?
G: Das trifft für die heutige Zeit zu.
D: Aber du sagtest, dass es viele andere wie dich gibt, die zurückgekommen sind, um dies zu korrigieren?
G: (vorsichtig) Warum suchst du nach diesen Informationen?

Wenn Zweifel aufkommen, muss ich immer vorsichtig antworten, sonst könnte der Informationsfluss unterbrochen werden.

D: Weil ich wie eine Reporterin arbeite. Ich bin eine Sammlerin von Informationen. Ich schreibe darüber, das weißt du, aber ich schreibe, um die Leute wissen zu lassen, was vor sich geht. Ist das für dich akzeptabel? (Ja) Ich versuche, auf meine eigene Weise zu helfen, damit die Leute wissen, was passiert.
G: Wir verstehen das.
D: Ich habe mit vielen anderen Menschen während den Sitzungen gesprochen, die sagen, dass sie gesendet wurden, um Änderungen vorzunehmen.
G: Es gibt verschiedene Ebenen der Veränderungen, von denen du sprichst. Wir sind die letzte Ebene. Die anderen sind hier,

um den Wandel zu erleichtern. Wenn die Veränderung stattfindet, dann werden wir nicht gebraucht. Wenn sie nicht stattfindet, dann werden wir korrigieren.

D: Auf die gleiche Weise wie damals?

G: Wir werden korrigieren.

D: Wieder durch Wasser?

G: Es wäre eine Korrektur.

D: Meinst du, es würde diesmal anders umgesetzt?

G: Das dürfen wir dir im Moment nicht sagen.

D: Das ist schon in Ordnung. Ich nehme die Informationen, wie mir erlaubt sind. Ich sprach mit einem Mann in England, der sagte, es seien sieben Personen gesandt worden. Ich fragte mich, ob du einer von ihnen bist, oder ob du etwas anderes machst. (siehe das Kapitel in Das gewundene Universum - Buch Zwei: "Der Erste der Sieben"). *Sie sagten mir, ich solle die Identitäten nicht preisgeben und sie nicht miteinander in Kontakt bringen. Dass sie ihre Arbeit getrennt voneinander machen müssten.*

G: Ich gehöre nicht zu dieser Gruppe. Sie sind diejenigen, die hier sind, um den Wechsel zu erleichtern. Wenn sie scheitern, sind wir die Gruppe, die korrigieren wird. Wir sind die letzte Gruppe.

D: Ich halte das für eine sehr wertvolle Information, denn die Welt scheint zu stolpern und immer wieder die gleichen Fehler zu machen.

G: Das ist richtig.

D: Ist es für mich in Ordnung, diese Dinge zu wissen?

G: Zu diesem Zeitpunkt, ja.

D: Und ich werde die Identität des Körpers, durch den du sprichst, nicht preisgeben.

G: Das wird nicht erlaubt sein, nein. Es ist noch nicht seine Zeit, vollkommen bekannt zu werden. Er wird es aber sein.

D: Das war eine Sache, nach der er fragen wollte. Er fühlt, dass er Macht hat und er möchte wissen, warum er sie nicht nutzen kann.

G: Wir alle haben Macht, das ist wahr. Man würde uns als die *finale* Lösung sehen. Die aus der Gruppe, die du angesprochen hast, habens sehr viel Macht, ja. Er aber ist selbst die Macht.

D: Ich habe mit vielen anderen gearbeitet, die Heiler waren und verschiedene Energiearbeiten in einem physischen Körper zu anderen Lebenszeiten ausgeübt hatten. Jetzt bringen sie dieses Wissen zurück.

G: Er hat sich mit vielen verschiedenen Bereichen befasst und ist mit allen sehr vertraut. Er wird sich mit ihnen verbunden fühlen. Er wird sie verstehen und es wird kommen und ihm selbstverständlich erscheinen.

D: *Er fühlt, dass er von irgendwo eine Kraft hat und er wollte wissen, ob er diese zurückbekommen kann. Aber da ist auch die Angst, diese Kraft durchkommen zu lassen.*

G: Wir verstehen.

D: *Weil er ein Mensch ist.*

G: In deiner Wahrnehmung, ja.

D: *Wirst du ihm erlauben, diese Dinge zu erfahren?*

G: Das wird jetzt erlaubt werden, ja.

D: *Wenn er diese Kraft durchkommen ließe, um Menschen zu helfen, könnte er sie dann kontrollieren?*

G: Er kann sie kontrollieren, ja.

D: *Natürlich, wenn es zu viel Macht gäbe, würde er die Menschen verschrecken.*

G: Das ist wahr. Die Macht, die erreichbar ist, ist groß, ja. Wir haben mit ihm zusammengearbeitet und wir werden die Wege öffnen, damit sie wieder durchkommen kann. Es wird nicht mehr schrittweise geschehen. Es ist an der Zeit, dass er vorangeht, dass er damit vorankommt. Er wird die großen Energieverschiebungen erleben dürfen, die auf ihn zukommen. Er wird Zugang zum Universum erhalten, um die Energie zu nutzen.

D: *Aber er muss auch ein menschliches Leben führen.*

G: Das ist wahr.

Ich bin mir immer sehr bewusst, dass ich die Person, mit der ich arbeite, als einen normalen Menschen wahrnehmen muss. Und ich bin sehr darauf bedacht, ihr Leben nicht in Unordnung zu bringen, egal wie seltsam die Informationen sind.

D: *Er muss in der physischen Welt leben. Und er muss einen Job haben und für die Dinge, die ein Mensch braucht, sorgen. Wir sollten uns doch nicht in all das einmischen, oder?*

G: Das ist irrelevant.

D: *Aber es geht darum, was er als Mensch tun muss.*

G: Wir verstehen, aber es ist trotzdem irrelevant.

D: Meine Aufgabe ist es immer, zu schützen. Was du ihn also tun lässt, wird sein menschliches Leben nicht beeinträchtigen, oder?
G: Die Frage ist geklärt.
D: Er sagte, er versuche, mehr Informationen von der geistigen Welt zu erhalten. Sie kommen tatsächlich von dir, nicht wahr?
G: Das ist richtig.
D: Und er wollte wissen, was ihn davon abhält, diese Dinge zu erreichen.
G: Er hat immer noch die Angst und die Wut der letzten Inkarnation. Und warum sie nichts verstanden haben und nicht vorwärts gegangen sind. Das ist der Grund, warum er diese Zweifel hat, die manchmal an die Oberfläche kommen. Und ihm ist klar, dass er vielleicht sagen wird, dass Menschen dumm sind und nichts verstehen. Daher kommt es.
D: Er sagte, dass er Wut hatte.
G: Oh, ja. Die Zeit dafür war gekommen und ist jetzt vorbei.
D: Das ist es also, was ihn zurückgehalten hat.
G: Er wurde nie zurückgehalten.
D: Nun, er fühlte sich zurückgehalten. (lacht)
G: Das ist verständlich.
D: Er fühlt auch, dass er einst die Fähigkeit hatte, Objekte zu bewegen.
G: Er hat die Fähigkeit, sehr vieles zu tun. Das Bewegen von Objekten ist das, was du als ein "Kinderspiel" bezeichnen würdest, ja.
D: Wird er in der Lage sein, diese Fähigkeit zurückzubringen?
G: Oh, das ist in Ordnung. Wir haben es ihm immer wieder gezeigt. Es ist für ihn ganz natürlich, ja. Diese und die anderen Fähigkeiten werden sofort zurückkommen, ja.

Eine weitere Fähigkeit, von der George glaubte, sie zu besitzen, war die Fähigkeit, Objekte zu lokalisieren. Er wollte den Menschen helfen, vergrabene Dinge zu finden.

Das war etwas, was George unbedingt tun wollte, doch er fühlte sich dazu nicht in der Lage. Er war auch daran interessiert, andere Menschen zu heilen.

G: Er kann alles tun. Und er assoziiert es immer noch mit dem letzten Mal. Diese Fähigkeit ist wieder da und es ist nur ein kleiner Teil dessen, was sein Können ausmacht, ja. Auch das würden wir als „Kinderspielzeug" bezeichnen, ja.

D: Er wird also in der Lage sein, diese Fähigkeiten wieder zu nutzen?

G: Er hat sie bereits gehabt. Wir werden sie erwecken, ja.

D: Also werden all diese Fähigkeiten, vor denen er sich gefürchtet hat, wieder zum Vorschein kommen?

G: Das ist richtig. Wir werden jetzt damit beginnen, den Schutz abzunehmen. Das Schutzschild war eine Zeit lang nötig, um seine Talente zu schützen, denn er war noch nicht ganz bereit, mit seinen menschlichen Sinnen die Ungeheuerlichkeit dieses Phänomens zu verstehen oder zu erfassen. Also musste er bis jetzt geschützt werden. Er hat diese und andere Dinge getan. Er wird für einige dieser Dinge bekannt werden, ja.

D: Aber auch hier wollen wir sein Leben nicht durcheinander bringen.

G: Das ist irrelevant. Du verstehst das Konzept seines Zwecks hier nicht. Sein Zweck hier ist es, Dinge zu schaffen und sie auf eine bestimmte Art und Weise wachsen zu lassen, so, wie es das Kollektiv will. Dass er einen menschlichen Körper hat, ist für diese Angelegenheit irrelevant. Aber ja, wir verstehen die Frage. Wir verstehen, was du versuchst, für den menschlichen Körper zu tun. Wir verstehen diesen Punkt. Wir werden dafür jetzt Anpassungen vornehmen, ja.

D: Weil er in dieser Welt leben muss. Und wenn er zu ungewöhnlich erscheint, könnte man ihn irgendwo einsperren. Dann wäre er nicht in der Lage, etwas zu erreichen, oder?

G: Er wird den Menschen nicht erlauben, alles wahrzunehmen, was er tun kann. Er wird es genießen, mit dem Spielzeug des Kindes zu arbeiten, ja, und das wird die Menschen zufrieden stellen. Es wird sie davon abhalten, zu verstehen, was er tatsächlich bewirken kann. Aber wir verstehen auch, dass er dann gesucht werden wird, er und die anderen, ja.

D: Ich habe mich gefragt, ob die Regierung versuchen würde, sie zu finden.

G: Sie wissen, dass wir hier sind, ja, aber sie wissen nicht wo. Die anderen (Energien) versuchen, ihnen dabei zu helfen, uns zu finden.

D: *Wenn also einige seiner Fähigkeiten aufgedeckt werden, wird er nicht in Gefahr geraten?*
G: Sie können ihm nichts anhaben, nein. Bald werden sie erkennen, dass er hier ist, ja. Sie wissen, dass er hier ist. Lass mich das klarstellen: Sie wissen, dass er auf diesem Planeten ist, ja. Sie wissen, dass er jetzt beginnt, zu wirken und seine Fähigkeiten zu nutzen. Ja, sie sind sich dessen bewusst. Bald werden sie auch wissen, wer er tatsächlich ist. Aber bis dahin werden sie nicht mehr in der Lage sein, ihm, für ihn oder gegen ihn etwas zu tun.
D: *Du glaubst also, dass das Regierungsleute sind?*
G: Das sind sie und andere, ja. Die anderen, die mit ihnen zusammenarbeiten, ja.
D: *Ich hatte noch andere Klienten, die wir schützen sollten.*
G: Er braucht jetzt keinen Schutz, nein.
D: *Weil ich nichts tun möchte, was ihm schaden könnte.*
G: Wir verstehen das. Das ist richtig.
D: *Wenn er also auffälliger wird, dann werden sie ihn identifizieren.*
G: Das stimmt, ja. Und wir wünschen, dass dies geschieht, ja. Wenn sie die Gruppe identifizieren, werden sie wissen, wie viele Mitglieder der Gruppe tatsächlich hier sind. Und deshalb ist unser Ziel, dass sie sich die Dinge allein deshalb ändern, weil sie wissen, dass die Gruppe hier ist und wie stark sie ist. Dann haben wir unser Ziel erreicht.
D: *Sie wissen nicht, wie viele beteiligt sind. Sie können sie also unmöglich alle finden.*
G: Doch, sie werden sie finden. Sie haben diesen Einblick, wir werden ihnen erlauben zu wissen, wo wir sind, ja, das ist richtig. Aber nur diese Gruppe. Wir müssen das klarstellen - es geht nur um diese Gruppe.
D: *Was ist der Unterschied zwischen dieser Gruppe und den anderen?*
G: Wenn du ein Infanteriesoldat in einer Schlacht sein würdest und ein Panzer auf dich zurollt. Dann identifizierst du natürlich, wo der Panzer ist, aber würdest du dich auch vor diesen Panzer hinstellen?
D: *Nein.* (Pause) *Wo liegt der Zusammenhang?*
G: Die Gruppe ist wie ein Panzer. Jeder Einzelne ist wie ein Panzer. Sie können sie identifizieren, das ist richtig. Und das ist unser Ziel (davon gibt es viele). Sie sollen sie

identifizieren. Das müssen sie. Aber wenn sie sie einmal identifiziert haben, dann können sie ihnen nichts mehr antun. Jetzt werden sie es natürlich versuchen. Aber sie werden erfahren, das es nicht funktionieren wird.

D: Die anderen Gruppen leisten also andere Arbeit?

G: Richtig. Jede Gruppe hat ihre eigene Aufgabe zu erfüllen.

D: Niemand könnte diese Person verletzen, oder?

G: Der physische Teil, der menschliche Teil, ist zu diesem Zeitpunkt in seinem Leben die Wahrnehmung ja. Aber was verstanden werden muss, ist - um zu sehen, warum das alles arrangiert wurde - von diesem Punkt an wird das, was der menschliche Teil ist, immer noch da sein, ja. Wir werden nicht zulassen, dass er entfernt wird. Aber die Essenz dessen, wer er ist, die Essenz dessen, was seine Fähigkeiten sind und wie du sagen würdest, was seine "Arbeit" ist, muss erfüllt werden. Deshalb hat dieser Teil von ihm in letzter Zeit bereits damit begonnen, sich durchzusetzen, und wird damit jetzt in einem beschleunigtem Tempo weitermachen.

D: Also werden sich die Dinge in seinem Leben jetzt ändern.

G: Natürlich.

D: Okay, aber wir wollen immer zum Positiven hin. Ich weiß, dass du die Stirn runzelst, aber ich arbeite immer mit dem Positiven.

G: Und mit seinem Erfahrungshintergrund versucht dieser Mensch hier, immer das Positive zu sein. Und er will, dass die menschliche Bevölkerung positiv ist und sich selbst korrigiert. Wenn sie das tut, braucht er seine Arbeit nicht zu Ende führen und es gäbe keine *finale* Lösung. Er weiß, was erreicht werden kann. Er weiß, dass das, was du als "Kataklysmen" bezeichnest, passieren könnte, wenn er und die anderen aus seiner Gruppe sich melden und sich dieser Welt voll und ganz offenbaren.

D: Mir wurde gesagt, dass alles wieder von vorne beginnen müsste, und das würde zu lange dauern.

G: Das ist wahr. Aber er und andere sind hier vor Ort, nur für alle Fälle.

D: Kennt er einen von diesen anderen? Oder sollte er sie kennen?

G: Er hat noch keine getroffen. Aber es gibt viele, ja.

D: Als George ein Kind war, hatte er zahlreiche Probleme mit seinen Nieren und musste viele Medikamente einnehmen.

Ich habe andere Fälle erlebt, in denen sich Menschen aktiv mit Energiearbeit beschäftigt haben, sowohl in diesem Leben als auch vermehrt in früheren Leben. Sie hatten ebenfalls Probleme mit ihren Organen und unerklärlichem Fieber in der Kindheit, die ihre Ärzte, die viele Medikamente vergeblich einsetzten, vor ein Rätsel stellten. Während der Sitzungen stellte sich heraus, dass ihre physischen Körper Schwierigkeiten damit hatten, die höher schwingende Energie, die aus ihren früheren Leben übertragen worden war, zu integrieren. Man hatte George gesagt, er habe keine früheren physischen Leben, doch die passende Erklärung war ähnlich.

G: Er konnte nicht sehr leicht in dieses Leben hineingebracht werden. Die Energie war zu groß für den Körper, der für ihn ausgewählt worden war. Die Menschen, die Individuen, erkannten, dass etwas anders war und er wurde untersucht. Aber der Hauptgrund war, dass die Energie zu groß für den Körper zu dieser Zeit war und er sich daran anpassen musste. Sie wirkte sich nicht nur auf seine Nieren aus, sondern auf viele andere Teile des Körpers.

D: *Aber die Nieren sind jetzt in Ordnung, nicht wahr?*

G: Ja. Wir arbeiten mit ihm, helfen ihm, sich anzupassen, helfen ihm, seinen Geist, sein Wesen zu klären. Damit er sich an die neue Energie anpassen kann, damit er erkennt und versteht, wer und was er wirklich ist. Wir hatten nicht verstanden, dass es wegen der Heilfähigkeit des Körpers so viele Probleme verursacht, sich selbst zu erhalten. Wir werden das korrigieren.

Sie scannten Georges Körper und passten viele Organe und Körperteile an. Sie sprachen über einige gelockerte Verbindungen, die verhinderten, dass die Energie richtig und reibungslos fließen konnte. Sie fanden sogar Probleme, derer sich George nicht bewusst war. Die Heilung und die Anpassungen würden sich in den darauffolgenden zwei Wochen fortsetzen. Manchmal ist es nicht ratsam, dass die Heilung sofort erfolgt, weil sie für den Körper zu traumatisch wäre. George hatte auch über nächtliche Schlafprobleme gesprochen. Er wachte alle zwei Stunden auf. "Das ist der Energiefluss. Die Informationen, die ihm zu diesem Zeitpunkt gegeben wurden, kommen in Strömen. Und die Pausen zwischen den Strömen wecken ihn auf. Er muss die Energie erhalten, aber wir werden den zeitlichen Rahmen dafür anpassen." Ich fragte, ob es ihm gelingen würde, erfolgreich zu heilen oder Energiearbeit so zu leisten, dass er seine reguläre Arbeit beenden könnte. "Sein Ziel ist es nicht, dabei erfolgreich zu sein. Sein Ziel ist es, eine Veränderung zu ermöglichen. Aber in deinen Begrifflichkeiten wird er dabei erfolgreich werden, wenn er Veränderungen herbeiführt, ja.

D: Er hat eine irrationale Angst vor der Dämmerung, kurz bevor es dunkel wird. Kannst du ihm das erklären?
G: Wann wurde die Atlantis-Situation deiner Meinung nach gelöst? Das war, als sie das letzte Mal dort etwas korrigiert haben. Die Korrektur wurde in der Abenddämmerung begonnen, ja.
D: Das war, als sie mit der Korrektur begannen, die in der Katastrophe endete?
G: Ja. Er erkennt seine Macht und was er erreichen sollte. Die Angst war irrational. Wir werden das jetzt korrigieren. Du bist eine Vermittlerin, die hinzugewonnen wurde, um ihm zu diesem Zeitpunkt Zugang dazu zu gewähren. Er hatte immer das Gefühl, dass er das im normalen menschlichen Kontext nicht akzeptieren könnte. Und dadurch, dass er zu dieser Zeit hier bei dir war, konnte er auf die Informationen zugreifen. Deshalb können wir jetzt den Schutz entfernen, die er bis zu diesem Zeitpunkt errichtet war. Jetzt wird er also entfernt und er wird in der Lage sein, zu verstehen und vorwärts zu gehen, ja. Das ist der Zusammenhang.
D: Alles muss zum richtigen Zeitpunkt geschehen. Hoffen wir, dass du die finale Lösung nicht noch einmal vornehmen musst.
G: Wir werden unsere Arbeit tun, ja.
D: Wir hoffen, dass es diesmal nicht so weit kommt. Vielleicht wird die Menschheit anfangen, die Botschaft zu begreifen.
G: (Düster) Das haben sie letztes Mal nicht getan.

Es scheint, als hätte der *Plan*, das *Ziel*, alle Möglichkeiten in Betracht gezogen. Sie versuchen, die Bedingungen auf der Erde zu verändern, indem sie auf viele geniale Arten neue, reine Geister einführen. Aber nur für den Fall, dass sie keinen Erfolg haben, wurde die *finale* Lösung auch hier platziert. Sie haben gesagt, dass die vermehrte neue Energie, die eintritt, scheinbar Wirkung zeigt. Aber für den Fall der Fälle sind sie bereit, wieder drastische Maßnahmen zu ergreifen. Hoffen wir, dass die Energie und der Einsatz von George nicht nötig sein werden!

KAPITEL NEUNUNDDREIßIG

DIE EINSWERDUNG

Ich hatte die Absicht, dieses Buch mit dem Kapitel *Die finale Lösung* zu beenden. Ich konnte mir nichts Machtvolleres vorstellen, als die Entdeckung dieser ungewöhnlichen Energie, die im Körper eines normalen Menschen wohnt. Eine unbenannte Energie, die die Macht hatte, die Welt zu zerstören. Von der eisigen Art, wie sie über ihre Arbeit sprach, habe ich nicht den geringsten Zweifel daran, dass sie das, was sie sagte, auch wirklich meinte. Sie hat die volle Absicht, ihre Mission der totalen Zerstörung zu erfüllen, wenn wir das Chaos, das wir in unserer Welt angerichtet haben, nicht wieder in Ordnung bringen. Aus anderen Sitzungen in diesem Buch habe ich andere Menschen gefunden, die die gleiche Macht besitzen und einige von ihnen haben diese Macht bereits in anderen Leben eingesetzt. Den Schilderungen entnehme ich nicht, dass sie alle dazu aufgerufen wären, es wieder zu tun. Ich glaube, dass diese Aufgabe nur einigen wenigen zuteil werden würde. Es ist durchaus verständlich, dass sie mit einer totalen Amnesie des Auftrags in dieses Leben kommen mussten. Wie sollten sie ihn sonst zu gegebener Zeit ausführen können? Wie sonst könnten sie alle Emotionen abschalten und nur das tun, wozu sie programmiert wurden? Als ich das mit meiner Tochter Julia besprach, dachte sie nicht, dass es eine gute Idee wäre, das Buch mit einer solch negativen Note zu beenden. Ich selbst dachte, es könnte ein Weckruf sein, wenn die Menschen den Weg erkennen, auf dem wir uns befinden und wenn sie sich der schrecklichen Konsequenzen bewusst sind, auf die man sich bereits geeinigt hat. Nach reiflicher Überlegung musste ich ihr allerdings zustimmen, dass sie Recht hatte. Allerdings wusste ich nicht, dass "sie" auch das Ende dieses Buches planten, denn sie wollten ebenfalls nicht, dass es mit dieser negativen Note endete.

Ich dachte wirklich, das Buch sei fertig, und ich war gerade dabei, die Schlussredaktion vorzunehmen, als ich diese überraschende Sitzung hatte, während ich im Mai 2007 in Montreal auf der IIIHS-Konferenz sprach. Ich arbeitete mit Toni, einer Englischlehrerin zusammen. Sie ist eine ruhige, sanfte Person, deren Äußeres keinerlei Hinweis auf die Kraft und das große Wissen gibt, das direkt unter der Oberfläche wohnt. Als wir begannen, dachte ich, es würde eine weitere normale Sitzung über frühere Leben sein. Doch "sie" schrien mich buchstäblich an, als sie mir ein weiteres Konzept präsentierten. Da wusste ich, dass ich keine andere Wahl hatte, als es in dieses Buch aufzunehmen.

Als die Sitzung begann, war dies ein weiteres Beispiel dafür, dass mir jemand nicht gestattete, die Einführung abzuschließen. Tonis Unterbewusstsein war so sehr darauf bedacht, anzufangen, dass es sie vorwärts katapultierte, als ich sie bat, an ihren schönsten Ort zu gehen. Sie begann sofort etwas zu beschreiben, das wie die Quelle klang. So viele meiner Klienten gehen jetzt dorthin, anstatt in reguläre frühere Leben zu gehen, dass ich schon nicht mehr überrascht bin. Ich lasse das Subjekt immer seinen eigenen besonderen Ort wählen und sie konnte sich keinen besseren Ort vorstellen, als zur Quelle zurückzukehren. Sie wurde sofort emotional. Sie beschrieb es als "Das Herz der Sonne". Das Herz Gottes". Als ich sie um eine Beschreibung bat, schien sie absolute Glückseligkeit zu erfahren. "Dir zu sagen, was ich sehe, würde bedeuten, dass ich ein Bild des Hindurchsehens durch etwas verwenden müsste. Aber wenn es nichts zum Durchsehen gibt, sondern nur DAS WAS IST, ist es schwieriger zu erklären. Stell dir vor, dass dein Körper in einem Körper - einem größeren Körper - aus Wasser versinkt oder darin eintaucht. Das ist so *wohltuend* und so *beruhigend* für die Sinne und so *lichtreflektierend*, dass du sehen oder fühlen oder (sie suchte nach Worten) denken kannst - nein, nicht 'denken' – dass du nichts anderes *erleben* kannst. Dann hast du vielleicht trotzdem nur einen Bruchteil davon erfasst. Es ist alles, was ist". Sie wurde emotional, als sie fortfuhr: "Wenn ich sagen kann, dass, wenn ich einen Körper hätte, es der Körper Gottes wäre. Kannst du das verstehen? Es ist schwierig zu erklären oder sich vorzustellen. Wenn du dein Wesen mit einem viel umfassenderen Wesen in Einklang bringen kannst, als dies auf unserer irdischen Ebene überhaupt bekannt ist.

Ihre Stimme wurde jetzt lauter und donnerte vor Autorität. Sie hallte so sehr nach, dass ich nicht wusste, ob das Mikrofon, welches an ihr befestigt war, es verkraften würde. Es war eine totale Umkehrung der Persönlichkeit der stillen, ruhigen, fast schüchternen Toni. Ich war neugierig, wohin das führte, aber ich wusste, dass sie nie in Gefahr war. Es war, als ob etwas oder jemand jahrhundertelang aufgestaut war und endlich Erlösung finden konnte. Ich erlaubte ihm, sich auszudrücken. Es begann einen Jubel über das, was es als Gott empfand und wurde völlig von einer starken Emotion verzehrt. Die Worte vermischten sich zu Tönen, die eine schwankende musikalische Qualität annahmen. Die Töne zogen sich in die Länge und das Mikrofon wurde durch die von ihr freigesetzte Energie beeinflusst. Sie hob und streckte ihre Arme in völliger Anbetung nach etwas aus, das ich nicht sehen konnte. Dann stieß sie mehrere Töne hervor, die durch den Raum hallten und mit einem plötzlichen tiefen Atemzug kehrte die Person Toni zurück: "Es tut mir leid ... Ich bin zurückgekehrt. Ich habe Schwierigkeiten, mich auszudrücken." Die Wirkung dessen konnte man nur erfahren, wenn man sie hörte. Es war so bewegend, dass ich wirklich spüren konnte mich in der Gegenwart Gottes zu befinden.

D: *Es ist ein großes Wunder, nicht wahr? So fühlt es sich also an, dort zu sein?*
T: Es gibt kein "dort". Es gibt nur das Sein. Ich sage dir, es ist jeder Ort und doch ist jeder Ort, den du dir vorstellst, nicht dieser Ort (tiefer Seufzer). Er existiert jenseits aller Worte.
D: *Sind andere zusammen mit dir dort?*
T: An diesem Punkt identifizierst du nicht mit anderen. Es ist eine Rückkehr - aber ist es überhaupt richtig, von Rückkehr zu sprechen, denn hast du diesen Ort überhaupt jemals wirklich verlassen? Hier liegt das große Paradox.
D: *Du kannst also an beiden Orten sein?*
T: Du besitzt den Moment deiner Ausdrucksform. Der Moment deines Ausdrucks ist dir gegeben, damit du andere Möglichkeiten verwirklichen kannst, die erschaffen werden können. Möglichkeiten, die in gewisser Weise Teil eines großen Traumzustandes sind. Wenn du dir vorstellen kannst, dass Gott träumt, dann wirst du anfangen zu sehen, dass die

ganze Schöpfung ein schöner Traum Gottes ist. Kannst du verstehen, was ich damit meine?

Es war eine unglaubliche Erfahrung, in der Gegenwart eines Wesens von solch immenser Kraft zu sein. Das geschriebene Wort kann kaum die Emotion und Intensität beschreiben, die ihre Worte vermittelten.

D: *Ich habe andere Leute über einen Träumer sprechen hören, der einen Traum träumt. Aber sie haben nie erklärt, wer dieser Träumer ist.*
T: Aha! Hier und jetzt siehst du den Mikrokosmos und den Makrokosmos. Denn du siehst, es gibt nur Gott und doch träumt Gott, wenn ich das so sagen darf, Träume. Und die Träume Gottes- verstehst du- ... wir dürfen ein Teil dieses Traumes werden. Kannst du das erkennen?
D: *Ja, das tue ich, auch wenn es für unseren menschlichen Verstand schwierig ist.*
T: Nun werde ich es versuchen. Wenn sich der Traum entfaltet - du siehst, es gibt keine Grenzen - wenn sich der Traum entfaltet, dürfen wir uns nur mit einem Teil dieses größeren Funkens, dieses größeren Lichts identifizieren. Und im Gegenzug kann dieser Funke träumen. Oh, er ist UNENDLICH. Er ist UNENDLICH groß. Und jeder Traum ist Teil des größeren Traumes. Und es ist eine UNERMESSLICH GROßE Erfahrung und ein Schauspiel. Ein Spiel aus unzähligen Träumen. Du *darfst nicht glauben*, dass dieser Traum deine Realität bedeutet. Nein, du bist nur ein Teil des Traums.
D: *Trifft das auf uns alle zu?*
T: (sie suchte nach Worten) Mmm, verstehst du ... diejenigen, die diese Art von Konzept nicht verstehen können, werden *niemals* akzeptieren, dass sie Teil von *all dem* sind. Und doch, ich sage dir, es gibt nichts anderes als Gott. Diese Erfahrungen, von denen du behauptest, sie zu machen, *sind* der Traum Gottes. Du *bist* ein Ausdruck Gottes - vollkommen - und doch glaubst du an den Traum.
D: *Aber uns wird gesagt, dass wir unser Leben, unseren Traum kontrollieren und das schaffen können, was wir wollen, wenn wir daran glauben.*
T: Auf der einen Seite, ja, natürlich. Du befindest in dem Traum.

Du bist die Verlängerung des Traums.

D: *Bedeutet das, dass Gott den Traum beginnt und wir ihn weiterführen, oder... was?*

T: Ja, jetzt erkennst du es. Der Traum manifestiert und manifestiert und manifestiert sich immer weiter. Gott träumt, der Träumer träumt, der Traum träumt. Und an dem Punkt, an dem das Träumen die "Dämmerung" erreicht hat, könnte man sagen, fällst du wieder aus ihm heraus und du wirst erneut vom Träumer absorbiert.

D: *Wenn unsere Träume also das Ende erreichen, können wir nicht weiter träumen, meinst du?*

T: Es ist nicht so, dass du nicht weiter träumen kannst, sondern dass du nicht weiter träumen willst.

D: *Solange wir also unsere individuellen Träume erschaffen wollen und wir unsere individuellen Träume träumen können, bleibt unser Leben bestehen. Ist das eine Art, es zu sagen - verstehe ich das richtig?*

T: (ein tiefer Atemzug. Dann suchte sie nach den passenden Worten.) Es gibt viele Stränge. Es gibt viele "Wege", die beschritten werden können. Wenn du jetzt "wir" sagst, spielst du damit auf diese irdische Ebene an?

D: *Ja, die menschliche Ebene, denn das ist alles, was wir an diesem Punkt kennen.*

T: Ich danke dir. Das menschliche - darf ich "Experiment" sagen? Und ich meine das nicht respektlos.

D: *Ich verstehe.*

T: Das Experiment am Menschen dient dazu, herauszufinden, bis zu welchem Punkt der Träumer träumen wird. Und bis zu welchem Punkt der Träumer es sich erlaubt zu träumen. Du bist Teil der Schöpfung. Dir sind die Gaben der Schöpfung gegeben.

D: *Es gibt also keine Grenzen, solange wir sie nicht setzen. Ist es das, was du meinst?*

T: Wahrhaftig. Absolut.

D: *Und solange wir weiterhin träumen und etwas erschaffen, geht unser physisches Leben weiter?*

T: Wenn ich "träumen" sage, meine ich nicht, dass du schläfst. Ich meine, dass du deinen kreativen Geist benutzt. Und du stellst dir das vor, was sein wird, was sein kann. Ich spiele nicht auf einen Schlafzustand an. Oh, nein, du bist dabei sehr bewusst. Wir sind sehr bewusst. Oh ja!

D: *Wir denken, dass wir es sind.*
T: Oh, ja! Oh, ja! Oh ja!
D: *Aber ich weiß, dass viele Menschen sehr negative Dinge erschaffen.*
T: Es ist ihnen gegeben, zu träumen, was sie wollen. Es gibt *keine* Grenzen, auch wenn die eigene Grenze die von dir gesetzte ist. Siehst du, wenn du dich dafür entscheidest, begrenzt zu sein, ist auch das deine Wahl. Auch die Negativität hier ist nur eine Phase. Es kann nur Gott geben. Und doch, wenn du dich einem bestimmten Weg zu einem größeren Verständnis verschließt, dann beginnst du, das zu begrenzen, was du akzeptieren würdest. Dann akzeptierst du, dass es eine Grenze geben kann. Auch hier handelt es sich nur um eine Entscheidung, die getroffen wird und die zugelassen wird, weil die Schöpfung sie erschaffen hat. Darin liegt das Geschenk Gottes.
D: *Du sagtest, der Träumer träumt den großen Traum.* (Ja) *Was ist der große Traum, den Gott träumt?*
T: Was wird der Träumer träumen? (großer Seufzer und eine Pause.) Ich werde versuchen, es auf eine andere Weise zu erklären. Einen Augenblick, bitte.
D: *Ich weiß, dass die Worte schwerfallen. Aber können wir uns seinen Traum nicht vorstellen, weil er so riesig ist?*
T: Riesig. Riesig (Pause) Wenn du dich ausruhst und dir erlaubst, dich auszudehnen, bewegt sich dein begrenztes Bewusstsein in ein mehr ausgedehntes Bewusstsein. Es gibt eine größere Bewegung, die an dieser Stelle gegeben ist und eine größere Freiheit, alles zu erfahren, was man als Erfahrung annehmen kann. Auf diese Weise erlaubt Gott - der sich nicht ändern kann - Gott, der Gott ist, einem Teil eine größere Freiheit. Und indem er dieses Spiel zulässt, leugnet er eigentlich die Vollkommenheit ... nicht leugnet, sondern er lässt das Spiel geschehen. Denn wie kannst du das Perfekte ändern? Das ist unmöglich. Es ist immer so, wie es ist! Und doch ist es ein Stück. Fast ein Theaterstück, das gestattet wird ... wohin wird diese Schöpfung gehen? Wohin wird dieser freie Geist uns tragen? Das ist es, was ich meine.
D: *Mir ist gesagt worden, dass wir als Funken ausgesandt wurden, ganz am Anfang der Schöpfung. Und dass wir wie Zellen im Körper Gottes sind. Und dass es unsere Aufgabe ist, Informationen zu beschaffen, die wir zurück zur Quelle*

bringen können. Ist das richtig?
T: Gott ist allwissend. Die Informationen, die zurückgebracht werden, sind zum Nutzen des Funkens. Dieser Teil erkennt für *sich selbst* erneut das, was er bereits weiß, denn er ist ein Teil des AllSeins. Und er kehrt zu diesem anderen Teil zurück.
D: *Was mir gesagt wurde ist, dass Gott das Wissen schätzt. Er will, dass zu dem, was er bereits an Wissen hat, weitere Informationen hinzugefügt werden.*
T: Ich sage dir, Gott ist ganz. Gott ist ganz.

Das Ganze fing an, mich zu beunruhigen. Ich habe mich daran gewöhnt, dass meine Glaubenssysteme im Laufe meiner Arbeit in Frage gestellt und sogar völlig umgekehrt werden. Gewöhnlich geschah es, wenn ein neues Konzept oder eine neue Denkweise eingeführt wurden. Ich konnte nun nicht verstehen, wohin das führte, denn es schien im Widerspruch zu dem zu stehen, was mir durch unzählige Themen erzählt wurde. Aber ich habe gelernt, dass das Unterbewusstsein immer einen Zweck und ein Motiv hat, wenn es neue Informationen durchlässt. Ich weiß, dass ich nicht alle Antworten habe, deshalb habe ich gelernt, geduldig zu sein und es sprechen zu lassen. Ich wusste, dass ich später Zeit haben würde, alles zu klären, wenn meine Fragen nicht zufriedenstellend erklärt werden würden. Doch zu diesem Zeitpunkt hatte ich noch keine Ahnung, wohin das führen würde.

D: *Was ist dann der Zweck des einzelnen Funkens, wenn er hinausgeht?*
T: Liebe. Sich durch die Liebe in all ihren Manifestationen zu bewegen. Sich durch die Liebe, in der Liebe, zu bewegen.
D: *Ist es denn richtig, dass ganz am Anfang Gott mehr oder weniger explodierte? Und alle Funken ausströmten, um Erfahrungen zu sammeln? Ist das eine gute Analogie?*
T: Um dir darauf zu antworten, möchte ich nur sagen: Ich verstehe, dass der Träumer träumt; dass der Träumer träumt.
D: *In unserer Analogie der Träume heißt das also: solange er träumt, sind wir alle im Traum existent.*
T: Ja, ja, ja. Wahrhaftig, wahrhaftig, wahrhaftig. Aber du *bist* nicht der Traum. Es gibt nur Gott. Gott ist ganz. Gott ist unversehrt. (Pause) Die Informationen, die du erhalten hast - du musst über dieses Wissen hinauswachsen. Die

Wesenheiten aus Funken - du grenzt dich selbst ein. Gott ist *ganz* und er braucht kein Wissen. Du musst einen transzendierenden Weg gehen. Darüber hinaus gehen. Es kann keine Veränderung Gottes geben. Du kannst Gott nichts hinzufügen. Gott ist ganz, komplett, ist vollkommen.

D: *Aber wir betrachten uns immer noch als Individuen.*

T: Das ist der Traum.

D: *Und du hast gesagt, wenn wir diesen Traum beenden, dieses Leben, das wir leben - denn das ist alles, was wir zu diesem Zeitpunkt kennen -, dann ist unser Traum vorbei, und wir gehen zurück und werden absorbiert.*

T: Du wirst aufgelöst; absolut. Nun stell dir vor ... hmm, eine Analogie: du hast ein Glas mit warmer Flüssigkeit. Und zu dieser Flüssigkeit fügst du ein Pulver hinzu und dieses Pulver wird aufgelöst und wird Teil dieser Flüssigkeit. Irgendwann könntest du ... (auf der Suche nach Worten) du könntest dieses Pulver verändern. Aber sobald es aufgelöst und absorbiert wird ... ist das Pulver wieder an jenem Ort, wo die Auflösung des Pulvers erfolgt, also beim Alles-was-ist.

D: *Nun, ich glaube, das ist etwas, das den Menschen Angst macht, weil wir gerne glauben, dass wir unsere Persönlichkeit, unsere Individualität noch immer bewahren. Wir arbeiten sehr hart daran, diese Individualität zu schaffen, und es klingt so, als würden wir sie verlieren, wenn wir absorbiert werden.*

T: Du bist *nicht* der Traum. Du *bist* der flüssige Zustand, der die Pulverform ermöglicht. Wenn du Angst hast, diese Individualität zu verlieren, bist du nicht bereit, etwas anderes als diese Angst zu erleben. Ich würde in diesem Fall sagen: träumen Sie friedlich weiter.

D: *Nun, ich bekomme Post von vielen Leuten. Und eines der Dinge, die sie sagen, ist: "Ich möchte nicht absorbiert werden. Ich will meine Identität bewahren."*

T: *Wahrhaftig,* niemand wird dir etwas aufzwingen. Du bist sicher in deiner Individualität und *Gott* ist mit dir, sage ich dir. Du bist sicher in deiner Individualität. Niemand versucht, dich zu ändern; niemand versucht, dir etwas wegzunehmen; niemand versucht, bei dir etwas hinzuzufügen. Aber ich sage dir, von einem Standpunkt, der akzeptiert, dass Gott nicht addiert oder subtrahiert werden kann: ... Gott ist ganz. Und dieses Wissen, das du suchst, wird, wenn die Zeit gekommen ist, von dir ohne Furcht angenommen werden.

D: Ich schreibe Bücher, das weißt du ja. Und ich muss dies auf eine Weise erklären, die die Menschen verstehen können.

T: (tiefer Seufzer) Ich sage dir, wenn du denen, die diese Angst haben, sagen würdest, dass es nichts zu fürchten gibt, ist alles in Ordnung. Sie sind in ihrer eigenen Schöpfung sicher. Das ist es, was ich dir sagen kann.

D: Weil ich versuche, es auf eine bestimmte Weise darzustellen ... viele von ihnen machen gerade ihre ersten Schritte und fangen gerade erst an, diese Dinge zu erforschen. Und deshalb sind meine Bücher langsam gewachsen und man hat mir erlaubt, mich langsam zu erweitern. Damit es die Leute nicht erschreckt.

T: Wirklich, tatsächlich. Du bist in den Traum eingetreten, wie du sehen kannst.

D: Sie (die Leser) können also ihre ersten Schritte tun und sie werden nicht überfordert sein.

T: Ja, wahrhaftig, wahrhaftig, wahrhaftig. Es gibt viele, die in den Traum eingetreten sind. Viele, ja, viele. Wie Nadelstiche in einem Wandteppich. Wenn du dir Stiche in einem Wandteppich vorstellst und *durch* diese Stiche dringt Licht - *Licht*. Und ein anderes Bild entsteht und zwar langsam, ja, langsam, wie ein Licht, das durch einen ganz bestimmten Punkt kommt. Ja, das ist eine große Aufgabe.

D: Das ist eine gute Analogie. Das ist es, was ich brauche, Bilder, die die Leute verstehen können. Dann gibt es, glaube ich, noch eine andere Sache, die die Leute stören würde. Gott ist der Träumer. Er träumt den Traum, von dem wir alle ein Teil sind. Und wir bleiben so lange, wie er träumt. Was geschieht, wenn Gott erwacht? Erwacht Gott überhaupt? (lacht) Was denkst du darüber?

T: (Pause) Dieses Wissen ist mir nicht gegeben, ich bin nicht bestimmt, es zu wissen.

D: Vielleicht ist das etwas, was wir sowieso nicht verstehen können. Ist es das, was du meinst?

T: Ich kann mit dir nur das teilen, was mir als Wissen gegeben ist. Ich werde versuchen, es mit dir zu teilen. Die Quelle, über die ich mit dir sprechen kann, ist unveränderlich. Sie ist ganz. Das muss ich betonen. Sie ist ganz. Sie ist alles, das ist.

Sie ist so, wie sie ist. Der Teil, der dem Traum gegeben wird, darf Variationen ausdrücken. In keiner Weise beeinflussen diese Variationen das, was nicht beeinflusst werden kann und sich nicht ändern kann. Ich möchte dir hier nicht zu viel sagen, denn es ist vielleicht nicht allen gegeben, diese Dinge zu akzeptieren. Aber ich werde dir diese Information geben. Der Gott, dem es gegeben ist zu träumen, der Gott, von dem man weiß, dass er träumt, dass er Funken erzeugt, sich ausbreitet und zurückkehrt ... dieser Teil Gottes ist nur eine Ebene. Es gibt etwas jenseits dieser Ebene. Ich sage dir, es existiert etwas jenseits dieser Ebene. Das teile ich dir mit. Darüber hinaus bin ich nicht befugt, etwas zu sagen, denn ich habe keine Erlaubnis, davon zu sprechen.

D: *Ich glaube, jemand anderes hat dies schon einmal zuvor kurz erwähnt. Dass es Dinge jenseits von Gott gäbe.*

T: Es ist mir nicht gegeben, über diese Dinge zu sprechen.

D: *Weil wir den menschlichen Geist nicht überwältigen wollen.*

T: Bitte, ich sage dir, wenn man noch nicht akzeptiert hat, dass sich das Pulver auflöst, hat man noch nicht das Stadium erreicht, in dem man das, was jenseits dessen liegt, akzeptieren würde. (lautes Lachen)

D: (schmunzelnd) *Ich habe viele Jahre gebraucht, um an diesen Punkt zu gelangen.*

T: Gott segne dich. (sie lachte weiter)

D: *Und ich weiß, am Anfang hätte ich nie so viel verstehen können und mich erweitern können. Mir wird also ständig mehr gegeben. Und das ist das Problem mit dem menschlichen Geist, der versucht, all diese Dinge zu verstehen.*

T: Ah, der Wert, der dem menschlichen Geist beigemessen wird. (lautes Lachen) Ah! So ist es! So ist es und so ist es. (Lachen)

D: *Das ist das, was ich mache: Ich präsentiere es und ob die Leute es verstehen können oder nicht, liegt bei ihnen.*

T: So ist es. So ist es nun einmal. Es gibt keine Eile.

D: *Aber jede kleine Information, die wir bekommen können, trägt zu unserem eigenen Wissen und zu unserem Wachstum bei, nicht wahr?*

T: Wie gesagt, ja.

D: *Aber ich stelle immer die gleiche Frage. Wenn es so schön ist, wenn man da ist, wenn es so wunderbar ist - man hat mir*

gesagt, es sei unglaublich, und niemand will weg - warum beschließt der Funke, unsere individuelle Seele, dann zu gehen, wenn es doch so schön ist? (sie machte Laute des Entzückens, während ich die Frage stellte).
T: Der Funke, würde ich sagen ... der Funke glaubt, dass ... (Seufzer) Der Funke versteht nicht. (Seufzer) Bitte, einen Moment. (sie hielt inne, als ob sie zuhören oder sich beraten würde) Einen Moment, bitte. Ich empfange. (eine lange Pause, dann ein tiefer Seufzer) Ich bin nun ein anderer, der spricht.

Zuerst verstand ich nicht, was vor sich ging. Doch das ist in der Vergangenheit schon vorgekommen, insbesondere während der Sitzungen, die in *Die Aufseher* enthalten sind. Eine Entität würde sprechen, dann käme eine andere hinzu und die Veränderung war stets deutlich spürbar. Das war schon lange nicht mehr passiert, so dass es mich überraschte. Als sie fortfuhr, war die Stimme anders, sie sprach langsam und sehr konzentriert, als wäre es schwierig und ungewohnt, diese Form der Kommunikation zu benutzen. War es ein anderes Wesen, das zur Beantwortung der Frage hinzugezogen worden war?

T: Wir, die wir von einer Ebene des Bewusstseins gekommen sind, sagen, dass die Funken, auf die du dich beziehst, in einer Vollkommenheit existieren, die die Annahme einschließt, dass sie Informationen, Licht und Wissen anhäufen und zurücktragen können, um von einem größeren Bewusstsein absorbiert zu werden. Dieses wiederum wird von einem noch größeren Bewusstsein absorbiert und so weiter und so weiter, bis es von der Göttlichkeit absorbiert wird. Unsere Bewusstseinsebene darf dir jetzt die Information geben, dass diese Göttlichkeit wiederum ... eine Hilfe für Gott ist. Die Göttlichkeit und der Anteil, von dem du sprichst, sind noch größer. Noch größer. Und die Erfahrung dieses Funkenschlagens und Zurückkehrens ist nur ein Teil eines Traumes. Es wäre sehr schwierig, dir mehr zu sagen, da das Wissen um die Ausdehnung und um die Rückkehr noch nicht wirklich akzeptiert worden sind. Derzeit mehr zu sagen und von dir zu erwarten, dass du das verstehst, ist eine große Aufgabe. (großer Seufzer)
D: Du meinst, dass mir mit der Zeit noch viel mehr an Wissen

gegeben werden wird?

Die Stimme kehrte zu der jener Autorität zurück, die zuvor gesprochen hatte. Als ob eine andere Instanz, die über ein Stück Wissen verfügte, hinzugezogen worden wäre, um mir dieses Häppchen an Wissen zu liefern. Dann ging sie wieder weg. Ihre Arbeit war beendet. Wenn ich darüber nachdenke, kann ich beim Abtippen dieses Protokolls sehen, dass ich in all den Jahren meiner Arbeit wirklich nur die reinen Krümel bekommen habe. Jetzt bereiteten sie sich darauf vor, mir ein größeres Stück des Kuchens zu geben. Aber aus meinen naiven Antworten schlossen sie, dass ich für mehr noch nicht bereit sei und beendeten den Verzehr des Restes der Mahlzeit in diesem Augenblick. Ich hatte den Eindruck, dass sie dachten, ich sei bereit, aber jetzt wollten sie warten, bis ich dieses Stück verdaut hatte, bevor sie mir mehr verraten würden. Dennoch deuteten sie laut und deutlich an, dass, wenn ich es verdaut hätte, es noch mehr davon geben würde!

T: Ah! Aber noch einmal zurück zu den bestimmten Punkten, die gegeben worden sind. Dies ist nur ein kleiner Lichtstrom, der begonnen hat, hineinzukommen. Du hast also mit diesen Menschen und diesen Wesen, die diese Rotation akzeptieren, die ersten Schritte unternommen. Und es ist offensichtlich, dass einige von ihnen etwas Wichtiges verinnerlicht haben: "Ah! Ich kehre an einen größeren Ort zurück, zu einem größeren Wissen, zu einem größeren Sein. Und doch, selbst dies (ihre Stimme wurde zu einem Flüstern herabgesetzt) ist ein Traum. Stell dir das vor. Stell dir das einmal vor.

D: Denkst du, es ist jetzt an der Zeit, dass wir diese Information wissen sollten?

T: Ja. Sie wird dir gegeben, weil diejenigen, die wirklich bereit sind, diese Informationen in sich aufzunehmen und dieses Wissen zu besitzen ... es nichts für sie zu tun gibt. Ich versichere dir, dass auf deiner Ebene nichts getan werden kann. Und dennoch einfach zuzulassen, dass dieser kleine Strom verankert wird. Eingeschleust wird. Ich sage dir, Jahre, Jahre von hier, in dem, was du als Zukunft wahrnimmst, wird sich eine andere Welt manifestieren. Und doch sage ich dir, selbst dann, selbst dann ist es ein Traum. Und du, ihr, werdet über diesen Traum hinauswachsen. Dies ist, was ich dir sage. Wahrlich, wahrlich, so ist es.

D: *Mir wurde mitgeteilt, dass es jetzt an der Zeit ist, dieses Wissen zu haben, damit wir uns von der Negativität der Erde entfernen können.*

T: Ich sage dir, es gibt keine Negativität. Und doch, wahrhaftig, die Menschen machen sich diese Vorstellung weiterhin zu eigen. Es gibt nur Gott. Es gibt nur Gott. Es gibt nur Gott. Und doch werde ich mich mit deinem Sprachgebrauch auf dieser Ebene fügen. Ich werde es nicht annehmen, aber ich werde verstehen, dass du es als gegeben ansiehst.

D: *Das ist das Einzige, was wir an unserem Punkt verstehen können.*

T: Ich akzeptiere das. Ich verstehe es.

D: *Und du weißt, dass unsere Welt zur Zeit durch einige sehr schlechte Erfahrungen geht.*

T: Das akzeptiere ich. Und darf ich jetzt in aller Ehrlichkeit darüber sprechen?

Eine weitere Veränderung trat ein und ein anderes Wesen begann zu sprechen. Dieses klang weiblicher und nicht so mächtig wie das, was die Sitzung bisher dominiert hatte.

T: Wenn du gestattest, werde ich nun darauf eingehen. Ich sage allen Wesen auf der Erde - ich sage dies aus der Quelle Gottes kommend -, wenn du das, was *du* als negativ akzeptierst, nicht in *deine Gedankenform* aufsaugst, *kann es sich nicht* an jenem Ort manifestieren, der dir zu Veränderung anvertraut wurde. Du bist Gott. Du **bist** Gott! Und du wirst diesen Teil deines geschaffenen Selbst nicht *manifestieren*. Denn es ist dir gegeben, dein Gott-sein zu *manifestieren,* es zu *manifestieren.* (beinahe schreiend) Öffne dein Gottes-Selbst, sage ich dir! Öffne dein Gott-Selbst und **erlaube** dem Licht, **einzutreten.**

Die Intensität der Worte wirkte sich auf das Mikrofon aus. Es wurde sehr schwierig, den Ton auszupegeln.

D: *Gehört das zu dem, was uns gesagt wurde, dass wir eine neue Welt schaffen, eine neue Erde, in die wir einziehen werden?*

T: Aus dem Inneren wird ein **immenses Licht** kommen. Es wird sich aus dem Innersten deines Wesens manifestieren. *Die*

Welt, die du dir vorstellst, besteht bereits in dir selbst. Wie kann ich dir das erklären? Du ziehst nicht auf einen anderen Planeten. **Du brichst aus deiner Hülle aus.** Dieser Planet - diese Hülle - bringt dieses Licht hervor. Er besitzt den Kern dieser Essenz. Sie ist dir gegeben worden, um voll und ganz in dein Licht einzutreten und um es hervorzubringen. Und zu sagen: "ICH BIN DAS LICHT. ICH BIN DAS LICHT. HÖRE MICH, GOTT. ICH BIN DAS LICHT." Und wahrlich, dann wird diese Welt nur so sein, wie du es *zulässt*. Ich sage, DU ERLAUBST, WIE SIE SEIN KANN! *Nichts im Gottes-Sein kann ohne die Erlaubnis Gottes existieren.* **ICH SAGE EUCH, IHR SEID GÖTTER! IHR SEID DAS LICHT!** Ich sehe eure Zukunft. Ich sage, *kommt hervor in eurem ganzen Licht. Kehrt zu euch selbst zurück.* Oh, Menschheit, kehrt zu euch selbst zurück! Und wisst im Umkehrschluss, dass es jenseits dieser Vision noch ein *größeres* Bewusstsein gibt. Und kannst du vielleicht den Schritt sogar bis zu diesem Ort gehen? Wir warten auf *dich*!

Dieser ganze Worterguss von starken Emotionen war ganz plötzlich ausgebrochen und war überwältigend. Alles, was ich tun konnte, war zuzuhören und darauf zu warten, dass sie nachließ. Vor meinem geistigen Auge erinnerte sie mich fast an den Prediger der alten Zeit, der mit der Bibel in der Hand die Gemeinde bei einem Erweckungsgottesdienst anschrie. Aber anstatt für die Sünder das Höllenfeuer und die Verdammnis zu predigen und sie zu drängen, sich für die Errettung vorzubereiten, versuchte dieses Wesen, uns eine Errettung anderer Art anzubieten. Es versuchte fast verzweifelt, uns dazu zu bringen, unsere Augen zu öffnen und anzuerkennen, was wir wirklich sind. All dies wirkte sich auf das Mikrofon aus und war bei der Wiedergabe zur Transkription offensichtlich, aber es schien Toni überhaupt nicht zu betreffen. Nach der Sitzung hatte sie nur wenig Erinnerung an das, was geschehen war. Ich frage mich, was sie dachte, als sie die Kraft dieser Worte hörte? Es war schwierig, die Kraft dieses Wesens auf Papier zu vermitteln. Ich habe versucht, sie so gut es geht auf das Geschriebene zu übertragen.

Auch wenn Toni sich nicht daran erinnerte, was während der Sitzung geschah, sagte sie am nächsten Tag, sie habe eine Vision gesehen, die einiges davon klarer machte. Sie war sich nicht sicher, wie sie sich genau auf die Sitzung bezog, aber ich glaube, die Vision traf auf diesen Teil zu. Sie sah drei Ebenen. Die erste Ebene war die, auf der das gesamte menschliche Schaffen stattfand. Die zweite Ebene war die, auf der die Menschen ihre Schöpfungen erfahren mussten. Die dritte Ebene war der Einzug in die Neue Erde. Und dann weiter darüber hinausgehend, wo der physische Körper sich allmählich in reines Licht verwandelte, welches von einer Hülle oder Form ummantelt war. Dann kam das Finale, als das Licht nicht mehr eingedämmt werden konnte und alles durchbrach, so, als ob eine Eierschale zerbrach. Danach breitete sich das Licht in alles und in alle Ewigkeit aus.

D: *Es wird uns gesagt, dass wir uns in eine neue Realität bewegen. Dort werden sich die Dinge ändern und es wird wirklich der Himmel auf Erden sein. Ist es das, was du meinst?*
T: (der Redeschwall war vorüber, sie hatte sich beruhigt) Es ist bereits in dir. Siehst du, das Licht ist in dir *gesät*. Du verkörperst es ... du bist die Saat! Du bist die Aussaat! Du bist der Samen! Du bist Gott! (großer Seufzer der Resignation) Oh, ich sage dir, ich sage dir wirklich, so ist es.
D: *Aber wir begrenzen uns selbst.*
T: Ah! Ist es möglich, dass eine Schöpfung sich selbst einkapselt? Sich *vorzustellen* dass sie sich von sich aus eingeschlossen hat? Wir bitten euch aufrichtig: "Tretet hervor. Brecht aus dieser Hülle aus. **Es ist** möglich! **Es ist** möglich. Es ist Zeit! Es ist an der Zeit! Und doch, was ist Zeit? Siehst du, wir müssen uns auf eure Umgangssprache einlassen. Der Ausdruck „Zeit" existiert, aber ihr habt damit lediglich erreicht, einen Ort zu schaffen, an dem ihr freiwillig eine Begrenzung des Geistes vornehmt und diese Begrenzung willkommen heißt.
D: *Das ist es, was man mir gesagt hat. Es gibt keine Zeit. Es ist eine Illusion, die wir geschaffen haben.*
T: Aha! Denn wie sonst könntet ihr euch selbst als weniger als alles, was da ist, wahrnehmen?
D: *Und man sagt, dass alles, was wir erleben, nur Lektionen sind, aus denen wir lernen.*
T: Lektionen, von denen du glaubst, dass du sie erfahren musst. Ich sage dir, Gott ist ganz und bedarf keiner Ergänzungen. Ich bitte um Entschuldigung. Ich gehe damit vielleicht über

das hinaus, was viele bereit sind, zu akzeptieren oder zu hören. Und doch sage ich dir, dass es etwas jenseits dieser Ansicht gibt. Dieser Ort - ich komme noch einmal auf eure Umgangssprache zurück ... Ich bitte um Entschuldigung. (Verwirrung, als sie versuchte, die richtigen Worte zu finden) Das Alles, was nicht geändert werden kann - nicht geändert, nicht verändert werden muss - es *kann nicht* geändert werden. Es ist bereits Vollkommenheit.

D: *Aber es will immer noch erschaffen.*

T: Und hier beginnt der Traum.

D: *Denn auch wenn er Vollkommenheit ist und alles hat, will er dennoch erfahren.*

T: Der Teil, von dem du sprichst, ist nur ein Teil, dem es erlaubt ist, zu träumen. Du siehst, das Höchste, das du dir vorstellst - du stellst dir die größte Ausdehnung Gottes vor – befindet sich immer noch an einem begrenzten Ort. Es gibt ein *Jenseits* davon. Es gibt etwas *jenseitiges*. Zu dieser Zeit darf nichts anderes bekannt gegeben werden, als zu wissen, dass es dieses Jenseitige gibt.

D: *Es gibt also keine Grenzen. Es gibt mehr, als wir möglicherweise verstehen können.*

T: Es ist dir gegeben, es zu verstehen, aber vielleicht nicht in dieser Inkarnation oder innerhalb dieser Manifestation. (großer Seufzer) Es ist allen gegeben, es zu wissen.

D: *Mir wurde einmal gesagt, dass es nicht das menschliche Gehirn sei, es sei der Verstand, der kein Konzept habe, um viele dieser Dinge zu erfassen. Und das sei das Problem. Das sind unsere Grenzen.*

T: Es ist die Energie dieses Ortes, dieses Körpers. Du siehst, weil du ein physisches Vehikel geschaffen hast, gibt es nur ein bestimmtes Maß, dass dieses physische Vehikel an Energie aufnehmen kann. Und so wurden dem menschlichen Verstand Grenzen gesetzt, so dass die Informationen - die überwältigenden Informationen ... ich werde auch von diesem Vehikel (Toni) sprechen, denn sie hat sich mehr und mehr erlaubt zu akzeptieren, dass es nur das Alles-was-ist gibt. Und so, wie du siehst, ist sie in der Lage, sich leichter darin zu bewegen. Und doch, der menschliche Geist ... wir haben diese Einschränkungen, die wir uns als Sicherheitsmaßnahme eingerichtet haben, weil man dieses menschliche Gefährt nicht *zersprengen, nicht zersprengen* darf, das es innerhalb dieser Manifestation seinen Zweck verfolgt. Du musst es aufrechterhalten und es erfahren, wenn es dir als Erfahrung mitgegeben wird. Wenn du also bereit bist, keine begrenzte Form mehr zu haben, in der du akzeptieren möchtest, dass du deine Erfahrungen annehmen musst, dann wirst du die menschliche Form nicht mehr brauchen.

D: *Ja. Und wir haben diesen sehr dichten Planeten geschaffen, auf dem wir leben.*

T: Er spiegelt nur die Dichte wider, die du akzeptierst. Es muss nicht so sein. Es kann das sein, was immer du daraus machst. Diesem Planeten wird keine Strafe der Dichte auferlegt. Nein, nein, es ist dir gegeben, es so zu erschaffen, wie Gott erschafft. Und das wird dir nicht verwehrt. Gesegnet bist du, in der Schöpfung zu sein. Du bist der Segen des Segens.

D: *Aber du kannst sehen, warum der menschliche Geist diese Wahrnehmungen hat.*

T: Wahrlich, wir verstehen, aus welcher Perspektive du argumentierst. Aber wir sagen dir, du kannst andere Varianten dieses Traums manifestieren.

D: *Und dazu müssen wir wirklich unseren Verstand, unsere Wahrnehmung ändern, um diese Tatsache anzunehmen.*

T: Nicht den Verstand ändern, nein, nein, sondern diese Möglichkeit umarmen. Sie verinnerlichen und wissen, dass das Licht - diese Neue Erde, diese Neue Welt, von der du sprichst - *jetzt* bereits in euch existiert; sie *ist* jetzt *da*. Du musst nur zulassen, dass sie entsteht. Um an diesen höheren Ort, diese höhere Frequenz wechseln zu können und dieser höhere Ort, das bist du.

D: *Ist es in Ordnung, wenn ich diese Informationen präsentiere und jedem, der sie verstehen kann, ermögliche, sie zu akzeptieren?*

T: Wir sagen dir, ja, es ist zu dieser Zeit gegeben, dass das, was hervorgekommen ist, aufgeschrieben werden kann. Und ja, an diejenigen auszusenden, denen aufgegeben wurde, auf diese Informationen zu stoßen und sich beim Lesen daran zu erinnern; sich daran zu erinnern, dass sie sich dafür entschieden haben, diese Energie, diese Informationen in sich zu tragen. Und diese bitten wir wiederum: Bitte, bitte, bitte, versucht nicht, etwas zu tun, sondern lasst es zu, dass es sich im Energiefeld bewegt. Lasst es einfach zu, dass es sich im Energiefeld bewegt. Und von dort wird es an seinen richtigen Platz gebracht werden. Ihr müsst nur die Möglichkeit zulassen. Dieses: "Ah, ich verstehe, das kann ich also manifestieren." Und das allein sollte bereits genügen.

Ich dachte, es wäre an der Zeit, ein paar Antworten für Toni zu finden. Zurück zum Alltäglichen, denn sie lebt in dieser Welt, auch wenn sie eine Illusion ist.

D: Weißt du, dass du durch einen menschlichen Körper sprichst?
T: Ja, es ist ihr gegeben, diese Information zu weiterzugeben.

Natürlich gilt die Hauptfrage immer dem Sinn und der Aufgabe innerhalb des betreffenden Lebens. Toni war sich bewusst, dass sie übersinnliche Fähigkeiten hatte, aber sie wusste nicht, was sie damit anfangen sollte. Eine Sache, die ihr lag war, in allem Energie zu spüren.

T: Sie hat einen Auftrag erhalten und doch sagt sie: "Ah, mein Gott, kann ich diesen Auftrag erfüllen? Ich bin doch so klein." (lautes Lachen) Siehst du, sie hat eine Brücke geschlagen von dem Ort, von dem du sagst, dass die Menschheit dort ist, zu dem Ort, von dem sie weiß, dass es ihn gibt. Und sie entscheidet sich - ich sage dir, sie entscheidet sich - in dieser Zwischenstation zu leben. Und es ist ihr erlaubt worden, in diese Verkörperung einzutreten, und sie mag die menschliche Form nicht. Aber (lautes Lachen) wir sagen immer zu ihr: "Wir haben dich nicht so lange in der menschlichen Form gehalten, um dir jetzt zu erlauben, die menschliche Form zu verlassen und dich zurück ins Alles-was-ist aufzulösen." Und aus diesem Grund liebt sie den Traumzustand. Sie weiß, dass es ihr im Traumzustand erlaubt ist, zum Alles-was-ist zurückzukehren. Und ich sage dir, sie *schwimmt* an jenem Ort, der *das Meer Gottes* ist, *das Meer der Liebe, das Meer des Lichts.* Und doch sagt sie: "Mein Gott, mein Gott, ich kann noch intensiver mit dir eins werden." Und wir sagen: "Nein, denn dein Platz ist hier, um an diesem Zwischenort zu sein, damit dieses Wissen von hier nach dort kommen kann, wenn es ein solches 'hier und dort' überhaupt gibt. Und deshalb sagen wir: "Nein. Sei, sei, sei im Frieden, meine Liebe. Friede sei mit dir, meine Liebe."

Toni sagte, dass sie die Alltagswelt, in der sie lebte und arbeitete, immer als Illusion empfunden hatte und die Traumwelt als die einzig wirkliche Realität. Sie ist immer zu einer bestimmten Zeit früh zu Bett gegangen und kann es kaum erwarten, schlafen zu gehen, damit sie reisen kann.

T: Es ist nicht die reale Welt, siehst du. Für sie ist im Traum eine *realere* Welt als an diesem Ort. Und doch ist selbst dieser Ort nicht *die realste* aller Welten. Können wir überhaupt einen solchen Superlativ verwenden? Ah, die menschliche Sprache. Es ist ihr erlaubt, den Körper jeden Abend zu verlassen. Du kannst sie dann nicht in ihrer Form zurückhalten. (Lachen) Allein diese Sitzung hat eine große Reinigung ermöglicht. Weißt du, die Energie, die sie in sich aufgestaut hat – diese Energie hat sich in ihr aufgestaut. Sie war geduldig. Sie sagte: "Zu deiner Zeit, mein Gott, in deiner Zeit. Ich werde wissen, wenn du es zulässt, dass die Zeit gekommen ist." Und so ist es gewesen. Wir haben sie gebeten, bis zu diesem Zeitpunkt zu warten. Sie hat dreiundvierzig Jahre auf diesen Augenblick gewartet. Ich sage dir, das hat sie gut gemacht!"

Sie erhielt viele Anweisungen darüber, was mit der Energie zu tun ist und wie sie zur Heilung und für viele andere Zwecke eingesetzt werden kann. Ich möchte diese Teile hier nicht näher ausführen, weil sie persönliche Informationen enthielten. Manchmal redete sie so schnell, dass es schwierig war, alles aufzuzeichnen. Diese Wesenheit hatte durchweg einen seltsamen Akzent und verwendete eine starke Betonung der Worte, was es schwierig machte, es auf Papier zu bringen. Auch klang die Stimme alt, uralt und voller Weisheit.

T: Das Bewusstsein verändert sich, es nimmt zu. Wenn ich das Beispiel verwenden darf - wenn du einen Stoff nimmst, der gewebt ist und du diesen Stoff dehnst. Machst du dann nicht Löcher in diesen Stoff? Genau das geschieht mit dem verstandesmäßigen Bewusstsein der Menschheit. Es dehnt sich aus. Es dehnt sich aus - von wo aus? Von innen heraus!

Das Bewusstsein dehnt sich von innen heraus. Und hier kommt die wichtige Information: Das Bewusstsein, das existiert, hat nie aufgehört zu existieren, sondern wurde durch die umliegenden Webstoff zurückgehalten. Und doch ist es ihm jetzt erlaubt, sich seinen Weg zu bahnen. Wir erklären es mit deiner Zeit, verstehst du?

D: *Ich habe mich gefragt, warum wir nicht in eines ihrer früheren Leben gegangen sind.*

T: Das ist nicht wichtig. Wirklich, wenn frühere Leben das ausmachen würden, was du bist, würdest du dich nie von diesem Rad befreien.

D: *Vom Rad des Karmas.*

T: Das Rad. Man dreht und dreht sich einfach darauf weiter. Wir sagen dir: Wenn das deine Wahl ist, dann sei Gott mit dir und drehe dich weiter. Und doch sagen wir dir, du bist frei, dich von dieser Vorstellung von all dem, was deine Wirklichkeit ist, zu befreien. Es war eine Reise. Und wenn diese Informationen in dein Weltbild Eingang finden, um sie in deine Bücher aufzunehmen, so möge es mit unserem Segen geschehen.

D: *Zuerst muss ich darüber nachdenken. Dann erst kann ich sie präsentieren, auch wenn ich sie nicht ganz verstehe. Vielleicht versteht es jemand anderes.*

T: Mehr kann man nicht erwarten.

* * *

Während dieser Sitzung mit Toni wurde ich mit einer Frage konfrontiert, mit der ich mich schon lange herumschlage und zu der mich meine Leser befragt haben. Es war das, was sie darüber sagte, dass wir vollständig in die Quelle absorbiert werden, wenn wir zum letzten Mal zurückkehren. Das hat mich immer gestört, denn ich habe mich nie mit der Vorstellung anfreunden können, meine Persönlichkeit, meine Individualität und meine Identität zu verlieren. Schließlich arbeiten wir unser ganzes Leben lang daran, genau das zu erschaffen, was uns einzigartig macht und uns von allen anderen unterscheidet. Es dauert lange, die Person zu kreieren, die wir geworden sind, und mir gefiel der Gedanke, dass die Persönlichkeit erhalten bleibt und nicht verloren geht. Als ich diese Frage während der Sitzung stellte, sagte der höhere Teil, mit dem ich kommunizierte, dass ich, solange ich an dem

Glauben festhalte, dass ich ein ausgeprägtes und eigenständiges Individuum sei, nicht bereit sei für die restlichen Informationen, die sie mit mir teilen wollten. Ich würde in meiner jetzigen Denkweise feststecken und nicht in der Lage sein, mehr zu lernen. Natürlich ist mir das in meinen dreißig Jahren der Erforschung des Unbekannten schon oft passiert. Jedes Mal, wenn ich dachte, ich wüsste, wie das ganze verrückte System funktioniert, rüttelten sie an meinen Grundfesten, indem sie mir eine neue Theorie, ein neues Konzept, eine neue Denkweise präsentierten. Ich nehme also an, ich hätte nicht so überrascht sein sollen, dass sie dachten, es sei jetzt an der Zeit, einen weiteren kleinen Schritt vorwärts zu machen. Wer weiß, was da draußen noch auf mich wartet, über das sie mich wissen und schreiben lassen wollen? Aber zuerst muss ich versuchen, dieses neue Konzept zu verstehen.

Am Morgen nach meiner Rückkehr aus Kanada, wo die Sitzung stattfand, erwachte ich mit einigen der Bruchstücke, die mir nach dem Schlaf in den Sinn kamen. Natürlich wissen wir, wer sie während des Schlafzustands dort platziert hat (dreimal dürfen sie raten ...!). Ich werde nun versuchen, sie aufzuschreiben, bevor sie wieder im Äther verschwinden. Wir haben eine Individualität! Wir haben eine ausgeprägte und einzigartige Persönlichkeit! Aber die hatten wir auch während all unseren anderen Lebenszeiten. Wenn ich mich an einige der vergangenen Leben erinnere, die ich erlebt habe, kann ich diese Emotionen, diese Bindungen, diese Ziele, diese Misserfolge wieder erleben, so, als ob sie gestern geschehen wären. Sie sind sehr real und sie sind mit der Persönlichkeit verbunden, die ich in diesen anderen Leben hatte. Ich spüre noch immer die Frustration des katholischen Mönchs, der ich im Mittelalter war, als ich verbotene Bücher in meine Zelle schmuggelte, um sie im Geheimen bei Kerzenlicht zu lesen. Ich identifiziere mich völlig mit dem Grauen und der Verzweiflung, die ich als Hüter der Aufzeichnungen in der Bibliothek von Alexandria empfand, als all dieses Wissen zerstört und verbrannt wurde. Ja, all diese Menschen lebten und waren sehr real. Was geschah dann mit ihnen? Nach ihrem Tod und ihrer Reise ins Jenseits, um einen neuen Auftrag zu erhalten, ging bei ihrem Wiedereintritt in ein neues Leben auf der Erde jegliche Erinnerung verloren. (oder wurde sie aufgesogen?) Es stimmt, dass wir auf diese Erinnerungen durch Rückführung in vergangene Leben zugreifen können, aber für die meisten von uns existieren diese Leben nicht mehr auf der bewussten Ebene. Was fürchtete ich also? Warum verstört mich die Vorstellung, von einer größeren Intelligenz aufgesogen zu werden? Wir haben das schon unzählige Male vor diesem Leben getan. Wir haben gelebt, wir haben geliebt, wir haben gehasst, wir haben Erfahrungen gemacht. Sie waren real. Es ist geschehen. Und dann war die Lektion oder Erfahrung abgeschlossen und wir machten in unserer Entwicklung weiter. Ich nehme an, wenn wir so darüber nachdenken, ist es schon einmal geschehen und wir haben unzerstört überlebt. Wenn es also noch einmal passiert, werden wir in unserer Entwicklung weitermachen. Kein Wissen geht jemals verloren. Unser Leben, unsere Errungenschaften werden Teil eines größeren Ganzen. Das ist der Zweck, dass wir die Erfahrungen überhaupt erst machen, damit die Quelle wachsen kann.

Wir sehen uns selbst als eine vollständige Einheit und unsere Welt, unser Leben ist alles, was wir kennen. Aber mir ist bereits gesagt worden, dass wir nur eine sehr kleine Facette oder ein Splitter einer viel größeren Seele sind und diese Seele ist die Gesamtheit dessen, was wir sind. Diese Seele ist der ursprüngliche Funke, der sich am Anfang von der Quelle abgespalten hat. Selbst als winziger Funke enthielt sie noch genug Energie, um allein Welten zu erschaffen. Ihre Kraft ist so gewaltig, dass sie niemals vollständig in einen Körper oder einen Raum eintreten könnte. Der Körper oder der Ort würde völlig vernichtet werden, weil er die Energie unmöglich eindämmen könnte. Also musste er sich teilen oder wieder teilen, genau wie die ursprüngliche Quelle. Unsere vollständige Seele wurde mit einem Juwel mit vielen Facetten verglichen, wobei jede Facette ein eigenes Leben darstellt. Sie sind getrennt (in unseren Augen) und doch sind sie eins. Unsere Hauptseele muss sich dann spalten (mangels eines besseren Wortes) und diese Stücke treten in die verschiedenen physischen Körper ein, die wir gleichzeitig erleben. Nach unserem Tod kehren wir also wieder zur ursprünglichen Seele zurück und werden absorbiert. Dann schließlich werden all unsere Lebenszeiten (die jetzt in der Überseele eingeschlossen sind) wieder in der Quelle, dem Einen, dem Anfang und Ende, das Alles, was ist.

Wenn uns das also schon unzählige Male passiert ist, dass wir ein menschliches Leben gelebt haben und die Erinnerungen nach unserem Tod gelöscht oder absorbiert wurden, dann gibt es nichts zu befürchten. Der Hauptzweck ihrer Wiederbelebung wäre die Anerkennung und Vollendung des Karmas. Unsere gegenwärtige Persönlichkeit und die Aufzeichnungen über ihre (positiven oder negativen) Leistungen und Taten werden in der Bibliothek auf der geistigen Seite abgelegt und warten auf die Überprüfung durch diejenigen, die an der Forschung interessiert sind. Sie ist nicht völlig verloren. Sie wird nur nicht in der Erinnerung behalten, wenn die Seele weiter reist. Das Vorwärtsgehen ist der Schlüssel. Stillstand bedeutet, zu Stillstand zu werden. Es muss immer Bewegung geben. Mit der Bewegung kommt die Erschaffung neuer Wunder. Wir sind nur durch unsere Vorstellungskraft begrenzt. So schreitet die Schöpfung in die Unendlichkeit voran.

Einige Monate nach dieser Sitzung kehrte ich nach Montreal zurück, um einen meiner Hypnosekurse zu unterrichten. Ich traf mich erneut mit Toni und dieses Mal erzählte sie mir, dass ihr mehr Informationen über diese Hypothese eines größeren Gottes, dem wir begegnet waren, offenbart worden waren. Sie zeichnete sie für mich in Form eines Diagramms, um sie zu verdeutlichen. Sie sah drei Ebenen: die erste (oder unterste) repräsentierte Dualität, die getrennten Realitäten. Hier existierten die Individuen. Die zweite Ebene oder der zweite Aspekt war diejenige, der mir in meiner Arbeit begegnet ist und über die ich in diesem Buch geschrieben habe: Gott/der "Vater". Die Quelle mit dem Bewusstsein der Erfahrung, der Teil, der lernen möchte. Diese Quelle nimmt bestimmte Parameter an. Sie braucht Informationen und Erfahrungen, um Neues zu schaffen. Dann die dritte Ebene oder ultimative Quelle, der wir noch nicht begegnet waren. Der Teil, der so riesig war, so gewaltig, dass er keine Erfahrungen mehr brauchte. Das war der Teil, den sie als Ganzes beschrieb, der keiner Addition oder Subtraktion bedurfte. Er umfasste alles.

Und doch gab es den Hinweis, dass selbst dieser Teil nicht der letzte Teil war. Dass es darüber hinaus noch mehr gibt. Was das ist, weiß ich nicht. Und es ist mir zu diesem Zeitpunkt nicht gegeben, es zu wissen. Sie stoppten die Informationen, weil sie sagten, ich müsse die anderen Informationen erst verdauen und das verstehen, was mir gegeben wurde. Wenn ich Probleme hätte, so viel zu akzeptieren, dann müssten sie warten, bis ich bereit wäre. Sie sagten, sie würden niemals Druck ausüben. Sie würden nie etwas erzwingen. Doch wenn ich bereit wäre, würde mir mehr gegeben werden. Ich habe keine Ahnung, was es für ein "mehr" geben kann. Es übersteigt zu diesem Zeitpunkt mein Verständnis, ebenso wie das Material in diesem letzten Kapitel meine kühnsten Erwartungen vor der Sitzung übertroffen hat. Wie kannst du etwas voraussehen, von dessen Existenz du nicht einmal etwas weißt? Aber sie lassen die Karotte vor mir baumeln, sie scherzen mit mir und faszinieren mich. Sie sagen, es gäbe "mehr", und ich werde einfach abwarten müssen und sehen, was dieses "mehr" sein könnte. Es wird kommen, wenn ich bereit dafür bin, also weiß ich, dass es noch weitere Bücher geben wird.

Dies ist also ein guter Zeitpunkt, um diese Phase des Abenteuers zu beenden. Es ist an der Zeit, das Buch zu schließen, den Geist zur Ruhe zu bringen und in unsere wirkliche (?) Welt zurückzukehren. Es gibt die vielen, alltäglichen Dinge, um die man sich kümmern muss. Also noch einmal: Behandeln Sie dieses Buch als "geistiges Bonbon". Etwas, das Sie zum Nachdenken anregt und Ihnen Türen zum Unergründlichen öffnet. Stehen Sie also jetzt von Ihrem Stuhl auf und träumen Sie den Traum weiter.

Über die Autorin:

Dolores Cannon, Rückführungs/ Hypnosetherapeutin und Forscherin im Bereich metaphysischer Phänomene, die "verloren" gegangenes Wissen aufzeichnete, wurde 1931 in St. Louis, Missouri, geboren. Sie absolvierte Schule und Ausbildung in St. Louis und lebte dort bis zu ihrer Heirat mit einem Marinesoldaten im Jahr 1951. In den folgenden 20 Jahren reiste sie als typische Navy-Ehefrau durch die ganze Welt und widmete sich ihrer Familie. 1970 wurde ihr Mann aus dem Marinedienst als Invalide entlassen und die Familie zog sich in die Berge von Arkansas zurück. Danach begann Dolores' schriftstellerische Karriere und sie fing an, erste Artikel an verschiedene Zeitschriften und Zeitungen zu verkaufen. Seit 1968 beschäftigte sie sich mit Hypnose und seit 1979 ausschließlich mit der Therapie und Regressionsarbeit vergangener Leben. Sie studierte verschiedene Hypnosemethoden und entwickelte so ihre eigene, einzigartige Technik, die es ihr ermöglichte, die effizienteste Form der Offenlegung von Informationen durch ihre Klienten zu erreichen. Dolores unterrichtete ihre einzigartige Hypnosetechnik auf der ganzen Welt.

1986 weitete sie ihre Untersuchungen auf den Bereich der UFO-Forschung aus. Sie führte vor Ort Studien über mutmaßliche UFO-Landungen durch und untersuchte die Kornkreise in England. Der größte Teil ihrer Arbeit in diesem Bereich bestand dabei in der Sammlung von Beweisen bei der Untersuchung von mutmaßlichen Entführungen, die sie innerhalb ihrer Hypnosesitzungen erforschte.

Dolores war eine internationale Rednerin, die auf allen Kontinenten Vorträge hielt. Ihre insgesamt neunzehn Bücher sind in zwanzig Sprachen übersetzt worden. Sie hat weltweit in zahlreichen Radio- und Fernsehsendungen über ihre Arbeit gesprochen. Artikel von/über Dolores sind in verschiedenen US-amerikanischen und internationalen Zeitschriften und Zeitungen erschienen. Dolores war die erste Amerikanerin und die erste Ausländerin überhaupt, die in Bulgarien den "Orpheus-Preis" für den größten Fortschritt bei der Erforschung parapsychologischer Phänomene erhielt. Sie erhielt von mehreren Hypnose-Organisationen verschiedene Auszeichnungen für herausragende Verdienste sowie für ihr Lebenswerk.

Dolores war mit einer sehr großen Familie gesegnet, die sie zwischen der "realen" Welt ihrer Familie und der "unsichtbaren" Welt ihrer Arbeit erdete.

Wenn Sie mit Ozark Mountain Publishing über Dolores' Arbeit oder ihre Fortbildungen korrespondieren möchten, wenden Sie sich bitte an folgende Adresse (bitte legen Sie für ihre Antwort einen frankierten Rückumschlag bei): Dolores Cannon, P.O. Box 754, Huntsville, AR, 72740, USA Oder senden Sie eine E-Mail an das Büro unter: decannon@msn.com. Sie können uns auch über unsere Website: www.ozarkmt.com erreichen.

Dolores Cannon, die am 18. Oktober 2014 unsere Welt verlassen hat, hinterließ viele großartige Errungenschaften auf den Gebieten der alternativen Heilung, der Hypnose, der Metaphysik und der Rückführung in vergangene Leben. Am beeindruckendsten war jedoch die von ihr verinnerlichte Haltung, dass ihre wichtigste Aufgabe im Austausch & der Weitergabe von Informationen bestand. Verborgenes oder unentdecktes Wissen aufzudecken und zu teilen, das für die Entwicklung der Menschheit und unsere Erkenntnisprozesse hier auf der Erde von entscheidender Bedeutung ist. Deshalb informieren, leiten und faszinieren ihre Bücher, Vorträge und die einzigartige QHHT®-Hypnosemethode weiterhin so viele Menschen auf der ganzen Welt. Dolores erforschte all diese Möglichkeiten und vieles darüber hinaus, während sie uns auf die einzigartige Reise unseres Lebens mitnahm. Ihr Wunsch war es, möglichst eine große Zahl von Mitreisenden an ihren Reisen ins Unbekannte teilhaben zu lassen.

Other Books by Ozark Mountain Publishing, Inc.

Dolores Cannon
A Soul Remembers Hiroshima
Between Death and Life
Conversations with Nostradamus, Volume I, II, III
The Convoluted Universe -Book One, Two, Three, Four, Five
The Custodians
Five Lives Remembered
Jesus and the Essenes
Keepers of the Garden
Legacy from the Stars
The Legend of Starcrash
The Search for Hidden Sacred Knowledge
They Walked with Jesus
The Three Waves of Volunteers and the New Earth
Aron Abrahamsen
Holiday in Heaven
Out of the Archives – Earth Changes
James Ream Adams
Little Steps
Justine Alessi & M. E. McMillan
Rebirth of the Oracle
Kathryn/Patrick Andries
Naked in Public
Kathryn Andries
The Big Desire
Dream Doctor
Soul Choices: Six Paths to Find Your Life Purpose
Soul Choices: Six Paths to Fulfilling Relationships
Patrick Andries
Owners Manual for the Mind
Cat Baldwin
Divine Gifts of Healing
Dan Bird
Finding Your Way in the Spiritual Age
Waking Up in the Spiritual Age
Julia Cannon
Soul Speak – The Language of Your Body
Ronald Chapman
Seeing True
Albert Cheung
The Emperor's Stargate
Jack Churchward
Lifting the Veil on the Lost Continent of Mu
The Stone Tablets of Mu
Sherri Cortland
Guide Group Fridays
Raising Our Vibrations for the New Age
Spiritual Tool Box
Windows of Opportunity
Patrick De Haan
The Alien Handbook
Paulinne Delcour-Min
Spiritual Gold
Holly Ice
Divine Fire
Joanne DiMaggio
Edgar Cayce and the Unfulfilled Destiny of Thomas Jefferson Reborn
Anthony DeNino
The Power of Giving and Gratitude
Michael Dennis
Morning Coffee with God
God's Many Mansions
Carolyn Greer Daly
Opening to Fullness of Spirit
Anita Holmes
Twidders
Aaron Hoopes
Reconnecting to the Earth
Victoria Hunt
Kiss the Wind
Patricia Irvine
In Light and In Shade
Kevin Killen
Ghosts and Me
Diane Lewis
From Psychic to Soul
Donna Lynn
From Fear to Love
Maureen McGill
Baby It's You
Maureen McGill & Nola Davis
Live from the Other Side
Curt Melliger
Heaven Here on Earth
Henry Michaelson
And Jesus Said – A Conversation
Dennis Milner
Kosmos
Andy Myers
Not Your Average Angel Book
Guy Needler
Avoiding Karma
Beyond the Source – Book 1, Book 2
The Anne Dialogues

For more information about any of the above titles, soon to be released titles, or other items in our catalog, write, phone or visit our website:
PO Box 754, Huntsville, AR 72740
479-738-2348/800-935-0045
www.ozarkmt.com

Other Books by Ozark Mountain Publishing, Inc.

The Curators
The History of God
The Origin Speaks
James Nussbaumer
And Then I Knew My Abundance
The Master of Everything
Mastering Your Own Spiritual Freedom
Living Your Dram, Not Someone Else's
Sherry O'Brian
Peaks and Valleys
Riet Okken
The Liberating Power of Emotions
Gabrielle Orr
Akashic Records: One True Love
Let Miracles Happen
Victor Parachin
Sit a Bit
Nikki Pattillo
A Spiritual Evolution
Children of the Stars
Rev. Grant H. Pealer
A Funny Thing Happened on the
 Way to Heaven
Worlds Beyond Death
Victoria Pendragon
Born Healers
Feng Shui from the Inside, Out
Sleep Magic
The Sleeping Phoenix
Being In A Body
Michael Perlin
Fantastic Adventures in Metaphysics
Walter Pullen
Evolution of the Spirit
Debra Rayburn
Let's Get Natural with Herbs
Charmian Redwood
A New Earth Rising
Coming Home to Lemuria
David Rivinus
Always Dreaming
Richard Rowe
Imagining the Unimaginable
Exploring the Divine Library
M. Don Schorn
Elder Gods of Antiquity
Legacy of the Elder Gods
Gardens of the Elder Gods
Reincarnation...Stepping Stones of Life
Garnet Schulhauser
Dance of Eternal Rapture
Dance of Heavenly Bliss
Dancing Forever with Spirit
Dancing on a Stamp
Manuella Stoerzer
Headless Chicken
Annie Stillwater Gray
Education of a Guardian Angel
The Dawn Book
Work of a Guardian Angel
Joys of a Guardian Angel
Blair Styra
Don't Change the Channel
Who Catharted
Natalie Sudman
Application of Impossible Things
L.R. Sumpter
Judy's Story
The Old is New
We Are the Creators
Artur Tradevosyan
Croton
Jim Thomas
Tales from the Trance
Jolene and Jason Tierney
A Quest of Transcendence
Paul Travers
Dancing with the Mountains
Nicholas Vesey
Living the Life-Force
Janie Wells
Embracing the Human Journey
Payment for Passage
Dennis Wheatley/ Maria Wheatley
The Essential Dowsing Guide
Maria Wheatley
Druidic Soul Star Astrology
Jacquelyn Wiersma
The Zodiac Recipe
Sherry Wilde
The Forgotten Promise
Lyn Willmott
A Small Book of Comfort
Beyond all Boundaries Book 1
Stuart Wilson & Joanna Prentis
Atlantis and the New Consciousness
Beyond Limitations
The Essenes -Children of the Light
The Magdalene Version
Power of the Magdalene
Robert Winterhalter
The Healing Christ

For more information about any of the above titles, soon to be released titles,
or other items in our catalog, write, phone or visit our website:
PO Box 754, Huntsville, AR 72740
479-738-2348/800-935-0045
www.ozarkmt.com